리더를 성공으로 움직이는 힘

경영자 코칭 심리학

학지사

리더를 성공으로 움직이는 힘

경영자
코칭 심리학

Bruce Peltier 저 | 김정근 · 김귀원 · 박응호 · 배진실 · 이상욱 공역

학지사

경영자 코칭의 이론적 · 방법론적 발전을 위하여

환영합니다.

서점에서든 인터넷에서든 이 책의 서문을 보고 계시는 당신은 이미 코칭에 관한 관심과 흥미를 가졌기 때문일 것입니다. 당신은 어떤 동기로 이 책을 선정하게 되었습니까? 당신은 이미 코칭 분야에 종사하면서 코칭 역량을 좀 더 개발하고 싶습니까? 아니면 주위 사람으로부터 코칭에 관한 미래의 전망을 듣고 코칭 전문가로 성장하기를 준비하고 있습니까? 아니면 코칭을 통해 당신이 가지고 있는 이슈를 해결하고자 하십니까? 그것도 아니면 코칭을 통해 배우자나 자녀를 좀 더 효과적으로 도와주고 싶습니까? 이 책을 통해 당신은 어떤 정보를 얻으면 만족하시겠습니까?

어떠한 이유로든 이 책을 선택하여 지금 이 페이지를 읽고 있는 당신을 코치의 마인드로 진심으로 환영합니다. 이 책을 통해 당신은 분명히 코칭에 관한, 특히 경영자 코칭에 관한, 그리고 인간의 내면과 행동을 연구하는 심리학에 기반을 둔 체계적인 이론과 실제 적용 기법에 관한 당신의 궁금증을 해결할 수 있을 것입니다. 역자는 10년 이상 현장에서 CEO와 경영자를 대상으로 코칭하고, 대학원 학생과 일반인을 대상으로 코칭을 가르치면서 이 책은 이들의 공통적인 궁금증을 해결해 주는 내용을 담고 있기에 용기를 내어 번역을 하게 되었습니다.

당신이 현명하고 지혜롭게 이 책을 선택하게 된 비결은 무엇입니까?

일반적인 역자 서문과 달리 질문으로 시작하는 창의력을 발휘하기 위해 용기를 내었습니다. 이것이 바로 코칭의 힘이라고 생각합니다. 처음으로 번역하는 책이라 많은 고민을 하면서 다른 서문을 읽어 보면서 다르게 접근해 보기로 결심했습니다.

기본적으로 코칭은 자신의 내면에 잠재되어 강점을 발현하여 원하는 삶의 목표를 달성하고 성장할 수 있도록 도와주는 미래 지향적인 학습 과정입니다. 해결책을 제시하기보다는 스스로 찾도록, 문제보다는 해결책에 집중하도록, 지나간 과거보다는 다가올 미래를 꿈꾸며, 현재에 집중하도록 도와주는 과정입니다. 사람들은 누구나 자신의 성장을 추구하려는 욕구가 있고 이를 존중하는 것이 바로 코칭의 철학입니다.

2000년 초반에 국내 기업에 처음 소개된 코칭은 이제 기업의 최고 경영진뿐만 아니라 중간 관리자, 핵심 인재를 육성하고 조직의 성과를 향상시키기 위한 목적으로 코칭을 도입하고 있습니다. 기존의 일 대 다수로 진행하는 강의식과는 다르게 일대일 개인 맞춤식으로 상호 동반자 관계로 진행하기 때문에 그만큼 효과가 높기 때문입니다. 특히 경영자 코칭은 바로 코칭의 꽃이라고 부릅니다. 그만큼 경영자 코칭은 도전적입니다. 조직의 최고 경영자로 승진한 분들을 코칭하는 당신의 모습을 상상해 보십시오. 당신의 코칭 덕분에 그 경영자 개인이 행복하고, 조직 전체가 성장해 가는 모습을 상상해 보십시오. 온몸에 전율이 느껴지지 않습니까?

이러한 경영자 코치로 활동하기 위해서는 그만큼 많은 노력과 역량이 필요합니다. 역자도 처음 경영자 코칭을 시작하던 때를 생생하게 기억하고 있습니다. 설렘과 두려움이 교차했습니다. 코치 자격증은 받았는데, 과연 경영자들을 어떻게 코칭해야 할까? 코칭을 하는 방법(코칭 대화 프로세스, 질문, 경청 등)은 알았는데 무엇(경영자가 직면한 경영이슈와 내면의 심리세계)을 코칭해야 할까? 경영자는 과연 어떤 고민을 하고, 기업은 무엇 때문에 그렇게 비싼 비용을 기꺼이 지불할까? 코치로서 그 기대를 어떻게 만족시킬 수 있을까 하는 두려움이 생겼습니다. 관련 정보를 얻기 위해서 서점을 방문했지만 자기계발식의 도서만이 손에 닿을 뿐 저의 욕구를 충족시켜 주지 못했습니다.

이 책은 저자가 30년 이상 정신치료 및 상담, 그리고 경영자 코치로서의 경험을 기반으로 광범위한 심리학적 이론뿐만 아니라 실제 적용 기법까지 체계적으로 정리하였습니다. 특히 심리치료나 상담전문가들이 경영자 코치로 활동하기 위해 요구되는 자신의 경험을 너무나 생생하게 설명하고 있습니다. 이 책에서 다루지 못하는 부분은 참고문헌까지 세세하게 소개하고 있습니다.

앞의 질문으로 돌아가면, 이 책을 읽으면서 새롭게 코칭 분야로 입문하시려는 분, 이미 코치로서 활동하면서 경영자 코칭에 대한 더 깊은 지혜를 얻고자 하시는 분, 코칭을 통한 자신의 성장을 기대하시는 분, 특히 심리치료나 상담에 종사하는 분들이 경영자 코칭 분야에서 활동하시고자 하는 분들의 지적 욕망을 채우는 데 최적의 도서라고 확신을 하시게 될 것입니다.

이 책이 출간되기까지 물심양면으로 도와주신 ㈜글로벌비즈니스코칭연구소의 가족과 이 책의 출판을 지원해 주시고, 교정을 맡아 주신 ㈜학지사의 김진환 사장님과 직원들에게 진심으로 감사드립니다. 경영자 전문코치로 성장하고자 하시는 분들의 코칭 역량을 개발하는 여정에 도움이 되기를 기대합니다.

2017년
㈜글로벌비즈니스코칭연구소 연구원 일동

이 책은 경영자 코치executive coach에게 심리학 이론을 전해 주려는 목적으로 쓰였다. 이 책의 목표는 심리학의 원리와 연구, 지식을 경영자 코칭에 접목시키는 것이다. 심리학 이론은 경영 컨설팅 현장에서 효과적인 코칭의 토대가 될 수 있으며 그렇게 되어야 한다.

이 책이 2001년에 처음 발행된 뒤 미국에서는 많은 일이 일어났다. 9·11 테러, 이라크 침공과 점령, 뉴올리언스 홍수, 세계 금융 위기, 새 대통령 선출과 같은 굵직한 사건들이 일어나면서 리더십과 윤리성, 역량의 중요성이 부각되었다. 경영자 코칭은 이 무렵 성장을 거듭하며 전 세계 여러 기업 부문에서 널리 받아들였다. 코치 양성 기관도 전 세계적으로 성장하고 번성했다. 그래서 코칭 분야는 이제 어느 정도 자리를 잡은 것으로 볼 수 있다.

경영자 코칭은 회사가 인재를 지원하고 개발하는 보편적 수단의 위치로 올라섰으며, 경영자 코칭과 관련된 문헌 역시 점차 증가하고 있다. 하지만 코칭 서적의 대부분은 심리학적 개념과 코칭 업무 사이의 직접적인 관계를 효과적으로 밝혀 주지 못하고 있다. 코칭 서적은 대체로 자기계발서의 양식을 따르고 있으며, 생각을 틔워주기보다는 행동을 장려하는 경향이 강하다.

이 책은 심리학 이론에서 출발하여 경영자 코치에게 심리학의 개념적 기반을 전달해 주기 위해 쓰였다. 이 책은 코칭 안내서나 입문서가 아니다.

저자는 상담심리학자로 30년간의 임상 경험 및 조직 근무 경험이 있으며, MBA와 기업가로 20년 이상 작은 회사를 경영해 왔다.

이 책의 대상 독자층은 두 부류로 나뉜다. 첫 번째 독자층은 심리치료 전문가로, 이 책은 심리학자, 정신과 의사, 석사 수준의 심리치료사, 부부·가족치료사, 사회복지사 중에서 자신의 업무 영역을 기업 및 비영리단체, 소규모 사업체로 확장하고자 하는 사람들을 위해 쓰였다. 기업은 심리치료 전문가를 구할 수 있는 기회가 명확하게 존재하며, 심리학이 기여할 수 있는 측면이 많다. 하지만 심리학적 개념과 방법을 기업 환경에 적용하려면 먼저 이를 기업에서 통용되는 용어로 풀어내야 한다. 심리학 교육을 받은 코치가 기업계에서 성공하려면 기업의 사고방식과 용어를 받아들여야 한다.

두 번째 독자층은 경영인과 관리자, 리더 그리고 인사 담당자 등 심리학 지식을 확장하여 코칭 기술을 향상시키고자 하는 사람들이다. 이들 가운데는 코칭이 자신의 직책에서 중요한 업무임에도 불구하고 심리학에 대한 이해가 부족한 탓에 효과적인 코칭을 하지 못하는 사람들이 있다. 이제 일부 조직에서는 코칭을 사내 관리 기술의 하나로 인식한다. 이 책은 심리학의 핵심 이론을 가져와 매니지먼트 코치management coach가 이를 활용할 수 있게 해 준다. 심리학의 개념과 원리를 적절히 활용하면 전도유망한 직원과 젊은 리더를 성장·발전시키거나, 난관이나 한계에 봉착한 직원을 도와서 이탈을 방지할 수 있으며, 더 나아가 조직 전체의 개선을 도모할 수 있다.

이 책의 구성은 다음과 같다.

제1장은 심리치료사가 코치로 역할을 전환하는 방법을 설명하고, 기업의 문화와 생리에 낯선 심리치료사들에게 꼭 필요한 기업 관련 정보를 제시한다. 훌륭한 코칭은 대개 평가assessment로 시작되므로 제2장에서는 심리검사의 원리와 방법을 다룬다. 제3장은 성인에게 적용되는 발달심리학 문헌을 살펴본다. 제4장부터 제9장까지는 주요 심리치료 이론과 접근법을 설명하는데, 먼저 간단히 각 이론의 역사를 살펴보고 해당 이론의 핵심 요소를 설명한다. 심리치료 이론을 경영자 코칭에 적절히 활용한 사례도 살펴본다. 그리고 각 이론을 기업 환경에 적용할 때 드러나는 장점과 단점을 논의한다. 제10장에서는 주요 사회심리학 연구를 검토하여, 제2차 세계 대전 이후에 사회심리학자들이 강조해 온 사회적 맥락이 인간 행동에 어떤 영향을 미치는지 살펴본다. 제11장은 최면적 의사소통을 코칭에 활용하는 방안을 자세히 밝힌다. 제12장은 현재 활발히 연구되고 있는 정서지능 분야에서 가장 유용한 이론을 선별하여 설명

한다. 제13장은 스포츠 코칭 분야의 서적에서 얻을 수 있는 지혜를 개괄적으로 다루는데, 기업 경영자들이 즐겨 보는 이 분야의 문헌에는 배울 점이 많다. 제14장은 직장 여성을 위한 코칭을 주제로 삼아서 여전히 남성 중심적인 기업 환경에서 젠더 정치와 성별에 따른 의사소통 양식과 가치, 성향의 차이를 이해해야 한다는 점을 강조한다. 개정판에서 추가된 제15장은 기업에서 코치가 맞닥뜨릴 만한 정신질환을 다룬다. 코치들은 이 장을 자세히 살펴보고 여러 유감스러운 상황에 신중히 대처해야 한다. 제16장 역시 새로 추가되었으며, 리더십과 리더 양성에 관한 유명하고 과학적인 문헌을 검토한다. 제17장에서는 그 중요성보다는 사람들의 이해도가 떨어지는 리더십과 조직 관리의 차이를 설명한다. 제18장에서는 심리치료 분야의 윤리강령과 윤리원칙을, 서서히 윤리강령의 공식적인 틀을 갖춰 가고 있는 경영자 코칭에 적용해 본다. 각 장은 대개 시간이 부족한 독자들을 위해 요점 정리로 끝맺어 놓았다. 각 장의 끝에는 심화학습을 원하는 독자를 위해 포괄적인 참고문헌과 추천도서 목록을 덧붙여 놓았다.

독자가 상담 기술에 자신이 있는 심리치료사라면 본문의 일부분을 건너뛰고 자기가 상대적으로 취약한 영역에 집중하고 싶을 것이다. 그 취약한 영역에는 오래전에 배웠으나 지금은 잊어버린 이론도 포함될 것이다. 이 책의 여러 장이 그런 기억을 되살리는 데 유용할 것이다. 또한 이런 독자라면 분명히 리더십을 비롯하여 기업의 문화와 생리에 초점을 맞춘 장들을 공부하고 싶을 것이다.

독자가 관리자나 경영자라면 심리치료 이론을 다룬 장에 초점을 맞춰 심리치료 이론의 개발, 발전, 핵심 개념에 대한 주요 배경지식을 얻어야 한다. 더 나아가 심리치료 분야의 교육을 추가로 받거나 그 분야의 멘토를 찾고 싶은 단계에 이를 수도 있다.

지금은 심리치료와 경영자 코칭 분야가 활발히 활동할 수 있는 시대이며, 여러 조직은 심리학적 개입의 가치에 점차 주목하고 있다. 심리치료와 경영자 코칭 분야는 서로 간에 주고받을 수 있는 요소가 많다. 이 책은 독자들이 이러한 가능성을 십분 활용하여 직원들과 조직 문화에 긍정적인 영향을 미칠 수 있도록 돕고자 한다.

역자 서문 · 5
저자 서문 · 9

 # 서 론 · 19

두 유형의 코칭 · 20 ㅣ 심리치료사는 경영자 코칭 분야에서 어떤 일을 할 수 있을까 · 22 ㅣ
심리치료사의 핵심 역량 · 24 ㅣ 잠재력 · 25 ㅣ 코칭이란 무엇인가 · 27 ㅣ 코칭의 정의 · 29 ㅣ
경영자 코칭 · 30 ㅣ 코칭이 유용한 상황 · 32 ㅣ 코칭의 단계별 절차 · 34 ㅣ 주요 리더십
기술로서의 코칭 · 36 ㅣ 목욕물을 버린답시고 심리치료라는 아기까지 버리지는 말라: 코칭과
심리학 · 38 ㅣ 이 책의 종합적인 목적 · 45 ㅣ 참고문헌 · 46 ㅣ 추천도서 · 47

 # 제1장 성공을 부르는 코치의 길 · 49

전환 과정 1: 경영 문화와 이윤 추구 · 52 ㅣ 전환 과정 2: 자기표현 · 54 ㅣ 전환 과정 3: 마케팅과
판매 · 57 ㅣ 전환 과정 4: 이중관계 · 68 ㅣ 전환 과정 5: 계약과 합의 · 69 ㅣ 결론: 탁월한
코치가 되자 · 71 ㅣ 참고문헌 · 72 ㅣ 추천도서 · 73

 # 제2장 코칭의 핵심! 평가를 어떻게 할 것인가 · 75

코칭에서 평가의 역할 · 76 ㅣ 변화 단계 · 77 ㅣ 심리 평가와 계량심리학 측정도구의 역사 · 80 ㅣ
코치가 사용할 수 있는 평가 방법 · 84 ㅣ 평가에서의 비밀보장 · 102 ㅣ 무엇을 평가할
것인가 · 103 ㅣ 결과 논의하기 · 108 ㅣ 피드백과 목표 수립 · 108 ㅣ 반드시 평가해 보아야
하는 요소 · 109 ㅣ 참고문헌 · 110 ㅣ 추천도서 · 112

제3장 **리더가 왜 지금처럼 행동할까** · 115

기 질 · 117 ｜ 프로이트의 심리성적 발달단계 · 118 ｜ 융의 기여 · 119 ｜ 피아제의 인지 발달단계 · 120 ｜ 에릭슨의 심리사회 발달단계 · 122 ｜ 애착 이론 · 129 ｜ 성인 발달단계: 로저 굴드와 대니얼 레빈슨 · 137 ｜ 도덕 발달 · 140 ｜ 코칭에 적용하기 · 144 ｜ 참고문헌 · 146 ｜ 추천도서 · 147

 제4장 **경영자를 움직이는 무의식의 힘** · 149

활용 방안 · 151 ｜ 정신역동이론의 역사와 기본 개념 · 152 ｜ 무엇이 인간을 움직이는가 · 153 ｜ 환상의 역할 · 153 ｜ 직장에서의 무의식 · 154 ｜ 적응적인 방어기제 · 155 ｜ 현실을 부정하는 방어기제 · 158 ｜ 현실을 왜곡하는 방어기제 · 159 ｜ 이상한 행동을 유발하는 방어기제 · 160 ｜ 주요 관련 개념 · 164 ｜ 정신역동이론의 적용 · 173 ｜ 참고문헌 · 175 ｜ 추천도서 · 176

 제5장 **비둘기를 어떻게 왼쪽으로 돌게 만들까** · 179

역사: 쥐 미로부터 스키너 상자까지 · 180 ｜ 활용 방안 · 182 ｜ 기본 원리 · 183 ｜ 행동주의 접근법을 코칭에 적용하기 · 195 ｜ 미신과 오해 · 199 ｜ 행동주의적 관점의 장점과 단점 · 200 ｜ 참고문헌 · 202 ｜ 추천도서 · 203

 제6장 **리더의 본성에 어떻게 접근할까** · 205

역사적 배경 · 209 ｜ 인간 본성에 대한 관점 · 209 ｜ 기본 특성과 핵심 가정 · 211 ｜ 치료 과정과 목표 · 212 ｜ 치료사의 기능과 역할 · 212 ｜ 치료사와 내담자의 관계 · 213 ｜ 경영자 코칭의 기본 요소 · 214 ｜ 인간중심 접근을 코칭에 적용하기 · 215 ｜ 인간중심 접근의 장점 · 219 ｜ 한 계 · 220 ｜ 코칭 사례 · 221 ｜ 진실성, 수용, 공감의 미래 · 223 ｜ 참고문헌 · 225 ｜ 추천도서 · 226

제7장 **리더의 습관적 사고를 어떻게 코칭할까** · 227

사 례 · 228 | 이 론 · 228 | 역 사 · 229 | 철학적 기초 · 230 | 인지적 접근을 코칭에 활용하는 법 · 231 | 심 상 · 235 | 적 용 · 236 | 적용: 바니 씨의 사례 · 238 | 인지기법의 강점과 약점 · 245 | 한 계 · 246 | 인지치료 포장하기 · 247 | 참고문헌 · 249 | 추천도서 · 250

제8장 **시스템을 관찰하라** · 251

가족치료와 경영 · 252 | 가족치료의 배경과 역사 · 253 | 기본 개념 검토 · 255 | 코칭에 활용할 만한 체계이론의 발상 · 261 | 적 용 · 271 | 강 점 · 277 | 약 점 · 278 | 참고문헌 · 280 | 추천도서 · 281

제9장 **니체가 코칭에서 부활하다** · 283

역사와 배경 · 284 | 핵심 개념 · 287 | 경영자 코치를 위한 여섯 가지 핵심 개념 · 289 | 경영자 코치를 위한 실존주의 지침 열 가지 · 294 | 실존주의적 코칭의 강점과 약점 · 300 | 참고문헌 · 301 | 추천도서 · 302

제10장 **환경이 사람을 움직인다** · 303

간단한 역사 · 304 | 상황의 힘 · 305 | 장이론 · 305 | 인지 부조화 · 308 | 집단사고와 애빌린의 역설 · 310 | 도식과 기대효과 · 312 | 리더십에 관한 교훈 · 315 | 정서지능 · 316 | 협력과 경쟁 · 317 | 대인 영향력 · 318 | 유사성을 비롯한 여러 '호감' 요인 · 321 | 복 종 · 322 | 참고문헌 · 327 | 추천도서 · 329

제11장 **리더를 움직이는 마법의 의사소통** · 331

영향력과 저항 · 332 | 최면과 의사소통 · 333 | 원칙과 태도 · 335 | 트랜스 상태를 동반하지 않는 최면 · 337 | 심 상 · 342 | 참고문헌 · 351 | 추천도서 · 352

 제12장 **경영자의 감성을 코칭하라** · 353

역 사 · 354 | 정서지능의 인기 · 359 | 정서지능 모형 · 361 | 정서지능의 측정 · 372 | 비판과 문제, 도전과제 · 379 | 코치가 해야 할 역할은 무엇인가 · 384 | 참고문헌 · 387 | 추천도서 · 391

 제13장 **스포츠 코칭에서 배우는 경영자 코칭** · 393

공통 주제 · 396 | 스포츠 코치가 전해 주는 조언 · 409 | 참고문헌 · 415 | 추천도서 · 416

 제14장 **여성 리더십을 어떻게 코칭할까** · 419

코치들이 알아야 할 것들 · 421 | 코치가 해야 할 일 · 439 | 조직이 할 수 있는 일 · 448 | 참고문헌 · 451 | 추천도서 · 453

 제15장 **정신질환을 어떻게 다룰 것인가** · 455

성격특질과 정신질환 · 456 | 정신이 건강한 사람 · 459 | 정신질환 · 462 | 코치가 해야 할 역할은 무엇인가 · 481 | 참고문헌 · 483 | 추천도서 · 484

제16장 **리더십은 진화한다** · 485

개 관 · 487 | 고전적 리더십 연구 · 492 | 현대의 리더십 이론 · 496 | 좋은 리더십과 나쁜 리더십 · 518 | 참고문헌 · 526 | 추천도서 · 530

제17장 **리더십 코칭의 기회를 잡아라** · 531

직원, 관리자, 리더의 차이점 · 533 | '현대'의 조직 구조 · 541 | 코치의 기회 · 541 | 코치의 역할 · 542 | 참고문헌 · 545 | 추천도서 · 546

제18장 **코치가 꼭 지켜야 할 윤리** · 547

역할 범위 · 552 | 문화 차이 · 554 | 유사한 영역 · 556 | 불명료한 영역들 · 558 | 이외의 문제들 · 567 | 참고문헌 · 572 | 추천도서 · 573

찾아보기 · 575

서 론

공학 수업보다는 심리학 수업을 들으라.

─톰 피터스Tom Peters(Weinstein, 1999, p. J2)

이 책이 처음 발행된 이후로 코칭 활동과 교육, 문헌은 지속적으로 발전해 왔고 이
제는 경영자 코칭 분야도 어느 정도 기반을 확고히 다진 듯하다. 그러므로 코칭에 관
한 책도 많이 출간되었다. 코치 양성 프로그램뿐 아니라 비즈니스 코칭, 라이프 코칭,
건강 코칭 등 다양한 삶의 영역에서 각 구성원을 코칭하려는 조직의 수도 폭발적으로
늘어났다. 코칭 심리학은 영국과 호주에서 정통 심리학의 하위 분야로 새롭게 부상했
다. 이제 학계에는 경영자 코칭을 다루는 상당량의 문헌이 쌓였고(Kampa-Kokesch &
Anderson, 2001), 『경영자 코칭 핸드북』(가제)[1](Executive Coaching Forum, 2008)은 전 세
계의 경영자 코칭에 관한 연구 논문을 출간하는 55개 학술지 목록을 발표했다. 그럼
에도 불구하고 여전히 옥석을 가려내기가 쉽지 않다. 무엇이 진짜이고 무엇이 가짜인

---

1) 원제: The Executive Coaching Handbook

가? 코칭은 무엇이고 심리치료는 무엇인가? 코칭 업무에 적합한 심리학의 영역은 무엇인가? 코칭에 적합한 사람은 누구인가? 그리고 어떻게 코칭을 해야 하는가?

이 책은 두 부류의 독자를 위해 쓰였다. 첫 번째 독자층은 기업의 업무 현장에 임상 경험을 적용하고자 하는 심리학자와 상담사, 사회복지사 및 여타 훈련받은 심리치료사들이다. 두 번째 독자층은 경영자 코칭 업무의 기초가 되는 심리학 이론에 대해 배경지식을 늘리려는 경영자 코치나 매니지먼트 코치다. 2004년 국제코치연맹International Coach Federation: ICF 회원을 대상으로 한 설문조사에 따르면(Grant & Zackon, 2004)(n = 2,500, 응답자의 67%가 미국인) 심리학 출신 코치는 전체 회원의 5%뿐이며, 19%만이 정신건강 분야(심리학, 사회복지학, 혹은 상담학)에서 교육을 받았다고 한다. 그 외 코치들은 대부분 경영 컨설턴트 출신으로 경영자나 관리자 등 다양한 분야 출신이다. 숙련된 코치 140명을 대상으로 근래에 실시한 하버드 대학교의 설문조사에서도 비슷한 결과가 보고되었다(Coutu & Kauffman, 2009). 이 설문조사는 75%가 넘는 코치들이 고객client의 '개인 문제personal issues'에 도움을 주었다고 밝혔다. 코칭 업계의 현황과 관련해서 더 포괄적인 정보를 얻고 싶다면 이 연구를 참고하면 된다.

이 책의 목표는 심리학 이론을 실용적인 경영자 코칭 기술로 바꾸어 주는 것이다.

두 유형의 코칭

이 책은 코칭 및 심리학 이론을 조직 환경 전반에, 세부적으로는 경영자 코칭에 적용하는 데 초점을 맞춘다. 코칭은 경영자와 조직을 개선하기 위한 일반적인 방식이 되었다. 코칭의 유형을 주제로 다룬 문헌이 그리 많지는 않지만, 기본적으로 두 유형의 코칭이 발전해 왔다고 볼 수 있다. **경영자 코칭**executive coaching이라는 첫 번째 유형은 조직의 고위 간부를 일대일로 코칭하며, 고위 간부의 긍정적인 변화가 하위 조직으로 퍼져 나가면 조직 전체를 개선시킬 수 있다는 원리에 바탕을 둔다. 이 말은 달리 보자면 유해한 경영자 한 사람이 조직 전체를 오염시키고 광범위한 피해를 초래할 수 있다는 뜻이다. 지난 십 년간 코치를 고용하는 주된 이유가 바뀌었다는 증거가 있다. 예전에는 '조직 내 고위급 인사의 유해한 행동을 바로잡기' 위해 코치가 고용된 반면

(Coutu & Kauffman, 2009, p. 27), 근래에는 핵심 인재를 개발하기 위해 코치를 고용하는 추세가 있다. 한 선구적인 이론가가 이러한 경향에 대해 남긴 말이 있다.

> 코칭이 일반화되면서, 개인적으로 코칭을 받을 때 따라붙던 오명이 사라졌다. 이제는 코칭을 받는 일을 흔히 명예로운 훈장으로 여긴다(Charan, 2009, p. 93).

현재 기업 환경에서는 성실하고 업무 능력이 탁월한 직원들이 리더로 승진하는 경우가 많다. 이들은 리더가 되려는 마음도 없고 준비도 하지 않았지만 승진에 따르는 금전적 보상과 지위를 거부하지 못하고 리더가 된다. 훌륭한 아이디어와 무한한 창의적 에너지를 바탕으로 자기 회사를 차리는 사람들도 있다. 이들은 회사를 이끌어 가는 법을 배워야 한다. 기업은 최고의 인재를 보유하기 위해서라면 경기 하강 국면에 인재 개발에 비용을 들여서라도 인재를 보유하는 일이 비용 대비 효과가 좋고 중요하다는 점을 잘 알고 있다.

관리자 코칭management coaching이라 불리는 두 번째 유형은 코칭을 조직 내 모든 계층의 관리자들이 발휘해야 할 일상적 기술로 본다. 코칭을 관리자가 업무를 수행하는 주요 방식이라고 보는 시각도 있다. 코칭은 사람을 관리하는 일반적인 방식을 대체한다. 관리자는 직원을 통제하는 대신 코칭해야 한다. 이 관점에서는 모든 직원들이 지속적으로 승진하고 성장해야 할 조직의 구성원이자 인적 자산으로 본다. 관리자 코칭의 관점에서는 코칭이 승계 계획의 필수 요소가 된다. 조직과 인적 자본이 발전함에 따라 직원들은 책임이 더 큰 직위로 승진하기 위해 미리 코칭을 받아야 하기 때문이다.

이 책은 두 유형의 코칭을 모두 수용하되(코칭의 원리와 기법은 조직 전반에 걸쳐 활용될 수 있다) 경영자 코칭에 주안점을 둔다. 기업과 조직의 경영자를 대상으로 한 코칭에 초점을 맞춰 기본적인 심리학 이론을 설명하고 검토할 것이다.

주류 심리학의 관점에서 보자면, 현재의 경영자 코칭은 이론적인 근거가 약한 편이다. 이 책은 자신의 코칭에 체계를 갖추려는 사람에게 도움이 될 것이다. 노스캐롤라이나 그린즈버러의 창의적 리더십 센터The Center for Creative Leadership는 최근 경영자 코칭에 관한 주석이 달린 참고 도서를 출간했다(Douglas & Morley, 2000, p. 39). 여기에서는 경영자 코치를 "다양한 행동 기법을 활용하는 컨설턴트"로 정의한다. 또한 각 이론적 배경과 함께 여러 코칭 기법을 설명한다. 이 책을 읽어 보면 이와 유사한 새로운 코칭 서적에 흥미를 느끼게 될 것이다. 『코칭 심리학 핸드북』(가제)[2](Palmer & Whybrow, 2008)은 비즈니스 코칭 및 경영자 코칭과 더불어 여러 다양한 분야의 코칭과 심리학에 초점을 두고 있으며 영국인의 시각에서 쓰였다. 이 책에는 심리치료 이론의 적용을 다룬 장들도 있고, 다른 책에서 다루지 않은 여러 접근법도 포함되어 있다. 코칭은 영국, 아일랜드, 스페인을 비롯한 여러 유럽 국가들뿐 아니라 호주와 뉴질랜드에서도 꽤 인기가 높다.

심리학자를 비롯한 정신건강 분야의 전문가들은 업무 방식에 큰 변화를 맞고 있으며, 많은 심리치료사들이 공들여 얻은 자신의 기술을 활용할 대안을 찾고 있다. 이 같은 변화는 주로 관리의료 건강보험의 영향으로 심리치료의 비용과 기회가 모두 줄어든 데 따른 것이다. 또 개인 상담과 내성법을 경시하는 근래의 사회적, 문화적 가치도 일부 반영되었다. 생물정신의학은 새로운 약물 개발로 더 큰 영향력을 발휘하고 있으며, 의료보험 단체들은 약물요법으로 인한 비용절감 효과에 크게 만족하고 있다. '대화 치료'는 미국의 주류 문화에서 자리를 잃고 있다. 대화 치료는 너무 느리고 사적이고 성공 여부가 불확실한 데다 바쁘게 사는 현대인들이 만족할 만큼 강력한 효과를 내지 못한다.

심리치료사는 경영자 코칭 분야에서 어떤 일을 할 수 있을까

심리치료사는 왜 코칭을 고려해야 하는가? 코칭은 심리치료사들이 받은 훈련과 그들의 업무 영역 안에 있는가? 코칭은 적절한 방법인가? 코칭을 수행할 만한 사람은 누구인가? 누구나 할 수 있는 일일까? 이런 질문을 다룰 때는 경영 전략 문헌이 도움이 된다. 특히 두 가지 전략적 질문이 유용하다.

전략적 질문 1: 당신의 업(業)은 무엇인가
경영전략가들은 회사의 업이 무엇이냐는 질문에 조직의 앞날이 달려 있으므로 반드시

---

2) 원제: Handbook of Coaching Psychology

주의 깊게 대답해 보라고 강조한다. 그 대답에 따라 문이 열릴 수도 있고 닫힐 수도 있다.

나뭇잎만 보고 나무가 얼마나 강한지 알 수 없듯이 최종 제품만 보면 경쟁자의 강점
을 간과하기 쉽다(Prahalad & Hamel, 1990, p. 82).

예를 들어, 어느 철도 회사가 자신의 업을 열차 운전으로 인식한다면, 철도 사업
은 항공업계가 성장하고 항로를 개척하며 화물 및 승객 운송 시간과 비용을 낮출 경
우 심각한 한계에 직면하게 될 것이다. 철도 회사 스스로 자신이 운송업에 종사한다
고 생각하는 편이 회사에 더 유리하다. 이 교훈은 담배tobacco 회사에도 그대로 적용된
다. 담배 회사라고 해서 언제까지나 자신의 업을 일반적인 종이담배cigarette를 제조하
고 판매하는 것으로 정의해서는 안 된다. 근래 들어 이런저런 사건의 여파로 미국 내
에서 일반적인 종이담배를 판매하기가 어려워졌기 때문이다. 이들은 담배 회사이므
로, 항상 담배를 거래하고 판매할 방법을 연구해야 한다. 이들은 발상을 전환해서 담
배를 작은 주머니에 넣어 뺨과 잇몸 사이에 손쉽게 넣는 방법을 개발해냈다. 이렇듯
발상의 변화는 새로운 잠재 시장과 서비스로 향한 문을 열어 준다. 회사의 업이란 특
정 제품이나 서비스가 아니라 '고객을 만족시키려는 노력'으로 보는 것이 좋다(Kerin &
Peterson, 1998). 제품과 서비스는 일시적이다. 제품과 서비스는 고객과 환경이 변하면
같이 변해야 한다. 심리치료사들은 자신이 하는 단 한 가지 일, 즉 심리치료로 자신을
정의하기 마련이다. 그렇다면 반드시 두 번째 전략적 질문을 던져 보아야 한다.

전략적 질문 2: 당신의 핵심 역량은 무엇인가

세상에 무엇이든 다 할 수 있는 회사는 없으며 지나친 사업 확장은 어리석은 짓이
다. 철도 회사는 비행기를 소유하거나 운항하지 않고 조종사를 고용하지도 않는다.
만약 철도 회사들이 항공사와 직접 경쟁한다는 의미를 비행기를 사서 운항하는 것으
로 해석한다면, 이들은 궁지에 몰리게 될 것이다. 핵심 역량이란 한 회사가 가장 잘
알고 있는 기술의 집합으로, 그 회사의 집단적 학습collective learning을 드러낸다. 핵심 역
량이 명확한 회사는 핵심 역량에서 비롯된 제품과 서비스를 제공하는 한, 수익성이

좋은 여러 시장에서 활약할 수 있다. 회사는 자사의 핵심 역량에서 너무 멀리 벗어날 때 곤경에 처하기 마련이며, 사업 다각화에는 위험이 따른다. 하지만 시장은 역동적인 곳이고 경쟁자들은 늘 호시탐탐 기회를 엿보므로, 기업은 때로 혁신을 꾀하고 제품과 서비스를 쇄신해야만 살아남을 수 있다.

핵심 역량에 관심이 있는 독자라면 1990년 「하버드 비즈니스 리뷰」에 실린 프라할라드Prahalad와 하멜Hamel의 글 '기업의 핵심 역량'을 읽어 볼 만하다. 이 글에서 저자들은 핵심 역량의 세 가지 특징을 다음과 같이 꼽았다.

1. 핵심 역량은 다양한 시장에 접근할 수 있게 해 준다.
2. 핵심 역량은 고객에게 의미 있는 기여를 할 수 있게 해 준다.
3. 핵심 역량은 경쟁자들이 모방하기 어려운 것이어야 한다.

심리치료사의 핵심 역량

> 핵심 역량은 새로운 사업 개발의 원천이다.
> —C. K. 프라할라드와 게리 하멜(Prahalad and Hamel, 1990, p. 91)

핵심 역량에 대한 정의는 심리학자, 부부·가족치료사, 사회복지사, 정신과 의사마다 관점에 따라 다소 다르겠지만, 그 차이는 각 분야 간에서보다 개인 간에서 더 크게 나타날 것이다. 자신을 심리치료사로 여기는 사람은, 자신을 다양한 평가 활동과 컨설팅 활동을 할 수 있는 심리학자로 여기는 사람보다 스스로의 기본 역량의 폭을 더 좁게 볼 가능성이 크다.

그렇더라도, 다음에 제시한 심리치료사의 정의가 심리치료사에게 경영자 코칭으로 향하는 문을 열어 줄 것이다.

> 심리치료사는 심리학적 방법을 사용해 개인의 내적·외적 성장과 발달을 촉진하고
> 문제 해결을 돕는다.

심리치료사의 핵심 역량에는 일대일 대인 상호작용과 문제 해결, 공감 능력, 통찰력, 행동 분석, 인지 재구성, 최면 및 심리학적 평가가 포함된다.

앞서 언급한 심리치료사의 정의에 동의하지 않거나 이 정의를 자신의 상황에 맞춰 수정하는 독자도 있겠지만, 심리치료에서 코칭으로 사업의 초점을 바꾸려면 자기가 하는 일이 정확히 무엇이고 자신의 핵심역량이 무엇인지를 명확히 알고 있어야 한다. 이렇게 가치명료화 작업을 거치고 나면, 경영자 코칭이 자신의 길이 아니라고 판단하는 사람도 있을 수 있다.

정규 심리학 교육과 임상 경험이 코칭과 관련이 있는지에 대해서는 코칭 문헌들 간에도 이견이 있다. 정규 심리학 교육을 받지 않은 코치들은 때로 심리학 교육의 필요성과 타당성, 유용성에 의문을 제기한다. 2009년 하버드 대학교 코칭 연구(Kauffman & Coutu, 2009)에 의하면, 코칭에 심리학 교육이 필수적이라고 생각한 참가자는 불과 13%였고, 전혀 상관없다는 의견이 절반에 달했다. 심리학 배경이 없는 코치 중에서도 코칭을 뛰어나게 잘하는 이들도 있겠지만, 심리학 교육은 코칭에 필수적이지는 않다 해도 유용하다는 점은 확실하다. 하버드 대학교에서 실시한 연구 결과, 코치들은 경영자 고객의 개인적인 문제를 해결하기 위해 고용된 적은 거의 없지만(3%), 실제 코칭에서 경영자 고객의 개인적인 문제를 다룬 경우는 76%에 달한다고 보고했다.

> 지난 15년간 촉망받는 경영자들을 위해 코치를 고용하는 경우가 점점 보편화되고 있다. 이들 코치 중에는 심리학 분야 출신도 있지만 전직 운동선수나 변호사, 경영학 및 컨설턴트 출신이 더 많다. 이들이 여러 면에서 경영자들의 성과 향상에 도움을 준 것은 확실하다. 그러나 나는 다른 이야기를 하고자 한다. 나는 정규 심리학 교육을 받지 못한 경영자 코치들이 득보다는 해를 끼치는 경우가 놀라울 정도로 많다고 생각한다(Berglas, 2002, p. 86).

잠재력

경영자 코칭 및 매니지먼트 코칭은 심리학의 긍정적인 잠재력을 업무 현장에 불어 넣는 이상적인 방법이다. 심리학자들은 직장이 개인의 정신건강에 막대한 영향을 끼친다는 점과 직무 환경을 인간중심적으로 바꾸면 다수의 직원에게 좋은 영향을 미치고 조직의 성과도 좋아진다는 점을 늘 인지해 왔다. 코칭에 대한 관심은 (심리치료사를 비롯한 여러 사람들에게서) 점점 더 커지고 있고, 최근의 수많은 출판물이 이를 증명한다. 아마존닷컴에서 '경영자 코칭'을 키워드로 검색해 보면 20권이 넘는 책이 검색된다. 또 코칭 심리학과 리더십 코칭을 주제로 집필한 책도 많다. 개인 상담 현장에서 개인에게 집중하여 솜씨를 발휘하던 심리상담사들이 이제 대기업과 중소기업을 새로운 시장으로 본다는 점은 그리 놀랍지 않다.

코칭은 주류 비즈니스 언론에서도 인기 있는 주제다. 72개의 기사를 분석한 미디어 인식 연구에서 저자는 "경영자 코칭에 대해 호의적인 관점이 비호의적인 관점에 비해 훨씬 많았다."고 밝혔다(Garman, Whiston, & Zlatoper, 2000, p. 201).

또 하버드 대학교의 설문에 응한 숙련된 경영자 코치들 중 다수가 코칭의 미래를 낙관했다(Coutu & Kauffman, 2009, p. 24).

- 리더십 기술, 특히 인적 자원을 관리하기 위해서 정서적 성숙과 자기 성찰력을 키우려는 경영자들의 니즈가 크다. 이러한 기술을 갖춘 고위 경영자는 매우 드물다. 경영자의 발전은 대체로 프로그램이 아닌 개인 맞춤 서비스를 통해 이루어진다는 인식이 확산되고 있다.
- 경영자의 삶은 매우 외롭다. 경영자가 자기 상사나 동료, 직원, 가족과 나누지 못하는 종류의 대화를 코치는 허용한다.
- 코칭은 털어놓기 힘든 이야기를 나눌 만한 안전한 장소다.
  나는 이 직업이 성장할 것이며 관련 자격증 취득 절차가 점차 엄격해질 것으로 예상한다.
- 나는 코칭이 상승세를 타고 있다고 믿는다. 가면 갈수록 경영자와 각 부서는 외부자의 도움 없이 내부에서 자체적으로 대처하기에는 너무나 복잡한 문제에 직면하고 있다.

상담·임상심리학자와 부부·가족치료사, 그리고 사회복지사와 정신과 의사는 효과적인 대인 변화 기술을 갖췄다. 이 책은 오래된 포도주를 새 부대에 담아 더 많은 사람이 오래된 포도주의 참맛을 느끼게 만들고자 한다. 이 책은 심리치료사들이 자신이 보유한 소중한 기술을 기업 문화에 적용할 수 있게 돕고 정규 심리학 교육을 받지 못한 코치에게 이론적, 실제적 도구를 제공하기 위해 쓰였다.

코칭이란 무엇인가

> 지난 15년에서 20년간 코칭이 무엇인지 분명히 밝혀 보려 많은 노력을 기울였지만, 실제로 코칭 현장에서 무슨 일이 일어나는지는 여전히 베일에 싸여 있다.
> —리처드 R. 킬버그(Richard R. Kilburg, 2004, p. 203)

경영 컨설턴트들이 어떤 행위가 코칭이 아닌지를 먼저 언급하는 상황은 결코 우연이 아니다. 그들은 흔히 "코칭은 분명히 심리치료가 아니다."라고 말하곤 한다. 몇몇 컨설턴트들은 관리자가 일상적으로 활용하는 기술 목록에 '상담'을 포함시키지만, 상담은 '심리상 문제'가 있는 직원들을 위해 남겨둔 방안일 뿐이다. 상담은 개인적인 것으로 개인의 문제에 초점을 맞춘다. 코칭은 기업에서 훨씬 더 긍정적인 의미를 지닌다. 최고 수준의 운동선수는 코칭을 받는 반면 아프거나 나약하거나 신경과민이거나 정신이 나간 사람들은 심리치료를 받는다. 이런 논리는 다음과 같이 이어진다. "조금이라도 지각이 있는 사람은 코칭을 받으려 하지만 유능한 사람에게는 심리치료가 필요 없다. 유능한 사람은 자기 문제를 스스로 해결할 수 있다." 하지만 유능한 사람들은 코칭을 원한다. 고高성과자들은 열렬히 코치를 찾는다. 타이거 우즈는 눈부신 성적을 거두고 나서도 스윙 코치와 꾸준히 연습한다. 최고의 테니스 선수들에게는 개인 코치가 있고 TV 카메라는 중요한 경기에서 그 선수의 코치들을 주시한다.

캐럴 맥밀런(Macmillan, 1999)은 경영 컨설턴트의 역할 규정에 대한 자신의 학위 논문에서 관련 문헌을 폭넓게 검토했다(p. 75).

경영 컨설팅 분야로 이동하는 심리치료 전문가가 늘어나면서 경영 컨설턴트의 역할 확립이 더욱 중요해졌다. 경영 컨설턴트가 임상 교육을 받았고 임상 실무 경험이 있는 경우에는 더욱 그렇다. 컨설팅 분야의 문헌은 전반적으로 정의가 불분명하고 기록이 불충분하며 통합적이지 못한데, 컨설팅 업무에 관련이 있는 유용한 임상 이론에 관해서라면 특히 더욱 그렇다.

기업 문화에는 심리치료를 부정적으로 바라보는 시선이 존재하지만 심리치료 문헌이 경영자 코칭에 중요하고 관련성이 높다는 점은 부인할 여지가 없다. 목욕물을 버린답시고 아기까지 버려서는 안 된다. 경영자 코칭과 심리학 이론의 연관성을 보여주는 사례들을 살펴보자.

체계 이론의 기조 안에서, 우리는 고객과 상황의 니즈에 맞춰 인본주의, 실존주의, 행동주의, 정신역동적 심리학의 틀로부터 우리가 사용할 기법을 절충적으로 선택한다.

이 인용문은 「포천」지 선정 500대 기업의 최고경영자를 위한 코칭에 특화된 KRW 인터내셔널의 키엘과 리머, 윌리엄스와 도일이 쓴 「최고경영자 코칭」이라는 논문(Kiel, Rimmer, Williams, & Doyle, 1996, p. 68)에서 발췌한 것이다.

레스터 토비아스(Tobias, 1990, p. 1)는 저서 『경영자를 위한 심리학 컨설팅』(가제)[3]에서 다음과 같이 말했다.

컨설팅 심리학, 경영 심리학, 기업 심리학 등으로 다양하게 불리는 이 학문은 조직 구성원들의 업무 능률 향상을 위해 심리학 원리를 적용시키는 분야다.

창의적 리더십 센터(Douglas & Morley, 2000, p. 40)에서는 코칭을 다음과 같이 설명한다.

경영자 코칭이란, 핵심만 추려서 표현하자면, 사람들이 성장하고 능률을 더 높일

---

3) 원제: Psychological Consulting to Management

수 있도록 그들에게 필요한 도구와 지식을 갖춰 주고 기회를 부여하는 과정이다 (Peterson, 1996). 경영자 코치는 경영자 개인과의 관계 속에서 경영자에게 필요한 기술을 가르치며 경영자의 대인 관계와 리더십 기술에 대해 피드백을 한다(Sperry, 1993). 코치는 경영자가 현재 겪고 있는 문제나 관련된 문제에 맞춰 일련의 활동을 고안하여 경영자가 자기 강점을 조율하고 약점을 관리하며 일관되고 자신감 있게 집중하게끔 돕는다(Tobias, 1996).

경영자 코칭의 본질과 향후 발전 방향을 더 심도 있게 알고 싶은 독자는 '경영자 코칭 포럼'에서 출판한 『경영자 코칭 핸드북』(가제)(2008)을 읽어 보기 바란다. 이 책에서는 경영자 코칭을 다음과 같이 정의한다.

> 경영자 코칭은 조직의 장·단기 목표를 달성하기 위해 리더의 역량을 개발하는 경험적이고 개별화된 리더 개발 과정이다. 경영자 코칭은 일대일로 혹은 집단으로 진행되며, 다양한 관점에서 얻은 자료를 활용하고, 상호 간의 신뢰와 존중을 바탕으로 한다. 조직과 경영자, 그리고 경영자 코치는 코칭 효과를 극대화하기 위해 협력한다(p. 19).

머리디언 인터내셔널 인스티튜트의 앤더슨은 『가족치료 네트워커』(가제)[4]에 실린 논문에서 심리학 이론과 경영자 코칭의 관계를 강조했다(Anderson, 1998, p. 36).

> 비록 경영 사상가들이 여기저기서 지적 자산을 끌어오는 것으로 악명이 높긴 하지만…… 심리학의 이론과 실제를 빌려오지 않았다면 현대 경영학은 결코 지금처럼 발전할 수 없었을 것이다.

코칭의 정의

경영자 코칭은, 이 책에서 설명한 대로 다음과 같이 정의한다.

---

4) 원제: The Family Therapy Networker

일대일 관계에서 심리학적 기술과 방법을 사용하여 고객이 더 효과적인 관리자 혹은 리더가 되도록 돕는다. 일반적으로, (개인의 일반적인 문제나 정신질환이 아닌) 현재 하고 있는 일과 직접 관련된 문제에 심리학적 기술을 접목하여 고객이 그 기술을 완전히 체득하여 조직을 관리하거나 리더십을 발휘할 때 사용할 수 있게 해 준다.

심리치료에서 파생된 기술의 예로는 적극적 경청과 공감, 자기인식, 프로세스 관찰, 피드백 주고받기, 자기주장, 갈등 해소, 인지 재구성과 학습된 낙관주의, 강화의 효과적 활용, 최면 언어, 기능분석, 자극 통제, 사회적 학습, 저항 관리, 탈삼각화, 관점 바꾸기, 변화 단계에 입각한 동기 강화 상담, 역설적 지시가 있다. 이러한 기술을 비롯한 여타 심리학적 기술 및 기업 적용 사례는 뒷장에서 설명한다. 이 외에도 코치는 위임, 화술, 자기표현, 시간 관리, 전략 기획, 판매 기술, 정보기술 활용, 프로젝트 관리와 같은 기본적인 리더십 기술과 관리 기술을 고객에게 전수할 수 있다. 업계 관련 기술이나 전문적 기술에 대한 컨설팅은 일반적인 코칭의 초점에서 벗어난 내용이므로 이 책에서는 다루지 않겠지만, 특정 업계나 프로젝트에 전문성을 갖춘 코치들을 찾는 수요가 점점 더 커지고 있는 실정이다. 그런 분야에는 치의학, 법률, 세일즈 및 기술 산업 등이 있다.

심리치료사들이 갖춘 기술은 기업 경영자와 리더에게 엄청난 잠재적 가치가 있다. 이런 기술을 그냥 썩혀서는 안 된다. 그렇다고는 해도 심리치료사들은 기업의 핵심 개념과 문화를 제대로 알지도 못한 채 기업 무대에서 성공하기를 바라서는 안 된다.

직장에서 가장 중요한 기술은 과거에도, 지금도, 앞으로도 영원히, 사람들과 어울리는 능력이다. 이 기술을 갖추지 못한 사람은 성공하더라도 오래갈 수 없다(Murphy, 2000).

경영자 코칭

고위직에 오르면 많은 것이 예전과 달라진다. 위계 조직에서 관리자나 경영자가 승진하면 정보의 흐름이 예전과 달라지며, 몇몇 경영자들은 솔직한 답변을 듣기가 어렵다고 불평하기도 한다. 그 결과 리더에게는 고질적인 맹점이 생긴다. 1,214명의 관리자와 경영자를 대상으로 한 살라Sala의 연구는 이 문제의 핵심을 드러낸다.

> 본 연구 결과는, 조직의 상위 구성원들이 하위 구성원들보다 자신의 정서지능을 부풀려 인식하는 경향이 있고, 이들의 자기 인식이 주변 동료나 지인들의 평가와 일치도가 떨어지는 경향이 있다는 것을 보여 준다. 이 결과는…… 기존의 연구 결과들이 고高성과 관리자들의 자기 인식이 대체로 더 정확하다고 주장해 왔다는 점에 비춰 볼 때 주목할 만한 가치가 있다(2003, p. 225).

조직은 대개 고위 간부를 지속적으로 발전시키기 위해서 기꺼이 시간과 돈을 투자한다. 조직은 자신의 투자가 결국에는 복리로 배당금을 지급해 주리라고 예상한다. 그리고 조직 운영이 더 효과적으로 이루어지고, 수익이 늘어나고, 조직 구성원 모두가 더 편안하게 생활할 수 있을 것이라고 생각한다. 또 회사의 명성이 높아지고, 핵심 인재들이 회사를 떠나지 않을 것이라고 생각한다. 개입이 꼭 필요해지는 순간은 고위직 경영자에게 맹점이 있거나, 자질이나 기질에 문제가 있어서 다른 사람들이 고충을 겪게 되는 시점이다. 조직은 특출한 기술직 직원이 리더십을 갖추지 못하고 리더로 승진할 때 어려움을 겪는다. 기업은 누구나 리더의 자리에 오르면 리더의 역할을 배우리라는 가정하에 실적이 뛰어난 기술직 직원을 리더로 승진시키곤 한다. 이러한 가정은 터무니없는 생각이다. 이렇게 갓 '리더'가 된 사람들 중에는 리더십에 별로 관심이 없으면서도 지위 상승과 금전적 보상을 위해 '승진'을 택한 사람들도 있다. 젊은 경영자들 중에는 리더가 된 후에야 사람들과 교류하는 일이 괴롭다는 사실을 깨닫는 사람도 있다. 심지어 꼭 갖춰야 할 리더십 기술들이 있다는 사실을 모르는 사람도 많다. 동시에, 리더십 이론가와 전문가들은 리더십의 핵심 개념에 대한 기본적인 정의에서조차 합의를 이루지 못하고 있다. 따라서 이제 막 리더의 자리에 오른 사람이 외부의 도움 없이 빠르고 순조롭게 새로운 역할에 적응하리라고 기대한다면 그것은 터무니없는 일이다. 또한 탁월한 리더십은 보기 드물고 발휘하기도 어렵다는 점을 명심해야 한다.

　조직은 종종 수뇌부에 코칭을 시도해 보고자 하는데, 그 이유는 전략상, 운영상 중요한 결정을 내리는 주체가 바로 수뇌부이기 때문이다. 한두 가지 중대한 전략적 결정이 회사를 살리기도 하고 무너뜨리기도 한다. 훌륭한 전략적 사고 역시 보기 드물고 착안해 내기도 어렵다. 의사결정은 때때로 위험하고 외로운 일이며, 경영자들은 기업 외부에서 신뢰할 만한 조언자를 구하기도 한다. 바로 이때가 기업 문화에 맞춘 심리치료 기법이 엄청난 가치를 발휘하는 순간이다. 기업과 심리치료사는 서로 원원할 가능성이 높다. 심리치료사는 자신의 기술을 코칭에 활용하여 수입을 올리고, 경영자들은 예전의 기업 환경에서는 활용하지 못하던 새로운 전문 분야로부터 도움을 받을 수 있다.

코칭이 유용한 상황

　경영자 코칭이나 관리자 코칭이 필요한 상황은 크게 네 가지로 나뉜다. 코칭은 고(高)성과자와 핵심 인재, 전도유망한 직원에게 주어진 혜택이라고 인식될 때 효과가 가장 크다. 코칭이 어떤 문제에 대한 교정책으로 여겨지는 순간 경영자들은 코칭을 회피하려는 태도를 보이고 코치는 그들에게 퇴장을 알리는 마지막 단계로서의 '저승사자'가 된다. 해고의 오명을 쓰고 싶거나 낙인이 찍히기를 바라는 사람은 아무도 없기 때문에 사람들은 코칭을 회피하거나 코칭에 저항하게 된다. 코칭이 효과를 보려면 임직원들이 주요 경영자나 전도유망한 관리자가 누리는 혜택이나 기회로 코칭을 받아들이게 해야 한다.

　코칭이 유용한 상황은 크게 네 가지로 나뉜다.

1. **조직에 커다란 변화가 생겼을 때**—코칭은 조직이 변화의 필요성을 절감할 때 매우 유용하다. 조직의 변화는 달라진 시장 환경에 적응하기 위한 방편일 수도 있고, 새롭게 포착한 기회를 잡기 위한 방법일 수도 있다. 조직이 변화를 꾀할 때 경영자들에게는 새로운 접근법이 필요하며, 코치는 이들이 변화에 적응하는 과정에 도움을 줄 수

있다. 코칭은 인수 합병 기간에 특히 중요하다. 조직은 외부자의 도움 없이 커다란 변화를 맞이할 때 큰 어려움을 겪게 될 우려가 있다.

2. **승진자의 기술 개발**―고高성과자들이 권한과 책임이 더욱 막중한 자리로 이동할 때, 코치는 그들이 자신에게 필요한 새로운 기술을 습득하도록 도울 수 있다. 탁월한 기술력을 인정받아 리더의 자리에 오른 사람들은 대개 리더십 기술을 새로 익혀야 한다. 때로는 여러 가지 까다로운 사회적 기술들, 예를 들자면 위임, 화술 혹은 저녁 만찬에서 고객이나 이사를 접대하는 법 등을 모조리 새로 배워야 하기도 한다. 이때 철저한 외부평가와 자기평가가 필요하다. 코칭은 이 과정을 쉽고 빠르게 처리해 준다. 기본적인 리더십 기술은 저절로 생기지 않으며, 리더가 당연히 리더십을 갖췄으리라고 넘겨짚어서도 안 된다. 리더십은 그것이 무엇인지 분명히 규정하고 평가하고 가르치고 논의되어야 한다.

3. **특정 기술의 개발**―때때로 경영자들은 자신이 중요한 한 가지 기술, 예를 들어 자문 위원회나 이사회와 함께 일하는 요령 등을 구체적으로 배운 적이 없다는 점을 깨닫곤 한다. 그런 경우 코칭은 비용 대비 효과가 매우 높으며, 그 효과는 코치가 해당 분야에 전문성을 갖췄을 때 더더욱 크다. 경영자들은 때로 자신이 리더십 기술이나 대인 관계 기술을 충분히 갖추지 못했다고 느낀다. 그들에게는 다수의 청중 앞에서 연설을 한다거나 칵테일파티를 주최하는 일 등이 어렵게 다가올 것이다. 때로는 공식 석상에서의 자기표현법을 개선해야 하는 부류도 있다. 위임이라는 어려운 기술을 습득해야 하는 사람들도 있다. 또한 모든 조직의 리더에게 가장 중요한 과제인 전략기획 역량이 부족한 경우도 많다. 경영자가 수년간 자신의 단점을 숨겨올 수 있었지만 더 이상 숨길 수 없는 순간에 직면하는 경우도 흔하다. 자신의 단점을 살펴서 해결해야 하는 순간이 다가온 것이다. 자신에게 어떤 기술이 부족해서 업무 처리에 지장을 받는다는 점을 어렴풋이 느끼는 경우도 있다. 주위 사람들이 본인의 결점이나 단점을 알려 주어야만 할 때도 있다.

4. **구체적인 문제 해결하기**―능력과 성과가 출중한 사람이 한두 가지 이상한 행동 때문에 반복해서 어려움을 겪는 모습을 자주 볼 수 있다. 주위 사람들을 성가시게 하고 거스르는 버릇이 있거나 자신감에 문제가 있다는 사실을 새롭게 발견하는

경우도 있다. 책임이 커지면서 중압감에 시달리는 반면 스트레스 관리 기술은 부족해서, 직장 내 인간관계가 어그러지거나 마감 기한을 맞추지 못하는 상황도 발생한다. 사람을 신뢰하는 데 어려움을 겪는 경우도 있다. 이러한 상황에서 코치는 구체적인 문제를 해결하기 위해 투입된다. 문제가 잘 해결되면, 코칭은 리더의 자리를 보전해 주고 기업의 손실을 줄여 준다. 또한 대인 관계에서 생기는 마찰과 고통도 상당히 줄여 준다.

하버드 대학교의 설문조사 결과(Coutu & Kauffman, 2009, pp. 6-7), 코치들은 코칭을 하면서 다음과 같은 목적으로 일한 경험이 적어도 한 번은 있다고 답했다.
1. 전도유망한 관리자의 역량 개발 혹은 승진자의 적응 지원 (코치의 95% 정도)
2. 자문 역할 (94%)
3. 팀 내 관계 개선 (91%)
4. 탈선 행동 관리 (87%)
5. 개인 문제 혹은 업무 외의 생활상 문제 해결 (76%)
6. 이직 돕기 (41%)

같은 설문조사에서 코치들은 다음과 같은 역할을 담당하는 것으로 나타났다.
1. 전도유망한 관리자의 역량 개발 혹은 승진자의 적응 지원 (코치의 48%가 이 일을 자주 한다고 보고함)
2. 조직적·전략적 문제와 관련한 자문 역할 (26%)
3. 탈선 행동 관리 (12%)
4. 팀 내 관계 개선 (11%)

코칭의 단계별 절차

효과적인 코칭은 네 단계를 거친다.

1단계: 시작하기

우선 회사가 코치를 찾아가든지 코치가 회사를 찾아가야 한다. 어떤 경우든 코치는 회사에 서비스를 판매해야 한다. 다시 말해서 코치는 회사의 결점을 환기시키고, 향상시켜야 할 기술이 무엇인지 입증하고, 문제의 해결책을 제시해야 한다. 코치는 결과물과 해결책으로 자신이 하는 일을 정의할 수 있어야 한다. 이때 이런 질문을 던져보자. 코칭의 결과로 개선된 사항은 무엇인가? 무엇이 개선되었는지, 개선 전과 후의 차이는 어느 정도인지는 어떻게 알 수 있는가? 비밀보장과 같은 기본 원칙과, 코치와 후원자 간의 보고 관계, 프로젝트 범위(대상, 시간, 비용)에 대한 기준도 확실히 해 두어야 한다. 그리고 협상을 거쳐 계약서에 서명해야 한다. 하버드 대학교의 설문조사에서 숙련된 경영자 코치의 90%가 코칭을 시작하기 전에 경영진과 업무기간 계획에 합의한다고 말했다(Coutu & Kauffman, 2009, p. 11). 이와 관련해서는 1장과 18장에서 자세히 논의한다.

2단계: 정보 수집 및 계획 수립

2단계에서는 대체로 코칭 대상 경영자, 즉 고객client을 평가하는 과정을 거친다. 평가 과정은 이 책의 2장에 설명해 놓았다. 먼저 경영자의 상사와 동료, 직속부하, 고객customer에게 정보를 요청한다. 광범위한 평가 자료를 고객client에게 신중히 피드백한다. 명확한 계획을 세우고, 여기에 측정 가능한 성과 목표를 포함시킨다. 세워 놓은 계획은 확실히 밝혀 문서화해 둔다. 코치와 고객은 어디에 초점을 두고 무엇을 변화시킬지 합의해야 한다.

3단계: 시행하기

코치는 오랜 기간에 걸쳐(대개 3개월에서 2년) 구체적인 성과를 창출한다. 그 과정에서 경영자와 코치는 직접 대면하든, 이메일을 주고받든, 전화 통화를 하든 정기적으로 만난다. 이 단계에서 코치와 고객이 만날 때는 문제 해결, 새로운 기술 역량 개발, 계획 단계에서 목표로 잡은 변화 등에 중점을 둔다. 코치가 경영자의 업무 현장에 가서 일하는 모습을 관찰하는 섀도잉 과정도 거친다.

4단계: 변화 지속하기; 지속적인 개선과 지원을 위한 계획

변화는 지속되지 않으면 그 의미가 퇴색한다. 영구적이고 장기적인 변화를 위한 효과적인 계획이 없다면, 코칭은 잠깐 유행하고 사라진 경영 기법들과 함께 뭉뚱그려져 책장 구석에나 자리 잡게 될 것이다. 조직에 가치를 부여하는 활동은 컨설턴트가 떠난 뒤 오랜 시간이 흘러도 지속적으로 영향을 미친다. 단기간에 얻은 성과를 지속하기 위한 조치가 필요하다.

하버드 대학교의 코칭 연구에 따르면 코칭은 보통 2~18개월간 지속된다(Coutu & Kauffman, 2009, p. 10). 그리고 코칭의 45%가 7~12개월간 지속됐다. 코칭이 2년 넘게 지속된 경우는 겨우 4%에 불과했다.

경영자 코칭에서 코칭 성과에 대한 평가는 몹시 부족한 실정이다. 코치들은 대부분 코칭 과정을 기록으로 남기지 않는다. 하버드 대학교의 설문조사에 따르면 "코칭의 경영 성과에 관한 양적 자료를 제공한다고 응답한 경우는 전체 응답자의 4분의 1도 되지 않았다(Peterson, 2009)." 코치는 코칭의 성과를 평가하는 방법을 배워야 하고, 고객의 성과와 자신의 코칭 성과를 지속적으로 평가할 수 있는 체계를 확립해야 한다.

주요 리더십 기술로서의 코칭

코칭은 조직을 평등하게 만드는 효과를 발휘할 수 있다. 모든 직원이 가치 있는 존재라는 전제하에 코칭에 들인 시간과 돈은 앞으로 직원들이 조직 전체에 가져다줄 이익을 고려해 볼 때 정당화될 수 있다. 조직이 직원을 개발할 가치가 있는 자산으로 볼 때, 코치는 조직의 중요한 영역과 취약한 영역에서 조직의 발전을 도모하기 위해 채용된다. 이러한 영역에서는 다음과 같은 일반적인 현장 코칭이 가능하다.

- 의사소통 기술
  경청 기술
  자기주장 기술
  타인의 감정과 생각을 읽는 법

효과적인 언어 사용법

긍정적/부정적 피드백하는 법

- 위임 기술
- 팀 빌딩 기술
- 직장 내 다양성
- 효과적인 회의 기술
- 업무 관련 글쓰기 기술
- 계획 수립 기술
- 의사 결정
- 프로젝트 관리
- 갈등 관리
- 문화 역량
- 조직 문화
- 문제 직원이나 까다로운 동료를 다루는 법

정신질환 사례 적절히 의뢰하기

경영자 코치는 고객에게 정신질환이 있는지 여부를 확실히 알아차릴 수 있고 가끔은 직접 치료하기도 하지만, 사내 코치는 일반적으로 이러한 사례를 조직 외부의 전문가나 심리치료사에게 의뢰한다. 이후에 논의하겠지만, 코칭과 심리치료를 분리하는 데는 타당한 이유가 있다. 코치는 정신질환 사례를 효과적으로 의뢰할 수 있도록 관련 기술을 갖춰야 한다. 경영자 코치에 관한 하버드 대학교의 설문조사 개요에서 앤서니 그랜트(Grant, 2009, p. 32)는 이렇게 결론을 내린다.

일부 경영자들에게 정신건강상의 문제가 나타날 수 있다는 점을 고려해 볼 때, 회사는 코치들이 정신질환에 관한 교육을 받도록 요구해야 한다. 예를 들어, 코치는 고객을 심리치료 전문가에게 위탁해야 할 시점을 판단할 줄 알아야 한다.

코치는 흔한 정신질환을 알아차리고 도움을 받을 만한 곳에 적절히 의뢰할 줄 알아야 하며, 지역사회에서 의뢰할 만한 전문가나 기관을 숙지해 두어야 한다. 하버드 대학교의 설문조사는 다음과 같이 지적했다(Kauffman & Coutu, 2009, p. 14).

> 경영자가 심각한 행동상의 문제를 보이거나, 자신의 내면을 들여다보려 하지 않거나, 소속된 조직과 본질적으로 다른 가치관을 갖고 있을 때 코칭은 성공하지 못한다. 코치들이 저항의 예로 드는 행동상의 문제에는 나르시시즘, 깊은 분노, 체념 그리고 매우 심각한 자아존중감 문제가 있다. …… 만성적으로 책임을 전가하는 경영자는 피해 의식에 사로잡혀 있거나 철옹성 같은 신념 체계를 구축하고 있어서 코칭이 효과를 보지 못하는 경우가 많다.

직장에서 흔히 발견되는 정신질환들은 15장에서 더 자세히 다룬다.

목욕물을 버린답시고 심리치료라는 아기까지 버리지는 말라: 코칭과 심리학

일부 경영 컨설턴트와 경영자 코치들은 심리치료에서 사용하는 상징과 언어를 가급적 멀리하려고 애쓴다. 기업에서 심리치료를 바라보는 온갖 부정적인 이미지와 시선을 고려할 때, 이런 행동은 이해할 만하다. 앞서 언급한 사고방식에 따른다면 심리치료가 필요한 부류는 어딘가 아프거나 정신이 나약하거나 온전치 못한 사람들이다. 강인한 사람은 자기 문제를 스스로 해결할 수 있고, 유능한 경영자는 당연히 이런 종류의 문제와는 거리가 멀다. "우리는 능력자를 고용하지, 정신병자를 고용하지 않아요."라고 말하는 사람이 있을지도 모르겠다. 하지만 심리치료 이론을 멀리하고 완전히 제쳐놓는다면 엄청난 실수를 저지르는 것이다. 심리치료 이론의 핵심 개념은 경영자 코치나 매니지먼트 코치에게 대단히 유용하다. 심리치료 방법론을 환영하지도 이해하지도 알아주지도 않는 무대에서 그런 방법론을 적용하기란 쉽지 않다.

기업에서는 여전히 심리치료를 불쾌하게 생각하며 여전히 많은 사람이 심리치료를 백안시한다. 심리치료는 밖에 나가 일하는 대신 빈둥대며 징징거리는 우디 앨런 같은 사람들에게나 필요한 것쯤으로 여겨지기 일쑤다. 이런 식의 부정적인 인상 탓에 심리치료는 '시장이라는 산'을 책임지고 움직여야 하는 기업 경영자들에게 전혀 매력이 없다. 심리치료는 느리고, 비싸고, 지루하고, 효과가 미미한 경우가 많고, '진짜로' 문제가 있는 사람들이나 받는 것쯤으로 치부된다. 심리치료는 효과에 대한 평가나 결과에 대한 책임도 없이 수년 동안 지속되기도 한다. 심리치료사들을 향한 곱지 않은 시선들, 이를테면 그들은 나약하고 복잡하고 음울한 부류로 현실감각이 떨어진다거나, 질문에 솔직히 답하지 않는다거나, 현실에서 중요한 일을 완수해 본 적이 없을 것이라거나, 아마도 다소 우스꽝스러운 사람일 것이라는 식의 시선이 존재한다. 기업 경영자 중에는 심리치료에서 하는 일이란 그저 자기 기분이나 불만을 늘어놓고, 했던 얘기를 계속 반복하는 것이라고 믿는 부류도 있다. 기업인들은 대개 심리치료를 받아 본 경험이 없으며, 어떤 이들은 자기 자신의 감정이나 행동에 직면해야 하는 순간을 불편하게 여긴다. 또 코치나 동료에게 부정적인 피드백을 받을까 봐 두려워하기도 한다. 그와 더불어, 매일 생존의 장에 나서서 즉각적으로 행동해야 하는 실용주의적인 기업의 세계에서 자기 성찰 같은 화두는 제 가치를 인정받지 못할 때가 많다.

만약 경영자 코치가, 코치 자신과 코칭이 이처럼 부정적으로 정의되도록 내버려 둔다면, 코치는 손 한번 못 써보고 무대에서 퇴장해야 할 것이다.

코칭과 심리치료 구분하기

코치는 코칭을 이해하기 쉽게 정의하고 코칭과 심리치료의 차이를 명확히 구분할 수 있어야 한다. 〈표 1〉에는 코칭과 심리치료의 주요 차이점이 요약되어 있지만, 그 차이는 명확히 구분하기 어렵다. 또한 이 표에서 제시한 구분이 실제 현장에서는 별 의미가 없을 수도 있다.

〈표 1〉에서 볼 수 있듯이, 코칭은 보통 행동 지향적이며 자료에 기반하고 현재에 초점을 두고 고高성과자를 위해 고안된다. 코칭에서의 비밀보장은 복합적인 문제로, 심리치료에서만큼 철저하지는 않다. '고객'이라는 개념도 명확하지 않다.

< 표 1 > 코칭과 심리치료 구분하기

심리치료	코칭
과거 중심	현재와 미래 중심
수동 지향 (듣기), 사색적	행동 지향
내담자의 정신건강 상태를 추정하지 않음	현재 정신질환이 없다고 추정
내담자로부터 자료를 얻음	고객과 주요 주변 인물로부터 자료를 얻음
정신질환이나 치료 중심	성장과 기술 개발 중심
심리치료사의 역량은 정신건강 분야에서 발휘됨	코치의 역량은 성장 촉진과 경영 분야에서 발휘됨
성격 중심 (성격 특질을 관찰하고 변화시킴)	성과 중심 (성과를 개선함)
문제는 심리 내부에 있음 (내담자 안에서 발견)	문제는 고객과 환경에 복합적으로 존재함
타인과 정보를 공유하지 않음	때때로 조직의 핵심 인물에게 관련 정보를 피드백함 (매우 주의 깊게)
치료사가 함께 일하는 대상은 분명히 내담자임	고객의 정의가 불분명함 (코칭 비용을 지불하는 조직도 고객이 될 수 있음)
내담자가 발전했다고 느껴야 함	코칭으로 인해 조직이 개선되었다고 느껴야 함
비밀보장이 확실하고 거의 절대적이며, 합법적임	비밀보장이 복잡하고 절대적이지 않음
보통 1회에 50분	1회당 코칭시간이 다양함
심리치료사 사무실에서 진행	경영자의 업무 현장이나 중립적인 장소에서 만남
역할상의 경계가 명확함	역할상의 경계가 느슨하며, 사교모임도 참석
성격상의 문제를 직접 다룸 (해결)	성격상의 문제를 직접 다루지는 않음
내담자가 심리치료사를 선택	대체로 조직이 코치를 선택
내담자가 비용을 지불함 (의료 보험이 적용되는 경우도 있음)	일반적으로 조직이 비용을 지불함

『기업 심리치료와 컨설팅』(가제)[5]에 수록된 스페리의 도표(Sperry, 1996, p. 184), 『코칭 심리학 핸드북』(가제)에 수록된 바흐키로바의 도표(Bachkirova, 2008, p. 357), 쿠투와 카우프만의 도표(Coutu & Kauffman, 2009, p. 22)도 참고하자.

코칭 비용을 지불하는 회사와 이해관계가 얽힌 탓이다. 비용을 지불하는 쪽이 회사라면 회사도 고객으로 보아야 하지 않을까? 역할상의 경계 기준도 훨씬 느슨해서 코칭은 대개 코치 사무실 밖에서 이루어지며, 종종 사교 모임이나 대규모 사업상 회의, 회사 야유회 등에서 코칭이 이루어지기도 한다.

---

5) 원제: Corporate Therapy and Consulting

물론 심리치료는 기업 환경에 적용하기에 부적절하고 비생산적인 측면이 있다. 심리치료사가 기업의 생리와 문화를 제대로 알지 못한 채로, 즉 기업에서 쓰는 어휘, 기업의 목표, 기업의 사고방식, 기업의 궁극적인 지향점을 알지 못한 채로 코칭을 한다면, 코칭은 실패하고 말 것이다. 기업 환경과 동떨어져 심리치료에 전념해 온 사람이라면 코칭에서 커다란 어려움을 겪게 될 공산이 크다. 주로 대학 상담 센터나 상담 클리닉, 사설 심리치료소, 심리학자 동료들과의 회의에서 경력을 쌓아 온 심리치료사라면 코치가 되기 위해 커다란 변화를 꾀해야 한다.

가 치 심리치료 전문가들은 먼저 사업에 대한 가치 편향을 극복해야 한다. 심리학자들은 대개 궁극적으로 수익을 추구하는 성향을 높이 평가하지 않는다. 기업은 주로 돈을 평가의 잣대로 사용하는데, 심리치료사는 대개 돈을 중심으로 생각하지 않으며 수익 추구 성향을 불편해하기도 한다. 심리치료사는 돈과 관련된 내용을 직접적으로 말할 수 있어야 한다.

경 쟁 기업 경영자는 매 순간 경쟁 선상에 놓여 있다. 항상 경영자의 자리를 넘보는 사람이 있기 때문에 자리가 보장되는 경우는 거의 없다. 기업도 현 상태에 머물러서는 안 된다. 기업은 성장하고 발전하며 매년 더 많은 수익을 내야 한다. 경쟁은 경영자의 생활 방식이다. 성공한 경영자들은 경쟁을 받아들이고 기대할 뿐 아니라 환영하기도 한다. 심리치료사들은 협력하려는 경향이 있으며 경쟁 중심의 문화에 익숙하지 않다. 이러한 의미심장한 차이는 간과되기 쉽다.

외 모 기업 경영자는 외모가 실제로 영향력을 발휘한다고 생각해서 성공을 위한 옷차림을 갖추는 데 익숙하다. 이들은 자신의 모습이 번듯할 때 다른 사람들이 자신을 존중하고 진지하게 대접하리라 생각한다. 외모가 강력한 메시지를 전달한다는 점을 아는 것이다. 심리치료 전문가들은 흔히 이런 측면을 무시하고, 외모는 피상적이고 사소하다고 생각해서 옷을 편하게 입는 성향이 있다.

속 도　　기업에서는 모든 것이 빠르게 움직이며, 때로는 충분한 정보 없이 즉각적으로 결정을 내려야 한다. 반면 심리치료사들은 심사숙고하고 빈틈없이 일하며 결정을 내리기 전에 충분히 시간을 들이는 훈련을 받는다.

장 소　　심리치료사는 대개 자신의 사무실에서 일한다. 그리고 내담자가 치료사를 찾아온다. 반대로 코칭에서는 코치가 고객의 일터로 찾아간다. 때로는 회의석상이나 조용한 장소 등 사무실 밖에서 코칭을 하기도 한다. 코치가 실제로 고객의 업무 회의 자리에 동석할 때도 있다. 심지어 고객과 함께 여행을 떠나기도 한다. 하버드 대학교의 설문조사에서는 경영자 코치의 20%가 전화로 코칭을 한다고 보고했다(Coutu & Kauffman, 2009, p. 11).

심리치료사가 기업에 기여할 수 있는 요소

앞서 살펴봤듯이 코칭과 심리치료 사이에는 커다란 차이가 존재하지만, 심리치료가 기업에 기여할 수 있는 측면도 많다. 가장 중요하고 일반적인 예를 들자면 다음과 같다.

1. **통찰:** 심리치료가 최선의 결과를 낼 때, 내담자는 인생을 살아가는 방식에 관해 값진 지혜를 얻는다. 업무 현장에서 심리적 경향 및 양식의 기저를 살필 줄 아는 사람은 상당히 유리한 입장에 서게 된다. 여기에는 자신에 대한 통찰과 타인의 역동 및 동기에 대한 통찰이 포함된다. 타인을 이해하고 파악하는 능력을 갖추지 못한 경영자는 자기 지위를 오래 보전하지 못한다. 또 자기 자신을 올바로 파악하지 못하는 사람은 상당히 불리한 상황에 처한다. 어떤 사람은 자신이나 타인을 이해하고 파악하는 기술을 스스로 개발하지만, 어떤 사람은 체계적인 도움을 받아야만 한다. 그런 기술은 홀로 익히기가 어렵다. 누구나 다른 사람의 안목이나 관점을 참고할 수 있다. 또한 경영자에게는 솔직하게 이야기를 나눌 상대가 있으면 도움이 된다. 회사나 조직에서 주고받는 대화는 속내를 보이지 않아야 할 때가 많아서 지나치게 형식적인 경우가 많다. 사람들은 대부분 상사와 대화할 때 주의를 기울인다. 상사와 부하직원 사이의 대화가 깊이 있고 진실한 경우는 드물

다. 터놓고 솔직하게 대화를 나눌 상대가 있다면 그것은 매우 값진 일이다.

2. **성인 발달**: 우리 모두는 인생에서 일련의 예상 가능한 변화를 겪는다. 50대가 마치 30대처럼 행동하면 화를 자초하고 만다. 제 나이에 맞게 행동하지 못하는 사람은 발달심리학에서 중요한 교훈을 얻을 수 있다. 발달상의 변화와 욕구는 중요한 동기이기 때문에, 회사의 중요한 결정을 내릴 때는 반드시 이를 고려해야 한다. 경영자는 여러 면에서 끊임없이 발달해야 한다. 동년배보다 앞서 승진한 특출한 젊은 경영자는 규칙과 우선순위가 다른 새로운 문화적 환경에 놓이는 경우가 많다. 예전처럼 동조행동이나 자기홍보, 사교상의 한담을 못마땅해하면 새로운 동료들과 어울리기 어렵다. 이런 리더는 경력상의 발달 단계를 헤쳐 나가기 위해 타인의 도움을 받아 볼 필요가 있다. 성인 발달에 관해서는 개정판에 새롭게 추가한 3장에 자세히 설명해 놓았다.

3. **효과적인 경청 기술 모델링**: 심리치료사는 대개 기업의 경영자보다 훨씬 경청을 잘한다. 그들은 대학원에서 상대방의 말을 효과적으로 경청하는 방법에 관한 수업을 이수한다. 대다수 심리치료사들이 경청의 의의와 역할을 다룬 논문을 읽고, 인턴과정이나 수습과정을 거치며 자신의 경청 기술에 대해 피드백을 받는다. 전직 심리치료사라면 적어도 경영자에게 경청 기술의 본보기model가 되어 주어야 한다. 경영자들은 재진술, 바꿔 말하기, 감정적 반영, 요약, 신체적 경청과 같이 단순한 경청 기술조차 경험해 본 적이 없기 때문에, 이런 것들을 일단 경험하고 이해하면 경영자들에게는 소중한 자산이 된다.

4. **저항**: 사람은 스스로 변할 것이라고 얘기하자마자 변하지 못한다. 사람은 스스로 성장해야 한다고 결심하자마자 성장하지 못한다. 심리치료사들은 저항에 익숙하며 저항이 생길 것이라고 예상한다. 저항이 생겼다고 해서 심리치료사는 놀라거나 낙담하거나 화내지 않는다. 저항은 일상적으로 일어나는 일이다. 도리어 이론적으로 유용한 면도 있다.

5. **협력**: 심리치료사—코치는 경영자 고객과 모든 면에서 경쟁관계에 놓여 있지 않다. 경영자의 성공은 곧 코치의 성공이다. 심리치료사는, 가치 있지만 기업에서는 매우 보기 드문 협력의 관점을 제시한다. 경영자들은 때로 협력하는 것이 더

좋은 상황에도 강박적으로 경쟁을 벌인다. 현대의 기업 직원들을 이끌 때는 협력적인 리더십 모델이 유리하다는 증거가 있다.

6. **정신질환**: 정신건강 분야에서 교육을 받고 경험을 쌓은 코치는 우리가 흔히 접하는 정신질환에 대한 지식이 풍부하고 정신질환을 알아차리는 능력도 좋다. 물론 정신질환을 다루는 것은 경영자 코치의 주 업무는 아니지만, 임직원이 조직에 해를 끼칠 만한 성향을 보일 때는 유용하게 쓸 수 있다. 정신질환에 관한 설명과 정신질환을 알아차리는 방법은 이 책의 개정판 15장에 새로 추가해 놓았다.

7. **대인 관계 관련 리더십 기술**: 리더십의 핵심은 대인 관계다. 심리 지향적 코치는 대인 관계 영역에 필요한 중요한 기법과 독특한 경험을 나눌 수 있다. 리더십 이론에 대한 자세한 사항은 16장에서 다룬다.

이외에도, 코칭에 심리치료 기법을 접목할 때 고려해야 할 구체적인 특성들이 있다. 〈표 2〉에 유념해야 할 주요 특성을 요약해 놓았다.

＜ 표 2 ＞ 코칭과 관련된 심리치료의 긍정적/부정적 특성

긍정적 특성 (코칭에 유용함)	부정적 특성 (회피해야 할 특성)
통찰	수동적 접근법
자각awareness을 목표로 삼기	고객으로부터만 자료 수집하기
자아성찰	느린 속도
자기 내면 이해하기	감정이나 내적 정보에 중점을 두기
문제를 드러내 놓고 이야기하는 편이 • 이야기하지 않거나 • 무시하거나 • 문제가 있어도 괜찮은 척하거나 • 상황이 저절로 좋아지기를 바라는 것보다 낫다.	(상담) 사무실에서 정해진 시각에 정해진 시간 동안(50분) 만나기
라포 형성/특별한 관계	코치에게 의존하기
객관적인 상대로부터 피드백 받기	
비밀보장	

심리치료의 긍정적/부정적 특성(지켜야 할 특성과 피해야 할 특성)

〈표 2〉에서 살펴보았듯이, 코칭이 기업에 유용하고 관련이 있다는 인상을 주기 위해서는 심리치료의 몇몇 특성을 피해야 한다. 특히 코칭을 시작하는 시점에서는 더더욱 그렇다. 일단 고객의 신뢰를 얻고 코칭의 효과를 입증한 후에는 코치가 심리치료사와 혼동될까 봐 조심해야 하는 상황에서 비교적 자유로워질 수 있다. 그러나 이런 문제를 완전히 없앨 수는 없다.

이 책의 종합적인 목적

간단히 말해서 이 책은 독자들이 심리학 이론의 정수를 빠르게 이해하고, 그것을 경영자 코칭이나 매니지먼트 코칭에 효과적으로 적용하는 것을 목표로 삼는다. 이 책의 대상 독자층은 두 부류로, 경영자 코칭의 세계에 입문하려는 심리치료사와 코칭의 심리학적 요소를 더 깊이 이해하려는 조직 컨설턴트가 있다. 각 장은 대체로 심리학 이론의 역사와 기본 개념을 소개하고 나서, 각 이론을 코칭 현장에 실제로 적용하는 사례를 제시한다. 그리고 이론의 장단점을 논의하고 각각의 접근법이 잘 들어맞는 상황과 잘 들어맞지 않는 상황을 제시한다. 개정판에는 새로 네 장을 추가했다. 그중 15장은 코치가 조직에서 맞닥뜨릴 만한 정신질환의 종류를 설명한다. 3장은 발달심리학이 조직에 적절히 기여할 수 있는 요소들을 간추려서 요약한다. 12장은 정서지능을 소개하고 평가한다. 16장은 리더십 이론을 설명한다. 14장은 여성 경영자를 대상으로 한 코칭에 구체적으로 초점을 맞춰 고쳐 썼고, 여성들이 기업이라는 경기장에 입장해 생존경쟁을 넘고 중역실에 입성하기까지 겪게 되는 특유의 문제들을 탐구한다. 17장은 직원, 관리자, 리더 간의 중요한 차이점을 설명한다. 13장은 경영자 코치들이 성공한 스포츠 코치들로부터 배울 수 있는 교훈을 정리한다. 마지막 장은 코칭의 세계에 이제 막 발을 들여놓은 심리치료사들을 위해 조언을 적어 놓았다. 참고문헌과 추천도서 목록은 각 장의 마지막에 첨부해 놓았다.

참고문헌

Anderson, W. T. (1998, January/February). New kid in the boardroom. *The Family Therapy Networker*, 35-40.

Bachkirova, T. (2008). Role of coaching psychology in defining boundaries between counseling and coaching. In S. Palmer & A. Whybrow (Eds.), *Handbook of coaching psychology* (pp. 351-366). London: Routledge.

Berglas, S. (2002, June). The very real dangers of executive coaching. *Harvard Business Review, 80*(6), 86-92.

Charan, R. (2009, January). The coaching industry: A work in progress. *Harvard Business Review, 87*(1), 93.

Coutu, D., & Kauffman, C. (2009, January). What can coaches do for you? *Harvard Business Review, 87*(1), 91-97.

Douglas, C,. & Morley, W. (2000). *Executive coaching: An annotated bibliography*. Greensboro, NC: Center for Creative Leadership.

Executive Coaching Forum. (2008). *The executive coaching handbook*. Available at: www.executivecoachingforum.com

Garman, A. N., Whiston, D. L., & Zlatoper, K. W. (2000). Media perceptions of executive coaching and the formal preparation of coaches. *Consulting Psychology Journal: Practice and Research, 52*(3), 201-205.

Grant, A. M. (2009, January). Coach or couch? *Harvard Business Review, 87*(1), 97.

Grant, A. M., & Zackon, R. (2004). Executive, workplace and life coaching: Findings from a large-scale survey of International Coach Federation members. *International Journal of Evidence Based Coaching and Mentoring, 2*(2), 1-15.

Kampa-Kokesch, S., & Anderson, M. Z. (2001). Executive coaching: A comprehensive review of the literature. *Consulting Psychology Journal: Practice and Research, 53*(4), 205-228.

Kerin, R., & Peterson, R. (1998). *Strategic marketing problems*: Cases and comments. Upper Saddle River, NJ: Prentice Hall.

Kiel, F., Rimmer, E., Williams, K., & Doyle, M. (1996). Coaching at the top. *Coaching Psychology Journal: Practice and Research, 48*(2), 67-77.

Kilburg, R. R. (2004). Trudging toward Dodoville: Conceptual approaches and case students in executive coaching. *Consulting Psychology Journal: Practice and Research, 56*(4), 203-213.

Macmillan, C. (1999). *The role of the organizational consultant: A model for clinicians.*

Unpublished doctoral dissertation, Massachusetts School of Professional Psychology, Boston.

Murphy, D. (2000, June 25). On the fringe: Survival lessons. *San Francisco Sunday Examiner and Chronicle*, pp. J1-2.

Palmer, S., & Whybrow, A. (Eds.). (2008). *Handbook of coaching psychology*. London: Routledge.

Peterson, D. (1996). Executive coaching at work: The art of one-on-one change. *Consulting Psychology Journal: Practice and Research, 48*(2), 78-86.

Peterson, D. (2009, January). Does your coach give you value for your money? *Harvard Business Review, 87*(1), 94.

Prahalad, C. K., & Hamel, G. (1990, May-June). The core competence of the corporation. *Harvard Business Review, 68*(3), 79-91.

Sala, F. (2003). Executive blind spots; Discrepancies between self- and other-ratings. *Consulting Psychology Journal: Practice and Research, 55*(4), 222-229.

Sperry, L. (1993, June). Working with executives: Consulting, counseling and coaching. *Individual Psychology, 49*(2), 257-266.

Sperry, L. (1996). *Corporate therapy and consulting*. New York: Brunner/Mazel.

Tobias, L. (1990). *Psychological consulting to management: A clinician's perspective*. New York: Brunner/Mazel.

Tobias, L. (1996). Coaching executives. *Consulting Psychology Journal: Practice and Research, 48*(2), 87-95.

Weinstein, B. (1999, November 21). Career search: Peters sees black hole for white collars. *San Francisco Sunday Examiner and Chronicle*, p. J2.

추천도서

Benton, D. (1999). *Secrets of a CEO coach*. New York: McGraw-Hill.

Block, P. (2000). *Flawless consulting: A guide to getting your expertise used* (2nd ed.). San Francisco: Jossey-Bass (Pfeiffer).

Doyle, J. (1999). *The business coach: A game plan for the new work environment*. New York: Wiley.

Hall, D., Otazo, K., & Hollenbeck, G. (1999). Behind closed doors: What really happens in executive coaching. *Organizational Dynamics*, 39-52.

Hargrove, R. (1995). *Masterful coaching*. San Francisco: Jossey-Bass (Pfeiffer).

Kauffman, C., & Coutu, D. (2009). *HBR research report: The realities of executive coaching.* Available at: coachingreport.hbr.org

Kilburg, R. (2000). *Executive coaching: Developing managerial wisdom in a world of chaos.* Washington, DC: American Psychological Association.

Kilburg, R. (Ed.). (1996, Spring). Executive coaching [Special issue]. *Consulting Psychology Journal: Practice and Research, 48*(2).

Martin, I. (1996). *From couch to corporation: Becoming a successful corporate therapist.* New York: Wiley.

Miller, J., & Brown, P. (1993). *The corporate coach.* New York: St. Martin's Press.

Richard, J. (1999). Multimodal therapy: A useful model for the executive coach. *Consulting Psychology Journal: Practice and Research, 51*(1), 24-30.

Segal, M. (1997). *Points of influence: A guide to using personality theory at work.* San Francisco: Jossey-Bass.

Spector, E., & Toder, F. (2000, March). Coaching 101: A primer for psychologists. *The California Psychologist, 33*(3), 18.

Stern, L. R. (2004). Executive coaching: A working definition. *Consulting Psychology Journal: Practice and Research, 56*(3), 154-162.

Stevens, J. H. (2005). Executive coaching from the executive's perspective. *Consulting Psychology Journal: Practice and Research, 57*(4), 274-285.

Thach, L., & Heinselman, T. (1999, March). Executive coaching defined. *Training & Development*, 35-39.

Vriend, J. (1985). *Counseling powers and passions.* Alexandria, VA: American Association for Counseling and Development.

Wallace, W., & Hall, D. (1996). *Psychological consultation: Perspectives and applications.* Pacific Grove, CA: Brooks/Cole.

Witherspoon, R., & White, R. (1997). *Four ways that coaching can help executives.* Greensboro, NC: Center for Creative Leadership.

제1장

성공을 부르는 코치의 길

갈림길을 만나면 그 길을 택하라.

—요기 베라(Berra, 1998, p. 48)

이 책의 초판이 출간된 지 8년이 지난 지금, 코칭은 확고한 영역을 구축했다. 몇 가지 뚜렷한 흐름이 이를 뒷받침해 준다. 기업의 변화 속도는 나날이 빨라지고 있다. 기업은 그 어느 때보다 빠르게 돌아가고, 독립적이고, 창의적이고, 요구사항이 많다. 모든 직급에서 고용 보장은 사라졌고, 아무리 좋게 보아도 경기는 불확실하다. 기업 내의 다양성은 마침내 꽃을 피웠다. 여성은 유리천장과 전통적인 여성 직종의 벽을 뚫고 나왔다. 고객들의 요구는 점점 더 까다로워지고 있다. 세계 경제는 두려운 변화를 겪고 있으며, 효과적이고 진실한 리더십이 그 어느 때보다 절실한 상황이다. 이와 같은 경제 상황에서 성공하고자 하는 경영자와 관리자는 가능한 모든 이점을 적극적으로 활용해야 한다. 지금부터 지켜보아야 할 점은 기업과 여타 조직이 허리띠를 졸라매는 현 시점에서, 경영자 코칭이 앞으로도 계속해서 각광을 받을 수 있을지의 여부다.

심리치료사들이 기업에 좋은 영향력을 미칠 수 있다는 사실은 분명히 드러났고, 이제는 심리치료사 중에서 경영자 코치로 전환하는 사람이 나와 주어야 할 시점이다.

처음에는 심리치료에 기반을 둔 채로 코칭을 시작하는 편이 좋을 수도 있다. 새로운 잠재 시장이 생겼다고 해서 당신이 그 시장에 적합할 것이라는 보장은 없다. 기업 세계는 심리치료의 세계와 다르기 때문에 코칭이 어떤 심리치료사에게는 맞지 않을 수도 있다. 심리치료사라는 직업에는 여러 가지 매력이 있다. 심리치료사는 어려움과 고통을 겪고 있는 사람을 도와준다. 심리치료사는 상처를 치료해 준다. 내담자가 인생에서 가장 소중한 영역에서 성장하도록 돕는다. 부모가 적절히 채워 주지 못한 빈자리를 채워 준다. 가끔은 심각하게 자살을 고려하는 사람의 마음을 돌려놓기도 한다. 작지만 나름의 특혜도 누린다. 심리치료사는 직업적으로 상당한 자율성을 누린다. 심리치료사들은 대부분 자기 재량껏 일할 수 있는데, 근무시간도 선택할 수 있고, 자신의 개성을 드러내는 편안한 옷차림을 할 수도 있다. 도움이 절실히 필요하고 도움을 받으면 고맙게 여길 만한 사람들에게 가끔씩은 무료로 혹은 적은 비용으로 심리치료를 해 줄 수도 있다. 심리치료사는 자신의 일을 자기 성장의 발판으로 활용할 수 있다. 대다수의 직업은 삶의 균형을 무너뜨린다. 하지만 심리치료사의 일은 정반대의 효과를 낸다. 심리치료사로 살다 보면, 건강이 무엇인지, 어떻게 건강을 찾고 유지할 수 있을지 진지하게 생각할 기회를 자주 얻게 된다.

심리치료사는 컨설팅 업계로 완전히 전향하지 않고 부업이나 시간제로 경영자 코칭을 할 수도 있다. 그렇게 되면 약간의 분열 상태를 경험하게 될 수도 있지만, 이는 고려해 볼 만한 방안이다. 컨설팅 업계에는 두 부류의 코치가 있다. 한 부류는 대규모의 컨설팅 업체에서 직원이나 독립 계약자로 일하는 코치다. 컨설팅 업체는 일감을 구하고 판매하고 코치의 활동을 관리해 주는 대신 코치에게 전체 코칭비의 일부분만 지불한다. 또 다른 부류의 코치는 개인 사업자로서, 자기가 직접 기업으로부터 코칭을 의뢰받는다. 이 부류의 코치는 일감을 직접 구해서 코칭 서비스를 제공해야 하며 그 대가로 코칭비 전부를 손에 넣는다. 대신 위험 부담 역시 코치가 홀로 모두 떠안아야 한다. 대체로 코치가 받는 보수는 심리치료사가 받는 보수에 비해 비교적 높으며, 코치는 보험사업자와 엮이는 일도 별로 없고 의료 보험을 청구하기 위해 성가신 서류 작업을 해야 할 필요도 없다(물론 컨설팅 업계에서도 복잡한 서류 작업을 요구할 때가 있다).

심리치료 기술 중에 경영자 코칭에 적용될 수 있는 기술이 많다고 해도 심리치료사는 아마추어 애호가처럼 아무런 준비도 없이 코칭에 뛰어들어서는 안 된다. 가끔씩 신문을 읽다 보면 전직 심리치료사가 코치로 전향해서 만족스러운 삶을 살고 있다는 기사를 접하게 된다. 우울한 데다 돈도 적게 내는 내담자들과 씨름하는 대신, 집에서 편안하게 그것도 전화로 경영자 코칭을 한다니! 까다로운 사람을 상대할 필요도, 보험사를 상대할 필요도, 사무실에 나가 있을 필요도 없다. 근래 소개된 성공 스토리에서는 전직 심리치료사가 자기 소유의 요트에서 반바지 차림에 값비싼 선글라스를 끼고 전화로 코칭을 하는 사진이 실렸다. 그녀는 수면을 바라보며 영감을 얻고, 한 번도 직접 만나 본 적이 없는 고객을 전화로 코칭하고 있었다. 어느 책자에 실린 코치는, 따사로운 햇살이 비치는 해변에서 바람에 머리를 흩날리며 전화로 코칭을 하고 있다. 한 광고 전단은 코칭을 '새 천년에 가장 각광받는 틈새시장'으로 소개하기도 했다. 이런 부류의 코칭은 사실 '라이프 코칭'이라는 이름으로 포장한 개인 상담으로써, 정신 건강은 양호하지만 변화를 꾀하거나 경쟁력을 갖추고 싶어 하는 비非경영인을 대상으로 진행하는 코칭이다. 이와 같이 개인적 성공을 위한 코칭도 나쁘지는 않지만 이는 경영자 코칭이 아니며, 잠재적으로 경영자 코치의 명성에 해를 끼치거나 초점을 흐릴 수 있다.

지난 10년간 여러 유형의 코칭이 발전해 왔는데, 그중 일부 코칭 활동은 잠재적으로 고객에게 위해를 가할 수 있다는 점에서 우려를 자아내고 있다. 라이프 코치, 개인 코치, 변화 코치, 성공 코치들이 사람들의 실제적 어려움을 대수롭지 않다는 식으로 취급하고 홍보하면, 코칭 업계는 나쁜 평판을 얻게 되고 그 피해는 고스란히 비즈니스 코치나 경영자 코치들이 받게 된다. 이와 같은 심각한 문제를 윤리적 관점에서 어떻게 바라보아야 할지는 18장에서 다루었다. 라이프 코칭은 (심리치료에 대한 훈련을 받지도 않고 면허를 획득하지도 않은 사람이 코칭 고객에게 심리치료를 시도하지만 않는다면) 효과적으로 진행될 수만 있다면 별다른 문제가 없을 듯하다. 하지만 의도는 선량하지만 정식 훈련 과정을 거치지 않은 사람이 자신에게 타인을 고치는 특별한 재능이 있다고 생각할 때는 실제로 커다란 위험이 따른다. 만일 독자가 비즈니스 코칭이나 경영자 코칭을 진지하게 고려하고 있다면 반드시 거쳐야 하는 전환 과정이 몇 가지 있다.

전환 과정 1: 경영 문화와 이윤 추구

경영자 코칭은 경영과 기업의 세계와 깊은 연관을 맺고 있다. 그로 인해 독자가 세심히 주의를 기울이고 변화를 꾀해야 하는 영역이 몇 가지 있다.

돈

근본적으로, 심리치료와 기업 문화 사이의 가장 중요한 차이점은 돈에 대한 태도다. 간단히 말해서, 기업의 목적은 이해관계자와 주주에게 이윤을 되돌려주는 것이다. 이 목적은 대개 수익 창출을 통해서 달성된다. 경영 대학원에서 학생들은 이것이 윤리적인 문제라고 배운다. 주식회사의 경영자는 투자자에게 유리한 결정을 내려야 한다. 이윤 추구를 다른 과업이나 목적과 혼동하는 경영자는 자신의 투자금이 잘 활용될 것이라 믿고 있는 주주들에게 피해를 준다. 기업에서 이윤 추구가 아닌 다른 목적을 앞세우는 행위는 비윤리적이다. 수익은 주식회사에서 그만큼 중요하다. 소규모 사업체는 주식회사에 비해서는 수익지향성을 고집하지 않지만, 그래도 수익 추구에 대한 동기가 강하다. 경영주는 임대료와 직원의 월급을 지급해야 한다. 수익을 올리지 못한다면 사업을 그만두고 지금 하는 일을 '취미'로 여겨야 한다. 미국 국세청$_{IRS}$은 이에 관해 확고한 기준을 마련해 놓고 있다. 미국에서는 사업체가 일정 기간이 지나도 수익을 내지 못하면 세금에서 경비를 공제받지 못하는데, 그 이유는 그런 사업체에 대해 경비를 공제해 준다면 정부가 취미생활을 지원하는 셈이 되기 때문이다. 소규모 사업체의 경영주들은 여러 면에서 수익의 중요성을 더 절실하게 느낀다. 수익을 내지 못하면 폐업을 하는 수밖에 없기 때문이다. 그러한 위험 부담으로 인해 경영주들은 수익 추구에 관심을 집중하게 된다. 경영계의 실리적인 수익 추구 성향은 깊고 강력하며, 누구도 이러한 성향에 대해 양해를 구하지 않는다.

심리치료 업계에서는 돈을 유용한 서비스나 보살핌을 제공하는 데 따르는 부산물로 여긴다. 중요한 것은 심리치료 서비스 그 자체이고 돈은 '필요악'의 긍정적인 측면일 뿐이다. 심리치료사 중에 돈을 향유하는 사람은 드물고, 자신이 정확히 얼마나 버는지 알지 못할 만큼 많은 돈을 버는 사람도 드물다. 심리치료의 문화에서 돈은 중요한 요소가 아니다. 심리치료사들은 탐욕을 마땅치 않게 여긴다. 심리치료사들 역시 돈을 더 벌고 싶어 할지도 모르지만, 그런 마음을 직접적으로 언급하는 경우는 별로 없다. 심리치료사들은 대개 사람을 돕고 싶어서, 긍정적인 변화를 일으키고 싶어서, 혹은 심리학 이론과 사상에 매료되어서 이 직업을 택한다. 돈은 부차적인 요소다.

경영자들은 (늘 그래 왔지만 특히 1990년 이후로) 돈의 역할에 대해서 가식적인 태도를 취하지 않는다. 돈은 성과를 평가하는 방식이다. 집으로 들고 가는 돈이 자신의 성과를 대변한다. 돈은 명확하고 단순한 기준이며, 이 견해에 관해 변명을 하는 사람은 거의 없다. 이것이 현실이고, 대다수 사람들은 이것을 꽤 괜찮은 방식으로 여긴다. 물론 많은 경영자들이 세상을 더 좋은 곳으로 만들려는 목적으로 일을 하지만, 그렇다고 해도 여전히 성과를 평가하는 잣대는 돈이다. 이 지배적인 관점을 이해하고 싶다면 아인 랜드Ayn Rand의 글을 읽어 보자. 이에 관한 일상적인 관점을 이해하려면「월스트리트저널」(경영인들은 **그 저널**이라고 부른다)을 읽어 보자. 컨설턴트로 전향하려는 심리치료사라면 돈과 관련된 업계 간의 차이를 이해하고 건강하고 효과적이며 현실적인 방식으로 경영계의 관점을 수용할 수 있어야 한다.

속 도

기업의 세계는 심리치료의 세계보다 훨씬 빠르게 돌아간다. 'A지점에서 B지점으로 직행하기'라는 기업의 은유가 '양파 껍질 벗기기'라는 심리치료사의 은유보다 훨씬 낫다. 심리치료사들은 숙고와 성찰을 가치 있게 여기는 반면 기업은 성과를 빨리 내라고 채근한다. 경영자들은 행동 지향적이며, 성찰을 할 시간에 행동을 하는 편이 낫다고 볼 정도로 행동을 신뢰한다. 경영자들은 '분석을 하느라 마비되는 상황paralysis of analysis'을 꺼린다. 반면, 심리치료사들은 관념을 다루고 성찰을 한다. 심리치료의 구성 개념은 수량화하거나 측정하기 어렵지만 그래도 별다른 문제가 없다. 경영자들은 목표를 지향하고 끊임없이 진척 상황을 평가하라고 배운다. 경영자들은 기준과 '지표'를 좋아한다. 이들은 분기마다 손익 결과를 제시해야 하고, 성과 향상에 대한 기대를 받는다. 그 결과 경영자들은 최대한 빨리 움직이려 한다. 때로 서두르다가 사려 깊은 태도를 잊어버리기도 한다. 그럴 만한 시간이 없기 때문이다.

경영자 코치는 이런 환경에 적응할 수 있어야 한다. 코치는 이런 관점에 동의할 필요는 없지만, 기업 문화 속에서 일하기를 바란다면 이런 경향을 폄하해서도 안 된다. 기업의 속도를 감수하는 법을 배워야 한다. 기업의 문화에서 에너지를 얻되 자신이 소중히 여기는 가치와 타협하지는 않아야 한다. 사실, 코치는 흔히 고객에게 성찰을 권유하는 역할을 한다. 성찰에는 강력한 힘이 있다. 다만 일상 업무에서 성찰을 할 만한 여유가 없을 뿐이다.

전환 과정 2: 자기표현

> 마케팅이란 회사가 시장 환경에 창의적으로, 수익성 있게 적응하기 위해 실시하는 모든 행위를 말한다.
>
> −레이 코리Ray Corey(Kotler, 1997, p. 1)

기업에서 코칭을 하고 싶은 사람이라면 말할 때나 행동할 때나 옷을 입을 때나 심리치료사처럼 보여서는 안 된다. 심리치료사는 내담자를 상대하는 사람이고, 경영자는 '내담자'의 역할에 엮이는 것을 꺼린다. 코치가 심리치료사와 달라야 할 점을 두 가지 꼽자면 외모와 어투를 꼽을 수 있다.

외 모

첫째로, 코치는 수긍할 만한 선에서 경영자처럼 차려입고 행동해야 한다. 첫인상은 상대에게 강한 영향력을 미치며(사회심리학을 떠올려 보자), 코치가 전형적으로 '자유분방한' 심리치료사처럼 옷을 입으면 경영자에게 좋은 인상을 주기 어렵다. 코칭을 진지하게 고려하고 있는데 옷차림을 어떻게 해야 할지 잘 모르겠다면 의상 코치를 구해 보자. 혼자서는 어떤 옷차림이 적절한지 현명하게 판단하지 못할 가능성이 높다. 옷차림이나 외모를 대수롭지 않게 여겨서 별다른 신경을 쓰지 않는 사람도 있을 것이다. 하지만 옷차림이 자신을 표현하는 한 가지 수단이라는 점을 기억하고, 기업에서는 기업의 방식을 따라야 한다. 일단 옷차림을 일종의 도구로 여기기로 했다면, 그 도구를 갈고닦아야 한다. 금융업계 종사자처럼 보일 필요는 없다. 어느 정도 개성을 표현할 수는 있지만, 옷차림에서 존재감과 무게감이 나타나야 하며 기업의 관행에 어느 정도 순응하는 모습도 보여 주어야 한다. 경영자들은 옷차림이 튀는 사람을 경계한다. 다행히 요즘에는 기업의 복장 규정이 바뀌고 있는 추세이고, 넥타이와 하이힐을 권장하지 않는 회사도 많다. 코치는 코칭 대상 기업의 복장 문화를 파악하여 그에 맞춰 옷을 입어야 하고, 특히 고객의 회사를 방문하거나 고객의 업무 현장에서 '섀도잉'을 할 때는 더더욱 그래야 한다. 경영자들은 '멋지게 차려입을' 줄 아는 사람을 존중하는 경향이 있다. 옷을 야하게 입지 않도록 주의하고, 조직 문화에 맞지 않는 문신이나 피어싱은 드러내지 않도록 한다.

어투와 어휘

둘째로, 코치는 사용하는 어휘를 바꾸어야 한다. 모든 직업이 다 그렇지만 심리치료 업계에도 업계 특유의 용어가 있다. 이런 용어는 심리치료사가 아닌 일반인들에게는 그다지 거슬리지 않고 정상적으로 여겨질 수 있지만, 기업 환경에서 사용했을 경우에는 상대가 코칭에 '흥미를 잃게 만드는' 요인이 될 수 있다. 경영계와 특정 산업계에는 그 안에서만 통용되는 어투가 있으므로, 코치는 이를 습득해야 한다. 코치가 그런 어투를 꼭 구사해야 할 필요는 없지만(그런 시도는 허위적으로 느껴질 수도 있다) 업계에서 흔히 사용되는 어휘에는 익숙해져야 한다. 예를 들어, 치과병원에서 컨설팅이나 코칭을 한다면, 치주나 보존치료와 같은 용어의 의미를 배우고, 환자 파일을 차트라고 부르며, 치위생사와 치과보조사의 차이를 알아야 한다. 고객은 코치가 처음부터 이런 사항을 다 알고 있으리라 기대하지는 않겠지만, 그래도 코치는 코칭이 시작되면 업계의 용어를 재빨리 습득해야 한다. 처음에는 모르면서 짐짓 아는 척하지 말고 거리낌 없이 많이 질문해야 한다. 그러고 나서는 열심히 익혀야 한다.

〈표 1-1〉에 코치가 기업에서 바꿔서 사용해야 할 일반적인 용어의 예를 수록해 놓았다. 예를 들어, "스트레스 상황에서 업무를 수행하는 데 문제가 있네요."라고 말하는 대신 "뜻밖의 기회를 살리는 법을 배우는 것이 하나의 도전과제네요."라고 말할

코치가 지양해야 할 심리치료 언어	코치가 배워야 할 경영 언어
문제 ("무슨 문제가 있나요?")	도전과제, 해결책 ("당면과제가 뭔가요? 어떤 해결책이 필요한가요?")
왜 ("왜 이런 일이 일어났을까요?")	어떻게 ("어떻게 이런 일이 일어났을까요?")
면담session(내담자)	미팅
작업 방식, 일하는 방식	방법, 방법론
느낌 ("……라는 느낌이 드네요.")	생각 ("제 생각은 이래요." "제가 생각하기에는……")
감정 ("어떤 감정이 드나요?")	반응 ("어떤 반응이 일어나나요?")
~있어서는 ("이 문제에 있어서는 이런 생각이 드는군요.")	~대해서는 ("이 문제에 대해서는 염려가 되는군요.")
과업 ("무엇을 해야 할까요?")	결과, 결과물 ("어떤 결과물을 내야 할까요?")

수 있다. 기업계의 어투는 다소 우스꽝스럽게 들릴 수 있으며, 대개 긍정적인 행위와 관련된 어휘(예: 해결 지향)를 사용한다. 하지만 이런 어투는 법정통화와 같다. 사람들이 이런 말의 의미를 전적으로 심각하게 받아들이는 것은 아니지만, 기업에는 따라야 할 규칙이 있으므로 외부인인 코치는 그 규칙에 주의를 기울여야 한다. 그러므로 코치는 사용하는 용어에 주의를 기울여야 한다. "불안해 보이네요."라고 말하는 대신 "긴장하신 듯하군요."라는 말을 고려해 보자. 혹은 "긴장하신 듯합니다. 왜 그런 반응이 나타났을까요? 어떤 생각을 하신 건가요?"라고 말해 보자. 감정과 관련된 말을 할 때는 심란하다는 표현을 고려해 보자. 심리치료를 할 때처럼 화가 났는지, 마음이 상했는지, 창피한지 묻지 말고 '심란해' 보인다고 고객에게 말을 건네 보자. 코치는 서로 다른 두 가지 문화를 이어 줄 자기만의 코칭 어휘를 발전시켜야 한다.

심리치료사는 경영인이 듣기에 별로 설득력이 없는 언어 습관이나 어조를 사용하는 경우가 많다. 심리치료를 할 때는 이런 점이 크게 문제가 되지는 않지만, 기업에서 코칭을 할 때는 문제가 될 수 있다. 예를 들어, 문단마다(문장마다) '~ 같다like'는 단어를 한 번 이상 사용하면 '미숙해' 보이거나 '그다지 똑똑하지 않다'는 인상을 줄 수 있다. 질문을 하지 않을 때도 '상승조'(문장 끝으로 갈수록 억양을 올리는 것)로 말하는 버릇이 있다면 상대에게 혼란을 줄 수 있다. 상대는 코치가 자신의 주장에 확신이 있는지, 확실히 알고 말을 하는 것인지 의문을 품을 수 있다. 불확실성을 표현하는 말은 과학과 심리치료의 세계(그 무엇에 관해서도 100% 확신을 할 수 없는 영역)에서는 이해할 만하지만, 경영의 세계에서는 실패의 원인이 될 수 있다. 자신이 어떻게 말하는지 귀 기울여 들어보자. 자신의 말을 녹음해서 들어보자. 주위 사람들의 도움을 받아서 화술과 어투를 개선해 보자.

전환 과정 3: 마케팅과 판매

> 마케팅의 역할은 사회적 니즈를, 수익을 창출하는 기회로 바꾸는 것이다.
> ─필립 코틀러(Kotler, 1997, p. 1)

코치는 사람들에게 자신의 코칭 상품을 마케팅하고 판매할 줄 알아야 한다. 대다수 사람들은 마케팅과 판매라는 두 가지 필수적인 활동의 차이점을 잘 알지 못한다. 마케팅은 광고와 동의어가 아니며, 심리치료사들은 대개 자신이 무언가를 판매해야 한다는 발상을 싫어한다. 또 자신이 그런 일을 잘할 수 있으리라고 여기지도 않는다. 마케팅은 광고와 판매를 포괄하는 상위 개념이다. 하지만 그 외에도 마케팅의 기능은 더 광범위하며 매우 흥미롭다.

> 마케팅은 너무나 근본적인 기능을 담당해서, 독립된 기능으로 간주할 수 없다. 마케팅이란 사업 전체를……. 고객의 관점에서 바라보는 행위다(피터 드러커Peter Drucker, Kotler, 1997, p. 1에서 인용).

마케팅을 한다는 것은, 고객의 니즈와 구매 의사를 파악하고 거기에 맞게 자신이 제공할 수 있는 상품과 서비스를 내놓는다는 뜻이다. 그러려면 잠재 고객을 평가해야 하고, 고객의 니즈에 맞게 자신이 제공할 수 있는 상품과 서비스가 무엇인지 정확히 이해해야 한다. 또 시장에 무엇이 부족한지도 평가해야 한다. 이 과정은 얼핏 보기에는 단순해 보일지 몰라도 사실은 그리 만만치가 않은데, 그 이유는 같은 일을 하고 있는 경쟁자들이 매우 많고, 그들이 이미 기존의 고객 니즈를 충족시켜 왔기 때문이다.

고객의 니즈는 나날이 발전하기 때문에 끊임없이 적절히 대응해 주는 과정이 필요하다. 경영자 코칭 역시 정신건강 전문가들이 나날이 변해 가는 기업의 니즈에 부응한 사례로, 이제 코치들은 마케팅과 관련한 까다로운 문제들이 대다수 해결된 상태에서 코칭을 시작할 수 있다. 코칭 시장은 이미 어느 정도 발전이 된 상태다. 대기업은 이제 경영자 코칭이 무엇인지 알고 있고 기업에 코칭이 필요하다는 점도 알고 있다. 이제 코치가 해야 할 일은 경기가 소강상태에 접어들 때도 코칭의 유용성과 매력을 유지할 방법을 찾아내는 것이다. 한편, 고용주들은 최고의 인재를 놓치지 않으려 하고, 교육과 인재개발에 투자한 돈이 낭비되기를 바라지 않는다. 고용주들은 좋은 경영자를 고용하고 개발하는 데 얼마나 많은 비용이 드는지 알기 때문에, 경영자들이 좋지 않은 감정으로 (쌓아 놓은 지식을 다 가지고) 기업을 떠나는 상황을 싫어한다. 또 고용주들은 대개 무능하거나 부적합한 리더가 조직에 얼마나 큰 혼란과 피해를 불러올 수 있는지 알고 있다. 또 탁월한 애널리스트나 소프트웨어 개발자를 아무런 준비 없이 승진시켜서 그들이 관리자나 파트너의 역할을 원활히 수행하리라고 기대할 수 없다는 점도 안다.

그렇기는 하지만 마케팅과 관련하여 코치가 담당해야 할 몫이 몇 가지 남아 있다. 첫째, 코치는 자신이 고객에게 어떤 서비스를 제공할 수 있는지 파악해야 한다. 그러고 나서 잠재 고객의 니즈를 충족할 수 있게 서비스를 추가하거나 조정해야 한다. 그러기 위해서는 고객이 무엇을 원하는지 조사하는 과정이 필요하다. 또 자신을 성찰하고 평가해 보아야 할 수도 있다. 또 코치는 고객이 미처 깨닫지 못한 니즈를 코치가 채워 줄 수 있다는 점을 알리고, 고객의 니즈를 채워 주는 새로운 서비스를 (코치의 핵심역량에서 벗어나지 않는 범위 내에서) 창의적으로 개발해야 할 수도 있다. 코치는 새로운 코칭 '상품'을 제안하거나 새로운 코칭 방식을 활용할 수도 있다. 혹은 아직 코칭이 보편화되지 않은 분야의 잠재 고객에게 코칭 서비스를 제공하기로 결심할 수도 있다 (예: 치과의사, 변호사, 회계사, 인쇄업자, 공구점 업주, 호텔 관리자, 가족 사업자). 이때 코치가 잘 알고 있거나 경험이 있는 틈새시장에 진입하면 큰 도움이 된다.

핵심역량

그와 동시에, 코치는 한두 가지 핵심역량에 집중하기로 결심해야 한다. 핵심역량은 본질적인 개념으로 코치가 하는 일을 정의해 주고, 코치가 계속해서 올바른 방향으로 나아가게 해 준다. 핵심역량(때로는 독보적 역량이라고 불리기도 한다)은 자신이 가장 잘할 수 있는 한 가지 일로 자신을 다른 사람들과 차별화해 준다. 핵심역량은 코치의 모든 것이며 코치 본인의 강점과 특성을 포함한다. 핵심역량은 본인의 전문 분야로, 자기가 오랜 기간 노력을 기울여 온 분야를 말한다. 핵심역량은 자신이 가장 잘 알고, 가장 잘할 수 있는 일이다. 핵심 역량에는 타인이 모방하기 어려운 개인 특유의 타고난 재능, 기술, 자원이 포함된다. 성공적인 사업체는 알든 모르든 저마다 핵심역량을 보유하고 있다. (핵심역량을 갖추지 못했다면, 특별한 입지나 명성과 같은 중요한 이점이 없이는 살아남기 어렵다.) 코치는 자신의 독보적 역량을 십분 활용해야 한다. 자신의 역량을 여기저기에 분산시키고 평범한 코치로 전락해서는 안 된다. 때로는 이 일 저 일 모두 해 보고 싶을 때도 있겠지만 팔방미인이 되려고 애쓸 필요는 없다. 핵심역량에 집중하고 그 분야에서 탁월해져야 한다. 그 과정에서, 변화하는 시장의 니즈와 코치가 꾸준히 발전시켜 온 핵심 기술 사이에 묘한 갈등이 생길 수도 있다(코치 개인이 제공하려는 서비스에 시장이 관심을 보이지 않을 수도 있다). 이런 갈등 상황에 주의를 기울여야 한다. 유행은 왔다가 사라지기 마련이다. 중요한 점은 지속가능한 경쟁우위를 확보하는 것이다.

마케팅은 전통적으로 '4P'를 다룬다. 이 네 가지 요소가 종합적인 마케팅 계획의 기초를 형성한다. 네 가지 요소는 각각 제품product, 유통place, 가격price, 홍보promotion다.

제 품 자신이 판매하고자 하는 제품이 무엇인지 결정한다. 여기에는 책, DVD, 워크숍 혹은 웹 자료와 같이 유형상품tangible product을 비롯한 '제품믹스product mix'가 포함될 수 있다.

코치는 특히 자신이 하는 일을 명확하고 간결하게 설명할 줄 알아야 한다. 코칭을 정의할 수 있어야 하고, 이때 결과 지향적인 정의를 선택해야 한다. 그러기가 쉽지는 않은데, 그 이유는 코치가 본질적으로 무형의 서비스를 제공하기 때문이다. 다음에 코칭의 정의에 도움이 될 만한 몇 가지 사항을 제시해 놓았다. 먼저, 코치가 할 수 있는 일이 무엇인지 생각해 보자. 코치는 다음 영역에서 고객이 능력을 개발하도록 도울 수 있다.

- 경청 기술
- 대인 관계 기술
- 위임
- 회의에서의 행동, 회의를 주관하는 능력
- 대중 연설
- 피드백 능력
- 사내 정치의 이해
- 자기이해
- 자기표현
- 전략적 사고

또한 코치는 고객사의 성과에 어떤 식으로 기여할 수 있을지 표현할 수 있어야 한다.
- 경영자의 실적 향상
- 시장점유율 상승 보조
- 기업 이미지 제고
- 고객만족 상승
- 불만 감소
- 생산성 개선
- 효율성 향상
- 핵심 인재 유출 방지
- 리더 개발

잠재 고객에게 코칭을 소개할 때 가장 중요한 점은, 코칭이 고객에게 어떤 면에서 도움이 되는지 이야기할 수 있어야 한다는 것이다. 코칭을 받고 나면 무엇이 달라질(나아질) 것인가? 어떤 혜택이 있는가? 이러한 성과는 최대한 실리적인 관점에서 표현해야 한다(예: 수익성 향상, 인재 유출 방지). 일반적으로 기업은 단순히 직원의 만족감을 향상하기 위해서 돈을 투자하지는 않는다.

유 통　　자신의 활동 방식과 지역, 고객의 의뢰를 받는 창구를 고민해 보아야 한다. 예를 들어, 대규모 컨설팅 업체의 컨설턴트로 활동할지, 프리랜서 컨설턴트로 활동할지, 혹은 기업 임직원의 코칭을 담당하는 사내 컨설턴트로 활동할지 결정해야 한다. 웹 사이트를 효과적으로 활용해야 한다. 이동거리의 한계를 설정해야 한다. 경영 컨설턴트들 중에는 출장을 많이 다니는 사람도 있다. 자신에게 며칠씩 혹은 몇 주씩 호텔에서 지낼 의사가 있는지 고려해 보아야 한다.

가 격　　코칭 비용을 어떤 식으로 책정할지 결정한다. 자신이 활동하려는 지역과 업계 관계자에게 자문을 구한다. 일별 요금이나 연간 요금뿐만 아니라 스톡옵션과 같은 방식도 고려하여 가격 책정 방식을 다양화하고, 이와 더불어 가치에 기반을 두고 가격을 결정하는 방안도 진지하게 고려해 본다. 가치기반 방식value–based fees은 고객이 얻은 구체적 성과와 일반적 성과의 가치총액을 기반으로 하여 가격(총액)을 결정하는 것이다. 이 가격 결정 방식에 관해 더 자세히 알고자 한다면 바이스(Weiss, 1998)의 저서를 참고하기 바란다. 코치는 코칭 비용을 시간당 요금으로 한정하지 않도록 주의해야 한다. 시간당 요금은 코치가 시장에서 가치를 인정받고 명성을 얻은 후에는 코칭비를 제한하는 요인이 될 수 있다. 근래 경영 컨설팅에서는 프로젝트별로 가격을 설정하는 방법이 가장 흔히 사용되며, 기업도 이런 방식으로 컨설턴트에게 비용을 지불하는 데 익숙하다. 가격 결정에 관하여 한 가지 더 조언을 하자면, 코치는 조직이나 기업에 가치 있는 기여를 해 줄 수 있다면, 자신이 받는 대가에 대해서 겸연쩍어하지 않아야 한다. 또 고객을 만나기 위해 오고 가는 비용도 모두 가격에 반영해야 한다.

홍 보　　잠재 고객에게 자신의 코칭 서비스와 서비스의 가치를 알릴 방법을 결정해야 한다. 코치는 고객이 코치를 알아서 찾아오리라고 기대해서는 안 된다. 대다수 심리치료사들이 자기홍보를 극도로 싫어하지만, 자기홍보는 컨설팅 업계에서 성공하려면 꼭 해야 할 일이다. 코치는 홍보 활동에 대해 깊이 생각해 보아야 한다. 홍보 활동을 할 때 꼭 갖춰야 할 자세에 대해 생각해 보자. 홍보 활동을 할 때는, 자신이 타인에게 값진 서비스를 제공해 줄 능력이 있고, 그 서비스로 인해 고객은 매우 긍정적인 영향을 받을 수 있다는 자세로 임해야 한다(이런 확신이 없다면, 자신이 하고 있는 일과 그 일을 하는 이유를 다시 생각해 보아야 한다. 이런 확신은 기본적으로 반드시 갖추어야 할 요건이다. 자신이 가치 있는 서비스를 제공할 수 없다고 생각한다면, 자신이 제공하는 서비스를 개발, 변화시키거나, 혹은 코칭 업계를 떠나야 한다).

　코치는 새로운 잠재 고객과 소통해야 한다. 홍보는 자랑이나 강매와 다르다. 홍보는 코치의 서비스와 고객의 니즈가 서로 득이 되도록 연결해 주는 것이다. 실제로 세상에는 훌륭한 코칭에서 득을 볼 수 있는 고객이 많이 있다. 기업계에는 코치가 기여할 수 있는 요소가 많다는 점을 기억해두자. 그리고 코칭 서비스 대상을 대기업으로 한정 짓지 말아야 한다. 다양한 사업체와 조직 역시 코칭 서비스를 활용할 수 있으며, 그런 사업체에는 치과, 병원, 변호사 사무실, 비영리단체, 가족 사업체 등이 있다. 시중에는 홍보와 관련해서 참고할 만한 도서가 여럿 출간되어 있으며, 그중 몇몇 책은 이번 장의 '참고문헌'란에 수록되어 있다.

　만약 코칭 업계에 뛰어들기로 결심을 내렸다면, 다음에 제시해 놓은 과제를 달성해야 한다.

1. **시장의 니즈를 파악한다**－관련 도서를 읽거나 코칭 교육을 받거나 경영인을 대상으로 인터뷰를 진행한다. 이 과제의 목적은 기회 요소가 어디에 있는지, 진입장벽을 어떻게 평가할지 파악하는 것이다. 시장 환경의 진입 장벽 요인에는 무엇이 있는가? 기회의 문이 가장 많이 열린 곳은 어디인가?
2. **자신이 제공할 서비스를 파악한다**－시장의 니즈에 부응하기 위해서 스스로 변화를 꾀할지, 아니면 새로운 기술을 습득해야 할지를 결정한다. 시장에서 잡을 수

있는 기회에 비추어 자신의 강점과 약점을 정확히 파악한다. 자신의 인맥이나 능력에 따라 접근하기가 쉬운 회사나 업계가 있을 것이다. 자신의 기술과 자원을 시장의 기회 요소와 진입 장벽과 비교해 본다.

3. **자신의 코칭 서비스를 심리치료나 경쟁자의 코칭 서비스와 차별화한다**−자신의 독보적인 역량, 즉 자신의 특기가 무엇인지 결정한다. 고객에게 자신이 경쟁자와 어떻게 다른지, 어떤 일을 가장 잘 해낼 수 있는지 간결하게 설명할 수 있어야 한다. 자신이 특정 고객이나 업계에 대해 최적의 코치가 아닌 경우, 다른 사람을 추천해 줄 수 있어야 한다. 설사 이번 일을 자신이 맡을 수 없다고 해도, 서비스 지향적인 태도를 취하여 고객이 당면한 문제를 해결할 수 있게 도와주어야 한다. 경영인들은 컨설턴트가 자신의 일감을 구하는 데 급급한 태도를 보이면 경계심을 품는다. 코치는 고객의 성공에 자신의 모든 노력을 기울여야 한다. 그렇게 하면 경영인들은 그 코치의 도움을 기억할 것이고, 다음에 도움이 필요할 때 그 코치를 다시 찾거나 다른 사람에게 소개해 줄 가능성이 높아진다.

4. **자신의 존재를 알린다**−코칭 서비스를 기업에 홍보한다. 기업은 컨설턴트가 필요하다. 컨설턴트는 기업이 스스로 해결하지 못하는 문제를 해결하도록 도와준다. 컨설턴트는 기업이 비용을 절약하도록 도와준다. 컨설턴트는 기업이 보유하지 않은, 그리고 내부적으로 개발할 의사가 없는 전문성을 갖추고 있다. 컨설턴트는 이러한 일을 기업이 내부적으로 수행할 때보다 저비용 고효율로 처리하도록 도움을 줄 수 있다.

5. **코칭 서비스의 가치를 지속적으로 평가한다**−시장 변화에 맞게 코칭 서비스를 조정한다. 고객의 니즈에 맞는 서비스를 제공하도록 노력한다. 또한 고객이 자신의 니즈를 파악하도록 도와준다. 고객에게는 분명 자신이 미처 인식하지 못한 중요한 니즈가 있을 것이다. 고객이 이런 니즈를 이해할 수 있게 돕고, 고객이 코칭에 돈을 투자하는 것이 장기적인 관점에서 보면 오히려 비용을 절감해 주고 회사에 이득이 된다는 점을 깨닫게 해 준다. 이를 위한 한 가지 방법은, 코칭의 성과를 자료에 기초하여 평가하는 방법을 개발하고 실행하는 것이다. 코칭의 성공 사례를 기록하고 자료로 남겨 보관해 놓자. 이런 자료를 제시하면 현 고객과 미래

의 고객에게 깊은 인상을 남길 수 있고, 코칭 비용을 지불하는 고객사에게 코칭의 효과를 입증할 수 있다. 코칭 서비스를 어떻게 평가해야 할지 잘 모르겠다면, 평가 영역에서 도움을 줄 수 있는 사람을 고용해 봄직하다. 이들에게 건당 수수료를 지급하고, 이 비용을 고객에게 청구하는 방법도 고려해 본다.

6. **경영인들과 시간을 보낸다**—코치는 가급적 일과 관련해서는 심리치료사들과 많은 시간을 보내지 않아야 한다. 바이스(Weiss, 1998)가 언급한 바와 같이, 이는 우체국에 우표를 팔려고 노력하는 셈이다. 심리치료사 단체의 모임은 건너뛰고, 경영 컨설턴트 단체의 모임에 참석하도록 하자. 그보다 더 좋은 것은 경영인들의 모임에 참석하는 것이다. 상공회의소나 로터리 클럽, 인재개발 프로그램을 찾아다녀 보자. 사람들에게 자신이 어떤 일을 하는지 소개하고, 자신이 제공하는 코칭 서비스의 체계를 잡는 데 도움을 구해 보자. 로터리 클럽은 항상 오찬 회의에서 연설할 사람을 찾고 있으며, 경영인들은 이러한 모임의 목적 중 하나가 인맥 형성임을 잘 알고 있다.

7. **멘토를 찾는다**—자신에게 부족한 지식을 채워 줄 수 있는 사람과 친분 관계를 맺는다. 멘토와의 관계에 공을 들인다(도움의 대가를 지불해야 한다면 기꺼이 지불한다). 코치는 멘토로부터 커다란 도움을 얻을 수 있다.

코치의 자기홍보 요령

경영 컨설턴트로서의 코치는 주로 인맥과 평판을 통해 일감을 얻게 되는데, 아직 인맥이나 평판을 쌓지 못한 코치라면 어디에서든 코칭을 시작해야 한다. 「하버드 비즈니스 리뷰」의 설문조사(Kauffman & Coutu, 2009, p. 20)에 참여한 숙련된 경영자 코치들에 따르면, 조직은 코치를 고용할 때 다음의 사항을 (순차적으로) 살펴보아야 한다(140명의 응답자 중에서 퍼센트는 각각의 기준이 중요하다고 평가한 코치의 비율을 말한다).

1. 코치가 유사한 상황에서 코칭을 한 경험이 있다. (65%)
2. 코치가 코칭 방법론을 명확히 설명할 수 있다. (61%)
3. 코칭 고객 명단의 질이 좋다. (50%)
4. 코치가 코칭을 받은 경험이 있다. (36%)

5. 코치가 조직개발 분야에서 일한 경력이 있다. (35%)

6. 코칭에 비용을 투자하여 얻은 효용을 평가할 수 있다. (32%)

7. 코치가 입증된 코칭 방법에 대한 자격증을 소지하고 있다. (29%)

8. 코치가 유사한 상황에서 일한 경험이 있다. (27%)

9. 코치가 해당 분야의 권위자로 인정받고 있다. (25%)

10. 심리학자나 심리치료사로서의 경험이 있다. (13%)

웨이사이리신(Wasylyshyn, 2003)은 87명의 경영자에게 코치를 선택할 때 어떤 기준을 활용하는지 조사하고 앞의 조사와 비슷한 결과를 얻었다.

1. 심리학 대학원 과정 이수 (82%)

2. 조직 관리 경험 (78%)

3. 코칭 경험과 긍정적인 평판 (25%)

4. 고객 업계에서의 경험/기업 문화에 관한 지식 (15%)

5. 코치를 추천한 사람의 판단에 대한 신뢰 (12%)

다행히도 경영자들은 심리학 교육을 가치 있게 여긴다.

웨이사이리신의 연구에서, 코치가 갖춰야 할 세 가지 자질로 경영자들이 꼽은 것은 경영자와 강한 유대감을 형성하는 능력, 투철한 전문성, 명확한 코칭 방법론의 활용이었다.

코치의 권위와 전문성이 어디서 나오는지 생각해 보자. 경영자 코치로서 당신은 어떤 권위를 갖추고 있는가? (앞서 언급한 설문조사에서 심리치료사로서 힘들여 얻은 성공적인 경력이 그다지 높은 평가를 받지 못했다는 점을 기억하자.) 고객이 당신에게 기회를 주어야 할 이유는 무엇인가? 코칭이 실패로 돌아가면, 대다수 코칭 고객은 돈 외에도 많은 것을 잃게 된다. 코칭 고객이나 고객사는 도움이 절실히 필요하며, 코치가 신속하고 효과적으로 도와주기를 기대한다. 고객은 새로 맡은 일을 성공적으로 수행해야 하고, 현재의 직위를 유지해야 하며, 때로는 회사를 살려야 한다. 고객은 성공하기 위해서 코치에게 의지한다. 고객이 왜 자신의 이야기에 귀를 기울여야 하는지 자문해 보자. 왜 고객과 고객사는 코치를 믿고 의지해야 하는가?

하버드 대학교의 설문조사에 참여한 숙련된 코치 중에서 심리치료사로서의 경험이 중요하다고 응답한 사람은 13%에 불과한 반면, 절반이 넘는 사람들이 코치로서의 경험이 중요하다고 지적했다. 그렇다면 코칭에 처음 입문하려는 사람은 어떻게 코칭 분야에 진입해야 할까? 이 질문은 경영자 코치로서의 경험이 없는 사람에게는 중요한 문제다. 여기서 경영자 코치로서의 경험이 적은 사람이 자신의 매력을 높일 수 있는 몇 가지 방안을 제시해 보고자 한다.

1. **관련 실적이 있다**—예전에 유사한 상황에서 성과를 낸 사례가 있는지 생각해 보자. 예전에 맡았던 코칭 고객이나 고객사로부터 추천서를 받을 수도 있다. 추천서는 코칭 업계에서 가장 큰 영향을 발휘할 수 있는 수단 중 하나다. 잠재 고객에 따라서는 추천서를 요구할 때도 있다. 지역사회 단체에서 무료로 코칭을 실시해 주고, 책임자에게 코칭이 도움이 될 경우 추천서를 써달라고 요청하는 것도 한 가지 방법이다.

2. **고객이 현재 처한 입장을 경험해 본 적이 있다**—기업의 마케팅, 인사 혹은 재무부서의 부사장으로 일한 경험이 있으면 좋다. 그렇다면 고객과 비슷한 직위에 있어 봤기 때문에 그 자리에서 성공하려면 무엇이 필요한지 이해할 수 있다. 혹은 사설치료소나 대학의 상담센터, 음주운전자 교육 프로그램을 운영한 경험도 도움이 될 수 있다. 전문가 단체에서 요직을 맡아서 예산이나 임직원 관리를 담당해 본 경험도 도움이 될 수 있다. 이런 경험을 통합해서, 그 경험에서 경영과 관련된 요소를 부각시켜 제시한다.

3. **비즈니스 코칭에 관해 교육을 많이 받았거나 교육을 실시해 본 적이 있다**—이제는 점차 주변에서 코칭 교육 프로그램을 쉽게 찾아볼 수 있다. 코칭 분야에서 기본적으로 받아야 할 교육 과정들을 이수해놓자. 관련 분야의 글을 두루 읽고, 특히 잠재 고객이 읽을 만한 책이나 기사를 읽도록 하자. 독서의 범위를 코칭 분야에 한정하지는 말아야 한다. 「하버드 비즈니스 리뷰」는 경영자 코치라면 꼭 읽어두어야 한다. 가격이 비싸긴 하지만 도서관에서 열람할 수 있고, 몇몇 기사는 온

라인으로도 읽을 수 있다.

4. 코칭에 관해서 글을 써 본 적이 있다─코칭 분야에서 연구를 수행한 경험이 있으면 도움이 된다. 자신이 쓴 글이 신문에 실렸다면 그것도 도움이 될 수 있다. 지방 신문이나 웹 사이트의 경영면에 정기 칼럼을 써 보자. 깜짝 놀랄 만큼 많은 편집자들이 지면을 채워 줄 새로운 기고자를 찾고 있다. 혹은 코치가 직접 비즈니스 코칭이나 관련 주제로 뉴스레터를 발행할 수도 있다.

5. 웹 사이트를 운영하면서 자신의 실적을 홍보하고, 코칭 관련 정보와 뉴스를 공유한다─인터넷상에는 참고할 만한 웹 사이트가 많이 있다.

6. 수년간 유능한 심리치료사로 일해 왔다─심리치료 경험은 실제로 꽤 가치가 있으며, 특히 심리치료사로서 수행해 온 활동을 비즈니스 코칭에 적용할 수 있는 사람의 경우에는 도움이 많이 된다. 다만 이런 경력을 기업에서 인정받기가 쉽지는 않다. 기업은 대개 경영자에게 심리치료를 받게 할 의사가 없기 때문에, 코치는 자신의 임상 경험을 실리적이고 매력적인 방식으로 잘 포장해야 한다. 코치의 심리치료 경험에 대해 기업에서 관심을 보일 만한 요소에는 무엇이 있는가? 예를 들어, 심리치료사로 활동한 사람은 대개 경청 기술이 매우 뛰어나다.

7. 영리하고 기민하며, 금세 라포를 형성하여 상대에게 영향을 주는 요령을 안다─이것은 매우 중요한 기술이지만, 자신이 이런 기술을 갖췄다는 사실을 사람들에게 납득시키기는 어렵다. 상대를 말로 설득하려 들면, 자칫 자기 자랑을 떠벌린다거나 절박하다는 인상을 줄 수 있다. 영리한 사람들은 자신이 영리하다고 떠벌리지 않으며, 그저 다른 영리한 사람이 알아차릴 만하게 자신의 영리한 모습을 보여 줄 뿐이다. 하지만 자신의 재능을 숨기는 사람도 성공하기 어렵기는 마찬가지다. 견고한 대인 관계 기술을 갖추기만 해도 충분히 기회를 살릴 수 있다.

8. 효과적인 코칭 방법론(코칭 전반과 해당 고객을 위한 코칭의 방법론)을 명확하고 설득력 있게 설명할 수 있다─이러한 능력과 더불어 위에서 언급한 한 가지 이점만 더 있어도 코치로서 충분히 성공할 수 있다. 앤 스쿨러(Scoular, 2009, p. 31)는 「하버드 비즈니스 리뷰」에서 명확하게 방법론을 설명하는 능력이 얼마나 중요한지 밝혔다. "코치가 자신이 어떤 방법론을 사용하는지, 어떤 일을 하고 어떤 성과를

낼 수 있는지 얘기해 주지 못한다면, 그 코치를 도로 돌려보내는 편이 좋다." 코치가 자신이 사용하는 방법론을 명확히 설명할 줄 알면 일할 기회를 얻는 데 굉장히 도움이 많이 되기 때문에, 코치는 이점에 관심을 가지고 진지하게 노력해야 한다. 다른 코치들이 어떤 방법론을 사용하는지 물어보고, 코칭 방법론에 관한 설명서를 찾아보고, 자신의 코칭 방법론을 글로 써서 이야기해 보자. 실제로 자신이 활용하는 코칭 방법론을 명확하고 이치에 맞게 제시할 수 있는 코치가 드문데, 이는 그렇게 하기가 그만큼 어렵기 때문이다. 하지만 자신의 방법론을 명확히 설명할 줄 아는 코치는 고객에게 강렬한 인상을 줄 수 있다.

코치 자신을 평가해 보자. 자신의 강점과 약점, 가치관과 관심사를 면밀히 살피고 자신이 코칭 분야에 진입해서 코치로 전환하는 것이 얼마나 어려울지 면밀히 파악해 보자. 실제로 이런 상황에 딱 맞게 활용할 수 있는 자기평가 도구가 있다. 이 검사는 헤이그룹 소속의 새뮤얼 모두노(Modoono, 2002)가 개발한 것으로 온라인상에서 구매할 수 있다.

전환 과정 4: 이중관계

심리치료사는 내담자와 특수한 관계를 맺으며, 이 치료적 관계와 사적인 관계를 병행하는 경우는 거의 없다. 심리치료사는 내담자와 함께 사교 행사에 참석하지 않는다. 내담자와 등산을 가거나 골프를 치는 일도 없다. 결혼식이나 장례식, 졸업식에 동석하는 경우도 거의 없다. 심리치료사와 내담자의 관계에 이러한 제한을 두는 데는 타당한 이유가 있으며, 상황에 따라서는 내담자와의 접촉이 실제로 위법인 경우도 있다.

하지만 비즈니스 코칭에서는 상황이 달라진다. 비즈니스 코칭 고객은 컨설턴트가 자신과 사적인 관계를 맺으리라고 기대한다. 이는 컨설팅 문화에서는 필수적이고 중요한 측면으로, 만약 코치가 고객의 초대를 매번 거절한다면 고객의 감정을 상하게 할 우려가 있다. 기업에서 코칭을 하는 코치는 고객과 어느 정도는 어울려야 한다. 그렇지 않으면 고객은 코치를 보고 무관심하고 이상한 사람이라고 생각할 것이다.

심리치료와 비즈니스 코칭의 이러한 차이점에는 두 가지 중요한 점을 시사한다. 첫째, 코치는 사교 행사에 참석했을 때 주위 사람들이 코치의 판단력과 능력에 신뢰감을 가질 수 있게 행동해야 한다. 코치는 사교 행사에 참석하는 것도 코칭의 일환이라고 생각해야 한다. 사교 모임이나 행사에 참석하는 것은 코치에게는 일이며, 놀이나 취미생활이 아니다. 경영인들은 이런 점을 잘 알고 있으며 상황에 맞춰 능숙하게 행동한다. 둘째, 코치는 실현 가능한 비밀보장의 수위와 유형을 각별히 고려해야 한다. 심리치료에서는 치료사가 내담자와 치료적 관계를 형성한다는 사실 자체가 기밀사항이다. 이를 치료관계 비밀보장contact confidentiality이라고 부른다. 기업에서 일할 때는 이런 사항을 지켜야 할 의무가 없으며, 현실적으로도 코칭 관계를 비밀에 붙이는 것이 불가능하다. 사람들은 당신이 코치이며 특정인을 코칭하고 있다는 사실을 자연스럽게 알게 된다. 비밀보장에 대해서는 코칭 초기에 고객과 함께 논의를 나누어 보아야 한다.

코치는 고객과 함께 비밀보장에 대해 명확히 합의를 이루어 놓아야 한다. 단, 비밀보장에 관해 논의하면서 코칭에서 다루는 고객 관련 정보에 병리성이나 위험 요소가 나타날 수 있다는 식으로 얘기해서는 안 된다. 지키지 못할 약속은 애초에 하지 않는 것도 매우 중요하다. 비밀보장의 문제를, 고객의 정보를 신중하게 다룬다는 측면에서 논의해 보자. 코치가 고객의 비밀보장에 신중을 기하리라는(즉, 주의를 기울여 침묵을 지킬 것이라는) 확신을 주자. 코치가 고객의 비밀과 평판을 존중할 것이라는 점을 알려주자. 코치는 고객의 편이며, 코치의 주된 목표는 고객의 경력을 발전시키는 것이다. 대개 코칭을 사람들에게 긍정적으로 소개할 수 있다. 전도유망한 인재만 코칭을 받을 수 있으므로 코칭은 나약함의 상징이 아니라 특권의 상징이다. 어떤 일이 있어도 코치는 코칭에 수반되는 새로운 사회적인 관계에 적응할 줄 알아야 한다.

전환 과정 5: 계약과 합의

이해관계자 모두에게 공정하고 명확한 계약을 체결해야 한다. 코치가 제공하는 코칭 서비스는 가치가 있으며, 특히 코칭이 잘 이루어질 때는 그 가치가 상당하다. 따라서 자신의 코칭비를 낮춰 잡지 않도록 해야 한다. 코치 자신에게는 비교적 단순하고 자연스러운 기술도, 심리학 수업이나 대인 관계 세미나에 하루도 참석해 본 적 없는 경영자들에게는 상당한 가치가 있다. 코칭비를 낮게 산정해 놓으면 코치는 존중받지 못하고 결국 이용당했다는 느낌을 받게 될 수 있다. 반면 코치가 코칭비를 지나치게 높게 잡으면, 스스로 사기꾼이 된 기분이 들 것이고, 고객이 이 사실을 알게 되면 앞으로는 더 이상 코칭을 의뢰하지 않을 것이다.

코치는 계약을 명확하게 맺어야 한다. 코치는 고객과 함께 기대 수준을 명확히 세워 놓아야 한다. 언제든 고객이 약속한 코칭 시간에 나타나지 않는 노쇼no-show 상황이 발생할 수 있으므로, 노쇼 상황에서의 방침에 대해 합의를 해 두어야 한다(그리고 상습적이지 않은 한, 노쇼를 감정적으로 받아들이지 않아야 한다. 혹여 상습적이라도 왜 그런 행동을 하는지 그 의미를 해석해 볼 필요가 있다). 고객에게 수익성이 높은 거래를 성사시킬 기회가 생겨서 관계자를 만나러 가야 한다면, 고객은 코치와의 약속을 지키지 않는 쪽을 택할 것이다. 코치가 시간당 요금을 받기로 계약한 상황이라면 고객에게 정당한 대가를 요구할 수 있게 준비해 놓아야 한다. 사전에 계약하고 합의해 놓았다면, 고객도 그 점을 이해할 것이다.

코칭 계약에는 코칭을 통해 얻게 될 성과deliverables를 포함하고, 코칭 목표의 달성 여부와 그 시점을 명확히 알 수 있게 해 놓아야 한다. 코치는 어떤 성과를 낼 수 있고, 또 성과 달성 여부를 어떻게 알 수 있을까? 이를 위해서는 코칭 목표에 대해 명확히 생각하고 논의해야 한다. 코칭 목표는 평가와 달성이 가능한 사안으로 신중하게 선택해야 한다. 처음부터 목표를 높게 잡지 말고 단계별로 차근차근 목표를 달성해 나간다. 이것은 쉽지는 않지만 충분히 가능한 일이다. 코칭이 성공적으로 진행되면 무엇이 달라질지 생각해 보자.

마지막으로 코치의 과실이나 법적 책임에 대해 보험사에 문의하여 확인을 해 두어야 한다. 지금 하고 있는 일과 경영자 코칭을 겸하고 있다는 사실을 보험사에 알려야 한다. 보험사도 코칭에 관하여 알고 있을 것이며, 관련 약관을 마련해 놓았을 수도 있다. 보험 약관의 변화로 코치에게 추가적인 부담이 생기는 일은 없을 것이다. 보험사들은 이미 코치로 활동하고 있는 사람들의 문의를 받아 본 경험이 있을 것이다. 보험 약관을 소홀히 여겨서는 안 된다(문의해 보지도 않고 보험이 코칭까지 보장해 주리라고 가정하지 말자).

결론: 탁월한 코치가 되자

코치는 자신의 인생과 새로 시작한 일에 대해 비전을 세워 보아야 한다. 이 비전을 한두 문장으로 적어서 가슴에 와 닿게 만들어 보자. 비전이 자신을 대변해 주고 동기를 부여해 주고 집중하게 만들 때까지 비전을 되새겨 보자. 규칙적으로 비전을 되뇌어 보자. 비전이 살아 숨 쉬게 하자. 비전을 간결한 사명서로 만들어 외워 보자. 사명서는 간결하게 자신에게 가장 중요한 것이 무엇인지 일깨워 줄 수 있어야 한다. 나중에 방향을 잃고 길잡이가 필요한 순간이 오면 자신의 사명서를 되돌아보고 나아갈 방향을 다시 바로잡을 수 있다.

컨설팅 업무는 기본적으로 인간관계에 바탕을 둔다는 점을 명심해야 한다. 따라서 관계자들과 개인적인 친분을 쌓아 놓아야 한다. 사소하고 일시적인 업무상의 문제보다 장기적인 관계를 우위에 두어야 한다. 품위 있게 말하고 상대를 너그럽게 도와주어야 한다.

한층 더 노력해서 탁월한 코치가 되어야 한다. 믿을 만한 고객과 친구들에게 피드백을 구하고 그들의 의견을 경청하자. 피드백의 내용에 따라 변화를 시도하고 교육을 받거나 새로운 기술을 습득하자. 경영 컨설팅 분야의 문헌도 꾸준히 탐독해야 한다. 이 책을 읽는 것만으로는 훌륭한 코치가 되기 위한 준비로 부족하며, 시중에는 이 책과 유사한 서적이 많이 출간되어 있다. 그중의 상당수는 이 책의 각 장이 끝날 때마다 '추천도서'로 수록해 놓았다. 멘토를 찾아보자. 멘토에게 도움을 얻고, 필요하다면 그들이 내어 준 시간에 대해 대가를 지불하자.

리더십과 경영 문헌을 공부해야 한다. 중요한 문헌과 더불어 경영자들이 가볍게 읽는 대중 서적도 읽어 두어야 한다. 경영 용어와 더불어 경영 현황도 알아 두어야 한다.

코칭을 할 때는 고객에게 진실을 말해 주어야 한다. 「포천지」에서 250대 기업의 고위 경영자를 대상으로 실시한 대규모 연구에 따르면, 효과적인 코칭의 가장 중요한 요인은 '정직하고 솔직한 의사소통'이었다(Peterson, Uranowitz, & Hicks, 1997, p. 1). 고객과 정직하고 솔직하게 의사소통을 하는 것은 쉽지 않지만 매우 가치 있는 일이며, 고객은 이 점을 알아차릴 것이다. 고객의 귀에 거슬릴 만한 이야기를 전달하는 것을 지나치게 염려할 필요는 없다. 관찰력과 경청 기술, 진실한 태도는 코치가 꾸준히 경쟁력을 유지하는 원천이 될 것이다. 결국 고객은 자신이 신뢰하는 사람을 고용하며, 자신에게 솔직하게 말해 주는 사람을 신뢰하게 되어 있다. 고객에게는 조직의 집단사고에 동의하는 사람은 필요하지 않다. 뛰어난 코치 데이비드 피터슨David Peterson은 다음과 같이 말했다(Peterson & Millier, 2005, p. 15).

나는 크게 두 가지 원칙에 따라 코칭을 진행한다.
1. 내가 코칭 받고 싶은 대로 남을 코칭하자.
2. 위대한 코치가 되는 것을 목표로 삼자. 좋은 코치라는 평가에 만족해서는 안 된다. 다양한 분야에서 교육을 받았거나 경험을 쌓은 코치 수백 명을 상대해 본 결과, 나는 좋은 코치가 되는 것이 비교적 쉽다는 결론에 이르렀다.

뜻을 크게 품고, 과정을 즐기자.

참고문헌

Berra, Y. (1998). *The Yogi book: I really didn't say everything I said.* New York: Workman Publishing.

Kauffman, C., & Coutu, D. (2009). *HBR research report: The realities of executive coaching.* Available at: coachingreport.hbr.org.

Kotler, P. (1997). *Marketing management: Analysis, planning, implementation, and control.* Upper Saddle River, NJ: Prentice Hall.

Modoono, S. (2002). The executive coaching self-assessment inventory. *Consulting Psychology Journal: Practice and Research, 54*(1), 43. Available at: http://psycnet.apa.org/index. cfm?fa=buy.optionToBuy&id=2002-12515-005.

Peterson, D., Uranowitz, S., & Hicks, M. D. (1997). *Management coaching at work: Current practice in multinational and fortune 250 companies.* Minneapolis, MN: Personnel Decisions International Corporation.

Peterson, D. B., & Millier, J. (2005). The alchemy of coaching: You're good, Jennifer, but you could be really good. *Consulting Psychology Journal: Practice and Research, 57*(1), 14-40.

Scoular, P. A. (2009, January). How do you pick a coach? *Harvard Business Review, 87*(1), 96.

Wasylyshyn, K. M. (2003). Executive coaching: An outcome study. *Consulting Psychology Journal: Practice and Research, 55*(2), 94-106.

Weiss, A. (1998). *Million dollar consulting. The professional's guide to growing a practice.* New York: McGraw-Hill.

추천도서

Barney, J. (1997). *Gaining and sustaining competitive advantage.* Menlo Park, CA: Addison-Wesley.

Benton, D. (1999). *Secrets of a CEO coach.* New York: McGraw-Hill.

Block, P. (2000). *Flawless consulting: A guide to getting your expertise used* (2nd ed.). San Francisco: Jossey-Bass/Pfeiffer.

Bluckert, P. (2006). *Psychological dimensions of executive coaching.* Berkshire, UK: Open University Press.

Douglas, C., & Morley, W. (2000). *Executive coaching: An annotated bibliography.* Greensboro, NC: Center for Creative Leadership.

Doyle, J. (1999). *The business coach.* New York: Wiley.

Farson, R. (1996). *Management of the absurd: Paradoxes in leadership.* New York: Simon & Schuster.

Gilley, J., & Boughton, M. (1996). *Stop managing, start coaching!: How performance coaching can enhance commitment and improve productivity.* Chicago: Irwin Professional.

Goldsmith, M., & Lyons, L. S. (Eds.). (2006). *Coaching for leadership: The practice of leadership coaching from the world's greatest coaches* (2nd ed.). San Francisco: Pfeiffer.

Hargrove, R. (1995). *Masterful coaching.* San Francisco: Jossey-Bass/Pfeiffer.

Hart, V., Blattner, J., & Leipsic, S. (2001). Coaching versus therapy: A perspective. *Consulting Psychology Journal: Research and Practice, 53*(4), 229-237.

Harvey, D., & Brown, D. R. (2005). *An experiential approach to organizational development* (7th ed.). Upper Saddle River, NJ: Prentice Hall.

Holtz, H. (1997). *The complete guide to consulting contracts* (2nd ed.). Chicago: Upstart.

Holtz, H., & Zahn, D. (2004). *How to succeed as an independent consultant.* Hoboken, NJ: John

Wiley & Sons.

Kerin, R., & Peterson, R. (1998). *Strategic marketing problems: Cases and comments*. Upper Saddle River, NJ: Prentice Hall.

Martin, I. (1996). *From couch to corporation. Becoming a successful corporate therapist*. New York: Wiley.

Miller, J., & Brown, P. (1993). *The corporate coach*. New York: St. Martin's Press.

Palmer, S., & Whybrow, A. (Eds.). (2008). *Handbook of coaching psychology*. London: Routledge.

Peters, T. (1999). *The brand you 50*. New York: Alfred Knopf.

Sperry, L. (1996). *Corporate therapy and consulting*. New York: Brunner/Mazel.

Sperry, L. (2004). *Executive coaching: The essential guide for mental health professionals*. New York: Brunner-Routledge.

Stober, D. R., & Grant, A. M. (Eds.). (2006). *Evidence based coaching handbook*. Hoboken, NJ: John Wiley & Sons.

Tobias, L. (1990). *Psychological consulting to management: A clinician's perspective*. New York: Brunner/Mazel.

Waldroop, J., & Butler, T. (2000, September-October). Managing away bad habits. *Harvard Business Review*, 89-98.

Wallace, W., & Hall, D. (1996). *Psychological consultation: Perspectives and applications*. Pacific Grove, CA: Brooks/Cole.

제2장

코칭의 핵심!
평가를 어떻게 할 것인가

존재하는 모든 것은, 어느 정도의 수량으로 존재하며 측정이 가능하다.

−에드워드 L. 손다이크(Thorndike, 1918, p. 16)

심리학자가 다른 부류의 컨설턴트보다 비교 우위에 있는 영역이 있다면 그것은 바로 심리검사와 평가라고 할 수 있다.

심리검사는 심리학자의 역할을 규정하는 핵심요소로, 심리학의 역사에서 볼 때 가장 중요한 기능 중 하나로 꼽을 수 있다. 1950년대에서 1960년대까지 심리학자들은 종종 자신을 계량심리학자로 정의했고, 심리검사는 심리학자의 활동에서 유일하게 중요한 일이었다. 정신건강 전문가 중에 오직 심리학자만이 정규교육 과정에서 심리검사와 평가를 수행하고 해석하는 법을 배운다. 심리학자들은 학교에서 심리검사를 배우고 수련과정에서 슈퍼비전을 받으며, 공식적 평가 수행에 필요한 면허를 취득하고 평가 결과를 법원에 증거로 제시한다. 사람들은 흔히 심리학자를 심리검사와 동일시한다. 심리학자는 대개 주요 심리검사와 심리검사의 선택, 임상 면담, 신뢰도와 타당도 개념, 검사 결과를 윤리적이고 효과적으로 전달하는 요령 등 심리검사의 주요소를 기본적으로 이해하고 있다. 그 외의 심리치료사들(정신과의사, 가족치료사)도 심리검사법에 익숙하고, 약식으로나마 정기적으로 내담자를 평가한다.

코칭에서 평가의 역할

평가는 경영자 코칭의 필수 요소다. 평가가 중요한 이유는, 직장인들은 회사에서 서로에게 솔직하게 대하지 않는 경향이 있고 이러한 경향이 자신의 업무를 보고하는 상사와의 관계나, 공식적으로 자신을 평가하고 보수를 지급하는 사람과의 관계에서 더욱 뚜렷이 나타나기 때문이다. 리더는 조직 내에서 지위가 올라갈수록 점점 더 솔직한 피드백을 받지 못한다. 기업의 최고경영자는 부정적인 피드백을 받는 일이 거의 없고, 주위 사람들의 아첨이나 두려움 때문에 자신의 장단점과 능력에 대해 왜곡된 견해를 갖기도 한다. 자기 자신을 제대로 평가할 줄 안다고 확신하는 사람도 대체로 정확한 자기보고를 하지 못하기 때문에 구조화된 평가가 필요하다. 사람들이 자신의 특성이나 행동에 대해 언급하는 말은 신뢰하기 어렵다.

평가 정보의 공개 범위는 코칭 관계 초기에 협의하여 분명히 해 두어야 한다. 자신에 관한 평가 정보가 정확히 누군가에게로 갈지 모르는 상황에서 고객은 당연히 정보 유출을 경계한다. 따라서 비밀이 어디까지 보장되고 코치가 어떤 종류의 보고서를 작성할지 고객과 명확하게 논의해야 한다. 평가 결과는 고객에게 가장 먼저, 가장 자세히 알리지만, 고객 외에도 보통 두 부류의 이해관계자가 더 있는데, 바로 고객의 상급 관리자와 조직 내부에서 코칭 관련 업무(코치 선정과 평가 작업 등)를 담당하는 인사 담당자다. 최근 하버드 대학교에서 전 세계의 숙련된 경영자 코치 140명을 대상으로 실시한 설문조사에 따르면 코치의 68%가 고객의 관리자에게 지속적으로 경과를 보고했고 56%가 인사 담당자에게 보고했다. 27%는 조직 내 인재개발부서장이나 리더십 개발 책임자 등의 인물에게 정보를 전달했다(Kauffman & Coutu, 2009, pp. 12-13). 관리자와 인사 담당자는 일반적으로 조직 운영이나 조직 문화의 이해 및 개선에 도움이 될 만한 정보에 관심을 갖는다. 코치와 고객은 평가 자료의 공개 범위 및 방법에 대해 공식적인 계획을 세워야 하며, 경과를 평가하기 위해 정기적으로 만날 계획도 함께 세워야 한다. 코치와 고객은 정기적으로 만나서 목표를 검토하고 필요에 따라 목표를 재조정해야 한다. 코치가 제삼자와 고객의 평가 결과에 관해 논의할 때는 항상 고객에게 알려야 한다. 평가 결과는 가능하다면 언제나 고객이 동석한 자리에서 논의해야 한다.

변화 단계

프로체스카와 디클레멘트는 중독에 관한 광범위한 연구 결과(Prochaska, 1979; Prochaska & DiClemente, 1983; Prochaska, DiClemente, & Norcross, 1992; Prochaska & Velicer, 1997) 변화 단계 모델 혹은 초이론적 모델이라 불리는 중요한 변화 단계 이론을 개발했다. 이들은 중독증에 시달리는 수백 명의 사람들을 연구하면서, 인간 행동에서, 특히 의도적인 변화 과정에서, '변화의 구조를 드러내는 보편적인 원칙'을 찾고자 했다(Prochaska et al., 1992, p. 1102). 이들은 중독자의 변화 과정을 관찰하고 변화 과정을 여섯 단계로 제시한 표준 모델을 개발했으며, 이 모델은 경영자 평가에 유용하게 활용할 수 있다.

1. **무관심 단계**—무관심 단계에 있는 사람은 변하려는 의도가 없다. 자신에게 문제가 있다는 사실을 인식조차 하지 못한다. 주위 사람들은 이 사람이 문제가 있다거나 치료를 받아야 한다고 생각하는데 당사자는 그렇게 생각하지 않는다.
2. **숙고 단계**—숙고 단계에 있는 사람은 자신에게 문제가 있다는 것을 자각한다. 변해야 한다고 진지하게 생각하지만 아직 노력을 기울이거나 조치를 취하지는 않는다. 이 단계는 몇 년간 지속될 수 있다. 아직은 준비가 되지 않은 것이다. 이 단계에서 사람들은 변화의 득실을 따져보고 양가감정을 느낀다.
3. **준비 단계**—이 단계에 있는 사람에게는 변하려는 의지가 있다. 변화 계획을 세우고 목표를 정한다.
4. **실행 단계**—계획을 실행하고 변화를 이루어 낸다. 고객은 예전과는 다르게 행동한다. 다른 단계도 마찬가지지만, 이 단계에서는 불편한 느낌이 들 수 있다. 경과를 평가한다.

5. **유지 단계**−변화를 공고히 하고 강화한다. 문제 행동이 재발하면 바로잡는다.
6. **종료 단계**−변화는 일상이 되고 자기 정체성의 일부가 된다. 항상 변화된 상태로 살아왔던 것처럼 느끼고, 과거의 행동은 전혀 관심을 끌지 못한다.

프로체스카의 변화 단계 모델은 코치에게 중요한 의미가 있다. 그 이유는 손다이크의 세 가지 학습의 법칙(Thorndike, 1932) 중 하나인 준비성의 법칙을 살펴보면 더 분명히 드러난다. 손다이크는 다음과 같이 주장했다(Lindsay, 2000, p. 237).

1. 행동할 준비가 되어 있을 때 행동하면 만족감을 느낀다.
2. 행동할 준비가 되어 있을 때 행동하지 않으면 기분이 언짢다.
3. 행동할 준비가 되어 있지 않을 때 행동하도록 강요받으면 기분이 언짢다.

코치를 대상으로 한 하버드 대학교 설문조사에서 고객의 '코칭 준비성coachability'에 관해 질의한 결과, 코치들은 설문조사에서 언급한 열 가지 요인 중에 **변화 준비성** change readiness이 가장 중요하다고 답했다(Kauffman & Couto, 2009, p. 18).

이 말은 적절한 시점을 잡는 것이 가장 중요하다는 뜻이다. 코치가 개입할 시점을 정확히 잡지 못하면 고객의 기분을 언짢게 만들 수도 있다. 세심한 평가 과정을 거치면 코치는 고객이 얼마나 준비됐는지 판단하고 적절히 대응할 수 있다. 처음 코칭을 계획한 주체가 누구인지 질문해 보면 좋다. 고객이 직접 코치의 도움을 요청했는가 아니면 회사의 지시로 코칭을 받는가? 코칭을 받는 상황에 대해서 고객의 생각과 상사의 생각이 일치하는가? 고객이 코칭을 받지 않거나 코칭이 실패할 때 어떤 결과가 뒤따르는가?

무관심 단계에 있는 고객은 코치에게 도움을 받는 데 관심이 없고, 이미 주위로부터 단점을 지적받아 온 탓에 코치에게 방어적으로 반응하거나 코칭을 받아야 하는 상황을 불쾌하게 여기기 십상이다. 이때 고객은 이 책의 4장에서 설명한 부정이나 투사, 주지화나 반동형성 같은 심리적 방어기제를 사용할 수 있다. 때로는 자신이 아니라 다른 사람이 변하기를 바라기도 한다. 이 단계는 코치에게 힘든 단계다. 코칭 성과를 내야 한다는 압박감을 느끼는 동시에 참여 의지가 없는 고객을 상대해야 하기 때문이다. 솔직하고 진실한 인본주의 대화 기법(6장에 설명)을 활용하면서 잠재적 효과가 큰 360도 평가 결과를 제시하면('코치가 사용할 수 있는 평가 방법'이라는 소제목 아래 설명해 놓았다) 고객이 마음을 열 수 있으며, 특히 변화를 촉구하는 고용인과 함께라면 효과가 더 크다. 의식화나 가치명료화도 이 단계에 적절한 기법이다. 무관심 단계의 고객은 코치가 진심으로 자기 생각에 관심을 갖고 있고 외부에서 요구한 안건을 자신에게 강요할 생각이 없다는 확신이 들 때 가장 의욕적이고 훌륭한 고객이 된다.

숙고 단계에 있는 고객은 이미 변화를 고려하고 있기 때문에 함께 코칭을 진행하기가 비교적 수월하다. 하지만 이 단계의 고객은 양가감정을 느낄 수 있으며, 완벽주의 성향이나 일을 미루는 버릇이 있을 수도 있다. 고객은 이 단계에서 수년간 정체되기도 한다. 여기서는 가치명료화 기법이 유용하고 360도 평가도 효과가 있다. 이 단계에서는 양가감정이 흔히 나타날 수 있다는 점을 고객에게 일깨우면서 양가감정을 '일반화'하는 것도 좋은 생각이다. 코치는 레빈Lewin의 역장분석(10장에서 설명)이나 기능분석(5장에서 설명)을 활용하여 변화의 득실을 검토할 수 있다. 자기효능감(시작한 일을 완수해내리라 느끼는 정도)을 검사해 보고 가능하면 자기효능감을 높이도록 한다(역시 5장에서 설명). 때로 고객들은 스스로 변할 수 있다는 자신감이 부족해서 변화를 회피하거나 미루거나 변명을 늘어놓는다. 이 단계에서는 코치의 존재가 큰 영향력을 미칠 수 있는데, 특히 고객이 힘들 때 코치가 곁에 있어 줄 수 있다고 느끼는 경우에 더욱 그렇다. 변화에는 항상 위험이 따르며 이 위험을 함께 나눌 사람이 있으면 좋다. 이 단계에서 코치는 고객을 직접 설득하고 싶은 마음이 들겠지만, 상황에 따라 이 방법이 역효과를 낳을 수도 있으므로, 코치는 고객에게 변화를 촉구하는 일이 적절한지 신중하게 평가해야 한다. 이 단계에서 코치의 판단은 매우 중요하다.

준비 단계에서는 긍정적인 의도를 행동 계획으로 옮긴다. 장애 요인을 파악하고 일정을 수립하고 활동을 고안하고 우선순위를 정한다. 그다음에는 목표 수립에 들어간다.

목표를 세우고 나면 행동에 돌입한다. 이 단계에서는 계획이 실행되고 진정한 변화가 시작된다. 변화는 실행할 수 있는 만큼 조금씩 단계적으로 실행하는 것이 최선이다. 계획은, 고객과 조직이 감당하고 실행할 수 있는 소규모 활동들로 구성하는 것이 가장 좋다. 이 단계는 고객에게 매우 불편하게 느껴질 수 있으므로 코치는 고객을 지지해 주어야 한다. 조직에서 영향력 있는 사람이 초기의 성과를 인정해 주고 지지해 주는 것도 도움이 된다. 코치는 고객에게 채찍과 당근을 동시에 사용해야 한다.

유지 단계에서는 문제 행동의 재발과 퇴보를 방지하여 변화를 공고히 한다. 코치는 지속적으로 정적 강화를 하며 고객을 적절히 인정해 준다. 문제 행동이 재발한 경우, 코치는 이 경험을 좋은 길잡이로 삼아 계획을 수정하고 고객이 다시 정상 궤도에 올라설 수 있게 돕는다. 적절한 시기에 코치는 고객의 변화에 대한 조직의 긍정적인 반응을 정리해 줄 수 있다.

각 단계를 수월히 거치고 나면 고객은 마침내 종료 단계에 이르게 되고, 새로운 행동 방식은 일상생활에 완전히 통합된다. 고객은 변화한 상태에서 편안함을 느끼고, 예전의 방식으로 돌아가거나 회귀하고픈 욕구가 사라진다. 새로운 행동 방식은 고객의 정체성에 통합되고 자연스럽게 여겨진다.

밀러와 롤닉(Miller & Rollnick, 2002)은 변화 단계를 공식적인 치료법에 통합시켜 **동기적 인터뷰**motivational interviewing라고 명명했다. 이 방법은 파머와 와이브로우의 저서『코칭 심리학 핸드북』(Palmer & Whybrow, 2008, pp. 160-173)에 요약되어 있다.

경영자 코치들은 대부분 직감에 의존해서 평가하며 360도 평가 과정도 약식으로 진행하는 경우가 많다. 이번 장에서는 효과적인 경영자 평가 과정의 주요 요소를 정리하고 이를 코칭에 적용하는 방법을 설명한다.

심리 평가와 계량심리학 측정도구의 역사

사람의 심리를 객관적으로 평가하려는 시도는 수 세기에 걸쳐 이루어졌지만, 16세기에 이르러서야 공식적인 심리검사의 기원이 나타난다(Drummond, 2000). 심리학자들은 항상 임상 면담을 통해 환자와 내담자를 평가해 왔지만, 요즘에는 비구조화된 면담에 비해 신뢰도가 높고 포괄적인 구조화된 면담을 지향한다. 당초 객관적인 계량심리학 검사는 전쟁 기간과 미국의 교육과 경제가 급성장한 시기에 내담자의 정보를 수집하고 해석하는 방식을 표준화하기 위해 생겨났다. 표준화 검사를 사용하면 인터뷰어의 취향이나 편견이 반영될 때보다 더 좋은 결과가 도출되리라고 생각했던 것이다.

알프레드 비네Alfred Binet가 손금과 관상, 그리고 지능의 관계를 연구하던 무렵, 프랑스 교육부가 그에게 교육에 적합한 아동과 부적합한 아동을 구별하는 검사를 개발해 달라고 의뢰했다(Drummond, 2000). 이 연구 결과 처음으로 표준화된 지능검사가 개발됐다. 이 검사는 본래 귀중한 교육 자원을 객관적이고 공정하게 분배하기 위해 생겨났다(하지만 대체로 이 목적을 이루지는 못했다. 오히려 광범위한 표준화 검사는 교육 현장에서 현 상태를 유지시키는 데 그치거나 학습을 방해했다).

제1, 2차 세계 대전은 검사법 개발을 가속화했다. 미 국방부에서는 군용 알파 검사 Army Alpha test를 실시하여 빠르고 효과적으로 '군 생활에 적합하지 않은' 젊은이를 가려 내고자 했다. 영어를 사용한 검사법으로는 수많은 이민자 출신 신병들을 제대로 검사 할 수 없다는 점이 분명해지자, 이들은 군용 베타 검사Army Beta test를 추가로 개발했다. 이러한 표준화 검사는 성공을 거둔 듯 보였고, 마침내 미군은 성격상 결함이 있는 신병을 가려내는 검사법 개발에 착수했다.

미네소타대학의 해서웨이와 매킨리(Hathaway & Mckinley, 1943)는 정상인과 신경증 환자, 정신병 환자를 구분하기 위한 검사를 개발하고자 미네소타 다면적 인성검사 (MMPI)를 만들었다. 연구진들은 당시 현존하는 최고의 성격 검사에서 문항들을 수집하여 포괄적인 기준을 개발했고, 이는 심리학계에서 대표적인 성격검사로 널리 인정 받게 되었다. 이 검사는 1980년대 미네소타대학과 협력했던 사설 검사기관이 인수하여 개정하고 재표준화(규준집단 갱신)했다. 또 다른 최신 개정판은 사용자(심리학자)가 노트북에서 더 간단히 검사를 시행할 수 있도록 형식을 바꾼 것으로, MMPI를 코칭에 유용하게 활용할 수 있게 해 준다. 피어슨 평가 기관Pearson Assessment은 서술식 채점 버전을 제공하는데, 이것은 고객의 성격 평가에 관심이 있는 경영자 코치에게 유용한 도구다.

1921년 헤르만 로르샤흐Hermann Rorschach는 잉크 얼룩을 이용하여 성격을 평가하는 투사적 방법을 개발했다. 이에 대한 여러 가지 채점 체계가 생겨나 발전하다가 1970년 대 존 엑스너John Exner가 각 채점 체계에서 가장 좋은 특징을 선별하여, 엄격하고 체계적이며 데이터에 기초한 평가 방식을 개발했다. 엑스너 평가시스템은 컴퓨터에 데이터를 입력하면 굉장히 광범위한 인지-행동 요인에 관한 정보를 제공한다. 엑스너는 로르샤흐 검사의 타당도와 신뢰도를 상당히 높여 줬지만, 여전히 회의적인 시각이 존재한다. 로르샤흐 검사는 중요한 성격 정보를 다량 제공하는 훌륭하고 종합적인 도구지만, 시행하기가 어렵고 시간이 많이 소요되며 기업 환경에서는 겉으로 보기에 타당도가 떨어진다(검사 대상자의 눈에 이상하게 보인다).

제2차 세계 대전 직후에, 레이먼드 카텔Raymond Catell은 어휘 가설lexical hypothesis을 토대로 16PF라 불리는 중요한 성격 검사를 개발했다. 어휘 가설은, 인간의 중요한 특징은 결국 언어로 처리되어 단어(혹은 여러 단어)로 만들어지며, 그 결과 우리가 서로 그 특징들에 관해 이야기할 수 있다고 주장한다. 카텔은 이 주장이 사실일 경우, 사람들이 성격을 표현하기 위해 사용하는 단어를 분석하면 성격을 이해할 수 있으리라고 추론하였다. 카텔은 컴퓨터를 사용해서 다수의 변수들을 더 이상 줄일 수 없는 가장 작은 개별 변수로 줄여 주는 요인분석을 실시했다. 그는 인간행동의 다양한 특징을 설명하는 수천 개의 단어를 정의가 뚜렷이 다른 16쌍의 단어로 줄일 수 있다고 주장하였다. 1949년 카텔은 이 요인들을 토대로 성격 검사를 개발하였다. 뒤이어 다른 과학자들이 성격 요인을 다섯 개로 줄일 수 있다고 주장하였다. 이는 **성격의 5요인**Big Five Personality Factor이라 불리며, 리더십을 주제로 다루는 16장에서 설명할 것이다. 현재 16PF 검사는 성격과 직업 요인, 리더십 특성에 대해서 척도와 설명을 제시하며, 이 검사법의 판매자(IPAT)는 '리더십 코칭 보고서'와 '관리자 잠재력 보고서'를 제공한다.

1950년대 초에 해리슨 고흐Harrison Gough는 MMPI에 포함된 여러 문항들을 활용하여 캘리포니아 심리검사(CPI)라 불리는 중요한 심리검사를 고안했다. 이 검사는 정상적인 성격 요인을 평가한다는 점에서 MMPI와 다르다(MMPI는 정신질환 검사다). 캘리포니아 심리검사는 CPP(Consulting Psychologists Press)에서 출판되었고, 계량심리학자들로부터 대체로 긍정적인 평가를 받고 있다. 이 검사는 경영자 및 리더십 코칭에 잘 어울리며, 현재는 '리더를 위한 코칭 보고서'와 함께 더 간단한 검사법도 제공된다.

비즈니스 코칭과 조직개발 분야에서 심리검사를 논할 때는 MBTIMyers-Briggs Type

Indicator가 빠지지 않고 언급된다. MBTI는 경영 컨설팅 분야에서 매우 유명하고 널리 받아들여진다. 대다수 코칭 고객도 이 검사에 대해 들어본 적이 있을 것이고, 직장생활을 하면서 이 검사를 한두 번은 받아 봤을 것이다(한 웹 사이트는 매년 2만 명이 이 검사를 받는다고 추정했다). 이 검사는 성격 유형에 관한 카를 융의 사상을 토대로 개발되었다. 계량심리학 교육을 받은 적이 없는 두 여성, 이사벨 마이어스와 그의 어머니 캐서린 브리그스가 제2차 세계 대전 당시의 사회문제에 대응하기 위해 이 검사를 개발했다. 브리그스 여사는 사람들(특히 여성들) 중에 애국심 때문에 일을 시작했다가 뒤늦게 자신이 그 일을 몹시 싫어한다는 사실을 깨닫는 경우가 많다는 점을 알게 되었다. 그녀는 개인의 성격을 토대로 각자에게 어울리는 직업을 효율적으로 찾아줄 방법을 연구했다. 마이어스와 브리그스는 사람들의 인식과 판단, 그리고 태도를 연구하여 마침내 외향-내향(E-I), 감각-직관(S-N), 사고-감정(T-F), 판단-인식(J-P)이라는 네 가지 지표를 정하여 검사를 개발했다. MBTI는 개인이 관심을 쏟는 방향(EI), 정보를 수집하는 방식(SN), 결정을 내리는 방식(TF), 환경에 자신을 맞추는(JP) 방식을 기본 지표로 삼고, 이 지표들을 조합하여 16가지 성격 유형을 구별한다. 많은 컨설턴트가 이 검사를 좋아하지만, 심리계량학자들은 이 검사의 타당도와 신뢰도에 깊은 의문을 품고 있다(Healy, 1989; Pittenger, 2005). 고객이 이 검사에 관해 질문했을 때, 코치는 전문가의 관점에서 MBTI가 무엇인지 분명히 설명해 줄 수 있어야 한다. 이 검사의 소유권과 판매권은 CPP에 있다.

근래에는 컴퓨터의 데이터 정리 기술을 활용하여 지난 세기 동안 발전해 온 광범위한 역사적 규준을 통합하면서 굉장히 편리하고 유용한 도구들이 생겨났다. 인터넷을 이용한 검사는 심리학자와 경영자 코치에게 효용 가치가 크다. 사무실 컴퓨터로 데이터를 입력하면 데이터가 곧장 검사 서비스에 업로드되고, 순식간에 최종 사용자가 결과를 받아 볼 수 있다. 수많은 검사기관들이 자신의 검사법을 판매하려고 대기하고 있으며, 그중 대표적인 심리검사 기관들을 〈표 2-1〉에 열거해놓았다. 코치는 자신이 선택한 검사를 반드시 검토하고 평가해야 하며, 특히 검사 결과를 중요한 의사결정에 활용하는 경우에는 더욱 주의를 기울여야 한다. 구매 가능한 검사법 중에는 겉보기에는 매력적이지만 효용성이 의심스러운 것들이 많다.

코치가 사용할 수 있는 평가 방법

평가는 성공적인 코칭을 위한 첫 번째 단계다. 코칭을 잘하기 위해 필요한 평가 정보를 얻는 방법에는 적어도 다섯 가지가 있다. 고객을 가장 잘 평가하려면 네 부류의 평가 주체를 모두 포함시키는 것이 좋지만, 이것이 불가능할 때도 있다. 효과적인 평가라고 하면, 대개 코치가 고객과 더불어 고객 주변 인물들과 일대일로 심도 있게 면담하는 경우를 뜻한다.

방법 1: 다면평가 혹은 360도 피드백

다면평가는 조직개발에 널리 활용되지만 일반적인 심리검사 방식과 매우 달라서, 심리학 교육을 받은 코치에게는 다소 이상하고 불편하게 느껴질 수 있다. 다면평가는 제2차 세계 대전 당시 독일군의 평가 본부에서 유래되었으므로 새로운 평가 방식이라고는 볼 수 없다. 다면평가는 고객의 주변인 모두에게 피드백을 요청한다. 360도라는 용어는 소유권 여부와 관련해 논란이 있기 때문에, 대개 이 평가 방식을 다면평가나 다지점 혹은 다평가자 피드백이라고 부른다. 다면평가는 코칭을 시작할 때부터 주요 주변인을 끌어들인다는 점에서 비밀보장은 축소하고 고객 데이터 수집은 확장하는 평가 방식이다. 360도 피드백은 지난 세기에 기업에서 널리 활용되었기 때문에(오용되기도 했다) 대다수 기업들은 이 평가 방식에 익숙하다. 경영자 코치를 대상으로 한 하버드 대학교 설문조사에서, 숙련된 코치의 77%가 360도 피드백이 코칭에 매우 유용하다고 답했다(Kauffman & Coutu, 2009, pp. 16-17). 일부 기업은 조직개발과 인사 평가에 일상적으로 다면평가를 활용한다. 조직 구성원 모두가 다른 모든 구성원에 대해 피드백을 하고, 피드백 정보는 경영 컨설턴트와 구성원에게 전달된다. 다면평가에 대한 종합적인 설명과 그 효능을 입증하는 연구 결과는 모제슨과 멈퍼드, 캠피언의 논문(Morgeson, Mumford, & Campion, 2005)에서 확인할 수 있다.

다면평가의 위험 요소와 한계, 그리고 해결책

> 다면평가는 대개 관료주의를 심화하고, 정치적 긴장을 고조하며, 막대한 시간을 소모한다.
>
> ─모리 A. 페이펄(Peiperl, 2001, p. 3)

360도 피드백은 코칭에 매우 유용하지만, 코치들이 유념해야 할 위험 요소와 한계가 있다. 심리학 출신의 코치는 최근 다면평가의 오용에 따른 불편한 감정을 의식하지 못할 수 있다. 다면평가가 인기를 얻고 널리 퍼지면서, 평가 과정을 돕는 여러 컨설팅 회사와 독자적인 시스템이 나타났다. 문제는 다면평가를 역량 개발이 아닌 보상이나 승진 심사에 활용하고자 할 때 일어난다. 선발 심사나 승진 심사에는 다면평가 결과를 활용하지 말아야 하는데, 그 이유는 다면평가의 타당도를 신뢰할 수 없기 때문이다(타당도의 개념은 이번 장 후반부에서 논의한다). 후광 효과도 큰 문제다. 고객이 명랑하고 친절하다면, 이러한 긍정적인 특성이 이와 무관한 영역의 피드백에도 영향을 미친다. 고객이 까다롭거나 날카롭거나 침울하다면, 이러한 특성이 이와 무관한 영역의 평가에 영향을 준다. 360도 평가의 타당도를 정확히 확인할 수 없기 때문에, 이 정보를 인사 결정에 활용하는 것은 매우 부당하다(불법일 수도 있다). 360도 평가는 대체로 구체적인 업무에 적용할 때는 타당성을 인정받지 못한다. 코치는 평가에 내재된 편향을 걸러내고 고객이 정보를 정확히 이해하여 자기계발에 활용하도록 도와야 한다.

고객에게 360도 평가를 실시하자고 제안하면 위축되는 사람이 많고, 때로는 직간접적으로 격렬히 저항하는 사람도 있다. 고객이 평가에 관해 엄청난 불안감을 느끼면서도 그 감정을 표현하지 않을 때 문제는 더 심각해진다. 360도 평가는 유용한 도구이지만 신중하게 도입하고 활용해야 한다. 코치는 이런 일에 적임자로, 평가 과정을 관리하며 평가의 이점은 살리고 흔히 발생하는 실수는 줄일 수 있다. 흔히 일어나는 실수에는 평가자를 잘못 선정하거나, 소수의 감독자에게 너무 많은 평가를 부탁하거나, 출처가 드러나도록(평가 자료의 작성자나 응답자가 누구인지 알게끔) 피드백을 제공하는 경우가 있다. 때때로 평가자들은 피드백을 예전에 무시당한 일을 복수할 기회로 삼기도 한다. 때로는 박하거나 나쁜 평을 하지 않고 동료나 상사의 비위를 맞추려는 경우도 있다.

　다음의 지침을 준수하면 이런 문제를 방지할 수 있다.

- 360도 피드백을 역량 개발에 활용하고 평가나 고용, 승진 혹은 급여 책정에 활용하지 않는다.
- 평가자 선정 과정에 고객을 참여시킨다. 이렇게 해야 할 이유는 많은데, 그중 하나는 자신이 선택한 사람으로부터 받은 피드백이 교정 효과가 더 크기 때문이다.
- 평가 주제와 문항을 정할 때 고객의 의견을 반영하고, 고객과 함께 평가 과정을 고안한다.
- 고객에게 피드백을 전할 때는 부드럽고 긍정적으로, 고객에게 힘이 되도록 전한다. 정확한 피드백이라면 명확하고 단도직입적으로 전해야 하지만, 필요하다면 피드백을 조금씩 나눠서 전하고, 행동으로 옮길 수 있는 용어를 사용한다. 피드백이 건설적인 행동으로 이어질 수 있도록 피드백을 구조화한다. 피드백 중에 냉혹한 비평이 있다면 코치의 판단하에 완화할 수 있다. 피드백은 고객을 직접 만나서 전해야 하며, 서로 만날 수 없을 때는 음성통화나 영상통화를 통해 전해야 한다. 고객이나 제삼자에게 단순히 보고서를 발송해 주는 것으로 끝나서는 안 된다. 만약 보고서를 작성한다면, 고객을 직접 만나서 결과를 검토한 후에 발송해야 한다. 보고서에 대한 고객의 의견에는 마음을 열어야 한다.
- 비밀보장에 대해서는 양심적으로 행동해야 한다. 비밀보장의 범위와 한계를 고객에게 명확히 알리고 합의한 대로 행동한다. 비밀보장과 관련된 실수는 치명적이다.

　조직은 대규모 360도 피드백 시스템을 활용하여 조직 전반을 평가하기도 하지만, 코치는 한 번에 한 사람의 고객client을 위해 정보 수집 차원에서 다면평가를 실시할 때가 많다. 이때는 고객 주변의 주요 인물 모두에게 정보를 요청한다. 여기에는 고객의 상사와 부하직원, 동료가 포함된다. 또 내부 고객customer(조직 내에서 코칭 고객이 서비스를 제공하는 대상)과 가능한 경우 외부 고객customer을 포함한다. 가족 구성원이 유용한 정보를 제공할 가능성이 있을 때는 가족 구성원도 평가에 참여할 수 있으며, 고객의 자기 평가는 반드시 포함해야 한다. 접수원이나 잡무 담당 직원의 견해가 유용할 가능성이 있다면 이들도 평가에 참여시킨다.

[그림 2-1]은 조하리의 창Johari window으로, 조지프 러프트와 해리 잉험(Hanson, 1973; Luft, 1970)이 만든 유용한 이론이다. 조하리의 창은 '노출-피드백 인식 이론'이라고 불리기도 한다. 이 이론은 경영자와 코치가 서로를 알아갈 때나, 360도 피드백 정보를 정리하고 파악할 때 활용할 수 있다. 코칭에서 일반적인 목표는 Ⅱ, Ⅲ, Ⅳ 영역의 정보를 Ⅰ영역으로 옮기고 Ⅰ영역을 넓히는 것이다. 조하리 이론에서는 다음의 교훈을 얻을 수 있다(Luft, 1970).

- 한 영역에서의 변화는 다른 영역의 변화로 이어진다.
- Ⅱ, Ⅲ, Ⅳ 영역에 정보를 보관하려면 심리적 에너지가 소모된다.
- 위협은 인식의 범위를 줄이고, 상호 신뢰는 Ⅰ영역으로의 이동을 증진한다.
- 인식을 강요하면(폭로) 대개 역효과가 난다.
- 미지의 영역, 숨겨진 영역, 보이지 않는 영역은 사회적 훈련과 관습, 두려움에 의해 유지된다.

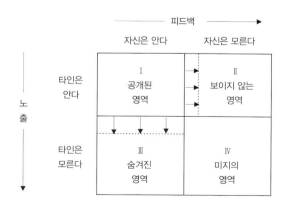

[그림 2-1] 조하리의 창

평가 과정에서 고객은 불쾌한 피드백이나 부정적인 피드백을 받아들이는 데 동의해야 한다. 이것이 고객에게는 견디기 힘들고 위협적일 수 있다는 점을 과소평가해서는 안 된다. 고객이 자신의 동료로부터 받은 악평으로 인해 느끼는 고통에 코치는 둔감하기 쉽다. 악평을 처음 듣는 순간 고객은 처참한 심정에 빠질 수 있다는 점을 명심하자.

360도 평가에 참여하는 모든 사람에게 제시할 질문을 만들자. 고객이나 다른 평가자로부터 질문할 문항을 얻거나 자신이 만든 여러 문항을 제안한다. 먼저 코칭 목표를 확인하고 그 목표에서 자연스럽게 도출되는 질문은 무엇인지 살핀다. 그다음에는 감독자나 상사, 멘토에게 어떤 질문이 가장 적합할지 물어본다. 그 후에 고객에게 무엇을 배우고 싶은지 묻는다. 질문 목록을 적절히 작성하는 일은 그리 어렵지 않으며, 특히 직접 만나거나 전화 통화로 물어보면 쉽게 작성할 수 있다. 다면평가에서는 대체로 다음과 같은 질문을 활용한다.

1. 이 사람의 강점은 무엇인가? 무엇을 잘하는가?
2. 이 사람의 약점은 무엇인가? 어떤 기술이 부족한가?
3. 이 사람과 함께 일하는 것은 어떤가? 즐겁거나 기대가 되는가?
4. 당신과 함께 업무 처리를 잘 해내기 위해 이 사람이 깨우치길 바라는 점이 있는가?
5. 이 사람에게 교훈을 줄 수 있는 사례를 들어보라(코칭과 고객의 성장에 관하여).
6. 이 사람이 한 단계 위에서 성공을 거두려면 무엇을 배워야 하는가?

방법 2: 직접 만드는 평가도구

구매 가능한 평가도구들이 많기는 하지만, 자기만의 도구를 개발하는 일도 충분히 가능하다. 예를 들어, [그림 2-2]에 제시한 리커트 척도를 활용하여 고객 및 주요 주변인과 면담하는 방법을 고안할 수 있다.

예시 질문 1:

경영자 조Joe는 당신이 업무에서 자율성을 발휘하도록 허용하나요?

1	2	3	4	5
전혀 그렇지 않다	별로 그렇지 않다	보통이다	대체로 그렇다	매우 그렇다

예시 질문 2:

조Joe는 위임을 잘하나요?

1	2	3	4	5
매우 못한다	잘 못한다	보통이다	잘하는 편이다	매우 잘한다

[그림 2-2] **리커트 척도**

전자기기를 사용하여 고객의 정보를 수집하는 방법도 많다. 직접 만나서 혹은 전화로 면담하는 방법이 최선이지만 그렇게 하면 시간이 많이 소요된다. 개별 면담을 진행하면 코치가 주의 깊게 살피고 상황에 맞게 후속 질문을 던질 수 있고, 평가자로부터 필요한 데이터와 더불어 의미 있는 인상을 받을 수 있다는 점에서 확실히 이점이 있다. 개별 면담에서는 대개 양질의 정보를 얻을 수 있고 전자기기를 활용할 때보다 비밀보장도 확실하다. 이메일 설문은 편리하다는 인식이 있고, 고객의 동료들이 원한다면 집이나 호텔 방에서 작성할 수도 있다. 하지만 비밀보장에 있어서는 문제가 생길 소지가 다분하다. 전자 우편이 어디로 새어나갈지 아무도 모르기 때문이다.

코치들은 서베이몽키Survey Monkey(www.surveymonkey.com)[1]와 같은 서비스를 활용한 온라인 설문을 고려하기도 한다. 온라인 설문은 비용이 저렴하고 비교적 만들기가 쉽다. 설문을 간결하게 만들면, 응답자의 편의성이 좋고 다른 설문 방식에 비해 응답률도 높다. 서베이몽키 측에서는 자료가 안전하게 관리된다고 주장하지만, 안전한 자료

---

1) 국내 사이트는 ko.surveymonkey.com-역주

관리는 코치의 책임이다. 자료 관리에는 반드시 신중을 기해야 한다.

비밀보장의 문제는 코치에게 피드백 자료를 제공하는 사람들과도 논의해야 한다. 이들에게도 이해관계가 있다. 대개 코치는 정보를 통합하고 목록화하여 '집단'의 의견인 것처럼 만들어서 누가 무슨 이야기를 했는지 고객이 알지 못하게 하지만, 이 작업이 쉽지 않은 경우도 있다. 코치는 고객이 평가 내용과 특정 인물을 연결시키지 못할 것이라고, 더 심각하게는 잘못 연결하지 않을 것이라고 단정해서는 안 된다. 고객의 부하직원들은 고객에게 잘 보여야 자신의 자리를 지킬 수 있으므로 부정적인 세부 정보에 관해서는, 설혹 그것이 고객과 코치에게 매우 유용한 정보라 하더라도 입을 닫거나 말하기를 거리낄 수 있다. 정보 제공자 모두와 비밀보장에 관련해 대화를 나누는 것이 현명하다. 코치는 그들이 언급한 얘기가 드러나지 않도록 완벽히 숨기도록 노력해 보겠지만 실패할 가능성이 있다는 점을 알려 주어야 한다. 그들에게 직접적이고 유용한 정보를 요청하면서도, 본인의 입장을 고려하여 스스로 편안한 선을 지키라고 권해야 한다. 특정 정보를 제공할 수 있는 사람이 한 사람뿐일 때, 정보원을 숨기고 비밀을 보장하기가 어려운 경우가 있다. 예를 들어, 고객의 상사가 고객이 마감시한을 맞추지 못하는 편이라고 코치에게 말한 경우, 고객은 그 피드백의 출처를 정확히 간파해 낼 것이다. 코치는 피드백을 제공한 사람이 누구인지 드러나지 않도록 피드백 정보를 효과적으로 결합하고 통합하여 몇 가지 요점으로 정리해내야 한다. 이것이 불가능할 때는 평가자에게 그 점을 주지시키고 고객에게 피드백을 전해도 된다는 승낙을 받아야 한다.

방법 3: 면담

심리치료사들은 심리치료를 시작한 이래 줄곧 평가 면담을 해 왔기 때문에 면담에 능숙하고 기술이 좋다. 이들은 일대일 관계에서 라포를 재빨리 형성하는 법과 묻기 곤란한 질문을 물어보는 요령을 알고, 점검해야 할 목록을 외우고 있으며, 산만한 사람을 짧은 시간 안에 집중시키거나 수줍은 사람을 편안하게 해 주는 요령을 알고 있다.

일대일 면담은 앞으로 진행될 코칭의 분위기를 조성한다는 측면에서 중요한 코칭 기술이다. 경영자 코치를 대상으로 한 하버드 대학교 설문조사에서 응답자들의 86%

가 면담이 매우 중요하다고 답하며, 면담을 가장 중요한 기술로 꼽았다(Kauffman & Coutu, 2009, pp. 16-17). 코치는 라포를 형성하고 목표를 세우고 지침을 정하는 동시에 고객을 평가할 수 있어야 한다. 고객이 경청을 잘하는지, 말을 분명하고 명확하게 하는지, 집중을 잘하는지, 솔직한지 방어적인지, 유머감각이 있는지, 전반적인 인상은 어떤지, 면담 내내 (코치에게) 어떤 반응을 이끌어 내는지 살피면서 고객의 대인 관계 기술을 점검한다.

첫 번째 면담　　코칭의 첫 면담과 심리상담의 접수면접 사이에는 차이점이 있다. 심리치료사는 대개 내담자의 이력과 내적 발달에 초점을 둔다. 코칭에서는 이런 과정이 불필요하고 오히려 역효과를 낳기도 한다. 물론 코치는 고객의 성장 배경에 관심을 가질 수 있고, 특히 당면한 문제와 관련이 있는 경우에는 더욱 그렇다. "선생님이 어쩌다가 이런 상황에 놓이셨는지 궁금하네요."와 같은 표현은 코칭에 적절하고, 대다수 고객도 흔쾌히 받아들인다. 하지만 고객의 심리사회적 배경에 지나치게 관심을 기울이는 행위는 경영자 코칭의 특성인 행동 중심에서 벗어나는 것이다.

코치는 고객과의 첫 면담에서 꼭 다루어야 할 사항들이 있으며, 고객 역시 첫 면담에서 코치를 평가한다. 첫 면담은 상황에 따라 45분에서 수 시간까지 진행되고, 전화로 이루어지기도 한다. 경영자들은 대체로 일을 빨리빨리 처리하려는 성향이 있기 때문에, 코칭을 빨리 진행하기 위해서 시작부터 첫 면담 시간을 길게 갖는 것도 좋은 방법이다.

코치와 고객의 첫 면담에서 유념해야 할 사항은 다음과 같다.

1. 고객과 좋은 관계를 맺는다. 침착하고 자신감 있는 태도로 자신을 소개한다. 자신이 고객에게 크게 기여할 수 있다고 믿어야 한다. 그리고 실제로 그렇게 할 수 있다. 적절한 옷차림을 갖춘다. 정장을 갖춰 입는 회사도 있고 평상복을 입는 회사도 있다. 컨설턴트가 직원들과 비슷하게 옷을 입기를 바라는 회사도 있고 전문가답게 잘 차려입기를 바라는 회사도 있다. 적절한 옷차림이 무엇인지 잘 모르겠다면 어떤 옷차림이 적절할지 회사 측에 물어본다. 고객에게 코칭이 어떤

의미인지 파악한다. 고객이 코칭을 승진가도를 달리는 사람을 위한 성장 기회로 보는지, 부족한 부분을 보완하기 위한 노력의 일환으로 여기는지, 아니면 회사가 무능한 경영자를 내보내려는 방편으로 보는지 확인한다. 합당한 기대 수준에 대해 서로 분명히 합의한다. 코치의 임무가 무엇인지를 명확히 정의하여 고객에게 전한다. 코치는 반드시 스스로 코칭의 정의를 명확히 규정하여 전달해야 하고, 필요하다면 고객을 만나기 전에 그 과정을 미리 연습해야 한다. 고객에게 코칭의 정의를 제대로 전달하지 못하면 문제가 발생할 수 있다. 코칭 고객은 코치가 어떤 사람이고 무슨 일을 하는지 자기 나름의 생각을 갖고 있지만, 그 생각은 정확하지 않을 수 있다. 한 코칭 전문가는 이런 말을 남겼다. "코치가 자신이 어떤 방법론을 사용하는지, 어떤 일을 하고 어떤 성과를 낼 수 있는지 얘기해 주지 못한다면, 그 코치를 도로 돌려보내는 편이 좋다"(Scoular, 2009, p. 31).

2. 코치가 고객에게 평가의 필요성을 납득시켜야 하는 경우도 있다. 경영자들 중에는 예전에 수준이 형편없거나 별 도움이 안 되는 컨설팅을 경험한 사람이 많기 때문에 컨설턴트를 회의적인 시각으로 바라볼 수 있다. 특히 상사가 고객에게 코칭을 제안했거나 지시했을 경우 고객에게 평가를 납득시키는 과정이 중요하다. 시작하기에 앞서 고객이 코칭에 대해 어떤 생각을 하고 있는지 알아본다. 고객이 과거에 컨설턴트와 어떤 경험을 했는지, 당시 컨설턴트가 저지른 실수 중에 코칭에서 방지할 수 있는 실수는 없는지 파악한다. 고객이 코칭에 관심이 있는지 알아본다. 여러 증거 자료에 따르면 고객의 동기 수준이 코칭의 성공 여부를 판가름하는 가장 중요한 변인이다(Peterson, 2009; Scoular, 2009). 고객이 평가 과정에서 제공받는 정보를 가치 있게 여기고 신뢰하는지 확인해 본다.

3. 비밀보장의 한계는 어디까지가 좋을지, 어디까지 할 수 있는지 논의하고 합의한다. 보장이 가능한 범위를 넘어서 약속해서는 안 된다. 평가 정보를 어느 정도 범위에서, 누구와, 언제, 어떻게 공유할지 분명하게 서면상으로 합의한다. 합의 사항을 지키기 힘든 상황이 닥쳐도 합의 사항을 지켜야 한다. 그렇게 할 수 있다면 조직으로부터 신뢰를 얻게 될 것이다.

4. 중요하고 합리적이며 달성 가능한 목표를 세우고, 고객이 그 목표를 달성하도록

돕는다. 목표를 측정 가능한 방식으로 개념화하여 코치와 고객 모두 미래에 목표 달성 여부를 알 수 있게 한다. 이 과정에는 창의력이 필요하다. 모든 것은 측정 가능하지만 측정 방법이 항상 명백하지는 않기 때문이다. 예를 들어, 고객의 무능력감을 측정한다면, 고객은 자신이 특정한 생각을 하거나 감정을 느끼는 횟수를 헤아릴 수 있다. 코칭에서 경청 기술을 다룬다면, 리커트 척도를 사용해서 고객의 공감 행동을 평가할 수 있다(예를 들어, "전혀 공감하지 않는다"부터 "매우 공감을 잘한다"까지). 세상의 거의 모든 것은 수량화할 수 있다. 대다수의 질문은 다음과 같이 1부터 10까지의 척도로 표현할 수 있다. "다음 주 경영진 앞에서 발표를 한다는 생각에 어느 정도의 불안감을 느끼십니까? 1에서 10까지의 숫자로 표현해 주세요."

5. 기본 원칙을 정하고 코칭의 틀을 확립한다. 여기에는 일정, 취소 방침, 목표 달성을 위해 함께 보내야 할 시간, 만나는 시간 외에 각자 기울여야 하는 노력을 포함시킨다. 이 과정에서 코치는 코칭의 정의를 고객에게 명확하게 설명한다. 코칭에 해당되는 것이 무엇이고 해당되지 않는 것은 무엇인지, 코칭이 달성할 수 있는 것은 무엇이고 달성할 수 없는 것은 무엇인지 코치 본인의 견해를 밝히고 앞으로 고객이 접하게 될 코칭 방법을 간단히 소개한다.

6. 지속적으로 고객을 평가한다. 고객이 당신을 대하는 태도는 어떤가? 고객의 대인 관계 기술과 화술, 경청 기술을 평가한다. 고객이 코칭의 흐름을 끊는가? 이미 자기 생각을 밝힌 후에도 계속해서 말을 하는가? 짜증스러운 행동을 하는가? 코치에 관한 질문을 하는가(자기중심적인 생각에서 벗어날 수 있는가)? 침착하게 집중하는가 아니면 안절부절못하고 두서가 없는가? 긍정적으로 생각하는가 아니면 부정적으로 생각하는가? 생각이 트여 있는가 아니면 편협한가? 고객이 적절한 어휘를 사용하는가? 고객과 함께 보내는 시간이 좋고 다음 만남이 기대되는가 아니면 고객이 불편하고 싫은가? 이런 요소를 관찰해두면 나중에 유용하게 쓸 수 있다. 기록하고 기억해두자.

7. 첫 면담 후에 자신이 보관할 메모와 고객에게 줄 문서를 준비한다. 이렇게 하면 합의 사항과 목표를 기록할 수 있고 나중에 이 사례를 벤치마킹할 때 출발점으로 삼을 수 있다.

방법 4: 직접적인 행동 관찰

직접적인 행동 관찰은 대다수 심리치료사에게 낯선 영역이다. 경영자 코치는 고객을 맥락 안에서 직접 관찰하여 귀중한 정보를 얻는다. 코치는 고객과 일대일로 만나는 상황을 비롯하여 여러 상황에서 고객의 행동을 관찰한다. 고객과 처음 연락했을 때부터, 예를 들어 코칭 관계를 처음 맺을 때 받은 음성 메시지까지도 평가에 활용한다. 고객의 메시지를 들었을 때 어떤 인상을 받았는지 주목해두면 코칭에 유익하다. 이 인상을 적어두면 나중에 코칭 관계에서 받은 인상과 비교해 볼 수 있다.

고객이 일하는 모습을 관찰할 기회를 찾아본다. 고객이 통화하는 내용을 듣고 가능하다면 고객의 이메일을 읽어 본다(물론 고객의 허락을 받아야 한다. 상위 조직의 허락을 얻어야 할 때도 있다). 종합적으로 정확하게 고객을 파악하는 최선책은 고객을 그림자처럼 따라다니는 섀도잉shadowing이다. 고객이 일할 때 동행하고, 회의에 동석하고, 복도에서 사람들과 교류하는 모습을 보고, 고객이 자신에게 보고하는 부하에게 지시하는 모습을 참관한다. 이런 행동은 심리치료와 매우 다른 코칭의 한 측면이며, 커다란 이점이 있다. 하버드 대학교 설문조사에서 경영자 코치의 46%가 섀도잉이 매우 유용한 기법이라고 보고했고, 20%는 유용성을 1부터 10까지의 척도로 평가했을 때 만점인 10점을 주었다(Kauffman & Coutu, 2009, p. 16). 상담사가 내담자에게 받는 정보는 유용하지만 거의 자기보고에 의존한다는 결함이 있다. 자기보고에서 얻은 정보는 내담자의 욕구와 방어기제, 편향에 의해 걸러진다. 섀도잉은 매우 중요하고 강력한 기법이기 때문에, 코치들은 이 기법을 적극적으로 지지하고 사용해야 한다. 섀도잉이 부담스러운 코치라면 그러한 자신의 성향을 극복해야만 한다. 섀도잉은 매우 효과적인 평가 기법이고 고객들은 대개 코치가 생각한 것보다 더 기꺼이 이 기법을 받아들인다. 특히 코칭이 문제점에 대한 해결책이 아니라 전도유망한 경영자를 위한 혜택으로 비칠 때 더욱 그렇다. 따라서 코치를 '저승사자'가 아니라 성공의 상징으로 표현하는 것이 좋다. 코치와 고객은 직장 내 사람들에게 코치를 어떤 사람으로 소개할지 함께 의논해 보아야 한다. 예를 들어, 다음과 같이 소개할 수 있을 것이다. "이 분은 제 코치예요. 오전 회의에 같이 참석해서 제가 회의에서 어떻게 행동하는지 관찰할 거예요. 우리는 회의를 더 효과적으로 진행하는 법을 찾아보려고 해요." 코치는 놀랍도록 빨리 배경 속으로 사라질 것이다.

섀도잉을 위한 핵심 질문 작성은 중요하다. 몇 가지 예시를 살펴보자.

- 고객과 함께 있을 때 주위 사람들이 어떻게 행동하는가? 고객을 어떻게 대하는가?
- 고객에게 결점이나 코칭에서 다룰 만한 표적행동(바꿔야 할 점)의 징후를 발견했는가?
- 고객의 행동이 자기 인식과 일치하는가?
- 고객의 행동이 고객의 말과 일치하는가?
- 고객이 의식적으로나 무의식적으로 사람들을 어떻게 강화하는가?
- 고객이 다른 사람들에게 무심코 보내는 메시지는 무엇인가?
- 고객은 함께 있고 싶은 사람인가? 그렇다면 왜 그런가?

상황과 목표에 맞게 자신만의 질문을 만들어 보자.

방법 5: 공식적이며 객관적인 평가 도구

코치가 사용할 수 있는 표준화되고 상용화된 평가 도구는 다양하고, 그중 몇몇은 이번 장 전반부에서 설명했다. 이와 같은 평가 도구는 대단히 유용하지만 엄청난 시간과 에너지가 필요하다. 이로 인해 고객이 코칭에 관심을 잃거나 코칭 관계가 훼손할 수 있다. 코치는 평가 도구를 구매해서 사용하기 전에 신중히 검토해야 한다.

평가 도구: 기초   공식적인 평가 도구는 두 가지 측면에서 코칭 과정에 기여할 수 있다.

1. **정확성**—대인 면담과 행동 관찰은 편견이나 미처 놓친 정보 등의 이유로 왜곡될 수 있다. 공식적이며 구조화된 평가 도구는 이런 문제를 최소화한다. 구조화된 평가 도구를 사용하면 기본적인 평가 요소를 모두 다룰 수 있다.
2. **효율성**—다량의 정보를 빠르게 얻고 정리할 수 있다. 데이터는 디지털 방식으로 매우 빠르게 처리된다. 폭넓은 규준집단이 있기 때문에 고객들은 '비교기준을 어디에 두고' 평가한 것인지 쉽게 알 수 있다.

검사가 코칭 과정에 적절히 기여하려면 다음의 요소를 갖춰야 한다. 표준화되고 상용화된 평가 도구를 활용할 때는 다음의 사항들을 짚고 넘어가야 한다.

선 택   코치는 시중에 나와 있는 평가 도구를 잘 알고 있어야 하며, 고객이나 현 과제에 적합한 것을 선택해야 한다. 시중에 수천 가지의 검사와 설문이 나와 있다는 점을 고려할 때 이는 쉬운 일이 아니다. 코치는 검사가 타당하고 목적에 부합하는지 판단하기 위해 사전에 시험 검사를 해 보아야 한다. 새로운 검사가 정기적으로 인터넷과 문헌에 등장하지만, 그중에는 훌륭한 것도 있고 미흡한 것도 있다. 가격은 대부분 비싼데, 개발 초기에는 더 비싼 경향이 있다. 검사는 초기 비용(소책자, 매뉴얼, 허가, 소프트웨어 개발)을 회수하고 나면 비교적 저렴해진다.

평가 도구의 검토   대다수 검사에는 소유권이 있으므로, 판매자가 검사와 관련해서 제공하는 정보를 신뢰할 수 없다. 개발 업체들이 자사의 제품을 과장해서 홍보하는 경향이 있기 때문이다. 시중에는 기껏해야 기분을 전환시켜 주거나, 과학기술로 겉 포장해서 왜곡된 정보를 제공하는 설문조사들이 넘쳐난다. 코치는 평가 도구를 사용하여 고객을 평가하기 전에, 시험 삼아 스스로를 평가해 보아야 한다.

구성개념   평가 도구를 사용하기 전에 가장 먼저 해야 할 일은 평가 도구가 검사하기로 한 기본 개념을 판독하는 것이다(성격은 구성개념의 한 예다. 리더십도 마찬가지다). 고객은 코치가 이 작업을 잘했으리라고 기대한다. 고객은 코치를 믿는다. 고객은 코치가 당연히 이 작업을 적절히 처리했으리라 믿지만, 사실 이것은 만만치가 않다. 검사는 그 명칭에서 연상되는 대상을 검사하는 것이 아닐 수도 있기 때문에, 코치는 검사 결과가 실제로 의미하는 바를 제대로 파악하기 위해 약간의 점검 과정을 거쳐야 한다. 예를 들어, 우울증을 검사하는 도구에는 여러 종류가 있지만, 이들이 모두 같은 대상을 검사하지는 않는다. 이 검사들은 우울증을 서로 다르게 정의(구성개념)하면서 출발한다. 검사 결과를 제대로 이해하려면 검사 개발자가 우울증을 어떻게 정의했는지 이해해야 한다. 리더십 검사도 마찬가지다. 코치는 검사 개발자가 검사를 고안할 때 리더십을 어떻게 정의했는지 알아야 한다. 이와 마찬가지로, 정서지능을 평가하는 검사를 사용할 때는 이 검사의 개발자가 정서지능을 어떻게 정의했는지 반드시 알아야 한다. 고객들은 이런 사실을 알지 못하고, 결과를 있는 그대로 받아들이기 쉽다. 앞뒤가 맞지 않는 검사 결과를 얻었을 때는 혼란만 가중되기 쉽다. 이런 상황은 해당 검사가 측정하기로 표방한 개념을 제대로 측정하지 못할 때 발생한다. 검사 개발자는 특정 이론이나 관점을 토대로 검사를 개발하기 때문에, 검사의 개념적 기반을 반드시 탐구해 보아야 한다. 한 예로, 많은 컨설턴트들이 MBTI의 이론적 기초를 이해하지 못하고, 때로는 핵심 개념(예: 감각이나 인식)의 명확한 의미도 알지 못한 채 이 검사를 활용한다. 그럴 때는 혼란과 오해만 생기며, 특히 상대적으로 간단한 검사에서는 더욱 그렇다.

타당도　　평가 도구를 활용하기에 앞서, 구성개념 타당도 외에 다음과 같은 타당도에 대한 질문도 던져 보아야 한다. 이 검사는 측정하기로 표방한 개념을 측정하는가? 검사 결과는 정확한가? 검사 질문들이 검사 결과와 관련된 내용을 담고 있는가? 검사 결과가 미래에 실제로 일어날 일을 정확히 예측한다는 증거가 있는가? 검사 결과가 지금 고객이 처한 환경에 적용될 수 있는가? 유사한 정보를 얻을 수 있는 비교적 값싸고 쉬운 방법과 비교했을 때 이 검사에서 얻은 결과가 더 효과적인가? 이 검사는 고객과 유사한 사람들을 대상으로 개발되었는가? 검사가 (고객이 보기에) 중요하고 적절한 질문을 던지는가, 아니면 기이하고 불가해한 질문을 던지는가(안면 타당도가 있는가)?

신뢰도　　평가 도구에 관해 검토해야 할 질문 중에는 다음과 같이 평가 도구의 안정성에 관한 사항도 있다. 누구든 이 검사를 진행했을 때 개발자가 얻는 결과와 똑같은 결과를 얻을 수 있는가? 코칭에서 이 검사를 실시했을 때 정확한 결과를 얻을 수 있는가, 아니면 제한된 특정 환경에서만 유효한가? 서로 다른 부류의 고객들에게 이 검사를 실시했을 때 일관적인 결과를 얻을 수 있는가(예를 들어, 이 검사는 간호사를 위해 고안된 것은 아닌가?) 이 검사는 견고한가sturdy? 다시 말해, 고객이 집이나 비행기 안에서나 혹은 호텔방에서 검사를 받을 수 있는가? 고객이 지금의 결과와 비교하기 위해서 1년 후 다시 검사를 받았을 때, 비교 목적에 적합한 유효한 결과를 얻을 수 있는 가? (본인 대신) 부하직원이 검사를 진행해도 타당한 결과를 기대할 수 있는가?

타당도와 신뢰도의 허용 수준은 상황에 따라 다르며, 0부터 1까지의 범위에서 보고 하는데, 0은 상관관계가 전혀 없다는 뜻이고 상관 계수 1 혹은 −1은 '완벽하다'는 뜻 이다. 0.4에서 0.5 정도의 상관 계수는 적정한 수준으로 판단하며, 0.6이나 0.7은 대 개 높은 수준으로 판단한다.

표준화　　표준화는 규준 집단의 문제다. 고객을 판단하는 비교 대상은 누구인가, 또는 무엇인가? 모든 판단에는 '비교 대상'이 변수로 들어간다. 당신은 어떤 사람들에 비하면 영리한데, 또 다른 사람들에 비하면 그다지 영리하지 않다. 검사 결과가 결정 되고 제시되는 방식은 어떠한가? 한 예로, 비즈니스 코칭에 MMPI를 활용하는 것은 합당하지 않다. 왜냐하면 이 검사는 정신질환을 평가하기 위한 목적으로 만들어졌고, 임상 현장과 병원에서 규준이 개발되었기 때문이다. 경영자 코칭에 가장 적합한 검사 는 경영자를 규준 집단으로 삼아 개발된 검사로, 이렇게 해야 고객은 환경과 입장이 비슷한 사람들과 비교될 수 있다. 검사 후 고객이 95%에 해당한다는 결과가 나왔다 면, 코치는 어느 집단에서 95%인지 대답할 수 있어야 한다. 규준 집단이 모두 중서부 출신인가? 고객과 나이가 비슷하고 성별이 같은가? 그리고 (가장 성가신 문제로) 인종 과 문화가 비슷한가? 만약 그렇다면, 이 검사 결과는 더 정확하고 의미 있고, 설득력 이 있을 것이다. 유사성의 문제(고객과 규준 집단이 얼마나 유사한가?)와 함께 두 번째로 고려해야 할 사항은 규준 집단의 크기다. 이 검사의 규준을 설정하는 데 얼마나 많은 사람이 참여했는가? 규준 집단의 크기는 적절한가? 규준 집단은 어느 정도까지는 클 수록 좋다.

실행상의 유의 사항　　검사 질문이 깔끔하고 효과적인 인상을 주는지 따져보아야 한다. 검사를 실시하다 보면 실제로는 그렇지 않은 질문들이 많고, 때로는 우스꽝스 럽거나 사소하거나 이상한 질문도 있다(예를 들어, "나는 끈적거리는 검은 변을 본다."라 거나 "나는 수건돌리기 놀이를 좋아한다."). 이런 문항이 등장하면 고객은 검사에 관심을 잃는다. 질문이 명확하며 일관성이 있는가? 고객이 질문을 이해하기 어렵지는 않은가? 설문이 너무 길어서 고객이 집중하기 어렵지는 않은가? 아니면 설문 작성에 시간을 내고 싶지 않을 만큼 설문이 길지는 않은가? 만약 경영자가 두어 시간에 걸쳐서 설문을 작성해야 한다면, 검사 결과에 그만한 가치가 있어야 한다. 대다수 공식적인 검사는 온라인이나 노트북에서 받을 수 있다. 최종 사용자(고객)가 비밀번호를 사용해 로그인하고, 본인의 책상이나 집에서 검사를 받는 시스템이 가장 편리하다. 고객에게 검사라는 부담을 지우기 전에 코치가 먼저 자신을 대상으로 검사를 실시해 보면 좋다. 검사를 해 본 후에는 검사의 품질이 우수한지, 피드백 형식이 유용하고 일관적인지 검토한다. 이때 고객의 관점에서 생각해 보아야 한다.

또한 설문 진행자에 대한 교육 여부를 결정해야 한다. 특히 설문의 진행과 채점을 코치의 부하직원이나 고객의 팀원에게 위임할 경우 교육의 여부를 고려해야 한다.

검사를 검토하기 위해 필요한 정보를 쉽게 얻을 수 없거나 검사 판매자가 관련 정보를 제공하지 않는다면 이것은 나쁜 징조다. 제공된 정보에 모순이 있거나 이해하기 어려운 전문 용어로 기술되어 있어도 의심해 보아야 한다. 그런 검사는 배제하고 다른 평가 도구를 고려해 보아야 한다. 모든 설문과 검사에는 대안이 있다. 검사 기관은 자신이 판매하는 검사를 소비자가 적절히 검토할 수 있도록 견본을 제공해야 한다. 검사 기관들 중에는 자체 개발된 검사의 본질적인 특성을 소비자에게 흔쾌히 알려 주지 않는 기관이 많기 때문에 코치는 주의를 기울여야 한다. 시중에 나와 있는 심리검사를 평가할 때 활용할 수 있는 정보 출처에는 여러 가지가 있다. 1938년부터 정기적으로 『심리 측정 연감』(가제)[2]과 『검사 전집』(가제)[3]을 출간해 온 브로스 검사 센터Buros Center for Testing는 심리검사 평가기관으로 크게 존중받고 있다. 이곳의 평가정보는 온라인(www.unl.edu/buros)에서 적은 비용으로 받아 볼 수 있다. 독자는 출판된 거의 모든 검사의 타당도 및 신뢰도에 대한 자료와 더불어 전문가 한두 사람이 편견 없이 작성한 논평을 확인할 수 있다. 심리검사 관련 지식이 부족한 코치는 심리평가 도구를 활용하기 전에 숙련된 심리학자와 상의해 보기를 권한다.

---

2) 원제: Mental Measurements Yearbook
3) 원제: Tests in Print

구체적인 평가 도구　　시중에는 소유권이 있는 제품화된 자기보고 검사가 다양하게 나와 있다. 대부분은 자기보고 자료에서 비롯된다는 문제를 안고 있지만, 일부 검사는 고객의 주변인이 제공하는 정보를 포함한다. 또한 정신질환이나 약점만을 결과로 제시하는 검사보다 상대적인 강점과 약점을 결과로 제시하는 검사를 찾는 것이 좋다.

수년간 평가 도구를 제작하고 판매해 온 몇몇 유명 평가 기관들이 있다. 〈표 2–1〉에 가장 역사가 깊고 널리 이용되는 기관 네 곳의 이름과 연락처를 밝혀 놓았다. 이 기관들은 경영자와 관리자를 평가하는 데 유용한 검사를 개발해 왔다. 이 기관에서 개발한 평가 도구들은 대체로 타당도와 신뢰도가 적절하다고 신뢰할 수 있다.

〈표 2–1〉에 열거한 기관들은 '일반인'을 평가하기 위해 고안된 다양한 검사를 제작한다. 검사 결과는 여러 형식으로 제시되어서 경영자 고객들이 자기 성격의 장단점을 현재 자신의 업무나 경력상의 목표와 비교하여 이해하는 데 도움이 된다. 정서지능을 검사하는 공식적인 평가 도구는 12장의 〈표 12–1〉에 설명했다. 경영자들은 대체로 긴 설문을 작성하는 일을 성가시게 여기지만, 결과에 설득당하는 경우가 많다. 표준화된 검사 자료와 360도 평가 자료에 코치의 전문적인 견해까지 더하면 특히 더 설득력이 있다. 코치는 언제나 자료를 다각화triangulate해야 한다. 다시 말해서, 모든 출처(360도 평가 자료, 공식적인 설문, 코치의 관찰)에서 일관되게 나온 결과는 타당하고 중요한 경우가 많다.

< 표 2–1 > 평가 도구 및 제품 출처

회사	제품	인터넷 주소	전화
피어슨 평가 기관 (Pearson Assessment and PsycCorp)	다양한 성격 검사 (MMPI)	www.pearsonassessments. com	(800) 627–7271
성격 및 능력 검사 연구소 (Institute forPersonality and Ability Testing: IPAT)	다양한 성격 검사 (16PF)	www.ipat.com	(800) 225–IPAT
컨설팅 심리학자 출판 (Consulting Psychologists Press: CPP)	성격 검사 (MBTI, CPI, Strong, FIRO–B)	www.cpp.com	(800) 624–1765
창의적 리더십 센터 (Center for Creative Leadership: CCL)	360도 평가 도구 를 비롯한 다양한 평가 도구	www.ccl.org	(336) 545–2810

실 행　평가는, 특히 심리학자에게 받는 평가는, 고객에게 위협이 될 수 있다는 점을 명심해야 한다. 대개 사람들은 심리학자가 자신에게 내릴지 모를 평가에 대해 이런저런 비현실적인 생각을 품으며, 코치가 자신에게 정신질환이 있다고 진단할까봐 걱정에 휩싸인다. 검사를 실시하기로 결정했다면, 검사 결과를 지나치게 강조하지 않게 주의해야 한다. 일부 고객들은 검사가 실제보다 훨씬 강력하다고 믿는다. 심리검사에 마법의 힘 같은 것은 없다. 검사 결과는 코치와 고객의 판단에 따라 조율해야 한다. 결국 중요한 것은 검사 점수가 아니라 코치의 판단이다.

검사 결과를 제시하는 방식은 매우 중요하다. 평가 과정을 논의할 때는 기술적 용어나 경영 관리 용어를 사용하는 것이 가장 좋다. 예를 들어, 심리검사보다는 평가 도구라는 용어가 훨씬 좋다. 기업은 숫자(성과 측정 데이터)와 벤치마크(훌륭하고 달성 가능한 목표)의 관점에서 생각하는 데 익숙하다. 정보보다는 데이터라는 용어가 더 좋다. 이는 모든 고객에게 해당되는 사항은 아니므로, 상황을 고려해서 해당 조직의 용어를 반영한다. 각 문화에는 그 안에서만 통용되는 용어가 나타나기 마련이며, 이런 현상은 기업이나 조직 문화에서도 마찬가지다. 따라서 조직에서 사용하는 언어를 살펴서 적절히 반영해 주어야 한다. 임상 용어는 꼭 필요한 경우가 아닌 한 사용하지 않아야 한다.

모든 이해관계자들에게 검사의 목적을 분명히 이해시키고, 검사 자료의 용도에 대해 합의한다. 만약 해당 정보를 고객을 '개발'하는 목적(경영자 고객의 개발)으로 사용하기로 했다면, 그 합의 사항을 명확히 하고 존중한다. 고객은 검사 자료가 선발이나 승진, 회사 잔류 여부 결정에 사용되지 않으리라는 점(실제로 그렇다면)을 알아야 한다. 검사 자료를 위의 목적으로 사용하는 것은 분명히 코칭 과정에 해당된다고 볼 수 없다.

코치와 고객이 코칭의 목표를 파악하는 데 도움이 되는, 사실적이고 진실한 정보를 수집하도록 분위기를 조성한다. 고객의 장점과 단점(또는 앞으로 성장하고 개발해야 할 영역)을 강조한다. 고객이 여러 면에서 변화하고 싶어 해도 한꺼번에 여러 가지를 하려 들지 말고 한두 가지에 집중한다. 필요하다면 우선순위를 정해 한 번에 하나씩 변화 대상으로 삼는다. 간단하고 기억하기 쉬운 목표를 만든다. 초기에 성과가 나면 코칭 과정에 활력이 생긴다.

평가에서의 비밀보장

비밀보장에 관한 사항은 코칭 초기 단계에서 다루어야 한다. 경영자들은 처음에는 이 문제를 별로 걱정하지 않는 것처럼 보일 수도 있다(다른 나라의 경영자들은 미국의 경영자들보다 개인 정보 보호에 더 민감한 경향이 있다). 경영자들은 코치와의 첫 만남에서 불안한 모습보다는 자신 있고 적극적인 인상을 주고 싶어서 실제와 달리 이 문제를 별로 걱정하지 않는 듯이 말하기도 한다. 따라서 코칭의 목적이 무엇인지 서로 명확히 이해하고 정보의 사용처에 대해 합의하는 과정이 꼭 필요하다. 보통 코칭에는 심리치료와 달리 하나 이상의 목적이 있고, 코칭 비용을 지불하는 조직도 코칭의 성과에 정당한 지분을 갖는다. 이는 고객이 개인적으로 상담을 받고 직접 상담 비용을 지불했다면 비밀을 보장받았을 정보를, 조직의 상사나 감독자나 인사 담당자가 요구할 권리가 있다는 뜻이다. 그렇다고 어느 정도의 비밀보장discretion이 불가능하거나 중요하지 않다는 의미는 아니다. 비밀보장은 가능하며 많은 코칭 고객이 실제로 자기 정보가 누구에게 어떤 식으로 공유되는지 많은 관심을 보인다. 비밀보장을 고집하는 코치도 있지만, 현실적으로 비밀을 보장할 수 없는 경우가 있기에 이러한 약속을 하지 않는 코치도 있다. 한 숙련된 코치는 하버드 대학교 설문조사에서 다음과 같이 보고했다(Kauffman & Coutu, 2009, p. 12).

> 나는 코칭의 내용에 대해선 철저하게 비밀을 보장한다. 인사부에 보고할 때는 조직 가치라는 일반적인 주제로 이야기를 한다. 인사부에 코칭 진척 상황을 보고할 때는 항상 고객이 있는 자리에서 고객의 주도하에 보고한다.

비밀보장에 관한 논의는 코칭 관계 초기에 이루어져야 하며, 코치는 자신이 정보의 흐름을 관리할 수 있는 범위를 과대평가해서는 안 된다. 만약 비밀보장에 대해 조직의 요구가 불편하게 느껴진다면, 코치는 코칭 의뢰를 수락하는 것이 적합한지 재고하고 때에 따라서는 의뢰를 사양해야 한다.

비밀보장 과정에는 몇 가지 중요한 단계가 있다. 먼저 고객이 비밀보장에 관해 어떤 생각을 하고 있는지 확인한다. 코칭을 시작하면서 비밀보장에 대한 고객의 기대 수준을 조정해 주어야 한다. 때로는 코치가 코칭 고객에게 심리치료에서와 같은 절대적인 비밀보장을 약속할 수는 없다고 분명히 밝혀야 한다. 그리고 나서 코치는 고객의 정보를 신중하게discretion 다룰 것을 약속하고, 고객의 이익을 최우선시한다는 점을 확실히 이해시켜야 한다. 코칭의 주도권이 누구에게 있는가(조직인가 개인인가)도 솔직히 터놓고 논의하고 결정해야 한다. 보통은 개인 고객에게 높은 수준으로 비밀을 보장할 수 있지만, 비밀을 거의 보장하지 못하는 상황도 발생한다. 여기서 핵심은 시작 단계에서부터 상황을 파악하여 명확히 합의하고 그 합의를 지키는 것이다. 지키지 못할 약속은 하지 말고, 불필요한 정보를 드러내지 않는다. 고객이 자신의 경력 발전을 위해 평가 정보를 공개하기 원할 때는 심사숙고한다. 이러한 결정이 미래의 피드백에 영향을 미치고, 정확한 정보 획득을 방해하리라 예상한다면 고객의 제안을 거절해야 한다. 하지만 코치와 고객이 정보의 일부를 공개하기로 결정했다면 세부사항을 구체적으로 밝힌 서면 계약서 작성을 고려해야 한다.

실현 가능한 비밀보장의 수준은 조직에 따라 다르지만, 어느 조직에서나 관리자(코칭을 받는 고객의 상사)들은 코칭의 진행 상황에 대한 정보를 어느 정도 얻을 수 있으리라고 기대한다. 코칭이 목표를 달성하고 있는지, 성과를 내는지, 상사의 도움이 필요하지는 않은지, 코칭 고객의 평가 결과에서 조직이 배울 점은 무엇인지, 잊지 말고 코칭 비용을 지불하는 조직이나 관계자에게 진행 상황을 알리라. 비용을 지불하는 주체와 연락이 너무 뜸하면, 코칭을 중단해야 하는 상황이 발생할 수도 있다. 그들은 자신의 돈이 유익하게 쓰였는지 확인하고 싶어 한다.

무엇을 평가할 것인가

상황과 고객, 목표에 따라 평가 항목이 결정된다. 고객 평가는 매우 다양한 측면에서 이루어질 수 있으므로 평가를 시작하기 전에 이에 관해 미리 생각해 보는 것이 좋다. 평가 항목은 코칭을 받게 된 이유에 따라 결정된다. 만약 고객의 결점 때문에 코칭이 필요하다면 고객이 부족한 점, 즉 '문제점'에 초점을 맞춰 평가를 시작한다. 코칭이 전도유망한 경영자의 개발을 돕기 위한 기회의 차원이라면 평가 항목은 논의를 거쳐 신중히 선택해야 한다. 이런 경우에는, 지금까지 경영자 고객의 성공 원인으로 작용한 고객의 강점과 자산을 먼저 살펴본다. 또 경영자가 조직 내에서 목표로 삼은 직위에서 성공하기 위해 필요한 자질을 평가하는 데서 시작할 수도 있다.

다음 단락에는 코치와 경영자 고객들이 일반적으로 평가하는 항목의 예를 제시해 놓았다. 이러한 기술과 자질들은 대개 기업에서 높은 성과를 내기 위해 반드시 필요하다.

대인 관계 기술

대인 관계 기술은 코치가 갖춘 전문성 중에 가장 가치 있는 영역일 것이다. 기업에는 업무 역량은 훌륭하지만 대인 관계 능력은 다소 부족한 경영자들이 제법 있다. 누구나 대인 관계에서 맹점이나 상대적 약점을 보이기 마련이다. 대인 관계 영역에서 배울 점이나 개선할 점이 없다고 느끼는 사람은 어리석은 사람이다. 성공한 경영자들 중에는 추진력과 기술력, 전문성 덕분에 승진한 사람들이 많다. 이들 중에는 관리자나 리더가 되고픈 마음은 없지만, 높은 직위에 따르는 금전적 보상 때문에 승진을 받아들이는 사람도 있다. 이들은 성공을 이어가려면 새로운 기술을 익혀야 한다. 탁월한 기술력technical excellence을 얻기 위해 필요했던 기술skill은 관리직에서는 별 쓸모가 없다. 중간 관리자가 되기 위해 필요한 기술이나 부사장이 되기 위해 필요한 기술은 회사를 이끄는 데 필요한 기술과는 다르다. 〈표 2-2〉는 경영자에게 필요한 주요 대인 관계 기술을 보여 준다.

< 표 2-2 > 평가 변수

기술	평가 요소 예시
경청	고객이 경청을 중요하게 생각하는가? (혹시 말로만 그런 것은 아닌가?) 얼마나 많이 경청하는가? 적극적으로 경청하는가, 아니면 수동적으로 경청하는가? 고객이 대화에 참여하고, 질문을 던지고, 들은 내용을 바꿔서 말하는가? 듣는 태도는 어떤가? (경청하는 것처럼 보이는가?)
말하기	많은 청중 앞에서 말할 때는 어떤 모습을 보이는가? 소그룹이나 회의에서 말할 때는 어떤 모습을 보이는가? 일대일 대화에서 말할 때는 어떤 모습을 보이는가? 전화로 말할 때는 어떤 모습을 보이는가?

공감	다른 사람에게 주의를 기울이는가?
	다른 사람의 말을 듣고 그 핵심을 파악하는가?
	다른 사람들과 그들의 관점에 관심을 갖는가?
	다른 사람의 입장에서 생각할 줄 아는가?
관리/자기관리	정리를 잘하는가?
	주변 상황을 통제할 수 있는가?
	적절히 위임하는가?
	명확하게 의사소통하는가?
	충실한가?
리더십	일과 조직에 열정이 있는가?
	자신 있는 모습을 보이는가?
	긍정적인 태도와 관점을 보이는가?
	다른 사람에게 동기를 부여할 줄 아는가? 설득력이 있는가?
	리더의 역할을 이해하고 있는가?
	전략적인 비전을 제시하는가?
	(16장을 참고하라)
자기인식	자신을 정확히 인식하는가?
	자기 이해를 중시하는가?
	다른 사람의 피드백에 열려 있는가? (12장을 참고하라)
자기표현	전체적으로 상황에 적합해 보이는가?
	전반적인 느낌은 어떤가?
	낙관적인가?
	에너지가 넘치는가?
유머 감각	너무 심각한 성격은 아닌가?
	유머 감각이 적절한가?
	자기 자신을 농담거리로 삼을 수 있는가?
	어떤 상황에서 재미있는 측면을 포착할 수 있는가?
	유머가 지나치거나 수위를 조절하지 못하지는 않는가?
	냉소적인가?
	인종이나 성을 소재로 농담을 하는가?

자기 내적, 자기 관리 기술

자기 내적intrapersonal, 자기 관리 기술은 코치의 핵심 역량 중 하나다. 자기 내적이라는 용어는 개인 안에서 일어나는 사건, 즉, 감정과 욕구, 기분과 에너지 수준, 모순된 생각, 자기와의 대화, 스트레스 수준을 말한다. 코치는 이 영역에서 경영자에게 특별하고 가치 있는 도움을 줄 수 있다. 경력을 효과적으로 쌓아 나가고 싶다면 자기를 이해하고 관리할 줄 알아야 한다. 자신의 감정적 반응과 에너지, 성향을 인식할 수 있어야 한다. 이러한 반응을 잘 관리해서 경력상의 장애물이 아니라 자산이 되게 해야 한다.

심리 통찰력psychological-mindedness은 아마도 코치가 고객을 처음 평가할 때 관심을 갖는 가장 중요한 자질일 것이다. 심리 통찰력은 정신분석학적 구전에서 비롯된 비공식적 용어다. 공식적인 연구가 많이 진행되지는 않았지만, 심리 통찰력은 대다수의 심리학자들이 중요하게 여긴다. 심리 통찰력은 자기 탐색에 관한 관심이며, 자기를 관찰하고 인식하는 능력이다. 심리 통찰력이 있는 사람은 감정을 중시하고 감정에 관심을 갖는다. 이들은 다른 사람이 무슨 생각을 하고 어떻게 느끼는지 궁금해한다. 이들은 자신의 주변 상황을 파악할 때 심리 요소를 고려하고 발견하여 이름을 붙일 수 있고, 통찰력을 발휘하여 상황을 이해할 수 있다. 이들은 대개 대인 관계 기술이 좋다. 일부 경영자들은 이러한 심리 통찰력이 결여되어 있거나 혹은 이를 폄하하기도 하는데, 이러한 문제는 반드시 초기에 다루고 넘어가야 한다. 이 문제는 해결할 수 없는 경우도 있지만, 그렇다고 간과해서는 안 된다. 이를 측정하기 위한 심리측정 도구(Shill & Lumley, 2002)인 심리 통찰력 척도psychological-mindedness scale를 CPI에서 판매하고 있으나, 360도 평가 자료와 코치의 관찰만으로도 충분할 것이다.

대니얼 골먼의 정서지능(EQ 혹은 EI) 이론도 도움이 될 수 있으며(Daniel Goleman, 1995, 1998), 코치는 경영자의 정서지능을 골먼이 제시한 다섯 가지 범주(자기인식, 자기조절, 동기부여, 공감, 사회적 기술)에 따라 평가할 수 있다. 정서지능을 경영자 코칭에 활용하기 위한 아이디어와 평가 도구를 제공하는 웹 사이트가 많으며, 여러 웹 사이트 정보 및 정서지능 검사에 관한 정보는 12장에 제시해 놓았다.

분야 전문성

조직의 성과에 기여할 수 있는 성공적인 경영자는 높은 수준의 분야 전문성content skills을 보유하고 있다. 다시 말해 조직의 핵심 역량을 깊이 이해하고, 그것을 향상시킬 방법을 안다. 핵심 경영자들이 자기 조직과 제품의 역사를 이해하고 있으면 회사에 도움이 된다. 석탄 업계 경영자에게는 이런 질문을 해 볼 수 있다. 국내외 석탄 및 채굴 작업의 역사를 이해하는가? 탄광 노조 활동의 역사를 알고 있는가? 정탄clean cole이 다른 부류의 석탄과 정확히 어떤 차이가 있는지 설명할 수 있는가? 이런 종류의 질문이 흥미로운가? 역사적 요소들이 현재 업계의 문화와 환경에 어떤 영향을 미쳤는지 이해하고 있는가? 동료나 부하들과 석탄 관련 기술에 대해 대화를 나누어 보는 것이 기대되는가?

리더십 기술

많은 문헌들이 훌륭한 리더십에 필요한 구체적인 자질과 행동을 밝히고 있다. 코칭에 활용할 수 있는 리더의 자질과 행동 점검표를 16장에 제시하였다. 그러나 모든 조직과 상황에 적합한 보편적인 리더의 자질이나 기술은 없다. 리더와 맥락의 조화가 중요하다.

정치적 기술

성공하고 싶은 사람이라면 조직의 문화를 이해하고 명시적, 암시적 규칙을 기꺼이 존중해야 한다. 대다수 조직에 보편적으로 적용되는 정치적 역학이 있고, 개별 조직에만 적용되는 특수한 역학도 있다. 유능한 경영자는 두 가지 모두에 능숙해야 한다. 이를 위해서는 (진실성을 지키는 한에서) 정치 게임을 어느 정도 받아들이는 태도가 필요하다. 일부 경영자들은 정치 게임의 필요성을 전혀 인정하지 않는데, 이런 경우 코치는 고객이 자신의 태도를 살펴보고 조정하도록 도울 수 있다. 조직 내 정치를 경멸하는 기술직 근로자들은 관리자나 리더로 성공할 가능성이 희박하다. 이들은 일부 조직에서 한동안 **반항아**rebel로서는 승승장구할 수 있겠지만 이들의 성공가도가 끝나는 것(특히 이들이 승진되었을 때)은 불가피하다.

개인과 산업의 비전

누구든 자신이 어디로 가고 있는지, 어디까지 갈 수 있는지, 거기에 도달하는 방법이 무엇인지 내다보는 비전을 갖추면 여러모로 좋다. 이런 비전이 자연스레 생기는 사람이 있는가 하면 코칭을 받아야 생기는 사람도 있다. 조직에서 높은 자리로 오를수록 비전이 점점 더 중요해진다. 최고경영자에게 비전은 필수 덕목이다.

결과 논의하기

고객에게 피드백을 전달해야 할 시점에 이르면 그 방법을 신중하게 고민해야 한다. 고객의 성향이나 주어진 상황은 저마다 달라서, 직접적이고 강하게 얘기해 주는 방식을 좋아하는 사람이 있는가 하면 온화하고 긍정적인 용어로 부드럽게 얘기해 주는 방식을 선호하는 사람도 있다. 부정적인 피드백을 너무 많이 전달해서 고객을 실의에 빠뜨리지 말아야 한다. 필요시에는 피드백의 수위를 조절한다. 부정적인 정보에는 긍정적인 정보를 섞어 넣는다. 훌륭한 피아노 선생님이 그러하듯이, 고객에게 한꺼번에 너무 많은 것을 알려 주려고 하지 않는다. 고객에 대해 얻은 모든 정보를 한 번에 전달하기보다는 한 번에 한 가지씩 중요한 사항을 골라 피드백하는 것이 가장 좋다. 코치가 고객에게 모든 평가 자료를 다 전해야 한다고 강제하는 규칙은 없다. 두 가지 긍정적인 논평 사이에 부정적인 논평을 끼워 넣는다. 고객이 피드백을 받는 일에 지친 기색은 없는지 살펴본다. 흔히 경영자들은 상처받거나 실망했을 때도 자기감정을 드러내지 않는데, 이는 직장에서 그런 감정을 숨겨야 한다고 배워 왔기 때문이다. 코치는 부정적인 피드백이 고객에게 충격을 줄 수 있다는 점을 의식해야 한다. 부정적인 피드백을 할 때는 고객이 겉보기보다 상처를 더 많이 받았으리라고 예상해야 한다. 또한 고객에게 고객이 보유한 여러 긍정적인 자질의 예를 제시했더라도 고객은 단 하나의 부정적인 피드백만을 기억할 것이라고 예상해야 한다. 고객은 단 하나의 지적만 곱씹으면서 점점 더 마음이 상할 수도 있다.

360도 평가는 정해진 간격으로 반복할 수 있고, 코칭 단계의 시작과 끝에 실시할 수도 있다. 예를 들어, 3개월 안에 달성해야 할 목표를 세웠다면, 경과 확인을 위해서 약식으로 360도 평가를 실시한다. 코칭을 할 때마다 360도 평가 결과 중에서 가장 중요하고 적절한 결과를 검토하는 것으로 코칭을 시작할 수도 있다.

피드백과 목표 수립

모든 평가 정보(초기 면담, 360도 평가, 서면 검사, 코치의 반응과 관찰)를 표로 작성했다면 고객과 함께 앉아서 이 목록을 상세히 검토해 본다. 모든 자료를 조목조목 살펴지 말고 몇 가지 개별 요소에 집중한다. 고객의 자기인식과 다른 출처에서 얻은 정보를 비교해 본다. 고객이 자신의 장단점을 정확하게 알고 있는가? (이때는 장점을 강조해 주자!) 고객의 자기인식은 어느 정도로 정확한가? 평가 정보 중에 고객이나 코치가 놀랄 만한 정보는 없는가? 이 정보를 활용하여 고객이 달성 가능한 소수의 목표를 세우고 정기적으로 경과를 평가할 수 있게 도와주자.

코치는 고객이 공식적인 심리검사를 매우 신뢰하고 코치의 말을 무비판적으로 수용할 수 있다는 점을 명심해야 한다. 본(Bourne, 2008, p. 393)은 바넘 효과("1분마다 잘 속아 넘어가는 사람이 하나씩 태어난다.")와 스태그너의 연구(Stagner, 1958)를 인정해야 한다는 점을 상기시켜준다. 스태그너의 연구 결과는 대다수 사람들이, 특히 인사 관리자들이, 심리검사 결과를 모호한 용어로 피드백 받을 때 놀랄 만큼 잘 속는다는 사실을 보여 준다. 따라서 코치는 평가 결과를 신중히 분석하고, 분석한 결과를 고객의 성향에 맞춰 고객에게 힘을 주는 방향으로 제시해야 한다.

반드시 평가해 보아야 하는 요소

하버드 대학교에서 실시한 한 설문조사(Kauffman & Coutu, 2009, p. 23)는 숙련된 경영자 코치에게 코칭의 성패를 가르는 요인을 물었다. 코치들은 세 가지 핵심 요인을 보고했는데, 이 세 요인은 코칭 과정 전반에 걸쳐, 특히 코칭을 시작할 때, 반드시 평가해야 한다.

1. **경영자의 동기와 변화 의지**—경영자 코치들은 최고의 고객을 '개인적, 직업적으로 피해를 볼 가능성이 있다고 해도 배우고 발전하려는 의지가 강한 고객'이라고 설명했다. 고객이 코칭에 저항하거나 양가적인 태도를 보일 때는 동기부여 단계를 밟아야 한다. 고객의 준비 상태에 따라 코치는 다른 접근법을 사용해야 한다.
2. **조직의 지원**—고객의 상사가 코칭 계획을 지지해야 한다. 상사의 지원이 없는 경우에는 온갖 문제가 발생할 수 있다. 코치는 계획 초기부터 조직의 지원 수준과 질을 평가하고 솔직하고 명확하게 대응해야 한다. 조직의 관심이나 동기 수준에

따라 코칭 의뢰를 거절하는 것이 최선일 때도 있다.

3. **목표의 명확성**–코칭은, 목표가 명확하고 달성 가능하고 측정 가능하면서 모든 이해관계자가 목표에 동의한 상태일 때 성공할 가능성이 크게 높아진다. 목표는 적어놓고 자주 들여다보는 것이 좋으며, 필요시에는 조정하거나 재협의해야 한다.

요 약

정확한 평가는 성공적인 코칭의 필수 요소다. 고객과 조직에 도움이 되고자 한다면 먼저 고객과 조직에 대해 많이 알아야 한다. 면담과 행동 관찰(직무 현장에서의 섀도잉을 포함해서), 360도 평가와 상용화된 지필 검사는 모두 정확성, 효율성, 포괄성이라는 세 가지 주요 평가 기준을 충족시켜 줄 것이다. 심리학자는 이 같은 평가를 훌륭히 수행할 만한 교육과 경험, 지식을 갖추고 있지만, 평가 자료 수집에 제삼자가 참여하거나 조직의 이해관계가 얽혀 있는 경우, 비밀보장 수준이 비교적 낮은 환경에서 일해야 한다. 사회복지사를 비롯한 여타 심리치료사들은 경영자 코칭을 배우면서 공식적인 평가 기술을 향상시켜야 할 수도 있으며 평가는 반드시 조직 문화에 맞게 진행해야 한다. 계량심리학 교육을 받지 못한 코치는 고객을 평가하는 과정에 대해 심리학자와 상의하여 도움을 받기를 권한다.

참고문헌

Bourne, A. (2008). Using psychometrics in coaching. In S. Palmer & A. Whybrow (Eds.), *Handbook of coaching psychology* (pp. 385-403). London: Routledge.

Drummond, R. J. (2000). *Appraisal procedures for counselors and helping professio-nals.* Upper Saddle River, NJ: Prentice Hall.

Erdberg, P. (2000, March). Assessing personality: Psychology's unique contribution. *The California Psychologist*, 26.

Fleenor, J., & Prince, J. (1997). *Using 360-degree feedback in organizations: An annotated bibliography.* Greensboro, NC: Center for Creative Leadership.

Goleman, D. (1995). *Emotional intelligence.* New York: Bantam.

Goleman, D. (1998). *Working with emotional intelligence.* New York: Bantam.

Hanson, P. (1973). The Johari window: A model for soliciting and giving feedback. In J. Jones & J. W. Pfeiffer (Eds.), *The 1973 annual handbook for facilitators* (pp. 115-119). San Diego: Pfeiffer & Company.

Hathaway, S. R., & McKinley, J. C. (1943). *The Minnesota Multiphasic Personality Schedule.* Minneapolis, MN: University of Minnesota Press.

Healy, C. C. (1989). Negative: The MBTI: Not ready for routine use in counseling. *Journal of Counseling and Development, 67*, 487-488.

Kauffman, C., & Coutu, D. (2009). HBR *research report: The realities of executive coaching.* Available at: coachingreport.hbr.org

Lindsay, S. R. (2000). *Handbook of applied dog behavior and training: Principles of behavior adaptation and learning.* Ames, IA: Blackwell.

Luft, J. (1970). Group processes: *An introduction to group dynamics* (2nd ed.). Palo Alto, CA: National Press Books.

Miller, W. R., & Rollnick, S. (2002). *Motivational interviewing: Preparing people to change.* New York: Guilford Press.

Morgeson, F. P., Mumford, T. V., & Campion, M. A. (2005). Coming full circle: Using research and practice to address 27 questions about 360-degree feedback programs. *Consulting Psychology Journal: Practice and Research, 57*(3), 196-209.

Palmer, S., & Whybrow, A. (2008). *Handbook of coaching psychology.* London: Routledge.

Peiperl, M. A. (2001, January). Getting 360-degree feedback right. *Harvard Business Review*, Reprint R0101K.

Peterson, D. B. (2009). Does your coach give you value for your money? *Harvard Business Review, 87*(1), 29.

Pittenger, D. J. (2005). Cautionary comments regarding the Myers-Briggs Type Indicator. *Consulting Psychology Journal: Practice and Research, 57*(3), 210-221.

Prochaska, J. O. (1979). *Systems of psychotherapy: A transtheoretical analysis.* Homewood, IL: Dorsey Press.

Prochaska, J. O., & DiClemente, C. C. (1983). Stages and processes of self-change of smoking: Toward an integrative model of change. *Journal of Consulting and Clinical Psychology, 51*, 390-395.

Prochaska, J. O., DiClemente, C. C., & Norcross, J. (1992). In search of how people change.

American Psychologist, 47, 1102-1114.

Prochaska, J. O., & Velicer, W. F. (1997). The transtheoretical model of health behavior change. *American Journal of Health Promotion, 12*, 38-48.

Scoular, A. (2009). How do you pick a coach? *Harvard Business Review, 87*(1), 31.

Shill, M. A., & Lumley, M. A. (2002, June). The Psychological Mindedness Scale: Factor structure, convergent validity and gender in a non-psychiatric sample. *Psychology and Psychotherapy: Theory, Research and Practice, 75*(2), 131-150.

Stagner, R. (1958). The gullibility of personnel managers. *Personnel Psychology, 11*, 347-352.

Thorndike, E. L. (1918). The nature, purposes, and general methods of measurements of educational products. In G. M. Whipple (Ed.), *National Society for the Study of Educational Products: Seventeenth yearbook* (pp. 16-24). Bloomington, IL: Public School Publishing Co.

Thorndike, E. L. (1932). *The fundamentals of learning.* New York: Teachers College, Columbia University.

추천도서

Atkinson, M. J. (2003). California Psychological Inventory (3rd ed.). In B. S. Plake, J. C. Impara, & R. A. Spies (Eds.), *The 15th mental measurement yearbook* (pp. 159-161). Lincoln, NE: Buros Institute of Mental Measurements.

Berens, L. V., Cooper, S. A., Ernst, L. K., Martin, C. R., Myers, S., Nardi, D. et al. (2002). *Quick guide to the 16 personality types in organizations: Understanding personality differences in the workplace.* Huntington Beach, CA: Telos Publications.

Cattell, H. E. P., & Schuerger, J. M. (2003). *Essentials of 16PF assessment.* Hoboken, NJ: John Wiley & Sons.

Craig, R. (1999). *Interpreting personality tests: A clinical manual for the MMPI-2, MCMI-III, CPI-R, and 16PF.* Hoboken, NJ: John Wiley & Sons.

Greene, R. L. (2000). *The MMPI-2: An interpretive manual* (2nd ed.). Needham Heights, MA: Allyn & Bacon.

Groth-Marnat, G. (1997). *Handbook of psychological assessment* (3rd ed.). New York: Wiley.

Kaplan, R., & Palus, C. (1994). *Enhancing 360-degree feedback for senior executives: How to maximize the benefits and minimize the risks.* Greensboro, NC: Center for Creative Leadership.

Lepsinger, R., & Lucia, A. (2009). *The art and science of 360-degree feedback* (2nd ed.). San Francisco: Jossey-Bass.

Lyman, H. B. (1997). *Test scores and what they mean* (6th ed.). Needham Heights, MA: Allyn & Bacon.

McAllister, L. (1988). *A practical guide to CPI interpretation* (2nd ed.). Palo Alto, CA: Consulting Psychologists Press.

Passmore, J. (2008). *Psychometrics in coaching: Using psychological and psychometric tools for development.* London: Kogan Page.

Prochaska, J. O., Norcross, J., & DiClemente, C. (1994). *Changing for good.* New York: William Morrow and Co.

Van Velsor, E., Leslie, L. B., & Fleenor, J. W. (1997). *Choosing 360: A guide to evaluating multi-rater feedback instruments for management development.* Greensboro, NC: Center for Creative Leadership.

제3장

리더가 왜 지금처럼 행동할까

정상 발달 이론은 인생을 이해하는 잣대로서, 인생의 단계마다 우리가 일반적으로
무엇을 기대할 수 있는지 알려 주고 잠재적 위기에 대비할 수 있게 해 준다.
　　　　　　　　　　　　　　　　　　　　　－소니아 G. 오스트리안(Austrian, 2008a, p. 4)

　발달심리학이라는 방대한 분야는 경영자 코치에게 많은 도움을 줄 수 있다. 발달심
리학자들은 인간이 성장하고 발달하는 방식을 관찰하여 현재 행동과 그 행동의 원인
을 이해하는 데 도움을 준다. 이들은 인간이 독특하고 뚜렷한 성장 패턴과 발달 패턴
을 공유하며 그 패턴이 지금의 모습을 만들어 왔기에 발달과정을 명확히 이해하면 현
재 행동을 이해하는 데 도움이 된다고 주장한다. 발달 이론은 평가를 비롯한 코칭 업
무에 여러 유용한 틀을 제공한다.

　철학자들이 줄곧 인간의 성장과 발달이라는 주제에 관심을 가져오긴 했지만, 현대
발달심리학은 한 세기 전쯤 프로이트의 심리성적 발달단계가 등장하며 시작되었다.
뒤이어 나온 심리학자들은 프로이트의 이론을 대대적으로 수정했다. 그 외 심리학자
들은 프로이트의 이론과 결별했다. 현재 발달심리학은 심리학 전공 분야로 인정받고
있고, 전 세계적으로 수백 개의 발달심리학 석사ㆍ박사과정이 운영되고 있다. 발달심

115

리학은 인기 있고 중요한 심리 전공 분야다.

이번 장에서는 대표적인 발달 이론들을 검토하고, 코치가 고객을 이해하고 코칭의 효과를 증진하기 위해 이 이론들을 효과적으로 활용하는 방안을 제안한다. 경영자 코칭은 대체로 아동이나 청소년보다는 성인의 발달과 행동에 관심을 갖기에, 이번 장에서는 발달심리학 분야에서 비교적 신생 하위 분야인 성인 발달에 초점을 둔다.

발달심리학자들이 연구 결과를 정리하고 설명하는 방식은 다양하다. 예를 들어, 발달 이론가들은 흔히 (항상 그런 것은 아니지만) 일련의 점진적인 단계로 자신의 이론을 제시한다. 이러한 형식은 **단계 이론**stage theory이라 불린다. 단계 이론은 사람들이 질적으로 구별되는 단계들을 차례로 거치면서 아동기에서 성인기로, 그리고 노년기로 넘어간다고 본다. 단계 이론은 신체 발달과 정체성 발달, 언어 발달과 도덕 발달, 지능 발달과 인지 발달, 영성 발달과 죽음을 수용하는 단계까지 다양한 영역의 발달에 적용되었다.

발달단계가 연속적으로 이어진다고 보는 이론이 있는가 하면, 발달단계가 단속적이며 돌연히 다음 단계로 넘어간다고 보는 이론도 있다. 사람들이 순조롭고 매끄럽게 발달단계를 거친다고 보는 이론도 있고, 고비를 넘어야만 다음 단계로 넘어갈 수 있다고 보는 이론도 있다. 발달단계 중에는 '과업'을 완수해야만 넘어갈 수 있는 단계도 있다. 대개 단계 이론가들은 한 단계를 완수해야만 다음 단계로 넘어갈 수 있다고 역설한다. 사람들은 어떤 단계에서든 교착상태에 빠질 수 있다. 때로 사람들은 영문도 모른 채 어떤 단계에서 정체되기도 한다. 이들은 다른 사람들과 똑같이 계속해서 삶을 살아가지만, 특정한 문제나 결점 때문에 이상하게 거듭 어려움을 겪는다. 이들은 시작한 일을 끝마치지 못하거나, 친밀한 관계를 유지하지 못하거나, 인생에 의미가 없다고 느끼거나, 일상생활에서 막연한 불안감을 느낄 수 있다. 권위자들과의 관계에 문제가 있는 사람도 있고, 타인을 잘 신뢰하지 못하는 사람도 있다. 융통성이 전혀 없거나 안전에 지나치게 신경을 쓰는 사람도 있다. 이와 같은 역기능적 패턴들은 합리적으로 설명하기 어려울 때가 많다. 발달심리학은 이러한 수수께끼를 푸는 실마리를 전해 준다.

기 질

 발달의 영향을 논하기에 앞서, 사람들이 세상에 태어날 때 '짐'을 들고 온다는 사실을 알아두어야 한다. 아이를 키워 본 심리학자라면 아이가 태어나는 순간부터 (혹은 태어나기 전부터) 아이마다 성향이 달라서 얼마나 놀랐는지 이야기할 수 있을 것이다. 심리학자들은 대학원에서 양육에 관해 배우지만 본성의 힘은 제대로 예상하지 못한다. 거의 모든 부모들이 형제자매가 아주 어릴 때부터 매우 다른 성향을 보인다는 사실에 놀라곤 한다. 타고난 기질은 선천적인 것이며 성격을 평가할 때는 반드시 이를 고려해야 한다. 관련 문헌은 히포크라테스Hippocrates의 네 가지 기질다혈질, 담즙질, 우울질, 점액질(Little, 1996~2007)까지 거슬러 올라가며, 그 후 오랜 세월이 흐르는 동안 인간의 기질을 정확히 평가하려는 여러 시도가 있었다. 이 영역에서 MBTI는 가장 잘 알려진 평가도구다.

 이 분야에서 가장 영향력 있는 연구자는 아마도 하버드 대학교 심리학자인 제롬 케이건Jerome Kagan일 것이다. 그는 신생아들에게서 타고난, 좀처럼 변하지 않는 두 가지 특성을 발견하고, 신생아 유형을 **고반응성**high-reactive과 **저반응성**low-reactive, 혹은 **거리끼는**inhibited 유형과 **거리낌이 없는**uninhibited 유형으로 나누었다. 다른 학자들은 이들을 겁 많은 유형과 겁 없는 유형으로 부르기도 했는데 이 유형은 카를 융의 내향성, 외향성과 다소 유사하다(Alic, 2001). 케이건은 오랜 기간 동안 부모나 사회의 영향과 더불어 유전자가 성격 발달에 중요한 역할을 한다고 주장했다. 그는 주류 성격 이론과 발달심리학이 실증적 자료를 너무 등한시했다고 지적했다. 다른 학자들은 부모의 영향보다 타고난 기질이 더 중요하다며 더욱 강력한 주장을 펼치기도 했다(Harris, 2009; Rowe, 1994).

 코칭을 할 때는 반드시 기질을 고려해야 한다. 대다수의 고객에게는 본질적이며 변하지 않는 특징과 성격 특성이 있기 때문이다. 이러한 특성을 비판하거나 바꾸려는 시도는 의미가 없다. 그저 수용하고 때로는 감싸주어야 한다. 실제로, '부정적인' 성격 특성을 수용하는 관점은 고객에게 커다란 영향을 미칠 수 있다. 코치가 자신의 성격상 결함을 감싸줄 때 고객은 해방감을 느낄 수 있으며, 때로는 (역설적이게도) 이러한 수용이 변화를 이끌어 내기도 한다. 코칭에서는 적어도, 타고난 성격 특성을 인정하고 이에 관해 논의하는 과정을 거쳐야 한다. 명백한 문제가 있는데 아무 문제가 없는 것처럼 굴거나, 문제가 있다는 것은 인정하지만 그에 관해 얘기하려 하지 않는 태도는 어리석다. 우리 모두가 변하지 않는 '긍정적인' 특성과 '부정적인' 특성을 안고 태어났다는 사실을 받아들이면 고객에게 꽤 도움이 된다. 일단 자기 특성을 받아들인 후에 고객은 실행 가능한 타협을 이끌어내야 한다. 코치는 고객이 자신의 긍정적인 성격 특성의 이점은 살리고, 부정적인 성격 특성의 영향력은 최소화하거나 이를 비켜가는 길을 찾게끔 도울 수 있다. 직업은 언제나 자신의 적성에 맞아야 좋다. 실제로 16장에 설명한 리더십 문헌들은 리더와 직무 사이의 적합도가 중요하다는 사실을 실증적인 연구를 통해 밝히고 있다.

프로이트의 심리성적 발달단계

　서양에서 발달심리학은 지그문트 프로이트Sigmund Freud의 연구에서 시작됐다. 프로이트가 주창한 심리치료의 정신역동적 접근에 관해서는 4장에서 설명하고, 지금은 그의 아동 발달단계를 역사적 배경으로서 간단히 소개한다. 심리성적 발달단계에 관한 프로이트의 연구는 현대 심리학에서는 거의 다 폐기되었고, 대부분 (성인 발달보다는) 아동 및 청소년의 발달에 초점을 맞추고 있다. 그렇긴 해도, 직장에서 강박적인 행동을 하거나 지나치게 깔끔하게 구는 동료를 '항문기'라고 표현하거나 애연가와 애주가를 '구강기'라고 표현하는 경우를 주변에서 자주 목격할 수 있을 것이다. 또 누군가를 보고 자아가 크다고 표현하기도 하는데 이 용어 역시 프로이트의 이론에서 비롯됐다.

　프로이트의 심리성적 발달단계는 실제로 성격 발달단계이며, 그의 이론은 전반적으로 유아기의 공격적이고 용납할 수 없는 억압된 성욕에 초점을 둔다. 그는 각각의 성격 형성 단계에서 가장 중요하다고 생각되는 성감대를 중심으로 단계를 구성했다. 그리고 각 단계의 특징을 간단히 설명했다. 사람들은 이들 단계 중 어느 한 단계에 고착될 수 있고, 이 같은 '고착'은 이후의 삶에 지속적으로 문제를 일으킨다. 단, 이 이론은 심리학계에서 더 이상 널리 인정받지 못한다는 점을 명심하기 바란다.

구강기Oral (출생부터 18개월 무렵까지)　　구강기에는 입에서 만족감을 얻는다. 초기 수유 경험이 이 시기 발달에 가장 중요한 요소다. 수유 과정이나 입의 욕구를 충족시 키는 과정에 문제가 발생하면 아이는 구강기에 고착되고, 그 결과 결핍감이나 무기력 감에 시달리거나, 의존적인 성향이 되거나, 과식이나 흡연, 음주와 같은 명백한 구강 기 행동 문제를 겪게 된다.

항문기Anal (1세에서 3세 무렵까지)　　항문기에는 항문과 배설에서 만족감과 쾌락을 얻는다. 배변훈련은 이 시기에 마쳐야 할 주요 과업이다. 배변훈련을 제대로 마치지 못하면 지나치게 깔끔하거나 인색하거나 고집스럽거나 감정을 잘 표현하지 못하거나 혹은 통제력이 부족한 사람이 될 수 있다.

남근기Phallic (3세에서 6세 무렵까지)　　남근기에는 관심이 생식기로 옮겨 간다. 오이 디푸스 콤플렉스와 엘렉트라 콤플렉스가 잘 해결되면, 순조롭게 성 역할을 수용하고 성 정체성을 확립하게 된다. 초자아가 잘 발달하면 적절한 도덕적 판단과 행동을 할 수 있게 된다.

잠복기Latency (5세에서 12세 무렵까지)　　비교적 고요한 시기로 성욕은 무의식 속에 잠복해 있다. 관심 대상은 부모에서 또래로 바뀌고 공동체의 가치와 기준을 받아들이 면서 욕구를 조절하는 법을 배운다.

생식기Genital (12세 이상)　　사춘기가 되면서 성에 대한 관심이 되살아난다. 생식기 의 욕구를 성공적으로 해결하면 성 정체성과 성기능이 성숙하게 된다. 이 단계에서는 만족스러운 관계를 맺는 능력이 중요해진다.

융의 기여

스위스 정신분석가 카를 융Carl Jung은 프로이트의 후계자의 길을 걷다가 프로이트 이론의 핵심 개념들, 특히 성에 기초한 성격 발달에 관해 의견을 달리하면서 프로이트와 결별했다. 그 후 융의 사상은 여러 방면으로 뻗어 나갔다. 그의 사상은 매우 흥미롭고 어느 정도 인기도 있지만 난해하고 연구하기가 어렵다. 그가 처음으로 청소년기 이후에 의미 있는 성장과 변화가 일어난다고 주장했기 때문에 카를 융은 성인 발달심리학의 아버지로 여겨진다.

융은 인간 안에는 서로 조화를 이루어야만 하는 여러 가지 대립하는 힘이 있다고 보았다. 우리에게는 공적인 자기를 표현하는 **페르소나**persona가 있는데, 이는 세상이 인식하기를 바라는 우리의 이미지다. 이 이미지는 우리의 **그림자**shadow, 즉 어두운 측면과 대립한다. 우리는 남성적 성향의 **아니마**anima와 여성적 성향의 **아니무스**animus에 동시에 이끌리는데, 이 둘은 조화를 이루고 잘 관리되어야 한다. 우리 모두의 내부에서는 내향성과 외향성이 경쟁하고, 개인 무의식과 집단 무의식이 갈등한다. 융은 이러한 일상적인 갈등을 관리하고, 대립하는 힘을 화합하고, 개성화를 실현해야만 양가감정의 덫을 피하고 특별한 인생을 살 수 있다고 봤다. 그는, 그가 '인생의 정오'라고 부른 40세가 지나야 이렇게 살 수 있다고 믿었다(Austrian, 2008c). 40세 이전의 젊은이들은 부모에게서 독립하고 일상적인 일을 처리하느라 바쁘다. 인생 후반기에 이르러서야 사람들은 인생에서 중요한 것을 추려내고 세상 안에서 고유한 자기를 발견할 시간과 여유, 그리고 내면의 힘을 갖게 된다.

피아제의 인지 발달단계

1920년대 스위스 심리학자 장 피아제Jean Piaget가 발표한 인지 발달단계는 뒤이어 나온 수많은 발달 이론의 토대가 되었다. 피아제에 따르면, 인지 발달은 인간의 사고와 추론, 문제해결 및 개념화가 발달하는 방식을 말하며 영아기에 시작된다. 경력 초기에 그는 알프레드 비네와 함께 첫 IQ 검사를 개발했는데, 일관된 오답의 원인이 되는 사고 패턴에 관심을 갖게 되면서 아동의 인지 발달을 연구하게 되었다. 그는 자기 아이들을 포함해서 수천 명의 아이들을 관찰했다. 피아제는 인간이 세상을 체계화하고 이해하기 위해서 **도식**schema(정신적 구성개념, 틀, 구조 혹은 모델)을 만든다는 이론을 제시했다. 새로운 정보나 경험에 맞닥뜨리면, 인간은 이를 기존의 도식에 맞추려 한다. 잘 맞으면 이는 도식에 **동화**assimilation된다. 잘 맞지 않으면, 이 새로운 정보는 거부되거나 혹은 이 정보가 들어맞도록 기존 도식을 조정하거나 확장하는 방식으로 **조절**accommodation된다. 우리는 도식을 지속적으로 조절하면서 성장한다. 이 과정은 아동기에는 매우 활발하다가 이후로는 평생에 걸쳐 비교적 드물게 지속된다.

여기서는 피아제의 인지 발달단계를 매우 간략히 소개한다.

감각운동기Sensorimotor (출생부터 2세 무렵까지)　　이 단계의 아이들은 직접적인 신체 경험을 통해 세상을 배운다. 이들은 사물을 만지고 느끼고 눈으로 보고 냄새 맡고 맛보고 입에 넣어 본다. 이들은 신체와 반사운동을 통해 세상을 이해한다. 피아제는 이 단계의 아이들이 자기와 자기 밖의 세상을 구분하지 못한다고 봤다. 이 시기에는 인생의 모든 경험이 한 덩어리로 뭉뚱그려져서 경험된다. 이 단계에서는 인과관계를 이해하지 못한다.

전조작기Preoperational (2세부터 7세 무렵까지)　　이 단계의 아이들은 상징(단어와 숫자)을 활용하여 사고하고 세상을 이해하는 법을 배운다. 여전히 자기중심적이기는 하지만 어른들을 관찰하고 모방하면서 자신이 원하는 것을 얻는 법을 알아낸다. 이들은 삶에서 예측 가능한 패턴을 구분하고 이 패턴들을 복잡한 심적 표상으로 발전시키기 시작한다.

구체적 조작기 Concrete operational (7세에서 11세 무렵까지)　　이 시기에 아이들은 **조작**operation하는 법(반복해서 적용했을 때 일관적인 결과를 내는 법)을 배운다. 아이들은 활발히 사물을 범주화하기 시작한다. 타인의 중요성을 인식하면서 자기중심성이 사라지고 타인의 관점을 이해하기 시작한다. 이 시기 아이들은 여전히 구체적으로 사고한다.

형식적 조작기 Formal operational (11세 이후)　　이 단계에서는 추상적 사고가 시작된다. 눈에 보이지 않는 해결책을 상상할 수 있게 된다. 귀납과 연역, 함축과 비교, 가정과 같은 복잡하고 논리적인 추론 방법을 사용할 수 있게 된다.

각 단계마다 자기중심성과 관련된 특유의 과업을 해결해야 하는데, 이는 곧 아이들이 세상을 더 잘 이해하려면 자기 외부에 있는 것과 내부에 있는 것을 구분해야 한다는 의미다. 피아제는 수백 번에 걸쳐 실험을 시행했고 그 결과를 설명하기 위해 60권의 책을 썼다. 피아제 이론과 관련하여 코치가 관심을 가질 만한 주제에는 자기중심성과 추상적 추리력, 언어 발달과 도덕적 추론, 인지적 유연성과 구체성, 중심화(어떤 상황의 한 가지 측면만 보는 경향)와 포괄적으로 폭넓게 보는 능력 등이 있다. 피아제의 발달단계는 유머 감각도 다루고 있다.

에릭슨의 심리사회 발달단계

에릭 에릭슨Erik Erikson은 현대에 성인의 심리 발달을 중점적으로 연구한 첫 인물이다. 그의 사상은 분명 프로이트의 이론에서 파생되었다. 실제로 그는 프로이트의 딸 안나의 제자였고 그녀에게 정신분석을 받았다(Watson, 2002). 그는 프로이트와 다른 전제에 근거를 두고 발달 이론의 틀을 만들었고, 결국에는 프로이트와 다른 관점을 취하게 되었다. 프로이트가 내적 요인, 즉 생물학적 요인과 심리성적 요인에 중점을 두었다면 에릭슨은 외적 요인, 즉 사회적 요인과 관계적 요인에 주목했다. 그는 발달을 여덟 단계로 나누어 설명했는데, 앞의 다섯 단계는 프로이트의 이론을 따랐고 뒤의 세 단계에서는 성인 발달을 중점적으로 다루었다.

어린 시절의 경험은 에릭슨의 이론에 직접적인 영향을 미친 것으로 보인다. 에릭슨은 덴마크계로 독일에서 태어났다. 그는 혼외자식으로 생부를 알지 못했다. 에릭슨이 태어난 후에 어머니는 독일 소아과의사인 테오도르 홈부르거와 결혼했고 에릭슨은 홈부르거의 성을 따랐다. 에릭슨은 금발에 키가 큰 덴마크계 유대인으로 제2차 세계대전이 일어나기 전 독일에서 살았고, 유대인 친구도 비유대인 친구도 그를 쉽사리 받아들여주지 않았다. 그는 "유대 회당 학교에서는 북유럽계라고 놀림을 받았고, 중등학교에서는 유대인이라고 놀림당했다"(Boeree, 2006). 에릭슨은 고등학교에 들어간 후에야 생부 얘기를 전해 들었고, 젊은 시절 자기 정체성을 찾는 과정에서 제법 어려움을 겪었다. 그는 한동안 방황했고 대학에 진학하지 않았다. 젊은 시절 그는 스스로를 방랑자이자 보헤미안이라고 칭하기도 했다(Erikson, 1975). 1933년 그는 나치 독일을 떠나 미국으로 영구 이민했고 보스턴에서 첫 번째 아동 심리분석가가 되었다. 본인의 교육은 12학년 즈음에서 끝나버렸지만 훗날에는 하버드 대학교와 예일 대학교, 버클리 대학교의 학생들을 가르쳤다. 미국 시민권을 획득한 후 그는 자기 이름을 에릭 홈부르거에서 에릭 에릭슨으로 바꾸었는데, '에릭의 아들, 에릭'이라는 뜻의 새 이름은 그가 자기 정체성을 근본적으로 어떻게 인식했는지 보여 준다(Boeree, 2006).

그의 대표적인 업적은 대부분 1963년 출판된 두 번째 저서 『유년기와 사회』[1]에 기록되어 있다. 이 책에서 그는 인간이 여덟 단계로 발달한다고 설명했으며, 각 단계마다 양극단 사이의 위기를 해결해야 한다고 보았다. 이 위기는 전학이나 출가와 결혼, 이직과 퇴직과 같은 사회·환경적 사건이 계기가 된다. 그는 개인의 독립성과 타인과의 관계에 중점을 두고 이론을 만들었다. 그의 이론에서는 각 단계마다 정체성 확립에 관한 과업을 완수해야 한다. 실제로 흔히 사용되는 **정체성 위기**identity crisis라는 용어는 에릭슨의 사상에서 비롯된 것이다. 과업을 제대로 완수하지 못하면 개인의 정체성이 충분히 확립되지 못하고 미래에 문제가 발생한다. 발달과정에는 누적 효과가 있어서, 이전 단계를 성공적으로 완수해야 다음 단계에서 성공적으로 과업을 완수하게 된다. 프로이트와 달리 에릭슨은 인간이 전 생애에 걸쳐 모든 발달단계에서 지속적으로 성장할 수 있다고 본다.

1단계: 신뢰 대 불신Basic Trust vs. Mistrust

아기는 동물의 왕국에서 가장 무기력한 존재이며 어른에게 전적으로 의존하여 생존한다. 양육자가 아기를 잘 보살펴 주면, 즉 항상 음식과 쉴 곳을 마련해 주고 따스하게 안아 주면, 첫 발달단계는 성공적으로 완수된다. 그러면 아기는 세상이 항상 자기 욕구를 채워 줄 것이라는 깊은 신념을 갖게 된다. 아기는 세상이 신뢰할 만한 곳이라고 배운다. 세상은 안전하며, 외부 세계가 자신에게 예측 가능하고 적절한 반응을 보여 주리라 믿는다. 한편 부모가 변덕스럽거나 일관성이 없고 아기에게 꼭 필요한 것

---

1) 원제: Childhood and Society

을 채워 주지 못하면, 아기는 세상이 위험하고 신뢰할 수 없는, 본질적으로 통제 불가능한 곳이라는 인상을 받는다. 세상이 자신의 욕구를 채워 줄 것이라는 확신이 없다. 이 발달단계를 성공적으로 마치지 못한 어른은 지나치게 주위를 통제하려 하거나 지속적으로 막연한 불안감을 느끼기 쉽다. 이들은 위험을 감수하거나 중요한 결정을 내리는 데 어려움을 겪는다. 이들은 스스로를 위해 해야 할 행동을 잘 해내지 못한다. 이들은 타인에게 집착하거나 관계에 의존하려는 경향을 보인다. 이들은 세상만사가 어떻게 돌아가든 안심하지 못한다.

2단계: 자율성 대 수치심과 의심 Autonomy vs. Shame and Doubt

두 살쯤 되면 아이들은 스스로 외부 세계를 탐색하기 시작한다. 그래서 부모들은 호기심 많은 고사리 손을 보호하기 위해 전기 콘센트에 덮개를 씌우고 아이에게 안전한 환경을 만들어 주려고 노력한다. 이 단계의 아이들은 자기 스스로 이런저런 궁리를 하고 시도해 보려 한다. 혼자 밥을 먹거나 혼자 옷을 입으려 하고 다른 사람이 나서서 그런 일을 대신 해 주면 싫어한다. 이 시기에 양육자는 아이가 새로운 시도를 할 때 적절히 도와주고, 실패하거나 넘어질 때 비난하거나 비웃거나 창피를 주지 않아야 한다. 새로운 시도를 하거나 새로운 기술을 익히는 과정에서 아이가 비난을 받으면 수치심과 의심을 느끼게 된다.

3단계: 주도성 대 죄의식 Initiative vs. Guilt

이 단계에서 아이들은 타인과의 관계를 통해서 세상을 움직이는 새로운 방식을 배우며, 이 단계에서의 실패는 도덕적 실패로 인식된다. 이들은 새로운 역할을 시도해 보고 성별에 적합한 행동을 학습한다. 이 시기의 아이들은 사람들과 소통하고 관계 맺는 방법을 탐색하는데, 이때 비난을 받게 되면 사회적 기준과 기술을 적절히 익히지 못했다는 도덕적 죄책감을 느끼게 된다. 위험을 무릅쓰고 결단력 있게 시도한 일이 실패로 돌아가면 죄책감을 느낀다. 이 단계를 성공적으로 완수한 사람은 비교적 두려움 없이 참신한 아이디어를 시도할 수 있고, 모르는 사람을 만날 수 있고, 새로운 관계를 맺을 수 있다. 하지만 주도성이 지나치게 되면 자기통제를 하지 못하고 거친

행동을 일삼으며 자신이 타인에게 미치는 영향에 무관심한 사람이 될 수도 있다. 이 단계를 잘 완수하면 목적의식을 갖게 된다.

4단계: 근면성 대 열등감Industry vs. Inferiority

4단계에서는 매우 다양한 기술을 새로 익히게 된다. 사회는 아이들이 수학과 역사, 스포츠와 사회적 기술을 습득하도록 장려하고 그렇게 할 것이라고 기대한다. 이러한 기대는 항상 실패 가능성을 수반하며, 아이는 너무 많은 실패를 경험하거나 혹은 또래에 비해 자신이 더 자주 더 많이 실패한다고 인식하면 열등감을 느끼게 된다. 좋은 성적을 받지 못하거나 놀이집단에 들지 못하거나 또래 집단에게 인기가 없으면 열등감을 느낄 수 있다. 부모가 아이를 너무 빨리, 너무 많이 가르치려고 강하게 밀어붙이면 아이들은 관심을 잃고 무기력해지며, 이로 인해 위험을 무릅쓰고 경쟁하고 시도하려는 욕구를 잃게 된다. 한편, 이 단계를 성공적으로 완수하면 평생 지속되는 자신감을 얻게 된다.

5단계: 자아 정체성 대 역할 혼돈Ego Identity vs. Role Confusion

청소년기에 해당하는 5단계에서는 처음으로 커다란 '정체성 위기'를 맞아 해결해야 한다. 이 시기에는 몸과 뇌가 변하고 호르몬이 솟구친다. 5단계에 이르기 전의 아이들은 "나는 누구인가"라는 거대한 물음에 답할 필요가 없었다. 그저 새로운 기술을 탐색하고 익히는 데 여념이 없었다. 이제 핵심 기술을 어느 정도 갖춘 아이들에게 새로운 도전 과제는, 지나간 어린 시절의 생활방식에서 남겨 놓고 갈 대상과 끌어안고 갈 대상을 파악하는 것이다. 이 단계에서는 다양한 삶의 요소들이 단일한 정체성으로 통합되어야 한다. 필요한 기술을 갖추고 가치관을 정립하며 어떤 친구를 사귈지 고민하고 성격 특성을 평가하며 정치적 견해에 의문을 제기하고 성별에 따른 특성을 분별하며 장단점을 관리해야 한다. 또한 청소년에게 강력한 영향력을 행사하는 타인의 견해도 고려해야 한다. 이런 요소를 비롯한 다른 여러 요소를 어떻게 한 사람의 정체성 안에 통합할 수 있을까? 전념할 대상을 정해야 할까, 그렇다면 어느 방향으로, 또는 누구에게 전념할 것인가? 어떤 교육 경로나 직업 경로를 따라야 할까? 순응해야 할까? 그렇다면 무엇에 그리고 누구에게 순응해야 할까? 반항을 해서 나의 주인은 나라는 점을, 내가 자율적으로 행동한다는 점을 세상에 알려야 할까?

이 단계에서 문제가 발생하면 사람들은 정체성에 혼란을 겪는다. 정체성 혼란은 대개 두 가지 유형으로 나타난다(Watson, 2002). 첫 번째 유형은 **역할 혼란**role diffusion으로, 역할 혼란에 빠진 사람은 삶에 아무런 초점이 없고 무엇도 중요하지 않다고 느끼며 자신이 가치가 없다고 믿게 된다. 이들은 아무런 소속감 없이 인생을 부유한다. 두 번째 유형은 **역할 유실**role foreclosure이라 부른다. 역할 유실은 타인이나 외부 세력 혹은 기관이 청소년기에 접어든 아이를 대신해서 정체성을 결정할 때 일어난다. 가족 전통(예를 들어, 가족들 중에 남자는 모두 소방관이었다)이 있거나 부모가 강압적일 때 종종 역할 유실이 일어나는데, 이런 사람은 자신의 인생에 한쪽 발만 담근 채 살아가서 자

< 표 3-1 > 에릭슨의 심리사회 발달단계

단계	적정 시기	과업 및 설명
신뢰 대 불신	생후부터 1세	세상이 항상 자기 욕구를 채워 주리라 믿는다. 세상이 질서 있고 예측 가능한 곳이라고 믿는다. 안도감과 독립성을 확립한다.
자율성 대 수치심/의심	1~3세	스스로 행동하는 법을 배운다. 새로운 시도를 하다가 비판을 받거나 실수하면 수치심을 느끼고 자신을 의심하게 된다.
주도성 대 죄의식	3~6세	타인과의 관계를 활용해서 자기가 하고 싶은 일을 해낸다. 사회의 규칙과 역할을 탐색한다.
근면성 대 열등감	6~11세	다양한 기술을 익히고 성취한다. 새로운 시도에 대해서는 (비난이 아닌) 보상을 받아야 한다.
정체성 대 역할 혼돈	청소년기	'정체성 위기'를 해결한다. 여러 출처에서 얻은 정체성 관련 자료를 단일한 자아의식으로 통합한다.
친밀감 대 고립감	청년기	정체성이 확립되면 상처받을 위험을 감수하고 타인과 친밀한 관계를 맺을 수 있게 된다.
생산성 대 침체성	장년기	자신이 가진 것을 타인에게 베풀고 사회에 기여하는 데 중점을 둔다. 학생을 가르치고 아이를 양육하고 공동체에 봉사하는 일이 이에 해당된다.
자아통합 대 절망	노년기	자기 인생에서 좋았던 일과 나빴던 일 모두와 화해하고, 종합적으로 긍정적인 자아관과 인생관으로 통합한다. 다가올 죽음을 편안하게 받아들인다.

기가 어떤 사람이 되고 싶은지 결정 한번 내려 보지 못하고 만다. 정체성 위기를 잘 넘긴 사람은 이후에 전념할 대상을 정하고 이를 고수하며, 자기 인생과 경력에 최선을 다할 수 있게 된다. 이들이 중시하는 가치와 목표들은 서로 조화를 이루고 수용된다. 이들은 견고한 정체성을 갖게 된다. 있어야 할 것이 있어야 할 곳에 있게 되는 것이다.

6단계: 친밀감 대 고립감Intimacy vs. Isolation

자아 정체성이 확립되면 세상으로 나아가 타인과 친밀한 관계를 맺는 모험을 할 수 있게 된다. 진정으로 친밀한 관계에서는 상처받을 각오를 하고 자기 모습을 내보여야 한다. 우리가 은밀한 비밀이나 사적인 이야기를 자세히 알려 줄 때 상대방은 우리에게 상처를 입힐 수 있는 위치에 서게 된다. 이런 위험을 감수할 수 있는 사람은 자신감이 있고 정체성이 견고한 사람이다. 인생 전체를 자아도취에 빠져 외롭고 고독하게 살아가지 않으려면 반드시 친밀한 관계를 맺을 줄 알아야 한다. 이 위기를 해결하지 못한 사람들은 타인을 수용하지 못하고, 협력하기보다는 경쟁하며, 상대가 친밀감을 표시할 때 위협을 느낀다. 이런 사람들은 매우 사교성 있게 행동하기도 하지만 소중한 관계에 헌신하지는 않는다. 친밀한 관계를 어떻게 맺어야 하는지 전혀 이해하지 못하는 것이다.

7단계: 생산성 대 침체성Generativity vs. Self-Absorption and Stagnation

7단계는 에릭슨이 제안한 성인 발달의 두 단계 중 첫 번째 단계로, 이전의 발달심리학자들이 청소년기 이후의 발달에 관해 언급한 적이 없다는 점을 고려할 때 상당히 획기적인 발상이다.

에릭슨은 생산성을 후세에 무언가를 남겨 준다는 의미로 썼다. 이 단계의 사람들은 이미 견고하게 맺어둔 관계를 바탕으로, 본인이나 가까운 지인들이 아닌 타인을 위해 기여한다. 이들은 아이들이나 학생들을 키우는 책임을 맡는다. 예술 작품이나 유용한 물건, 기관이나 조직, 학교나 건물, 문학 작품을 만든다. 또 누군가의 멘토가 되어 주기도 한다. 이 단계에서 생각해 볼 문제는 다음과 같다. 누구를 돌보아 주어야 하는가? 누구를 가르쳐야 하는가? 후세에 무엇을 남길 것인가? 타인에게 어떻게 기여할 것인가? 세상을 떠들썩하게 만들 만한 일을 할 필요는 없다. 다만 자신이 배우고 쌓아 온 것을 타인과 나누어, 지금이든 자신이 세상을 떠난 후든 그것을 타인이 누릴 수 있게 해 주면 된다.

이 단계를 완수하지 못한 사람은 이기심에 갇혀 자기만을 위해 살아간다. 이들은 자신이 줄 수 있는 것이 아니라 자신이 얻을 수 있는 것에만 관심을 둔다. 그 결과 침체에 빠져 더 이상 발달하지 못한다.

연구 결과에 따르면 생산성은 다양한 혜택을 가져다주는 것으로 나타났다. 예를 들어, 생산성이 있는 사람은 불안이나 우울을 적게 느끼고, 자기수용과 삶의 만족도가 높으며, 리더십이 좋고, 시민 활동과 공동체 활동에 활발히 참여하며, 높은 수준의 소속감과 성취감을 느낀다고 한다(Berk, 2005, p. 513).

8단계: 자아통합 대 절망 Integrity vs. Despair

마지막 단계에서 가장 중요한 과업은 자기수용이다. 이 단계에서 생각해 볼 문제는 다음과 같다. 지금까지 무슨 일을 해 왔는가? 평생 몸담아 온 일이 마음에 들었는가? 자신이 맡은 바를 잘 해냈는가, 아니면 그렇지 못했는가? 아직 마치지 못한 과업이 있는가? 잘못된 방향으로 가지는 않았는가? 무엇보다 인생을 돌아볼 때 긍정적인 측면과 부정적인 측면을 모두 수용할 수 있는가?

이 단계의 사람들은 상실감을 경험할 수밖에 없다. 일과 관계에서 권력을 잃는다거나, 재산 증식의 기회를 잃는다거나, 활력을 잃는다. 이러한 상실이 자기 정체성에 통합되어야 이 단계가 완수된다. '되돌리기'에는 늦어버렸는데 이미 일어난 일을 받아들이지 않거나 받아들이지 못하는 어르신들을 보면 연민이 느껴진다. 게다가 이 단계에서는 목전에 다가온 죽음을 직면해야 한다. 삶에서 신뢰감을 확립한 사람이라면 아마 죽음도 더 쉽게 신뢰할 수 있을 것이다.

이 단계에서는 솔직한 평가와 전반적인 수용이 필요하다. 인생의 복잡한 면면과 요소들이 하나의 전체로 통합되어야 한다. 이 과정을 잘 거치면, 노년기에 접어든 사람은 운명을 받아들이고 그간 쌓아 온 지혜를 나누며 쾌활하게 살 수 있다. 이 단계의 과업을 잘 해결하지 못한 사람은 자신과 타인을 경멸하며 씁쓸하게 살아가게 되는데, 에릭슨은 이런 상태를 **절망**despair이라고 명명했다.

요 약

에릭 에릭슨은 처음으로 성인 발달을 진지하게 연구한 발달심리학자였다. 그의 발달단계들은 모두 코칭에 유용한데, 그 이유는 이전 프로이트의 모델과 달리 각 발달단계의 문제가 완전히 해결되거나 없어지지 않기 때문이다. 어느 발달단계로든 되돌아가서 문제를 개선하기 위해 노력할 수 있다. 에릭슨의 모델에서 발달은 끝이 없는 과제다. 이미 얻은 것을 개선할 기회는 많고 발달과정상의 위기와 도전이 바로 그러한 기회가 된다. 코치는 에릭슨의 발달단계를 활용하여 고객의 발달 상태에 관해 논의할 수 있으며, 코치와 고객은 에릭슨의 발달단계에서 주목해야 할 영역을 비교적 쉽게 발견할 수 있다. 고객에게 신뢰와 통제, 협력과 경쟁, 일과 사람에 대한 헌신, 피드백이나 비판을 수용하는 능력, 대인 관계와 멘토링에 문제가 없는지 살펴보자. 고객이 이런 영역에서 어려움을 겪고 있다면 에릭슨의 발달단계 도표를 꺼내서 논의를 시작해 본다. 코칭에서는 항상 다루어야 할 문제가 있으며, 발달단계의 문제를 확인하면서 이 논의를 시작하는 것도 좋은 방법이다. 발달단계의 문제는 무의식적인 행동을 통해 드러나며, 이러한 문제를 긍정적인 틀을 활용하여 부드럽게 논의하면 크게 도움이 된다.

애착 이론

이외에도 프로이트의 정신분석학에서 비롯된 발달 이론이 몇몇 더 있다. 이런 이론 중에서 현대 정신분석학자들로부터 나온 이론을 자아심리학이나 자기심리학 혹은 대상관계이론이라고 부른다. 이들은 모두 영아와 영아를 보살피는 양육자 간의 초기 관계를 중시한다.

정신분석학은 역사적으로 부모의 양육과 영유아기의 경험을 집중적으로 연구하는 데 정당성을 부여했다. 정신분석학은 이러한 초기 사회 경험이 성인의 발달과 문제의 원인이 된다고 보았으며, 다른 환경적 영향들은 모두 배제하고 오로지 현실과 상상에서의 외상경험과 영유아의 본능적인 욕구에만 초점을 맞췄다. 정신분석가들은 수유와 배변훈련, 성적 외상경험과 내적 갈등을 연구했다. 프로이트 자신도 마지막에는 오이디푸스적 관계와 갈등을 집중적으로 연구했고, 가족 관계 속에서의 실생활이 아니라 무의식적이고 환상적인 요소에 관심을 쏟았다. 초기 정신분석가들은 현실은 배제한 채 오로지 아동의 내적 세계에만 관심을 쏟았다. "이들은 부모가 아이를 대하는 방식이나 가족 관계의 질을 과학적으로 연구하는 데는 관심이 없었다"(Karen, 1994, p. 35).

이로 인해 초기 정신분석학 연구에는 커다란 빈틈이 생겼다. 다른 이론가들은 인간에게 식욕과 성욕 외에 타인과 의미 있는 관계를 맺고 싶은 기본적인 욕구가 있다고 주장했다. 이들의 관심은 심리성적 갈등에서 성격 발달에 영향을 미치는 초기 양육관계로 옮겨갔다.

경영 코치들은 여러 정신분석학 이론의 유용성을 분별하기 어려울 때가 많으며, 심지어 "애착 이론이 직장 내 인간관계에 있어서는 별로 도움이 되지 않는다."고 주장하는 사람도 있다(West & Shedon-Keller, 1994). 하지만 애착 이론을 주제로 경험적 연구가 많이 이루어졌고, 이러한 연구들이 성인 발달과 더불어 성공적인 직장생활의 여러 요인들을 직접 다루었다는 점에서 애착 이론은 코칭에도 중요한 의미를 지닌다. 애착 이론Attachment Theory은 심리치료에 널리 활용되고 있으며 코치들도 이 이론을 잘 알고 있어야 한다. 애착 이론은 인간이 양육자와 갖는 첫 관계의 질을 중시한다. 코치는 고객을 이해하고 고객과 관계를 맺는 데 애착 이론을 유용하게 활용할 수 있다는 점을 알게 될 것이다. 특히 애착 이론은 신뢰나 대인 관계 관리, 자신감이나 자기성찰에 문제가 있는 고객을 코치할 때 유용하다.

역사와 발달과정

애착 이론은 영국의 의사이자 정신분석가인 존 볼비John Bowlby가 창시했다. 1950년대에 그는 아이와 양육자 간의 애착을 이해하기 위해 프로이트의 사상에서 벗어나 당시 신생 분야였던 동물행동학의 아이디어를 빌려 왔다. 동물행동학은 본능적이고 적응적이며 진화적인 동물 행동을 연구하는 학문이다. 다윈이 이 분야의 할아버지 격이며, 다윈의 뒤를 이은 콘라트 로렌츠Konrad Lorenz의 연구가 볼비에게 영향을 주었다. 로렌츠는 오리 무리의 각인imprinting 현상을 연구했으며, 오리들이 결정적 시기(생후 첫 36시간가량)에 처음 본 생명체에 애착을 갖게 된다는 사실을 증명했다. 로렌츠는 오리 새끼들이 자신에게 애착을 갖게 하는 데 성공했으며, 로렌츠와 오리들을 담은 사진에는 당시의 인상적인 모습이 담겨 있다. 뒤이어 여러 비행사들이 철새를 행글라이더 날개 아래에서 부화시켜 항공기에 '애착'을 갖게 했고, 이후에 철새들과 함께 장거리 비행에 성공했다. 이 놀라운 작업은 여러 다큐멘터리 영화로 기록되었다[〈위대한 비상〉〈철새의 이동〉〈아름다운 비행〉(가제)].[2]

볼비는 인간이 주 양육자와 애착을 형성하려는 생물학적인 동기를 타고나며, 이 애착의 질이 성격 형성에 중요한 영향을 미친다고 주장했다. 오스트리안은 이 주장을 다음과 같이 표현했다(Austrian, 2008b, p. 365).

> 아이들은 양육자에게 애착을 형성하려는 성향을 타고나며, 이 초기 애착 관계에 문제가 생기면 평생 불안감이 지속되고, 의미 있는 관계를 맺고 그 관계를 유지하는 능력이 손상된다.

볼비는 여러 중요한 주장을 펼쳤다. 첫째로, 그는 인간의 아기가 다른 종의 새끼들보다 훨씬 무력하다는 점에 주목했다. 인간은 다른 동물들보다 훨씬 더 오랜 기간 양육자에게 의존한다. 인간은 좋든 나쁘든 어떻게 해서든지 애착을 형성해야 한다. 누구에게도 애착을 갖지 않는 인간은 매우 드물다. 둘째로 그는 애착의 결과, 관계를 이해하는 데 활용하는 비교적 안정된 내적 **작동 모델**working model이 형성된다고 봤다. 이 작동 모델은 주 양육자와(확장되면 타인과) 상호작용하는 방식의 내적 표상이다. 이는 양육자와의 초기 애착에서 비롯된 기대와 신념, 기억과 경험, 보상과 처벌로 이루어진 체계다. 이는 이후의 관계에서 발견하게 될 규칙과 혜택, 위험요소와 예상결과에 관한 모델이다. 이 모델은 지속적으로 개정되고 미래의 모든 중요한 관계에 틀을 제

---

2) 원제: Le Peuple Migrateur, Winged Migration, Fly Away Home.

공한다(Watson, 2002).

1950년 즈음 볼비는 매리 애인스워스Mary Ainsworth와 일생에 걸친 공동 연구를 시작했다. 애인스워스는 캐나다 출신 미국 심리학자로 '낯선 환경'이라는 연구법을 활용하여 애착 이론에 크게 기여했다. 이 혁신적이며 논란이 된 연구법은 엄마가 실험실 안팎을 드나들 때 엄마와 아기를 관찰하는 방법이다. 애인스워스는 부모와 아기를 한 방에 있게 하고 그 안에 낯선 사람을 들여보냈다. 그러고 나서 부모가 방을 나갔다가 돌아오게 했다. 이처럼 오고 가고 다시 만나는 다양한 상황에서 부모와 아기의 행동을 관찰했다. 상당히 많은 실험을 한 후에 그녀는 주 양육자와의 만족스러운 애착 관계가 아이에게 **안전기지**secure base가 된다고 주장했는데, 이 개념은 코치에게 중요한 의미가 있다. 볼비는 안전기지를 이렇게 표현했다(Bowlby, 1988, p. 62). "우리 모두는 인생을, 요람에서부터 무덤에 이르기까지, 애착 대상(들)이 제공하는 안전기지에서 일련의 길고 짧은 여행을 하는 것으로 정리할 수 있을 때 가장 행복하다."

아기의 욕구를 세심하고 시기적절하며 일관되게 채워 주는 양육자는 아기에게 안전기지가 된다. 이러한 양육자는 정서적으로 의지할 만하고 아기에게 적절히 반응하며 고압적으로 행동하지 않는다. 이들은 아이가 원하는 것에 마음을 맞추고 자신의 긍정적·부정적 감정 반응을 조절한다(Sable, 2008). 안전기지가 있는 아이는 자신이 필요할 때 언제나 안전한 곳으로 돌아갈 수 있기에 독립적으로 행동하게 된다. 이런 아이들은 안전기지가 사라질지도 모른다는 걱정 없이 안전기지를 오가며 세상을 탐험한다. 그렇게 해서 이들은 세상 밖으로 나아갈 수 있게 되며 세상을 신뢰하고 자기 행동에 자신감을 갖게 된다. 아이가 자라가면서 안전기지의 기능은 부모에서 다른 중요한 관계로 이전된다.

애인스워스의 학생이었던 메리 메인Mary Main은 후에 성인애착면접Adult Attachment Interview을 개발하여 애착 유형을 분류하는 데 활용했으며 이를 통해 애착 이론에 크게 기여했다.

애착 유형

1990년대 후반 이론가들은 애착 유형을 대략 네 가지로 분류하는 데 동의했다. 이 애착 유형은 우리가 친밀한 관계를 맺고 지속하는 방식을 보여 준다. 애착 유형을 통해 우리가 가까운 사람들과의 관계와 신뢰, 그리고 친밀감을 관리하는 방식이 드러나는 것이다. 이론가마다 애착 유형을 약간씩 다르게 부르는데, 애착 유형은 다음과 같이 분류할 수 있다.

안정 애착　　안정 애착 유형의 사람은 자신감 있고 자신과 타인을 편안하게 여기며 모험을 감행하고 독립적으로 행동하며 친밀한 관계를 맺을 수 있다. 이들은 친밀감과 자율성 사이에서 균형을 맞출 줄 안다. 이들은 '혼자 있는 시간'을 잘 보내고 자기성찰을 잘한다. 안정 애착을 형성한 사람은 신뢰할 줄 안다. 이들은 타인을 신뢰할 수 있고 자신도 대체로 신뢰할 만하게 행동한다. 타인이 자신을 좋아할지 여부를 별로 걱정하지 않는다.

불안정-양가-몰두 애착　　이 애착 유형의 사람들은 불안정하고 스스로 부적합하다고 느낀다. 이들에게는 인간관계가 안전하고 믿을 만하다는 확신이 없다. 이들은 상대에게 의존하거나 혹은 배신당하거나 버림받을지 모른다는 두려움과 질투심으로 상대에게 집착한다. 이들은 타인을 통제하려 하거나 타인에게 지나치게 애정을 쏟으며 관계에 문제가 생길 때는 일반적으로 화를 내거나 수동적으로 반응한다.

거부-회피-저항 애착　　이 유형의 사람들은 친밀감보다 자율성을 중시한다. 이들은 친밀한 관계를 불편해하며 그 결과 피상적인 관계에 머무른다. 이들은 친밀한 관계를 중시하지 않기 때문에 타인의 감정이나 반응을 이해하는 능력이 떨어진다. 이들은 사람들에게 무심하고 거리를 두는 듯 보이며 타인을 신뢰하지 않는 경향이 있다.

혼란-혼돈 애착　　앞서 세 가지 유형이 분류되고 20년 후에 메인이 이 네 번째 유형을 추가로 발견했다. 여기에는 애착 유형이 특이하고 비이성적이며 혼란스럽고 모순된 사람들이 포함된다. 이들은 혼란에 대처하기 위해 해리 상태에 빠진다. 이들의 행동은 어딘가 기이한데, 특히 사람을 대할 때는 더욱 그렇다.
　애착 유형은 평생에 걸쳐 발달하지만 한번 정해지면 쉽게 바뀌지 않는다. 관찰력이 뛰어난 코치는 고객의 애착 유형을 보여 주는 패턴을 인지할 수 있을 것이다. 이 패턴에 따라 안정감과 대인 관계에서의 친밀감이 달라지며, 타인을 가까이 할지 멀리 할지가 결정된다. 신뢰와 친밀감, 통제도 관련이 있다.

성인 애착

심리학자인 바살러뮤와 호로비츠(Bartholomew & Horowitz, 1991)는 대학생 77명의 관계 패턴을 원형 분석(서로 관련 있는 데이터 요소를 정리해 주는 통계 기법)한 결과 두려움 애착이라는 애착 유형이 추가적으로 타당화되었다고 밝혔다. 이들은 볼비의 작동모델 개념이 두 가지 필수요소로 구성된다고 봤다. 바로 **애착 대상(타인)의 특성**에 대한 인식과 **자기에 대한 판단**이다. 이들이 주장한 네 가지 애착 유형(안정, 불안정, 거부, 두려움)은 〈표 3-2〉에 요약해 놓았다.

애착과 코칭

애착 이론을 코칭에 효과적으로 적용하는 방법에는 여러 가지가 있다. 안전기지에 대한 욕구와 그 유용성은 아동기를 넘어 성인기까지 지속된다. 세이블(Sable, 2008)은 성인이 대체로 원가족 밖에서 안전기지를 찾으며 성인의 애착 행동은 "발달상 더 체계적이고 다양하며 세련되었다(p. 22)"고 보았다. 성인은 스트레스를 받거나 불확실한 상황에서 또는 역경이나 위험에 처했을 때 안전기지의 지원을 받고자 한다. 멘토나 부모 같은 인물이 시간을 내줄 수 있을 때, 사람들은 신체적으로나 정서적으로 그 인물과 가까워지려 한다. 실제 애착 대상(사람)이 여유가 없을 때는, 그 사람을 생각하고 보호받고 있다는 느낌을 마음속으로 떠올리기만 해도 도움이 된다. 당황해서 어쩔줄 모르는 순간에 자신을 믿어 주는 사람을 떠올리면서 마음이 진정되었던 경험을 회상해 보자.

코치는 특히 코칭이 장기간 이어질 경우, 코치가 고객의 대리 안전기지 혹은 애착 대상이 될 수 있다는(또 자주 그렇게 된다는) 사실을 인식해야 한다. 라포가 형성되고 강화되면서 안전기지로서의 코치의 역할은 더욱 중요해지며 코치-고객 관계의 질도 대단히 중요해진다. 이런 맥락에서 코치는 쉽게 다가갈 수 있고 믿을 만하며 일관적

		자기에 대한 생각	
		긍정적	부정적
타인에 대한 생각	긍정적	안정 애착 자존감 높음 사회성 좋음 친밀감과 자율성 모두 편안하게 　받아들임 타인을 신뢰하고 수용함	불안정 애착 관계에 몰두 타인에게 수용됨으로써 자아를 　수용하려고 애씀 자존감 낮음 사회성 좋음
	부정적	친밀한 관계의 가치를 인정하지 　않음 의존 기피 자존감 높음 사회성 낮음 독립성에 민감함	두려움 애착 사회적 회피성향 자존감 낮음 사회성 낮음 자신이 사랑 받을 가치가 없다고 　느낌 타인을 신뢰하지 않음

출처: 바살러뮤와 호로비츠(Bartholomew & Horowitz, 1991)의 도표를 수정함.

이고 의지할 수 있어야 하며, 고객에게 안정감과 위안을 주는 존재로 인식되어야 한다. 코치들은 좋은 부모처럼 고객의 감정을 살펴주고 적절히 반응하며 자기 자신의 긍정적·부정적 감정을 조절할 줄 알아야 한다(Sable, 2008). 코치는 고객을 비판하거나 부정적인 태도로 대하지 않고 고객을 지지해 주어야 하며, 가장 중요하게는 고객에게 믿을 만한 사람으로 인식되어야 한다. 코치가 안전기지가 되어 주면 고객은 자립해서 효과적으로 위험을 감수할 수 있게 된다. 고객은 안전기지라는 유리한 위치에서 대인 관계 기술을 익히고 발전시킬 수 있다. 애착 이론에 따르면 성인은 일반적으로 잠재적 애착 대상에게 지원을 요청하면 애착 대상의 반응이 긍정적일지 혹은 부정적일지를 알아차린다고 한다. 많은 고객들이 자기 코치가 애착 대상이 될 만한 사람인지 아닌지를 탐색할 것이다. 코치는 스스로 고객의 애착 대상이 되어 줄 능력과 의지가 있는지 살펴보아야 한다. 가령 친밀감과 위안을 나눌 여력이 있는지, 고객이 스트레스를 받거나 역경에 처할 때 고객을 진정시켜 줄 수 있는지, 의지하고 믿을 만한지, 비판하지 않고 기꺼이 이야기를 들어주는지 자기 자신을 관찰해 보아야 한다. 만일 애착 이론이 옳다면, 고객은 스트레스를 받거나 곤경에 처할 때 "자신보다 '강하거나 지혜로운' 사람"에게 다가가려 할 것이다(Wallen, 2007, p. 12). 이러한 가정은 명백히 타당해 보인다.

또한 코치는 애착 이론 및 유형을 고객을 평가하는 데 활용할 수 있다. 초기 애착의 문제는 성인기까지 지속적인 영향을 미치며, 대인 관계에서부터 신뢰와 끈기, 개방성과 독립성, 위험 감수와 감정 조절, 자신감에 이르기까지 삶의 다양한 영역에서 문제를 일으킬 수 있다. 애착 이력에 문제가 있는 사람들 중에는 타인을 믿고 속마음을 털어놓기 어려워하는 사람도 있다. (이 이론에 따르면) 초기 애착이 고객의 성격 형성에 깊이 관여했기 때문에, 코치는 고객의 장단점을 파악하는 데 애착 이론을 활용할 수 있다. 애착은 고객이 중요한 리더의 자리에 오를 때 매우 중요하며 고객의 경력에 보탬이 될 수도 있고 걸림돌이 될 수 있다. 코치는 심리치료사가 아니며, 코치가 애착 문제를 해결해 주거나 고객의 애착 유형을 바꿔 주기를 기대하는 사람은 아무도 없다. 실제로 상황에 따라서는 심리 상담을 의뢰하는 것이 적절할 때도 있다. 하지만 코치는 위에서 언급한 영역에서 고객의 능력을 평가하고(예를 들어, 신뢰나 친밀감) 그 평가에 기초해서 고객이 편안하다고 느끼는 방식으로 고객을 대할 수 있다. 또한 직무와 성격의 '적합도'를 높이기 위한 방법의 일환으로 애착 문제에 주의를 기울일 수 있다.

셋째로, 애착 이론가들은 애착이 안정될수록 **상위 인지**metacognition(자신의 사고에 관해 생각하여 자신을 성찰하는 능력)를 잘한다고 주장했다. 월른Wallen은 이를 "경험에 대해 사색적인 태도를 취하는 능력"이라고 설명했으며, 상위 인지는 코칭 과정에 필수적인 능력이다. 이 능력은 심리 성찰력과 비슷하게 들리지만 포나기Fonagy와 타깃Target은 이를 **정신화**mentalization라고 명명했다. 이는 "자기를 성찰하고 내적 감정 상태를 파악하며 자신의 감정과 행동이 타인에게 미치는 영향을 인식하는 능력"이다(Austrian, 2008b, p. 405). 몇몇 사람들은, 특히 대인 관계에서 안정을 찾으려고 몰두하는 사람들은 이 능력이 결여되어 있거나 혹은 이 능력을 '방어적으로 억제'하는 것처럼 보인다(Wallen, 2007, p. 2). 이들은 다른 사람이 무슨 생각을 하는지 고민하느라 자기 자신의 생각을 알아차릴 시간이 없다. 코치는 고객의 자기 성찰력을 관찰하여 이를 증진시킬 수 있다. 그러기 위해서는 먼저 코치 자신이 상위 인지 능력을 중시하고 키워야 한다.

성인 발달단계: 로저 굴드와 대니얼 레빈슨

1970년 무렵까지, 심리학계에서는 청소년기 이후의 발달에 관해서 진지한 연구가 거의 이루어지지 않았다. 어느 보고서에 따르면, 성인 발달이라는 주제가 중년에 접어든 연구자 본인들에게 노화와 죽음이라는 우울하고 두려운 논의를 불러일으킨다는 이유에서, 성인 발달에 대한 연구가 금기시된 측면도 있다(Austrian, 2008c, p. 214). 청소년기는 각광받았지만 중년기는 무시되었다. 이 상황은 굴드Roger Gould와 레빈슨Daniel Levinson이 동시에 기존 이론에서 벗어나 성인 발달 연구에 본격적으로 착수하면서 완전히 바뀌었다. 굴드는 UCLA의 중산층 백인 남녀를 표본으로 삼아 자료를 분석한 결과 성인기는 '일련의 개별적 단계'를 거쳐 '활발하고 체계적인 변화'가 일어나는 시기라고 말했다(Walsh, 1983, p. 47). 1972년 그의 연구가 출판되면서 이 주제에 대한 관심이 봇물 터지듯 쏟아져 나왔고, 그의 연구에 뒤이어 게일 시히(Gail Sheehy, 1976)가 베스트셀러가 된 『길Passages』을 펴냈다. 굴드는 성인 발달단계에 관한 저서를 출판하기 전에, 자신의 연구를 표절했다는 명목으로 시히를 고소했고, 상당한 보상금을 지급받았다("Passages Ⅱ", 1978). 굴드는 정신분석학과 인지적 관점을 혼용하여 이론을 발전시켰고, 어린 시절의 경험이 발달에 미치는 영향력을 강조하면서 가정과 신념, 신화에 관심을 기울였다. 그의 설명에 따르면 인간에게는 '성숙하려는 타고난 경향maturational push'이 있어서 '어린아이 같은 의존성에서 벗어나 스스로 책임지는 삶'을 살게 된다(Walsh, 1983). 각 발달단계에서는 나이대별로 나타나는 '안정에 대한 환상'을 벗어나야 한다. 그는 성인기를 다섯 기간으로 나누었고, 각 시기마다 의존적으로 안정을 추구하는 자리에서 독립성과 자율성을 키우는 자리로 나아가야 한다고 봤다. 우리는 부모가 우리를 보호해 줄 것이라는 가정하에 인생을 시작한다. 그 가정을 버린 후에도, 우리는 여전히 부모가 우리에게 전해 준 생각들이 우리를 보호해 줄 것이라 가정한다. 한참이 지나서야 우리는 부모의 방식이 우리 자신에게는 부적절하며, 스스로 자기 방식을 만들어 가야 한다는 사실을 깨닫는다.

이와 같은 시기에, 대니얼 레빈슨은 예일대학교에서 35세에서 45세 사이의 남성 40명을 대상으로(이후 연령 집단을 확장했다) 연구하기 시작했다. 그는 자신이 '개인사 면접

biographical interviewing'이라고 명명한 절차를 활용해서 일련의 구조화된 비공식 면담을 실시했고, 여기에 공식적인 심리검사를 더했다. 연구 대상은 노동자와 소설가, 기업 경영자와 생물학 교수들이었고, 그는 이들의 아내와 동료들까지 면접을 실시했다. 1978년 그는 이 연구 결과를 『남자가 겪는 인생의 사계절』[3]이라는 제목의 책으로 출판했고 이 책은 인기를 얻었다. 레빈슨은 기존 이론을 토대로 연구하지 않았고, 프로이트 학파나 에릭슨 학파의 원리에 기대지 않았다. 대신 그는 일정한 시기에 개인의 삶의 구조를 결정하는 잠재적인 패턴에 주목하고 이를 '개인 생애구조'라고 불렀다(Levinson, 1978). 다음 단계로의 이행은 하나의 생애구조가 끝나고 새로운 생애구조가 시작되는 것으로 정의했다. 그는 "생애구조가 성인기에 비교적 순차적으로 발달한다."고 보고했다(Levinson, 1978, p. 49). 그는 청소년기에서 65세 사이의 시기를 집중적으로 연구했는데, 65세 이후의 연령에 대해서는 노인학에서 충분히 연구가 이루어지고 있다고 언급했다.

레빈슨이 면담을 통해 알아낸 바에 의하면, 인생은 크게 네 가지 '시기era'로 나뉘고 각 시기는 대략 25년쯤 지속되며, 각 시기에는 다른 시기와 구별되는 일관적인 특성이 나타난다. 각 시기는 다음과 같다.

- 아동기와 청소년기(출생 후부터 22세)
- 성인 초기(17~45세)
- 성인 중기(40~65세)
- 성인 후기(60세 이후)

레빈슨은 한 시기에서 다음 시기로 넘어가는 과정은 "단순하지도 짧지도 않아서 인생의 구조를 근본적으로 바꿔야" 한다고 봤다. 사람은 다음 시기로 넘어가는 과정에서 두 시기 사이의 경계 구역에 머물게 되며, 그 기간이 길어질 수도 있다. 이 모델에서 각 시기는 일련의 발달 기간들로 구성된다. 각 기간에는 저마다 완수해야 할 과업이 있고, 이 과업을 완수하면 다음 발달 기간으로 넘어갈 수 있다. 순조로운 발달과정에는 자신의 꿈을 정의하고(차후에 그 꿈을 조정하며), 멘토를 찾고, 직업 경로를 정하

---

3) 원제: The Seasons of Man's LIfe

며(정체성이 나타나고), 친밀하고 만족스러운 친구관계를 맺는 과정들이 포함된다. 다음 시기로 넘어가려면 융의 이론에서와 같이 양극성을 해결해야 하는데, 그 예로는 젊음과 늙음, 파괴와 창조, 남성과 여성, 애착과 분리가 있다. 레빈슨은 이러한 과업과 시험을 원만하게 해결하는 것이 쉽지 않다고 봤다. 그는 "많은 남성들이 성인 초기에, 강압적이고 인간을 소외시키며 발달을 저해하는 환경에서 일한다."고 주장했다. 또한 대다수 남성들은 멘토가 아예 없거나 효과적인 멘토링을 받지 못하며, 직장 환경이 지나치게 마초적이고 강압적이기만 할 뿐이어서, 일단 젊은이가 가정(이나 대학)을 떠나고 나면 인간 발달에 필요한 지원을 거의 받지 못한다고 지적했다.

레빈슨의 연구는 오로지 남성에게만 초점을 맞추었다는 점에서 곧바로 비판을 당했다. 그는 뒤이어 같은 연령 집단의 여성 45명을 대상으로 개인사 면접 방법을 활용하여 유사 연구를 진행했는데, 연구 대상자는 기업 경영자 15명, 학자 15명, 주부 15명으로 구성됐다. 이 연구 결과는 레빈슨 사후에 그의 아내 주디가 1994년 완성하여 『여자가 겪는 인생의 사계절』[4]이라는 제목으로 1996년에 출판하였다.

성인 발달에 관한 레빈슨의 저서들은 모두 1960년에서 2000년 사이 미국의 시대정신과 사회 · 문화적 변화를 반영한다. 예상했던 대로, 여성의 직업 경력과 경험은 남성들과 달랐다. 레빈슨은 "이 연구에서 드러난 성별에 따른 차이의 정도와 위력에 놀랐다."고 썼다(1996, p. 38). 그는 이 차이를 설명하기 위해 **성의 분리**gender splitting라는 용어를 사용하면서 다음과 같이 중요한 점을 지적했다(p. 38).

> 내 개념의 핵심은 성의 분리다. 이 용어는 단순한 성차gender difference를 이르는 말이 아니라 남성과 여성이 완전히 동떨어져 분리되었다는 의미다. 인생에는 남성과 여성, 남성성과 여성성을 엄격하게 나누는 경계가 있다는 뜻이다.

그는 성의 분리가 미치는 영향력을 다음의 네 가지 유형으로 설명했다.
1. 가정과 공공의 영역에서
2. 전통적인 결혼에서, 결혼이 직업 역할(가정 혹은 가정 밖에서)과 연관이 있기 때문에

---

4) 원제: The Seasons of a Woman's Life

3. 사회에서 '여성의 일'과 '남성의 일' 사이에서

4. 개인의 정신세계를 구성하는 여성성과 남성성 사이에서

성차는 성인 초기의 필수과제에 중대한 영향을 미치며, 이에 관한 설명은 『남자가 겪는 인생의 사계절』에서 찾아볼 수 있다. 여성의 경험은 남성과 달랐다. 남성과 대조적으로 여성의 꿈은 분열되어 있었고 복잡했다. 가정주부만이 남성들과 같이 통일된 꿈을 갖고 있었다. 기업이나 학계에서 경력을 쌓는 여성은 아이를 키우고 싶은 욕구와 배우자를 내조하고자 하는 욕구를 저울질하고 통합하였다. 직장 여성들은 이 통합이 어렵다고 느꼈다. 효과적인 멘토링을 받을 기회도 적었다. 여성 멘토의 수는 적었고 남성 멘토와의 관계는 복잡했다. 여성의 경력 궤도는 남성과 달랐는데, 남성에 비해서 여성들이 초심자 기간을 더 길게 보냈다. 그 결과 여성들은 자신의 경력이 남성들에 비해 성공적이지 않고 만족스럽지 않다고 보았다. 레빈슨은 미국 사회가 성에 관한 중대한 격변을 겪는 시기에 여성의 삶을 관찰했다. 이 문제에 관한 더 자세한 논의는 14장을 참조하면 된다.

도덕 발달

뉴스에는 부패하고 자기중심적인 CEO들이 매일같이 등장하지만, 대개의 경우 경력을 탄탄하게 쌓아나가기 위해서는 도덕성을 갖춰야 한다. 직장 동료들은 크고 작은 일을 통해서 상대가 믿을 만한지, 정직한지, 진실한지를 재빨리 판단한다. 코치는 고객의 도덕 발달 상태를 평가해서 고객의 경력 향상을 위한 밑거름으로 삼을 수 있다.

공자와 소크라테스, 아리스토텔레스와 같은 고대 철학자들은 도덕적 가치의 토대를 닦아 놓았고, 주요 종교 경전들도 모두 도덕 발달을 다루고 있다. 그러나 20세기에 들어서야, 인간의 윤리적 추론 기술이 어떻게 발달되는지를 설명하는 중요한 심리학적 모델이 등장했다. 이 연구는 인간이 다른 영역에서 발달하는 동시에 도덕 발달의 단계를 거친다는 점을 보여 주었다. 유능한 코치는 도덕적 관점에서 고객의 사고와 행동을 관찰하고 고객의 도덕적 동기와 추론, 기술을 평가할 수 있어야 한다. 이 영역

에서 코칭은 의미 있는 도전 과제를 제기한다.

피아제는 자신의 인지 발달단계 모델을 도덕 발달에도 적용했으며, 옳고 그름에 대한 개인의 견해는 인지 발달과 유사한 발달단계를 거친다는 이론을 펼쳤다. 그는 도덕적 추론을 크게 두 단계로 나누어 설명했고(Craig & Baucum, 2002) 인간의 도덕적 추론 방식이 열 살 무렵에 크게 바뀐다는 점을 발견했다(Crain, 1985). 도덕적 추론의 두 단계는 다음과 같다.

도덕적 실재론　　아동 초·중기에 해당한다. 도덕적 사고는 규칙에 얽매여 있고 규칙은 절대적이며 바뀔 수 없다. 행동의 옳고 그름은 타인의 권위에 의해 판단되며, 행동의 결과만을 고려한다(규칙을 어기는 사람은 나쁜 사람이다).

도덕적 상대론　　아동 중기가 끝날 때쯤(10세 무렵 이후) 아이들은 현실에서 절대적인 옳고 그름은 없으며, 규칙이란 것이 유용하기는 하지만 규칙을 절대적으로 적용할 수는 없다는 사실을 알아차리기 시작한다. 행동은 사회적으로 합의된 상호협정에 의거하여 판단하며, 이를 위해서는 상대방의 관점에서 생각할 줄 알아야 한다. 행동의 의도를 고려하여 도덕적 판단을 내린다(행위자가 무엇을 하려고 했는가? 일부러 나쁜 일을 저지른 것인가?)

심리학자 로런스 콜버그Lawrence Kohlberg는 피아제의 기본 개념에서 시작하여, 피아제가 연구한 유년기를 넘어서 성인기까지 확장한 도덕적 추론 이론을 만들었다. 콜버그의 연구 방법론과 결론은 비판을 받기는 했지만, 그래도 그의 이론은 서양 사상에서 가장 영향력 있는 도덕 발달 모델이다. 이 이론은 하인츠라는 이름의 남편에게 닥친 가설적 딜레마를 활용하여 72명의 남자 아이와 청소년들을 대상으로 실시한 연구에 기반을 두고 있다. 하인츠는 아픈 아내의 생명을 구하기 위해 약을 훔쳐야 할지 말아야 할지 고민에 휩싸인다. 콜버그는 이 딜레마에 대한 아이들의 응답에서 발견되는 사고와 추론을 관찰하고 그 패턴을 일련의 위계적 단계로 구분했다. 그의 연구는 여섯 개의 발달단계와 더불어 두 가지 중요한 경향을 드러냈다. 그는 도덕 발달이 '외부적인 힘'(법이나 권위자와 같은) 중심에서 '내면화된 도덕 원칙'(자신이 활용하기 위해 개인이 개발한 원칙) 중심으로 바뀌는 과정이라는 점을 발견했다. 동시에 그는 도덕 추론이 **구체적 추론에서 추상적 추론**으로 발전한다고 주장했다(Craig & Baucum, 2002, p. 358).

다음에 콜버그의 도덕 발달단계를 간략히 정리해 놓았다. 콜버그는 도덕 추론과 도덕 행동이 확실히 연관되어 있다고 주장하기는 했지만, 이 단계가 '추론' 단계이지 '행동' 단계를 의미하지는 않는다는 점을 명심해야 한다.

제1수준: 전인습적 도덕(외부 보상이나 처벌에 근거)

- 1단계—순종과 처벌 중심이다. 행동은 물리적 결과로 판단한다. 규칙에서 금지한 행동은 무조건 나쁜 행동이다. 처벌을 피하기 위해 규칙을 따른다. 처벌을 받았다는 것은 나쁜 행동을 했다는 증거다.
- 2단계—도구적 목적 중심이다(교환 상대주의). 실용적으로 자신이 이득을 보는 행동이 옳은 행동이다. 자신이 원하거나 필요한 것을 얻기 위해 실행한 행동은 '옳은' 행동이다. 다른 사람들도 이와 마찬가지로 행동하며, 서로 만족스러운 결과를 얻기 위해 상대방과 거래할 수 있다. 이 과정에서 처벌은 자연스럽게 피해야 할 위험 요소다.

제2수준: 인습적 도덕(사회적 순응이나 사회구조에 대한 충성심에 근거)

- 3단계—타인의 인정(착한 아이) 중심이다. 십 대에 시작되며, 이 단계에서는 가족과 학교, 공동체의 기대를 중시한다. 좋은 행동은 타인의 안녕에 대한 관심과 신뢰, 조화와 사회적 인정을 수반한다. 도둑질은 자신과 더불어 가족이나 학교, 또래집단에 불명예스러운 일이므로 나쁘다. 타인이 자신을 어떻게 판단하느냐가 도덕성을 결정하는 필수 요소다.
- 4단계—사회적 질서 유지 중심이다. 사회 질서와 제도를 유지하기 위해 규범과 관습, 규칙과 법을 지킨다. 사회 구성원 각자가 자기가 동의하지 않는 법을 지키지 않는다면 이 사회는 어떻게 될 것인가? 공동체의 구성원은 전체 공동체를 위해 순응해야 할 의무가 있다.

제3수준: 후인습적 도덕(자율적인 추론)

- 5단계—사회적 계약 중심이다. 법이라고 해서 모든 상황에서 모든 사람에게 적절하고 공평하지는 않다. 사회적 이익을 위해 법을 따라야 하지만, 법이 사회 구성원에게 유익하지 않은 경우에는 법을 검토하고 바꿀 수 있어야 한다. 콜버그에 따르면, "옳은 행동은 개인의 기본적인 권리와 사회 전체가 비판적으로 검토하고 동의한 기준에 의거하여 정의되는 경향이 있다"(1981, p. 18). '인권'이 법보다 우선해야 하는 경우가 있으나, 법은 시민들이 자발적으로 참여해서 순응하기로 약속한 사회적 계약을 대변한다. 윤리적 행동은 '좋은 사회'를 만들고자 하는 동기에서 비롯되며, 이러한 사회는 민주적 과정을 통해 성립된다.

- 6단계—보편적 원칙 중심이다. 옳고 그름은 개인의 양심에 달린 문제로, 스스로 결정한 추상적 원칙을 따른다. 이 원칙들은 추상적이며 비판의 여지가 없고(예: 정의) 널리 받아들여진다. 무엇이 옳고 그른지를 결정하는 최종 결정권자는 자기 자신으로, 자기비난을 피하기 위해 옳은 행동을 한다. 불공정한 법이나 불공정한 상황에 대한 시민 불복종 행위도 옳은 행동의 범주에 포함될 수 있다.

콜버그는 적극적인 자기성찰을 통해서 도덕 발달이 이루어진다고 보았다. 한 단계에서 다음 단계로 넘어가는 과정은 진지한 생각이나 논의 없이 저절로 일어나지 않는다. 도덕적 추론이 적극적인 노력이나 옳고 그름에 대한 직접적인 논의 없이 저절로 발달할 것이라 짐작해서는 안 된다. 또한 도덕적 추론 능력을 향상시키려면 다른 사람의 입장에서 생각해 보는 능력이 있어야 한다. 콜버그의 견해에 따르면, 도덕 발달은 개방적이고 민주적인 분위기에서 성공적으로 이루어질 가능성이 훨씬 높다(Crain, 1985).

비판

콜버그의 이론은 두 가지 면에서 크게 비판받았다. 첫째로는 그의 도덕 발달단계가 서양철학에 토대를 두고 있어서 그 밖의 문화권에서는 적용하기 어렵고 유용하지 않다는 지적이다.

두 번째 주요 쟁점은 콜버그(와 에릭 에릭슨)의 제자였던 캐럴 길리건Carol Gilligan이 제기했다. 그녀는 콜버그의 이론이 젊은 백인 남성만을 대상으로 조사한 결과에 토대를 두고 있다면서, 여성들을 콜버그의 발달단계에 끼워 맞추면 남성들에 비해 낮은 수준으로 분류되는 경향이 있다는 점을 지적했다. 길리건은 여성들이 관계 중심적이고 타인을 배려하는 관점을 갖는 경향이 있다고 썼다. 따라서 남성과 여성은 도덕 판단을 내릴 때 서로 다른 기준을 활용하며 다소 다른 결론에 이른다. 남자아이들은 독립적으로 생각하고 행동하도록 훈련받는 반면 여자아이들은 타인의 욕구에 주의를 기울이는 법을 배운다. 길리건의 견해는 1982년 출간된 그녀의 책『다른 목소리로』[5]에서 상세히 살펴볼 수 있다. 그 후 낸시 아이젠버그Nancy Eisenberg는 성인 남녀 사이에는 도덕 발달에 큰 차이가 없다면서, 여자아이들이 일반적으로 남자아이들보다 더 공감에 기초한 도덕 판단을 내리지만, 남자아이들도 결국 이를 따라잡는다고 주장하였다(Craig & Baucum, 2002).

코칭에 적용하기

발달 이론의 관점을 코칭에 적용하는 방법은 그다지 명확해 보이지 않을지 모르겠지만, 이번 장에서 소개한 발달단계와 개념은 코칭에 유용하게 활용할 수 있다. 발달 이론의 관점은 코치가 비판적인 관점이나 병리학적 관점에서의 판단을 보류하고 고객의 행동을 심리학적 체계에서 어떻게 이해할 수 있는지 생각해 보는 기회를 제공한다. 인간은 누구나 개인적으로 성장하고 발전하는 길 위에 있으며, 저마다 다른 길의 다른 지점에 서 있다. 어떤 문제가 있을 때 그 이유를 설명해 주는 틀만 있어도 도움이 될 때가 많은데, 앞서 소개한 발달단계들은 고객의 능력과 성향을 설명하는 훌륭한 틀이 되어 준다. 또한 고객에게 한두 가지 발달단계를 소개하고 자신이 어느 단계에 와 있다고 생각하는지 살펴보는 것도 도움이 된다. 코치는 발달이 종종 위기에 의해 촉진되며, 상위 단계로의 변화는 흔히 갈등을 수반한다는 사실을 기억해야 한다. 갈등은 불편하지만 항상 나쁜 것은 아니며, 경력 상의 위기는 고객이 크게 성장하는

---

5) 원제: In a Different Voice

기회가 될 수도 있다. 레몬으로 레모네이드를 만드는 하나의 방법이 될 수 있는 것이다.

고객의 행동을 발달 이론의 관점에서 살펴보면 도움이 될 만한 구체적인 영역은 다음과 같다.

- 공감 능력
- 타인을 신뢰하는 능력
- 자아개념과 자존감
- 자기 몰두
- 친밀한 관계를 편안하게 느끼는 정도
- 도덕 판단과 도덕적 행위
- 자기 성찰력
- 권위자와의 관계에서 겪는 문제
- 사고와 행동의 독립성

애착 이론은 힘든 시기를 겪는 사람 곁에 신뢰감 있고, 포용력 있고, 정서적으로 든든한 누군가가 필요하다는 점을 상기시켜 준다. 경영자 고객은, 특히 괴로운 시기를 겪고 있는 고객은 코치를 '안전기지'로 보고 활용할 가능성이 크다. 코치는 애착 이론에서 언급한 '훌륭한' 애착 대상의 특성을 살펴 놓는 것이 좋다.

발달상 심각한 결함이 있는 고객을 치료해 주는 것은 코치가 주로 하는 역할은 아니지만, 코치가 그런 결함을 가려낼 수 있다면 여러 면에서 도움이 된다. 고객에게 결함이 나타난 경우 고객을 심리치료사에게 의뢰한다거나, 혹은 코칭이 이 고객에게 효과적일지, 이 고객을 맡는 것이 지혜로운 결정일지에 대해 재고해 보아야 한다. 모든 인간에게는 타고난 기질이 있으며 타고난 성격 특성은 바꾸거나 조절하기가 거의 불가능하다는 사실을 기억해야 한다. 발달단계에서 결함이 나타났다면 문제가 되는 특성을 고객에게 솔직히 알려 주고, 고객이 자신의 이점은 살리고 바꿀 수 없는 결점은 피하는 방향으로 경력을 쌓아 나가도록 돕는 편이 좋다. 발달단계가 고정되고 바뀔 가능성이 없는 경우에도 이와 유사한 결정을 내릴 수 있다.

참고문헌

Alic, M. (2001). Kagin, Jerome. In *Gale encyclopedia of psychology* (2nd ed.). Detroit: Gale Group. Retrieved January 25, 2009, from: http://findarticles.com/p/articles/mi_g2699/is_/ai_2699000518.

Austrian, S. G. (2008a). Introduction. In S. G. Austrian (Ed.), *Developmental theories through the life cycle* (2nd ed., pp. 1-6). New York: Columbia University Press.

Austrian, S. G. (with Mandelbaum, T.). (2008b). Attachment theory. In S. g. Austrian (Ed.), *Developmental theories through the life cycle* (2nd ed., pp. 365-414). New York: Columbia University Press.

Austrian, S. G. (2008c). Adulthood. In S. G. Austrian (Ed.), *Developmental theories through the life cycle* (2nd ed., pp. 201-283). New York: Columbia University Press.

Bartholomew, K., & Horowitz, L. M. (1991). Attachment styles among young adults: A test of a four-category model. *Journal of Personality and Social Psychology, 61*(2), 226-244.

Berk, L. E. (2004). *Development through the life-span* (3rd ed.). Boston: Ally and Bacon.

Boeree, C. G. (2006). *Personality theories: Erik Erikson*. Retrieved January 25, 2009, from: http://webspace.ship.edu/cgboer/erikson.html.

Bowlby, J. (1988). *A secure base*. New York: Basic Books.

Craig, C. J., & Baucum, D. (2002). *Human development* (9th ed.). Upper Saddle River, NJ: Prentice Hall.

Crain, S. C. (1985). *Theories of development*. New York: Prentice Hall.

Erikson, E. H. (1963). *Childhood and society* (2nd ed.). New York: Norton.

Erikson, E. H. (1975). "Identity crisis" in autobiographical perspective. In E. H. Erickson (Ed.), *Life history and the historical moment* (pp. 17-47). New York: Norton.

Fonagy, P., & Target, M. (1997). Attachment and relative function: Their role in self-organization. *Development and Psychopathology, 9*, 679-700.

Gilligan, C. (1982). *In a different voice: Psychological theory and women's development*. Cambridge, MA: Harvard University Press.

Harris, J. R. (2009). *The nurture assumption: Why children turn out the way they do*. New York: Free Press.

Karen, R. (1994). *Becoming attached: First relationships and how they shape our capacity to love*. New York: Oxford University Press.

Kohlberg, L. (1981). *The philosophy of moral development: Moral stages and the idea of justice*. San

Francisco: Harper & Row.

Levinson, D. (1978). *The seasons of a man's life*. New York: Ballantine Books.

Levinson, D. (with Levinson, J.). (1996). *The seasons of a woman's life*. New York: Ballantine Books.

Little, D. (1996~2007). *Hahnemann on constitution and temperament*. Retrieved January 25, 2009, from: http ://www.simillimum.com/education/little-library/constitution-temperaments-and-miasms/hct/article01.php.

Rowe, D. C. (1994). *The limits of family influence: Genes, experience, and behavior*. New York: Guilford Press.

Sable, P. (2008). What is adult attachment? *Clinical Social Work Journal, 36*, 21-30.

Sheehy, G. (1976). *Passages*. New York: E. P. Dutton.

Passages II. (1978, August 14). *Time*. Retrieved January 25, 2009, from: http ://www.time.com/time/magazine/article/0,9171,946984,00.html.

Wallen, D. J. (2007). *Attachment in psychotherapy*. New York: Guilford Press.

Watson, M. (Speaker). (2002). *Theories of human development*. (Audio CD recorded lectures, course #197). Chantilly, VA: The Teaching Company.

Walsh, P. B. (1983). *Growing through time: An introduction to adult development*. Monterey, CA: Brooks/Cole.

West, M. L., & Sheldon-Keller, A. E. (1994). *Patterns of relating: An adult attachment perspective*. New York: Guilford Press.

추천도서

Axelrod, S. D. (2005). Executive growth along the adult development curve. *Consulting Psychology Journal: Practice and Research, 57*(2), 118-125.

Berger, J. G. (2006). Adult development theory and executive coaching practice. In D. R. Stober & A. M. Grant (Eds.), *Evidence based coaching handbook* (pp. 77-102). Hoboken, NJ: John Wiley & Sons.

Cassidy, J., & Shaver, P. R. (1999). *Handbook of attachment; Theory, research, and clinical implications*. New York: Guilford Press.

Kail, R. V., & Wicks-Nelson, R. (1993). *Developmental psychology* (5th ed.). Engle-wood Cliffs,

NJ: Prentice Hall.

Newman, B. M., & Newman, P. R. (2009). *Development through life: A psychosocial approach* (10th ed.). Belmont, CA: Wadsworth Cengage Learning.

Rholes, W. S., & Simpson, J. A. (2004). *Adult attachment: Theory, research, and clinical applications*. New York: Guilford Press.

제4장

경영자를 움직이는 무의식의 힘

정신분석적 컨설팅은, 겉으로 드러난 문제는 기껏해야 하나의 증상일 뿐이며 보통 실제 문제를 덮으려는 구실에 불과하다는 입장을 견지한다.

−윌리엄 M. 젠더(Czander, 1993, p. 183)

심리학 이론의 적용을 다룬 교과서는 반드시 정신분석에 지면을 할애한다. 정신분석은 가장 오래된 심리치료법으로, 현대에 들어서는 대상관계이론이나 자아심리학과 같은 여러 분야로 발전했다. 20세기에 훈련받은 심리치료사들은 거의 모두 정신역동적 개념들을 배웠고, 그중 다수가 정신분석을 토대로 교육을 받았다. 프로이트의 사상에서 나온 여러 이론들은 코칭에 유용하게 활용될 수 있지만, 정신분석가라는 존재는 우디 앨런식 농담의 단골 소재인데다 심리치료에 대한 고정관념의 근원으로 작용해서 코칭의 매력과 신용도에 심각한 손상을 줄 수 있다. 사실 일부 코치들은 프로이트와 심리치료로부터 최대한 거리를 두려 하는데, 심리치료가 어린 시절의 기억을 끝없이 탐구하는 것이라는 고정관념이 있을 때는 더욱 그렇다. 실제로 심리치료사들 중에는 정신분석적 원리를 경영자 코칭에 적용할 때 무언가를 새롭게 배우기보다는 이미 배운 내용을 잊어버려야 하는 경우도 있을 것이다. 1990년대 이전에는, 명시적으로 정신분석을 추구하지 않던 임상 훈련과정에서도 정신분석학적 개념을 배웠다. 50분으로 고정된 상담시간이나, 심리치료사의 익명성과 중립성 유지, 엄격한 경계나 모든 것을 해석하려는 태도는 코칭이 아니라 정신분석에서나 적합한 방식이다. 사람들이 무심코 받아들이는 가정의 전형적인 예로 '깊이가 곧 힘'이라는 표현이 있다(Harrison, 1970/1994). 많은 임상심리학자들이 깊이 있는 개입이나 해석이 더 좋다는 가정을 의심 없이 따른다. 하지만 분석보다는 행동을 더 신뢰하는 기업 환경에서 이러한 가정은 코칭 관계를 훼손할 수 있다. 실제 코칭에서는 깊이 있는 해석이 오히려 고객에게 위협적으로 다가올 수 있다.

경영자 코칭에서는 정신역동적 심리치료의 주요 원칙과 관례들을 지키지 않는 경우가 많다. 그 예는 다음과 같다.

- 코칭은 내면의 성찰보다는 목표 달성과 행동을 지향한다. 기업 경영자들은 심리치료사들이 일반적으로 편안하게 느끼는 속도보다 훨씬 빨리 움직인다.
- 코칭은 대개 심리치료사의 사무실이 아닌 고객의 근거지에서 이루어진다.
- 코칭 시간은 유동적이며 50분으로 고정할 필요가 없다.
- 고객과 코치는 다양한 직업적 · 사회적 상황에서 만난다.
- 비밀보장이 어렵다.
- 코치는 대개 고객과의 관계에서 수동적이기보다는 능동적이다.

코칭은 정신분석과 연관되었을 때 실패자를 위한 교정책이나 문제 경영자를 위한 개선책으로 비칠 우려가 있다. 코칭은, 경영자들이 코칭을 자기 한계를 넘고 효율성을 증대하여 경쟁력을 높이기 위한 활동으로 인식할 때 가장 효과가 크다.

그렇게 하기 위한 요령은 고객을 병리화하거나 코칭 관계를 해치지 않고 '정신분석적' 혹은 '정신역동적' 사고를 코칭에 통합하는 것이다. 분석적으로 생각하고 주도적으로 행동해야 한다. 행동 지향적인 동시에 정신역동을 잘 이해하는 코치는 매우 효과적으로 코칭을 할 수 있다. 정신역동적 관점은 심리치료사와 코치에게 상대를 이해하는 특별하고 중요한 방식을 가르쳐 준다.

활용 방안

정신역동적 개념은 코칭에 매우 유용하다. 몇 가지 예를 들자면 다음과 같다.

1. 경영자 고객이 정치 기술이나 대인 관계 기술을 향상시키려 할 때
   - 경영자의 행동을 이해하는 법
   - 위계적 권력 구조에서 상사를 대하는 법
   - 사업을 수주하는 법
   - 관계를 발전시키는 법
   - 팀 구성원을 이끌고 관리하는 법
   - 중요한 업무를 맡길 핵심 인재를 선정하는 법

2. 경영자 고객이 자기 이해를 증진하고자 할 때
   - 이치에 맞지 않는 자기 행동 이해하기
   - 강점과 약점 발견하기
   - 미래 발전 방향 설정하기
   - 자신에게 적합한 진로 선택하기

3. 경영자 고객이 스스로에게 유해한 방식으로 행동할 때
   - 부하직원을 지나치게 통제하거나 권한을 위임하지 않을 때
   - 말이나 행동이 거칠 때
   - 자기중심적일 때
   - 체계가 없을 때
   - 화를 잘 내거나 적대적일 때
   - 경청을 못할 때
   - 완벽주의이거나 완고할 때
   - 권위주의적일 때

- 특정 상황에서 지나치게 자신감이 없을 때

- 의심이 많을 때

- 쉽게 두려움을 느낄 때

- 일을 미루는 성향이 있을 때

4. 경영자 고객이 까다로운 동료나 직원을 상대해야 할 때
- 까다롭지만 재능 있는 핵심 인사와 함께 일할 때

- 자기중심적이거나 자기애가 강한 사람들을 대할 때

정신역동이론의 역사와 기본 개념

지그문트 프로이트는 당대의 선구자이자 혁명가였다. 그는 그 시대의 의사나 철학자들과 달리 인간 행동의 결정적 동인을 대담하게 탐구해야 한다고 주장했다. 프로이트는 아주 세심히 관찰한다면 인간의 행동을 이해할 수 있을 것이라고 믿었다. 그는 기이하고 추하기까지 한 인간의 충동을 정확히 묘사했고 인간이 이성을 토대로 살아가지 않는다는 사실을 드러냈다. 인간은 이성적인 척하지만 실제로는 비이성적이다. 인간의 비합리성은 예측 가능한 패턴과 구조로 이루어져 있다. 이 이론의 핵심은 우리가 외부의 현실을 직접 대면하는 경우가 거의 없다는 점이다. 우리는 외부 현실을 직접 대면하지 않고 내적 표상을 토대로 외부 세계와 소통한다. 인간은 "내면의 관심사를 중심으로 외부 세계를 본다"(Czander, 1993, p. 45).

다음의 내용은 프로이트의 이론적 개념을 경영자 코칭에 활용할 수 있게끔 단순화하여 요약한 것이다. 사실 프로이트의 사상은 대부분 폐기되었고, 코치보다는 심리치료사에게 유용한 경우가 많다(주류 심리치료사들도 이미 프로이트 사상의 일부를 버렸다). 그렇지만 여기에서는, 프로이트의 관점과 관련 이론들, 예를 들면 대상관계이론이나 자기심리학 같은 이론을 경영자 코칭에 활용할 수 있도록 소개할 것이다.

무엇이 인간을 움직이는가

경영적 사고는 기본적으로 경제와 관련이 깊다. 즉, 경영에서는 합리적인 이기심을 주요 동인motivational force으로 본다. 사람들은 성공하고 싶어서 열심히 (그리고 영리하게) 일한다. 이런 사고방식에서는 열심히 영리하게 일한 사람이 원하는 것을 얻을 수 있다. 이들은 집과 차와 경제적 안정을 얻는다. 이들의 성공은 선망의 대상이다. 사려 깊고 목표지향적인 행동은 성공과 선형적linear 관계에 있다. 정신분석적 사고는 이 관점을 거부하고(Czander, 1993) 인간의 행동은 비이성적인 동기와 요인에 의해 일어난다는 관점을 제시한다.

정신역동적 관점에서 행동은 서로 갈등하는 내부 요인들이 상호작용한 결과다. 이 관점은 두 요인이 갈등을 일으킬 때 이 두 요인과는 다른 세 번째 요인이 생겨난다는 점에서 **역동적**dynamic이다(프로이트는, 열역학이나 증기기관과 같은, 당대의 크게 진보한 물리학의 영향을 받았다). 인간의 심리적 에너지는 원초아와 자아, 초자아의 세 경로를 통해 표현된다. **원초아**id는 아이들이 에너지를 조절하는 방식과 같이 생래적original way인 것으로 쾌락을 추구하고 고통을 회피하려는 욕구에 의해 움직인다. 원초아는 원초적이고 단순하며 본능적으로 '쾌락 원리'를 따른다(Czander, 1993). **자아**ego는 현실 지향적이고 실용적이며, 욕구를 만족시키는 동시에 원초아를 제어하는 역할을 한다. 자아는 합리적이며 '현실 원리'를 따른다. **초자아**superego는 도덕적 경로로 종종 양심이 있는 자리로 여겨진다. 초자아의 목표는 현실적이라기보다는 이상적이며 완벽을 추구한다. 초자아는 원초아의 충동을 억제하고 현실적인 목표를 도덕적인 목표로 대체하려 한다. 초자아가 주는 상은 자부심이다. 초자아는 죄책감이나 열등감으로 처벌한다(Corey, 1982).

환상의 역할

정신역동이론에서 환상은 중요한 위치를 차지한다. 사람들은 직장에서 자신의 직업상의 포부에 대한 환상을 충족하려 애쓴다(Czander, 1993). 사람들은 저마다 일의 영역에서 이상적인 자기상이 있고(**자아 이상**ego ideal이라고 부른다), 이 모습은 흔히 매우 환상적이다. 직장에서의 자기 환상은 대개 실현되지 못하며, 특히 위계적 조직에서 일하는 경우에는 더욱 그런 경향이 있다. 최고의 자리에 오르는 사람은 당연히 몇 명 뿐이다. 몇몇 **떠오르는 별** 정도의 지위는 유지할 수 있을 것이다. 나머지는 실망감에 사로잡히게 되고, 더 나아가 내적 갈등을 겪고 때로는 적대적이고 공격적인 충동을 느끼기도 한다. 이러한 갈등을 직접적으로 솔직하게 논의하는 경우는 드물다. 이 갈등은 불만스럽고 감춰지고 위장된 형태로 드러난다. 정신분석적 사고는 이 갈등을 처리하는 데 도움을 준다.

직장에서의 무의식

프로이트는 **무의식**unconcious이라는 개념으로 현대 행동 과학에 기여했는데, 이는 인간이 자기 자신의 정신 활동에 대해 잘 모른다는 의미다. 최근 인지과학 연구들은 심리 과정에서 무의식의 존재를 근본적으로 확인했고, 우리는 이제 무의식이 실재한다는 것을 알게 되었다(Cramer, 2000). 정신분석의 핵심 목표는 무의식을 의식으로 끌어올리는 일이다. 즉, 자기인식을 향상하고, 우리가 생각하고 느끼고 반응하는 방식을 더 깊이 이해하는 것이다. 그러면 우리는 의식적으로 선택을 할 수 있게 되고, 우리가 지향하는 가치와 우리가 이끄는 조직의 이익에 부합하는 결정을 내릴 수 있게 된다.

방어기제Defense Mechanisms

방어기제는 프로이트가 남긴 유산 중에서 가장 오래 받아들여지고 있는 개념으로, 우리가 자아와 자의식을 보호하는 방법에는 여러 가지가 있다고 설명한다. 우리는 너무 상처받거나 위협감을 느끼지 않도록 방어기제를 사용하여 현실을 왜곡하거나 부정한다. 원초아와 자아, 초자아는 심리적 에너지를 서로 통제하려고 경쟁하는데, 원초아의 욕구는 종종 위험하게 느껴진다. 불안은 우리가 원초아의 욕구를 통제하려고 애를 쓰고 있다는 신호다. 원초적인 충동(공격하거나 도망가려는)을 이성적으로 제어하지 못할 때 우리는 위협적인 감정과 고통스러운 생각을 의식에서 밀어내기 위해 방어기제를 사용한다. 방어기제는 우리를 고통스러운 감정이나 자각으로부터 보호해 준다. 우리는 자아 이상과 자아감을 보호하기 위해 비합리적으로 행동함으로써 현실을 왜곡한다. 방어기제는 단기적으로는 대개 유용하지만 결국에는 해를 끼친다. 방어기제를 사용하는 것은 아스피린을 복용하는 것과 같아서, 문제를 해결하기 전까지 일시적으로 고통을 줄여준다. 방어기제는 극단적이거나 습관적으로 사용하지 않는다면 유용하며 정서적 충격을 완화해 준다. 방어기제는 아스피린과 같이 적은 양을 복용할 때는 효과가 좋지만 한꺼번에 한 병을 다 먹는 식으로 지나치게 의존하면 독이 될 수 있다. 방어기제에 집착하거나 너무 빨리 방어기제를 사용하거나 방어기제가 정확한 현실 인식을 방해하는 경우는 문제가 된다. 정신역동 문헌들은 여러 방어기제를 다루고 있으며, 방어기제에 대한 지식은 기업 환경에서 매우 유용하다. 사람들은 자신이 방어기제를 사용하고 있다는 사실을 대개 인식하지 못하는데, 기민한 코치나 경영자는 기업 환경에서 방어기제가 사용될 때 이를 알아차릴 수 있다. 몇몇 방어기제는 여타 방어기제에 비해 더 건강하다. 사람들은 스트레스 상황에서 위협을 느낄 때 미성숙하거나 원초적인 방어기제로 퇴보하는 경향이 있다. 모든 방어기제에 관한 상세 설명은 『정신질환의 진단 및 통계 편람』(DSM-IV-TR; American Psychiatric Association, 2000, pp. 811-813)의 뒷부분에서 찾아볼 수 있다. 다음 항목에서는 심리적으로 건강한 경영자가 직장에서 사용할 만한 방어기제를 설명한다. 코치는 방어기제를 알아차려서 고객을 이해하는 요소로 통합할 수 있어야 한다.

적응적인 방어기제

이타주의altruism　　위협적인 감정을 느끼는 대신 타인을 돕는 행동에 전념한다. 감당하기 어려운 심리적 에너지를 타인을 돕는 데 쓰면 불편한 감정을 회피할 수 있다. 눈앞에 닥친 일을 처리하는 대신(그 일을 수행하는 것이 겁이 나거나 어떻게 해야 할지 몰라 두려울 때) 후배 경영자를 멘토링하거나 동료의 프로젝트를 도우면서 시간을 보낸다. 이런 일 때문에 스스로나 타인에게서 비난을 받는 경우는 없다. 하지만 그 기본 동기는 직면해야 할 일을 회피하는 것이다.

승화sublimation   불편한 감정 에너지를 사회적으로 용인되는 대상에 쏟는다. 상처받거나 화를 내는 대신 스스로를 "바쁘게 만든다." 부정적인 에너지를 긍정적인 목표에 쏟는다. 불안하거나 속상할 때 끝없이 솟아나는 에너지로 대규모 프로젝트에 전념하는데, 실상 그 에너지는 회피에서 비롯된 것이다. 운동을 하면서 공격적인 충동을 해소하는 것은 그 흔한 예다. 경영자들은 때로 극도로 압박감을 느낄 때 특별한 이유 없이 골프를 치러 가거나 체육관에 운동을 하러 간다. 승화는 가치 있는 일에 에너지를 쏟는 경우라면 설사 다른 중요한 일을 외면하기 위한 방편이라 해도 크게 문제가 되지 않는다.

유머humor   고통스럽거나 두려운 감정이 들 때 현재 상황의 우스운 면을 강조한다. 유머는 제어가 안 되거나 타인을 거스르지 않는다면 효과가 꽤 좋다. 냉소적이거나 적대적인 유머, 혹은 반대로 지나치게 자신을 비하하는 유머는 문제가 될 수 있다. 사람들은 문제에 직면하는 대신 웃고 농담을 한다. 단두대 유머[1]나 응급실에서 하는 농담이 그런 예다. 유머를 방어기제로 사용하면 때로 문제를 심각하게 받아들이지 않는다고 오해받기도 한다. 계속해서 부적절한 유머를 구사하는 경우, 직면하고 싶지 않은 문제 때문에 불안감을 느낀다는 신호일 수 있다. 이런 가능성을 염두에 두어야 한다. 중요한 회의에서 계속 농담이 이어진다면 참석자들이 당면한 문제에 압도되었다는 의미일 가능성이 있다. 조직 문화에 따라 유머를 허용하는 정도가 다르다. 고객이 주로 사용하는 방어기제가 유머인데 딱딱한 분위기의 조직에서 일한다면, 고객은 분명 불편한 느낌을 받을 것이고 주위의 오해를 살 수도 있다. 주위 사람들이 어쩔 줄 모르고 있는 상황에서 웃음을 터뜨린다면 그 모습을 좋게 볼 사람은 거의 없다.

대치substitution   두려운 일 대신 편한 일을 한다. 자리에 앉아 작성하기 어려운 문서를 처리하는 대신 책상을 치우거나 물건을 정리하거나 전화를 건다. 그런 식으로 시간을 유용하게 사용하고 있다고 스스로 합리화한다. 이런 행위는 생산적일 수도 있지만, 소규모 교전에서는 승리하되 전쟁에서는 패배하는 꼴이 될 수도 있다. 고객이 정작 해

---

1) 절망적인 상황에서의 유머—역주

야 할 일은 하지 않고 관련 없는 일에 몰두한다면 코치가 이를 지적해 주는 것이 좋다.

보상compensation　　자신이 취약하다고 생각하는 부분을 보상하기 위해 다른 영역에서 지나치게 노력한다. 예를 들어, 회계에 약한 코칭 고객이 자신이 편하게 느끼는 생산 현장에서 너무 많은 시간을 보내는 경우가 있다. 때로 특정 전문 분야의 기술이 뛰어난 사람들이 이 방어기제를 사용한다. 위계 조직의 상부로 이동한 경영자는 여러 영역의 기술을 갖춰야 하며 자신이 뛰어난 성과를 내는 영역을 바꿔야 할 때도 있다. 예를 들어, 임원으로 승진한 사람은 종종 새로운 고객을 발굴하고 사업을 수주하는 법을 배워야 한다. 이 방향으로 에너지를 투입하면서 심리적 보상이 일어나면 좋겠지만, 대개는 기존에 노력을 쏟던 영역에 에너지를 투입하면서 기존에 능숙하게 처리하던 일을 더 잘하게 된다.

의식rituals　　의식이 부정적인 결과를 낳을 때도 있지만, 반복적인 행동은 대개 불안감을 효과적으로 덮어 주고 관리해 준다(농구에서 자유투를 던지기 전에 공을 두어 번 튀기거나, 골프에서 스윙하기 전에 매번 같은 준비 동작을 하거나, 중요한 회의에서 같은 자리에 앉거나, 매일 같은 자리에 주차하거나, 같은 길로 출근하거나, 문서에 서명할 때나 중요한 기록을 할 때 특별한 펜을 쓰는 행동 등이 그 예다). 조직 특유의 의식 없이는 살아남지 못하는 회사도 많다. 코치는 이 의식을 빨리 습득해서 거기에 어떻게 맞춰 줄지 결정해야 한다. 이 의식은 조직 문화에서 뗄 수 없는 요소로 합리적이지 않은 경우도 있으며, 경영자들은 종종 최고경영자의 의식에 민감하게 반응하곤 한다. 가끔 리더의 의식이 주위 사람들에게 피해를 줄 수 있는데, 이런 경우 코치는 이 사실을 지적해 줄 수 있어야 한다.

동일시identification　　열등감을 회피하는 방법 중 하나는 조직이나 리더의 정체성을 받아들이는 것이다. 이들은 회사편인 종업원company man[2]이 되어 자기 가치와 독립적인 판단을 포기한다. 이렇게 하면 자기에 관한 부정적인 생각을 잊을 수 있다. 사람

---

2) 회사의 가치를 공유하고 회사를 위해 일하는 종업원－역주

들은 문화계의 주요 인물이나 혹은 스포츠 스타에 편승해서 아무 성취도 없이 기분이 좋아지곤 한다. 스포츠 구단의 팬으로서 응원하는 행동은 투사적인 동일시의 한 예다. 동일시는 대상이 누구냐에 따라 좋을 수도 있고 나쁠 수도 있다. 필요할 경우 코치는 고객이 주의를 기울여 좋은 역할 모델을 선택하도록 도와야 한다.

친화affiliation　　두려움과 같은 부정적인 감정으로 괴로워하는 대신 주위 사람들과 생각을 나누고 지지와 격려를 받는다. 그렇다고 주위 사람들이 문제를 해결해 줄 것이라고 기대하지는 않으며 단지 이야기를 들어주고 위로받기를 원한다. 조직에서는 이러한 역할을 담당해 줄 사람이 필요하며, 코치는 종종 이런 역할을 수행해 줄 수 있다. 하지만 고객들은 대개 코치가 자신들에게 경청과 위안 이상의 도움을 주리라고 기대한다.

현실을 부정하는 방어기제

부정denial　　부정은 단순한 기제로 무의식적으로 현실을 외면하는 상태다. 문제가 있는데도 마치 아무 문제가 없다는 듯이 행동한다. 주위 모든 사람들이 명백히 문제를 인지하고 있는데도 냉혹한 진실을 현실에서 배제한다. 코앞에 문제가 닥쳤는데도 마치 문제가 없다는 듯이 행동한다. 조직 전체가 집단적으로 부정에 빠질 수도 있는데, 특히 조직에 커다란 위기가 닥쳐오는데 아무도 해결책을 알지 못할 때 이런 현상이 나타날 수 있다. 코치는 때로 조직의 어느 누구보다 먼저 조직의 부정을 알아차릴 수 있고, 이를 지적하기에 적절한 입장에 놓일 수도 있다. 하지만 '무의식을 의식화'하고 싶은 유혹이 크더라도 그렇게 하지 않는 것이 더 좋을 때도 있다. 경영자 코칭에서 정신분석적인 통찰을 어떻게 다루는지 예를 하나 살펴보자(Macmillan, 1999, p. 142).

나는 세밀하게 분석적으로 사고할 수 있고, 분석적 사고를 통해 기업에 도움을 줄 수도 있다. 하지만 내가 분석한 내용을 직접 이야기하는 경우는 없다. …… 나는 분

석적 사고가 여러 면에서 기업 컨설팅에 도움이 된다고 느낀다. …… 컨설턴트가 그
생각을 입 밖에 내지만 않는다면 말이다.

억압repression　　억압은 부정의 극단적인 형태로, 특정한 생각이나 일련의 사고를 현
실에서 추방하는 것이다. 억압도 조직 수준에서, 특정 주제를 언급하지 못하게 하는
식으로 일어날 수 있다. 이때 코치는 조직이나 개인이 왜곡하고 있는 영역을 지적해
야 한다. 이를 위해서는 특별한 대인 관계 기술과 용기가 필요하며, 이것을 잘 해낸다
면 코치는 조직에 크게 기여하게 된다.

격리isolation　　격리는 도움이 될 수도 있고 해가 될 수도 있지만, 아끼는 직원을 해
고해야 할 때처럼 괴로운 업무를 수행해야 할 때 꼭 필요한 방어기제다. 격리는 행동
에서 감정을 분리하는 것을 뜻한다. 능숙한 외과의사는 이 방어기제를 자주 활용할
것이다. 리더가 격리되는 상황은 대체로 좋지 않지만 조직 내부의 누군가가 이런 문
제에 효과적으로 개입하기는 쉽지 않다. 코치라면 때로 그런 역할을 해낼 수 있다.

현실을 왜곡하는 방어기제

합리화rationalization　　합리화는 아마도 가장 흔히 사용되는 방어기제일 것이다. 잘못
된 행동을 하거나 결과가 좋지 않을 때, 사람들은 이를 받아들이기 쉽게 설명을 꾸며
내거나 변명을 늘어놓는다. 이미 벌어진 일에 대해 그럴듯한 이유를 생각해내는 것이
다. 사람들은 이렇게 말하곤 한다. "난 승진 같은 건 별로 하고 싶지도 않았어. 승진
하면 LA로 이사를 가야 하는데 가족들이 무척 싫어할 게 뻔하거든." "차라리 잘됐어.
그 거래는 꼭 해야 할 필요도 없었어. 엄청나게 골치만 아팠을 거야."

주지화intellectualization　　긴급한 문제 앞에서 감정은 무시한 채 지적인 논쟁만 벌인다
면 주지화를 방어기제로 사용하는 것이다. 당면한 상황에서 가장 명백히 드러나는 감
정조차, 복잡하고 논리적인 논쟁 밑에 감춘다. 똑똑한 경영자가 훌륭한 의사소통 기

술이 필요한 자리로 승진했을 때 코치의 도움을 요청하는 경우가 있다. 이때 코치는 고객이 복잡한 전문용어로 이야기하는 것이 방어기제인지 아니면 단지 습관인지 구분할 수 있어야 한다. 습관이라면 곧바로 지적할 수 있지만 방어기제는 탐색하고 이해하는 과정을 거쳐야 고객의 인정을 받을 수 있다.

투사projection　　사람들은 스스로 수용할 수 없는 욕망을 경험하면 이를 다른 사람의 탓으로 돌려서 그 욕망을 마음에서 몰아내기도 한다. 그런 욕망이 있긴 있지만 다른 누군가의 마음속에 있다고 생각하는 것이다. 그래서 "그 사람이 미워."라고 말하는 대신 "그 사람이 날 미워해."라고 말한다(Hall, 1954). 조직의 일상에서 투사가 일어날 여지는 많다. 비결은 투사와 현실의 차이를 이해하는 것이다. 이것은 쉬운 일이 아니다.

이상한 행동을 유발하는 방어기제

반동형성reaction formation　　위험한 충동을 억누르기 위해서 반대로 행동한다. 그러면 위험한 충동을 인식하지 않고 멋지게 부정할 수 있게 된다. 예를 들면, 정말 싫은 사람에게 오히려 과하게 애정을 표현하는 것과 같다. 반대로 직장에서 누군가에게 반했다면 그 사람에게 납득할 수 없이 무례한 행동을 한다. (상대는 황당하고 마음이 상한다.)

도움을 거부하고 불평하기help-rejecting complaining　　이 방어기제를 사용하는 사람은 진심으로 도움을 받고 싶지는 않지만 계속해서 도움을 요청하면서 불평한다. 실제로 그들은 아무리 도와줘도 만족하지 않고, 도와주겠다는 제안은 생각도 해 보지 않고 거절한다. 이런 행동은 직접 표현할 수 없는 적대감을 감추기 위한 것이다. 이 방어기제는 매우 흔하게 사용되며 주위 사람들의 화를 돋운다. 불평을 입에 달고 사는 사람들도 있다. 이들은 특별히 불만이 있어서가 아니라 스스로 수용할 수 없는 열등감이나 분노를 감추려고 불평한다.

전치|displacement　　　적대적인 충동을 안전한 대상에게 표현한다. 상사에게 소리를 지르는 대신 아이들에게 호통친다. CEO에게 싸움을 거는 사람은 거의 없다. 동료끼리 서로 쏘아붙이거나 더 나쁘게는 부하직원이나 컨설턴트에게 화풀이를 한다.

회귀|regression　　　걷잡을 수 없이 불안해지면 우리는 어린 시절의 미성숙한 행동으로 회귀한다. 예를 들어, 경영자는 스트레스 상황에서 업무를 적절히 위임하지 않고 세부 사항까지 직접 처리했던 시절로 회귀할 수 있다. 스트레스 상황에서는 발달과정에서 경험했던 최악의 습관이 되돌아오기도 한다(Kernberg, 1979).

전환|conversion　　　불안할 때 적절한 행동을 하는 대신 신체적인 반응을 보인다. 회의에서 발언해야 할 때 걷잡을 수 없이 기침을 하거나, 두드러기가 나고 독감에 걸리고 입안이 헐기도 한다. 초조하면 하품을 하는 사람도 있다. 사람은 어려운 과제를 앞두고 몸이 안 좋아지는 경우가 많다. 유념해야 할 것은, 이 방어기제가 무의식적으로 나타나며 책임 회피나 꾀병이 아니라는 점이다.

수동 공격성|passive aggression　　　위협적인 대상에게 적대감이나 분노와 같은 부정적인 감정을 느낄 때, 혹은 이런 감정을 직접적으로 표현하기 어렵거나 부적절할 때(기업에서는 대개 그렇다), 사람들은 수동적인 방식으로 상대를 공격하거나 해를 가한다. 그러면 실제로 공격적인 행동을 하지 않았기 때문에 비난을 피할 수 있게 된다. 한 가지 예를 들어보자. 상사에게 화가 난 사람이 있다. 그는 상사에게 속내를 털어놓는 대신 상사가 출장을 갈 때 깜빡 잊은 척 호텔방을 예약하지 않는다. 상사는 곤란한 상황에 처하지만 그는 단지 "미안하다."고 얘기하면 그만이다. 그는 실제로 공격적인 행동을 한 적이 없고 단지 잊어버렸을 뿐이다. 상사는 발을 동동거리며 추운 겨울밤에 지방에서 호텔방을 찾아 전전한다. **침묵하기**silent treatment도 수동 공격성의 극치를 보여 주는 흔한 예다. 특정 상대에게 입을 닫고 아무 말도 하지 않는 것이다. 상대방이 왜 그러냐고 물으면 화가 난 것이 아니라며 아무 일도 없다는 듯이 행동한다. 이렇게 하면 눈에 띄게 적대적인 행동이나 잘못된 행동을 하지 않은 셈이 된다. 그저 아무 행동도

하지 않았을 뿐인 것이다.

도발 행동provocative behavior 　　도발 행동은 주로 청소년기에 나타나지만 성인이 되어서도 도발 행동을 하는 경우가 있다. 도발 행동은 죄책감을 느끼지 않고 적대감을 표현하는 방식이다. 상대가 잘못된 행동을 하게끔 도발해서 (정당하게) 보복한다. 코치는 엉뚱한 실수를 저지르거나 일을 그르치거나 부서에 분란을 일으키는 등의 도발 행동을 일삼는 고객을 만날 수도 있다.

활용 방안

　방어기제에 관한 지식을 코칭에 활용하는 방법에는 두 가지가 있다. 첫째로, 코치는 경영자 고객의 방어기제를 파악할 수 있어야 한다. 그러고 나서 코치는 고객이 사용하는 방어기제에 대해 고객에게 언급을 해 줄지 아니면 단지 고객을 전반적으로 이해하는 데 참고만 할지 결정해야 한다. 일부 경영자들은 방어기제에 대한 언급에 분개할 수 있다. 이 과정에서 어려운 부분은 방어기제에 관한 언급 자체가 방어를 일으킬 수도 있다는 점이다. 사람들은 위협을 당한다고 느끼는 순간 방어기제를 사용하기 때문에 이때는 세련된 의사소통 기술이 필요하다. 코치는 경영자가 본인의 방어기제를 인식하게 함으로써 그 경영자의 가치를 크게 높여 줄 수 있다. 방어기제를 일반화하여 고객에게 제시해 보자. 누구나 때때로 방어기제를 사용한다. 코치 자신이 최근에 방어기제를 사용했던 예를 들고 결과가 어땠는지 (좋았는지 나빴는지) 얘기한다. 이러한 논의를 일반화하여 방어기제에 관해 쉽게 얘기할 수 있는 분위기를 만든다. 적절히 유머를 활용하면 좋다. 우리가 일상적으로 사용하는 방어기제들은 중요한 기능을 수행하지만 따로 떼어서 논의하면 상당히 우습게 느껴질 때가 많다.

　그러나 코칭에서 방어기제를 공공연히 논의하기 어려울 때도 있다. 코칭에서 이루어야 할 일련의 목표를 명확히 이해했다면 방어기제를 어떻게 다루고 논의할지 판단할 수 있을 것이다. 때로는 코칭 목표에서 방어기제뿐 아니라 고객의 성격을 분석하는 작업도 제외될 수 있다. 고객이 내적 성찰에 거부감을 나타낸다면 방어기제에 관한 논의는 역효과를 낼 수 있다.

방어기제를 코칭에 활용하는 두 번째 방법은 고객으로 하여금 타인이 사용하는 방어기제를 알아차릴 수 있도록 그 방법을 가르쳐 주는 것이다. 그러면 고객이 미끼를 덥석 물고 어리석게 대응하는 사태를 막을 수 있다. 직원 한 사람이 계속 불평을 늘어놓는다면 '도움을 거부하고 불평하기'를 그 원인으로 고려해 본다. 실제로는 직원이 고객에 대해 느끼는 적대감이나 두려움을 표현하지 못하고 있을 수도 있다. 타인의 방어기제에 단순히 이름을 붙이기만 해도 타인의 행동을 감정적으로 받아들이지 않게 하는 데 도움이 된다. 방어기제를 이해하면 조직 내 정치 역학을 더 쉽게 이해할 수 있게 되며 '제자리걸음'이나 섣부른 행동을 방지할 수 있다. 또한 이 과정에서 조직의 방어기제에 대응하기 위한 구체적인 전략을 세울 수도 있다.

프로이트의 이론을 적용할 때 유의할 점은, 첫째로 단순히 거울을 들여다보는 것만으로는 알 수 있는 사실이 없다는 것이다. 둘째로 공정한 제삼자가 필요하다는 점이며 바로 여기서 코치가 도움을 줄 수 있다. 코치는 경영자 고객을 위한 특별한 거울을 갖고 있으며, 임상 훈련을 받은 코치는 일반적으로 고객이 활용하지 못하는 이론적 자산으로 무장하고 있다. 코치는 또한 경영자의 발전에 큰 관심을 갖고 있으며 고객에게 이 까다로운 심리 게임에 관해 기꺼이 정보를 제공하려는 의지가 있다.

사회적 방어

방어기제는 단지 개인 내적 요인만은 아니다. 조직에서도 방어기제를 사용할 뿐만 아니라 위협과 불안을 관리하기 위하여 같은 목적으로 사용한다. 조직에서도 불확실성을 감소시키고, 부적절성, 친밀감과 의존성과 같은 불편한 감정을 다루기 위하여 방어기제를 사용한다. 때때로 기업문화는 조직 구성원이 저항하는 불편한 감정을 보호하기 위해 형성된다. 관료적 조직구조는 리더나 관리자의 어려운 내적 세계를 안정화시키기 위해 사용된다. 상호작용의 규칙은 사람들 상호 간에 완충역할을 한다. 심지어 사무실의 물리적 배치도 이러한 방어적 규칙을 반영한다. 많은 조직에서 최고 리더들은 자신의 사무실을 가진다.

좀 더 오래된 조직문화는 이러한 사회적 방어기제에서 좀 더 '벗어날 수' 있으며, 그리고 현대적 기업은 엄격한 관료주의 안정성을 제공할 가능성이 낮다. 포스트모던 시대의 회사는 (위계적 조직이라기보다는) 평면적 조직이며, 기술적 노동자들은 주요 경영자들과 쉽게 상호작용할 수 있고 또 그렇게 한다. 보스들이 화려한 사무실 문짝 뒤에 혹은 엄청나게 많은 해야 할 일들의 업무판 뒤에 숨어 있는 시대는 지나갔다. 오늘날은 역할 구분이 그렇게 엄격하지 않고, 서로 간의 접촉으로부터 사람들을 보호할 수 없다. 의사소통 의식(우리의 내적 세계를 보호하고 안정화시키기 위해 사용한)들은 변화하고, 사회적 방어기제의 부재는 대인 간의 스킬이 좀 더 중요하게 되었다. 회사들은 리더와 관리자들의 좀 더 세련된 대인 관계 능력에 의존해야 하고, 현대 조직의 대부분의 구성원들이 그러한 능력을 갖추고 있다고 기대하는 것은 비합리적이다. 코치들은 현대적 그리고 빠르게 변화하는 조직에서 더욱 중요해지고 있다. 왜냐하면 코치들은 조직 구성원들의 적응적 사회 스킬을 개발하도록 도울 수 있기 때문이다.

주요 관련 개념

대상관계이론

　대상관계이론은 사람들이 관계를 통해 내면의 안정을 찾는 방식에 주목한다. 대상관계이론에 따르면 사람들은 사람과 사물에 관한 내적 표상을 발달시켜 관계를 맺는다. 이러한 내적·상징적 관계는 우리가 내면을 관리하는 데 도움을 주며, 이를 **대상**objects이라 부른다. 인간은 대상을 추구하며 이 대상은 현실과 환상에 동시에 존재한다. 이 대상은 사람일 수도 있고 조직일 수도 있으며 자신이 소중히 여기는 아이디어가 될 수도 있다. 예를 들어, 많은 사람들이 축구팀을 자신의 대상으로 삼는다. 응원하는 팀이 좋은 성과를 내면 팀의 성공과 자신을 동일시하면서 자신감과 안정감을 느끼는 반면, 그렇지 못할 때는 열등감이나 불안감을 느끼곤 한다. 우리는 이와 같이 대상을 활용하여 복잡한 현실에서 비롯되는 내적 갈등과 두려움을 극복하고 안정감을 느낀다. 이때 그다지 올바른 방법은 아니지만 흔히 사용하게 되는 방법 중 하나는 대상을 선과 악으로 **분열**split시키는 것이다. 분열은 사람들이 위협적이거나 복잡한 감정을 다스리기 위해 사용하는 유아적인 방법이다. 상대방을 판단할 때 상대방에게 좋은 특성과 나쁜 특성이 공존하리라고 생각하기는 어렵고, 양가감정은 견디기가 힘들다.

그래서 대상이 자기 기대와 내적 욕구를 충족시키는지의 여부에 따라 그 대상을 이상화하거나 폄하한다. 우리는 자기 내적 표상도 그런 식으로 분열시킨다. 자신의 좋은 면과 나쁜 면을 함께 통합하기 어렵기 때문에 상황에 따라 (그리고 뿌리 깊은 인지적 습관에 따라) 이 두 영역 사이를 넘나든다. 직장에서 좋지 않은 일이 생기면, 우리는 자기애적 상처(자기감이나 자존감에 상처)를 입을까 봐 위협을 느낀다. 그러면 이 정보를 자기 인식에 통합하는 길을 찾아야 한다. 만약 우리가 '좋은' 사람이라면 어떻게 이 새로운 부정적인 정보가 진실일 수 있을까? 이 상황에 대처하는 방식은 여러 가지가 있는데 현명한 방식도 있고 현명하지 못한 방식도 있다. 가장 흔한 방식으로는 부정성을 타인에게 투사하는 방법이다. 또 부정적인 정보를 내면에 받아들여 자기는 이제 완전히 가망 없다고 판단해서 의기소침해질 수도 있다. 이런 식의 이분법적 사고는 비교적 손쉽고 간단하며 유아적이다.

코치는 고객이 부정적인 사건에 대처하는 방식과 자신과 타인을 이상화하는 방식을 관찰해야 한다. 때로 코치는 고객의 심리상의 혹은, 대인 관계상의 부정적인 태도를 개선해달라는 요청을 받기도 한다. 이때는 고객이 부정성과 상실, 실망에 어떻게 반응하는지 관찰하고 분열의 조짐이 있는지 살펴야 한다.

발달적 관점

정신역동적 사고는 발달적 관점을 제시하며 우리가 성장하기 위한 목표를 세우는 데 도움을 준다. 발달적 관점에서 우리는 개인적으로나 경력상으로나 예측 가능한 발달단계들을 거치는데, 이 발달단계는 앞서 3장에서 다루었다. 발달적 관점에서 보면 건강한 발달과 관련된 여러 가지 특성이 있다. 이는 고객을 평가하는 정신역동적 틀을 제공한다.

신 뢰　　건강한 사람은 타인과 세상, 그리고 자신을 신뢰한다. 신뢰하지 못하는 성향은 리더에게 족쇄가 될 수 있기 때문에 코치는 모든 경영자 고객을 신뢰의 측면에서 평가해야 한다. 신뢰하는 능력은 상대적으로 희귀한 특성으로 자존감이 강하다는 것을 암시한다. 타인과 시장market, 그리고 일을 해낼 수 있다는 자기 자신에 대한 커다란 신뢰 없이 성공하기란 사실상 불가능하다. 이와 동시에 유능한 경영자는 신뢰할 수 없는 사람을 파악할 수 있어야 하며, 일반적인 경영 환경에서는 주위에 신뢰할 수 없는 사람이 많다. 심리치료사 출신 코치들은 고객이 자신을 얼마나 신뢰하는지 평가하여 이들이 직장에서 타인을 얼마나 신뢰하는지 추정할 수 있다. 다시 말해서, 코치는 고객이 코치에게 보이는 반응에 기초해서 고객이 타인을 신뢰하는 방식을 평가할 수 있어야 한다.

정확한 인식　　유능한 사람은 위협과 기회, 강점과 약점뿐 아니라 타인의 동기까지 포함하여 환경을 정확히 판단할 수 있다. 유능한 사람은 현실을 그다지 왜곡하지 않는다. 이들은 명석한 관찰자들이다. 이들은 자신이 싫어하는 사람의 결점을 과장하지 않는다. 자기와 가까운 사람을 이상화하지도 않는다. 타인을 정확하게 인식하려면 먼저 타인에게 정확히 공감할 줄 알아야 하며, 이는 타인에 대해 자연스럽게 관심을 가지고 타인의 생각과 감정을 정확히 추론할 줄 안다는 의미다.

정신역동적 이론은 인간이 자기 내적 욕구와 바람, 환상과 성장과정에 기초해서 세상과 타인을 인식한다고 지적한다. 그 결과 필연적으로 왜곡이 생긴다. 현명한 경영자는 자기 내부의 필터를 꿰뚫고 비교적 객관적으로 세상을 이해할 수 있는 사람이다. 이것은 소중한 능력이며, 코치는 조직 문화의 압박에서 자유로운 외부인으로서 고객이 이런 능력을 개발할 수 있게 도와주어야 한다. 대개 코칭에서는 왜곡의 발달을 자세히 살피지 않겠지만, 눈에 띄는 패턴이 있다면 이를 고객에게 일반화하면서 알려 주는 것도 도움이 된다.

독립성과 자율성　　경영자와 리더는 독립적으로 일할 수 있어야 한다. 코치는 이 중요한 특성을 평가하고 강화해야 한다. 경영자는 독립성과 격리 사이에서 균형을 맞출 줄 알아야 한다. 팀의 구성원으로 일하고 협력할 줄 아는 자세도 중요하지만 때로는 스스로 생각할 줄 아는 능력이 꼭 필요하다. 사람들은 대부분 이 둘 사이에서 균형을 잘 잡지 못한다. 각자가 타고난 기질에 따라 대개 한쪽으로 치우치기 쉽다.

일에 따라 그에 걸맞은 자율성의 수준이 다르며, 일과 성격의 궁합은 큰 차이를 불러온다. 때로는 경영자가 자기 자리에서 발휘해야 할 자율성의 수준을 편안히 받아들이지 못해 코치의 도움을 요청하기도 한다. 최고경영자의 자리는 매우 외롭기 마련이다. 상호의존과 협력이 요구되는 자리도 있다. 의사결정에 많은 사람이 참여해야 한다고 믿는 조직도 있어서, 외로운 늑대와 같은 사람은 이런 조직에서 성공할 수 없다. 경영 서적들은 위계 조직의 정상에 홀로 선 리더를 강조하는 모델에 점점 등을 돌리고 있다. 일부 업계는 고위급 리더뿐 아니라 조직 전반에서 상호의존적인 리더십을 선호한다.

자기인식과 자기관리　　경영자는 자기인식과 자기관리 없이 효과적으로 일할 수 없으며, 이 능력은 쉽게 생기지 않는다. 영화 〈더티 해리〉에서 클린트 이스트우드가 말했듯이 "사람은 자기 한계를 알아야 한다." 경영자들도 자신의 강점과 성향을 알아야 한다. 경영자들은 자신이 성장해야 할 영역을 발견해낼 수 있어야 한다. 또한 개인적인 약점의 영향력을 최소화하는 방법을 찾아낼 수 있어야 한다. 코치는 고객이 안전하게 내적 성찰을 할 수 있는 자리를 마련하고 방법을 알려 줄 수 있다. 리더가 발전하기 위해서는 어느 정도의 심리 성찰력을 반드시 갖춰야 하며 코치는 이 중요한 능력을 개발하도록 도와줄 수 있다.

권력과 권위를 편안하게 받아들이기　　많은 사람들이 권력이나 권위와 좋은 관계를 맺지 못한다. 타인에게 지휘권이 있는 상황을 못 견디는 사람도 있고 자신이 권력을 행사해야 하는 상황을 꺼리는 사람도 있다. 권력과 권위에 대한 양가감정은 유능한 경영자를 무력하게 만들 수 있다. 때로는 상사가 잘못된 결정을 내렸다고 확신할 때도 상사의 의견에 기꺼이 동의할 수 있어야 하며, 이런 능력은 경력을 성공적으로 쌓기 위해 꼭 필요한 요소다. 또 경력의 어느 지점에 이르면 주위 사람들이 반대할 때도 권위를 발휘하는 능력이 반드시 필요하다. 이 두 가지 시나리오를 우아하게 연기하느냐 그렇지 못하느냐가 경영자의 성패를 가른다. 이를 위해서는 정확한 공감과 견고한 자신감, 명확한 현실감과 같이 심리적으로 건강한 특성들을 두루 갖추어야 한다.

에너지와 집중　　목표 달성을 위해서는 내면의 힘을 한 방향으로 집중할 수 있어야 한다. 내면의 힘이 집중되지 않을 때 코치는 정신역동적 원칙을 활용하여 무엇이 집중을 방해하는지 파악하고 균형을 되찾는 법을 알아내야 한다. 간혹 경영자 고객이 일에 착수하지 못하는 이유가 내면에 있는 경우도 있다. 고객이 이해할 수 없이 제자리걸음을 하는 느낌이 들 때나 성공을 거두지 못해 좌절감을 느낄 때 고객의 내면을 점검해 보아야 한다. 특히 고객이 주위 사람들에게 적대감을 비롯한 부정적인 감정을 유발할 때는 내면을 점검해 보는 일이 중요하다. 대개 이런 상황은 심리치료 의뢰를 고민해 볼 적기다. 임상 훈련을 받은 코치는 심리치료 여부를 결정할 때 큰 도움이 된다.

가족 역동의 반복　　고객의 가정환경을 알고 나면 고객의 행동을 더 쉽게 이해할 수 있는 경우가 있다. 이때 고객으로 하여금 고객의 가정환경이 지금 자신의 행동에 어떤 영향을 끼치는지 알아차리게 하면 행동이 교정되는 경우가 많다. 그렇다고 해도 코치는 심리치료를 할 때처럼 고객의 가계도를 뿌리까지 파헤쳐서는 안 된다. 목표와 관련된 영역에 제한하여 집중적으로 가정환경을 살핀다. 과거와 현재 상황의 관계를 재빨리 파악해서 코칭이 심리치료의 난제 속에 빠지지 않게 한다.

저 항　　프로이트는 인간이 자기 행동을 인식하고 변화할 기회가 왔다고 해서 곧바로 도약하지는 않는다고 말했다. 우리는 대개 변화에 저항한다. 이미 최선을 다하고 있다고 생각하고, 변화를 두려워하며, 자신이 지금까지 '잘못'해 왔다는 사실을 인정하고 싶지 않기 때문이다. 사람들은 대부분 유능해지기보다는 지금 자신이 잘하고 있다고 느끼고 싶어 한다. 그러므로 고객은 변화에 저항할 것이고 조언에 저항할 것이며, 조언을 얻기 위해 꽤 많은 돈을 지불했음에도 훌륭한 조언을 듣고 문을 나서는 순간 그 조언을 휴지통에 던져버릴 것이다. 성공을 향해 돌진하는 수많은 경영자들과 대부분의 남성들은 어떤 형태로든 도움과 조언에 분개하며, 코칭도 예외는 아니다. 정신역동이론에 따르면 사람들이 아무리 겉으로는 열정적으로 코칭에 임한다 해도 실제로는 코칭에 양가감정을 느끼며 심지어 분개하기도 한다. 코치는 고객의 저항을 예상해야 한다. 코치는 경영자 고객과 면담 일정을 잡기가 매우 힘들 수 있는데,

그 이유는 경영자들이 매우 바쁘기 때문이기도 하고 한편으로는 경영자들이 코칭을 지금 당장 중요한 일(중요한 고객이나 조바심을 내는 이사들을 만나는 일처럼)로 여기지 않기 때문이다. 때로 경영자들은 코치와의 면담 약속을 자주 취소하기도 한다. 그런 문제로 기분이 상하거나 경영자를 비난할 필요는 없다. 이런 상황은 흔히 예상 가능한 일로, 변화에 대한 저항이 무의식적으로 표현된 것일 수 있다. 누구에게나 변화는 위협적으로 다가올 수 있다. 코치는 저항을 다루고 라포를 발전시켜 방어벽을 낮추고 신뢰를 구축하여 고객 스스로 도움을 수용하게끔 해야 한다. 시시때때로 코치는 고객의 저항이나 양가감정에 맞서야 한다. 이를 위해서는 코치가 정보 면에서나 감정 면에서 고객이 신뢰할 만하게 행동해야 한다. 고객이 자주 코치와의 면담 약속을 취소한다면 코칭 계약을 효과적으로 맺지 못한 탓일 수도 있다. 또한 코치와 경영자 간에 말하지 않은 갈등이 있다거나 고객이 무언가 불편한 점이 있는데 이를 코치에게 언급하지 않은 경우일 수도 있다. 또 코치와 고객이 민감하고 중요한 사안에 가까이 다가갔다는 의미일 수도 있다. 이런 이유들과 상관없이 미숙한 코치는(미숙한 임상의와 마찬가지로) 숙련된 코치에 비해 면담 취소를 더 많이 경험한다. 이런 문제는 고객과 함께 코칭의 중요성과 일정에 관해 간단히 이야기를 나누고, 경험에서 우러나는 자신감이 생기면 해결될 수 있다. 그렇더라도 코칭을 시작할 때 합리적인 코칭 취소 기준 정책을 명확히 세워 놓는 편이 좋다. 그러면 고객이 코칭을 취소했을 때 진지하게 얘기할 수 있는 근거가 된다.

전이와 역전이

전이는 프로이트를 논하면서 꼭 짚고 넘어가야 하는 개념이다.

> 전이는 매우 중요하지만, 정신분석가 외에는 이 개념을 이해하는 사람이 거의 없다. 전이가 리더십 이론에서 잃어버린 연결고리일 뿐 아니라 일상적인 조직행동에 대해 여러 가지를 설명해 줄 수 있다는 점에서 이는 유감스러운 일이다(Maccoby, 2004, p. 78).

사람들의 내면과 개인사는 모든 관계에 영향을 미친다. 따라서 경영자들은 다른 중요한 사람을 대하듯이, 특히 자기 부모를 대하듯이 코치를 대할 것이다. 이들은 권위자나 혹은 어머니 같은 인물에게 반응하듯이 코치에게 반응할 수 있다. **전이**transference란 과거에 중요한 사람과의 관계에서 느꼈던 감정을 현재 관계 맺고 있는 사람에게 느끼는 현상을 말한다. 당신이 흠 잡을 데 없는 상사에게 분노를 느낀다면 이 감정은 부모와의 관계에서 비롯된 것일 수도 있다. 오래전 부모에게 받았던 양육에 대한 반응으로 모든 권위자들과의 관계에서 어려움을 겪는 사람도 있다. 심리치료를 할 때는 치료사가 전이 현상을 최대한 활용하며 전이에 관해 기록하고 분석한다. 전이는 상사와 부하, 동료와 코치에 이르기까지 고객이 타인에게 보이는 모든 반응을 이해하는데 중요한 요소다. 코치는 심리치료사가 사용하는 방식으로 전이를 활용하지는 않지만, 고객이 코치 자신을 어떤 식으로 대하는지를 알아차려서 이를 통해 고객이 직업상 중요한 관계에서 행동하는 방식을 추론하는 실마리로 삼아야 한다. 전이는 상황에 따라 좋을 수도 있고 나쁠 수도 있지만, 대개는 전이로 인한 감정이 현재 상황과 직접적으로 관련되지 못하거나 현재 상황을 정확히 반영하지 못한다는 면에서 혼란을 일으킨다. 전이 반응은 스트레스를 받거나 곤경에 빠졌을 때 더 명백히 나타나고 알아보기 쉽다(Maccoby, 2004). 정신역동 이론가들은 우리가 내리는 중요한 결정의 상당수가 전이에 크게 영향을 받는다고 주장한다. 사람들이 직관적으로 인사결정을 내릴 때 이들은 무의식적으로 어느 정도 전이를 표출했을 가능성이 있다.

역전이Countertransferance(전이에 상응하는 방식으로 코치들이 고객에게 보이는 비이성적인 반응) 역시 코치들이 유의해야 하는데, 코치는 새로운 역전이 반응을 잘 관리하고 이를 통해 교훈을 얻어야 한다. 역전이의 관점에서 볼 때, 일부 코치들은 고통스러워하거나 무력한 내담자를 치료하는 대신 갑자기 성공적이고 자신감이 넘치며 유력하고 부유한 경영자를 마주해야 하는 상황이 생소하고 어렵게 느껴질 수 있다. 코치들은 출세가도를 달리며 자신보다 훨씬 많은 보수를 받는 경영자에게 질투를 느낄 수도 있다. 혹은 자신의 작은 사무실을 떠나서 센트럴파크나 금문교가 내려다보이는 으리으리한 꼭대기 층 최고경영자실에서 코칭을 하면서 권력의 과시적 요소에 위압감을 느낄 수도 있다.

한편 경영자에 대한 코치의 역전이 반응은 코치 자신에게뿐 아니라 경영자에게도 교훈을 줄 수 있다. 이렇게 하는 요령은 역전이에서 비롯된 직감을 코칭에 유용하게 활용할 수 있게 바꾸어서 전달하는 것이다.

자기애

정신분석가들은 자기애Narcissism라는 성가시고 복잡한 문제 행동의 원인을 파악하는 데 크게 공헌했다. 이 주제에 관해서는 정신질환을 다룬 15장과 리더십을 다룬 16장에서 자세히 설명한다. 호수에 비친 자기 모습을 사랑하다가 여위어 간 불행한 청년의 이름을 따서 명명된 나르시시스트[3]는 타인의 관심과 찬사를 즐긴다. 자기애가 극단으로 치달으면 성격장애가 되지만, 때로 자기애는 유능하며 카리스마 있는 리더를 움직이는 동력이 되기도 한다. 대다수 사람들의 성격에는 어느 정도의 자기애가 존재한다. 자기애가 전혀 없는 사람은 생기가 없고 유약하며 타인에게 지나치게 휘둘린다.

자기애가 너무 강한 사람은 자만심과 특권의식(특히 위험하다)과 취약한 자아와 자기노출에 대한 경계심을 조절해야 한다. 나르시시스트는 질투심이 강하다. 나르시시스트는 공감능력이 떨어지고 타인에 대한 관심이 피상적인 수준에 머무는데, 이들은 주로 타인이 자신을 도울 수 있다든지 자기이익이 달려 있을 때만 타인에게 관심을 보인다. 이들은 대인 관계에서 착취적이고 권모술수에 능한 모습을 보이며 '까다롭고 신경을 많이 써야 하는' 상사가 되는 경향이 있다. 이들은 찬사와 관심을 요구하며 거만하고 거창한 인상을 준다(American Psychiatic Association, 2000, pp. 714-717). 나르시시스트는 주위 사람들에게 좌절감과 분노를 안겨 주기 때문에, 사람들은 어쩔 수 없는 경우에만 이들을 상대한다.

위대한 리더는 어느 정도 나르시시스트의 성향을 갖고 있어야 하는데, 그 이유는 커다란 위험을 감수하면서 중요한 일을 해내려면 엄청난 자신감과 배짱이 필요하기 때문이다(Maccoby, 2000). 리더는 카리스마가 있어야 하고, 비전을 창안하고 자신을 홍보하기 위해 엄청난 양의 에너지가 필요하다. 나르시시스트에게 코치는 매우 유용

---

3) 자기애가 강한 사람-역주

한 도움을 줄 수 있지만 이들은 멘토를 불신하고 평가절하 하는 경향이 있기 때문에 코치가 이들에게 안내자로서 신뢰를 얻으려면 상당한 시간과 노력을 들여야 한다. 신뢰를 얻은 후에도 나르시시스트와의 관계는 어렵고 혼란스럽다. 이런 문제를 푸는 열쇠는 오랜 기간 동안 지속적으로 공감하는 데 있다. 코치는 여러 가지 시험을 통과하고 나서야 이들에게 신뢰를 얻을 수 있을 것이다. 나르시시스트는 코칭 관계가 지속되는 기간 내내 배신이나 오해의 징후에 매우 민감하게 반응할 것이다.

자기애와 관련해서 코치가 해야 할 일은 두 가지다. 먼저 고객을 평가한다. 고객의 자기애 수준이 앞으로의 경력에 적절한 수준인지 살펴본다. 이를 터놓고 논의하는 일은 신중히 고려해야 한다. 그다음으로는 고객이 자기애 행동을 제어할 수 있게 도와주어야 한다. 고객의 자기애 성향이 고객 자신을 위험에 빠뜨리거나 주위 사람들에게 악영향을 미치지 않도록 도와주자.

또한 코치는 자신이 경영자 고객을 대할 때 어떤 생각을 하고 어떤 감정을 느끼는지 주시해야 한다. 그 감정이 현재의 관계에서 비롯된 것인지, 아니면 코치 본인의 과거의 관계로부터 영향을 받은 것인지 늘 생각해 보아야 한다. 코치는 이 점에 주의를 기울여 현재 관계를 가능한 깔끔하게 유지해야 한다.

품어주기

정신분석가들은 치료적 관계의 질과 상태에 주의를 기울인다. 치료적 관계의 기능 중 하나는 내담자가 해결하지 못한 부정적인 정서 반응을 품는 안전한 '그릇container'이 되어 주는 것이다. 심리치료사는 내담자의 정서를 품어 줄 방법을 마련하고 지속적으로 유지해야 한다. 역할상의 경계와 비밀보장에 대한 사안을 협의하고 확정하여 유지함으로써 내담자들이 스스로 감당하기 어려운 감정들을 안전하게 버릴(그리고 논의할) 장소가 있다는 점을 알 수 있게 해 주어야 한다. 이는 두려운 감정을 처리하여 종국에는 이해하고 통합하는 한 가지 방법이다. 코칭 역시 그런 유용한 기능을 담당할 수 있다. 고객들은 일단 위험하고 부정적인 감정이나 이야기를 한번 제시해 보고 코치가 그것을 어떻게 받아들이는지 살펴서 이 '그릇'의 안정성을 시험해 볼 것이다. 시험 결과가 좋다면 조금 더 어렵고 중요한 문제와 감정을 코치에게 털어놓게 된다.

평행 과정

정신역동이론은 코칭에 평행 과정parallel process이라는 한 가지 중요한 개념을 더해 주는데, 이 개념은 심리치료 슈퍼비전 과정에서 비롯됐다. 평행 과정은 코칭 상황에서 일어나는 역동이 경영자 고객의 직장 생활에서 일어나는 역동을 반영한다는 개념이다. 즉, 코치가 고객과의 관계에서 하는 경험을 고객 주위 사람들도 일상적으로 경험한다는 것이다. 그러므로 경영자를 대할 때 코치의 반응은 경영자의 업무 행동에 관한 중요하고 타당한 실마리가 된다. 만약 코치가 고객을 대할 때 두려움이나 짜증, 지루함을 느꼈다면, 주위 사람들도 고객에게 비슷한 느낌을 받았을 가능성이 있다. 고객을 대할 때 코치 자신의 반응에 유의하자. 이 반응에 따라 코치는 고객과의 관계 양상을 조정할 필요가 있다는 점을 깨달을 수 있으며, 이 반응은 고객에 대한 최고의 자료가 될 수 있다.

정신역동이론의 적용

> 정신분석은 내 인생에서 가장 흥미로운 경험이었다. 나는 내가 어떤 사람인지 무척 많이 알게 되었다. 단 한 가지 아쉬운 점은 정신분석을 시작한 시점보다 정신분석이 끝난 시점에 내가 더 우울하다는 사실이다.
>
> −익명의 환자

정신분석과 정신역동적 심리치료에 관한 연구가 오랫동안 진행되어 왔지만 실제 적용된 사례는 부족하다. 통찰이 변화를 낳는다는 정신분석의 중심 가정은 경영자 코칭에도 적용된다. 하지만 코치는 고객의 행동에서 가시적인 변화를 이끌어 내야 한다는 부담을 정신분석가보다 훨씬 더 많이 안고 있으며, 기업 역시 단순한 깨달음 이상의 것을 기대하며 코치를 고용한다. 기업은 명확하고 유익한 변화를 볼 수 있으리라 기대하며 코칭에 비용을 들이므로, 정신역동적 훈련을 받은 컨설턴트의 임무는 통찰을 결과물deliverables로 바꿔서 제시해 주는 것이다. 정신분석적 원리만 활용해서는 이 도

전적인 과업을 성취할 수 없다.

요 약

1. 경영자 코칭은 결과 지향적이며 긍정적인 분위기에서 진행되어야 한다. 기업은 내면 성찰에 긴 시간을 할애하기를 바라지 않는다. 또 코칭이 단지 문제에 대한 교정 방식으로 여겨져서는 안 된다.

2. 인간의 행동과 감정은 대부분 이성적이거나 의식적이지 않다. 코치는 정신역동적 관점에서 고객을 관찰하되 관찰한 결과나 가정을 고객에게 자주 언급할 필요는 없다. 정신역동적 사고는 논리적으로 이해되지 않는 상황에 가장 유용하다. 고객이 이해할 수 없는 행동을 하거나 이해할 수 없는 반응을 보일 때, 혹은 주위 사람들이 계속해서 고객에게 예상 밖의 반응을 보일 때 정신역동을 고려해야 한다.

3. 저항을 예상해야 한다. 고객이 겉으로는 코칭에 큰 열정을 보이더라도 코칭에 양가감정을 느낄 것이라고 생각해야 한다. 고객이 저항하는 모습을 보여도 실망하거나 화를 내지 않아야 한다. 저항은 매우 일반적이고 예상 가능한 일이다.

4. 코치와 고객 사이에서 일어나는 상호작용의 질과 특성을 평가한다. 상호작용이 솔직하고 개방적인지 평가한다. 상호작용에서 이상화(고객이 당신을 실제와 다르게 왕이나 왕비 혹은 천재인 것처럼 대하지는 않는가)와 같은 왜곡이 나타나는지 확인한다. 왜곡은 저항의 조짐일 수도 있다. 해결해야 할 문제에 코치가 접근하지 못하도록 거리를 두거나 집중하지 못하게 하려는 시도일 수 있다. 또한 고객에 대한 코치의 반응은 고객이 주위 사람에게 어떤 영향을 미치는지를 알려 주는 중요한 단서가 된다.

5. 고객이 '자기로부터 벗어날' 수 있는지 확인한다. 고객이 자기 얘기만 하는가? 자기 자신과 자기 일에만 관심을 보이는가? 코치가 어떤 사람인지 호기심을 나타내는가? 다른 사람들이 무슨 생각을 하고 어떤 감정을 느끼는지 궁금해하는가(자기보호나 자기홍보의 목적이 아니라)? 말하기를 멈추고 상대의 말에 진정으로 귀기울일 줄 아는가? 말하기와 듣기 사이에 균형이 잘 잡혀 있는지 살펴본다. 균형

이 잡혀 있지 않다면 그 이유를 파악해 본다. 그리고 고객에게 이 문제를 대면시켜야 할지 고려해 본다.

6. 고객이 부정적인 피드백을 받아들일 수 있는지 평가한다. 고객이 균형 잡힌 반응을 보이는가? 사려 깊은가? 부정적인 피드백에 관심을 가지는가? 아니면 부정적인 피드백을 거부하고 전달자를 처벌하는가? 반대로, 부정적인 피드백에 상처받으면서도 오히려 이를 즐기는 듯한 태도를 취하며 부정적인 피드백에 빠져 있지는 않은가? 이런 태도를 잘 관찰해서 고객이 생산적이고 균형 잡힌 방식으로 피드백을 찾고 활용하도록 돕는다.

7. 고객이 사용하는 방어기제를 평가한다. 성숙하고 적절한 방어기제를 사용하는가, 아니면 파괴적이고 완고한 방어기제를 사용하는가? 고객이 자기가 사용하는 방어기제를 인식하는가? 고객에게 주변 사람들의 방어기제를 관찰하는 법을 가르쳐 주자.

8. 상담 및 심리치료 훈련 과정은 대부분(특히 1990년 이전에는) 정신분석이나 정신역동적 심리치료의 이론과 방식을 어느 정도 따랐다는 점을 기억하자(예를 들어, 치료사의 사무실에서 한 시간 가량 만난다든지 치료사가 직접적인 질문에 직접적인 답을 주지 않는 경향). 예전 방식을 답습하면 경영자 코칭에는 해가 될 수 있다.

참고문헌

American Psychiatric Association. (2000). *Diagnostic and statistical manual of mental disorders* (4th ed., text rev.). Washington, DC: Author.

Corey, G. (1982). *Theory and practice of counseling and psychotherapy* (2nd ed.). Monterey, CA: Brooks/Cole.

Cramer, P. (2000). Defense mechanisms in psychology today. *American Psychologist, 55*(6), 637-646.

Czander, W. (1993). *The psychodynamics of work and organizations.* New York: Guilford.

Hall, C. (1954). *A primer of Freudian psychology.* New York: New American Library.

Harrison, R. (1994). Choosing the depth of organizational intervention. In W. French, C. Bell,

& R. Zawacki (Eds.), *Organization development and transformation* (4th ed., pp. 413-424). Boston: Irwin/McGraw-Hill. (Original work published 1970.)

Kernberg, O. (1979, February). Regression in organizational leadership. *Psychiatry, 42*(1), 24-39.

Maccoby, M. (2000, January-February). Narcissistic leaders: The incredible pros, the inevitable cons. *Harvard Business Review.*

Maccoby, M. (2004, September). The power of transference. *Harvard Business Review, 82*(9), 77-85.

Macmillan, C. (1999). *The role of the organizational consultant: A model for clinicians.* Unpublished doctoral dissertation, Massachusetts School of Professional Psychology, Boston.

추천도서

Allcorn, S. (2006). Psychoanalytically informed executive coaching. In D. R. Stober & A. M. Grant (Eds.), *Evidence based coaching handbook* (pp. 129-149). Hoboken, NJ: John Wiley & Sons.

Diamond, M. (1993). *The unconscious life of organizations.* Westport, CT: Quorum.

Freud, S. (1916). *The complete introductory lectures on psychoanalysis.* London: George Allen & Unwin Ltd.

Freud, S. (1951). *Psychopathology of everyday life.* New York: The New American Library.

Goldman, G., & Milman, D. (1978). *Psychoanalytic psychotherapy.* Reading, MA: Addison-Wesley.

Hirschhorn, L. (1997). *The workplace within: Psychodynamics of organizational life.* Cambridge, MA: MIT Press.

Kernberg, O. (1978, January). Leadership and organizational functioning: Organizational regression. *International Journal of Group Psychotherapy, 28*(1), 3-25.

Kets de Vries, M. (Ed.). (1991). *Organizations on the couch: Clinical perspectives on organizational behavior and change.* San Francisco: Jossey-Bass.

Kets de Vries, M. (1995). *Life and death in the executive fast lane: Essays on irrational organizations and their leasers.* San Francisco: Jossey-Bass.

Kilburg, R. R. (2004). When shadows fall: Using psychodynamic approaches in executive coaching. *Consulting Psychology Journal: Practice and Research, 56*(4), 246-268.

Kline, P. (1972). *Fact and fantasy in Freudian theory*. London: Methuen.

Levinson, H. (1972). *Organizational diagnosis*. Cambridge, MA: Harvard University Press.

Levinson, H. (1996). Executive coaching. *Consulting Psychology Journal: Practice and Research, 48*(2), 115-123.

Roberts, V. Z., & Brunning, H. (2008). Psychodynamic and systems-psychodynamic coaching. In S. Palmer & A. Whybrow (Eds.), *Handbook of coaching psychology* (pp. 253-277). London: Routledge.

Shapiro, D. (1972). *Neurotic styles*. New York: Basic Books.

Tobias, L. (1990). *Psychological consulting to management: A clinician's perspective*. New York: Brunner/Mazel.

제5장

비둘기를
어떻게 왼쪽으로 돌게 만들까

역사가 기록되기 시작한 무렵부터 사람들은 알게 모르게 보상을 활용해 왔다.
―게리 마틴과 조제프 페어(Martin & Pear, 1993, p. 183)

행동주의는 심리학과 심리치료의 역사에서 유서 깊고 명예로운 자리를 차지하고 있다. 행동주의는 인간 행동을 이해하는 매우 효과적인 틀이지만 와전되고 오해받는 일이 많았다. 행동주의 심리학은 경영자 코치에게 효과적인 도구를 제공한다. 이번 장에서는 행동주의의 기본 원리를 살펴보고 미신과 오해를 밝히며 경영자 코칭에 행동치료 기법을 효과적으로 활용하는 방안을 설명할 것이다.

파블로프Pavlov와 왓슨Watson, 스키너Skinner가 연구하고 기술한 행동 요인은 우리가 인정하든 인정하지 않든 항상 우리에게 영향을 미친다. 사실 규칙적으로 반복해서 일어나는 일은 (그 일을 겪는 사람이 바라지 않고 이해하지 못한다 해도) 어떻게든 강화되기 마련이다. 그러므로 우리는 자신과 주위 사람들의 행동을 지속시키는 단서와 맥락을 탐색하고 이해해야 한다. 행동주의의 핵심 주제는 **행동은 행동의 결과에 영향을 받는다**는 것이다. 이번 장에서는 특정 반응을 유발하는 환경과, 특정 행동을 지속시키고 증진하는 결과를 살펴볼 것이다. 이와 관련된 요인들을 진지하게 연구하면 코치와 고객이 각각 자신이 맡은 역할을 수행하면서 변화를 이끌어 내는 데 도움이 될 것이다. 몇몇 단순한 행동주의 원리에 주의를 기울이는 것만으로도 별다른 수고 없이 큰 변화를 이끌어 낼 수 있다. 반대로 이번 장에서 소개한 원리를 오용하거나 배제하면 선의의 노력이 오히려 상황을 악화시킬 소지가 있다. 행동주의 원리를 등한시하면 커다란 위험이 따른다.

역사: 쥐 미로부터 스키너 상자까지

이반 파블로프

러시아 심리학자 이반 파블로프Ivan Pavlov는 의사가 환자의 슬개골 아래를 칠 때 보이는 반사 반응이나, 타인의 손가락이 눈 쪽으로 다가올 때나 커다란 소리가 들려올 때 사람들이 움찔하는 반응을 연구했다. 그는 이 자동 반응을 **반응적 행동**respondents이라고 불렀다. 그는 기존의 중립적인 자극을 큰 소리와 짝지어서 지속적으로 제시하면 나중에는 큰 소리를 내지 않고도 실험 대상에게 반응적 행동을 일으킬 수 있다는 점을 증명했다. 파블로프의 실험에서 사용된 자동 반응은 침 흘리기였는데, 당시 그는 개의 위에서 일어나는 반응을 연구하고 있었다. 파블로프는 다양한 소리와 침 흘리는 행동을 짝 지어서 개가 종소리를 듣고 침을 흘리게 만들 수 있었다. 이를 **고전적 조건형성**classical conditioning이라고 한다. 그와 같은 연합 능력은 생물에게 적응적이다. 다시 말해 생존에 도움이 된다. 상한 음식을 한번 먹어 본 사람은 다음번에 그 음식을 다시 먹어 볼 필요가 없다. 냄새만 맡아도 구역질이 나기 때문이다. 하지만 이런 식의 연합된 반사 반응이 삶에 항상 도움을 주는 것은 아니다. 오히려 방해가 될 때도 있다. 예를 들어, 첫 공개 연설에서 창피를 당한 사람이 있다고 하자. 이 사람은 공개 연설을 할 때마다 연설에 방해가 되는 반응을 보일 것이다. 사실 많은 사람들이 공개 연설을 해야 한다는 생각만으로도 어지러움을 느낀다. 가슴이 뛰고 숨이 거칠어지고 땀이 나기 시작한다. 이러한 반응은 고전적 조건형성의 결과로 볼 수 있다. 두려움이, 공개 연설을 한다는 생각이나 강단이나 군중의 모습과 연합되어 있는 것이다. 그런 경우 사람들은 자연스럽게 연설해야 할 상황을 피하게 되고, 두려움은 더 강화되며, 결국 대중 앞에서 말하는 법을 배우지 못하게 된다. 고전적 조건형성에는 간과해서는 안 될 영향력이 있다.

존 왓슨

현대 행동주의 이론의 아버지인 존 왓슨John Watson은 인간의 행동을 객관적이고 과학적으로 연구하고 측정할 수 있다고 봤다. 그는 파블로프의 아이디어를 인간에게 적용하는 법을 연구했고, 프로이트처럼 내적 심리상태나 관념(자아라든지 불안과 같은)을 연구할 것이 아니라 **관찰 가능한 문제**를 연구해야 한다고 주장했다. 왓슨은 수치화가 어렵거나 측정이 불가능한 문제에는 관심을 보이지 않았다. 그는 구체적으로 양육과 산업에 행동주의 원칙을 적용하는 방법에 관심을 가졌고 환경을 철저히 통제하기만 한다면 어떤 아이라도 자신이 원하는 사람으로 만들 수 있다고 주장했다. 그는 (대학원 조교와의 애정 행각의 결과로) 존스홉킨스대학과 학계를 떠나 광고업계에서 경력을 쌓았다. 현대의 기업 종사자들도 왓슨과 같이 측정 가능성에 관심을 갖는다.

B. F. 스키너

현대 행동심리학자 중에서 가장 유명하고 논란이 된 스키너B. F. Skinner(1948, 1971, 1976)는 심리학자이자 철학자다. 그는 파블로프와 왓슨의 아이디어를 발전시키고 확장해서 **조작적 조건형성**operant conditioning이라는 개념을 만들었다. 그는 대부분의 인간 행동은 반사 반응으로 설명되지 않는다는 점을 발견하고 행동의 결과에 집중했다. 어떤 행동에 따르는 결과는 우리가 그 행동을 다시 반복할지 말지를 판단하는 데 영향을 준다. 초기 행동주의학자들이 설명했던 바와 같이 기분 좋은 결과가 뒤따르는 행동은 다시 일어날 가능성이 높다. 불쾌하고 불편한 결과가 뒤따르는 행동은 다시 일어날 가능성이 낮다. 이는 **강화**reinforcement라는 개념으로 현대 행동주의 기법의 기초가 된다. 스키너는 정교한 강화를 통해 비둘기에게 놀라운 재주를 가르쳤고, 행동주의 원리를 세심하게 활용하면 사회를 개선할 수 있다고 주장했다. 그의 핵심 사상은 "사람들이 여러 방면에서 생산적이고 활동적으로 행동하기를 원한다면, 행동을 강화하는 맥락을 분석해야 한다."는 것이다(Evans, 1968, p. 10). 스키너는 이번 장에 설명된 기본 개념의 대부분을 실험하고 발전시켰다.

앨버트 반두라

스탠퍼드 대학교의 심리학자인 앨버트 반두라Albert Bandura(1969, 1977)는 1960년대 행동주의에 관찰학습 혹은 **사회적 학습**social learning이라는 개념을 추가했다. 반두라는 왓슨과 스키너의 관점이 지나치게 기계적이고 협소하다며 사람들이 항상 행동에 따르는 강화를 직접 경험할 필요는 없다고 말했다. 언니가 가스레인지를 만지는 모습을 본 동생은 손에 화상을 입지 않고도 가스레인지를 만지면 안 된다는 것을 배운다. 우리는 사회적 관찰을 통해서 행동에 따르는 결과를 학습한다. 앨버트 반두라는 행동주의 방법론에, 학습과 연관된 인지 과정인 시연rehearsal과 모델링modeling을 추가했다. 그는 또한 강화가 양방향으로 이루어진다는, 명백하지만 복잡한 견해를 제시했다. 그는 **상호적 영향**reciprocal influence이라는 과정을 통해 우리가 서로의 행동을 강화한다고 주장했다. 부모가 아이에게 소리를 지르면 아이는 소파에서 뛰는 행동을 멈춘다. 그에 따라 소리 지르는 행동이 보상을 받고 부모가 앞으로 다시 소리 지를 가능성이 커진다. 부모가 아이를 강화하는 동시에 아이가 부모를 강화하는 것이다.

조직행동수정

행동주의 심리학은 학계에서 주로 심리학 부문에 속해 있었으나, 1980년대에 접어들어 프레드 루탄Fred Luthan이 행동주의 심리학을 조직과 경영의 실무에 적용하기 시작했다. 그의 이론은 조직행동수정Organizational Behavior Modification, 혹은 줄여서 OBM이라고 불린다. 루탄은 행동주의 원리를 경영 이론과 용어로 바꾸었으며, 그의 저서는 이번 장의 참고문헌 목록에 수록해두었다.

활용 방안

코치는 두 가지 방식으로 행동주의 원리를 활용할 수 있다. 첫째, 코치는 행동주의의 원리와 방법을 고객이 자신의 행동을 파악하고 변화시키는 데 활용하도록 도울 수 있다. 둘째, 코치는 고객이 조직 관리와 개선에 행동주의 기법을 활용하는 방법을 안내해 줄 수 있다. 행동주의 원리를 주의 깊게 활용하면 건강하고 생산적인 조직의 토대를 만들 수 있다. 이번 장에서는 이 두 가지 활용법을 모두 논의한다.

행동치료사들은 사고 절약의 원리인 오컴의 면도날 법칙을 높이 평가하는데, 오컴의 면도날 법칙은 기업 코치에게도 유용하다. "간단하게 설명할 수 있는 상황을 복잡하게 설명하지 말아야 한다"(Craighead, Kazdin, & Mahoney, 1976, p. 13). 강화와 같이 비교적 단순한 원리로 인간의 행동을 설명할 수 있다면 굳이 내면 탐구와 같이 까다로운 방법을 사용할 필요가 없다.

행동주의적 사고에서 경영자 코치가 얻을 수 있는 중요한 교훈이 하나 더 있다. 바로 행동치료는 실험이라는 점이다. "연구 활동은 치료 행위이고, 치료 행위는 연구 활동이다"(Thoresen & Coates, 1978, p. 5). 이는 코치가 고객을 코칭하면서 시도해 본 방법들을 각각 실험으로 여기라는 의미다. 코치는 명확한 목표를 염두에 두고 개입을 실시해야 한다. 진척 상황을 확인하고 그 결과에 따라 실험을 조정해야 한다. 이러한 방법은 지속적으로 품질 개선을 추구하는 현대 기업에 적합하다.

기본 원리

행동치료의 원리는 코칭 과정에서 반드시 고려되어야 한다. 이 원리들은 매 순간 우리에게 일어나는 일을 상당히 많이 설명해 주지만, 대다수 사람들은 이 원리에 대해 별로 생각해 보지 않는다. 많은 관리자들이 행동주의 원리를 오용하며, 그런 사실조차 인지하지 못하는 다른 사람들에게 손해를 끼친다. 이제 행동치료의 기본 원리를 코칭에 활용하는 방안을 검토해 보자.

강화

강화reinforcement는 사람들이 강화를 인식하느냐, 인정하느냐와 관계없이 사람들에게 큰 영향을 미친다. 많은 사람들은 항상 물살을 거슬러 헤엄치는 느낌을 받곤 하는데, 이는 스티븐 커Steven Kerr가 "B를 원하면서 A를 보상하는 어리석음"(1975)이라고 표현한 방식으로 행동하기 때문이다.

강화는 "반응의 빈도와 강도를 증가시키는 결과 혹은 반응의 재발가능성을 높이는 결과"로 정의할 수 있다. 쉽게 말해서, 강하게는 특정 행동에 따르는 결과로, 그 행동을 강화strengthen하는 모든 것이다. 강화는 체계적인 관찰을 통해서만 발견할 수 있다. 무엇이 강화일지 추측할 수는 있지만 추측이 종종 빗나가기도 하는데, 그 이유는 강화가 사람들의 일반적인 생각과 다를 수 있기 때문이다. 사람들이 흔히 **강화인자**reinforcer로 여기는 것이 사실은 단지 **보상**rewards일 수 있으며, 강화인자와 보상은 서로 다르다. 보상은 행동 주체가 원하는 대상이다. 행동 주체는 보상을 좋아하지만 보상을 받는다고 해서 행동 주체가 그 행동을 되풀이한다는 보장은 없다. 강화인자란 개인의 선호도와 관계없이 행동의 빈도를 증가시키는 요소를 말한다. 당신이 원하는 것이 A행동이라면, A행동을 더 많이 유발시키는 것으로 입증된 강화인자로 A행동을 강화해야 한다. 또 강화의 패턴이 무작위적이어서는 안 된다는 점을 기억해야 한다. 무작위적인 강화 패턴은 조직에 엄청난 혼란과 피해를 불러오기도 한다. 우리가 원하는 행동을 강화한다는 전제가 충족됐다면, 일관적인 강화를 통해 원하는 결과를 얻을 수 있다.

강화인자는 우리 주위에서 쉽게 찾아볼 수 있고 효과가 강력하며 사람들은 강화인자에 쉽게 질리지 않는다. 강화에는 여러 종류가 있어서 원하는 결과를 얻기 위해서는 종류를 구분해서 사용해야 한다.

내적 강화와 외적 강화

첫째로, 강화는 내적 강화Intrinsic Reinforcement와 외적 강화Extrinsic Reinforcement로 구분할 수 있다. 행동주의 문헌에서는 이 두 가지 강화를 명확히 구분하지는 않지만 다음과 같이 이해해두면 좋다. 외적 강화는 우리 외부에서 나오는 것으로 다소 인위적이다. 돈이 전형적인 외적 강화인자다. 그 자체로는 아무 의미가 없지만 사람들은 돈을 벌기 위해 열심히 일해야 한다는 점을 금세 깨닫는다. 항공사 마일리지도 외적 강화인자의 예다. 항공사들은 고객이 자기 항공사를 다시 선택하게 하려고 애쓴다. 마일리지는 그 자체로는 아무 의미가 없지만 사람들은 마일리지가 좋은 것이라고 금방 인식한다.

내적 강화인자는 우리 안에서 나온다. 이는 개인의 내부, 즉 마음과 가치체계와 감정에 존재한다. 내적 강화인자는 사람마다 다르다. 내적 강화인자의 예로는 어려운 과업을 달성했을 때나 혹은 다른 사람들이 해결하지 못한 문제를 해결했을 때 느끼는 좋은 감정이 있다. 이 감정의 강화 효과로 인해 (대다수 사람들은) 말로 칭찬을 받지 않아도 미래에 다시 비슷한 종류의 문제를 해결하려고 나선다. 새로운 기술을 학습하는 행위도 내적 강화 효과가 있다. 어떤 강화인자들은 외적이기도 하고 내적이기도 하다. 누군가의 얼굴에 나타난 표정은 받아들이는 사람에게 어떤 의미가 있느냐에 따라 외적 강화인자가 되기도 하고 내적 강화인자가 되기도 한다.

연구에서 드러난 이 두 부류의 강화인자의 영향력과 결과는 모호하다. 많은 사람들이 내적 강화를 더 좋게 보는데, 그 이유는 외적 강화를 받은 사람들이 행동이나 학습의 원인을 외적 보상체계에서 찾는 반면(이를테면 돈을 벌기 위해 일을 한다), 내적 강화를 받은 사람들은 행동 자체에서 원인을 찾기 때문이다. 또 외적 보상은 내적 보상과 달리 효과가 점점 약화된다고 주장하는 사람들도 있다. 깊은 만족감을 주는 내적 보상은 쉽게 질리지 않는 법이다.

일차적 강화와 이차적 강화

강화를 구분하는 또 하나의 기준은 행동과 강화인자의 연합이 학습된 것이냐 선천적인 것이냐의 여부다. **일차적**Primary 강화인자는 태어날 때부터 강화 효과가 있는 반면, **이차적**Secondary 강화인자는 '학습해야' 한다. 이차적 강화인자는 행동과 연합되고 **학습**될 때까지 반복적으로 행동과 함께 제시되어야 한다. 입맞춤에서 오는 전율은 일차적 강화인자인 반면, 입맞춤이 없는 상태(부적 강화로서)는 이차적 강화인자이며 학습되어야 한다. 직장에서 보너스는 이차적 강화인자이며 상사의 미소는 일차적 강화인자다.

조직이나 코칭에서 항상 새로운 보상이나 외적 보상, 혹은 이차적 보상체계를 만들 필요는 없다. 업무환경에는 '자연적인' 일차적 강화인자가 많고, 이런 강화인자의 다수를 사려 깊게 활용하면 된다. 별다른 비용을 들일 필요도 없다. 다음에서 그런 예를 살펴보자(Luthans & Kreitner, 1985).

- 간단한 인사("좋은 아침입니다!"나 "안녕하세요?")
- 작은 관심(경청은 일반적으로 강화 효과가 있다. 경청은 특히 말하는 행동을 강화한다.)
- 일상적으로 직원을 인정하기
- 회의에서 직원을 인정하기
- 칭찬("오늘 건네준 보고서가 훌륭하군요." "오늘 회의 진행이 정말 매끄러웠어요.")
- 사무실에 들러 인사하기, 혹은 전화로 물어볼 수 있는 사항을 직접 가서 묻기
- 조언 구하기
- 복도에서 만났을 때 미소 짓기
- 전화를 받았을 때 친절하게 응대하기("전화해 주셔서 감사합니다.")
- 커피나 점심 대접하기

정적 강화와 부적 강화

정적 강화Positive Reinforcement와 부적 강화Negative Reinforcement의 차이는 잘못 이해되는 경우가 많다. 부적 강화는 흔히 처벌(예: 꾸중이나 체벌)과 혼동된다.

정적 강화는 바람직한 행동 혹은 표적행동 뒤에 만족스러운 자극을 주는 행위다. 예를 들어, 상대방이 내가 바라는 행동을 했을 때 상대방에게 '나 감동받았어'라고 말하는 것이다. 부적 강화는 표적행동을 했을 때 혐오적인 자극을 제어하는 것이다. 예를 들어, 누군가가 사무실을 정리했을 때 내가 묵묵부답인 자세를 멈추었다면, 나는 부적 강화를 활용한 것이다. 예를 들어, 바닥에 전기가 흐르는 가축우리와 같이 불편한 환경에 동물을 가두어 놓는 실험을 생각해 보면 된다. 실험대상이 특정 지렛대를 누르면 전기 자극이 멈추고 불편감이 해소된다. 이를 부적 강화라 한다. 부적 강화는 올바르고 바람직한 행동을 함으로써 부정적인 자극을 멈추고 안도감을 얻는 것이다.

처 벌

처벌punishment은 부적 강화와는 다르며 처벌이라는 말 그대로의 의미다. 바람직하지 않은 행동을 했을 때 처벌, 즉 불쾌한 자극을 받는 것이다. 예를 들어, 직원회의에서 경솔한 발언을 한다면 상사가 얼굴을 찌푸릴 것이다. 그것이 바로 처벌이다. 반복해

서는 안 되는 행동을 했을 때 기분 좋은 강화인자를 거두는 것도 처벌이 될 수 있다. 실적 부진의 결과로 특혜를 거두는 것도 처벌의 한 예다. 처벌은 즉각적인 효과가 있지만 심각한 부작용을 초래하기도 한다. 연구에 따르면 학습의 주요 수단으로 처벌을 사용할 때에는 두 가지 부작용이 생긴다. 첫째, 학생들이 학습의 원인을 자기 자신이 아니라 교사나 상황에서 찾는다. 둘째, 학생들이 학습과정을 즐길 가능성이 낮고 교사에게 적개심을 품을 수 있다. 그 결과 학생들은 교사와 학습 환경을 회피하게 된다. 또한 처벌은 불편한 분위기를 조성하여 학습이나 직무수행에 긴장과 불안을 유발한다. 이런 분위기는 기업의 성과에 악영향을 미친다. 일반적으로 사람들은 불안할 때 제 기량을 발휘하지 못하기 때문이다.

처벌은 혼란을 줄 수 있고 제어하기 어려우며, 질책할 때 보이는 관심이 역설적으로 정적 강화가 되어 바람직하지 못한 행동을 강화할 수 있다. 때로는 부정적인 관심이라도 받는 것이 전혀 관심을 받지 못하는 것보다 낫기 때문이다. 이와 같은 현상이 일어나고 있는지 확인하는 방법은 처벌의 결과를 살펴보는 것이다. 처벌이 효과를 나타내는가? 행동이 바람직한 방향으로 변화하고 있는가? 사람들은 종종 호통치고 회유해 보아도 결국 변하는 것이 없다고 불평한다. 이는 행동에 따르는 결과를 제대로 계획하지 못했거나 잘못 적용했거나 잘못 이해했기 때문이다.

이밖에도 처벌에는 흥미로운 면이 더 있는데, 앞서 언급했듯이 집행자에게 만족감을 주고 처벌을 강화하는 효과가 있다는 점이다. 처벌 집행자는 소리를 지르거나 벌을 주면서 통제감을 느낄 수 있고, 불쾌한 행동이 (일시적일 뿐이지만) 즉각적으로 멈춘다는 사실에 쾌감을 느끼기도 한다.

강화 계획과 패턴

〈표 5-1〉(Luthans & Kreitner, 1985 등에서 다양한 형태와 용어로 사용되는 표)은 기분 좋은 자극과 불쾌한 자극을 제시하거나 제거했을 때 그 상관관계를 보여 준다.

강화인자를 제시할 때는 시기 선택이 매우 중요한데, 보상이나 처벌 시기를 잘 맞추지 못하면 무심코 잘못된 행동 패턴을 강화할 수 있기 때문이다. 예를 들어, 상사가 직원에게 책상을 정리하라고 요청했다고 하자. 직원은 책상을 정리한 다음 인터넷

< 표 5-1 > 강화의 종류

	좋은 자극	불쾌한 자극	자극 없음(무반응)
자극 제시	정적 강화	처벌	무시 혹은 소거
자극 제거	처벌	부적 강화	

서핑을 시작했다. 상사가 지나가다가 직원에게 "잘했어요!"라고 말했다면, 상사는 표적행동(책상 치우기)을 강화하는 대신 웹 서핑을 강화한 셈이 될 수 있다. 강화는 즉각 제시되어야 하고, 강화를 받는 사람이 바람직한 행동에 대해 강화를 받았다는 점을 명확히 이해해야 한다. 명확하고 즉각적인 강화가 핵심이다.

행동주의 연구자들은 강화의 시점 선택에 관해 많은 연구를 했고, 강화 계획 Reinforcement Schedules 혹은 강화 패턴을 주제로 여러 문헌을 발표해 왔다. 강화 패턴은 강화와 학습의 속도 및 강도에 영향을 준다. 여기서 강화 계획의 종류와 특징을 살펴본다.

고정 비율 계획　　**고정 비율 계획**Fixed Ratio Schedule에서 정적 강화는 바람직한 행동을 n번 할 때마다 주어진다. 이 비율은 1:1일 수도 있고(바람직한 행동을 할 때마다 강화 제시) 1:n일 수도 있다(바람직한 행동을 n번 할 때마다 강화 제시). 1:1 비율이 항상 더 효과적인 것은 아니다. 고정 비율은 변동이 없고 예측 가능한 패턴이다. 대개 효과가 좋고 강화를 받는 사람 입장에서 편안하다. 작업분량에 따른 성과급이 그러한 예로, 근로자들은 더 이상의 강화 계획이 없다는 점을 알고 있다. 하지만 보상이 사라지면 행동은 빠르게 중단된다.

변동 비율 계획　　**변동 비율 계획**Variable Ratio Schedule에서 정적 강화는 예측할 수 없는 비율로, 평균적으로는 n번마다 주어진다. 만약 강화 비율을 1:10으로 정했다면(평균적으로는 표적행동을 10번 할 때마다 보상이 주어진다), 보상은 표적행동을 두 번 한 뒤에 주어지고, 그다음엔 열두 번 한 뒤에, 그다음엔 일곱 번 한 뒤에 주어진다. 보상은 불규칙하게 제시되지만 길게 보면 그 비율이 일정하다(평균적으로는 열 번에 한 번). 변동 비율 계획의 전형적인 예는 슬롯머신이다. 사람들이 이 '외팔의 노상강도' 앞에 앉아 밤새도록 레버를 당기는 동안 도박장 측은 길게 봤을 때 얼마 정도의 돈을 내주어야 할지 정확히 안다. 변동 비율 강화는 학습 효과가 뛰어나고 오래 지속되지만 강화를 받는 사람 입장에서 불편한 경향이 있다. 이들은 언제 다시 강화를 받게 될지 알수 없다(라스베이거스의 값싼 술은 도박 참여자의 경험을 무뎌지게 하는 동시에 자제력을 잃게 만들기 위한 계략일지도 모른다).

고정 간격 계획　**고정 간격 계획**Fixed Interval Schedule에서는 보상이 시간에 따라 주어진다. 일정 시간 일을 하거나 표적행동을 유지하면 보상을 준다. 시급이나 봉급, 월급은 고정 간격 계획의 예다. 고정 간격 계획은 근로자들에게 편안한 방법이기는 하지만, 근로자들이 자꾸만 시계를 쳐다보게 만드는 경향이 있다. 이 계획은 높은 생산성을 보장하지 못한다. 월급은 하루하루의 노력에 영향을 미칠 만큼 즉각적이지 않다. 하지만 모두가 정해진 시간에 출근해서 자리를 지키는 조직을 만들 수는 있다. 이 계획에 따르면 직원들이 연례 고과나 평가를 앞두고 더 열심히 일하는 식으로 근로 의식이 고르지 않을 수 있다.

변동 간격 계획　**변동 간격 계획**Variable Interval Schedule에서는 강화가 불규칙한 주기로 주어지며, 강화를 받는 사람은 강화 시기를 짐작하지 못한다. 근로자는 다음 강화가 언제 주어질지 정확히 알지 못한다. 이 계획은 행동 강화 효과가 강하고 지속적이지만 강화를 받는 사람 입장에서 불편한 경향이 있다. 자연 발생적이고 사회적인 강화인자는 대부분 변동 간격 계획을 따른다. 예를 들어, 우리는 캘리포니아에 지진이 다시 일어날 것이라는 사실을 알고 있다. 그 시점이 언제가 될지 알지 못할 뿐이다. 그래서 우리는 건물을 내진 보강하고 다음 지진이 언제 올지 궁금해하면서 막연히 불안해한다.

개인차
누군가를 강화하고자 한다면 강화 대상자가 강화체계를 어떻게 인식하는지 꼭 파악해 보아야 한다. 누군가에게는 보상이 되는 일이 다른 누군가에게는 혐오감을 유발할수 있다. 야구 경기 관람이 아버지에게는 엄청난 보상이지만 어린아이에게는 그저 자동차를 오래 타고 가서 지루하게 주차장을 걷고 뙤약볕 아래 관중의 소음에 시달리면서 이해할 수 없는 상황(경기 규칙이나 진행 상황)을 지켜보는 일 일지도 모른다. 앞서 언급했듯 누군가를 말로 혼내는 행동은, 관심에 굶주린 사람이나 혼날 때만 부모님에게 관심을 받았던 사람에게는 긍정적으로(관심으로) 인식될 수 있다.

프리맥 원리

프리맥 원리The Premack Principle(Premack, 1962)에 따르면 일어날 확률이 높은 행동은 확률이 낮은 행동을 강화한다. 예를 들어, 당신이 매일 한 번은 컴퓨터의 디스크 조각 모음을 실행한다면 적어도 한 가지 업무를 끝내고 나서 디스크 조각 모음을 실행하기로 하는 규칙을 만들 수 있다. 이 원리는 일상 업무 중에 선호하는 업무가 있을 때 특히 유용하다. 단순히 선호하는 업무를 다른 업무의 완수에 대한 강화인자로 활용하면 된다. 당신이 이메일 확인하기를 좋아한다면 이보다 더 어렵거나 별로 하고 싶지 않은 업무를 마친 후에 이메일을 확인하도록 계획한다. 이메일을 다른 업무의 완수에 대한 '보상'으로 활용하는 것이다. 대다수 사람들은 선호하는 업무가 있을 때 보통 반대로 가장 좋아하는 일부터 하는데 그러면 좋아하지 않는 일은 결국 마치지 못할 공산이 크다.

연속적 접근과 조성

표적행동이 너무 어렵거나 현재 행동과 너무 달라서 바로 시도하기 힘들다면, 점진적인 단계를 설정해서 단계마다 보상하면서 원하는 반응에 다가가게 한다. 예를 들어, 아이에게 자전거 타는 법을 가르친다면, 아이가 두발자전거 혼자 타기에 성공할 때까지 보상을 지연해서는 안 된다. 아이가 최종행동에 조금씩 접근해 가도록 이끌면서 그 과정에서 작은 성공을 거둘 때마다 보상해 주어야 한다. 처음에는 아이가 자전거 얘기만 해도 보상해 준다. 그다음에는 자전거에 오르고 났을 때 보상을 하고, 잡아 준 상태로 자전거를 타면 보상을 하고, 잠깐씩 손을 떼게 하면서 보상을 한다. 그리고 나서는 아이가 혼자 자전거를 타고 다른 어른이 서 있는 곳까지 가게 한다. 최종결과에 조금씩 접근할 때마다 보상을 하는 동안 점진적으로 아이의 행동은 '조성된다shaped.'

연속적 접근Successive Approximation은 코칭에 유용하게 활용될 수 있다. 예를 들어, 코칭 고객이 대중 앞에서 중요한 연설을 해야 한다고 하자. 우선 이 과제를 소단위로 잘게 나눈다. 각 부분을 예행연습하고 익히고 보상한다. 마침내 모든 부분을 하나의 연설로 통합하고 마지막에는 실제 청중 앞에서 연설을 한다. 이 연설은 (바라건대) 즉각적인 박수갈채를 받게 된다.

자극 통제

강화는 행동이 일어난 후에 적용하는 것이다. 강화 외에도 행동을 통제하는 또 다른 방법이 있는데, 이것은 행동에 선행한다. 행동에 선행하는 요인에 주의를 기울이면 확률론적 통제효과를 얻을 수 있다. 표적행동이 일어날 가능성에 영향을 미치는 환경요인을 **자극**stimuli이라고 부르는데, 이 자극을 기술적으로 배치하는 것을 **자극 통제**stimulus control 또는 **자극 관리**stimulus management라고 부른다(강화를 배치하는 것은 **결과 관리**consequence management라고 한다). 자극을 통제하기 위해서는 환경을 점검한 뒤 바람직한 행동이 일어날 가능성을 높이는 단서들을 배치해야 한다. 간단한 예를 들어 보자. 체중을 줄이고 싶은 사람이 있다면 주위에 사탕 바구니가 아니라 운동기구를 두어야 한다. 그리고 출근길에 도넛 가게 옆을 걸어가지 않도록 출근길 경로를 조정한다.

효과적인 자극 관리를 위해서는 환경을 분석하여 어떤 자극이 우리가 바라는 대로 행동할 가능성을 높이거나 낮추는지 조사해야 한다. 그리고 방해가 되는 자극은 제거하고 이를 도움이 되는 자극으로 대체해야 한다. 제거할 수 없는 자극은 노출 횟수를 제한한다. 자극 통제에는 모든 관계자들의 협조가 필요하다. 같은 환경에서 일하는 사람들이 환경요인을 재배치하는 데 동참해야 한다.

〈표 5-2〉는 행동 관리 영역에서 자극 통제와 강화 사이의 관계를 보여 준다. 우리가 표적행동 전과 후에 일어나는 일을 함께 살펴보는 경우 이를 **기능 분석**functional analysis이라고 한다.

사회적 학습

앨버트 반두라의 사회적 학습이론은 학습과정에 사회적, 정신적 사건을 포함시켜 행동주의 심리학에 크게 기여했다. 그는 눈에 보이지 않는 내적 사건들이 인지과정을

선행사건(Antecedent)	행동(Behavior)	결과(Consequent)
관심행동 전에 일어나는 일. 선행사건은 가까운 미래에 행동 발생 가능성을 높이거나 낮춘다.	바꾸거나 없애거나 증진하고자 하는 행동	관심행동 직후에 일어나는 일. 행동 재발 가능성을 높이거나 낮춘다.
영업사원에게 '유망' 고객 명단을 주고 격려한다.	영업사원이 전화를 걸고 판매를 성사시킨다.	수수료를 지불한다. 영업사원을 개인적으로나 공적인 자리에서 칭찬한다.

매개로 하여 학습과 동기에 영향을 미친다고 지적했다. 인간은 대리 강화를 통해서도 학습할 수 있으므로 강화를 꼭 직접 경험하지는 않아도 된다. 관찰학습은 직접 시행착오를 겪는 학습과정보다 대개 고통이 적고 효율적이다. 앨버트 반두라는 스스로 행동수정 과정을 적용하는 자기통제와 내적 과정의 활용을 옹호했다. 여기서 반두라가 행동주의 연구 문헌에 도입한 몇몇 방법론을 살펴보자.

모델링   모델링modeling은 모방학습이라고 부르기도 한다. 인간은 타인의 학습과정을 관찰하면서 학습할 수 있다. 모방은 인간의 유전자에 각인되어 있다. 인간은 스스로 인식하지 못할 때도 모방한다. 회사에서 복장 규정이 어떤 식으로 생겨나는지 생각해 보자. 조직원은 영향력 있는 사람을 모방하기 마련이어서 상사가 특정 옷차림을 하고 왔을 때 그 옷차림을 따라 하게 된다. 인간은 결과를 관찰하고 강화가 주어지는 과정을 살피고 모델의 정서적 반응을 학습해서, 스스로 고통이나 불편을 겪지 않고서도 규칙을 배운다. 모델링 연구에 따르면 적합한 모델을 선택하는 것이 중요하다. 기본적으로는 자신과 비슷하지만 학습해야 할 영역에서는 자신보다 뛰어난 사람을 선택해야 한다. 코치와 경영자는 좋은 모델을 선정해서 새로운 기술을 학습하는 데 활용해야 한다.

코치와 관리자에게 유용한 세 가지 기본 모델링 과정(Luthans & Kreiter, 1985)은 다음과 같다.

1. 모방을 통해 학습하기 (타인의 성공 사례를 보고 따라 한다)   이것은 배우고 싶은

대상이 있을 때 그 대상에 능숙한 사람을 자세히 관찰하는 기법이다. 한 예로, 프로 테니스 선수의 경기를 시청하면 테니스 스트로크를 개선할 수 있다. 신입 판매원이 스스로 고객을 상대하기 전에 훌륭한 판매원을 따라다니며 관찰한다면 모방을 통한 학습을 하고 있는 셈이다.

2. **타인의 행동에 따른 결과를 보고 학습하기** (강화와 처벌의 맥락을 살핀다) 동료가 처벌 받는 모습을 보고(승진에서 탈락하거나 좋은 업무를 배정받지 못하는 등) 동료의 행동과 처벌이 어떻게 관련이 있는지 살핀다면 이에 해당하는 종류의 학습을 하고 있는 것이다.

3. **타인의 행동을 자기 행동의 단서로 활용하기** (타인의 행동을 보고 이미 학습한 행동의 착수 시점을 결정한다) 예를 들어, 경험이 많은 동료가 주말에 출근하기 시작했다면 이를 단서로 자신도 그렇게 해야겠다고 판단할 수 있다.

리더와 관리자들은 조직 구성원 모두가 조직에서 보상과 처벌이 주어지는 맥락을 지켜보고 학습한다는 점을 인지해야 한다. 한 직원이 질책을 당하면 조직 구성원 전부가 그 처벌의 맥락을 학습한다. 리더는 관리자나 직원을 보상하거나 처벌하기로 결정할 때 이를 염두에 두어야 한다. 그 결정을 조직원 모두가 학습하기 때문이다.

외적 시연과 내적 시연 Rehearsal and Covert Rehearsal 전략을 수립한 뒤에는 새로운 행동을 연습하고 시연해 보면 좋다. 새로운 화술을 배우는 경영자라면 우선 코치와 함께 화술을 연습해 보면 도움이 된다. 연습 후에는 코치가 피드백을 해 주고 경영자는 편안한 상황에서 연습을 지속한다. 일단 새로운 기술을 충분히 익히고 나면 경영자는 더 유리한 위치에서 그 기술을 실제로 적용할 수 있게 된다. 새로운 기술을 시연할 때 녹음기나 비디오카메라를 활용하면 더욱 좋다. 고객은 먼저 전화 통화나 대화 내용을 녹음하거나 촬영하면서 연습하고 코치와 검토해 볼 수 있다. 경영자는 코치의 음성 사서함에 연습할 메시지를 남기고 코치가 이를 검토하고 피드백할 수 있다. 비디오 영상은 자신이 다른 사람의 눈에 어떻게 보이는지, 어떻게 말하고 행동하는지 피드백해 주는 매우 유용한 수단이다. 경영자 코치는 반드시 평가 도구나 시연 도구로서 영상 피드백을 활용할 준비가 되어 있어야 한다. 영상 피드백은 코칭에 반드시 필요하다.

이 책의 7장과 13장에서 다루는 내적 시연도 코치가 경영자에게 가르쳐 줄 수 있는 매우 유용한 기법이다. 실전에 앞서 내적 시연을 실시하는 것이 '실제로' 시연하는 것만큼이나 유용하다는 증거가 많다. 계획한 행동을 실행하는 장면(점차 더 잘하는 모습)을 단순히 머릿속에서 떠올려 보기만 하면 된다. 내적 시연은 전화 판매를 준비할 때나 중요한 회의나 거래를 준비할 때, 혹은 직장에서 까다로운 문제로 누군가와 대면해야 할 때 유용하게 활용할 수 있다. 내적 심상을 만드는 능력이 결여된 사람들도 있지만, 이들 역시 마음속으로 시연하는 법은 배울 수 있다. 코치는 이들이 시연 과정을 이해하고 활용하도록 도와주어야 한다.

토큰 경제　　실제로 외적인 보상을 해 주는 대신 토큰을 활용한 인위적인 강화 체계를 만드는 것이 조직 환경을 관리하는 최선책일 때가 있다. 먼저 분명한 목표를 세우고 구성원의 동의를 얻는다. 점수체계를 활용하며 구체적인 목표행동의 가치를 설정한다. 구성원이 획득한 토큰이나 점수는 돈이나 여행, 공개적인 인정(예: 이달의 판매원)이나 주차자리 선택권 등의 혜택으로 교환할 수 있다.

이때 구성원 모두가 이해하고 동의하도록 명확한 규칙을 세워야 한다. 목표는 누구나 달성 가능하게 세워야 하며 토큰은 규칙에 따라 공정하고 균등하게 지급해야 한다. 토큰 경제The Token Economy는 구성원 모두에게 공개적으로 공평하게 적용하는 것이 좋다.

조건화 주체로서의 조직　　보기에 따라서는 조직 자체가 토큰 경제와 같은 역할을 하면서 강력한 패턴으로 행동을 강화할 수 있다. 이 패턴은 의도적으로 만들어진 것일 수도 있고(최선의 경우) 무작위적일 수도 있고, 조직이 추구하는 목표에 반대되는 것일 수도 있다(최악의 경우). 행동주의 원리에 밝은 코치는 고객이 조직 환경에 존재하는 강화 패턴을 분석하고 이를 계획적으로 관리하도록 도울 수 있다. A라는 행동을 요구해 놓고 B라는 행동을 보상하는 것은 이치에 맞지 않지만 종종 그런 경우가 발생한다(Kerr, 1975). 이는 조직 구성원을 혼란에 빠뜨릴 뿐만 아니라 구성원의 사기를 꺾고 조직 문화를 저해한다.

조직은 때로 조직이 추구하는 목표를 충분히 강화하지 않는다. 때로 능력이 출중한 경영자나 관리자나 직원은 그저 회사가 자신이 이룬 성과를 알아주기만 해도 좋겠다고 생각하지만, 회사가 그런 모습을 보이지 않아 맥이 빠진다.

> 직원을 칭찬하고 그들에게 방향을 제시하는 일을, 관리자가 알아서 잘 처리하리라는 생각에 관리자에게만 맡겨둬서는 안 된다. 또 어쩌다 한 번, 연말고과 산정을 위한 일이어서도 안 된다. 그것은 기업 문화의 일부로 완전히 녹아들어야 한다 (Hymowitz, 1999, p. CL 31).

행동주의 접근법을 코칭에 적용하기

이 5단계 과정은 행동 변화를 위한 기초 지도로 활용할 수 있을 것이다. 고객과 미리 5단계를 논의하고 전반적인 계획을 세워 두자. 이 계획에는 목표와 하위 목표, 진척 상황을 알려 줄 기준을 포함시킨다. 고객이 쉽사리 변할 수 있었다면 이미 오래전에 변했으리라는 점을 기억하고 목표를 적절하게 세워야 한다. 현재 고객에게 나타나는 행동을 지속시키는 단서와 강화의 패턴이 있을 것이다.

여기서는 B. F. 토큰 씨의 사례를 활용하려 한다. 토큰 씨는 최근 항공기 회사의 기업 엔지니어링 관리자로 승진했다. 그는 수년간 엔지니어로 열심히 일했고 성과도 제법 냈지만 새로 맡은 리더의 자리에는 그다지 잘 적응하지 못했다. 부사장은 그가 열정과 자신감이 부족한 데다 사업부 회의에서도 별다른 존재감이 없다고 불평한다. 부사장은 토큰의 기술적 전문성에는 불만이 없지만 리더십 역량에는 우려를 표하고 있다. 부사장은 코칭이 토큰 씨에게 도움이 될지 궁금해한다.

1단계: 집중할 영역을 선택한다

가장 중요한 요인이나 변수를 파악한다. 광범위한 요인에서 시작해 점차 범위를 좁힌다. 예를 들어, 코칭 고객의 효율성을 전반적으로 개선하는 과제에서 시작할 수 있다. 그러고 나서 효율성이라는 개념을 구성하는 구체적인 요인인 시간 활용, 과제의 우선순위 설정, 자기주장(이를테면 거절해야 할 때 거절하기), 집중력, 특정 과제 완수를 위해 필요한 특정 기술 등을 파악한다. 그러고 나서 각각의 요인들을 더 잘게 나눠서, 예를 들어, 컴퓨터 앞에 앉아서 보낸 시간과 회의에서 보낸 시간 등을 파악한다. 그리고 이 작은 부분 중에 일부를 선택해서 출발점으로 삼는다.

실적이 부실한 영업부서를 예로 들자면, 영업 관리자는 먼저 판매에 영향을 미치는 요인부터 파악해야 한다. 이 요인에는 영업사원이 새로운 잠재고객에게 전화를 건 횟수라든지, 일별 자동차 운행거리, 할당된 유망 고객의 수, 한 주에 잠재고객과 만난 횟수 등이 포함된다. 또 판매 제품에 대한 지식이라든가, 영업사원이 고객의 사업에 대한 이해도를 평가하는 시험에서 받은 점수를 포함해도 된다. 어느 시장을 집중 공략할지도 결정한다. 가능한 한 구체적이고 측정 가능한 요인을 선택해야 한다. 이 과정에 영업부서를 참여시킨다.

열정이 부족한 신규 관리자 B. F. 토큰 씨의 예에서, 코치는 토큰 씨가 상사로부터 무능하다는 인상을 받게 된 구체적인 요인이 무엇인지 파악하도록 도와주어야 한다. 코치는 360도 평가를 실시해 볼 수 있다. 평가 결과에서 여러 중요한 요인들이 나타날 텐데, 여기에는 옷차림, 회의에서 앉는 자리와 자세, 어조와 부정적인 견해, 대화할 때 눈을 맞추지 않는 버릇, 부사장에게 동의하지 않거나 부사장과 다른 의견을 제시하는 경우가 없다는 점 등이 포함된다.

2단계: 행동 감사를 실시한다

표적 요인을 체계적으로 측정하고 관련 자료를 수집한다. 곰곰이 생각해 보면 모든 것은 어떻게든 측정할 방법이 있다. 생각과 감정, 백일몽, 이메일 확인에 들인 시간, 전화를 받거나 다시 건 횟수, 하루 동안 방해받은 횟수, 복도에서 보낸 시간, 한 주 동안 요청을 거절한 횟수, 직속 부하직원들과의 회의에서 마음이 얼마나 불편했는지(높음, 낮음, 중간)까지 모두 측정이 가능하다. 세상의 거의 모든 것은 1부터 10까지의 척도로 측정할 수 있다. 우선은 자료수집에 집중하고, 문제 해결 단계로 들어가지 않는다. 질문의 핵심은 '언제, 얼마만큼'이지 '왜'가 아니다. 검수표와 도표, 손목 계수기와 소형기기, 무선호출기(다양한 시간대에 고객이 자기평가를 하도록 상기시키기 위해서)와 더불어 자료 수집을 도와줄 조력자들을 활용한다. 영업사원들이 일하는 곳에 함께 간다. 현장에서 그들을 관찰한다. 토큰 씨가 이 프로젝트를 맡아서 정기적으로 피드백을 줄 준비가 되었는지 살핀다. 창의성을 발휘해야 한다. 이 과정을 흥미롭고 즐겁게 만들어야 한다. 토큰 씨에게 학습 계획 수립에 참여해 달라고 요구한다.

토큰 씨의 예에서 코치가 행동 감사를 하는 방법은 두 가지가 있다. 첫째, 코치는 중요한 사업부 회의나 부회장과의 회의 등을 포함하여 다양한 업무 활동 상황에서 토큰 씨를 섀도잉한다. 둘째, 두 사람이 만날 때 토큰 씨를 비디오로 촬영한다. 두 사람은 눈 맞추기와 어조, 목소리 크기, 회의에서 앉는 자리, 대안 제시하기(부회장에게 동의하지 않는 견해를 포함하여)에 집중하기로 결정한다.

3단계: 기능 분석을 실시한다

A−B−C(선행사건−행동−결과) 도표를 활용하여 행동이 발생하는 맥락을 확인한다. 표적행동에 선행하는 요인인 자극통제를 함께 고려해야 한다. '왜'라는 질문에 에너지를 소모하지 말고 선후관계를 살펴본다. 어떤 상황에서 무슨 일이 일어나고 무엇이 이 행동을 강화하는가? 〈표 5−3〉은 코치와 함께 토큰 씨가 겪고 있는 상황의 선후관계를 이해하기 위해 준비한 도표다. 이 첫 번째 도표는 초기 행동에 관한 '기초선baseline' 정보를 제공한다.

4단계: 변화 전략/실행 계획을 세운다

먼저 **행동 계약**contingency contract을 맺는다. 행동 계약은 변화 과정에 관한 공식적인 합의로, 추구하는 변화와 강화 · 보상 방법, 즉 행동의 결과를 명시한다. 작은 것에서

< 표 5−3 > 토큰 씨의 기초선 행동 기능 분석

선행사건(Antecedent)	행동(Behavior)	결과(Consequent)
회의실 뒤쪽에 앉는다.	회의에서 발언하지 않는다.	창피당할 만한 행동은 하지 않았다며 안도한다.
존중받지 않는다고 느낀다.	회의에서 발언하지 않는다.	일관된 자기인식을 유지한다.

부터 출발한다. 처음에는 아주 작은 변화를 시도해서 성공 경험을 쌓는다. 그러면 시간과 노력이 많이 드는 어려운 변화에 필요한 자신감과 에너지를 얻을 수 있다. 일단 작은 변화를 이루고 이를 지렛대 삼아 더 큰 변화를 이룬다. 토큰 씨는 코치와 함께 연속적 접근법을 활용하여 회의에서 선보일 새로운 행동을 연습하고 시연한다. 이들은 중요한 회의를 위한 대본을 시연하는데, 이 대본에는 토큰 씨만이 할 수 있는 영리하고 중요한 기여(그의 전문 분야와 관련된)를 포함시킨다. 그러고 나서 이들은 크고 으리으리한 테이블이 놓인 실제 회의실에 앉아서 토큰 씨가 말하는 모습을 촬영한다. 처음에는 일부러 우습고 바보스러운 말을 하게 한다. 그리고 그 영상을 보면서 함께 웃는다. 다음에는 토큰 씨가 단도직입적으로 단순하고 의미 있는 발언을 하는 연습을 한다. 토큰 씨가 시연하는 모습을 비디오로 촬영한다. 토큰 씨는 이 영상을 여러 번 보면서 이 장면에 익숙해진다. 그는 집 뒤뜰에서 쉬면서 이 영상을 마음속에서 되뇌어 본다.

토큰 씨의 사례에서, 토큰 씨와 코치는 중요한 회의에서 지금까지와는 다른 자리에 앉는 실험을 해 보기로 한다. 이제부터 회의실 뒷자리에 앉는 것은 금지한다. 그는 이 회의에 참여하는 핵심인사들에게 자신이 무엇을 위해 노력을 기울이는지 알리고 그가 '그들이 앉던 자리'에 앉아도 괜찮은지 확인하기로 한다. 그들이 괜찮다며 토큰 씨를 격려해 주고 토큰 씨는 이 실험이 안전하다고 느낀다. 그는 또한 예전에 (한마디도 발언하지 않았던) 회의가 끝날 때 느꼈던 안도감이 사실은 안도감이 아니었다는 사실을 인정한다. 그는 상황을 재구성하여 회의마다 적어도 두 번 이상 발언을 해야 '안전하다'고 느끼기로 결정한다. 이제 A–B–C 도표는 〈표 5-4〉와 같다.

5단계: 자료를 추가로 수집한다

원하는 결과를 얻지 못했을 경우 추가로 다른 요인을 측정한다. 긍정적인 결과를 얻었거나 문제를 해결했다면 격려해 준다. 변화가 나타나지 않았다면 예전의 바람직하지 못한 행동이 의도치 않게 강화된 탓일 수도 있다. 1단계부터 4단계까지의 과정을 다시 한 번 거친다. 5단계의 전 과정이 순환 과정이라는 것을 기억하자. 이 단계들은 한 번 거치는 것으로 충분치 않은 경우가 많고, 전체 과정을 마친 후에 평가과정을 거쳐 초점이 바뀌어야 할 때도 있다. 때로는 목표를 재고해 보아야 하는 경우도 있다.

< 표 5-4 > 토큰 씨의 행동 변화 기능 분석

선행사건(Antecedent)	행동(Behavior)	결과(Consequent)
회의실 중앙에 앉는다.	회의에서 두 번 발언한다.	위험한 패턴을 반복하지 않고 중요한 변화를 이루어 냈다는 안도감을 느낀다.
존중받는다고 느낀다.	다음 회의에서 더 많이 발언한다.	새로운 자기 인식을 유지한다.

바라는 대로 쉽게 변할 수 있었다면 고객은 이미 오래전에 변화에 성공했으리라는 점을 기억하자. 애초에 행동 변화가 어렵기 때문에 코치가 고용된 것이다. 행동 변화가 쉬웠다면 코치가 필요하지 않았을 것이다. 변화하려면 끈기가 필요하며 고객이 끈기 있게 노력하도록 뒷받침하는 일이 코치의 역할이다. 또한 코치는 일부 회의에 참석해서 진척 상황을 확인해야 한다.

미신과 오해

윤리적인 우려로 인해 행동주의에 반대하는 의견이 늘 대두되어 왔다. 우려의 원인은 일반적으로 조종이나 통제의 문제에 관한 것이었다. 대다수 사람이 타인이 자신을 통제한다는 발상에 분개하며 행동수정을 비인간적인 통제기법으로 본다. 행동주의에 관한 주된 오해는 사람들이 행동기법의 힘을 과장되게 인식하는 데서 비롯됐다. 스키너가 행동주의를 대중화했을 때 행동주의에 잠재적으로 사람을 조종하는 힘이 있다는 인식이 퍼져서 행동주의가 사람들의 두려움을 산 적이 있다. 스키너가 공개적으로 어린 딸을 한동안 '스키너 박스'에 넣었지만 그런 인식을 바꾸는 데는 별 도움이 되지 않았다('A Skinnerian Innovation', 1971). 사람들은 행동주의적 기술이 아무런 동의 없이 사람들을 통제하는 데 활용될까 봐 두려워했다. 또한 행동주의적 관점은 행동의 동기나 행위자의 행위에 대한 내적 설명에 무관심하다는 이유로 비판을 받았다. 이러한 무관심은 왠지 비인간적으로 느껴진다.

이 두 가지 문제는 고객을 변화 과정 개발에 참여시키면 해결된다. 코칭에서는 행동주의를 행동주의적 자기통제로 생각하는 편이 좋다. 생각이나 감정과 같은 내면 상

태는 선행사건이나 강화인자로 통합한다. 조직 구성원 모두가 조직 환경을 행동주의적으로 검토하는 데 참여하게끔 격려한다. 집단적으로 행동의 맥락과 강화를 점검한다. 계획적인 강화체계를 권장하고 고객 스스로 선택한 목표를 중심으로 보상한다.

행동주의적 사고에 관한 더 큰 논란은 그 필연성에 있다. 행동의 맥락은 어디서나 강력한 힘을 발휘하는데, 이 사실은 이를 외면하든 외면하지 않든 변함이 없다. 직장에서 강화의 영향력과 중요성을 간과해서는 안 된다.

> 마거릿 풀러Margaret Fuller가 오랜 생각 끝에 '우주를 받아들이기로 했다'는 말을 전해 듣자, 토머스 칼라일Thomas Carlyle은 이렇게 소리쳤다. "저런, 당연히 그래야지!"(Allen, 1978)

행동주의적 관점의 장점과 단점

장 점

행동주의적 관점은 코치에게 여러 이점이 있다. 첫째로 행동주의는 측정과 계량을 장려하는데, 이는 현대 기업들이 신뢰하고 가치 있게 생각하는 방법이다. 행동주의적 기법을 사용하면 수량화된 목표와 측정 가능한 성과를 포함한 변화 계획을 관리자에게 제시할 수 있다. 기업은 관찰 가능하고 긍정적인 성과가 보장될 때 더 적극적으로 투자하는 경향이 있다.

둘째, 행동주의적 관점은 유능한 사람에게 작은 변화가 필요할 때 매우 유용하다. 건강하고 활발하며 의욕적인 사람들은 행동주의적 기법을 잘 활용하는 경향이 있다.

셋째, 코치가 개별 고객의 상황을 하나의 실험으로 여길 때 최종적으로 성공을 거둘 가능성이 높아진다. 초기의 노력이 수포로 돌아갔다면, 문제가 일어나는 방식을 새롭게 알아가는 과정이라고 생각하자. 그다음에는 계획을 조정하여 다른 방향으로 시도해 본다.

약 점

행동주의적 관점에서 가장 어려운 문제는 구체적인 표적행동을 파악하고 수량화하는 것이다. 때로는 광범위한 관심행동의 구체적인 강화인자나 주요 하위 구성요소를 구별해 내기가 어렵다. 고객에게 열정이 부족해 보이거나 혹은 한 단계 높은 직책에서 필요한 사회적 기술이 부족해 보일 때, 광범위한 행동 양상을 측정 가능한 작은 행동으로 나누는 작업이 초기에는 어려울 수 있다. 하지만 항상 방법은 있다. 행동주의 기법에 경험이 있는 코치가 조금만 진지하게, 창의적으로 생각한다면 그 답을 찾을 수 있을 것이다.

요 약

1. 강화의 맥락은 행동이 일어나는 과정을 이해하는 열쇠다. 환경이 어떤 행동을 장려하고 어떤 행동을 억제하는지 살핀다. 자연스럽게 생긴 강화 패턴과 의도적으로 설정한 강화 패턴에 유의한다. 강화는 사람들의 말이나 코치의 추측이 아니라(과거에 강화 효과가 있었다거나 다른 사람들에게 강화 효과가 있었다고 해도) 실제로 강화 효과가 있을 때에만 강화라고 부를 수 있다는 점을 기억해야 한다. A를 바라면서 B를 강화해서는 안 된다. 또 '의지력'이나 '성격'과 같은 개인의 특성에 책임을 전가해서는 안 된다. (상황의 영향력에 관한 자세한 사항은 10장을 참고하면 된다.)

2. 측정 가능하고 달성 가능한 목표를 세운다. 작게 시작해서 목표를 키워간다. 모든 것을 측정한다. 측정 과정에 창의력을 발휘하고 정기적인 평가를 위한 새롭고 흥미로운 방법을 찾는다. 측정 과정이 고객을 처벌하는 행위가 아닌 지지하는 행위가 되게 하고, 오랫동안 측정 과정을 지속할 수 있도록 간단하고 쉬운 측정 체계를 만든다. 각각의 코칭 과제를 작은 실험과 같이 여기고 입수한 자료에 따라 조정한다.

3. 변화 과정에 고객 주변의 사람들을 참여시킨다. 이들과 강화의 맥락을 논의하고 협조를 얻는다. 간혹 변화 과정에서 가장 중요한 요인이 상사의 의도치 않은 강화일 때가 있다. 주위 사람들의 참여 여부는 고객의 결정에 달려 있지만, 코치는 이 결정에 영향을 미칠 수 있다. 일반적으로 코칭의 효과를 높이기 위해서 상사나 동료, 배우자가 참여하는 경우가 많다는 식으로 일반화하는 것도 도움이 된다.

4. 시청각 자료를 아낌없이 활용한다. 시청각 자료는 피드백에 커다란 도움을 주며 어려운 학습 과제에 연속적으로 접근할 때 활용할 수 있다.

5. 코칭 고객에게 강화를 가르쳐서 고객이 팀이나 조직을 개선할 때 활용하게 한다. 강화의 원리를 신중하게 적용하면 적은 비용으로 조직을 크게 개선할 수 있다. (높은 성과에 대한 금전적 보상 외에도) 자연적인 강화인자 중에 효과적인 것이 많다. 자연적인 강화인자를 고객에게 활용하고, 또 경영자 고객 스스로가 활용할 수 있게 가르쳐 준다. 모든 조직은 조직 내에서 작용하는 명시적인 강화와 은밀한 강화를 주기적으로 재검토해야 한다.

6. 고객이 모델로 삼을 만한 인물을 찾아 관찰할 수 있게 돕는다. 고객이 성공 사례를 더 많이 접할 수 있는 방법을 찾아본다.

참고문헌

Allen, T. (1978). On the reinvention of the wheel, the franchising of science, and other pastimes. *The Counseling Psychologist, 7*(3), 37-43.

Bandura, A. (1969). *Principles of behavior modification*. New York: Holt, Rinehart & Winston.

Bandura, A. (1977). *Social learning theory*. Englewood Cliffs, NJ: Prentice Hall.

Craighead, W., Kazdin, A., & Mahoney, M. (1976). *Behavior modification: Principles, issues, and applications*. Boston: Houghton Mifflin.

Evans, R. L. (1968). *B. F. Skinner: The man and his ideas*. New York: E. P. Dutton.

Hymowitz, C. (1999, September 19). Hard workers often can feel starved for recognition. *San Francisco Examiner and Chronicle*, p. CL 31. (Excerpted from the Wall Street Journal.)

Kerr, S. (1975). On the folly of rewarding A, while hoping for B. *Academy of Management Journal, 18*(4), 769-782.

Luthans, F. (1998). *Organizational behavior* (8th ed.). New York: McGraw-Hill.

Luthans, F., & Kreitner, R. (1973, May/June). The role of punishment in organizational behavior modification. *Public Personnel Management, 2*(3), 156-161.

Luthans, F., & Kreitner, R. (1984, Autumn). A social learning approach to behavioral management: Radical behaviorists "mellowing out." *Organizational Dynamics, 13*(2), 47-65.

Luthans, F., & Kreitner, R. (1985). *Organizational behavior modification and beyond: An operant and social learning approach.* Glenview, IL: Scott, Foresman.

Martin, G., & Pear, J. (1978). *Behavior modification: What it is and how to do it.* Englewood Cliffs, NJ: Prentice Hall.

Premack, D. (1962). Reversibility of the reinforcement relation. *Science, 136,* 255-257.

Skinner, B. F. (1948). *Walden two.* London: Macmillan Press.

Skinner, B. F. (1971). *Beyond freedom and dignity.* New York: Alfred Knopf.

Skinner, B. F. (1976). *About behaviorism.* New York: Random House.

Thoresen, C., & Coates, T. (1978). What does it mean to be a behavior therapist? *The Counseling Psychologist, 7*(3), 3-21.

A Skinnerian innovation: Baby in a box. (1971, September 20). *Time.* Retrieved January 3, 2009, from: http://www.time.com/time/magazine/article/0,9171,909996,00.html.

추천도서

Baldwin, J. D., & Baldwin, J. I. (1981). *Behavior principles in everyday life.* Englewood Cliffs, NJ: Prentice Hall.

Bellack, A. S., & Hersen, M. (1985). *Dictionary of behavior therapy techniques.* Elmsford, NY: Pergamon Press.

Hersen, M., & Barlow, D. (1976). *Strategies for studying behavior change.* New York: Pergamon.

Krumboltz, J., & Thoresen, C. (Eds.). (1969). *Behavioral counseling: Cases and techniques.* New York: Holt, Rinehart & Winston.

Thoresen, C., & Mahoney, M. (1974). *Behavioral self-control.* New York: Holt-Rinehart.

Whaley, D., & Malott, R. (1971). *Elementary principles of behavior.* Englewood Cliffs, NJ: Prentice Hall.

Whitely, J. (Ed.). (1971). The behavior therapies—circa 1978 [Special issue]. *The Counseling Psychologist, 7*(3).

제6장

리더의 본성에 어떻게 접근할까

가장 중요한 변수는 치료사의 말이나 행동이 아니라 치료적 관계다.

　　　　　　　　　　　　　　　－제럴드 코리(Corey, 1982, p. 90)

　칼 로저스Carl Rogers는 인간중심 접근의 창시자로 거의 50년간 인본주의 심리학의 대변인 역할을 담당했다. 그의 이론은 상담 교육에서 널리 쓰이는 방법론이 되었고, 20세기 하반세기 동안 개인 상담과 집단 상담에 커다란 영향을 미쳤다. 잘 알려진 사실은 아니지만, 인간중심 치료의 주요 특징 중 하나는 유능한 사람들이 어떤 조건에서 변화를 이루어 내는지 경험적으로 밝혀 냈다는 점이다. 그렇다면 인간중심 접근법은 경영자 코치들에게 당연히 환영받았을 법하지만 이상하게도 많은 관심을 받지 못했다. 경영자 코칭 문헌에서 로저스 박사는 로저스 아저씨[1] 정도의 존중밖에 받지 못했다.

　한 예로 스페리는 자신의 저서(Sperry, 1996)에서 임상적 전문성을 조직 환경에 적합하게 옮기고 확장하는 내용을 폭넓게 다루었다. 이 책에서 스페리는 정신역동과 인지치료, 행동주의와 가족체계 문헌을 설명했지만 로저스의 막대한 공로에 대해서는 전

---

1) 어린이 대상 TV 프로그램에 등장하는 친절한 아저씨-역주

혀 언급하지 않았다. 「컨설팅 심리학 저널」(가제)[2](Kilburg, 1996a)은 코칭을 "컨설팅 현장에 새롭게 등장한 주목해야 할 분야"라고 표현하며 한 호 전체를 경영자 코칭에 할애했다. 하지만 코칭 분야의 유명 저자들이 코칭 문헌 전반을 검토한 결과를 제시한 이 호에서, 로저스는 딱 한 번 언급되었을 뿐이었다.

인간중심 접근이 이처럼 꾸준히 경시되는 이유는 여러 가지가 있다. 다수의 전문가들은 로저스의 이론이 친절하고 호의적이기는 하지만 너무 단순하고 기업계의 냉엄한 현실과 동떨어져 있다고 여긴다. 로저스의 이론상 공로를 생각해 본 코치도, 로저스의 이론이 너무 당연하다거나 경영자 코치의 업무와는 관련이 없다며 무시할 가능성이 높다. 로저스의 이론에 대한 무관심과 폄하는 로저스뿐만 아니라 자신의 실력을 향상시키려는 경영자 코치에게도 해가 된다. 대니얼 골먼(Goleman, 1995, 1998)과 그 외의 연구자들이, 직장에서 정서지능의 활용에 관해 진행한 연구(12장에서 설명)는 인간중심 접근법의 명성을 다소 되살려 주었으며, 스티븐 코비(Covey, 1989)의 연구도 이에 기여했다. 코비의 '다섯 번째 습관'은 인간중심 접근을 직접적으로 깊이 있게 다룬다("먼저 이해하고 그다음에 이해시켜라; 공감적 의사소통의 원리").

수많은 경영자 및 조직과 협력해 온 로버트 쿠퍼(Cooper, 1997)는 경쟁에서 우위를 점하기 위해 갖춰야 할 요소의 하나로 신뢰를 꼽았다. 그는 포드사社의 전직 최고경영자를 인용하며 "사업 관계에서 정서지능은 보이지 않는 이점이 된다. 소프트 요소soft stuff를 잘 관리해 주면 하드 요소hard stuff는 저절로 해결된다."고 말했다(p. 31).

소위 소프트 요소soft stuff라 불리는 공감과 신뢰, 경청과 의사소통 기술이 개인과 팀, 조직의 이익과 혁신, 그리고 성과를 창출한다는 점은 일관되게 입증되어 왔다. 소프트 요소의 결핍은 조직이 경쟁력을 잃거나 무너지는 원인이 되기도 한다. 생각해 보면, 만화영화 〈딜버트Dilbert〉[3]에 나오는 당혹스러운 실수들은 대부분 공감과 신뢰, 진정성과 진실성, 그리고 의사소통의 문제에서 비롯된다.

톰 모리스(Morris, 1998)는 『아리스토텔레스가 제너럴모터스를 경영했다면』(가제)[4]에

---

2) 원제: Consulting Psychology Journal
3) 미국에서 샐러리맨의 일상을 풍자하며 선풍적 인기를 끌었던 신문만화
4) 원제: If Aristotle Ran G. M.: The New Soul of Business

서 "관계가 세상을 지배한다."고 썼다. 모리스의 경영방침은 "사람이 먼저이고 프로젝트는 그다음이다. 사람들과 좋은 관계를 맺어 놓으면 프로젝트는 저절로 따라올 것이다."이다. 그는 경영 리더십에서 가장 중요한 요인이 바로 관계라고 주장했다. "경영에서 소위 '소프트 이슈'로 여겨지던 요소가 전 세계 모든 산업에서 지속 가능한 탁월성을 구분 짓는 요인이 될 것이다(p. 199)."

로저스는 상담 분야에서 소프트 요소를 아주 잘 활용했다. 소프트스킬의 적절한 활용 여부가 경영자 코칭의 성패를 좌우한다는 점은 꾸준히 입증되어 왔다. 현대의 조직 심리학 권위자들이 로저스가 제시한 개념을 로저스의 공으로 돌리는 경우는 거의 없다. 하지만 로저스가 제시한 소프트스킬의 중요성은 오늘날까지도 지속되고 있다.

소프트스킬의 중요성은 종종 다른 형태로 새롭게 포장되어 나온다. 예를 들어, 골먼과 여러 연구자들이 대중화한 정서지능이라는 개념은 로저스의 여러 개념들을 개괄적으로 담고 있다. 코비의 새로운 리더십 순회강연의 제목은 '신뢰의 속도로 리드하라'였다. 아마도 강연 제목을 들은 로저스는 과연 자신이 내세운 원칙(신뢰)을 속도감 있게 따르는 것이 가능할지 의문을 품었겠지만, 그래도 이 강연의 제목은 인간중심 접근법과 매우 유사해 보인다.

2006년 대니얼 핑크Daniel Pink는 『새로운 미래가 온다: 미래 인재의 6가지 조건』[5]이라는 주목할 만한 책을 출간했다. 그는 여섯 가지 자질이 미래에 직업상의 성공과 개인적 만족을 결정할 것이라고 주장했다. 그중 하나가 바로 공감이다. 핑크는 타인과 공감하고 사람 사이의 미묘한 상호작용을 이해하는 능력이 성패를 좌우하는 우뇌의 특성 중 하나라고 썼다.

한 예로 공감이 어떻게 의학계를 변화시켰는지 살펴보자. 설파제와 항생제의 발견 이후 의학계는 환자에게 거리를 두는 과학적인 모델을 따르며 공감에 대해서는 거의 관심을 두지 않았다. 하지만 근래 들어 의학·치의학 대학에서는 '공감의 기술'과 같은 과목을 가르치고 있다. 이들은 단지 정치적 정당성의 관점에서 공감을 가르치는 것이 아니다. 제퍼슨의 신체적 공감 척도를 활용한 연구에 따르면, 공감 검사에서 높은 점수를 받은 사람은 임상치료에서도 높은 평가를 받는 경향이 있었다. 1994년 루

---

5) 원제: A Whole New Mind: Why Right-Brainers Will Rule the Future

시안 립Lusian Leape이 발표한 의료과실에 관한 충격적인 글은, 미국에서 병원 과실로 인한 사망률이 높은 것은 대인 상호작용과 직접적인 관계가 있다고 지적했다. "그 원인은 의료업계의 문화에 있다(p. 1851)."

우뇌의 기능을 지속적으로 연구하면 공감에 관한 조직의 관점에 지대한 영향을 미칠 수 있을 것이다. 그렇게 되면 조직은 공감이라는 개념을 그저 다정한 태도쯤으로 치부하지 않을 것이다. 공감은 휴먼 서비스에서 중요한 요소로 받아들여질 것이다.

그레이엄 존스(Jones, 2008)는 '진정한 리더 코칭하기'에서 위험을 감수하고 행동에 나설 의지가 있는 '진정한 리더'에게는 공감을 잘하고 신뢰할 수 있는 진실한 코치가 필요하다고 썼다. 코치와의 공감 관계가 수립되면 경영자는 기꺼이 자신의 안전지대를 넘어 앞으로 나아갈 수 있다.

치의학계의 컨설턴트로 유명한 L. D. 팽키Pankey는 자신의 고객들에게 "낯선 사람을 치료하지 말라."고 조언했는데, 이 말은 치과의사가 환자의 입에 치료기구를 집어넣기 전에 환자를 알아가는 시간이 있어야 한다는 뜻이다(Wright, 1997, p. 13). 톰 피터스(Peters & Waterman, 1982)와 W. 에드워즈 데밍(Deming, 1986)을 비롯한 경영 컨설팅 대가들은 조직과 일할 때는 컨설팅 기법과 기술도 중요하지만, 무엇보다 중요한 것은 신뢰라고 거듭 말해 왔다. 이러한 경영 컨설팅 대가들의 발언은, 로저스의 잊히고 버림받은 이론과 놀랍도록 비슷하다. 이번 장을 살펴보면, 코칭 초심자뿐만 아니라 노련한 코치들도 로저스의 연구가 중요하다는 점을 깨닫게 될 것이다.

인간중심 접근과 관련하여 이번 장에서 살펴볼 핵심 질문은 다음과 같다.

• 성공적인 경영자 코치가 갖춰야 할 핵심 역량에는 무엇이 있는가?
• 성공적인 경영자 코칭 프로그램의 필수 요소에는 무엇이 있는가?
• 코칭 결과에 부정적인 영향을 미치는 요인에는 무엇이 있는가?
• 로저스의 원칙과 개념, 그리고 인간중심 접근이 경영자 코치에게 어떤 도움을 줄 수 있는가?

역사적 배경

칼 로저스Carl Rogers는 1931년 컬럼비아 대학교에서 임상심리학 박사학위를 받았다. 1940년대 로저스는 당시 지배적이던 행동주의와 정신분석에 점점 불만을 느꼈으며, 특히 심리치료사가 전문가로서 무언가를 일방적으로 지시하기만 한다는 점이 마음에 걸렸다. 그는 비지시적 상담 혹은 내담자중심 치료로 알려진 상담 기법을 개발하고 이와 관련된 저술에 힘썼다. 로저스는 '치료사가 가장 잘 안다'는 기본 가정과 더불어 치료 방법으로 흔히 사용되어 온 조언과 제안, 설득과 교육, 그리고 진단과 심리사회적 해석의 타당성에 의문을 제기함으로써 학계에 커다란 논란을 불러일으켰다.

인간중심 관점은 관계 지향적이면서 실존 철학의 영향을 받아 경험을 중시한다. 그 근저에 있는 인본주의적 시각은, 작은 도토리가 적절한 성장 환경에서 자연스럽게 긍정적인 방향으로 성장하면서 자기 잠재력을 실현한다는(이 경우에는 매우 커다란 나무가 되는) 은유에서 잘 드러난다.

인간과 치료 과정에 대한 로저스의 기본 가정은 실용적이고 낙관적이며 무한한 잠재력을 믿는다는 점에서 더할 나위 없이 미국적이다. 로저스는 사람들이 근본적으로 신뢰할 만하다고 생각한다. 사람들에게는 치료사의 직접적인 개입 없이도 스스로를 이해하고 자기 문제를 해결할 엄청난 잠재력이 있다. 개인의 자율성은 깊이 존중되어야 한다. 건강한 치료적 관계 안에서 인간은 점점 자기 주도성을 발전시킬 수 있다. 1940년대부터 1980년대까지 로저스는 치료사의 태도와 내담자-치료사 간의 관계의 질이 치료결과의 주요 결정요인이라고 지속적으로 강조했다. 로저스가 주장한 이론의 핵심은 내담자가 변화하려면 치료사가 선입견 없이 수용하는 마음으로 경청해야 한다는 것이다(Heppner, Rogers, & Lee, 1984). 인간중심 접근법에서 치료사의 이론적 지식과 기법은 부차적인 요소로, 내담자에 대한 무비판적 수용이 이에 우선한다.

인간 본성에 대한 관점

로저스의 글을 관통하는 일관적인 주제는 바로 인간은 존중과 신뢰 속에서 긍정적이고 생산적인 방향으로 발전한다는 깊은 믿음이다. 그는 사람들이 신뢰할 만하지 않다는 가정이나, '전문가'나 우월한 타인의 지시 · 동기부여 · 지도 · 처벌 · 보상 · 통제 · 관리가 필요하다는 가정을 기초로 한 이론들을 인정하지 않았다.

로저스는 사람들이 내재된 잠재력을 실현할 수 있도록 성장을 이끌어 내는 환경을 조성하기 위해서 치료사가 갖추어야 할 세 가지 특성이 있다고 주장했다.

1. 일치성 혹은 진실성
2. 무조건적 긍정적 존중과 수용
3. 정확한 공감적 이해

일치성 혹은 진실성 Congruence or Genuineness

치료사의 세 가지 특성 중에서 가장 중요한 특성은 일치성이다. 일치성이란 생각과 감정, 행동이 모두 일치한다는 뜻이다. 치료사는 진실하고 정직하며 올곧고 솔직해야 한다. 로저스는 그 어떤 치료적 허위도 인정하지 않았다. 그는 치료사가 진실성을 갖춤으로써, 더 진실해지기 위해 분투하는 인간의 본보기가 되어야 한다고 믿었다. 치료사는 상담하는 동안 있는 그대로의 자기 자신으로 존재해야 한다. 상담 과정에서 치료자는 모든 허위와 역할을 내려놓고 내담자와의 상호작용에 '온전히 주의를 기울여야fully present' 한다. 이러한 과정에서 상담사는 때때로 자연스럽게 자신의 실제 모습을 내보이게 된다.

무조건적 긍정적 존중과 수용 Unconditional Positive Regard and Acceptance

치료사는 내담자에 대해 깊고 진실한 관심을 표현해야 한다. 이 관심은 내담자의 생각과 감정, 행동을 평가하거나 판단하지 않는다는 면에서 무조건적이다. "……하면 받아 줄게요."가 아니라 "있는 그대로 받아 줄게요."라는 태도다. 로저스는 실제 자아와 이상적 자아 사이의 분열 밑에는 '예의 바르게 행동할 때'만 아이를 수용해 주는 부모의 관점이 있다고 보았다. 그 결과 사람들은 만성적으로 막연하게 자신이 부족하다고 느끼게 된다. 무조건적이고 긍정적인 존중은 실제 자아와 이상적 자아를 통합해서 내담자가 실제 자아를 수용하고 더 나아가 포용하도록 도와주는 수단이 된다. 그러면 자기 정체성에 대한 집착과 그로 인한 자멸적 행동이 줄어들고 솔직하게 자기를 반성할 수 있게 된다. 자기 정체성을 옹호하려는 욕구를 버리면 진정한 변화를 이룰 수 있다. 무조건적이고 긍정적인 존중이란 내담자의 현재 모습 그대로를 수용한다는 의미다. 이러한 환경에서 내담자는 자기를 방어할 필요가 없으며 솔직해질 수 있다. 로저스(Rogers, 1977)는 연구 결과 내담자가 관심과 존중, 수용을 많이 받을수록 치료가 성공할 가능성이 높다고 밝혔다.

정확한 공감적 이해 Accurate Empathic Understanding

치료사의 주 업무는 치료적 상호작용에서 드러난 내담자의 경험과 감정을 이해하는 것이다. 치료사는 내담자의 주관적 현실을 이해하려고 노력해야 한다. 내담자의 입장에서, 내담자의 말뿐만 아니라 말 속에 숨은 뜻과 감정까지 민감하고 정확하게 이해하려고 심사숙고해야 한다. 정확한 공감은 내담자가 느끼는 명백한 감정뿐 아니라 내담자가 완전히 알아차리지 못한 불분명한 감정까지 이해한다는 의미다. 이처럼 내담자의 주관적 현실을 깊이 이해하려면 인내심을 가지고 주의 깊게 경청해야 한다.

로저스는 이 세 가지 치료사의 태도(일치성/진실성, 무조건적 긍정적 존중, 정확한 공감)가 내담자에게 전달되면 내담자가 방어벽을 낮추고 치료적 변화에 마음을 열 것이라고 가정했다. 치료사의 태도는 상담의 성패와 효과를 좌우한다. 이에 관해 더 자세히 알고 싶다면 코마이어의 책(Cormier & Cormier, 1985)을 참조하면 된다.

기본 특성과 핵심 가정

로저스는 인간중심 이론을 고정적이거나 완성된 심리치료법으로 제시하지 않았다. 로저스와 우드(Rogers & Wood, 1974)는 인간중심 접근과 다른 접근법을 구분 짓는 특징을 설명했다. 첫째, 인간중심 접근은 현실을 더 충실하게 마주하는 방법을 찾는 데 있어 내담자의 책임과 능력을 중시한다. 내담자의 현상론적 세계가 강조된다. 그 주목적은 상담사가 내담자의 내적 준거 틀을 이해하고 내담자가 자신과 세상을 어떻게 인식하는지에 주목하는 것이다. 둘째, 인간중심 접근은 특정 기법이나 신조에 기초하지 않는다. 그보다는 치료사의 태도와 신념체계로 이해하는 편이 좋다. 인간중심 접근은 존재방식이며, 치료사와 내담자가 자신의 인간성을 드러내고 성장 경험에 동참하는 공동의 여정이다.

치료 과정과 목표

인간중심 접근의 근본적인 치료 목표는 개인이 건강하고 '충분히 기능하는fully functioning' 사람이 되도록 발판을 마련해 주는 것이다. 인간중심 접근은 기본적으로 내담자가 치료의 방향을 설정하게 한다. 일반적인 치료 목표는 다음과 같다.

1. 경험에 마음을 열기 (방어벽을 낮추고 현실을 더 잘 인식하기)
2. 자신을 신뢰하기
3. 평가의 기준을 내부에서 찾기(해답을 스스로 찾기)
4. 지속적으로 성장하려는 의지를 갖기

보다시피 인간중심 접근은 내담자에게 구체적인 목표를 부과하지 않는다. 대신 내담자가 직접 가치와 목표를 선택한다.

치료사의 기능과 역할

인간중심 치료사는 일종의 존재방식이나 태도에 근거하며, 내담자로부터 특정 행동을 유도하거나 내담자를 변화시키려고 고안된 이론·지식·기법에 근거하지 않는다. 기본적으로 치료사는 내담자가 성장할 수 있는 환경을 조성한다. 무엇보다도 내담자와의 관계에서 내담자를 진실하게 대하려는 의지가 있어야 한다. 치료사는 내담자를 진단하거나 내담자에게 꼬리표를 붙이지 않는다. 또한 내담자에게 조언하지 않는다.

로저스(Rogers, 1967)는 치료사의 역할이 "내담자를 판단하거나 평가하지 않고 내담자에게 온전히 따뜻한 관심을 기울이는 것"이라고 봤다.

인간중심 상담은 상담사가 따라야 할 지침을 제시하며 코치는 이 지침 사항을 유념해야 한다. 인간중심 접근은 상담사가 상담 관계에 '집중present'해야 한다고 요구한다. 상담사는 사적인 계획이나 역할에 주의를 빼앗기지 말고 내담자에게 온전히 집중해야 하며, 이를 통해 내담자를 정확하게 경험할 수 있어야 한다. 그러므로 상담사는 회사의 대리인으로서 회사의 요구나 상사의 지시에 따라 내담자를 변화시키려고 해서는 안 된다. 또한 고객에게 **무조건적 긍정적 존중**을 보여 줄 수 있어야 하며, 내담자를 조건적으로 수용해서는 안 된다. 무비판적인 태도를 취하고 이를 내담자에게 알려야 한다. 정확히 공감할 줄 알아야 하며, 내담자의 사적인 세계를 자기 자신의 세계처럼 감지할 수 있어야 한다. 이런 자질은 단순하면서도 드물다. 일반인은 대체로 습득하기가 어렵고 심리치료사라도 수년간 연습을 하고 나서야 혹은 평생을 갈고 닦아야 얻을 수 있다.

치료사와 내담자의 관계

인간중심 접근은 내담자와 치료사의 개인적인 관계를 중시한다. 치료는 적극적인 동반자 관계다. 로저스(Rogers, 1961)는 이 기본 가정을 다음과 같이 요약했다.

> 만약 내가 특정한 관계를 제공할 수 있다면, 상대는 자기 내부에서 이 관계를 활용하여 성장하고 변화할 능력을 발견할 것이며, 스스로 성장하게 될 것이다(p. 33).

이후 로저스(Rogers, 1967)는 다른 글에서 꽤 급진적인 의견을 제시했다. "의미 있고 긍정적인 성격 변화는 관계 내에서만 일어난다."(p. 63)

인간중심 접근법은 겉보기에 너무 기초적이고 당연해 보여도 치료사나 상담가, 코치에게 지대한 영향을 미친다. 그 핵심 기술(적극적으로 경청하기, 내담자 존중하기, 내담자의 내적 준거 틀 차용하기)은 경영자 코치에게 훌륭한 기초 도구가 되어 준다. 이 점은 성공적인 경영자 코칭 프로그램의 기본 요소를 자세히 살펴보면 더욱 명확히 드러날 것이다.

경영자 코칭의 기본 요소

경영자 코칭에 관한 근래의 문헌을 살펴보면 흥미롭게도 로저스가 주장한 개념 및 원리와 놀랍도록 유사한 점을 발견하게 된다. 스페리(Sperry, 1996)는 로저스를 직접 언급한 적은 없지만, 경영자 코칭과 컨설팅에 관해 논할 때 분명히 로저스와 비슷한 발언을 했다. 그는 컨설턴트의 역할이 들어주는 사람이자 의논 상대이자 개인적인 조언자라고 말했다. 컨설턴트는 기본적으로 고객의 이야기를 듣고 논평하며 객관적이고 신뢰할 만한 피드백을 주는 역할을 담당한다. 컨설팅 시간에는 경영자 고객이 안건을 정하고 논의를 주도한다.

경영자 코칭의 일대일 변화 기술에 관한 데이비드 피터슨(Peterson, 1996)의 견해에서는 확실히 로저스 영향이 드러난다. 그는 변화의 첫 단계가 '동반자 관계 구축하기'라고 설명했다. 코치는 고객이 함께 일하고 싶은 마음이 들도록 신뢰와 이해를 쌓아야 한다. 동반자 관계를 구축하려면 코치는 고객의 신뢰를 얻어야 하며, 그래야만 변화 과정에서 고객을 적절히 독려하고 지지해 줄 수 있다. 피터슨은 코치가 이 단계에서 실패하면, 고객이 코치의 관점을 무시하거나, 마음을 열고 위험을 감수하여 새로운 행동을 시도해 보기를 거부할 수 있다고 봤다. 신뢰를 쌓기 위해서 코치는 고객이 세상을 보는 관점과 고객의 관심사를 파악해야 한다. 피터슨은 결론을 내리면서 로저스를 직접 인용했다. "개인의 행동을 제대로 이해하기 위해서는 그 사람의 내적 준거 틀의 관점에서 살펴보아야 한다."(Rogers, 1961; Peterson, 1996, p. 79에 인용) 피터슨이 인용한 전략을 활용하기 위해서는 효과적인 경청 기술을 갖추고 인내심을 발휘하며 인간행동의 역동을 이해해야 한다.

헤이그룹 출신의 리처드 디드릭(Diedrich, 1996, p. 62) 역시 코칭 과정에서 피드백을 논의할 때 로저스와 비슷한 발언을 했다. 효과적인 피드백은 "양방향 피드백으로, 흥미롭고 기민하며, 목표와 직접적인 관계가 있다." 이 과정에서 가장 중요한 요소 중 하나는 공감으로, 경청과 적극적인 의견공유로 공감을 표현하면 신뢰가 쌓인다.

페기 허치슨(Hutcheson, 1996)은 코치가 코칭 결과를 통제하는 방식으로부터, 고객에게 책임과 권한을 부여하는 방식으로 변화를 시도할 때 도움이 될 만한 조언을 몇 가지 제시하였다. 이 조언은 마치 로저스가 경영자 코치를 위한 개론서에 썼을 법한 내용이다. 그녀의 조언을 살펴보면 다음과 같은 내용이 나온다.

1. 코치에게는 주도권이 없다는 점을 수용한다.
2. 경청한다.
3. 고객이 이야기한 내용뿐 아니라 이야기하지 않은 내용에도 주의를 기울인다.
4. 판단하지 말고 코칭한다.
5. 고객이 스스로 해결책을 찾도록 이끈다.
6. 전문 지식은 잠시 잊는다.

킬버그(Kilburg, 1996b)가 코칭의 부정적인 결과를 두고 "고객에 대한 공감이 부족했다."(코치가 고객의 안녕이나 미래에 진심으로 관심을 갖지 않았다)고 논평했을 때, 그는 분명 로저스에게 빚을 졌다. 위더스푼과 화이트(Witherspoon & White, 1996)는 경영자 코치의 네 가지 역할(기술 습득을 위한 코칭, 효율성을 위한 코칭, 발전을 위한 코칭, 경영자의 현안을 다루는 코칭)을 논의하면서 동등한 동반자 관계를 구축한다는 인본주의 개념이 각 역할마다 전제되어야 한다고 말했다.

인간중심 접근을 코칭에 적용하기

로저스의 이론은 유능하고 정신이 건강한 사람들에게 적합하다고 여겨 왔다. 근래의 문헌을 조금만 검토해 보아도 인간중심 원칙들이 성공적인 경영자 코칭 프로그램에 적합하다는 점을 분명히 알 수 있을 것이다.

인간중심 코치는 두 가지 도전 과제를 안고 있다. 인간중심주의를 실현하면서 권고 사항을 실행에 옮기고(진실성과 무조건적 긍정적 존중, 정확한 공감의 본보기가 됨) 동시에 이를 고객에게 가르쳐서 고객이 직장과 삶에서 인간중심으로 살아갈 수 있게 해 주어야 한다.

첫 번째 과제는 인간중심 접근의 원칙을 코칭 전반에 활용하는 것이다. 고객과 진실하고 솔직한 일대일 관계를 맺는다. 무조건적이고 긍정적인 존중과 수용을 통해 정확히 공감한다. 진심으로 경청하고 고객의 현재 모습 그대로를 완전히 수용한다. 경청한 내용을 반영하여 고객이 자기 상황을 있는 그대로 인식할 수 있게 한다.

두 번째 과제는 고객에게 경청하는 법을 가르쳐 주는 것이다. 이것은 대부분의 코칭 고객에게 유용하지만, 고객에 따라 필요하지 않을 때도 있다(훌륭한 경청 기술을 갖춘 고객은 예외다). 경청은 가치 있는 관계를 맺기 위해 반드시 필요한 기술이며 대부분의 사람들은 스스로 경청을 잘한다고 생각하지만 그렇지 않은 경우가 많다. 인간은 상대가 자기 말을 제대로 듣고 이해했다고 확신한 후에야 상대의 영향력을 수용한다. 테디 루스벨트Teddy Roosevelt가 오래전에 했던 말을 기억해두자. "사람들은 상대가 얼마나 깊은 관심을 기울이는지 알기 전까지는 상대가 얼마나 알고 있는지에 관심을 갖지 않는다." 경청하지 않는 사람들은 상대의 관심을 끌지 못할 뿐 아니라 영리해 보이지도 않고 상대에게 진지한 인상을 주지도 못한다. 그럼에도 빠르게 변하는 시대 속에서 많은 경영자들은 확고한 경청 기술을 갖추지 못하고 있으며, 360도 평가 결과를 살펴보면 경청의 문제가 자주 드러난다. 창의적 리더십 센터(Hoppe, 2006)는 리더 수천 명을 평가한 결과 상당수가 경청 기술을 개선해야 하는 것으로 나타났다고 밝혔다(p. 8).

고객의 말을 적극적으로 경청해 주고 그들에게 적극적으로 경청하는 방법을 알려주자. 적극적 경청에는 다음의 기술과 행동이 포함된다.

- **하던 일을 멈추고 주의 기울이기**—이 단계는 너무 당연하게 느껴지지만, 사람들은 충격적일 정도로 자주 이 단계에서 실패한다. 경청을 잘하는 사람은 상대방이 편안한 분위기에서 말할 수 있게 자세와 어조, 얼굴 표정에 주의를 기울인다.
- **신체적 경청 활용하기**—고객이 상대방에게 주의를 기울이고 있다는 명확한 인상을 줄 수 있게끔 고객의 자세와 신체적인 버릇을 바로잡아 준다. 고객이 상대의 말을 듣는 동안 눈을 맞추는지, 어떤 태도를 보이는지 피드백해 준다. 고객이 하는 말은 몸짓에서 드러나는 메시지와 일치해야 한다. 말과 몸짓이 어긋나면 무슨 말을 하려는 의도인지 혼동이 생긴다. 그러면 상대는 어떤 메시지를 믿어야 할까? '이 사람은 말로는 심각하다고 얘기하는데, 행동은 그렇지 않아 보이네.' 하

는 식으로 의아해하게 된다.

- **적절한 질문하기**−시간을 들여 적절히 질문을 하면 상대는 당신이 이야기의 주제를 잘 따라오고 있고 그 주제에 관심이 있다는 점을 알게 된다. 화자의 관심사를 명확히 밝히는 질문을 한다. 질문을 '연발'하거나 연속해서 '예/아니요'로 대답해야 하는 질문을 던져서 화자를 추궁하지 않도록 주의한다. 개방적인 질문을 활용하여 화자가 마음에 있는 생각과 감정을 표현할 수 있게 한다. 더 나아가 화제를 정리하고 더 명확히 부각시켜 주는 질문을 덧붙인다. 어려운 주제로 논의를 이끌어가기 위해서 가끔은 진실을 파고드는 질문을 고려해 본다.

- **재진술하기**−새로운 정보를 제시하기 전에 상대의 말을 반복하거나 요약하는 법을 가르쳐 준다.제가 제대로 알아들었는지 다시 한 번 짚고 넘어가겠습니다. 맡은 프로젝트에 자금이 충분히 배정되지 않았다고 생각하신다고요. 제가 제대로 이해한 건가요? 재진술은 들은 내용을 명확히 하고 청자가 상대에게 관심이 있으며, 상대의 말을 정확히 파악하고 있다는 점을 보여 준다. 재진술은 상대에 대한 존중을 드러내며 일에 탄력이 붙기 시작할 때 더 중요해진다.

- **바꿔 말하기**−상대의 말을 요약해서 메시지의 핵심을 강조하고 탐색하는 법을 알려 준다. 프로젝트를 재고해 보신다고요.

- **반영하기**−고객은 화자의 감정 상태를 반영하는 법을 배울 수 있다. 코치가 시범을 보이고 가르쳐 준다. 반영은 이따금 굉장히 좋은 효과를 낸다. 마감 시한이 신경 쓰이시나 보군요. 제가 보기엔 마감 시한을 맞추지 못할까 봐 걱정하는 것처럼 보입니다.

- **요약하기**−고객에게 화자가 말한 여러 진술을 하나의 주제로 묶어서 화자가 말하고자 하는 바를 정확히 이해했는지 확인하는 법을 가르쳐 준다. 좋습니다. 그러니까 지금 분명히 기회가 오긴 왔는데, 이 프로젝트를 진행하기 위한 자금을 충분히 얻어 낼 수 있도록 이사회를 설득할 수 있을지 걱정이 되시는군요. 제가 제대로 이해했나요?

- **감정을 경청하기**−고객이 두려움, 분노, 당혹감과 같은 감정을 겉으로 표현하지 않더라도 마음속으로는 느낄 법한 감정을 알아차려야 한다. 고객의 감정에 대한

코치 자신의 짐작을 무조건 옳다고 여겨서는 안 되지만, 항상 고객의 감정에 관심을 갖고 생각해 보아야 한다. 왜냐하면 감정을 통해 문제에 직면하게 되는 경우가 많기 때문이다. 때로는 단순히 관심을 기울이기만 해도 말에 담긴 감정이 명백히 보이고 이 감정을 통해 예전에 미처 생각해 보지 못한 중요한 문제가 드러날 수 있다. 때로는 주의를 기울이면 짧은 순간 스쳐지나가는 감정을 포착할 수 있다. 감정에 관심을 보일 때 얻는 또 하나의 소득은 대화가 더욱 흥미로워진다는 점이다. 하지만 비즈니스 상황에서는 감정에 대해 공공연하게 이야기하는 행위가 부적절할 때가 많기 때문에 분별력과 판단력을 발휘해야 한다.

- **공유하기**—코치의 반응을 고객에게 적절히 알려준다. 이때 분별력을 발휘해서 고객을 격려하면서도 건설적으로 대화를 이끌어 갈 수 있게끔, 생각하고 느낀 바를 공유한다.
- **경청하는 동안 판단 보류하기**—고객이 자기 생각을 분명히 밝힐 수 있게 해 주고 열린 마음으로 경청한다. 판단은 충분히 생각해 본 뒤에 내린다. 상대를 판단하는 태도는 대화에서 불필요한 경쟁을 일으킨다. 이는 코칭의 성과에 악영향을 미친다.
- **차이 인정하기**—진지하게 논의할 때는 서로 동의하지 않는 부분이 생기기 마련이다. 이때 이러한 차이를 예의 바르게 사실적으로 인정하면 도움이 된다. 아시다시피 이 문제에 관해서는 이견이 있군요. 하지만 저는 이러저러한 일이 옳다고 생각합니다.

코칭 과정에서 세부적인 경청 기술에 대해 피드백한다. 고객이 불쑥 끼어든다면 그 점을 환기시켜 주어야 한다. 상대방이 조금 전에 했던 말에 대응을 하지 않고 갑자기 주제를 바꾼다면, 그렇게 행동했다고 이야기한다. 듣는 사람의 반응을 살피지 않고 계속 말을 이어 간다면 그런 행동을 알아차리게 해 주어야 한다. 쓸데없이 논쟁을 벌이거나 지나치게 빨리 판단하거나 무관심해 보인다면 그런 태도도 언급해 준다. 그보다 더 효과적인 방법은 고객이 듣고 말하는 모습을 비디오로 촬영해서 보여 주는 것이다. 고객이 주위 사람들에게 행동하는 방식이 어떤지를 피드백해 주는 것은 코치가 해 줄 수 있는 가장 중요하고 소중한 일일 수도 있다. 누구에게나 자신이 보지 못하는 약점이 있기 마련이다. 고객과 가까이에 있는 사람들은 고객에게 이러한 피드백을 줄 수 없거나 혹은 줄 의사가 없다는 점을 기억해야 한다. 어쩌면 코치야말로 고객에게 피드백을 전할 수 있는 유일한 사람일지 모른다.

고객이 코치에게 주는 인상이 어떤지도 피드백해 주자. 코치로서, 고객을 대하는 한 사람으로서 고객에게 느끼는 감정을 포착한다. (고객의 발전에 도움이 될 때, 조작된 감정이 아닐 때, 코치 자신의 욕구 충족을 위한 것이 아닐 때) 그 감정을 주의 깊게 생각해 보고 적절한 시점에 고객과 공유해 보자. 만약 고객이 코치에게 어떤 감정을 강하게 불러일으켰다면, 고객의 주변 사람들도 비슷한 감정을 느낄 가능성이 높다(물론 항상 그런 것은 아니다).

고객에게 진실성에 대해 코칭해 주자. 고객이 상대방에게 얘기할 때 얼마나 진실한 태도로 임하는지 등을 평가하여 고객이 얼마나 진정성이 있는 사람인지 알아본다. 진실성에 관해 고객과 논의하고, 상황에 따라 적절하게 자신을 드러낼 수 있게 한다. 고객 중에는 너무 사적으로 자기 자신을 많이 드러내는 사람이 있는가 하면, 자신을 전혀 드러내지 않는 사람도 있다. 특히 비즈니스 상황에서는 사적인 질문을 하거나 사적인 문제를 드러내면 무례하다고 여기는 사람도 있다. 하지만 누군가에게는 이러한 태도가 무관심하고 경직된 인상을 줄 수 있다.

인간중심 접근의 장점

인간중심 접근은 고객을 대하는 경영자 코치의 자세에 대해 깊이 있는 통찰을 준다. 적극적으로 경청하고 고객을 존중하며 고객의 내적 준거 틀을 수용하면, 고객은 누군가가 자기 얘기를 진심으로 경청해 주거나 정확하게 이해해 주는 (기업에서는 너무나 드문) 기회를 얻게 된다. 소위 말하는 소프트 요소의 힘은 절대로 과소평가하지 말아야 한다. 그런 요소가 경영자 코칭 과정에 대한 신뢰와 참여, 충성심을 높여 주기 때문이다. 기업의 리더 중에는 공감과 경청기술이 결여된 사람들이 많은데, 인간중심 접근을 적용하는 코칭 과정에서 고객은 공감적 경청을 제대로 경험할 수 있다. 효과적인 리더십이 대개 인간관계와 관련이 있다는 점에서 이러한 경험은 리더에게 커다란 기회가 된다.

인간중심적인 태도는 코칭 과정 전반에서 중요하지만 특히 '동반자 관계를 구축하는' 코칭 초기 단계에 가장 큰 강점이 있다. 신뢰관계가 확립되고, 존중과 관심, 수용의 태도가 고객에게 전달되지 않으면 대개 경영자 코칭은 실패로 끝난다.

인간중심 접근은 고객이 당면한 문제가 정신질환인 경우가 거의 없다는 점에서 경영자 코칭에 유용하다. 경영자 고객들은 대체로 유능하고 정신이 건강하며, 현재의 근무 환경을 탐색하고 약간의 변화를 꾀하거나 새로운 기술을 익힐 필요가 있는 사람들이다. 인간중심 접근법을 활용하면 코치는 고객과 상대적으로 빨리 라포를 형성할 수 있고 코칭의 여건을 정확히 판단할 수 있다.

이따금, 상사나 조직에 의해 코칭을 받게 된 고객이 코칭 과정에 승선하지 않고 코칭을 반기거나 신뢰하지 않는 경우가 있다. 속으로는 분개하거나 코칭을 경멸하면서 겉으로만 코칭에 협력할 수도 있다. 이러한 경우 경영자 고객이 코칭 과정에 진정한 노력을 기울이지 않을 공산이 크기 때문에 신속한 변화를 꾀하는 계획은 처참한 결과를 불러올 수 있다. 최악의 경우 고객이 고의로 코칭 과정을 방해해서 모두에게 해가 되는 결과를 낳기도 한다. 이런 경우 코칭 초기부터 인간중심 접근법을 적용하면 성공 확률이 높은데, 그 이유는 고객을 판단하거나 비난하거나 방어적으로 대하지 않고, 정확한 공감을 통해 문제를 파악하기 때문이다. 코치와 고객은 고객이 코칭에 대해 분개하거나 혹은 코칭을 두려워한다는 '사실'에서부터 출발하여 코칭을 긍정적인 경험으로 만들어 갈 가능성을 탐색할 수 있다.

한 계

인간중심 접근은 '독자적인' 이론으로서는 부족한 면이 있다. 코치-고객 관계를 시작할 때는 훌륭한 접근이지만 코칭 과정이 발전하면서 계속 사용하기에는 좋지 않다. 내용 지식과 평가 기술, 그리고 동기부여 기법은 모두 경영자 코칭에서 중요한 역할을 담당한다. 다른 이론들이 제시하는 관점과 통찰, 특히 인지행동이론과 가족체계이론, 정신분석이론의 관점과 통찰을 활용하여 로저스가 제시한 이론의 핵심 원리를 보완해야 한다.

코칭 사례

서로 다른 두 가지 사례를 통해 인간중심 접근을 경영자 코칭에 적용하는 방법을 살펴보자.

빌 씨의 사례

빌은 40세의 부사장으로, 중간 규모 비영리단체의 인사관리를 담당하고 있다. 새로 부임한 최고경영자(CEO)는 빌이 '규칙과 규제'에는 뛰어나지만 대인 관계 기술, 다시 말해서 직원들을 따뜻하게 감싸주고 이해해 주는 능력이 부족하다며 빌에게 코칭을 받도록 지시했다. 이전의 최고경영자는 빌이 복잡한 행정절차에 대해 깊이 있는 지식을 갖췄다며 그를 높이 평가하고 신임했다. 그러니까 빌은 마셜 골드스미스가 말한 "지금까지의 성공 요인이 앞으로의 성공을 보장해 주지 못하는" 문제를 안고 있었다 (Goldsmith & Reiter, 2007).

빌은 KRW 인터내셔널 그룹(Kiel, Rimmer, Williams, & Doyle, 1996)이 기술한 일반적인 고위 경영자를 대표하는 인물로서, 지배성향과 통제욕구가 평균에서 1~2 표준편차만큼 더 높았다. 그는 '심리 성찰력'을 갖추지 못했고, 리더십의 '소프트' 요소를 불신하거나 경멸했다. 따라서 이러한 유형의 고객에게는 저항에 대비한 계획을 세우는 것이 매우 중요하다. 빌의 코칭 과정은 '평탄치 않을' 가능성이 높다.

곧 빌이 코칭에 저항한다는 사실이 확연히 드러났다. 그는 현 최고경영자가 자신을 제대로 이해하지 못한다고 생각하며 코칭이 과연 도움이 될지 의심했다. 인간중심 접근은 코치가 빌과 동반자 관계를 구축하는 데 크게 도움이 됐다. 코치는 즉시 전략을 제시하거나 훈련 기법을 개발하지 않고 빌의 관점에서 문제를 이해해 보기 위해서 초기 몇 차례의 만남에서 빌의 이야기를 듣는 데 열중했다. 일반적으로 고객이 저항할 때는 문제를 직접 대면시키기보다는 문제를 이해해 보려고 노력하는 편이 더 효과적이다. 코치의 진실성과 정확한 공감 덕분에 빌은 코치를 '정직한 중재자'이자 실제로 자신에게 도움을 줄 수 있는 협력자로 보기 시작했다. 신뢰를 확립한 후에 코치는 분노조절 및 의사소통 기술에 관한 프로그램을 만들었고 빌은 이 기술들을 부지런히 받아들였다. 빌은 공감을 받기 시작하면서 저항하는 태도를 거둬들였다. 이후에는 거의 저항이 없었고, 이 저돌적인 젊은 경영자는 당면한 문제 해결에 착수할 수 있었다. 인간중심 코칭은 또한 직장에서 빌의 대인 관계 기술을 향상시키기 위한 본보기가 되었다. 그는 자신이 코칭을 받는 방식의 일부를 회사 경영에도 적용해서 직장 내에서의 관계를 개선했다.

베티 씨의 사례

35세의 베티는 대규모 레크리에이션 회사에서 새롭게 떠오르는 인물로 각광받았다. 베티는 관리자로서의 책임이 더 큰 자리로 이동해야 했지만, 그 준비 과정에 어려움을 겪고 있었다. 상사는 베티가 대인 관계 갈등을 매우 불편해하고 갈등상황을 회피한다는 점을 발견했다. 베티는 수년간 단독 업무 처리만큼은 매우 뛰어났지만 관리자로서의 경험은 부족했다. 또한 베티는 완벽주의 성향이 있어서 자기가 저지른 실수를 쉽게 떨쳐내지 못하는 편이었다.

베티는 코칭 프로그램을 시작하면서 "들뜨기도 하고 무섭기도 하다고" 말했다. 베티는 예전에 (지시적인) 상담을 받은 적이 있으며 그 당시 상담가가 자기를 제대로 이해하지 못한다고 느꼈기 때문에 그와 유사한 경험을 반복하는 것에 경계심을 품었다. 그녀는 앞으로 진행될 코칭 프로그램의 방향 설정에 자신이 주도적으로 참여해야 한다는 점을 알았지만 별다른 열정을 보이지 않았다. 여기에서도 인간중심 접근은 베티가 경계심과 망설임을 극복하도록 도움을 주었다. 코치의 경청하려는 의지와 배려하고 존중하는 태도, 베티에게 기꺼이 '열차 운전'을 맡기는 자세는 갈등이나 완벽주의의 문제를 다루기 위해 필요한 신뢰 형성에 도움을 주었다. 코치는 베티를 정확히 공감하는 단계에서부터 시작했다. 공감대를 형성하자 코치는 베티의 감정선을 이해할 수 있었다. 행동계획을 포함한 코칭 프로그램은 베티가 자신의 이야기를 코치가 들어주고 이해해 준다고 확신한 후에야 세웠다. 코칭 초반에 나타나던 저항이 줄어들자

베티는 코칭에 진지하게 참여할 수 있게 됐다. 베티 스스로 개발하고 개선해야 할 점을 파악했고 그 일에 착수했다. 코치는 코칭 과정에서 베티가 솔직하게 직접적으로 의사표현을 하도록 격려했고, 이를 계기로 직장에서도 직접적으로 의사소통할 수 있게 도왔다. 코치는 베티가 어려운 상황에 직접 맞서도록 격려했고 영상 피드백을 활용해서 대화를 시연했다. 코치와 베티는 진실하게 의사소통하는 법을 습득하고 진실한 의사소통의 가치를 깨닫는 일에 착수했다. 베티는 인간중심 접근의 경청 기술을 배우고 연습해 직장에서 갈등이 발생하는 상황에 대비했다.

또한 코치는 완벽주의에 관한 베티의 염려를 주의 깊게 경청하고, 반영하기와 바꿔 말하기 기법을 활용하여 베티가 자신이 한 말을 듣고 그 말이 의미하는 바를 생각해 보도록 도와줬다. 시간이 갈수록 베티는 자신의 모습을 있는 그대로 받아들였고, 사람을 만나고 프로젝트를 수행할 때 완벽해야 한다는 생각을 버리게 되었다. 베티의 현실적 자아와 이상적 자아가 통합되기 시작했다.

진실성, 수용, 공감의 미래

로저스가 제안한 인간중심 원칙은 앞으로도 유용할 것이다. 하지만 로저스의 이름은 함께 언급되지 않을 것이다. 경영자 코칭 이론 및 경영자 코칭에 심리학을 적용한 문헌들은 지속적으로 코치와 고객 간의 관계에서 진실성과 무조건적 긍정적 존중, 그리고 공감의 중요성을 강조할 것이다. 그럼에도 로저스의 획기적인 인간중심 접근을 참고했다고 언급하는 경우는 찾기 어려울 것이다. 프로이트와 융은 심리치료 관련 저자들의 마음속에 여전히 살아 있다. 하지만 로저스는 그렇지 못했는데, 이는 분명 로저스의 이론이 '성적 매력sex appeal'이 부족했던 탓일 것이다. 로저스의 사상은 평범하고 실용적이고 단순해서, 지적으로 높이 평가받을 만한 가치가 없어 보인다. 하지만 로저스의 접근법은 앞으로도 경영자 코치와 고객이 관계를 형성할 때 중요한 역할을 할 것이다.

현 시대는 분명 촌철살인 식의 짧고 인상적인 경구를 더 인정해 준다. 경영자 코치들은 경영자들이 코칭에 쏟은 시간을 아까워하지 않도록 코칭의 성과를 더 빨리 내는 방법을 배운다(Jones, 2008). 로저스의 방법은 속도를 중시하지 않는다. 사실 로저스의 방법론은 인간을 깊이 이해하고 변화시키기 위해서 성급하게 접근하는 다른 방식들과 정반대의 관점을 취한다.

공감과 신속성 사이의 싸움은 끊임없이 계속될 것이다. 코치는 다음 사항에 주의하면서 코칭 관계에서 진실한 공감 형성의 중요성을 배워야 할 것이다. 활기차고 재빠르고 주의지속시간이 짧은 경영자의 관심을 잃지 않을 만큼 빠르게 공감대를 형성해야 한다. 존 우든John Wooden의 조언을 기억하자. "재빠르게 하되, 서두르지는 말아야 한다."

요 약

1. 인간중심 접근은 경영자 코치가 성공을 거두기 위한 필수 조건으로 볼 수 있다. 인간중심 접근은 코칭의 토대가 되는 일련의 기술을 제시한다. 인간중심 접근의 기술과 조건들은 다른 접근법이 적용되기 전에 갖춰져야 하며, 만일 그렇게 하지 못한다면 다른 방법을 적용한다고 해도 변화를 이끌어 내기가 어렵다. 인간중심 접근에서 제시하는 주요 기술은 습득하기가 쉽지 않지만 코치가 갖춰야 할 핵심역량의 근간을 이룬다. 인간중심 접근은 고객과 코칭 관계를 발전시킬 때 매우 중요하며 효과가 탁월한 다른 접근법과 함께 절충적으로 활용될 때 최상의 결과를 낸다.

2. 필요한 경우 인간중심 기술에 관한 기억을 되새겨 본다. 기본적인 경청 기법을 다시 살펴보고 코치로서 자신의 상호작용 기술을 적극적으로 향상시킨다. 다른 코치나 상담사에게 자신의 경청 기술이나 상호작용 유형에 관해 피드백을 받는다. 누구에게나 자신이 보지 못하는 약점이 있다.

3. 고객에게 경청 기술을 가르쳐 준다. 고객의 허락하에 고객이 경청하는 방식과 고객이 코치나 주위 사람들에게 주는 인상에 관해 폭넓게 피드백해 준다.

4. 고객의 관점에서 이해하려고 끊임없이 노력한다.

5. 항상 진실한 태도로 코칭에 임한다.

참고문헌

Cooper, R. (1997, December). Applying emotional intelligence in the workplace. *Training & Development, 51*(12), 31-38.

Corey, G. (1982). *Theory and practice of counseling and psychotherapy* (2dn ed.). Monterey, CA: Brooks/Cole.

Cormier, W., & Cormier, L. (1985). *Interviewing strategies for helpers: Fundamental skill and cognitive behavioral interventions.* Monterey, CA: Brooks/Cole.

Covey, S. (1989). *The seven habits of highly effective people.* New York: Simon & Schuster.

Deming, W. (1986). *Out of crisis. Cambridge*, MA: NIT Center for Advanced Engineering Study.

Diedrich, R. (1996, Spring). An iterative approach to executive coaching. *Consulting Psychology Journal: Practice and Research, 48*(2), 61-66.

Goldsmith, M., & Reiter, M. (2007). *What got you here won't get you there.* New York: Hyperion.

Goleman, D. (1995). *Emotional intelligence.* New York: Bantam.

Goleman, D. (1998). *Working with emotional intelligence.* New York: Bantam.

Heppner, P., Rogers, M., & Lee, L. (1984). Carl Rogers: Reflections on his life. *Journal of Counseling & Development, 63*, 14-20.

Hill, A., & Wooden, J. (2001). *Be quick but don't hurry.* New York: Simon & Schuster.

Hojat, M., Gonnella, J. S., Mangione, S., Nasca, T. J., Veloski, J. J., Erdmann, J. B., et al. (2002). Empathy in medical students as related to academic performance, clinical competence and gender. *Medical Education, 36*(6), 522-527.

Hoppe, M. H. (2006). *Active listening: Improving your ability to listen and lead.* Greensboro, NC: Center for Creative Leadership.

Hutcheson, P. (1996, March). Ten tips for coaches. *Training & Development, 50*(3), 15-16.

Jones, G. (2008, August). Coaching real leasers. *Training & Development, 62*(8), 34-37.

Kiel, F., Rimmer, E., Williams, K., & Doyle, M. (1996, Spring). Coaching at the top. *Consulting Psychology Journal: Practice and Research, 48*(2), 67-77.

Kilburg, R. (Ed.). (1996a, Spring). Executive coaching [Special issue]. *Consulting Psychology Journal: Practice and Research, 48*(2).

Kilburg, R. (1996b, Spring). Toward a conceptual understanding and definition of executive coaching. *Consulting Psychology Journal: Practice and Research, 48*(2), 134-144.

Leape, L. (1994, December 21). Error in medicine. *Journal of the American Medical Association,*

272(23), 1851-1857.

Morris, T. (1998). *If Aristotle ran G.M.: The new soul of business.* New York: Henry Holt.

Peters, T., & Waterman, R. (1982). *In search of excellence: Lessons from America's best-run companies.* New York: Harper & Row.

Peterson, D. (1996). Executive coaching at work: The art of one-on-one change. *Consulting Psychology Journal: Practice and Research, 48*(2), 78-86.

Pink, D. (2006). *A whole new mind: Why right-brainers will rule the future.* New York: Riverhead Books.

Roger, C. (1961). *On becoming a person.* Boston: Houghton Mifflin.

Roger, C. (1967). The conditions of change from a client-centered viewpoint. In B. Berenson & R. Carkhuff (Eds.), *Sources of gain in counseling and psychotherapy* (pp. 71-85). New York: Holt, Rinehart & Winston.

Roger, C. (1977). *Carl Rogers on personal power: Inner strength and its revolutionary impact.* New York: Delacorte.

Roger, C., & Wood, J. (1974). Client-centered theory: Carl Rogers. In A. Burton (Ed.), *Operational theories of personality* (pp. 211-258). New York: Brunner/Mazel.

Sperry, L. (1996). *Corporate therapy & consulting.* New York: Brunner/Mazel.

Witherspoon, R., & White, R. (1996). Executive coaching: A continuum of roles. *Consulting Psychology Journal: Practice and Research, 48*(2), 124-133.

Wright, R. (1997). *Tough questions, great answers. Responding to patient concerns about today's dentistry.* Carol Stream, IL: Quintessence Books.

추천도서

Joseph, S., & Bryant-Jeffries, R. (2008). Person-centred coaching psychology. In S. Palmer & A. Whybrow (Eds.), *Handbook of coaching psychology* (pp. 211-228). London: Routledge.

Meier, S. T., & Davis, S. R. (2007). *The elements of counseling.* Florence, KY: Cenage-Brooks/Cole.

Rock, D. (2006). *Quiet leadership.* New York: Harper Collins.

Rogers, C. (1951). *Client-centered therapy.* Cambridge, MA: Houghton Mifflin.

Stober, D. R. (2006). Coaching from the humanistic perspective. In D. R. Stober & A. M. Grant (Eds.), *Evidence based coaching* (pp. 17-50). Hoboken, NJ: John Wiley & Sons.

제7장

리더의
습관적 사고를 어떻게 코칭할까

인간을 움직이는 것은 상황이 아니라, 상황을 바라보는 시각이다.

−에픽테토스Epictetus

경영자들은 자신의 사고방식을 변화시켜서 이득을 볼 때가 있다. 특히 사고방식이 성공을 가로막고 있을 때는 사고방식의 변화가 커다란 차이를 불러올 수 있는데 이때 인지적 방법론에 능숙한 코치는 큰 도움을 줄 수 있다. 이는 코치 특유의 역할 덕분에 가능하다. 경영자 고객이 뭔가 잘못된 생각을 하고 있을 때 코치를 제외하고는 그런 문제점을 지적해 줄 만한 사람이 거의 없기 때문에 코치는 고객의 부정확한 생각을 지적해 줄 수 있어야 한다. 고객의 배우자나 동료, 상사도 잘못된 생각을 지적하기 어렵다. 코치는 사고의 질을 향상시키는 법을 가르쳐 줄 수 있고, 이를 통해 고객이 느끼고 행동하는 방식을 개선할 수 있다. 인지치료는 부정확한 사고가 부정적인 감정을 불러일으키는 방식에 주목한다.

사 례

바니 스미스 씨는 영리하고 야심찬 운영 관리자로, 열심히 일하고 노력해서 회사의 승진 사다리를 꾸준히 타고 올라갔다. 그는 친절하고 호감이 가는 사람으로 선량한 데다 운영의 이모저모를 꿰뚫고 있다. 바니는 성공을 이어가기 위해서 무슨 일이라도 할 준비가 되어 있었지만 한계에 부딪혀 당혹스러워하고 있었다. 그는 누구보다 더 많은 시간 일했고 집에 갈 때도 일거리를 들고 갔다. 항상 할 일이 너무 많은 것 같았고 혼자서 세 사람 몫을 하고 있다고 느꼈다. 머릿속에서는 업무 위임이 필요하다는 최근의 평가 결과가 계속 맴돌았다. 바니는 업무를 편안하게 위임하는 데 서툴렀고 위임을 거의 하지도 않았을 뿐 아니라 비서가 잡무를 처리하는 것 외에는 거의 모든 일을 스스로 처리했다. 말하자면 그는 리더라는 가면을 쓰고 온갖 업무를 처리하는 평범한 사원이나 다름없었다. 바니는 높은 자리로 올라갈수록 위임이 점점 중요해질 거라는 점을 깨닫고 위임 기술을 배우기로 결심했다. 그래서 세미나에 참석하고 자기계발서를 사 읽었지만 별다른 변화는 없었다. 그는 여전히 효과적으로 업무를 위임하지 못했고 자신이 왜 그러는지 이해하지 못했다. 바니는 열정적이고 진지했으며 최선을 다했고 업무에 오랜 시간을 투입하고도 모든 일이 정확하게 제대로 처리됐는지 재차 확인하곤 했다. 그는 사실상 자기 부서의 모든 일에 손을 대고 있었다. 바니는 당연히 기진맥진하는 일이 잦았고 그의 부하직원들은 다른 부서의 직원들보다 열심히 일하지 않는 것처럼 보였다.

바니에게는 어떤 도움이 필요할까? 바니의 행동 패턴을 변화시킬 수 있을까? 그에게는 어떤 접근법을 활용하면 좋을까? 인지심리학은 어떤 면에서 그에게 도움을 줄 수 있을까?

이 론

인지심리학은 마음의 작동 방식과 패턴에 대한 연구다. 인지심리학의 관점에서 보자면 사람의 마음은 신체의 일부분인 뇌에서 비롯된 정신적 산물로 구성된다. 인지심리학은 1955년경부터 주로 대학교에서 연구되어 왔다. 인지심리학은 복합적인 학문 분야로 기억과 인식, 언어형성과 다양한 뇌기능의 역할과 같은 인지과정을 다룬다.

인지치료는 비교적 젊고 단순한 학문 분야다. 인지심리학의 핵심 개념을 차용한 인지치료는 직장에서의 활용 가능성이 무궁무진하다. 그 핵심 개념은 다음과 같다. 사람들은 자기 생각을 파악하고 변화시키는 법을 배울 수 있고 이를 통해 엄청난 정서적·행동적 혜택을 누릴 수 있다. 인지치료는 무의식적 과정이 아니라 의식적인 사고에 중점을 둔다는 점에서 이전 심리치료 이론들과 구별된다. 인지치료는 비교적 쉽게 설명하고 배울 수 있으며, 적절한 대상에 활용하면 정서 및 행동방식을 근본적으로 빠르게 변화시킬 수 있다.

역사

초기 인지치료의 발전에 기여한 사람을 꼽자면 주로 두 명이 거론된다. 앨버트 엘리스Albert Ellis는 활동적이고 매력적인 심리학자로 1960년대 프로이트의 전통을 깨고 의식적 사고와 감정, 행동 및 행복 간의 관계에 기반을 두고 자신의 심리치료법을 구축했다. 그는 복잡한 무의식 과정에 집중하는 정신분석이 그다지 효과가 없으며, 구체적이고 직접적으로 내담자에게 개선된 사고방식을 가르칠 때 치료 경과가 더 좋다는 점을 발견했다. 그는 매우 열심히 일했고 다작을 했으며, 2007년 93세의 나이로 세상을 떠나기 직전까지 강단에 서며 여러 제자를 배출했다.

이와 유사한 시기에 에런 벡Aaron Beck(1967, 1976)은 펜실베이니아 대학병원에서 우울증이 심한 사람들을 연구했다. 그는 스스로를 완전히 비관하는 입원 환자들에게 새로운 사고 패턴을 가르치는 구조화된 프로그램을 실험했다. 그는 **자동적 사고**automatic thoughts(반복적이고 체계적으로 부정확한 사고 패턴)가 우울증과 불안증의 원인이라고 결론짓고 환자의 마음속 '규정집rule books'을 변화시키는 일을 치료의 목표로 삼았다.

벡의 후계자 중 한 사람인 데이비드 번스David Burns는 1980년 『우울한 현대인에게 주는 번즈 박사의 충고』[1]라는 주목할 만한 책을 썼다. 이 책에서 번스는 인지치료를 이해하기 쉽게 설명하여 인지치료의 대중화에 기여했다. 그는 인지치료기법을 활용하

---

1) 원제: Feeling Good: The New Mood Therapy

여 심리적으로 발전하고자 하는 사람들을 위한 책을 지속적으로 출간했다.

1965년 인지심리학자 로이드 옴Lloyd Homme은 **내적 조작**covert operant이라는 개념을 만들었는데, 이 개념은 엘리스와 벡의 경험을 인지치료에 활용하는 열쇠가 되었다. 옴은 의식적인 생각을 겉으로 드러난 행동과 마찬가지로 조작할 수 있다는 사실을, 즉 관찰하고 조절하며 관리할 수 있다는 사실을 밝혀 냈다. 시기심과 같은 생각은 무의식적 과정의 산물로 다룰 필요가 없었다. 시기심은 관찰이 가능했고 강화나 조성과 같은 행동기법을 활용해서 꾸준히 계획적으로 노력하면 직접 변화시킬 수 있었다. 사고는 정신 행동으로 취급되었다.

비록 이 생각은 수년간 임상심리학계에서 거부되었지만 엘리스와 벡, 번스 및 여러 연구자들이 집요하게 연구를 지속한 데다 이 접근법 특유의 실용성으로 인해 마침내 주류 심리치료법으로 자리를 잡았다.

철학적 기초

인지치료를 이해하기 위해서는 두 철학자의 사상을 살펴보면 도움이 된다. 첫 번째는 스토아학파의 에픽테토스다. "인간을 동요케 하는 것은 사건 자체가 아니라, 그 사건을 바라보는 시각이다."

두 번째는 칸트학파의 오래된 선문답에서 비롯되었다.

1. 호랑이를 본다.
2. 위험에 처했다고 생각한다.
3. 두려움을 느낀다.
4. 도망간다.

여기서 세 번째 진술(네 번째 진술도 마찬가지)이 첫 번째 진술이 아닌 두 번째 진술에서 비롯되었다는 점에 주목해야 한다. 인간의 감정은 인생 자체에서 비롯되지 않는다. 주위 환경이나 발생한 사건, 심지어 그에 관한 직접적인 지각에서 비롯되지도 않는다. 상황 자체는 사람을 슬프거나 화나게 하지 않는다. 슬픔이나 분노와 같은 감정은 사고의 결과이므로 선택이 가능하다. 어떤 생각을 선택하느냐에 따라 어떤 감정을 느끼고 어떤 행동을 할지가 결정된다. 동기부여 연설가들도 이 강력하고 유용한 원리에 주목했다. 감정은 생각에 따라 달라진다. 구체적인 생각은 감정을 불러일으키고 조절한다. 스스로 위험에 처했다고 생각하면 두려움을 느끼게 될 공산이 크다. 두려움을 느끼면 도망갈 공산이 크다. 하지만 호랑이가 우리 안에 있다면 어떨까? 혹은 당신이 호랑이 조련사로 평생을 호랑이 곁에서 보내왔다면? 단순히 호랑이를 본다고 해서 두려움을 느끼고 도망가지는 않는다. 당신이 스스로 위험에 처했다고 생각해야만 도망가는 행동을 하게 된다. 우리에 갇힌 호랑이의 예에서와 같이 어려운 상황에서 우리 머릿속에 가장 먼저 스치는 생각은 대개 그 상황에 대처하는 데 가장 적합한 생각이 아니다. 다행히도 우리는 머릿속을 처음 스치고 지나간 생각이나 본능에 머물러 있지 않는다. 생각은 대부분 우리 통제 아래 있다. 인간에게는 자신의 생각을 관찰하고 변화시키는 능력이 있다. 대다수 사람들은 삶에서 일어나는 사건들이, 즉 호랑이가 우리의 기분을 좌우한다고 추정하는 실수를 저지른다. 이렇게 되면 우리가 인생에서 일어나는 중요한 사건이나 외부의 영향을 통제할 수 없다는 점에서 문제가 된다. 인생은 너무나 거대하고 신비로워서 우리의 생각이나 선호와는 무관하게 흘러간다. 인지적 접근으로 우리가 인생을 통제할 수는 없지만 인생을 생각하는 방식은 통제할 수 있다고 가정한다. 사고를 통제함으로써 우리는 자신의 감정과 행동을 제어할 수 있다. 기분이 나쁘다면 그것은 '인생'이 나쁘기 때문이 아니다. 부정적인 감정은 부정확한 사고체계의 산물이며 사고 패턴이 기분을 결정한다. 여기서 한 가지 반드시 짚고 넘어가야 할 사항은, 인지치료는 '긍정적인 사고'를 권장하지 않는다는 점이다. 인지치료는 옳고 정확하며 합리적인 사고를 강조한다. 긍정적인 사고도 그것이 적절하고 정확하기만 하다면 괜찮다.

인지적 접근을 코칭에 활용하는 법

인지기법을 활용하려는 코치가 관심을 가질 만한 세 가지 영역에는 전반적인 사고 유형, 구체적인 사고 패턴, 구체적인 사고가 있다. 지금부터 이 세 영역과 더불어 심상imagery에 대해 설명하고자 한다. 인지기법은 정서나 감정을 평가하는 단계로부터 시작한다. 고객에게 분노나 슬픔, 두려움이나 상처받은 느낌이 드는지, 혹은 당면한 문제와 관련해 이러한 감정을 느끼는지 묻는다. 이 같은 감정은 대개 비합리적인 생각의 단서가 된다. 인지적 접근은 인생의 사건들이 실제로는 중립적이라고 전제한다. 인생은 그 자체로는 좋지도 나쁘지도 않다. 좋고 나쁨은 인간의 판단에서 비롯된다. 감정을 통해서 감정을 일으키는 생각과 사고패턴을 포착한다. 생각이 감정을 불러일으킨다. 인지기법을 활용하는 첫 단계는 감정을 파악하고 감정에 이름을 붙이는 것이다.

전반적인 사고 유형

백은 우울한 사람들에게 일반적으로 나타나는 네 가지 역기능적 사고 패턴을 제시했다. 코치는 고객에게 이 네 가지 사고 패턴이 나타나는지 확인하고 이 사고 패턴을 반박하고 변화시켜야 한다. 〈표 7-1〉에 백이 **우울증의 왜곡**depressive distortions이라고 부른 전반적인 사고 유형이 정리되어 있다.

< 표 7-1 > 우울증의 인지오류 패턴

1. 임의적 추론Arbitrary Inference—충분한 증거가 없는(전혀 증거가 없는) 상태에서 내린 결론. 예를 들어, 야유회를 계획한 날 비가 내린다는 이유로 자신이 무가치하다는 결론을 내린다.

2. 선택적 추상화Selective Abstraction—상황의 여러 요소 중에서 단 한 가지 요소에 기초해서 내린 결론. 여러 사람이 함께 제품을 생산했음에도 불구하고 한 직원이 제품의 기능상 결함을 온전히 자기 탓으로 돌리는 경우.

3. 과잉 일반화Overgeneralization—단 하나의 사소한 사건이나 약간의 증거를 기초로 해서 전체적으로 포괄적인 결론을 내리는 일. 어느 날 단 한 과목에서 나쁜 성적을 받은 학생이 이를 바탕으로 자신이 전반적으로 무가치하고 어리석다고 최종 결론을 내리는 경우.

4. 극대화와 극소화Magnification and Minimization—성과 평가 시의 중대한 오류. 자동차 뒷범퍼에 살짝 긁힌 자국을 보고 차를 완전히 망가뜨렸다고 생각하는 여성의 경우(극대화). 잇따라 세운 확고한 업적의 가치를 과소평가하면서 자신이 여전히 무가치하다고 믿는 남성의 경우(극소화).

출처: Davison & Neale (1978, pp. 197-198).

구체적인 사고 패턴

샌프란시스코의 심리학자 매케이와 데이비스, 패닝(McKay, Davis, & Fanning, 2007)은 지속적으로 문제를 일으키는 15가지 사고 패턴을 정리했다. 〈표 7-2〉에 그들이 작성한 목록을 표현함에 있어 다소 바꾸어 수록했다.

◀ 표 7-2 ▶ 왜곡된 사고 유형

1. 여과Filtering─부정적인 세부사항은 확대해석하고 긍정적인 측면에는 관심을 기울이지 않는다. 위험(안전)이나 상실 혹은 불평등과 같은 특정 주제의 여과장치를 갖고 있는 사람들도 있다. 이들은 모든 것을 자신의 렌즈를 통해 보고 평가한다.

2. 극단적 사고Polarized Thinking─모든 것을 흑과 백, 선과 악으로 양분한다. 완벽하지 않다면 실패자다. 그 중간은 없다. 상황은 끔찍하거나 기막히게 좋다. 사람들은 옳거나 그르다. 여기에는 현실적인 중간 지대가 없다. 극단적 사고는 특히 자신이나 타인을 판단할 때 큰 영향을 미친다.

3. 과잉 일반화Overgeneralization─단 하나의 사건이나 한 가지 증거만으로 일반적인 결론에 이른다. 한번 나쁜 일이 일어났다면 그 일이 거듭해서 다시 일어날 것이라고 예상한다. 한번 실망시켰다는 이유로 상대가 무능하다고 결론을 내리고 다시는 중요한 일을 맡기지 않는다.

4. 마음 읽기Mind Reading─상대의 얘기를 듣지도 않고 상대가 어떤 감정을 느끼고 왜 그렇게 행동하는지 안다고 생각한다. 특히 사람들이 자신에 대해 어떻게 생각하는지 알 수 있다고 여긴다. 타인의 생각을 정확히 읽을 수 있다고 생각한다.

5. 파국화Catastrophizing─재앙을 예상한다. 문제를 인지하거나 문제와 관련된 소식을 들었을 때 "⋯⋯하면 어쩌지?"라는 생각이 떠오른다. 비극적인 사건이 발생하면 어쩌지? 그 일이 내게 일어나면 어쩌지? 그리고 즉시 최악의 결과를 예상한다.

6. 개인화Personalization─사람들의 말과 행동이 전부 자신과 연관되어 있다고 생각한다. 항상 다른 사람과 비교하면서 누가 더 똑똑하고 잘생겼는지 가늠하려 한다.

7. 통제 오류Control Fallacy─자신이 외부에 의해 통제당한다고 느끼며 스스로를 무기력한 운명의 희생자로 여긴다. 인생에서 중요한 일에 자신이 효과적으로 영향력을 행사할 수 없다고 믿는다. 인생은 자기 통제 밖에 있다. 반대로 모든 일에 지나치게 책임감을 느끼는 사람도 있다. 모든 일이 자신에게 달려 있다고 생각하며 문제가 생기면 전적으로 자신을 탓한다. 통제 오류를 범하는 사람은 주위 사람들의 고통과 행복을 모두 자신의 책임으로 돌린다. 이런 사고 유형은 인생에 커다란 짐이 된다.

8. 공정성의 오류Fallacy of Fairness─공정성에 대한 자기 나름의 기준을 세워 놓고, 타인들이 자신의 기준에 동의하지 않는다고 화를 낸다. 이 사람에게 공정성은 중요한 잣대다. 인생이 특별히 공평하다는 증거는 불충분하고 인생이 공평하지 않다는 증거는 많음에도 불구하고, 인생이 모든 면에서 공평해야 한다고 생각한다. 상황이 안 좋을 때는 "불공평해. 정말 불공평하다고. 이건 아니야."라는 반응을 보인다.

9. 감정적 추론Emotional Reasoning—자신의 느낌이 자동적으로 사실이라고 믿는다. 자신이 멍청하고 지루하다고 느낀다면, 자신은 멍청하고 지루한 사람이 분명하다. 자기 느낌이 곧 진실이며 자신을 규정한다.

10. 변화의 오류Fallacy of Change—자신이 압박하거나 회유하면 주위 사람들이 자기에게 맞춰서 변화할 것이라고 기대한다. 자신의 행복이 순전히 주위 사람들에게 달려 있다고 믿기 때문에 주위 사람들을 변화시켜야 한다. 몇몇 관계에서는 자신이 상대를 변화시킬 수 있다는 전제를 깔고 있다. 상대가 어떻게 변해야 하는지 자주 이야기한다. 이에 관해 조언을 하곤 한다.

11. 일반화 명명Global Labeling—한두 가지 특성을 일반화해서 전반적으로 부정적인 판단을 내린다. 어느 부서의 직원 한 사람과의 관계에서 불쾌한 경험을 했을 때 주위 사람들에게 그 부서 전체가 '얼간이들의 집합'이라고 말한다.

12. 책임 전가Blaming—자기 고통을 타인의 책임으로 돌리거나 반대로 모든 문제와 실패를 자기 책임으로 돌린다. 일이 잘못되면 누군가 비난을 받아야 한다고 생각한다.

13. 당위적 사고Shoulds—자신과 타인의 행동방식에 관한 엄격한 일련의 규칙을 세워 놓고 있다. 누군가 이 규칙을 위반하면 화가 나고 자신이 위반하면 죄책감을 느낀다. 당위적 요구사항은 완벽주의적이다. 실제로 이 기준을 충족시킬 수 있는 사람은 없지만 이 기준을 잣대로 자신과 타인을 판단한다.

14. 내가 옳다는 신념Being Right—자기 견해와 행동이 옳다는 사실을 끊임없이 증명해야만 한다. 자기가 틀렸을 경우는 상상할 수도 없기 때문에 무슨 일을 해서라도 자신의 정당성을 입증하려 한다. 그 결과 방어적인 태도를 갖게 되고 자기 견해를 고집하며 자기 행동을 정당화하려 한다.

15. 천국 보상의 오류Heaven's Reward Fallacy—마치 누군가 점수를 기록하고 있다는 듯 자기 희생과 자기 부인이 전부 보상받을 것이라고 기대한다. 보상을 받지 못할 때 야속하게 여긴다. 열심히 일하고 희생하며 옳은 일을 하면서 나중에 다 보상을 받을 것이라고 기대한다. 보상이 이루어지지 않으면 기분이 상한다.

출처: McKay, Davis, & Fanning (2007, pp. 46-49). 코칭에 관한 내용을 추가함.

구체적인 사고

한편, 엘리스는 10가지 구체적인 사고 목록을 제시하고, 이 목록에서 제시한 생각을 확인하고 평가하고 반박하고 변화시켜야 한다고 주장했다. 엘리스는 이 사고 목록을 **비합리적 사고**irrational ideas라고 불렀다(Ellis & Harper, 1961). 엘리스의 견해에 따르면 문제는 인생 자체가 아니라 생각 없이 비합리적 사고를 고수하는 데서 비롯된다. 1961년 출간된 엘리스의 저서는 각각의 비합리적 사고마다 하나의 장을 할애하여 자세히 설명해 놓았다.

〈표 7-1〉, 〈표 7-2〉, 〈표 7-3〉은 부정적인 감정과 문제 행동의 원인이 되는 사

고 유형과 패턴, 그리고 구체적인 사고의 예를 보여 준다. 이러한 사고의 대다수는 자동적으로 이루어진다. 사람들은 지적받지 않으면 거의 이런 생각을 알아차리지 못한다. 코치는 고객들이 이러한 생각과 사고 패턴을 알아차리고 부정적이거나 비합리적인 사고를 효과적인 사고로 대체할 수 있게 도와야 한다. 효과적인 사고는 비교적 정확하고 현실적이다. 고객은 이러한 사고를 파악하기 위해 도움이 필요하며, 이때 코치가 도움을 줄 수 있어야 한다. 새로운 사고 패턴을 부지런히 반복해서 새로운 사고 패턴이 예전의 사고 패턴을 대체하고 '자연스럽게' 느껴진다면, 경영자 고객은 분명히 더 효과적으로 일할 수 있을 것이다.

< 표 7-3 > 엘리스의 비합리적 사고

1. 나(어른)는 반드시 모든 사람에게 사랑받아야 하며 내가 하는 모든 일에서 인정받아야 한다.

2. 나는 모든 면에서 능력이 출중하고 적합하며 성공해야 한다.

3. 어떤 사람들은 나쁘고 사악하며 악랄하기 때문에 엄중한 비난과 처벌을 받아야 한다.

4. 내가 원하는 대로 흘러가지 않는 상황은 끔찍하고, 지독하며, 재앙이다.

5. 인간의 행복은 외부에 의해 결정되기 때문에 인간에게는 자기 슬픔을 제어하거나 부정적인 감정에서 벗어날 능력이 없다.

6. 위험하거나 두려운 일이 일어날 가능성이 있다면 그 생각에 사로잡혀서 계속 걱정해야 한다.

7. 인생의 수많은 역경과 책임은 자기수양의 기회로 삼기보다 회피하는 편이 쉽다.

8. 일단 무언가에 크게 영향을 받으면 영원히 그 영향에서 벗어날 수 없기 때문에 과거는 매우 중요하다.

9. 사람들과 상황은 지금과 달라져야 하며 암울한 현실에 대한 완벽한 해결책을 즉시 찾을 수 없다면 희망은 없다.

10. 인간은 타성과 무위, 수동적으로 '즐기는' 행위를 통해서 최대의 행복을 누릴 수 있다.

심 상

인지치료에서는 심상Imagery을 활용하기도 한다. 다양한 형태의 심상은 사람들에게 해가 되기도 하고 득이 되기도 한다. 두려운 심상은 우리를 제한하고 편안한 심상은 우리를 달래준다. 사람들은 대개 심상을 떠올리고 조작할 수 있지만 누구나 그럴 수 있는 것은 아니다. 코치는 고객이 심상을 형성할 수 있는지, 요청을 받으면 이런저런 심상을 떠올릴 수 있는지 확인해야 한다. 만약 고객이 쉽게 상상하거나 심상을 형성하지 못한다면, 이 방법은 고객에 맞게 변경하거나 때로는 사용하지 않아야 한다. 자기 마음속의 이미지나 심상을 알아차리지 못하는 사람들이 가끔 있다. 코치가 심상 대신 '상황에 대한 막연한 감각sense of things'을 활용하는 법을 가르쳐 주는 경우를 제외하고, 이러한 고객에게 심상 기법을 시도하면 좌절감을 느끼거나 의기소침해질 우려가 있다. 하지만 대다수 사람들은 능숙하게 심상을 형성할 수 있고 일부는 매우 쉽게 해낸다. 이런 사람들에게는 심상 조작 기법이 매우 유용하다.

고객이 업무 중에 마음속으로 떠올리는 구체적인 심상을 평가하는 단계로부터 시작해 보자. 바니의 사례를 예로 들자면, 코치는 그가 업무를 위임하면서 떠올리는 심상을 파악하도록 도와줄 수 있다. 그다음, 바니가 특정 인물에게 업무를 위임하는 장면을 상상해 보게 한다. 그리고 나서 어떤 심상이 떠오르는지 파악해 보게 한다. 심상이 저절로 떠오르지 않으면 심상을 만들고 발전시켜 보라고 요청한다. 상세히 심상을 관찰하도록 하고 심상과 심상의 의미를 평가한다. 마지막으로 그 심상을 바꾸도록 독려하고 예전의 심상을 새로운 심상으로 바꾸는 연습을 한다. 이 기법은 관련된 심상을 파악하고 역기능적인 심상을 유용한 심상으로 바꾸는 방법이다.

라이언 맥멀린의 『인지치료기법 개론서』(가제)[2](McMullin, 1986, pp. 272-276)에는 여러 유용한 심상들이 수록되어 있으며, 이 책의 11장에서도 열 가지 유용한 심상기법을 소개한다.

적용

인지기법을 활용하는 최고의 방법은 〈표 7-4〉에서 제시한 바와 같이 칸트 패러다임의 바닥에서 시작해서 거꾸로 돌이켜보는 것이다.

---

2) 원제: Handbook of Cognitive Therapy Techniques

< 표 7-4 > 칸트의 패러다임

4. 도망간다.	(행동)
3. 두려움을 느낀다.	(감정 혹은 정서)
2. 위험에 처했다고 생각한다.	(생각 혹은 인지)
1. 호랑이를 본다.	(인식)

먼저 고객에게 인지 모형과 그 가정 및 원칙에 관해 설명한다. 고객이 얼마나 쉽게 감정과 생각을 파악할 수 있는지, 혹시 이러한 능력이 결여되지는 않았는지 확인한다. 자신의 감정 상태를 쉽게 파악하지 못하는 사람들도 있다. 또 문장이나 단어로, 혹은 명확하게 설명할 수 있는 방식으로 생각하지 않는 사람들도 있다. 만약 고객이 감정이나 생각과 같은 내적 사건들을 알아차리고 이름을 붙일 수 있다면 고객의 행동이나 감정을 불러일으키는 생각이 무엇인지 파악한다. 고객의 행동이 고객이 추구하는 목표나 목적에 부합하는지 평가한다. 개별 문제 행동을 파악하고 부정적인 정서나 감정을 평가한다. 언제, 어떤 상황에서 부정적인 감정이 생기고, 어떤 문제를 일으키는가? 그러고 나서 인지기법의 핵심 단계로 접어들어, 행동과 감정을 원인이 되는 구체적인 생각이나 사고 패턴 혹은 유형을 찾는다. 인지 모형에서는 생각이 감정과 행동을 낳는다고 본다. 부정적인 감정이나 문제 행동을 일으키는 생각을 파악한 후에는 이 생각에 이의를 제기하고 반박한다. 고객이 자신의 왜곡된 사고 패턴을 명백히 파악하고 있는 경우는 드물다. 대체로 이 과정에서는 외부의 도움이 필요하며, 코치는 종종 결연한 태도로 코칭에 임해야 한다. 사람들은 대개 유능하거나 행복해지기보다 자기가 '옳다'는 생각을 고수하고 싶어 하지만, 좋은 감정을 느끼고 싶다면 자기 생각이 부정확하거나 비효율적이거나 문제가 있다는 점을 인정해야 한다. 피드백을 전달하는 과정은 변화를 꾀하기 위해 반드시 진행해야 하며, 이런 종류의 피드백을 전하기 위해서는 치료사나 코치가 권위를 획득하고 고객과 라포를 형성하여야 한다. 또한 피드백이 비난이나 거절로 받아들여지지 않게끔 세심하고 요령 있게 피드백을 전달해야 한다. 자기 생각이 틀렸다는 말을 듣고 싶은 사람은 아무도 없다.

일단 역기능적 사고를 파악하고 지적한 후에는 이 사고를 수정하고 대체해야 한다.

사고를 간단히 수정할 수 있다면, 특히 긍정적인 틀에서 이 과정이 이루어진다면 쉽고 명쾌한 개입이 가능하다. 대체적 사고가 필요한 경우는 기존의 사고보다 더 진실하고 현실적이고 효과적인 생각이나 사고 패턴을 제안할 수 있게 충분히 주의를 기울여야 한다(사고가 꼭 긍정적일 필요는 없다). 그리고 고객이 새로운 사고를 조금씩 자기 것으로 만들어 가는 과정이 필요하다. 이 과정은 대체로 여러 번 반복해야 한다. 새로운 사고가 단번에 자리 잡을 것이라 기대해서는 안 된다.

마지막 단계에서는 평가를 진행한다. 개입의 성공 여부를 판단할 때는 동일한 인지 모형을 사용한다. 만약 감정 상태가 좋아지고 행동이 바뀌었다면 사고가 개선된 것이다. 효과적인 사고는 긍정적인 감정과 효과적인 행동으로 이어진다.

적용: 바니 씨의 사례

인지기법을 바니에게 적용하고자 하는 코치는 지금부터 소개할 6단계 프로그램을 활용하고, 6단계 프로그램 이후에 다루는 성공을 위한 핵심 요소 편을 참고하면 된다.

1단계: 자료 수집하기

먼저 바니 씨가 코칭 과정에 협력하고 전념하도록 이끌어야 한다. 제일 먼저 상황 파악을 위한 문제 탐색에 돌입한다. 바니가 스스로 내린 진단이나 의견을 그대로 받아들여서는 안 된다. 경영자 코칭에서 일반적으로 시행하는 360도 평가를 활용한다(2장에서 설명). 바니의 상사와 부하, 동료에게 자료를 요청한다. 바니에게 360도 평가에 참여할 대상자를 선정해 달라고 요청하고, 수집한 피드백은 연관되는 주제끼리 묶는다. 바니의 상사들은 그가 영리하고 근면하지만 업무를 버거워하고 있다고 평가했다. 그들은 바니가 이미 눈코 뜰 새 없이 바쁘기 때문에 과연 더 많은 책임을 감당할 수 있을지 의문을 표시했다. 그들은 뭔가 딱 짚어 얘기하지는 못했지만 어느 부사장의 얘기처럼, 바니가 '큰 그림'을 그릴 수 있는 사람은 아니라는 인상을 받았다. 바니의 동료들도 바니가 분주하고 기진맥진한 상태라고 평가했다. 그는 여기저기 분주하게 끌려다니는 듯했고 무슨 일이든 정해진 시간에 마치지 못할 것처럼 보였다. 바니는 항상 고군분투하고 있었고 동료들은 그의 곁에 있으면 편안하거나 행복하거나 즐겁지 않았다. 그는 산만하고 어딘가 불안해 보일 때가 많았다. 동료들은 바니의 능력을 인정했지만 왠지 모르게 바니가 고군분투한다는 인상을 받았다.

바니의 부하직원들은 문제 진단에 큰 도움을 주었다. 부하직원들은 바니를 좋아하고 그의 직업의식이나 진실한 성품을 존경하기도 했지만, 자신들을 믿지 못하고 일일이 관여한다는 점은 불만스러워했다. 부하들은 이에 대해 직접적으로는 아니더라도 피드백을 전달해 보려고 시도했다고 진술했다. 이들은 바니가 왜 스스로 그런 낌새를 눈치채지 못하는지 이해하지 못했고, 그의 기분을 상하게 하거나 괜한 오해에 시달리고 싶지 않았다. 바니는 정말 중요한 업무를 진행할 때는 직원들을 신뢰하지 못하고 혼자 처리하려고 했다. 몇몇 부하직원들은 자신이 '팀 구성원'(바니가 자주 사용하는 용어)이라고 생각하고 싶었지만, 팀의 주전선수가 아니라 조수나 캐디 같다는 느낌을 받았다. 일부 직원들은 불만이 제법 많았고 일부는 별로 상관하지 않았고 일부는 프로젝트를 책임지고 진행시키기를 포기했다고 말했다. 이들은 바니가 상세히 지시하기를 기다렸다가 하나하나 그가 말한 대로 수행했다. 부하직원들은 바니가 자신들을 별로 믿지 않는다고 느꼈기 때문에 주도적으로 나서지 않았다. 대다수 직원들이 자기 업무가 별로 흥미롭지 않고 만족스럽지도 않다고 보고했지만, 이들은 상사를 정말 좋아했고 바니가 좋은 사람이라고 생각했다.

2단계: 자료를 검토하고 문제를 이해하기

2단계에서 코치는 바니와 함께 평가 자료를 상세히 검토한다. 그 과정에서 자료 제공자들의 신원을 보호하고 바니가 방어적인 태도를 보이거나 감정이 상하지 않았는지 살핀다. 부정적인 피드백은 자신이 요청했거나 혹은 자신에게 유용하리라는 점을 안다 해도 기분 좋게 받아들이기 어렵다. 때로는 피드백을 조금씩 나눠서 알맞은 형태로 제공해야 하는 경우도 있다. 원 자료를 가공해서 고객이 수용하고 활용할 수 있게끔 바꿔야 한다. 이 단계에서는 경영자 코치의 의사소통 기술과 정확한 공감이 중요하다.

바니의 사고 패턴에서 발견된 문제는 다음과 같다.

1. 바니에게는 정말 열심히, 누구보다도 더 열심히 일해야 한다는 뿌리 깊은 신념이 있었다. 그의 자기가치감은 순전히 하루하루 업무에 들이는 노력의 양으로 결정됐다. 그는 노력을 많이 기울일수록 자신이 더 좋은 사람이 된다고 생각했다. 바니에게 위임은 자기 일을 태만히 하고 게으름을 피우는 행위로 느껴졌다. 바니와 함께 이런 얘기를 나누어 본 결과, 바니는 일을 대하는 자신의 근본 태도 때문에 타인에게 주요 업무를 위임하기가 어렵다는 점을 인정했다.

2. 바니는 일을 깔끔하게 처리하는 사람은 자기밖에 없다고 생각했다. "일이 제대로 되기 바란다면 스스로 처리해라."라는 아버지의 말을 바니는 기억하고 있었다. 그는 또한 다른 사람들에게 일하는 법을 가르쳐 줘 봐야 스스로 처리할 때보다 시간이 더 많이 걸린다고 생각했다. 현재 바니의 관점에서 보자면 자신이 직접 업무에 착수해서 일을 제대로 처리하는 쪽이 훨씬 효율적이었다.

3단계: 계획 세우기

칸트의 패러다임(호랑이를 본다-위험에 처했다고 생각한다-두려움을 느낀다-도망간다)을 기초로 하여 계획을 수립하고 바니의 사고 패턴을 변화시키는 데 중점을 둔다. 궁극적인 목표는 일을 대하는 바니의 관점을 변화시켜서 행동을 변화시키도록 돕는 것이다.

코치는 바니와 함께 벡의 왜곡된 사고 패턴과 엘리스의 비합리적 사고, 매케이와 동료 연구자들의 역기능적 사고 유형을 검토해 본다. 바니는 이전에 위임을 몇 번인가 시도했었고 자신이 보기에 결과가 만족스럽지 않았다고 시인했다. 또한 위임 과정에서 포기한 적이 많았다고 시인했다. 바니는 엘리스의 비합리적 사고에서 두 번째 사고(나는 모든 면에서 능력이 출중하고 적합하며 성공해야 한다)를 깊이 믿었다. 이 생각은 바니가 위임을 하는 시점에 문제가 됐는데, 그 이유는 바니의 신념에 따르면 훌륭한 사람은 다른 사람에게 일을 부탁하는 대신 스스로 일을 처리하기 때문이다. 바니는 자기가 할 수 있는 일을 다른 사람에게 부탁할 때, 자신이 태만을 저지르고 있으며, 자신이 정말 능력 있고 적합한 사람이라면 그 일을 다른 사람에게 '미루지' 말고 스스로 처리할 수 있고, 처리해야 한다는 막연한 느낌을 받았다. 또한 그는 자신이 바라는 방식으로 일을 제대로 처리할 사람은 자기 자신밖에 없다고 생각했고 그것이 최선이라고 생각했다. 바니는 업무를 위임했을 때 그 결과에 만족하지 못하면 무슨 말을 해야 할지 매우 걱정했다. 무슨 말을 해야 할까? 애초에 자신이 간단히 할 수 있는 일이었는데, 어떻게 다른 사람에게 그들이 한 일이 바니 본인의 높은 기준을 충족시키지 못했다고 말할 수 있을까? 바니는 차라리 자기가 직접 일을 하는 쪽이 더 편하게 느껴졌고, 그러면 일이 제대로 될 테고 모든 혼란을 피할 수 있다고 생각했다. 그러면 스스로 근면하게 일하고 있으며, 월급과 타인의 존중을 받을 자격이 있다는 느낌을 받았다.

바니가 위임을 잘하지 못하는 이유는, 그가 매케이와 동료 연구자들(Mckay et al., 1981)이 밝혀낸 역기능적 사고방식 중에서 두 가지를 활용하기 때문이기도 하다. 그 하나는 일곱 번째 항목에 있는 **통제 오류**다. 위임을 하려면 자기 통제권을 일부 포기해야 하는데 통제권을 포기하는 행위는 바니의 현 사고방식과 일치하지 않았다. 그는 통제권을 포기해 본 경험이 없었고, 통제권을 포기할 만큼 사람들을 신뢰하지 않았으며, 일이 제대로 처리되지 않는다 해도 사람들이 자신을 적절하게 (관대하게) 평가해 줄 것이라고 생각하지 않았다. 바니는 위임을 하여 남에게 넘긴 일이 완벽하게 풀리지 않았을 때 사람들이 자신을 탓할까 봐 두려웠다. 통제 오류로 인해 위임은 바니에게 너무 위험하게 느껴졌다. 또한 그는 **천국 보상의 오류**라는 사고방식을 가지고 있었다. 그는 열심히 일하고 노력하면, 그리고 작은 노력이라도 많이 쌓으면, '천국'에 들어갈 수 있다고 느꼈다(말 그대로 '천국'을 믿지는 않았지만, 결국 보상을 거두기 위해서는 좋은 일을 많이 할 필요가 있다는 막연하면서도 강한 신념에 사로잡혀 있었다). 따라서 어떤 일이라도 다른 사람에게 '떠넘기는' 것은 실수가 될 수도 있었다. 그저 사무실에 오래 머물면서 스스로 처리하는 편이 좋다. 그러면 결국 보상을 받게 될 것이다.

인지치료의 관점에서는 이러한 사고의 오류를 발견하고 명명하고 논의해야 한다고 본다. 코치는 고객의 사고에서 오류를 발견하고 그 예상 결과를 명확히 설명해야 한다. 그리고 나서 바니의 실제 행동에서 예시를 뽑아내어 중립적으로, 비난을 피하고 유머를 활용하면서 논의를 해 보아야 한다.

4단계: 역기능적 사고를 적극적으로 반박한다

이 단계에서는 역기능적 사고를 적극적으로 철저히 반박한다. 바니의 사례에서는 바니의 사고방식이 업무 성과에 어떤 식으로 해를 끼치는지 조목조목 짚어 준다. 이때 칸트의 모델을 거꾸로 살핀다. 비효율적인 행동의 예에서 당시 무슨 감정을 느꼈는지, 바니가 무슨 생각을 했는지, 그래서 어떻게 잘못된 결론에 이르게 됐는지 탐색한다. 위임을 하거나 홀로 업무를 처리할 때 자기가 어떤 생각을 하는지 알아차리는 방법을 바니에게 가르쳐 준다. 그러면 바니는 특정 상황에서 자기가 어떤 식으로 사고했는지를 돌아볼 수 있다. 한 예로 "통신 프로젝트를 위임해야 했을 때 기분이 어땠나요? 그 상황을 검토해 보고 그 당시의 생각과 감정을 돌아봅시다."라고 말할 수 있다. 이 과정은 중립적으로 진행해야 한다. 비난하는 기색 없이, 바니가 마음껏 표현하고 탐색할 수 있게 한다. 비이성적 사고를 일반화한다. 누구나 가끔은 비이성적으로 사고한다.

바니의 잘못된 사고방식을 어떻게 반박할지 몇 가지 예를 살펴보자. 첫째로 세부 사항까지 직접 챙기는 업무 방식은 (그의 지위에서) 회사의 가치를 높여 주지 않는다는 점을 바니가 납득하게 돕는다. 그는 사소한 업무부터 어려운 업무까지 모든 업무에 신경을 쓰면서 옳은 행동을 하고 있다고 생각한다. 하지만 이 행동은 엄밀히 말해서 잘못된 행동이다. 왜냐하면 바니의 시간과 기술을 다른 영역에, 구체적으로는 업무 조정이나 동기부여, 전략과 강화와 같은 리더십 활동에 써야 하기 때문이다. 바니는 직원들이 일상적인 세부 업무를 수행할 수 있게 준비시키고 가르치고 지원함으로써 회사의 가치를 높일 수 있고, 이러한 책임은 그의 부하직원들이 새로운 업무를 수행하는 방법을 배울 수 있다는 점을 고려하면 더욱 중요하다. 바니는 자신이 직접 팔을 걷어붙이고 나서는 순간, 자신에게 주어진 리더십 업무에 소홀하고, 세부 업무를 담당하는 직원의 노력과 사기를 저하한다는 점에서 회사의 가치를 **떨어뜨린다**는 사실을 깨달아야 한다. 둘째로 바니는 자신이 제일 능숙하다는 생각에 세부 업무를 직접 수행할 때, 그런 행동이 다른 사람의 업무 습득 기회를 빼앗는 셈이라는 사실을 알아차려야 한다.

5단계: 역기능적 사고방식을 새로운 사고방식으로 대체한다

이 단계에서 바니는 코치와 함께 이전의 사고방식을 대체할 새로운 사고방식을 개발한다. 새로운 사고방식은 몇 가지 기준에 부합해야 한다. 첫째, 이전의 사고보다 더 정확하고 실제에 가까워야 한다. 이것은 낙천주의적 접근이나 '긍정적인 사고'와는 다르다. 긍정적인 사고는 대체로 이롭지만, 일단 여기서는 가능한 한 정확한 사고에 근접하도록 노력한다. 이 세상은 중립적인 곳으로 우리가 원하는 방향으로 굴러가지 않는다. 현실을 반영하지 않는 생각을 하려고 애쓸 필요는 없다. 이전의 사고방식을 자세히 돌이켜보면 대개 그것이 비이성적이었다는 사실을 깨달을 때가 많다. 비이성적인 사고방식을 대체할 새로운 사고방식은 진실성과 정확성의 관문을 통과해야 한다. 만약 바니가 새로운 생각을 진실로 받아들일 수 없다면 그 생각은 아무런 효과가 없을 것이다. 바니가 단지 기분 전환을 위해 지어낸 믿지 못할 생각을 받아들여야 할 이유가 있을까?

둘째, 새로운 사고방식은 타당하고 달성 가능해야 한다. 거창하거나 지나치게 급진적인 생각은 제 기능을 수행하지 못할 가능성이 높다. (광신적 종교 집단을 제외하고는) 사람들이 자기 생각을 근본적으로 바꾸는 경우는 흔치 않고, 설혹 그렇게 한다 해도 자기 정체성에 의문을 갖게 된다. 급진적인 변화는 대개 지속되지 않는다. 코칭에서는 사고방식을 조금씩 변화시켜야 하며, 새로운 사고방식이 바니의 인지 지도의 나머지 부분과 현저히 상충하지 않아야 한다. 신념에 커다란 변화가 필요한 경우에는 작은 변화 단계들을 포함하는 장기적인 계획을 세워야 한다.

셋째, 새로운 사고방식은 바니가 받아들일 만한 것이어야 한다. 새로운 생각이 바니의 핵심가치나 종교관에 위배된다면 바니의 의지와 상관없이 지속되기 어려울 것이다.

바니가 대안으로 삼을 수 있는 사고방식은 다음과 같다. 먼저 바니는 앞으로도 지금과 같이 많은 시간을 투입해서 매우 열심히 일할 수 있다는 점을 깨달아야 한다. 다만 회사의 가치를 높이려면 그는 리더답게 행동해야 한다. 그는 지시하고, 멘토링(기술 전수)하고, 직원들의 직무를 조정하고, 동기를 부여하고, 직원들이 자신과 같은 수준으로 일하는 요령을 가르쳐 주는 리더십 활동을 수행해야 한다. 이 길이 바니가 '천국'으로 가는 길이다. 이 과정에서 바니는 어려운 리더십 기술을 습득하기 위해 두려움과 저항을 극복해야 할 수도 있다.

6단계: 새로운 사고를 강화하고 유지한다

새로운 사고방식은 반드시 실제 업무 행동에서 보상과 지원을 받아야 한다. 처음에는 행동 변화가 불편하기 마련이므로 코치의 지원이 필요하다. 바니의 새로운 행동을 보상하고 지원하는 과정에 주위 사람을 참여시키면 좋은데, 특히 바니의 변화로 혜택을 보는 사람들이 참여하면 좋다. 이전의 사고방식은 회복력이 좋아서 새로운 사고가 확고하게 자리 잡기 전까지는 되돌아오기 쉽다. 이 단계에서 코치의 역할은 고객을 격려하면서 새로운 사고의 이점을 줄기차게 상기시켜 주는 것이다.

성공을 위한 핵심 요소

코칭 초기에, 코치는 바니에게 영향력을 행사하기 위한 최선의 방법을 발견해야 한다. 생각해 볼 수 있는 가능성은 크게 세 가지다. 첫째, 바니는 코치에게 일종의 권위가 있다고 판단해 코치에게 마음을 연다. 바니는 코치가 영리하다거나 혹은 특별한 전문성을 갖췄다고 생각한다. 둘째, 바니는 코치의 말에 귀를 기울이고 그것을 진지하게 받아들이는 것이 자신에게 가장 득이 된다고 생각한다. 바니는 자신에게 문제가 있다는 사실과 새로운 방식이 유용하리라는 점을 깨닫는다. 셋째, 라포를 형성하는 방법이다. 코치가 대인 관계 기술을 활용해 신뢰 관계를 발전시킨다면 바니의 사고방식의 효과성에 대해 솔직하게 말할 수 있게 된다. 이 세 가지 방법으로 바니의 저항을 최소화할 수 있는데, 코치는 이를 당연시해서는 안 된다. 고객이 겉으로는 고개를 끄덕이며 코칭 과정에 협조하는 것처럼 행동해도 속으로는 비난받는 느낌을 받거나 변화 과정을 이해하지 못하는 경우가 많기 때문이다.

인지기법은 바니가 자기 생각을 포착하고 들고 볼 수 있는 부류의 사람에 해당될 때 가장 효과가 좋다. 이러한 능력이 결여된 사람도 있다. 어떤 사람들은 아무리 열심히 노력해도 자기의 생각을 구체적으로 분별하지 못한다. 이런 사람들에게는 인지기법이 별 효과를 발휘하지 못한다. 또 사람들 중에는 자기 생각을 들을 수는 있지만 거기에 그다지 큰 관심을 기울이지 않는 부류도 있다. 이런 사람들은 그와 같은 방식의 자기 성찰에는 능숙하지 않지만 약간의 설명과 연습을 통해서 방법을 배울 수 있다. 이런 식의 자기 성찰은 어떤 맥락에서든지 소중한 삶의 기술이다. 자기 성찰에 익숙지 않은 사람은 다음과 같이 질문해 보아야 한다. "나는 나 자신에게 무슨 말을 하는 가?" 혹은 "내가 이러저러한 느낌을 받았을 때나 이러저러한 말을 했을 때 무슨 생각을 하고 있었나?"

이와 유사하게, 인지기법은 자신의 감정 상태를 알아차리지 못하는 사람들에게도 별 효과가 없다. 이러한 능력이 단순히 결여된 사람도 있고, 감정을 두려워하거나 혹은 감정이 중요하지 않다고 생각해서 자기감정에 별로 관심이 없는 사람도 있다. 감정을 인식하는 방법을 가르쳐 주면 배울 법한 사람들도 있지만 이 기술을 가르치는 일은 경영자 코치보다는 심리치료사에게 더 적합한 일이다. 일단 고객이 부정적인 감정을 알아차릴 수만 있다면 그 감정의 원인이 되는 구체적인 생각을 추적할 수 있다.

평 가

평가는 두 가지 방식으로 시행할 수 있다. 첫째, 초기에 구체적이고 측정 가능한 목표를 설정한다. 이 목표는 코칭 과정에서 여러 번 평가한다. 둘째, 360도 평가를 약식으로 한 번 더 실시한다. 고객이 특정 영역에서 개선된 모습을 보이는지 상사, 부하, 동료로부터 피드백을 받는다. 이때 전화나 음성 사서함을 활용할 수 있다. 지필 평가도 적절한 시점에 실시한다. 코치는 코칭 비용을 지불하는 주체에게 코칭의 가치를 명확히 보여 주어야 한다. 코칭 성과를 명확히 제시하는 일은 앞으로 코칭을 더 의뢰받기 위해서도 매우 중요하다.

인지기법의 강점과 약점

여건이 좋을 경우, 인지기법은 단기간에 놀라운 성과를 낼 수 있다. 몇몇 사람들은, 특히 동기부여가 된 사람들은, 자기 생각을 포착하고 명명하는 법을 빠르게 습득하고 생각을 변화시켜 커다란 혜택을 얻는다. 대다수 사람들은 인지기법을 상대적으로 쉽게 배우고 상당한 변화를 이룰 수 있는데, 코치가 여러 달에 걸쳐 이 변화를 끊임없이 상기시키고 강화하면 변화가 지속된다. 어떤 사람들은 예전에 동일한 피드백을 다른 사람들이 다른 형식으로 여러 번 전달해 줬음에도 변화하지 않다가, '전문가'(코치)의 입을 통해서 '인지적인' 방식으로 피드백을 받고 나서 빠르게 변화하기도 한다. 이와 관련된 인지기법의 이점 중에 하나는 코치가 고객에게 '잘못됐다'거나 '비정상'이라는 꼬리표를 붙이지 않고도 직접적으로 잘못을 지적할 수 있다는 점이다. 사람은 누구나 가끔씩은 자신의 생각을 조정해야 하며, 생각을 적절히 바꿀 수만 있다면 그 즉시 이득을 볼 수 있다.

인지적 접근은 기업이나 여타 조직에 즉시 적용할 수 있다. 인지기법은 즉각적이고, 간단하고, 결과 지향적이다. 또한 가르치기도 쉬워서 관리자들은 핵심 개념과 잠재적 효과를 즉시 파악할 수 있다.

그럼에도 불구하고 사람들에게는 이전의 사고 패턴으로 되돌아가려는 경향이 있기 때문에 오랜 기간 새로운 사고 패턴을 강화해 주면 좋다. 사무실에 작은 표지판을 달아 놓거나 냉장고에 메모를 붙여 놓거나 장기적인 변화를 위해 일기를 규칙적으로 쓰거나 코치와 종종 전화 통화를 하는 등의 방법을 활용하면 간단히 새로운 사고방식을 상기시킬 수 있다. 이 과정에서는 고객이 쑥스럽지만 않다면 팀 구성원이나 동료들의 도움을 받아도 좋다.

한 계

인지적 접근에는 두 가지 유념해야 할 약점 혹은 주의사항이 있다. 첫째, 사람들 중에는 자신의 사고방식을 잘 인지하지 못하는 부류가 있다. 이들은 자신의 사고 유형이나 구체적인 생각이나 왜곡을 쉽게 파악하지 못한다. 그중 일부는 자기 생각을 알아차리는 방법을 배울 수 있지만 더러는 전혀 배우지 못한다. 만약 코치가 모든 고객이 자기 생각을 쉽게 관찰하고 드러내고 분류할 수 있다고 가정하여 모든 고객에게 같은 방식으로 접근한다면, 불필요하게 고객에게 좌절감과 굴욕감을 안겨 줄 소지가 있다. 코치는 우선 고객이 여러 형태의 자기 사고를 얼마나 잘 포착할 수 있는지 확인해야 한다. 다음과 같은 간단한 질문만으로도 확인이 가능하다.

- 자신이 무슨 생각을 하는지 알아차리고 이야기할 수 있나요?
- 가끔씩이라도 단어나 문장, 언어로 생각을 하나요?

- 내일 무슨 일을 할 것이냐고 물으면, 무슨 형태로 생각이 나나요?
- 심상이 떠오르나요, 말이 떠오르나요(보거나 들을 수 있나요)?
- 감각만 느끼나요, 아니면 감정을 느끼나요?
- 화가 나거나 슬프거나 두렵거나 마음이 상하거나 행복할 때, 그 감정을 말로 표현할 수 있나요?

사람은 대개 심상과 언어, 감각을 정신 활동의 유형에 따라 구분하여 활용한다. 하루 종일 혼잣말을 하는 사람도 있고 혼잣말을 전혀 하지 않는 사람도 있다. 고객이 자신의 정신 유형을 파악할 수 있게 도와주는 일에서부터 시작하자. 만약 고객이 어떤 형태로든 자신의 사고를 인식하지 못하는 것처럼 보일 때는 이 책에 나와 있는 다른 접근법을 활용한다. 인지적 접근은 부적합한 대상자에게 시도하면 지루하고 실망스럽고 헛된 노력에 그치고 만다.

인지기법은 순간순간 자기 생각과 감정을 재빨리 이야기할 수 있는 사람에게 가장 효과가 좋다. 고객에게 내적 상태를 인지하는 방법을 가르쳐 줄 수도 있지만 이러한 근본적인 학습이 필요한 경우는 상담사에게 의뢰하는 편이 좋다. 또한 반대로, 인지기법은 코치 역시 자기 생각을 잘 알아차리고 조작할 수 있을 때 더 잘 활용할 수 있다. 코치들 중에는 정신 유형상 자기 생각을 잘 알아차리지 못해서 이 방법을 선호하지 않는 사람들도 있다. 이럴 때는 인지기법을 고객에게 설명하기가 어렵다.

인지치료 포장하기

두 번째 주의사항은 인지기법을 고객에게 제시하는 방식과 관련된 내용이다. 많은 사람들은 상대가 자기 생각에 이의를 제기할 때 모욕감을 느낀다. 자기 사고방식이 틀렸다는 말을 즐겁게 들을 사람은 없다. 따라서 인지기법을 긍정적인 틀로 포장하고, "어리석은 생각을 하고 있네요. 제가 어떻게 생각해야 할지 알려드리죠."라는 식으로 말하지 않아야 한다. 이런 식의 접근은 저항에 부딪힐 수밖에 없다. 이와 같은 문제를 간과해서는 안 되며, 긍정적인 라포가 필수적으로 전제되어야 한다. 라포는 여러 형태로 형성될 수 있지만 느리든 빠르든 반드시 확립되어야 한다. 조직의 사회적 역동에 따라 인지기법이 거부당할 위험은 상당히 크다. 인지기법은 고객의 성격 특성과 개별 조직 환경에 맞게 제시되어야 한다.

코치는 인지기법을 긍정적인 틀에서 제시하되, 긍정적인 사고와 혼동해서는 안 된다. 대다수 사람들이 자기계발서나 자기계발 프로그램을 통해 긍정적인 사고방식에 막연히 친숙하며, 긍정적인 사고방식에 거부감을 가질 수도 있다. 인지기법의 핵심 전제는 정확한 사고에서 중립적이거나 긍정적인 감정이 비롯된다는 것이다.

인지적 접근은 개인 고객과 일하기 위해 고안된 방법이라는 점을 명심하자. 집단이나 팀을 대상으로 이 방법을 활용하지 못할 이유는 없지만 그런 시도에 대한 문헌은 거의 없다. 코치는 작업 집단을 대상으로 인지적 원리를 가르치고 역기능적이거나 비이성적인 집단적 사고를 발견해 보게 할 수 있다. 이 과정은 즐겁고 생산적일 수 있는데, 특히 모든 구성원들이 방어적인 태도를 최소화하고 노력할 때 그런 결과를 얻을 수 있다.

요약

인지적 접근은 조직 관리와 경영자 코칭에 매우 유용하다. 인지기법을 활용하려면 관리자나 경영자가 행동상의 문제나 업무 현장의 문제와 연관된 자신의 생각을 포착해서 설명할 수 있어야 한다. 코치는 고객과 일대일 관계에서 여러 시간 동안 이 방법을 가르쳐 주고 익히게 할 수 있다. 고객의 인지 지도를 자세히 살피고, 일과 관련된 주요 문제나 기술에 관해 고객이 구체적으로 생각하는 방식을 변화시켜야 한다. 변화는 고객에 의해 시행되고 코치에 의해 강화되며 직장 환경에서 지원받아야 한다. 인지적 접근에 마음이 끌리는 코치는 '추천도서' 목록에 있는 책을 읽어 보기 바란다. 매케이와 데이비스 및 패닝의 저서와 번스의 저서, '참고문헌'에 수록된 『초보자를 위한 인지행동치료』(가제)[3](Wilson & Branch, 2006)도 강력히 추천한다.

1. 인간의 감정은 사건이 아니라 사고thouhgts에서 비롯된다. 사람들은 스스로 무슨

---

3) 원제: Cognitive Behavioural Therapy for Dummies

생각을 할지 선택할 수 있고 이를 통해 자신의 감정을 변화시킬 수 있다. 기저의 생각을 변화시키지 않고 직접적으로 감정을 변화시키기는 어렵고 거의 불가능하다. 모든 사람이 비이성적인 생각을 한다. 부정적인 감정과 정서(분노, 슬픔, 두려움, 마음의 상처)는 비이성적 사고가 그 직접적인 원인이다. 인지 모형에서는 감정이 사고에서 비롯된다고 본다.

2. 비효율적인 행동 패턴은 기저의 비이성적이고 부정확한 생각을 검토하고 변화시킴으로써 빠르고 확실하게 개선될 수 있다. 코치는 고객과 함께 비이성적인 사고를 검토하고 반박한다.

3. 인지적 접근이 효과적이지 않은 사람도 있다. 고객이나 코치가 '자기 스스로에게 하는 말'을 또렷하게 알아차리지 못하는 부류라면 인지적 접근은 효과를 발휘하기 힘들다.

4. 코칭은 하나의 실험과 같이 시행되어야 한다. 인지적 자료를 수집하고 분석한 뒤 변화를 위한 노력에 착수한다. 성과를 평가한 자료를 코칭 과정 중에 피드백해 준다.

5. 인지적 변화는 대개 한 번의 과정으로 이루어지지 않는다. 보통 반복 과정이 필요하다.

참고문헌

Beck, A. (1967). *Depression: Clinical, experimental, and theoretical aspects.* New York: Hoeber Medical Division.

Beck, A. (1976). *Cognitive therapy and the emotional disorders.* New York: International Universities Press.

Burns, D. (1980). *Feeling good: The new mood therapy.* New York: Signet/New American Library.

Davison, G., & Neale, J. (1978). *Abnormal psychology* (2nd ed.). New York: Wiley.

Ellis, A. (1973). *Humanistic psychotherapy.* New York: McGraw-Hill.

Ellis, A., & Grieger, R. (1977). *Handbook of rational-emotive therapy.* New York: Springer.

Ellis, A., & Harper, R. (1961). *A guide to rational living.* New York: Institute for Rational Living.

Homme, L. (1965). Perspectives in psychology XXIV: Control of coverants, the operants of the mind. *Psychological Record, 15,* 501-511.

McKay, M., Davis, M., & Fanning, P. (2007). *Thoughts and feelings: The art of cognitive stress intervention* (3rd ed.). Oakland, CA: New Harbinger.

McMullin, R. (1986). *Handbook of cognitive therapy techniques.* New York: Norton.

Wilson, R., & Branch, R. (2006). *Cognitive behavioural therapy for dummies.* Chichester, UK: John Wiley & Sons.

추천도서

Auerbach, J. (2006). Cognitive coaching. In D. R. Stober & A. M. Grant (Eds.), *Evidence based coaching handbook* (pp. 103-128). Hoboken, NJ: John Wiley & Sons.

Ducharme, M. L. (2004). The cognitive-behavioral approach to executive coaching. *Consulting Psychology Journal: Practice and Research, 56*(4), 214-224.

Goleman, D. (1985). *Vital lies, simple truths.* New York: Simon & Schuster.

Johnson, W. (1946). *People in quandaries: The semantics of personal adjustment.* New York: Harper.

Ornstein, R. (1986). *Multimind.* Boston: Houghton Mifflin.

Palmer, S., & Szymanska, K. (2008). Cognitive behavioural coaching: An integrative approach. In S. Palmer & A. Whybrow (Eds.), *Handbook of coaching psychology* (pp. 86-117). London: Routledge.

Postman, N. (1976). *Crazy talk, stupid talk.* New York: Dell.

Seligman, M. (1991). *Learned optimism.* New York: Alfred Knopf.

Serban, G. (1982). *The tyranny of magical thinking.* New York: E. P. Dutton.

Sherin, J., & Caiger, L. (2004). Rational-emotive behavior therapy: A behavioral change model for executive coaching? *Consulting Psychology Journal: Practice and Research, 56*(4), 225-233.

Wegner, D. (1989). *White bears and other unwanted thoughts.* New York: Viking-Penguin.

Zastrow, C. (1983). *Talk to yourself: Using the power of self-talk.* Englewood Cliffs, NJ: Prentice Hall.

제8장

시스템을 관찰하라

요컨대, 문제의 원인과 증상에 관한 지식은 그렇게 큰 도움이 되지 않는다. 그보다는
체계와 구성원, 구성원 간의 상호연관성과 의사소통, 피드백, 체계의 항상성 기능에
관한 지식이 문제를 이해하고, 그 해결책을 찾는 데 훨씬 더 유용하다.
−조지프 H. 브라운과 데이나 N. 크리스텐슨(Brown & Christensen, 1986, p. 14)

일반체계이론general systems theory과 제어이론control theory, 그리고 이 두 이론에서 발전한
가족치료 모델은 경영자 코치에게 매우 유용하다. 이 이론들이 제시하는 구체적인 기
법과 효과적인 관점은 활용 가능성이 무궁무진하다. 국경을 초월하여 경제가 발전하
고 기업이 성장하면서 기업 문화는 지속적인 관심을 받고 있다. 기업 문화를 제대로
이해하고 싶다면 체계이론 기법을 활용하는 것이 좋다. 기업 조직은 상호작용을 주
고받는 여타 집단과 동일한 일반규칙을 따르며 가족 역동은 대개 작업집단work group의
역동과 꽤 유사하다.

가족치료의 핵심 구성요소 중 다수는 경영자 코칭과 경영 환경에 완벽하게 들어맞는
다. 코치는 기업 고객이 이 이론을 비교적 쉽고 편안하게 받아들이고 그 유용성을 즉시
알아차리는 모습을 발견하게 될 것이다. 가족치료 기법은 조직개발 기법과 매우 비슷해

서 비교적 쉽게 비즈니스 코칭에 접목할 수 있다. 가족치료 분야의 개척자들 중 일부는 자신을 가족치료사가 아닌 가족 **코치**로 지칭하기도 했다. 경영자 코칭에서 가족 내에서 사용하는 호칭을 그대로 사용하면(예를 들어, 최고경영자CEO를 아버지로, 최고운영책임자 COO를 어머니로 간주하거나 경영자 고객을 '애지중지하는 아들'로 표현하면) 고객이 코칭에 관심을 잃을 수 있기 때문에 가족치료 용어는 비즈니스 환경에 맞게 신중하게 바꿔서 사용해야 한다. 가족체계이론은 때로 코칭에 적용하기 어려운 경우가 있는데, 그 이유는 심리치료에 활용되는 모델들이 엔지니어링 모델을 피상적으로 양식화하여 표현한 측면이 있기 때문이다. 그런 측면에도 불구하고 이 이론들은 경영자 코칭에 매우 유용하다.

　현재는 가족치료를 활용한 다수의 공식적인 모델과 접근법이 개발되어 있으며, 그 예로는 구조적 접근법과 해결중심치료, 이야기치료, 구성주의적 접근법, 경험적 접근법, 세대 간 치료와 합동치료 등이 있다. 가족치료에서 비롯된 모델 중 하나인 전략적 치료는 의사소통과 영향력에 관한 복합적인 개념에 기초한 치료법으로 11장에서 검토한다. 이와 더불어 전통적인 심리치료법이 가족치료에 도입되어, 행동적 가족치료, 인지행동적 가족치료, 정신분석적 가족치료 등으로 발전했다. 하지만 이번 장에서는 가족치료의 근간을 이루는 체계이론에 중점을 둔다. 체계이론은 인간 행동과 변화에 대하여 기존의 선형적 해석과는 전혀 다른 관점을 제시하며 코치는 그 핵심 개념을 이해해야 한다. 이번 장에서는 대다수 가족치료에 공통적으로 사용되는 여러 유용한 개념들도 설명한다.

가족치료와 경영

> 사람들의 일반적인 인식과 달리, 가족치료 체계는 가족을 위한 것이 아니라 개인을 위한 것이다.
>
> －스티븐 J. 슐츠(Schultz, 1984, p. 58)

　가족체계이론은 여러 가지 이유에서 비즈니스 코칭에 매우 적합하다. 첫째, 가족치료는 복잡한 기계적 제어과정과 피드백 순환의 개념을 의사소통 이론에 도입한 인공두뇌학의 관점을 기반으로 발전했다. 그에 따라 가족치료는 개인이 아닌 맥락(혹은 체계)을 강조한다. 가족치료는 선형적이고 직접적인 인과관계를 설정하는 기존의 심리치료 모델과는 다른 길을 택했다. 인공두뇌학은 개인의 행동을 조직 역동의 맥락에서 이해한다. 고객이 특정한 방식으로 행동한다면, 이는 고객 개인의 특성이 발현된 것이 아니라 조직 체계에서 영향을 받은 것으로 이해해야 한다. 행동이란 체계의 요구에 대한 반응이다. 누군가의 행동방식은 체계에 영향을 미치거나 체계를 보호하기 위한 노력일 수도 있고, 조직의 스트레스 요인에 대한 반응일 수도 있다. 가족체계이론은 코칭 고객에게 문제의 책임을 돌리지 않으며 전통적인 심리치료와 혼동될 위험도 적다. 또한 경영자 집단을 다룰 때도 유용하다. 예를 들어, 한 관리자가 새로운 프로젝트를 이것저것 벌여 놓고 마무리를 잘 짓지 못한다면, (인공두뇌학의 관점에서) 문제는 관리자의 개인적 결함이 아니라 조직 문화에 있다. 더 엄밀히 말하면, 문제는 관리자와 체계(조직) 간의 상호작용에 있다. 가족체계이론의 관점은, 맥락이나 상황의 영향력이 우세하다는 사회심리학의 관점과 일치한다. 둘째, 가족치료는 현재 중심적이며, 이러한 특성은 치료사가 내담자 개인의 심리적 과거에 그다지 관심을 보이지 않는다는 점에서 긍정적이다. 가족치료의 관점은 기업에 적합하다. 가족치료 기법을 적용할 때는 즉각적인 변화를 목표로 삼을 수 있는데, 많은 경영인들은 위기에 처해 있을 때 이러한 목표에 매력을 느낀다. 고객의 과거를 너무 궁금해하거나 성장과정에 지나친 관심을 보이는 경영 코치에게는 '정신과 의사'라는 꼬리표가 붙을 위험이 있다. 셋째, 가족체계와 조직체계는 많은 면에서 상당히 유사하다. 가족치료에서 비롯된 유용한 기법은 경영조직에도 적용될 수 있다(Darou, 1995). 넷째, 개인의 행동이 조직 역동의 영향 아래 있다는 점에서, 회사 자체를 검토하고 개입할 하나의 적절한 코칭 대상으로 고려할 수 있다. 체계이론을 통해 코치는 조직에 실질적이고 긍정적인 영향을 줄 수 있고, 코칭 의뢰를 더 많이 받을 수 있다.

가족치료의 배경과 역사

가족치료 패러다임은 1940년대 후반에서 1950년대 초반 미국에서 기틀이 잡히기 시작했다(Goldenberg & Goldenberg, 2007). 노르베르트 와이너Norbert Weiner는 여러 엔지니어들과 함께 자기조절체계 피드백에 관한 연구 분야인 현대 인공두뇌학을 발전시켰다. 와이너는 그리스어로 조타수 혹은 기관장이라는 의미의 퀴베르네시스kubernetes에서 **인공두뇌학**cybernetics이라는 용어를 따왔다(Weiner, 1950, p. 23). 인공두뇌학 개념 중 다수는 제2차 세계 대전 말기에 유도미사일 개발과정과 독일의 이론생물학자 루트비히 폰 베르탈란피Ludwig von Bertalanffy의 발상에서 나왔다. 인공두뇌학 체계는 지속적인 자기조절 피드백 기제(혹은 회로)를 사용하여 일탈을 바로잡고 안정성을 회복한다. 인공두뇌학의 사고방식은 순환적이라는 점에서, 기존의 보편적인 선형적 인과관계의 관점으로부터 패러다임의 전환을 이루어 냈다고 볼 수 있다. 인공두뇌학의 관점에서 인과관계는 순환하며, 체계이론은 확실히 탈근대적이다. 영국의 인류학자 그레고리 베이트슨Gregory Bateson과 여러 학자들은 와이너의 발상을 인간의 의사소통과 상호작용에 적용했다. 베이트슨은 안정과 변화의 관계를 중점적으로 연구했고, 연구의 초점이 점차 개인에서 맥락으로, 내용에서 과정으로, 선형적 인과관계에서 순환적(혹은 상호적) 결정론으로 옮겨 갔다. '악순환vicious cycle'이라는 개념을 떠올려 보자. 우리는 항상 서로의 행동에 영향을 주고받는다. 슐츠(Schultz, 1984, p. 64)는 주목할 만한(성차별주의적이긴 하지만) 일화를 제시한다.

> 예를 들어, 아내가 잔소리를 하고, 남편이 술을 마시고, 아내가 잔소리를 하고, 남편이 술을 마시고, 아내가 잔소리를 한다. 바츨라비크와 여러 연구자들은(Watzlawick et al., 1974) 남편과 아내가 이 사건의 흐름을 서로 완전히 다르게 해석하는 경향이 있다고 말했다. ① 남편은 아내가 잔소리를 하기 때문에 술을 마신다고 말한다. ② 아내는 남편이 술을 마시기 때문에 잔소리를 한다고 말한다.

여기서 질문의 초점은 왜에서 어떻게로, 이 사람에게 무슨 문제가 있는가에서 이 사람의 행동이 그 맥락에서 어떻게 이해될 수 있는가로 바뀐다. 인공두뇌학 연구는 관찰자를 체계에 추가하면서 탈근대적인 제2차 인공두뇌학second-order cybernetics으로 발전한다. 이 관점에서 관찰자(코치)는 체계 밖에 머물 수 없다. 코치는 자신이 코칭하는 체계의 구성원이 된다. 우리는 맥락의 바깥에 머물 수 없으며, 맥락에 참여하는 순간 우리는 맥락의 일부가 된다. 이 요인은 코치와 고객에게 큰 도움이 될 수도, 큰 부담이 될 수도 있다. 코치는 고객에게 영향을 미치는 바로 그 요인들의 영향을 받는다. 이는 코치가 고객이 행동하고 반응하는 방식을 이해할 수 있다는 점에서는 도움이 되지만, 코치가 고객에게 영향을 미치는 조직 역동에 구속받는다는 점에서는 부담으로 다가온다. 또한 코치가 중립적이고 편향되지 않은 관점을 잃을 위험도 있다. 장기간 한 조직에서 코칭을 이어가면, 코치는 불가피하게 체계나 조직의 일원이 된다. 이는 곧 그 체계의 규칙이 코치를 포함하는 과정에서 변화된다는 의미다. 그러면 코치는 그 규칙의 통제를 받게 된다. 코치는 자신이 관찰하던 체계의 규칙에 따라 (어느 정도는) 행동하게 된다. 가족치료는 상담이론에 패러다임 전환을 불러왔다.

기본 개념 검토

경영자 코치에게 도움이 될 만한 가족치료의 핵심 개념에는 일곱 가지가 있다. 체계이론의 원리를 경영자 코칭 업무에 적용하여 살펴보자.

개념 1: 항상성(가족치료의 전제)

집단과 조직, 그리고 그 구성원들은 항상성, 즉 현 상태를 지속하려고 노력한다. 체계 항상성은 흔히 자동온도조절장치에 비유된다. 방의 온도가 설정값 아래로 내려가면 자동온도조절장치는 보일러에 전기신호를 보내서 보일러를 켜고 온도를 높인다. 방 안의 온기가 설정값에 이르면 똑같은 자동온도조절장치가 이번에는 보일러를 끄도록 전기신호를 보낸다. 방 안의 온도는 적정 수준으로 일정하게 유지된다. 체계 항상성은 아기 침대에 걸어 놓은 귀여운 동물 모빌에 빗대어 볼 수도 있다. 모빌에 달린 동물 하나를 잡아당기면 나머지 동물들이 같이 움직이지만 당기기를 멈추면 모두 제자리로 되돌아간다. 집단과 조직도 마찬가지다. 그렇기 때문에 컨설턴트나 새로운 계획에 의해 조직이 탈바꿈하는 경우는 극히 드물다. 사람들은 대개 '형편없는' 항상성조차, 두렵고 혼란스러운 변화보다 선호한다. 혼란스럽고 비정상적인 상태를 정상적인 상태로 받아들이는 가족이나 직장부서를 누구나 하나쯤은 알고 있을 것이다. 구성원들은 지금 상태가 끔찍하다고 불평하지만 이상하게도 거기서 편안함을 느낀다. 이는 집단이 개인 구성원의 변화하려는 노력을 칭찬하면서도 변화에 저항하거나 변화를 방해할 수 있다는 것을 의미한다. 특히 내부적으로 변화하려는 움직임이 있을 때 체계는 흔들리지만 결국 원래 있던 자리로 되돌아간다.

체계이론은 '비능률적인' 개인행동의 원인을 집단압력에서 찾는다. 사람들이 자멸적 행동을 하는 이유는 무엇일까? 체계이론은 이들이 집단 항상성을 유지하기 위해서 그런 행동을 한다고 본다. 구성원들은 집단을 현 상태 그대로 유지하기 위해 행동한다. 이러한 관점은 개인이 변화하기가 왜 그렇게 어려운지 그 이유를 밝혀 준다. 고객이 심사숙고하여 긍정적으로 변화하더라도 저항에 부딪힐 가능성이 높은데, 그 이유는 변화가 항상 체계의 균형과 항상성에 위협이 되기 때문이다. 항상성은 안정을 유지하고 변화를 억제한다. 조직개발 프로그램이나 '한때 유행하는 경영기법'은 대개 조직의 항상성에 밀려 실패한다. 체계이론은 개인의 행동을 항상성, 즉 똑같은 상태를 유지하려는 체계의 영향력이라는 맥락 안에서 이해한다.

개념 2: 변화를 위해서 이해가 선행될 필요는 없다

두 번째 개념은 체계이론과 대다수 심리치료이론 사이의 근본적인 차이점 중 하나다. 체계이론은 통찰을 중시하거나 요구하지 않는다. 문제를 발생시키는 원인과 문제의 의미를 이해할 필요가 없다. 단순히 영구적인 변화를 이룰 수 있게 개입하기만 하면 된다. 이는 변화가 쉽게 이루어진다는 의미는 아니고, 말 그대로 문제를 이해하는 단계를 건너뛸 수 있다는 의미다. 통찰은 좋은 것이고 사람들은 통찰을 갈구하지만, 문제를 깊이 통찰하면서도 정작 변화는 이루지 못하는 사람들을 심리치료사라면 누구나 경험하게 된다.

시스템-사고적System-thinking 관점을 활용하는 코치는 내용보다 과정에 중점을 둔다. 메시지에 담긴 내용보다 메시지가 소통되는 방식에 관심을 갖는다. 세부사항보다는 문제가 일어나는 방식이 더 흥미롭고 중요하다. 여기서 과정이란 문제가 어떻게 발생하는지, 누가 언제 누구에게 어떤 방식으로 이야기하는지를 말한다. 특정 상대에게는

(마치 금지된 것처럼) 절대 말을 걸지 않는 사람이 있는가? 특정 상황의 전후에 예측 가능한 패턴으로 무슨 일이 일어나는가? 어떤 상황에서 어떤 일이 일어나는가? 마감시한이 임박한 스트레스 상황에서 무슨 일이 일어나는가? 어떤 회의에서는 문제가 되고 어떤 회의에서는 문제가 되지 않는 행동에는 어떤 것이 있는가? 체계적 관점은 특정 사건이 발생하는 원인에 대해서는 관심을 두지 않는데, 그 이유는 질문을 받은 사람이 본인도 잘 알지 못하는 동기를 짐작해야만 하는 상황이 발생하기 때문이다. 질문을 받은 사람이 대답을 하지 못할 때, 특히 그 질문이 개인적인 문제나 중요한 문제와 관련됐을 때, 그 사람은 당혹감을 느낀다. '왜'라는 질문에 응답해달라는 요구를 받으면 사람들은 대개 방어적인 태도로 '원인'을 찾는다. 원인 규명은 종종 추측과 비난, 손가락질과 변명, 합리화로 이어진다. 때로 원인 규명은 우리가 실행에 집중하지 못하도록 훼방을 놓는다. 사실 이유 규명은 체계를 지금 모습 그대로 유지하기 위해 활용하는 방법이다. 체계이론은 문제의 원인을 규명하는 대신 반복되는 상호작용 패턴과, 똑같은 미봉책을 거듭 활용하는 현상에 관심을 갖는다.

개념 3: 현재에 집중한다

체계이론은 현 조직체계에서의 관계와 역동이 개별 구성원의 행동을 조절하고 유지하기 때문에, 코치가 과거가 아닌 현재를 보아야 한다고 주장한다. 상황이 지금과 같이 흘러온 연유에 지나치게 관심을 보이지 말고, "내가 어쩌다 이렇게 됐지"라든지 설상가상으로 "내가 이것만 이렇게 했어도"와 같은 가망 없는 추론의 길에 빠져들지 말자. 해답은 바로 여기, 바로 지금, 현 체계 안에 있다. 해답은 바로 앞에, 우리 주위에 있다. 지금 이 순간에 머물러야 한다.

개념 4: 어느 곳에서 시작해도 된다

체계이론의 순환적 관점에서는 코치가 어디서 개입하기 시작하든 같은 결승점에 이르게 된다. 체계이론가들은 이 특성을 **등종국성**equifinality이라고 부른다. 체계의 어느 지점에서 시작하더라도 같은 결론과 이해에 이르게 된다. 기업을 변화시키는 방법에는 여러 가지가 있다. 체계의 각 부분이 모두 체계를 유지시키고 있기 때문에 다양한 경로를 통해서 같은 결론에 도달할 수 있다. 결국에는 도로의 모든 이정표가 같은 목적지를 가리킨다. 코치는 종종 조직의 일부분에만 제한적으로 접근할 수 있다. 따라서 접근 가능한 영역에서 시작해야 한다. 그렇게 해도 대개 원하는 지점에 이를 수 있다.

또 하나의 핵심 개념인 **전체성**wholeness 덕분에 체계의 일부분이 변하면 다른 부분도 변하게 된다. 아기 침대 위에 걸어 놓은 모빌을 떠올려 보라. 모빌은 특유의 균형을 추구하며 이루고, 한 부분을 잡아당기면 다른 부분들이 모두 균형을 잃는다. 조직에서 한 구성원에게 문제가 생겼다면, 이는 조직에 균형을 잃은 부분이 있다거나 혹은 조직의 균형점이 역기능적이거나 바람직하지 못하다는 징후일 수 있다. 예를 들어, 어느 구성원이 한계를 넘어선 스트레스를 받고 있다면, 이는 체계 안의 다른 구성원이 건강하지 못하다는 점을 의미한다. 기업의 운영부서는 효과적인 재무부서 없이는 제 역할을 담당하지 못한다. 마케팅 부서는 IT 부서의 협조가 필요하며, 두 부서 간의 협조는 인사 부서가 없이는 이루어질 수 없다. 전체성은 집단의 비공식적 역동(공식적인 역동보다 더 중요하다), 즉 조직 문화를 이끄는 무언의 영향력에도 적용된다. 시장이 변화하면서, 기존의 항상성이 시대에 뒤떨어지고 역효과를 내기도 한다.

개념 5: 문제의 소재

문제가 있을 때 가족치료사는 개인이 아닌 체계를 검토한다. 한 사람이 '증상'을 드러낼 때 그 사람은 **확인된 환자**identified patient: IP로 지목되는데, 이는 가족이 그 사람에게 행동상에 문제가 있다고 꼬리표를 붙였다는 뜻이다(실제로는 체계의 병리나 항상성 때문에 이 행동이 발생한다). 이런 식으로 책임이 확인된 환자에게 전가되면 조직은 현 상태를 유지할 구실을 얻게 된다. 가족 구성원이 한 사람에게 책임을 떠넘긴다면 가족체계는 아무런 변화도 이루지 못한다. 체계이론의 관점을 취하는 코치는 '확인된 고객'이 개인적인 어려움을 겪고 있을 때 고객이 속한 체계를 검토한다. 개인의 행동은 사회적 맥락 안에서만 제대로 이해할 수 있다(이 주장을 뒷받침하는 사회심리학의 실증적 증거는 10장에서 설명한다). 개인의 변화는 체계의 변화가 있어야만 가능하며, 체계의 변화는 개인의 변화가 있어야만 가능하다. 개인과 체계는 독립적이지 않고 밀접한 관계를 맺고 있다.

개념 6: 문제해결을 위한 시도가 오히려 문제를 일으킬 수 있다

파울 바츨라비크Paul Watzlawick와 여러 연구자들은(제이 헤일리Jay Haley, 밀턴 에릭슨Milton Erickson 등) 역설, 의사소통 및 게임이론에 관한 흥미로운 연구에서 문제해결 시도가 도리어 문제를 일으킬 수 있다는 견해를 제시했다(Haley, 1991, 1993; Watzlawick, Weakland, & Fisch, 1974). 이들의 발상은 복합적이며, 매우 흥미롭지만 실제로 적용하기는 어렵다. 이들의 핵심 논리는 가려운 곳을 긁으면 더 가렵다는 것이다. 문제를 걱정하고 있다 보면 그로 인해 실질적인 문제 해결력이 떨어진다는 뜻이다. 예를 들어, 아이에게 조심하라고 주의를 주면 아이는 겁이 많은 사람이 될 수 있고, 아이를 보호하려고 너무 가까이 붙잡아 두면 도리어 아이는 위험한 행동을 일삼는 반항적인 아이가 될 수 있다.

개념 7: 피드백, 1단계 변화와 2단계 변화

자가수정체계self-correcting system는 체계 내부의 사건과 외부 환경 간의 관계에 대한 정보를 담은 피드백을 통해서 조절된다. 방의 온도가 설정값 아래로 떨어지면 난방기 스위치에 이 정보가 피드백되고, 그 결과 난방기가 켜지고 방을 데운다. 체계이론의 피드백에는 두 가지 종류가 있는데, 이 두 가지 피드백을 지칭하는 용어는 행동치료에서와는 다른 의미로 사용된다. 체계이론에서는 항상성을 유지시키는 피드백을 '일탈축소' 피드백 혹은 부적 피드백이라고 부른다. 일탈을 확대하는 피드백은 정적 피드백이라고 부른다. 슐츠Schultz는 이에 관해서도 알기 쉽게 예를 들었다(1984, p. 63).

> 만약 내가 상대에게 소리를 쳤는데(행위) 상대가 평온하게 내 요구를 들어주거나 나를 진정시켜서 내가 평정을 되찾게 되면(원래 행위가 줄어든다), 일탈축소 피드백이 우리 체계를 본래의 평온한 상태로 회복시켜 준 것이다. 반대로 일탈확대 피드백은 원 행위에 대한 반응이 원 행위를 증가시키는 것이다. 예를 들어, 내가 상대를 때리자(행위) 상대가 나를 되받아치고(반응) 내가 상대를 다시 더 세게 때리면(추가적인 행위), 일탈확대 피드백이 일어난 것이다.

체계의 변화는 1단계 변화first order change와 2단계 변화second order change로 분류된다. 코치와 고객은 두 가지 변화의 차이에 대해서 잘 이해해야 하며, 2단계 변화를 코치가 체계의 일부가 된다는 제2차 인공두뇌학의 개념과 혼동해서는 안 된다.

1단계 변화는 집단의 개별 구성원이 행동 변화를 이루었지만 그것이 체계 내부 구성원들의 행동 방식에 영향을 미치지 못한 경우를 말한다. 1단계 변화는 종종 현 체계의 규칙 안에서 개인이 타협한 결과로, 변화를 재조정하려는 체계의 영향력으로 인해 변화가 지속되지 못하는 경향이 있다. 현재의 항상성을 보호하려는 체계의 경향성으로 인해 1단계 변화는 원래 상태로 회귀할 때가 많다. 일반적으로 체계는 체계의 규칙을 (자체적으로는) 변화시킬 수 없다고 가정된다. 이때 규칙이라는 용어는 공식적인 규칙을 의미하지 않는다. 이는 상황이 발생하는 실질적인 방식이자 조직의 근원적인 전제로써 겉으로 잘 드러나지 않는다. 2단계 변화는 일반적으로 체계의 밖에서 비롯되며 체계를 변화시키는 효과가 있다. 이는 차원이 다른 변화다. 체계의 규칙 자체가 변하거나 혹은 체계의 구조가 변한다. 바츨라비크와 여러 연구자들은(Watzlawick et al., 1974, p. 10) 악몽을 예로 들어 설명한다. 꿈을 꾸고 있는 동안에 (꿈속에서) 문제를 해결하려고 하면 성공할 가능성이 낮다. 하지만 알람시계가 울려서 깨어나면(2단계 변화) 특정한 꿈에서 경험한 모든 상황은 획기적으로 영원히 변화하게 된다.

[그림 8-1]은 이 두 부류의 피드백을 나타낸 것이다. 이 그림은 원래 스튜어트 브랜드Stewart Brand가 마거릿 미드Margaret Mead와 그레고리 베이트슨Gregory Bateson을 인터뷰하는 과정에서 그린 그림이다.

2단계 변화는 체계의 외부에서 시작되는데, 조직은 현 상태에서는 피드백을 받아들일 수 없으므로 조직의 구조를 조정해야 한다. 외부인(컨설턴트나 코치)은 내부자가 하지 못하는 발언과 행동을 할 수 있다. 외부자가 기존의 규칙을 변화시키는 피드백을 제공할 때 조직은 완전히 변화한다. 조직 내부 핵심인물의 의미 있는 변화가 조직의 2단계 변화를 촉발시킬 수 있지만, 이런 일은 흔치 않고 조직적인 불편과 저항이 뒤따라 일시적이거나 피상적인 변화에 머무른다. 2단계 변화는 패러다임의 전환, 즉 기본 규칙과 구조의 변화를 의미한다. 이렇게 생각해 보자. 모빌의 한 조각을 잡아당기면 모든 조각이 함께 움직인다. 점차 모빌은 원래의 자리로 되돌아간다. 이것이 1단

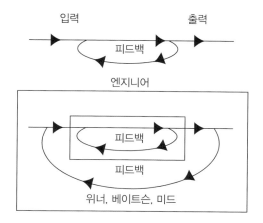

입력　　　　　　　　출력

피드백

엔지니어

피드백

피드백

위너, 베이트슨, 미드

[그림 8-1] 마크 코트Mark Côté. 'CoEvolution Quaterly'와 'Cybernetics Society Conference' 책자에서 수정, *CoEvolution Quaterly*(제10호, pp. 32-44, 1976년 6월)

계 변화의 예다. 하지만 만약 모빌에서 한 조각을 떼어내면 모든 조각들이 변화하며 함께 조화를 이룰 새로운 방법을 찾게 된다. 이것은 새로운 항상성과 2단계 변화를 나타낸다.

코치는 고객이 1단계 변화를 이루었을 때 그 변화가 불편하고 일시적일 수 있다는 점을 예상해야 한다. 2단계 변화는 이루기가 어렵지만 코치는 고객을 꿈(이나 악몽)에서 깨어나게 하는 알람시계가 될 수 있다.

코칭에 활용할 만한 체계이론의 발상

코치와 고객이 앞서 언급한 일곱 가지 개념을 이해했다면, 다음으로 코칭 효과를 증진하기 위해서 체계이론의 구체적인 특성과 발상을 활용하는 방법을 살펴보자.

체계와 하위체계Systems and Subsystems

체계는 여러 하위체계로 구성된다. 가족은 부모 하위체계와 자녀 하위체계, 남성과 여성 하위체계로 나뉜다. 부모는 어린아이들과 함께 술을 마시거나 아이들에게 부부 사이의 성관계에 대해 이야기하지 않는다. 아이들은 형제자매의 비밀을 부모에게 이야기하지 않는다. 가족 내에서 남자들은 여자들이 주위에 없을 때 남성적인 어휘를 사용해 자기들만의 이야기를 나눈다. 모든 대규모 집단(예를 들어, 회사나 조직)은 여러 하위집단으로 구성되며, 개별 하위집단은 그 목적에 따라 각자의 규칙과 규범을 갖추고 조직된다. 하위체계들 간의 경계는 견고할 수도 있고 유연할 수도 있다. 구성원들은 하위체계의 경계에 따라 언제 어떻게 참여하고 의사소통할지 결정한다. 하위집단을 인정하고 경계를 존중하는 일은 중요하다. 모든 조직은 공식적인 정보 전달 체계를 갖추지만 중요한 정보는 비공식적인 경로를 따라 이동할 때가 많다. 이는 공식적인 사업 협정에서도 마찬가지다. 사실 마케팅을 기업 조직의 중추로 삼는 현대의 기업관은 여러 하위체계(예: 판매, IT, 고객서비스, 엔지니어링)들의 효과적인 통합을 전제로 한다.

규칙과 규범Rules and Norms

각 체계와 하위체계의 구성원들은 특정한 행동양식을 준수하리라는 기대를 받는다. 이러한 규칙과 규범은 내부자의 눈에는 잘 띄지 않아서 외부인들만 알아차리는 경우도 있다. 그렇지만 체계의 규칙과 규범은 매우 중요하며 종종 사내정치의 일부로 간주되기도 한다. 규칙과 규범 중에는 십계명에 버금가는 것도 있고(위반 시 엄청난 손실과 위험을 감수해야 함) 특정 상황이나 특정인들은 무시할 만한 것도 있다. 명시적인 규칙은 무엇이고 암시적인 규칙은 무엇인지 확인해 보아야 한다. 특정 규칙을 어길 만한 사람은 누구인가? 조직의 공식적인 신조에 위배되는 규범에는 무엇이 있는가? 누가 어떤 이유에서 기준을 만들었는가? 조직이 공식적으로 권위를 부여하지 않은 인물이 조직에 강한 영향력을 미치는 경우가 종종 있다. 예를 들어, 대다수 조직을 잘 살펴보면, 조직에는 직책상의 권한보다 훨씬 더 큰 권한을 부여받은 사람이 보인다. 모두가 이들의 권한을 이해하고 있으며 많든 적든 그 권한을 받아들인다. 이는 불문율이다. 그런 사람들은 누구이고, 그들의 권한은 어디에서 나오는가? 코치는 이러한 점들에 주의를 기울여야 한다.

신화와 신화화Myths and Mystification

기업은 가정과 마찬가지로 어렵고 불확실한 시기에 집단을 규정하고 보호해 줄 본질적인 상징과 일화를 수집한다. 이러한 신화는 거의 신성시되며 의혹의 대상이 되는 경우가 거의 없고 집단 구성원 대다수에게 위안을 준다. 탄탄한 조직이든 약한 조직이든, 대다수 조직에는 창업자나 경영자에 얽힌 이야기가 있다. 그들에 얽힌 이야기는 조직에 교훈을 가져다준다. 반면에 조직을 옭아맬 수도 있는데, 특히 일화가 태동된 현실이 더 이상 유효하지 않을 때 조직에게는 족쇄가 된다. 허먼 밀러 주식회사(미시간 질런드의 가구회사)의 CEO인 드 프리De Pree 가족의 이야기는 신화와 일화의 힘을 보여 주는 훌륭한 사례로, 1989년 출간된 맥스 드 프리의 저서 『리더십은 예술이다』[1]에 자세히 실려 있다. 잭 웰치Jack Welch에 대한 추종과 그가 떠난 후의 GE의 발전에 관한 일화 역시 관심을 기울여 볼 만한 사례다.

역할Roles

체계이론을 따르는 코치는 조직 내부에서 사람들이 맡은 역할에 관심을 갖는다. 역할은 행동과 반응에 대한 일관된 기대의 집합이다. 사람들이 각각 무슨 역할을 수행하는가? 이들이 자기 역할에서 벗어나면 어떤 일이 벌어질까? 이 역할들은 조직이 현 상태를 지속하는 데(항상성 기능) 어떻게 기여하는가? 얼마간 시간이 흐르면 사람들은 타인이 예전부터 해 오던 행동 방식을 그대로 유지하리라고 예상하며, 조직에서 기존에 담당한 역할에 맞게 행동하지 않을 때 불편해한다. 자기 역할에서 벗어난 행동은 위험할까? 조직에서 기존에 하던 역할을 계속 맡아서 하는 사람은 그 역할을 자기 행동방식에 따라 정의하면 되지만, 새로운 인물이 그 사람을 대신해 같은 역할을 수행하기는 어렵다. 한 예로, 업무 분장은 기업의 조직도에 따라 논리적으로 균등하게 이루어지지 않는다. 구성원들이 오랫동안 공식적인 조직도상의 지위와는 별 상관 없는 역할을 맡아 왔기 때문이다.

가족 역할Family Roles

성인들이 직장에서 맡을 만한 '가족' 역할을 살펴보는 것도 도움이 된다. 이러한 가족 역할에는 스타, 비난가, 영웅, 반항아, 순교자, 희생양, 전환자, 치어리더, 어릿광

---

1) 원제: Leadership Is an Art.

대, 병약자, 화해자, 귀한 아들, 마스코트, 성인, 회의론자가 있다. 모든 가정에는 이런 역할을 담당하는 사람들이 있기 마련이고 대다수는 자기가 자신의 가족 안에서 어떤 역할(들)을 담당했는지 쉽게 떠올릴 수 있다.

아래에 조직 구성원이 조직에서 담당하게 되는 역할을 간단히 설명해 놓았다. 구성원은 조직의 구조나 대인 관계상의 필요에 의해 다음과 같은 역할을 맡게 된다. 가족 역할에는 항상성이 적용된다. 체계가 변화할 때, 각자의 역할을 담당하던 사람들은 엄청나게 강한 힘이 가해지거나 혹은 2단계 변화가 일어나지 않는 한 변화에 저항한다. 대개 구성원의 역할 행동은 항상성 유지에 기여한다.

스타Star—이 사람은 조직에서 스타의 지위를 부여받는다. 특별한 대우를 받으며 대개 일을 매우 잘한다. 조직은 이 사람의 결점을 축소하고 실수를 눈감아 준다. 스타는 앞으로 탄탄대로를 걸으리라는 기대를 받는다. 주위 사람들은 이 사람을 존경하거나 원망한다.

비난가Blamer—이 사람은 일이 잘못될 때마다 비난의 대상을 찾는다. 조직의 바람대로 상황이 풀리지 않을 때는 누군가 비난을 받아야 한다. 비난가는 항상 그 사실을 지적한다.

영웅Hero—이 사람의 임무는 조직을 '곤경에서 구하는' 일이다. 조직이 곤경에 처할 때마다 그 상황에 개입해서 문제를 해결한다. 영웅은 대형 거래를 성사시키거나 소속 부서가 승인 절차나 감사를 통과하게 해 준다. 주위 사람들은 이들에게 의지하면서 동시에 분개하기도 한다.

반항아Rebel—반항아들은 조직에 잘 융합하지 못한다. 굉장히 자율적이며 대체로 규칙을 따르지 않는다. 주위 사람들과 다르게 옷을 입고 생각하고 행동하면서도 대부분 비난받거나 처벌받지 않는다. 이들은 수뇌부의 비위를 거스르지만 자기 업무에 능숙하거나 어려운 업무 처리에 뛰어난 경우가 많다.

순교자Martyr—이 사람은 조직이나 조직의 구성원을 위해 항상 고통을 감내하는데, 보통은 주위의 관심을 사기 위해서 자신을 희생한다.

희생양Scapegoat—이 사람은 일이 잘 풀리지 않았을 때 팀을 위해 비난을 참고 받아들인다.

전환자Distracter—이 사람은 팀원들의 주의를 가장 도전적인 문제나 두려운 문제로부터 전환하는 행동을 한다. 팀원들이 주의를 기울일 만한 다른 일을 찾아낸다.

치어리더Cheerleader—이 사람은 거의 항상 사이드라인 밖에 서서 다른 사람이 문제를 해결하도록 독려한다. 위험을 감수하거나 어려운 일에 직접 관여하지 않는다.

어릿광대Jester—이 사람은 강박적으로 유머를 구사한다. 농담과 웃음으로 어려움이나 문제에서 팀원들의 주의를 다른 곳으로 돌린다. 이 행위는 유쾌할 수도 있고 신경에 거슬릴 수도 있다.

병약자Invalid—이 사람은 어딘가 자주 아프거나 다치거나 불편해서 어려운 업무를 맡지도, 완수해내지도 못한다. 병약자는 스트레스가 늘어나는 상황을 감당하지 못한다. 이러한 행동은 조직의 다른 구성원들에게 용인되지 않는다.

화해자Placater—이 사람은 상황이 어려워질 때 사람들을 진정시키는 역할을 맡는다. 그는 절대로 정면으로 부딪치는 법이 없다. 항상 물러서서 상황을 무마시킨다.

맏아들/귀한 아들 Oldest/Favored Son—이 사람은 특별한 대우를 받고 특별한 책임을 진다. 종종 고위 간부나 조직 내 다른 계층의 사람들에게 믿음직한 중재자 역할을 한다. 다른 사람들이 얻지 못하는 미묘한 혜택이나 기회를 부여받지만 '동생들'의 행동을 어느 정도 책임져야 한다는 기대를 받는다.

마스코트Mascot—이 사람은 행운의 상징으로 여겨진다. 마스코트는 멋지고 부서에 유익하다고 여겨지지만 부서에 실질적으로 기여할 것이라는 기대는 받지 못한다.

성인 혹은 천사 Saint or Angel—이 사람들은 절대로 잘못된 생각이나 언행을 하지 않는다. 이들은 그 모든 것을 초월해서 고결하게 행동하는데, 이러한 행동이 상황에 적합하지 않거나 현실적으로 타당하지 않을 때도 마찬가지다. 이들은 자신이 주위 사람들보다 더 우월하다는 듯이 행동한다. 주위 사람들도 이들을 그런 식으로 대한다.

회의론자Skeptic—이 사람은 의문을 제기하는 역할을 맡는다. 특히 낙관주의자들이나 창의적인 사람들이 팀을 위해 새로운 아이디어를 제시할 때 매번 찬물을 끼얹는다. 이들은 조직이 위험을 감수하거나 변화를 감행하지 못하게 적극적으로 막는다.

코치는 사람과 그 사람의 역할을 분리해서 보아야 한다는 점을 명심해야 한다. 조직 내의 공식적인 역할뿐 아니라 현재까지 커다란 영향력을 행사하는 가족 역할의 잔재도 마찬가지다. 이런 역할은 매우 경직되어 있다는 점에서, 그리고 역할관련 행동이 주위 사람들에게 부담을 배가시킨다는 점에서 문제가 된다. 개인의 행동을 변화시키려면 고정된 역할 기대, 논의의 여지가 없는 완강한 규칙, 엄격한 위계질서, 확고부동한 동맹관계를 검토하고 유연하게 만들어야 한다. 개인의 행동은 조직 체계 내부의 역할 문제에 대한 반응으로 보아야 한다. 코치와 고객은 〈표 8-1〉의 빈 도표를 사용하면 조직에서 각각의 가족 역할을 수행하는 구성원이 누구인지 파악해 볼 수 있다.

역할 긴장, 역할 과부하, 역할 갈등의 문제 역시 해결해야 한다(Chrlson, Sperry, & Lewis, 1997). 이 세 가지 문제는 기업계 전반에 널리 퍼져 있고, 기업이 발달하고 발전이 가속화됨에 따라 점점 더 만연하게 된다. 기업이 규모를 줄이고 효율을 극대화해 민첩하게 움직이게 되면, 직원은 조직 내에서 점점 더 다양한 역할 기대를 충족시켜야 한다는 부담을 안게 된다. 역할 과부하는 조직 내에서 한 사람에게 지나치게 많은 역할이 주어지거나 부담이 큰 역할이 주어질 때 일어난다. 역할 긴장은 서로 다른 여러 가지 역할을 감당하는 사람이 특히 '팀워크'가 필요한 상황에서 동시에 여러 가

< 표 8-1 > 역할 추적 도표

역할 행동	구성원						
	존스	리	산체스	응우옌	싱	샤나즈	카바낙
스타							
비난가							
영웅							
반항아							
순교자							
희생자							
전환자							
치어리더							
어릿광대							
병약자							
화해자							
귀한 아들							
맏아들							
마스코트							
성인							
회의론자							
(스스로 추가)							

지 일을 해야 할 때 발생한다. 역할 긴장은 주로 열심히 일하고 신뢰할 만하며 새로운 요청을 거절하지 못하는 사람들에게 생긴다. 그 결과 이 사람들은 타당하지만 표현하지는 못하는 적개심을 품고 온갖 이상한 행동을 하게 된다.

유사상호성 Pseudomutuality

가정에서는 종종 구성원들 간에 심각한 갈등이 있거나 실제로는 서로 견딜 수 없을 만큼 싫어하면서도 겉으로는 서로 애지중지하고 친절하고 예의바르게 행동하는 경우가 있다. 가족(혹은 조직 구성원)들은 갈등과 불만, 문제를 인정하지 않고 외부인에게 자기 가족이 '완벽하다고' 소개한다. 이는 구성원들이 가족의 치부를 드러내지 않는다는 무언의 혹은 공공연한 가족 규칙 때문일 수 있다. 차이를 인정하는 일은 깨지기 쉬운 체계의 통합성에 위협으로 지각된다. 기업도 마찬가지다. 조직이나 조직 문화를 부정적으로 언급하는 것은, 특히 외부인에게 그렇게 하는 것은 예의에 어긋나는 행위로 간주된다. 이와 같이 유사긍정적인 겉치레는 현 상황을 유지해 주고 갈등이 표면화되는 난처한 상황을 방지해 준다. 이는 체계가 항상성을 유지하는 또 하나의 방식이다.

사람들이 어떤 조직에 대해 극찬만 늘어놓는다면 왜 그런지 관심을 기울여 보아야 한다. 이런 행위는 외부인을 처음 대할 때의 태도로는 괜찮게 봐 줄 수 있겠지만, 이러한 행동이 지속되거나 기괴하거나 인위적이거나 타당해 보이지 않을 때는 왜 그런지 관심을 기울여 보아야 한다. 때로 코치에게는 일반직원이나 동료라면 절대 입 밖에 표현하지 못한 말을 언급할 수 있는 권한이 부여된다. 먼저 코치가 직원들에게 문제점을 언급하면, 직원들은 그들이 겪는 문제점에 대해 이해받고 인정받게 되며, 명백하지만 골치 아픈 문제를 지적했다는 책임을 지지 않아도 된다. 하지만 이런 시도는 신중하게 이루어져야 한다.

삼각관계 Triangulation

삼각관계는 공식적인 위계나 역할 구조 밖에서 구성원들 간에 연합이 생길 때 일어난다(Kerr & Bowen, 1988; Segal, 1997). 예를 들어, 가족에서는 어머니와 아들이 동맹을 맺고 남편-아버지를 따돌릴 수 있다. 정보의 흐름과 비밀보장은 연합에 따라 결정된다. 사람들 중에는 삼각관계에 익숙하고 조직에 유해한 동맹관계 구축에 유달리 뛰어난 부류가 있다. 대개 이들은 불균형한 체계에서 권력과 정보를 조종하는 데 익숙하며, 신뢰하지 못할 성향의 소유자들이다. 삼각관계는 누군가를 배제하거나 집단적으로 괴롭히는 일에 쓰일 수 있다. 삼각관계는 비밀을 장려하고 열린 의사소통을 방해한다. 삼각관계는 신뢰를 훼손한다. 이런 식의 삼각관계나 암묵적인 야합이 명백히 일어났을 때, 코치는 요령 있게 그런 현상을 환기시켜 주어야 한다. 한편 코칭을 할 때도 삼각관계가 형성되기 마련이므로, 코치는 이 삼각관계를 잘 관리해야 한다. [그림 8-2]는 코치와 고객, 그리고 코칭을 의뢰한 고객사로 구성된 삼각관계를 보여 준다.

세 쌍의 관계(코치-고객, 코치-고객사, 고객-고객사)는 각각 일시적으로나 영구적으로 연합을 형성할 수 있다. 정보는 이 연합관계 안에서 공유되며, 제삼자는 배제되고 심지어 이야깃거리가 되기도 한다. 삼각관계적 상호작용은 일반적인 현상이지만 코칭에 유해한 영향을 미치거나 역효과를 내기도 한다. 코치와 고객은 고용주가 어리석은 인물이라고 동의하고, 코치와 고용주는 고객이 실패자라고 동의하고, 고객과 고용주는 코치가 실력이 부족하다고 험담할 수 있다. 이러한 연합관계는 코칭의 효과를 저해하고 고객, 코치, 고객사 모두에게 해가 된다. 삼각관계로 인한 문제에 '해결책'이 있다면, 그 해결책은 발생 가능한 삼각관계에 대해 명확하고 솔직하게 협의 사항을 마련해두고 고객과 코치와 고객사의 세 주체가 다 같이 삼각관계를 피하고 개방적이고 진실한 태도로 코칭에 임하기로 약속하는 것이다. 이때 특히 코치가 삼각관계를 경계하고 유의해야 하며, 실제로 삼각관계로 인한 문제를 가장 먼저 파악하는 사람은 대개 코치다. 이 문제에 관한 비즈니스 코칭 사례와 깊이 있는 논의에 관심이 있다면 셔먼과 프리어스(Sherman & Freas, 2004, pp. 85-88)의 저서를 참조하면 된다.

의식과 의례 Rites and Rituals

가족과 여타 집단에는 관습적인 행동양식이 있다. 특정 시점이나 상황에서 취해야 할 행동이 있는 것이다. 이런 습관적인 행위는 굳어져서 의례화되기도 하는데, 이 의례는 암묵적이고 절대적인 행동양식이기에 거스르면 커다란 위험이 뒤따른다. 의례

[그림 8-2] 코칭에서의 자연스러운 삼각관계

는 집단 문화에서 상당히 중요한 자리를 차지한다. 간단한 예로는 회의석상에서 사람들이 매번 같은 자리에 앉는 현상을 들 수 있다. 조직 구성원들은 회의 때마다 자기가 앉던 자리에 앉는 경향이 있다. 사람들이 같은 자리에 반복해서 앉는 이유를 아무도 설명하지 못하지만 누군가 '잘못된' 자리에 앉으면 모두가 불편함을 느낀다.

지시 Directives

지시는 일종의 가족치료 기법이다. 가족치료사는 변화에 대한 직접적인 처방을 내리고 가족들이 처방에 대응하는 모습을 자세히 관찰한다. 고객이 변화한다면 가장 좋다. 고객이나 체계가 저항을 할 때는 문제에 관해 학습할 기회가 된다. 고객의 반응은 문제 행동이 체계 내에서 갖는 기능적 의미를 밝혀 준다. 역경 기법은 지시 기법의 일종이며, 코치는 현 문제를 파악하기 위한 방법으로 고객에게 어려운 과제를 수행하도록 요청한다. 역경 기법은 대개 기존의 문제 행동을 상대적으로 사소하게 보이도록 만들거나, 문제 행동을 지속할 이유가 없다는 점을 지적하기 위한 용도로 활용된다. 예를 들어, 코치는 고객에게 직원회의에서 다른 자리에 앉으라고 요청하거나, 예전에 한 번도 이의를 제기해 본 적이 없는 사람에게 이의를 제기해 보라고 요청한다. 지시 기법과 역경 기법에 관한 상세한 설명과 주목할 만한 사례를 더 알고 싶다면 밀턴 에릭슨에 관한 제이 헤일리의 저서 『비범한 치료』(가제)[2](Haley, 1993)를 참조하면 된다.

가족생활주기 Family Life Cycle

가족체계 이론가들은 가족의 구조와 행동이 발달주기 안에서 발전한다고 봤으며 경영 문헌에서도 비즈니스를 그와 비슷한 관점에서 본다. 회사생활주기의 A단계에서 적합했던 행동이 B단계에서는 역효과를 내기도 한다. 신생 스타트업 기업에서 일할 때와, 오너 일가 소유의 오래된 대기업에서 일할 때 직장인이 취해야 할 행동 방식은 전혀 다르다. 고객은 때때로 자신이 현재 조직의 생활주기에 얼마나 적합하게 행동하는지 철저히 검토하고 회사에 순응할지 이직할지 결정해야 한다.

---

2) 원제: Uncommon therapy

적용

가족치료 모델은 선형적 사고를 버리라고 말한다. 가족치료의 관점에서 볼 때 한 사람의 행동을 그가 속한 체계와 분리해서 이해하려는 시도는 어리석다. 개인사를 살펴서 현재 행동을 이해하려는 시도는 무의미하다. 사람을 이해하는 최선의 방법은 각자가 수행하는 역할과 그 역할이 체계의 현 상태를 유지하는 방식을 살펴보는 것이다. 가족치료의 연구 단위는 겉보기에 한 사람의 행동에 초점을 맞추는 듯해 보여도 부서, 작업집단, 전체 조직을 포함한다. 우리는 끊임없이 서로 영향을 주고받는다. 우리 모두는 집단의 항상성을 유지하는 역할을 담당한다. 사람들은 대개 자신이 수행하는 역할과 그 기능을 인식하지 못하지만, 가끔은 어렴풋이 인식하거나 정확히 이해하기도 한다. 구성원의 역할과, 구성원의 역할이 소속 부서에서 기능하는 방식에 대해 논의를 나눠 보는 것도 나쁘지 않다.

체계이론의 관점은 경영자 코치에게 기회이자 제약이다. 기회가 되는 이유는 전체 조직을 코칭의 대상으로 삼을 수 있기 때문이다. 제약이 되는 이유는 집단 차원에서의 소통이나 개입이 코치에게 허용되지 않을 때, 코치는 조직의 문제를 해결하기 위해 아무 조치도 취할 수 없다는 무력감에 빠질 수 있기 때문이다. 또한 코치가 조직 내부의 다른 사람들과 소통할 경우 고객의 비밀보장을 위반할(혹은 위반하는 것처럼 보일) 위험이 있다. 또한 구성원들이 코치가 광범위한 집단에 개입하는 것이 적절한지에 의문을 품거나, 심지어는 두려움을 느낄 수도 있다.

이러한 주의사항을 염두에 두고, 가족체계이론과 개념을 경영자 코칭에 활용하는 여덟 가지 방법을 살펴보자. 이 방법은 고객의 조직에 적절하게 맞춰서 활용해야 한다. 한 번에 한 가지 이상의 방법을 활용할 수도 있다.

방법 1: 고객에게 체계이론을 가르쳐 준다

체계이론의 핵심 개념을 소개하여 고객이 문제를 평가하고 이해할 수 있게 해 준다. 먼저 가족의 호칭이나 용어를 얼마나 활용할지 결정한다. 어떤 고객들은 부모(아빠나 엄마), 아이, 손위 형제, 가족 분쟁, 가족 사업, 부모 하위체계와 같은 가족 용어를 반기거나 자기가 나서서 사용하기도 한다. 몇몇 회사들은 이미 '이혼'(사업분할)이라든가 "아버지께서 문제를 해결하리라고 기대한다"(CEO가 모든 문제를 해결하기를 기다린다)는 식의 표현을 쓴다. 하지만 이러한 표현을 이상하게 여기는 기업도 있다. 그런 기업에서 일한다면 가족치료를 언급하는 대신 체계이론의 관점(항상성, 인공두뇌학)을 사용하면 된다. 만약 엔지니어링 분야의 용어를 안다면 가족체계이론을 엔지니어링 용어로 바꾸어 설명해도 좋다. 일단 체계 모델을 소개하면 여러 가지 방법을 활용할 수 있다.

방법 2: 고객이 속한 조직 내부의 중요한 과정 변수process variables를 관찰한다. 고객에게 변수를 관찰하는 방법을 가르쳐 주면 더욱 좋다

먼저 회의에서 팀원들의 행동을 관찰하는 것으로 시작한다. 회의는 과정을 관찰하기에 가장 좋은 장소다. 〈표 8-2〉는 회의석상에서 조직원들의 행동을 관찰할 때 사용하기 위한 점검표다. 페이지 위쪽에 참석자들의 이름을 나열하고 왼쪽 열에 열거된 행동을 참석자가 몇 차례나 반복하는지 횟수를 표시하면 된다.

일단 코치와 고객이 자료를 수집하고 자료에서 패턴과 의미를 분석한다. 고객이 자료의 의미를 명확히 파악하고 있을 공산이 크므로 이 과정은 그리 어렵지 않을 것이다. 그리고 나서 코치는 이 새롭고 가치 있는 통찰을 바탕으로 무엇을 할지 결정할 수 있고, 더불어 고객에게 과정 변수의 중요성과 과정 변수가 어떤 영향을 미치는지(과정 변수는 종종 회의 내용이나 회의 주제보다 더 강력한 영향력을 행사하지만, 사람들은 과정에서 일어난 사건이나 그 패턴에 관해서는 별로 언급하는 경우가 없다) 깨우쳐 준다. 일단 고객이 과정 변수를 파악하는 습관이 들면 도표의 도움 없이도 과정 패턴을 관찰할 수 있을 것이다. 여기서 핵심은 사람들의 의사소통 과정이 사람들이 실제 말하는 내용보다 훨씬 더 많은 사항들을 설명해 주기도 한다는 점이다.

방법 3: 고객이 관심을 보인다면 고객의 원가족 경험을 탐색한다

우리의 현재 행동은 대개 가정에서 형성된 것이다. 우리는 발달 과정에서 뿌리 내린 방식으로 역할을 수행하고 갈등을 조정하며 자기 자신을 인식한다. 대다수 사람들

< 표 8-2 > 과정 관찰 점검표

주목할 만한 행동	회의 참석자				
	존스	리	산체스	응우옌	싱
침묵한다.					
주제를 소개한다.					
쟁점을 명확히 한다.					
다른 사람들을 끌어들인다(참여를 요청한다).					
늦게 온다.					
말을 끊는다.					
질문한다.					
무관심해 보인다.					
당면과제에 관해 이야기하게 한다.					
당면과제에서 주의를 분산시킨다.					
감정을 표현한다.					
이의를 제기한다.					
회의실에서 나간다.					
동의하고 지지한다.					
요약한다.					
제안한다.					
선택 사항을 제시한다.					
합의가 이루어졌는지 확인한다.					
특별한 관심을 요청한다.					
한 사람에게 이야기한다.					
회의실 안에 코끼리가 있다고 언급한다.[3]					
옆 사람과 소곤댄다.					

---

1) 집단의 대다수 구성원들이 확연히 알고 있지만 이전에 언급하지 않았던 문제에 대한 언급을 말한다.

은 원가족 경험을 탐색하면서 유용한 통찰을 얻을 수 있다. 이 방법은 고객이 '돌이킬 수 없는 상처를 입었다'거나, 치료적 도움이 필요하다거나, 과거에 형성된 방식에 대해서 지금 할 수 있는 일은 없다는 식의 심리치료의 부정적인 측면을 고객에게 상기시킬 우려가 있다. 가족체계이론은 통찰에서 변화가 일어난다고 보지 않는다는 점을 기억하자.

방법 4: 고객이 현 조직을 마치 한 가족인 것처럼 검토할 수 있게 도와준다

가족에 비유해서 상황을 살펴보면 고객이 자신의 행동이 조직에 어떻게 들어맞는지, 조직이 어떻게 자신을 받아들이고 대하는지, 더 효과적으로 일하기 위해서 어떻게 바뀌어야 할지를 이해하는 데 도움을 줄 수 있다. 체계이론의 관점에서 고객의 행동을 이해하려면 고객의 행동이 조직 체계에 어떤 기여를 하고 어떻게 반응하는지를 살펴보아야 한다. 이때 체계 구성원들에 접근이 가능한지, 즉 조직 구성원들이 고객의 코칭 과정에 참여할 의사가 있는지 알아보아야 한다. 상위 조직은 참여 의사가 있는가? 조직은 고객이 처한 상황을 개선하기 위해서 변화를 고려할 것인가? 조직과 구성원에게 어느 정도의 협조를 요청할 수 있고 그들에게 무엇을 기대할 수 있는가? 조직의 다른 영역에 접근할 수 있는가?

조직이 고객에게 기대하는 역할들을 고객이 이해하도록 도와주어야 한다. 대다수 경영자들은 조직이 자신에게 기대하는 역할들을 상세히 검토해 본 적이 없다. 고객이 공식적/비공식적 역할에 부여된 의무와 기대치에 대해 어떻게 생각하는지, 조직은 고객이 그러한 역할을 어떻게 수행하기를 바라는지 살펴보자. 고객이 자신에게 맡겨진 역할을 즐기는 듯한 태도를 보여야 하는가? 아니면 역할이 부담스럽기는 하지만 조직을 위해 기꺼이 감수하는 듯한 태도를 보여야 하는가?

가정에는 저마다의 특징적인 의사소통 방식이 있고, 효과적으로 의사소통을 하려면 구성원은 이 방식을 이해해야 한다. 순리에 어긋나는 상호작용은 저항과 혼란을 초래하기 쉽다. 작업집단에는 저마다의 규범이 있기 때문에, 조직의 구성원은 이러한 규범을 존중하거나 최소한 인정해야 한다. 완벽주의를 추구하는 가족, 건전한 농담이나 불건전한 농담을 자주 하는 가족, 화를 잘 내는 가족 등 가족 내에는 그 가족만의 소통 방식이 있고 대개 구성원들은 거기에 맞는 역할을 수행한다. 어떤 구성원들의 기여는 다른 구성원들의 기여에 비해서 더 많이 인정받는다. 특정 상황에서 누군가에게는 발언권이 주어지고, 다른 누군가에게는 주어지지 않는다. 외부인을 대하는 방식도 가족마다 서로 다르며, 코치는 작업집단마다 코치를 대하는 방식이 다르리라 예상해야 한다. 어떤 가족은 세상과 담을 쌓고 지내면서 비판이나 저항 없이 가정을 꾸려가길 바라며, 대부분의 가정에는 본질적으로 논의할 수 없는 '언외의 문제'가 있다. 가족마다 성공과 실패를 다루는 방식이 다르고, 기업이나 업계에 따라 실수를 처리하는 방식도 상당히 다르다. 의료업계에서 실수를 처리하는 방식과 항공업계에서 실수를 처리하는 방식을 비교해 보자. 항공업계는 모두가 실수할 수 있다고 가정하고 실수를 반성하고 앞으로 실수를 예방할 수 있다고 판단해서 일상적이고 공개적으로 실수를 검토한다. 의료업계의 문화에서는 여전히 오류를 부인하거나 숨기고 공개적으로 논의하기를 꺼린다. 사람들은 의사를 완벽하다고 생각하거나 완벽하리라고 기대하며(Leape, 1994) 의사들에게 솔직하게 직접적으로 혹은 비판적으로 말할 수 있는 사람은 별로 없다. 그 결과 의료체계 안에서 의사들은 미래의 실수를 막기 위해 필요한 정보를 얻지 못한다.

가족들은 대개 하위집단으로 구성되며, 정보는 이 하위집단들 사이에서 균등하게 공유되지 않는다. 집단의 다양한 기능에 대한 권한과 통제권은 하위집단에 균등하게 배분되지 않으며, 사람들은 구성원들이 경계를 넘거나 역할에서 벗어날 때 불편감을 느낀다. 동맹과 삼각관계가 다양한 구성원들 사이에서 다양한 목적으로 시시때때로 형성되고 유지된다.

방법 5: 지시 기법을 활용한다

고객에게 뭔가 새로운 행동을 시도해 보라고 요청한다. 조직이 체계로서 기능한다면, 어디서든 현재 행동패턴을 무너뜨릴 때 유용한 정보를 얻을 수 있다. 등종국성 원리를 활용하면 우리는 어디서부터든 변화를 시작할 수 있으며, 체계의 나머지 부분이 변화에 저항하든지 아니면 새로운 패턴을 수용하기 위해 체계 자체가 변할 것이라고 가정할 수 있다. 예를 들어, 고객이 항상 특정 주간 회의에 참석하지 않는다면 그 회의에 참석해 보라고 지시한다. 고객이 순응하는지 저항하는지 혹은 코칭 과정을 고의적으로 방해하지 않는지 살피고 고객이 더 큰 체계나 작업집단을 관찰할 수 있게 돕는다. 고객이 지시사항을 완수하지 못하면 지시사항을 실행에 옮기지 못한 이유가 무엇인지 함께 파악해 본다. 그 상황에서 무슨 감정을 느꼈는가? 회의에 참석하는 대신 실제로 무엇을 했는가? 회의에 참석한다면 무슨 일이 일어날지에 관해 어떤 심상이나 기대를 가지고 있는가? 지시사항을 완수하려면 어떤 변화가 필요한가? 고객이 지시사항을 실행에 옮겼다면 체계를 관찰한다. 체계에 저항이나 반감이 생겼는지 확인하고 그로부터 정보를 얻는다. 새로운 행동은 항상 체계상의 맥락에서 유용한 정보를 준다.

방법 6: 특정 기술을 가르쳐 준다

가족치료에서는 가족 구성원 한 사람 혹은 모두에게 특정 의사소통 기술을 가르쳐 주기도 한다. 고객에게 적극적 경청, 자기주장, 대중연설과 같은 구체적인 기술을 가르쳐 주자. 시각적 정보가 필요하다면 비디오 피드백이 매우 효과적이다.

방법 7: 해결중심방법을 탐색한다

버그Berg와 드 세이저de Shazer와 여러 연구구자들은 고객이 현 상태를 유지시키는 힘을 파악하게 해 주는 일련의 단순한 기법을 개발했다(Pichot & Dolan, 2003).

기적 질문─고객에게 만약 어느 날 잠자는 동안 기적이 일어나서 자신이 훨씬 더 유능하고 생산적인 사람이 된다면 무슨 일이 일어날지 묻는다. 어떤 변화가 생길까? 그렇게 된다면 어떨까? 어떤 기분일까? 누가 자신의 변화를 알아차리고 누가 관심을 보일까? 앞으로 어떻게 행동해야 할까? 무슨 일을 할까? 무엇이 달라질까?

예외 질문─"지금 이 문제가 일어나지 않았던 때나 일어나지 않았던 상황이 있으면 말씀해 주세요. 이것이 문제가 되지 않았던 때는 언제인가요? 어떤 상황에서 지금과 다르게 행동할 수 있었나요?"

요술지팡이-"제가(코치) 요술지팡이를 가지고 있어서 어떤 면에서든 당신을 변화시킬 수 있다면, 무엇을 왜 변화시키고 싶으신가요? 당신이나 당신이 원하는 사람 누구에게나 주문을 걸 수 있다면 어떤 주문을 걸고 싶으세요?"

성격특질 쇼핑-"성격특질을 파는 가게를 발견했다고 상상해 보세요. 모든 성격특질을 살 수 있습니다. 그렇다면 어떤 특질을 왜 사고 싶은가요? 이 성격특질을 얻게 된다면 무슨 일이 생길까요?

방법 8: 조직이 허락한다면, 체계 자체에 조치를 취한다
(혹은 고객이 조치를 취하게 돕는다)

2단계 변화를 도모한다. 이를 위해서는 대개 먼저 조직의 핵심인사와 논의 과정을 거쳐야 하며 이러한 논의 과정이 조직에 유익하다는 점을 역설한다. 코치는 고객과 함께 다음과 같이 설명한다. "코칭 과정 중에 저희는 집단의 상호작용 방식에 관한 논의가 필요하다는 점을 깨달았습니다. 여러분이 이 문제를 함께 살펴봤으면 합니다." 그러고 나서 다른 사람들에게 질문을 한다. "고객이 이런저런 행동을 하면 무슨 일이 일어날까요? 무엇이 변화될까요? 여러분은 어떻게 행동하시겠습니까?" 집단마다 '외부인'을 대하는 방식이 모두 다르다는 점과 코치가 집단 내부에서 일하기 시작하면 외부인의 지위를 잃고 체계의 일부가 된다는 점을 유념해야 한다. 변화는 대개 불편하며 그로 인해 저항에 직면할 공산이 크다는 점을 모든 참여자에게 상기시키자. 체계와 적당한 거리를 유지하도록 주의를 기울이자.

강 점

가족치료와 체계적 접근은 기존의 정형화된 심리치료법과 매우 달라서 기업 고객에게 적합하며 쉽게 받아들여진다. 대다수 기업들은 심리치료사를 중역 회의실에 들이기를 경계한다. 체계이론의 관점을 취하는 코치는 전형적인 조직개발 컨설턴트에 더 가깝게 생각하고 행동한다. 코치는 특히 개인 고객과 연관된 조직의 구조와 행동, 효율성과 건전성에 관심을 갖는다. 가족치료사들은 고객에게 지시를 하는데, 대다수 기업 고객들은 컨설턴트의 지시를 기꺼이 받아들인다. 심지어 지시를 받아야 컨설팅에 지불한 돈이 제값을 했다고 여기는 사람들도 있다. 기업 컨설팅에서는 적극적 경청과 재진술, 반영하기뿐 아니라 정확한 공감(실제로는 명백한 가치가 있음에도 불구하고)도 회의적으로 바라볼 때가 있다.

또한 조직에 초점을 맞춤으로써 코칭 고객을 비난할 필요가 없다는 점에서도 유리하다. 앞서 언급한 바와 같이 코치는 자신의 역할이 실패자나 결함이 있는 직원을 고치는 '의사'의 역할에 제한되지 않도록 주의를 기울여야 한다. 그렇게 되면 아무도 코치와 엮이려 하지 않는다. 이때 코치는 소위 말하는 저승사자가 되거나 경영자를 내보내기 위한 최후의 구실이 될 뿐이다. 그렇기 때문에 코치는 기업을 위한 '정신과 의사'가 되어서는 안 된다.

때로 체계적 관점은 실제 고객이 누구인지에 대한 정의를 바꿔 놓을 수 있다. 조직이 개인 고객 대신에 조직 전체를 '고객'으로 인식하게 되면 코치의 역할과 초점이 바뀔 수 있다. 이와 유사하게 조직의 일부를 고객으로 정의할 수도 있다.

둘째, 체계적 접근은 고객이 조직적·정치적 환경을 더 잘 이해할 수 있게 해 준다는 점에서 언제나 유익하며, 특히 두 부류의 고객, 즉 정치적으로 순진하고 서투른 고객이나 정치적인 기민함을 중시하지 않는 고객에게 특별히 가치가 있다. 현대 조직에서 내부 정치 환경에 무심한 채 성공하기란 거의 불가능하다.

셋째, 체계적 접근은 종종 경영자뿐 아니라 조직 전반에 문을 열어 주어 코치가 더 의미 있고 지속적인 변화를 이끌어 낼 수 있게 해 주며 코치가 일할 기회를 더 많이 열어 줄 수 있다는 점에서 유익하다.

약점

첫째 체계적 접근은 코치가 어떤 변수를 선택하느냐에 따라서 매우 복잡해질 수 있다. 체계적 기법 중에는 너무 복잡해서 이해하거나 실행에 옮기기 어려운 기법도 있다. 복잡한 체계를 조정하려다가 잘못되면 모든 부분이 엉클어질 수도 있다. 책에 설명된 가족치료 기법 중에는 그때그때 상황에 맞게 대강 만들어져서 그 기법을 만든 옛 거장만이 적절히 사용해낼 듯한 기법도 있다. 가족치료사들 중에는 신비롭고 헤아릴 수 없는 인상을 주려는 사람들도 있다. 이와 같은 표현방식은 코치의 성격이나 고객의 특성 및 기대치에 따라 역효과를 낼 수 있다.

둘째, 체계적 접근에서 자신과 조직을 살펴본 고객은, 바뀔 가능성이 없는 역기능적 조직체계에 자신이 속해 있다는 결론에 이르렀을 때 무력감을 느낄 수 있다. 그 결과 고객은 이직을 고민하게 될 수도 있고(고객이나 조직에게 좋은 생각일 수도 있고 아닐 수도 있다) 혹은 단지 기분이 상할 수도 있다. 설혹 그렇게 되더라도 코치나 고객은 조직의 상황을 정확히 이해하고 맞닥뜨린 문제를 명확히 살펴보는 편이 좋다.

셋째, 고객이나 조직이 가족 비유에 별로 관심이 없을 수도 있다. 이로 인해 고객의 관심을 잃을 수도 있기 때문에, 가족치료 모델과 방법론은 표현 방식이 매우 중요하다. 가족치료 방법론을 활용하려면 고객이 수용할 수 있는 방식으로 제시해야 한다. 조직의 신임을 얻은 컨설턴트는, 특히 과거에 가치 있는 성과를 이끌어낸 컨설턴트는 무슨 방법론을 제시하든지 고객이 호응을 한다. 하지만 새로운 코치가 처음 조직에서 일할 때는 조금 더 신중하게 일반적인 방법론을 활용하는 편이 좋다.

요 약

체계이론은 매우 효과적인 관점으로, 이번 장에 제시된 개념은 조직 컨설턴트들에게 친숙할 것이다. 체계이론을 코칭에 적용하는 방법에는 두 가지가 있다. 첫째, 고객은 가족체계 모델과 그 핵심 개념을 배워, 이러한 이론적 이해가 상황을 보는 자신의 관점을 변화시키리라는 가정하에 자기 상황에 적용시킨다. 둘째, 고객은 가족체계 이론의 개념을 적용하여 자기 행동을 변화시키고 공개적으로 체계의 변화를 촉구하여 조직의 규칙을 변화시킴으로써 2단계 변화를 노려볼 수 있다. 조직은 항상성을 유지하고 현재 상태에 머물러 있으려 하기 때문에 조직 구성원의 불편과 저항을 예상할 수 있다. 하지만 모빌이 기우뚱거리다가 다시 균형을 잡는 것과 같이, 조직도 곧 새로운 항상성을 찾을 수 있으며 변화는 대개 불편과 저항을 감수할 만한 가치가 있다.

1. 대다수 조직은 체계이론의 틀로 이해해 볼 수 있다. 이는 가족체계이론의 원리가 경영자 코칭에도 유용하게 활용될 수 있다는 의미다. 체계이론의 원리는 적절한 방식으로 전달할 수만 있으면 대다수 기업에서 환영받을 수 있다.

2. 고객은 체계의 일부이므로 조직(광범위한 체계)의 맥락 안에서만 제대로 이해할 수 있다. 체계는 개인행동을 조절하고, 개인행동은 체계를 변화시킨다. 이 관점에서 선형적 사고는 순환적 사고로 대체된다. 고객에 초점을 둔 개입이나 조직에 초점을 둔 개입이나 똑같은 결과를 낳는다.

3. 체계(그리고 조직)는 평형상태를 유지하려는 경향이 있다. 변화해야 한다는 압력을 받을 때 체계는 피드백 기제로 대응하여 다시 원래의 평형상태로 돌아가려 한다. 따라서 변화에는 저항이 따른다. 저항은 정상적인 반응이다.

4. 고객과 고객 주위 사람들은 스스로 명백히 지각하지 못하는 역할을 맡고 있다. 역할관련 행동에 관해 논의하고 조직체계 내에서 그 의미와 기능을 명확히 밝히는 작업이 도움이 될 때도 있다. 숨겨진 부분을 드러내 보아야 한다.

5. 코치와 고객과 코칭을 의뢰한 고객사(혹은 관리자)는 의사소통의 삼각관계를 이루게 된다. 이 삼각관계는 까다로운 의사소통상의 문제를 일으킬 수 있으므로 신중한 관리가 필요하다.

6. 고객은 과정을 관찰하는 방법과 체계적 원리를 활용하는 방법을 배워서 조직을 더 깊이 이해하고, 광범위한 조직 체계에 긍정적인 영향을 주는 방향으로 자기 행동을 변화시킬 수 있다.

참고문헌

Blevins, W. (1993). *Your family your self.* Oakland, CA: New Harbinger Publications.

Brown, J. H., & Christensen, D. N. (2007). *Family therapy: Theory and practice* (2nd ed.). Monterey, CA: Brooks/Cole.

Carlson, J., Sperry, L., & Lewis, J. (1997). *Family therapy: Ensuring treatment efficacy.* Pacific Grove, CA: Brooks/Cole.

Darou, W. G. (1995). Family systems and organizations. In J. W. Pfeiffer (Ed.), *The 1995 annual: Volume 2, consulting* (pp. 221-234). San Diego: Pfeiffer & Company.

De Pree, M. (1989). *Leadership is an art.* New York: Dell.

De Shazer, S. (1991). *Putting difference to work.* New York: Norton.

Goldenberg, I., & Goldenberg, H. (2007). *Family therapy: An overview* (7th ed.). Monterey, CA: Brooks/Cole.

Haley, J. (1991). *Problem-solving therapy.* San Francisco: Jossey-Bass.

Haley, J. (1993). *Uncommon therapy: The psychiatric techniques of Milton H. Erickson.* New York: Norton & Company.

Kerr, M., & Bowen, M. (1988). *Family evaluation: An approach based on Bowen theory.* New York: Norton.

Leape, L. (1994). Error in medicine. *JAMA, 272*(23), 1851-1857.

Pichot, T., & Dolan, Y. M. (2003). *Solution-focused brief therapy.* Binghamton, NY: Haworth Press.

Schultz, S. J. (1984). *Family systems therapy: An integration.* New York: Jaon Aronson.

Segal, M. (1997). *Points of influence: A guide to using personality theory at work.* San Francisco: Jossey-Bass.

Sherman, S., & Freas, A. (2004). The wild west of executive coaching. *Harvard Business Review, 82*(11), 82-90.

Weiner, N. (1950). *The human use of human beings.* New York: Avon Books.

Watzlawick, P., Weakland, J., & Fisch, R. (1974). *Change: Principles of problem formation and problem resolution.* New York: Norton.

추천도서

Bateson, G. (1999). *Steps to an ecology of mind: Collected essays in anthropology, psychiatry, evolution, and epistemology.* Chicago: University of Chicago Press. (Original work published 1972.)

Cavanagh, M. (2006). Coaching from a systemic perspective: A complex adaptive conversation. In D. R. Stober & A. M. Grant (Eds.), *Evidence based coaching handbook* (pp. 313-354). Hoboken, NJ: John Wiley & Sons.

Davis, K. (1996). *Families: A handbook of concepts and techniques for the helping professional.* Pacific Grove, CA: Brooks/Cole.

Gladding, S. T. (2007). *Family therapy: History, theory, and practice* (4th ed.). Upper Saddle River, NJ: Pearson.

Green, J. B. (2003). *Introduction to family theory and therapy.* Belmont, CA: Brooks/Cole.

Hanna, S. M., & Brown, J. H. (2004). *The practice of family therapy* (3rd ed.). Belmont, CA: Brooks/Cole.

Hoffman, L. (1981). *Foundations of family therapy: A conceptual framework for systems change.* New York: Basic Books.

Luft, J. (1970). *Group processes: An introduction to group dynamcis.* (2nd ed.). Palo Alto, CA: National Press Books.

Sherman, R., & Fredman, N. (1986). *Handbook of structural techniques in marriage and family therapy.* New York: Brunner/Mazel.

Watzlawick, P. (1988). *Ultra-solutions or how to fail most successfully.* New York: W. W. Norton & Company.

제9장

니체가 코칭에서 부활하다

실존은 본질에 앞선다.

—장폴 사르트르(Sartre, 1965, p. 35)

　실존주의 철학은, 코치가 실존주의라는 표제 아래 포함된 다양한 관점들 중에서 코칭에 적절한 관점을 잘 선택할 수만 있다면, 코칭에 커다란 도움이 된다. 하지만 적절히 선택하기가 쉽지는 않은데, 그 이유는 실존주의 문헌이 워낙 다양하고 복잡해서 같은 내용을 두고도 사람마다 제각기 다른 의미로 받아들일 수 있기 때문이다. 장님들이 각자 코끼리의 코, 귀, 꼬리, 상아를 만져 보고 저마다 코끼리를 다르게 묘사했다는 맹인모상의 속담처럼 말이다. 실존주의 사상은 대개 꾸며낸 이야기의 형식을 띠며, 저자는 그 이야기를 독자들을 위해 따로 해석해 주지 않는다. 이 허구의 이야기를 해석한 사람들은 해독조차 어려운 언어로 해석해 놓았다. 가장 영향력 있는 실존주의 사상가 중 다수는 **실존주의**라는 표제 자체를 받아들이지 않았는데, 그 이유는 사상가들 간에 의견이 일치된 내용이 별로 없었고 그들이 극도로 독립적인 성향을 나타냈기 때문이다. 대부분의 사상가들은 앞선 사상가들의 주장에 반감을 느끼거나 반대하는 글을 썼다. 고전적인 철학자들이 이성을 옹호한 것과 달리, 실존주의자들은 열정을 주장했다. '실존주의란 무엇인가'와 같은 제목의 책과 수필이 허다하지만 실존주의를 전부 소화해서 적절히 담아낸 진지한 학술서는 찾아보기 어렵다. 실존주의는 하나의 이념이라기보다는 접근법이나 태도나 '자세'에 가깝다. 실존주의는 적용하기가 쉽지 않지만 심리치료 이론과 실제에 커다란 영향력을 미쳐 왔으며, 경영자 코칭에 매우 유용하게 활용할 수 있다.

코치의 첫 번째 과제는 실존주의가 무엇인지, 그리고 그 권고사항은 무엇인지 파악하는 일이다. 이것은 쉽지 않은 과제다. 두 번째 과제는 몇 가지 관점과 원리를 선택하여 기업에 적용시킬 방법을 결정하는 일이다. 이를 위해서는 실존주의 철학을 지나치다 싶게 단순화하여 이해할 필요가 있다.

역사와 배경

실존적 사고는 소크라테스에서부터 성경, 그리고 현대 문화에까지 명맥을 이어오고 있다고 볼 수 있다. 사무실 칸막이 속의 철학자 〈딜버트Dilbert〉는 분명히 프란츠 카프카Franz Kafka의 영향을 받았고, 영화 〈사랑의 블랙홀〉은 프리드리히 니체Friedrich Nietzsche의 영겁회귀 사상을 그린 것으로, 주어진 하루를 제대로 '살았는지' 결정하는 시험이다(시험: 어느 하루를 거듭거듭 되살아야 한다면 기분이 어떨까?). 유명한 실존주의자들은 다양한 부류의 사람들로, 대다수가 '기인'이라고 불릴 만하다. 일부는 기독교인이었고, 일부는 무신론자였고, 일부는 유대인이었고, 한두 사람은 나치이기도 했다. 철학사학자들은 대개 실존주의의 기원을 독일 철학자 게오르크 빌헬름 프리드리히 헤겔Georg Wilhelm Friedrich Hegel(1779~1831)로부터 찾는다. 헤겔은 무엇보다도 인간의 정신에 대해 썼고, 인간 정신의 역사(관습과 법, 예술로 표현된)가 인간을 규정한다고 주장했다(Barrett, 1964). 뒤이어 나온 실존주의 사상가는 헤겔의 사상에 반기를 들고 "실존은 본질에 앞선다."고 주장했는데, 이 말은 사람에게 변치 않는 본질 같은 것은 없으며 언제나 변화할 수 있는 순간순간의 행동에서 본질이 드러난다는 뜻이다. 본질의 예라고 볼 수 있는 성격은 인간을 규정하지 않는다. 성격은 단순한 꼬리표일 뿐이다. 그것도 꽤 포괄적인 꼬리표다. 인간은 자기가 내린 선택에 따라 규정되며, 누구에게나 다음번에 새롭게 선택할 자유가 있다. 인간은 자기 정체성을 스스로 결정한다. 인간의 본질(혹은 평판)은 자신의 실존(순간순간의 선택)에 의해 규정되며, 그 반대가 아니다. 인간의 행동을 결정하는 것은 평판이 아니다. 자신의 선택에 의해 드러난 행동이 자신의 평판을 결정하고, 이 평판은 새로운 선택에 의해 변할 수 있다. 대다수 실존주의자들은 사람들에게 꼬리표를 붙이는 행위에 단호히 반대해 왔다. 꼬리표는 꽃병처럼, 한 가지 특성이 고정되어 나타나는 사물에나 어울린다.

사람들은 현재에만 존재하며 매일 새로운 선택을 내리고 사회적 맥락과 역할 속에서 살아간다. 교사는 학생 앞에서만 교사다. 학생 앞에서 교사였던 그 사람은 카지노에 가면 노름꾼이 된다.

실존주의는 대다수 사람들이 무시하고 싶어 하는 문제를 사람들 앞에 제시한다. 실존주의자들은 죽음과 불안, 공포와 실패, 그리고 부조리라는 주제에 몰두하는 경향이 있다. 쇠렌 키르케고르Søren Kierkegaard(1813~1855)의 짧은 이야기(1840년경)가 그런 경향을 잘 보여 준다. 이 이야기는 키르케고르가 자신이 피운 담배 연기가 덴마크 카페의 공기 속으로 사라지는 모습을 보면서 철학자가 되기로 결심한 과정에 대한 이야기다. 그의 친구들은 모두 직업을 선택해서 일을 하느라고 바빴지만 그는 그렇지 않았다.

> 당시 그의 눈에 비친 사람들은 모두 세상살이를 쉽게 만들기 위해 노력하고 애썼으므로, 그는 누군가가 나서서 세상살이를 다시 어렵게 만들어야 하며, 다시 태어난 소크라테스처럼 어려운 문제를 찾아나서는 길이 자신에게 어울리는 운명이나 직업일지도 모른다고 생각했다(Barrett, 1964, p. 21).

키르케고르가 보기에 인생의 어려움은 굳이 멀리서 찾을 필요가 없었다. 인생의 어려움은 바로 그의 앞에, 그의 인생에, 자신의 구체적인 실존에 있었다. 그는 자기 안에 존재하는 고통과 선택, 불안을 알았고 자신의 실존에서 이런 측면에 집중하려면 헤겔이 주창한 정신을 거부해야 한다는 점을 깨달았다. '어디서나 그는 더 많은 어려움을 만들어 내기로' 작정했다. 그리고 그는 길을 떠났다. 그리고 시간이 흘러 그의 묘비명은 사람들의 입에 오르내렸다. '그 단독자That individual'(Kaufmann, 1956).

비슷한 시기(1844~1849)에 표도르 도스토옙스키Fyodor Dostoevsky는 러시아의 감옥에 갇히기 전, 열 권의 소설과 여러 단편을 썼다. 그는 인생의 비극적인 면과(그가 너무나 잘 알고 있는 인생), 매력 없는 인간의 특성(타락), 그리고 인간의 실존에 가장 중요한 개인의 선택과 자유를 주제로 글을 썼다(Dostoevsky, 1992).

키르케고르의 저서는 마침내 독일어로 번역되었고 카를 야스퍼스Karl Theodor Jaspers(1883~1969)와 마르틴 하이데거Martin Heidegger(1889~1976)는 제1차 세계 대전 이후에 이를 바탕으로 사상을 발전시켰다. 프리드리히 빌헬름 니체Friedrich Wilhelm Nietzsche는 1844년 독일에서 태어나서 1800년대 후반까지 글을 썼고 1900년에 죽었다. 그의 저서는 저자의 생존 당시 여러 사람에게 커다란 영향을 미쳤고, 오늘날까지도 논란과 오해를 불러일으킨다. 독자에 따라 니체의 몇몇 아이디어가 불쾌하고 무례하다고 느낄 수도 있다. 하지만 이번 장에서 니체를 다룰 때는 그가 강조한 독립적인 도덕성과, 자신의 능력을 최대로 끌어내는 방법과, 평범함을 넘어 탁월성을 획득하는 방법에 초점을 맞춘다. 니체에 따르면 인간에게는 타성에 젖지 않고, 군중 심리에 좌우되지 않고, '탁월한' 존재가 되어야 할 도덕적 의무가 있다. 니체는 우리에게 안락의자를 박차고 일어나 인생을 진지하게 살아가라고 촉구한다(Solomon, 1995). 인생을 가만히 앉아서 준비만 하고 있지 말고 제대로 살아가라고, 심지어 위험하게 살아가라고 얘기한다(Kaufmann, 1956). 또한 '권력에의 의지'라는 표현을 통해(Nietzsche, 1968), 인간은 각자의 인생에서 자신의 의지를 오롯이 드러내고자 노력한다고 봤으며, 그래서 자신의 의지력을 키우고 발전시키고 활용해야 한다고 주장했다(King & Citrenbaum, 1993).

독일어로 쓰인 그의 작품은 1930년대에 프랑스어로 번역되어 프랑스 지성인들의 열렬한 호응을 얻게 되었는데, 당시 프랑스 지성인들은 부르주아 문화에 관심을 잃은 상태였고, 나치의 점령과 어리석기 짝이 없었던 또 다른 전쟁을 겪고 있었다. 장폴 사르트르(1905~1980)는 제2차 세계 대전 기간 동안 독일군과 맞서 싸우며 프랑스의 지하저항운동을 이끌었다. 그의 수필과 소설은 미국의 문학계에 실존주의를 소개했고 1950년대에는 진정성(vs. 자기기만), 개인의 절대적인 책임, 인간관계에 내재한 갈등이라는 주제를 비롯해서, 신의 존재 유무는 인간과 별 상관이 없다는 견해로 많은 독자를 충격과 혼란에 빠뜨렸다.

비슷한 무렵 프랑스에서는 알제리 태생의 작가 알베르 카뮈Albert Camus(1913~ 1960)가 인생의 부조리를 주제로 독특한 작품을 발표했다. 그는 다소 역설적인 표현을 써서, 부조리함이 행복의 문을 열어 준다고 결론지었다. "행복론을 써보려는 사람은 결국 부조리를 발견한다. …… 행복과 부조리는 같은 대지가 낳은 두 아들이다"(Camus, 1955. p. 122). 그는 소설보다 더 소설같이 마흔 일곱의 나이에 자동차 사고로 사망했다. 그는 운전대를 잡고 있지 않았으며 그의 주머니 속에는 기차표와 미출간된 원고가 들어 있었다.

핵심 개념

이번 장에는 실존주의 이론의 핵심 개념을 코칭에 적용 가능하도록 요약하여(복잡한 개념들을 지나치게 단순화할 위험이 있기는 하지만) 코치가 실존주의의 기본 개념을 파악하고 활용 가능한 요소를 선별할 수 있도록 정리해 놓았다. 실존주의에 관심이 있는 독자라면 올슨의 저서 『실존주의 입문』(가제)[1](Olson, 1962)을 통해 실존주의에 대한 배경 지식을 비교적 쉽고 자세하게 얻을 수 있다.

오랜 세월에 걸쳐 철학자들은 '일반인'이 가치 있게 생각하는 목표는 좌절감과 실망감을 안겨 줄 공산이 크다고 주장해 왔다. 돈이나 육체적 쾌락, 명예, 사회적 인정을 쫓자면 끝이 없다. 이런 목표는 누구나 어느 정도는 품고 살지만 몇 가지 이유에서 인생의 지향점으로 삼기에는 부적절하다. 첫째, 이런 목표를 달성하는 일은 사실상 대부분의 사람들의 통제권 밖에 있다. 성공을 좌우하는 요소들은 변덕스럽기 짝이 없어서 그런 요소들은 처음부터 끝까지 요행에 맡겨야 한다. 둘째, 돈이나 육체적 쾌락이나 명예를 어느 정도 얻었다고 해도 이런 것들은 순식간에 어떻게 손써 볼 방법도 없이 사라져버리기도 한다. 물리적인 만족감은 나이가 들면서 소멸하기 마련이다. 셋째, 이런 목표에서 얻은 만족감은 일시적일 뿐이라서 '더욱더 많은' 것을 갈망하게 된다. 재력과 육체적 쾌락과 사회적 인정을 얻는 삶에 만족감을 느끼는 소수의 사람들은 앞서 언급한 견해들을 '자격지심'으로 여길지도 모르지만, 실존주의 철학자들은 그

---

1) 원제: An Introduction to Existentialism

런 단순한 판단은 현명하지 못하다고 주장한다.

철학자들은 세속적 가치의 함정에서 벗어날 수 있는 몇 가지 방법을 제시했다. 스토아 철학자와 인지심리학자들은 '삶을 있는 그대로 받아들이고', 자신의 삶이 남다르길 바라서는 안 된다고 주장한다(Olson, 1962). 우리는 삶에서 자신이 바라는 것을 다 얻을 수는 없지만 자신의 생각이나 욕망은 조절할 수 있다. 엄격하고 절제된 사고방식이 중요하다. 계몽철학자들은 반대 주장을 편다. 그들은 원하는 것을 얻기 위해서 끊임없이 자신의 환경을 바꿔나가기 위해 분투해야 한다고 본다. 세계와 인간의 역사를 면밀히 살펴보면, 사회가 꾸준히 행복한 환경을 제공할 것이라고 믿기는 어렵다. 다른 철학자들은 '관점을 확장해야 한다'며(Olson, 1962, p. 11) 우리의 모든 주의를 더 큰 가치, 예를 들면 아름다움이나 자연이나 신에게 기울여야 한다고 말한다. 그렇게 하면 신뢰하기 힘든 행복의 원천에서 파생된 문제로부터 해방된다. 이것은 헤겔이 '절대정신'이라는 개념을 들고 나오면서 했던 말이다.

실존주의자들은 인간이 전적으로 행복하고 만족스럽기만 한 삶을 살 수 있다는 생각을 비판했다. 삶이란 좌절과 실망과 상실로 점철된다. 이것은 인생의 부정할 수 없는 중요한 측면이다. 물리적으로든 정신적으로든 아무리 노력해도 이 사실은 사라지지 않는다. 실존주의자들은 "유일하게 살아볼 만한 삶은 이런 사실을 직시하는 삶이다."라고 주장했다(Olson, 1962, p. 14). 완벽하게 행복한 삶은 인간에게 허락되지 않는다. 이런 태도에서 나오는 생각과 가치관이야말로 삶의 목표로 삼을 만하다. 고통을 받아들이고 항상 존재하는 상실의 가능성을 수용해야만 우리는 온전히 살아가게 된다. 진실한 사랑을 원하는 사람은 커다란 상실의 가능성 앞에 자신을 내놓을 줄 알아야 한다. 그런 마음가짐이 없다면 사랑은 그저 틀에 박힌 지루한 습관에 지나지 않는다. 다람쥐 쳇바퀴 도는 듯한 사랑인 것이다. 그런 사랑은 별 감흥이 없다. 만족할 만한 경력을 쌓고 싶은 사람이라면 위험을 감수해야 한다. 위험 부담이 없으면 일이 따분해진다. 실존주의는 우리에게 지루한 일상에서 벗어나 위험을 무릅쓰라고 권고한다. 삶은 열정적으로 살아야지 지루하게 살아서는 안 된다.

이런 자세로부터 우리는 자유 선택, 자기주장, 진정한 사랑, 독창적인 시도와 같은 가치를 얻을 수 있다. 이를 비롯한 실존주의의 가치들을 실제 코칭에 적용하는 방법은 이번 장에서 차차 설명하겠다.

경영자 코치를 위한 여섯 가지 핵심 개념

개인과 맥락

실존주의는 사람을 고정된 존재로 보지 않는다. 사물은 고정된 존재다. 연필은 어떤 맥락에서나 연필이지만 사람은 맥락이나 관계가 바뀌면 다른 사람이 된다. 친구와 함께 있을 때의 행동방식과 사고방식은, 중요한 회의석상에서 직장 상사와 함께 있을 때나 잠재 고객을 만났을 때의 방식과는 다르다. 이런 태도를 가식이라고 볼 수는 없다. '배경'이나 역할 및 관계의 영향을 받은 결과로 보아야 한다. 스피넬리와 호너(Spinelli & Horner, 2008)는 이런 개념이 '상호 관계'나 '존재의 상호 관계성'과 관련된 실존주의적 삶의 기본 조건이라고 본다. 인간의 행동은 그 맥락을 살펴보아야 제대로 이해할 수 있어서, 사회심리학은 내부(개인적) 요소는 과대평가하고 상황 요소는 과소평가하는 **기본적 귀인오류**fundamental attribution error에 주의해야 한다고 강조했다. 코치는 경영자 고객을 만날 때, 이미 360도 평가나 조직 내의 중요한 인물로부터 고객에 대한 훌륭한 자료를 많이 얻었다고 해도, 그 고객을 처음 만난다는 자세로 임해야 한다. 선입견을 배제하고 코칭을 시작해야 한다. 고객이 특정 행동을 하는 이유를 파악하고, 고객이 코치와 함께 있을 때 어떤 태도를 보이는지 살펴보자. 그러고 나서 미리 확보해 놓은 고객에 대한 '자료'와 직접 만나서 받은 인상을 비교해 보고 거기에서 차이점이 나타나는 이유를 파악한다. 고객을 이해할 때는 직장 내 대인 관계의 맥락 안에서 이해해 보아야 한다.

선 택

인생은 선택의 연속으로, 우리는 살면서 매일 매 순간 선택을 내려야 한다. 실존주의 작가들은 **자유가 주는 번뇌**anguish of freedom, 즉 선택의 여지는 너무 많지만 개별 선택에 대한 결과는 보장이 되지 않아서 인간이 겪게 되는 어려움에 주목해야 한다고 말한다. 내가 내린 선택의 결과로 인해 상황이 처참해질 수도 있고, 하나를 선택하면 하나를 포기해야 하기도 한다. 내가 고르지 않은 선택지가 훨씬 더 나은 선택이었다면 어떻게 할까? 이런 식으로, 인생에서 의사 결정이 이루어져야 한다는 관점이 실존주의의 핵심이자 우리가 느끼는 불안의 근원이다. 실존이란 선택 과정이므로, 이런 관점에 따르면 실존(우리의 행동)은 본질(우리의 존재 '양식')에 앞선다. 인간은 순간순간의 선택으로 자기 자신을 형성해 간다. 인간은 고정된 특정 '양식'이 아니므로 어떤 양식을 선택해야 한다. 인간은 매 순간 자유롭게 선택을 내릴 수 있으며, 그 선택을 통해서 자기 자신을 규정해 나간다. 과거에 우리가 머물렀던 양식에 우리는 속박되지 않으며(제한적 사고 안에 갇히는 것은 제외하고), 미래는 바로 우리 앞에서 우리가 이러저러한 방식으로 선택해 주기를 기다리고 있다.

가장 높은 단계의 선택은 의미를 선택하는 것이다. 우리는 눈앞에 닥친 상황의 의미마저도 선택할 수 있다. 상황의 '의미'를 파악하려는 태도는 인간의 본능이다. 실존주의적 관점에서 의미는 주어지거나 고정되어 있지 않으며, 우리 자신이 직접 선택해야 할 대상이다. 각 개인은 일반적인 해석을 잠자코 받아들여서는 안 된다. 직접 파악해서 자신만의 의미를 부여해야 한다. 누구도 예전의 정체성이나 습관에 묶여 있지 않다. 누구나 자유롭게 새로운 방식을 배우고 새로운 선택을 내릴 수 있다. 우리가 사건이나 상황이 어떤 양상으로 흘러가도록 선택할 수 없는 처지에 놓여 있을 때에도, 그 사건이나 상황에 대한 우리의 대응 방식은 선택할 수 있다. 이것은 독립성의 철학이다.

코치는 고객을 관찰하여 고객이 스스로를 제한하는 방식이나 선택을 내리는 방식을 알아차려야 하며, 고객 역시 그렇게 해 보도록 권장해야 한다. 효과적으로 선택하기 위해서는 늘 자기진단이 필요하며, 코치는 고객에게 그 방법을 가르쳐 주어야 한다. 코치는 고객에게 끊임없이 자기인식과 자의식을 일깨워 주는 역할을 담당해야 한다. 고객이 현명하고 사려 깊은 선택을 하도록 도와주자. 고객이 선택하기를 멈추고 다른 사람이 대신 선택해 주기를 바라거나, 매일 별 생각 없이 대세에 따라 남들처럼 지낸다면, 고객이 그런 사실을 알아차리도록 도와주자.

열 정

실존주의적 사고에서 죽음은 가장 좋은 동기부여제다. 죽으면 모든 것이 끝나며, 우리는 자신이 언제 죽을지 예측할 수 없으므로 죽음은 항상 우리 삶 속에 있다. 우리 중 누군가는 오늘 죽을지도 모르고, 실제로 누군가는 죽을 것이다. 우리는 언제나 죽을 수 있다. 따라서 인생의 매 순간을 소중하게 여겨야 한다.

대부분의 인간은 죽음을 두려워해서, 사람은 죽는다는 확고부동한 사실에도 불구하고 죽음에 대한 생각이나 인식을 회피하고자 한다. 그래서 죽음으로부터 주의를 돌리고 죽음에 대해 무감각해지고 죽음에서 멀어지려 한다. 하지만 아무 소용이 없다. 그래 보아야 죽음은 피할 수 없고 삶의 가치만 떨어진다. 실존주의는 평범함과 지루함을 배격하고 오늘이 인생의 마지막 날인 것처럼(정말 그런 것처럼) 삶을 충만하게 살아야 한다고 주장한다. 이는 우리가 위험을 감수하고, 삶에 뛰어들고, 관중이 되기보다는 배우가 되는 길을 선택한다는 뜻이다. 우리는 우리에게 남아 있는 시간이 얼마인지 알 수 없으므로 잠자코 기다려서는 안 된다. 'Just do it'이라는 나이키의 깨달음처럼 한번 해 보는 것이다.

죽음의 존재는 가치의 경중을 명확히 구분해 주기도 한다. 인생이 유한하다는 사실이 머릿속에 들어오면 오늘 해야 할 일이 바뀌지 않을까? A와 B를 고민 중이라면 당신은 무엇을 선택하겠는가? 선택을 할 때 자신이 죽는다는 사실을 고려하면 일의 우선순위에 변화가 생긴다. 아마도 더 '진정성' 있는 선택을 하게 될 것이고, 이때 진정성 있는 선택에는 자신이 '진심'으로 추구하고 관심을 기울이던 가치가 반영된다. 또한 손쉬운 선택이나 남들이 선호하는 선택이나 어제 했던 선택이 아니라 자신에게 더 중요한 가치에 따라 선택을 할 것이다.

올슨(Olson, 1962, p. 196)이 얘기한 대로 "죽음이 일상적인 활동의 하찮음을 드러낼 때만 인간의 잠재력은 해방된다." 사람은 죽기 마련이라는 사실을 깨달으면 자기 일에 더욱 매진하게 되고, 창의력을 발휘하게 되고, 유대관계를 맺게 되고, 매 순간 집중하게 된다. 또 시간과 사람과 마음을 함부로 대하지 않는다. 따라서 죽음은 우리 편이다. 죽음은 삶을 더 생생하게 살게 해 준다. 집중하여 살게 해 준다.

군집 본능

　실존주의에서 가장 많이 오해받는 철학자는 니체이며, 실제로 그의 몇몇 작품은 분명히 불쾌한 면이 있다. 하지만 그가 제시한 핵심 개념 중 한 가지는 코치에게 매우 유용하다. 니체는 자신이 보기에 인간은 나태해지기 쉽고, 두려움에 사로잡히고, 안락함을 추구하고, 자신의 버릇 뒤에 숨어서 안전하고 익숙한 상태에 머물며 자신이 죽는다는 생각에서 벗어나려 한다고 말했다. 또한 니체는 무리에 속한 인간은 스스로 생각해 보지 않으려 한다고도 말했다. 그들은 손쉬운 방식을 택하고 생각하는 일도 다른 사람에게 맡긴다. 그들은 자기 자신의 견해를 따르기보다는 남들이 믿고 따르는 방식을 받아들인다. 그들은 걷기에 가장 편한 길을 택한다. 니체가 보기에 인간은 대개 '노예근성' 속에서 살아간다. 니체는 그 대신 우리가 위험을 감수하고, '조직의 일원'이 되는 길을 피하고, 회사에 매여 살거나, 한때 유행하는 풍조에 휩쓸리지 말아야 한다고 주장했다. 그가 사람들에게 외치고 싶은 말은 "스스로 생각하라!"였을 것이다.

　코치 역시 고객에게 니체가 말한 이런 경향이 나타나지는 않는지 관찰해서, 고객이 타인의 가치관이나 견해를 무작정 따른다면 이를 지적해 줄 수 있어야 한다. 코치는 외부인이므로, 조직의 영향력이 미치지 않는 곳에서 고객이 제대로 검토된 적이 없는 전제나 결론을 헤치고 나가도록 도와주기에 적절하다. 코치는 고객이 스스로 심사숙고하고 직접 의사 결정을 내리게끔 지지해 주어야 한다.

갈등과 대립

　사르트르의 견해에 따르면 대립은 진정한 인간관계의 기본 바탕이다. 갈등을 피하기만 해서는 안 되며, 실제로 갈등을 통해서 진정한 관계나 신뢰하는 관계가 형성된다. 사르트르는 이러한 견해를, 지옥을 배경으로 펼쳐지는 자신의 희곡『출구 없는 방』에서 매우 극적으로 표현했다. 세 명의 등장인물이 같이 지내면서 끊임없이 서로 반목하고 의견이 충돌하지만, 놀랍게도 그들은 자기가 존재하려면 다른 사람이 있어야 한다는 점을 깨닫게 된다. 인생에서 갈등과 대립을 피해 달아날 수 있는 출구는 없다. 그나마 가능한 출구로 순응, 부정, 회유, 물러서기 등이 있지만 이런 출구는 제대로 된 출구가 아니며, 삶을 무료하게 만들 뿐이다. 우리에게는 우리를 화나게 해 줄 사람이 필요하다. 갈등이 인간관계 안에서만 중요한 것은 아니다. 갈등은 진정한 삶의 근원이다. 실존주의자들은 무난하게 살아가는 태도에서는 별로 얻을 것이 없다고 봤다. 사람은 도전하고, 대립하고, 타인과 진정한 관계를 맺어야 한다.

진정한 관계는 상대방을 자유롭게 해 주고, 상대방이 어떤 선택을 내리든 그 선택으로 상대방이 자신의 개별적 자아를 표현했다고 느끼게 해 준다. 시드니 저라드Sidney Jourard는 "조작은 역으로 또 다른 조작을 낳는다."(1971, p. 142)고 말했는데, 이 말은 미국 내 직장인들에게 더 큰 자율성이 주어지고 있다는 점(최소한 경기가 호황일 때는)에서 경영자나 리더가 새겨들을 만한 조언이다. 상대를 조종하고 통제하는 방식은 장기간 효과를 내기 어려우며, 혹시나 단기간에는 효과가 있다고 해도 심각한 부작용의 우려가 있다. 이런 이유로 리더십을 발휘하는 것은 쉬운 일이 아니다. 타인은 이용 가능한 대상이 아니며, 우리 역시 마찬가지다. 사람은 그 누구도 하나의 물건이나 머릿수personal로 취급받아서는 안 된다.

부조리

몇몇 실존주의 작가들은 인생은 기본적으로 부조리하며 이런 사실에서 벗어나려고 아무리 발버둥 치고 세상을 이해하는 척 해 보아도 별 소용이 없다고 본다. 카프카의 『변신』(1946)을 보면 어느 날 아침, 잠에서 깬 주인공이 자기가 바퀴벌레로 변했다는 사실에 기겁을 한다. 카프카의 『심판』(1956)에서 주인공은 영문도 모른 채 체포되어 심판을 받고 죄를 선고받는다. 카뮈의 『시지프의 신화』(1955)를 보면 주인공은 평생 커다란 바위를 가파른 언덕 위로 굴려 올려야 하는 벌을 받는데, 그가 올려놓은 돌은 언덕 위에 오르자마자 다시 아래로 굴러 떨어진다. 카뮈의 『이방인』(1942)의 주인공은 살인죄로 유죄를 선고받는데, 그 주된 이유는 주인공이 어머니의 죽음 앞에 충분히 애도하는 모습을 보이지 않아서 배심원들이 역겨움을 느꼈기 때문이다.

실존주의는 세상사의 예측불가능성(우리가 언제 죽을지 아무도 모른다는 사실처럼)을 강조하고 이것을 기쁘게 여긴다. 세상에서 설명할 수 없는 사실, 특히 우리가 간절히 세상을 이해해 보려는 순간에 세상이 설명할 수 없는 모습을 드러낸다는 사실은 인생이 부조리하다는 명확한 증거다(Thody, 1957). 인간은 본능적으로 세상사의 의미를 파악하고 싶어 하지만 그러기는 불가능하다. 세상을 이해해 보려 하지만 늘 실패한다. 인생은 우리가 어찌 해 볼 수 없는 잔혹한 모순으로 가득하다.

우리는 대개 현실이 부조리하지 않은 척하거나, 그런 현실을 무시하거나 부정한다. 우리는 사물에 질서를 부여하고 그 질서가 존중받아야 한다고 주장한다. 하지만 최선을 다해 질서를 확립하는 일이 우리에게 아무리 중요하다고 해도 그 질서가 유지되기를 바랄 수는 없다. 삶은 질서를 바라는 우리의 환상을 산산조각낸다. 지붕은 언제든 무너질 수 있고, 가끔씩은 실제로 무너진다.

하지만 실존주의 사상가들은 삶의 부조리한 측면에 좌절하지 않는다. 오히려 부조리가 행복의 문을 열어 준다고 본다. 이것은 인생의 모순으로 인한 불확실성을 전적으로 수용하는 태도로, 이를 통해 우리는 날마다 겪는 여러 사건이나 즐거운 일에 열린 마음으로 참여하고 진정으로 감사한 마음을 갖게 된다. 그것이 우리의 삶이다. 우리는 그런 삶 속에서 살아야 한다. 삶은 터무니없는 것이고 그렇기에 즐거운 것이다. 삶이 요상한 방향으로 나아가기 시작한다면 우리는 웃어야 한다. 이와 관련된 유명한 일화가 하나 있다.

> 욕조에서 낚시를 하는 정신 나간 남자의 이야기를 들어보셨을 겁니다. 어느 정신과 의사가 치료를 시도할 목적으로 그 사람에게 다가가 물었죠. "입질이 좀 오나요." 그랬더니 통명스러운 대답이 돌아왔죠. "당연히 안 오지, 이 바보야, 여기는 욕조라고."(Camus, 1955, p. 129)

경영자 코치를 위한 실존주의 지침 열 가지

1. 개성을 존중하자—첫째, 새 고객을 만날 때마다 선입견 없이 기꺼운 마음으로 그들을 하나의 고유한 존재로 대해 주자. 고객이 세상을 바라보는 관점을 강화해 주자. 고객이 자신의 관점이나 솔직한 생각이나 감정을 깨닫도록 도와주고, 그 관점을 지지해 주자. 고객으로 하여금 자신이 어떤 사람인지 깨닫게 해 주고 자신의 비일관성을 받아들이도록 도와주자. 고객이 자신의 관점을 소중하게 여기

는지, 아니면 조직 내의 다른 사람들의 관점보다 낮춰 보는지 살펴보자. 고객이 자신의 인식능력과 판단력에 자신감을 더 가지도록 도와주자. 고객이 코칭을 받고 나서 자신의 관점을 재검토하고 바꿔야 한다고 해도, 고객의 개인적인 관점은 그 사람의 내재적 가치다. 고객이 자신에게 진정으로 중요한 가치가 무엇인지 찾아내도록 도와주자. 그리고 그 가치가 고객의 직업이나 직장에서 우선으로 여기는 가치와 잘 들어맞는지 판단해 보자. 고객이 충격을 받을지도 모르지만 이 과정은 꼭 진행해 보아야 한다. 고객이 군중심리나 집단의 도덕성에 휩싸이지 않게 도와주자. 고객이 세상을 보는 자신의 관점을 직접 선택하도록 도와주자. 실존주의는 자신과 타인의 자율성을 소중하게 여기고 권장한다.

사람을 유형화하지 말자. 다른 사람이 고객에 대해 내린 평가에 지나친 의미를 부여하지 말자. 고객을 선입견 없이 대하자. 고객으로부터, 다른 사람에게서 들은 평가와 비슷한 인상을 받고 비슷한 결론을 얻을지도 모르지만 그래도 이 과정을 직접 거쳐야 한다. 고객의 진짜 모습을 코치 본인의 내면을 통해 살펴보자.

2. **스스로 선택하도록 독려하자**─매 순간 자신의 정체성을 결정하는 당사자는 바로 고객 본인임을 환기시켜 주자. 실존은 본질에 앞선다. 자신을 향한 평판에 속박되어서는 안 된다. 고객은 자신의 '본모습'을 다시 형성할 수 있다. 바로 지금 새로운 선택지와 새로운 행동과 새로운 우선순위를 택할 수 있다. 새로운 선택 방식과 행동 양식이 확립되면, 결국 고객을 바라보는 타인의 시선도 달라지고, 고객은 타인에게 새로운 평판을 얻을 뿐 아니라 스스로도 새로운 정체성을 갖게 될 것이다. 고객이 현 상황을 변화시키지 않기로 했다면, 상황을 변화시키는 것보다 더 중요하고 효과적인 선택 가능성이 남아 있다는 사실, 즉 상황의 의미를 선택할 수 있다는 사실을 알려 주자. 고객은 특정 상황이 자신에게 어떤 의미가 있는지 선택할 수 있고, 거기에 어떻게 반응하지 선택할 수 있다. 고객은 자신의 태도마저도 선택하는 단계에 이를 수 있다.

3. **삶 속으로 뛰어들자**─기다림의 시간은 끝이 났다. 사뮈얼 베케트Samuel Beckett의 희곡『고도를 기다리며』를 보면 두 주인공이 등장해 고도가 도착하면 얼마나 근사하겠냐는 얘기를 몇 시간에 걸쳐 나누지만 고도는 오지 않는다. 두 주인공은 뜨

거운 기대를 안고, 간혹 실망하기도 하며 아무 이유 없이 기다리고 또 기다린다. 마침내 그들은 고도로부터 내일은 분명히 도착하리라는 연락을 받는다. 기다리던 두 사람은 (두 배우보다 훨씬 먼저 지루해하던 대다수의 관객들과 함께) 자살을 생각한다.

때로 '위태롭게 살아야 한다고 해도' 고객에게 위험을 감수하라고, 삶에 뛰어들라고, 행동에 나서라고 권하자. 인생은 짧고 유한하며, 내일 우리가 살아 있을지 아닐지조차 확신할 수 없다. 그러므로 우리는 가능한 삶의 매 순간을 충만하게 살아야 한다.

고객의 내면을 탐색하는 과정에서는 고객이 위험을 감수해야 할 때 이를 회피하거나 별 생각이 없거나 필요한 조치를 취하지 않거나 시야가 좁아지는 이유를 살펴보자. 고객에게 이런 점을 짚어주고 왜 그랬는지 다시 생각해 보라고 권하자. 인생은 절대 별 생각 없이 살아서는 안 되며, 실존주의는 안락함을 경계한다. 우리는 위험한 인생살이에 오른 배우이지 관객이 아니다.

4. **고객의 불안과 방어적인 태도를 예상하자**─코칭 고객은 누구라도 불안을 느낀다. 이것은 예상가능한 일이고 '정상'이다. 오히려 불안감을 느끼지 않는다는 고객을 주의해야 한다. 고객이 불안감을 느끼지 않는다는 말은 고객이 자기 내면 속의 감정을 파악하고 논의해 보기를 꺼린다는 의미이기 때문이다. 코칭 고객이 변화와 성장을 위해 코칭을 받거나 여러 상황에 직면해야 한다는 점을 감안하면 고객이 불안감을 느끼는 것은 당연하다. 변화는 두렵기 마련인 데다 이 두려움은 '평상시'의 불안감(삶이 자신의 통제권 밖에 있다는 실존주의식 사고)에 더해진다. 코치는 이 예상되는 불안감을 확대해석할 필요는 없지만 '정상화'해 주거나 반갑게 맞아 주어야 한다.

코칭 과정에서 고객은 코칭에 저항하거나 방어적인 태도를 보일 수 있는데, 이것은 매슬로(Maslow, 1968)가 지적했듯이 성장하고자 하는 욕구와 안정을 유지하고자 하는 욕구가 상충하기 때문이며, 사람이라면 누구나 두 가지 목표에 모두 끌린다. 항상 고객으로부터 어느 정도의 저항이 어떤 형태로든 나타날 수 있다는 점을 기억해 두고 저항이 나타난다고 해서 실망하지 말자. 저항은 변화 과정의 필수 요소 중 하나이며 코치는 저항에 적극적으로 대응해야 한다.

5. **열정적으로 참여하자**—실존주의는 일상에서 매일같이 반복되는 일에 열정적으로 임하라고 말한다. 고객이 머뭇거리는 모습을 보인다면 그대로 넘어가지 말자. 고객이 중요하게 여기는 일이라면 주변에서 뭐라고 하든지 간에 참여해 보도록 권하자. 고객이 뭔가에 열심히 몰두하고 그것을 소중하게 여기도록 도와주자. 그런 행동 속에서 우수한 성과나 비범한 재능이 나타나기도 한다. 평범함, 특히 따분하거나 수동적이거나 남들을 따라 하는 정신 상태는 지양해야 한다. 흔히 사람들은 일상적인 일 때문에 정작 중요한 일에는 정신을 집중하지 못한다고 말한다. 하지만 중요한 것은 열정적인 행동이다. 시도를 해 본 사람만이 자신의 진가를 깨닫는다.

6. **책임을 소중히 받아들이자**—실존주의는 우리가 내린 선택에 책임을 지라고 말한다. 선택을 내리고 그에 따라 행동을 한 사람은 우리 자신이므로, 현재의 삶은 우리의 선택과 그 선택의 결과 안에서 형성된 것이다. 고객을 이러한 측면에서 평가해 보자. 고객이 평소 책임에 대해 어떤 관점을 취하고 있는지 물어보고, 360도 평가를 시행할 때 다른 사람들에게도 물어보자. 고객이 실제로 어떻게 행동하는지 살펴보자. 회사에서 뭔가 잘못되어서 고객이 공개적으로 책임을 져 본 일이 최근에 있었는지 물어보자. 고객이 자신의 결정과 행동에 책임을 지도록 도와주자. 고객이 회사에서 책임을 질 줄 아는 사람이라는 인상을 줄 수 있도록 도와주자. 고객에게 책임을 회피하지 않는 태도를 주지시키자. 동료나 부하직원은 적극적으로 책임을 지는 사람을 좋아하고, 그렇지 않은 사람을 경멸한다. 자료 수집을 위해 피드백을 요청하는 것도, 피드백이 촉구하는 변화를 받아들이는 것도 고객의 선택에 달려 있으므로, 이 과정은 고객이 자신의 선택권을 발휘해 보는 일종의 연습 기회가 된다.

7. **갈등과 대립**—실존주의의 관점에서 보자면 대인 관계상의 갈등은 불가피하지만 그럼에도 사람들은 대개 갈등을 피하려 한다. 이것은 옳지 못한 행동이며, 코치는 고객의 갈등 회피 성향을 평가해 보아야 한다. 고객이 갈등 상황에서 자기 자신을 어떻게 평가하는지 물어보자. 고객은 갈등을 기꺼이 받아들이는 편인가?

갈등 상황에 잘 대처하는가? 갈등을 겪을 때 더 충만한 느낌을 받는가? 아니면 갈등을 싫어하는가? 갈등을 두려워하는가?

불필요한 갈등을 권장하는 사람은 없으며 사람들은 대개 갈등을 피하려 하지 대면하려 하지 않는다. 실존주의는 갈등을 진정한 인간관계의 주요 요소로 보며, 관계를 '진실'하게 유지하려면 때때로 상대와 대립할 수 있어야 한다. 물론 대립에도 좋은 방식과 나쁜 방식이 있으므로 훌륭한 코치라면 상대에게 적절히 맞서는 방법을 고객에게 가르쳐 주어야 한다. 갈등과 대립을 단지 회사 생활에 나타나는 역기능적 증상으로 보지 않고 회사 생활에 잠재적으로 긍정적인 영향을 미칠 수 있는 현상으로 보는 것이 좋다. 때로는 격한 대립보다 갈등을 무시하고 평온한 관계를 가장하는 일이 더 문제가 된다.

인간관계에 내재된 대립에는 또 다른 측면이 있다. 우리를 화나게 하는 사람이 바로 우리에게 꼭 필요한 사람일 때도 있으므로, 그 사람을 단박에 거절하는 행위는 좋은 방법이 아니다. 우리는 자신을 불편하게 하거나 화나게 하는 사람에게서 소중한 교훈을 얻을 수도 있다. 사르트르가 『출구 없는 방』에서 내린 결론과 같이 우리는 서로에게 필요한 존재이며, 우리가 경멸하는 사람마저 우리에게 필요한 존재다.

8. **진정한 관계를 형성하고 유지하자**—이 조언은 코치와 고객 모두에게 적용된다. 고객과 코치가 코칭 과정에서 진정성 있는 자세로 임하면 모두가 이득을 얻는다. 코치는 고객과 진실한 관계를 형성하기 위해 애써야 하며, 고객은 직장 내 업무 관계에서 진실한 태도로 임하기 위해 노력해야 한다. 진정성 있는 관계는 쌍방이 상대방을 자율적이고 독립된 인격체로 존중해 줬을 때 형성된다. 서로 진심을 얘기하고, 개인의 이익을 위해 상대방을 조종하려 들지 않아야 한다. 사람은 어떤 업무를 달성하기 위한 도구가 아니다. 사람을 대할 때는 인력 시장에서 대체 가능한 부품(직원)처럼 대하지 말고 독립된 인격체로 존중해 주어야 한다(Shinn, 1959). 실존주의는 사람을 조종이나 순종의 대상으로 보지 않는다. 인간은 누구나 인간 공동체에 속한다는 소속감이나 연대감이, 실존주의가 인간을 바라보는 관점이다(Jourard & Landsman, 1980).

고객을 진실한 자세로 대한다는 말은 코치가 고객을 코칭하면서 느낀 점을 말로 표현한다는 뜻이다. 이런 행동은 코치가 고객을 감응시킬 수 있는 가장 좋은 방법이며, 고객이 코칭에 더 적극적으로 참여하게 해 준다(Block, 2000, p. 37).

9. **인생의 부조리함을 기꺼이 받아들이고 고마워하자**—회사에는 부조리한 측면이 많으며, 직장 생활을 오래(혹은 조금) 해 본 사람이라면 상황이 잘못되려면 얼마나 잘못될 수 있는지 너무나 잘 안다. 그런 현상은 정상이다. 고객이 이 사실을 얼마나 잘 이해하는지, 그런 상황에서 어떻게 대처하는지 평가해 보자. 고객은 일이 예상대로 풀리지 않을 때 불평과 불만을 늘어놓는 편인가? 계획이 틀어지면 화를 내는 편인가? 삶이란 원래 마음대로 되지 않을 때가 있다는 점을 고객에게 이해시키고, 그런 상황을 받아들여 유연하게 대처하도록 도와주자. 인생의 모순 속에서 즐거움을 찾아낼 수 있도록 도와주자. 부조리 속에서 즐거움을 찾아낼 수 있다면 실존주의를 제대로 이해한 것이다.

10. **고객이 직접 자신만의 방법을 찾아내야 한다**—인생에서 가장 중요한 질문에 대한 대답을 가르쳐 줄 수 있는 사람은 아무도 없다. 그런 대답은 우리가 직접 자신만의 방식으로 찾아야 한다. 코치는 이 점을 곰곰이 생각해 보고, 고객에게 필요한 교훈이나 기술을 가르칠 때 핵심을 어떻게 '가르칠지' 고민해 보아야 한다. 이때 가르치는 방식은 대개 지시적이어서는 안 되는데, 그 이유는 사람은 누군가로부터 이런저런 지시를 받으면 저항을 하기 때문이다. 키르케고르는 '비지시적 의사소통'을 권하면서, 진실은 자기 자신이 직접 발견해내는 것이라고 말했다. 진실이란 한 사람의 손에서 다른 사람의 손으로 건네줄 수 있는 것이 아니다.

예를 들어, 어느 화가가 당신에게 어떤 그림이 무척 아름답다고 설명해 줬다고 칩시다. 당신은 그 화가의 말을 믿을 겁니다. 그리고 그림 주변을 맴돌면서 화가의 설명을 되뇌겠죠. "이 그림은 아름답다. 이 그림은 아름답다." 하지만 당신이 직접 그 아름다움을 발견하지 못하는 이상 당신은 그 말을 결코 이해하지 못할 것입니다(Shinn, 1959, p. 92).

실존주의적 코칭의 강점과 약점

실존주의적 삶과 코칭은 세상을 더 사려 깊고 활기차게 대하게 해 준다. 실존주의는 흥미롭고 효과적이고 만족감을 준다. 독창성과 행동을 촉진한다. 친밀하고, 뜻 깊고, 오래 지속되는 인간관계를 맺게 해 준다. 조직에 활기와 흥을 더해 준다.

하지만 실존주의적 태도에도 단점이 있으므로, 우리는 그 점에 유의해야 한다. 첫째, 대표적인 실존주의 작가들은 정치를 잘하지 못했고, 대개 사회적 관계에 서툴렀다. 그들은 수완, 자제력, 합의가 필요한 문제에서는 그리 좋은 결과를 내지 못했는데, 이에 반해 현실 세계의 기업에서 성공하기 위해서는 기민한 정치적 수완이 반드시 필요하다. 조금 과장을 하자면, 강렬하고 열성적인 사람에게 어울리는 기업의 일자리는 몇몇(CEO를 포함한 고위직)밖에 없다고 보아야 할 것이다. 때로 열성적인 사람은 열정을 지혜로 착각하기도 한다. 대개 실존주의 작가들은 어떤 결정이든 그것이 개별적으로 진정성 있게 내려졌다면 결정 자체의 타당성은 크게 따져보지 않고 옹호하는 모습을 보였다. 결단성을 타당성보다 더 중요시 여긴 것이다(Shinn, 1959).

둘째, 실존주의 사고의 핵심 가치는 서양식 사고에 뿌리를 두고 있으며, 대부분의 서적은 북유럽 남성에 의해 쓰였다. 그래서 실존주의 서적에는 개인주의와 개인의 자율성에 대한 신념이 반영되어 있다. 실존주의는 피상적으로 받아들이면 경솔하고 천박한 종류의 개인주의로 흐를 수 있다. 이런 수준의 개인주의는 실생활이나 직장에서 그다지 효과적이지 않으며, 몇몇 다른 문화권의 주요 가치관과 충돌을 일으킬 수 있다. 집합주의 관점을 더 중시하는 문화권에서 대인 관계상의 직접적인 대립은 곤란하거나 역효과를 내거나 심지어 불쾌감을 줄 수도 있다.

셋째, 많은 사람이 실존주의의 개념에 대해 잘못된 부정적인 고정관념을 갖고 있다. 그들은 실존주의를 허무주의(모든 가치를 반대하고, 법이나 규칙을 거부한다)나 무신론과 연결 짓는다. 또한 실존주의를 우울한 사고방식이라 여기는 사람이 많은데, 실은 그렇지가 않다. 실존주의 작가들의 견해는 복잡하고, 여러 오해가 일어나기 쉽고, 작가들이 자신의 견해를 명확히 밝히는 작업을 거의 하지 않았다. 그럼에도 불구하고 실존주의적 사고의 명확한 표현을 요약해서 코칭에 적합한 실존주의의 접근법을 실존주의의 색채 없이 코칭에 도입하는 것은 단순하면서도 현명한 방법이다. 실존주의 작가들이 무슨 생각을 했는지 직접 판단해 보고 싶은 코치라면 '추천도서' 목록의 책을 읽어 보면 된다.

참고문헌

Barrett, W. (1964). *What is existentialism?* New York: Grove Press.

Beckett, S. (1954). *Waiting for Godot: Tragicomedy in two acts.* New York: Grove Press.

Block, P. (2000). *Flawless consulting: A guide to getting your expertise used* (2nd ed.). San Francisco: Jossey-Bass/Pfeiffer.

Camus, A. (1942). *The stranger.* New York: Random House.

Camus, A. (1955). *The myth of Sisyphus and other essays.* New York: Random House.

Dostoevsky, F. (1992). *The best short stories of Dostoevsky.* New York: The Modern Library.

Jourard, S. (1971). *The transparent self.* New York: Van Nostrand Reinhold.

Jourard, S., & Landsman, T. (1980). *Healthy personality* (4th ed.). New York: Macmillan.

Kafka, F. (1956). *The trial.* New York: Vintage.

Kafka, F. (1966). *The metamorphosis.* New York: Norton.

Kaufmann, W. (1956). *Existentialism from Dostoevsky to Sartre.* New York: World.

King, M., & Citrenbaum, C. (1993). *Existential hypnotherapy.* New York: Guilford.

Maslow, A. H. (1968). *Toward a psychology of being.* New York: Van Nostrand Rein-hold.

Nietzsche, F. (1968). *The will to power* (W. Kaufmann & J. R. Hollingdale, Trans.). New York: Vintage.

Olson, R. (1962). *An introduction to existentialism.* New York: Dover.

Sartre, J.-P. (1965). *Essays in existentialism.* Secaucus, NJ: The Citadel Press.

Sartre, J.-P. (1989). *No exit and three other plays.* New York: Vintage.

Shinn, R. (1959). *The existentialist posture.* New York: Association Press.

Solomon, R. (1995). *No excuses: Existentialism and the meaning of life, part I and II* (Audiotaped lectures). Springfield, VA: The Teaching Company.

Spinelli, E., & Horner, C. (2008). Existential approach to coaching psychology. In S. Palmer & A. Whybrow (Eds.), *Handbook of coaching psychology* (pp. 118-132). London: Routledge.

Thody, P. (1957). *Albert Camus: A study of his work*. New York: Grove Press.

추천도서

Cohn, H. W. (1997). *Existential thought and therapeutic practice*. London: Sage.

Spinelli, E. (2005). *The interpreted world* (2nd ed.). London: Sage.

제10장

환경이 사람을 움직인다

내가 어떻게 그리도 어리석었을까……?

　　　　　─존 F. 케네디(피그스만 침공 후, O'Brien, 2005, p. 538에서 인용)

　사회심리학은 사람 사이의 영향력, 즉 사람들이 서로 영향을 주고받는 방식에 관한 학문이다. 우리는 자신이 자율적이고 독립적인 존재라고 생각하고 싶어 하지만, 인간은 사회적 진공상태에서 살아갈 수 없다. 주위 사람들의 생각과 행동은, 실제로든 상상으로든 우리에게 엄청난 영향을 미친다.

　사회심리학이 다루는 주제는 경영자 코칭 및 코치가 고객에 영향을 미치는 과정에 직접적인 관련이 있다. 이번 장에서는 코치가 사회심리학의 교훈을 효과적으로 코칭에 적용하는 방법을 설명하고자 한다. 사회심리학 덕분에 우리는 리더십, 설득, 순응, 영향력, 의사결정, 강제와 협력에 대하여 상당히 많은 것을 알게 되었고, 집단사고, 장이론, 인지 부조화와 같은 개념을 경영 컨설팅 용어에 추가하게 되었다.

간단한 역사

> 사회심리학계에 가장 큰 영향을 준 사람을 하나 꼽아 보라고 한다면, 나는 아돌프
> 히틀러를 꼽겠다.
>
> —도윈 카트라이트(Cartrwright, 1979, p. 84)

　사회심리학은 신생 학문으로 제2차 세계 대전의 영향으로 생겨났다. 초기 사회심리학자들은 대개 파시스트와 같은 재앙의 재발을 방지하고자 연구를 수행했으며, 나치 독일에서 탈출한 사람들이 다수의 사회심리학 연구를 이끌었다. 사회심리학의 아버지 쿠르트 레빈Kurt Lewin은 히틀러가 독일총통이 되던 1933년 미국으로 건너왔다. 그후 레빈은 배급제 촉진을 목적으로 미국 여성 소비자 행동을 연구했다. 레빈의 어머니와 친척들 대부분은 강제수용소에서 사망했다. 레빈의 제자들은 권위적/민주적 리더십과 권위주의적 성격에 관해 연구했고, 대체로 민주주의가 조직을 운영하는 가장 효과적인 방법이라는 행복한 결론에 이르렀다. 하지만 스탠리 밀그램(Milgram, 1963)의 실험은, 많은 사람들이 타인에게 심한 고통을 줄 것이 뻔한 상황에서도 단순히 명령에 따라 타인에게 강한 전기충격을 가한다는 실험 결과를 보여 주며 논란을 불러일으켰다. 솔로몬 애시(Asch, 1951)는 타인이 명백히 잘못된 견해를 드러낼 때도 대다수 사람들이 의심 없이 그 의견을 따른다는 사실을 보여 주었다. 필립 짐바르도와 동료들은(Haney, Banks, & Zimbardo, 1973) 스탠퍼드 대학교 심리학과 건물 지하에 감옥 모형을 만들고 실험을 했는데, 무작위로 선택된 교도관들이 실험 막바지에 이르자 지극히 잔인한 행동을 하면서 실험이 완전히 수습할 수 없는 상황으로 치달았다. 짐바르도 자신도 실험을 중단시키기 전에 죄수처럼 행동하기 시작했다. 1950년대 사회심리학자들은 대다수 일반인들과 마찬가지로 독일인의 자질에 무언가 결함이 있을 것이라고 의심했지만, 여러 사회심리학 실험의 결과 대다수 사람들 역시 조건이 딱 맞아떨어지면(혹은 잘못 맞아떨어지면) 극악한 충동에 사로잡힐 수 있다는 점이 밝혀졌다. 고든 올포트(Allport, 1954)와 군나르 뮈르달(Myrdal, 1944)은 미국인의 인종적 태도와 편견에 관한 종합적인 연구에 착수했다. 로버트 로젠탈과 레노어 제이컵슨(Rosenthal

& Jacobson, 1968)은, 교사에게 무작위로 학생들에 대한 기대수준을 부여했을 때 학생들의 성취도가 실제로 그 기대수준에 맞춰지는 모습을 보여 주며 '자기충족적 예언'을 증명했다. 데이비드 로젠한(Rosenhan, 1973)은 정신이 건강한 연구자들을 정신병원에 보내서 입원시킨 후에 이들이 실제로 정신병 환자가 아니라는 사실을 의료진에게 납득시키는 데 실패했다. 그중 한 사람은 병원 의료진이 이 사람의 일거수일투족을 정신병 증세로 해석하는 바람에 7주 동안이나 정신병원에 갇혀 있었다.

상황의 힘

순응과 복종, 그리고 사회 지각social perception에 관한 이 기묘하고 흥미로운 연구들은 상황의 영향력이 성격의 영향력보다 훨씬 강력하다는 결론으로 귀결되는데, 사람들은 흔히 이 사실을 인정하지 않는다. 사회심리학자들은 이 현상을 **기본적 귀인오류**fundamental attribution error라고 부른다. 사람들은 개인의 성격이 미치는 영향력을 과대평가하고 사회적 환경의 영향력을 과소평가하는 경향이 있다. 우리는 문제의 원인을 주변 환경의 사회적 요인에서 찾는 대신 개인의 성격이나 기질과 같은 내적 요인에서 찾는다. 하지만 밀그램은 실험 참가자들이 타인에게 전기충격을 가하게 만들었고, 애시는 명백하게 틀린 타인의 견해에 참가자들이 동조하도록 만들었으며 짐바르도는 사회적 상황의 힘으로 학생들을 잔인한 교도관으로 만들었다. 사회심리학은 사람을 효과적으로 이끌고 관리하고 변화시키려면 사회적 영향력에 주의를 기울여야 한다는 점을 가르쳐 준다. 많은 경우 고객이 성공하거나 실패하는 원인은 조직 문화나 상황에서 비롯한다.

광고 전문가나 조직 컨설턴트들은 사회심리학의 교훈을 솜씨 좋게 자주 활용한다. 이번 장에서는 사회심리학의 주요 교훈을 경영자 코칭에 적용해 보고자 한다.

장이론

레빈의 여러 업적 중 하나는 장이론Field Theory으로, 코치는 장이론을 활용해서 고객에게 사회적 환경에 대처하는 법을 알려 줄 수 있다. 장이론은 코치가 고객 개인의 자질이나 결점에 주목하는 대신 고객이 당면한 사회적 환경과 압력에 주목해야 한다고 말한다.

장이론의 기본 원리는, 행동Behavior이 개인Person과 환경Environment을 인자로 삼는 함수(레빈은 'B = f(P, E)'라는 수식으로 표현했다)라는 것이다. 레빈은 실행과 연구를 동일시했으며, 자신의 변화 프로젝트를 **실행 연구**action research라고 불렀다. 모든 변화 프로젝트는 하나의 연구 프로젝트로 시행한다. 변화 프로젝트는 일반적인 연구 단계를 거치는데, 이는 코치가 경영자와 일할 때도 매우 유용한 방식이다. 각 단계는 다음과 같다(Krupp et al., 1986).

1. 문제 파악—이 단계에서 코치는 코칭에서 다룰 고객의 행동과 기술을 파악한다. '문제'를 선택할 때는 고칠 수 있다는 확신이 드는 것을 선택하면 좋다. 낮은 곳에 달린 과일부터 수확하는 것이다.
2. 자료 수집과 분석—고객에게 자료를 피드백한다.
3. 실행계획 수립—달성 가능성이 높은 계획을 세운다. 관련자 모두의 동의를 얻는다.
4. 계획 시행—계획을 실행에 옮긴다.
5. 추가 자료 수집—고객의 변화 진행 상태를 점검한다.
6. 문제 재정의—수집한 자료를 활용하여 문제의 정의를 수정한다. 진척상황과 변화를 추적 관찰하고 변화 과정 내내 자료를 활용하여 문제에 대한 관점을 조정한다. 그리고 항상 질문을 던져 본다. "코칭이 잘 진척되고 있는가? 코칭의 초점을 어떻게 조정하면 좋을까?" 변화 과정은 순환적이며, 순환은 실패가 아니라 '정상'이며 예상 가능한 일이라는 점을 처음부터 고객과 공유해야 한다.

레빈은 상황을 체계적으로 파악했고, 또한 변화는 기존의 체계를 '녹이고, 움직이고, 다시 얼리는' 과정을 수반하며, 그 과정에서 고객에게 영향을 미치는 체계의 전체 그림을 파악하는 단계가 필요하다고 믿었다. 레빈은 현재 상황과 관련된 모든 사회적 힘을 평가하는 방법인 **역장분석**force-field analysis(1951)을 개발했다. 역장분석은 다음과 같이 실시한다. 종이 중간에 줄을 긋는다. 이 줄은 현재 상황을 의미하며 변화하려는 힘과 현 상태를 유지하려는 힘이 균형을 이루고 있음을 나타낸다. 줄 한쪽으로는 변화하려는 힘을 나타내는 화살표를 그린다(**추진력**driving forces). 반대편에는 변화에 저항하는 힘을 나타내는 화살표를 그린다(**억제력**restraining forces). 이 도표는 우리가 해야 할 일을 알려 준다. 우리는 추진력을 강화하고 억제력을 약화시켜야 한다. 레빈은 추진력을 강화하는 쪽보다 억제력을 약화시키는 쪽이 더 수월하며, 억제력을 약화시키는 과정은 긴장을 완화하는 경향이 있는 반면 추진력을 강화시키는 과정은 긴장을 고조시켜서 변화를 어렵게 만든다고 말했다(Segal, 1997).

예를 들어, 한 경영자가 회사의 파트너가 되고 싶어 한다고 하자. 〈표 10-1〉은 레빈의 역장분석을 적용하는 방법을 보여 준다. 역장분석을 마치면 실행 계획을 세우기가 쉬워진다. 변화하려는 힘은 강화하고 현 상태를 유지하려는 힘은 약화시키거나 없앤다.

역장분석은 **현재의** 균형 상태와 **현재의** 억제력과 추진력에 초점을 둔다는 면에서 일반적인 문제해결 단계와 다르다는 사실을 주목해야 한다.

역장분석을 활용하는 또 하나의 방법은 다음의 사항을 열거하고 확인해 보는 것이다.

- 있는 그대로의 현 상황
- 내가 바라는 상황

< 표 10-1 > 레빈의 역장분석 사례

현 상태를 유지하려는 힘(억제력)	변화하려는 힘(추진력)
• 현 파트너들과의 관계가 미약함 • 조직 내에서 리더십 경험이 적음 • 현재 회사를 위해서 일을 수주할 기회가 없음 • 굳건한 멘토나 영향력 있는 후견인이 없음	• 새로운 컨트리클럽 회원권 (파트너들을 초대해 함께 골프를 칠 수 있음) • 강한 애사심 • 경력 내내 준수한 고과성 • 영향력 있는 파트너 한 사람과의 가벼운 관계 (아직 약한 관계이지만 강화할 수 있음) • (회사가) 자질 있는 여성을 파트너로 승진시키는 문제를 진지하게 고려하고 있음 • 사내 여성 파트너들이 좋은 성과를 내고 있음

- 변화에 방해가 되는 요소는 무엇인가?
- 가장 강력한 장애물은 무엇인가?
- 실행 단계
- 변화를 이루기 위해 필요한 자원

인지 부조화

두 번째로 다룰 사회심리학의 주요 이론은 레온 페스팅거(Festinger, 1957)의 **인지 부조화**cognitive dissonance **이론**이다. 인지 부조화 이론은 인간에게 일관성을 유지하고자 하는 욕구가 있다고 주장한다. 우리는 생각과 감정과 행동이 일치할 때는 마음이 편하고, 일치하지 않을 때는 마음이 불편하다. 사고방식이나 가치관에 위배되는 행동을 할 때 인지 부조화가 발생한다. 그에 따라 마음이 불편해지면 우리는 이 모순을 해결하기 위해서 행동을 바꾸거나 더 일반적으로는 상황이나 행동에 대한 생각을 바꾼다. 인지 부조화 이론에 따르면, 스스로 옳지 않다고 생각하는 행동을 할 때 우리는 그 행동을 중단하거나, 그 일을 받아들일 수 있게끔 합리화하는 방법을 찾는다. 사회심리학계에 널리 통용되는 사례는 녹스와 잉크스터의 연구다(Knox & Inkster, 1968). 이 연구에서 경마꾼들은 돈을 걸기 전보다 돈을 걸고 난 후에 자신이 선택한 말에 더 자신감을 보였다. 경마꾼들은 이미 실행한 행동과 자신의 생각을 일치시켜야 했다.

따라서 자신이 대체로 '좋은' 사람이라고 생각한 사람이 부하직원에게 잔소리를 했다면, 이 사람은 인지 부조화 상태를 겪는다. 명백히 모순되는 이 두 가지 상황이 어떻게 모두 사실일 수 있을까? 인지 부조화에서 생긴 긴장은 어떻게든 해소되어야 하는데, 이미 일어난 사건을 돌이킬 수 없다면 앞뒤가 맞게 말을 만드는 수밖에 없다. 그는 부하직원이 그럴 만한 행동을 했다거나 부하직원이 너무 생각 없이 행동했기 때문에 지적을 할 수밖에 없었다고 생각한다. 혹은 이렇게 혼잣말을 할 수도 있다. 내가 정말 좋은 사람이긴 하지만 지금은 엄청난 스트레스에 시달리고 있고, 이런 상황에서는 누구라도 잔소리를 하게 될 거야. 이 사람은 어떻게든 자신에 대한 생각과 행동 사이의 부조화를 해소할 방법을 찾아야 한다. 인지 부조화를 해소하는 방법에는 여러 가지가 있다. 예를 들어, 모순되는 정보의 출처가 믿을 만하지 못하다고 여기거나, 문제가 되는 정보를 다른 관점에서 보거나 혹은 기억을 선택적으로 회상하거나 기존의 생각과 상충하는 정보를 무시할 수도 있다. 하지만 어떤 조치를 취해야 한다는 사실만은 변함이 없으며, 이 조치는 대개 비이성적이거나 비논리적이다. 로버트 치알디니Robert Cialdini는 이 현상을 다음과 같이 설명했다. "사람은 누구나 이미 내린 결론이나 실행에 옮긴 행동을 자신의 생각이나 신념과 일치시키기 위해 때때로 자신을 속인다"(1985, p. 53).

사회심리학자들은 또한 매우 기본적인 인간의 두 가지 욕구가 종종 인지 부조화를 불러온다고 지적한다. 그 첫째는 내가 상황을 정확히 보고 있다고 느끼고자 하는 욕구(내가 옳다는 욕구)이고, 둘째는 내가 좋은 사람이라고 여기고 싶은 욕구다. 이 두 욕구가 모두 쉽고 자연스럽게 충족될 때도 있지만 대개는 상호 간에 갈등이 일어난다. 때로 상황을 정확히 보려면, 내가 바보같이 잘못 행동하고 있다거나 적어도 최선의 행동을 하지 못했다는 사실을 인정해야만 한다.

이 문제를 해결하는 서로 다른 두 가지 방식이 있다. 그 첫째는 **자존감 접근법**self-esteem approach이다. 이 접근법을 활용할 때 우리는 스스로 옳고 좋은 사람이라고 느끼기 위해서 현실을 왜곡한다. 자기가 옳다고 생각하고 싶은 욕구는 인간에게 강력한 동기가 된다. 실제로 많은 사람들이 행복과 자존감 사이에서 자존감을 택한다. 우울증이 있는 사람들은 자신이 인생을 '정확히' 보고 있다는 인식을 유지하기 위해서 자신에게 고통을 주는 비이성적인 생각을 고집한다. 때로는 잠깐만 생각해 보아도 얼마나 어리석은 행동인지 알 수 있는 행동을 하고 나서 자신이 옳다고 느끼기 위해 그 행동을 정당화하기도 한다. 또 예전에 내린 결정을 정당화하기 위해 과거의 잘못된 선택을 그대로 반복해야 할 때도 있다. 또 가입하기가 너무 힘들었던 사교 클럽과 같이 과거에 우리에게 고통을 주었던 대상을 칭송해야만 할 때도 있다. 한 예로, 기업들은 단순히 의사결정권자의 판단을 정당화하기 위해서 소프트웨어가 실정에 전혀 맞지 않다는 사실이 명백히 드러난 후에도 계속 형편없는 소프트웨어를 사용한다. 소프트웨어를 바꾸려면 기존의 결정이 잘못됐다는 점을 인정해야 하기 때문에 현재 상황에서 무언가 좋은 점을 찾고 이를 비판하는 사람들을 처벌하며 꾸물거린다. 자존감 접근법은 종종 변화를 막는 걸림돌이 된다. 변화하려면 예전에 저지른 자신의 과오를 인정해야만 한다. 우리는 자존감을 보호하고 자아관을 일관되게 유지하기 위해서 너무 오랫동안 자기 생각에 매달리곤 한다.

그로 인해 우리는 자신의 행동을 합리화하고 정당화하게 된다. 사회심리학자들은 이 현상과 관련해서 뜻밖의 패턴을 발견했다. 예를 들어, 누군가 나를 좋아해 주기를 바란다면, 그들을 위해서 무언가 해 주기보다 그들이 나를 위해 무언가 하도록 만드는 편이 더 좋다. 벤 프랭클린Ben Franklin은 사회심리학보다 훨씬 앞서 이 '비결'을 우연히 발견했다. 그는 18세기에 이와 관련된 기록을 남겼다(Aronson et al., 1997, p. 206). 이 현상은 처음 볼 때는 이상해 보여도 찬찬히 보면 인지 부조화로 설명이 가능하다. 누군가 나를 위해 어떤 행동을 했다면 그 사람은 자기 행동을 설명할 수 있어야 한다. 상황에 딱 들어맞는 설명 중 하나는 그들이 나를 좋아한다고 생각하거나 혹은 내가 그럴 만한 가치가 있는 사람이라고 생각하는 것이다. 그렇지 않다면 애초에 나를 위한 행동을 할 이유가 없지 않은가?

두 번째 접근법은 **사회 인지**social cognition라고 부르는 접근법으로, 정확한 사회 인식을 하려는 욕구에서 비롯된다. 대다수 사람들에게는 일을 정확히 처리하고 무엇이 진실인지 파악하려는 욕구가 있다. 우리는 본능적으로 무엇이 가장 중요한지 이해하며 우리를 둘러싼 사회적 환경을 이해하려고 노력한다. 하지만 우리가 세운 가설은 보통 불완전하며, 사회심리학자들은 사람들이 전형적으로 자기 기만을 하는 여러 방식을 밝혀 냈다. 자기가 옳다고 생각하고 싶은 욕구가 현실적으로 살고자 하는 욕구보다 우선할 때, 자기 기만은 문제가 된다. 사람들은 보통 행복보다도 자신이 '옳다는' 인식을 더 원한다는 사실을 유념해야 한다. 그 순간만큼은 그 결정이 더 좋아 보이는 것이다.

집단사고와 애빌린의 역설

어빙 제니스Irving Janis는 1960년대 미국 정부의 최고위층 인재들이 외교 정책상 어리석은 결정을 내리는 모습에 충격을 받았다. 그는 대표적인 네 가지 실수(루스벨트의 진주만 공습 대비 실패, 트루먼의 북한 침공, 케네디의 피그스만 침공, 존슨의 베트남전쟁 확전)를 검토하고, 사회심리학 분야에서 흔하게 나타나는 집단 과정의 역동에 의해 이성적인 사고가 마비되었다는 결론에 이르렀다. 그는 '당면 문제에 대한 해결책 마련보다 동료 구성원들의 동의를 얻는 데 골몰한' 사람들의 판단력이 손상되었다고 밝혔다. 제니스는 이러한 경향을 '동의 추구 행동' 혹은 **집단사고**groupthink라고 불렀다(Janis, 1972, p. iii).

제니스(Janis, pp. 197-198)는 사려 깊은 경영자라면 다음과 같은 집단사고의 주요 증상을 방지할 수 있다고 결론지었다.

- 강한 집단 응집력과 동의/동조하려는 경향
- 만장일치에 대한 공유된 환상
- 집단이 난공불락이라는 공유된 환상
- 지나친 낙관주의
- 외부의 영향이나 의견으로부터 단절된 의사결정 집단
- 리더가 집단 의사결정 과정에 영향력을 행사하려는 지속적 시도
- 경고를 과소평가/무시하거나 정보의 부당성을 증명하려는 집단적인 노력
- 집단의 의견에 동의하지 않거나 반대 의견을 낸 집단 구성원에 대한 압력행사
- 반대 의견을 주장하는 구성원에 대한 자기 검열self-censorship
- 집단이 반대 의견을 접할 수 없도록 스스로 나서서 차단하는 '정신 경호원mind guards'의 등장

이런 특성이 나타나면 집단이 고려할 수 있는 정보와 대안이 한정되고, 논의나 공식적인 평가 기회가 제한되며, 주어진 정보가 왜곡됨에 따라 집단이 잘못된 결정을 내리거나 비상대책을 마련하지 못하게 된다.

제리 하비Jerry Harvey는 '애빌린의 역설Abilene Paradox'이라는 흥미로운 글에서 이와 유사한 견해를 밝혔다(Harvey, 1988). 그는 40℃의 열기 속에 애빌린까지 멀고 불편한 당일 여행을 떠났던 자신의 가족 얘기를 사례로 들어 논지를 밝혔다. 사실 그때 가족들 중에 여행을 가고 싶은 사람은 아무도 없었지만 다른 가족들이 여행을 가고 싶어 한

다는 생각에 다들 여행에 동의하게 되었다. 집단으로서 그들은 개별 구성원이 바라는 바와 정반대의 행동을 한 것이다. 하비는 다음과 같이 애빌린의 역설을 묘사했다. "조직이 원래 의도와 상반되는 조치를 취하는 경우가 자주 있으며, 그 결과로 처음 의도했던 바로 그 목적이 좌절된다." 그는 계속해서 "의견일치의 실패가 조직 역기능의 주요 원인"이라고 지적한다(p. 18). 하비는 합의관리의 실패가 갈등관리의 문제보다 조직에 더 심각한 해를 끼친다고 주장했다.

제니스와 하비는 모두, 과도한 합의나 동조와 관련된 문제를 최소화하거나 방지하는 방법을 제안했다. 코치와 컨설턴트는 외부인으로서 특별한 역할을 맡고 있으므로 이 분야의 연구를 살펴보는 것이 좋다. 코치는 지나치게 조직에 동화되어 내부자로 간주되는 일을 피할 수 있다면 조직의 집단사고를 방지하는 역할을 훌륭히 담당할 수 있다. 자신은 절대로 집단사고에 빠지지 않는다고 자신하는 사람일수록 집단사고에 더 취약하다는 점을 유념해야 한다. 사람은 누구나 집단사고에 취약하다.

도식과 기대효과

사회심리학에서 말하는 **도식**schemas이란 사람들이 일상적인 사건을 이해하기 위해 활용하는 개인적인 이론으로, 유용한 동시에 위험하기도 하다. 도식은 일종의 사고 규칙으로 인지과정을 단순화한 것이다. 우리는 도식 없이 살아갈 수 없지만 도식에 자주 속아 넘어가기도 하는데, 이는 새로운 정보가 기존의 도식과 충돌할 때 잘못된 사고 패턴을 바꾸지 않으려고 저항하기 때문이다.

예를 들어, 사람은 자신의 기대대로 상황을 본다. 어떤 사건이 일어나기에 앞서 그 사건에 대해 특정한 기대를 품을 때, 우리는 그 기대에 맞춰 사건을 인식한다. 만약 누군가가 좋은 사람이라거나 혹은 무엇이 특별하다는 이야기를 들었을 때, 우리는 애매한 요소를 모두 긍정적으로 인식할 가능성이 높다. 첫인상도 이와 마찬가지다. 첫인상은 앞으로 그 사람을 판단할 때 중요한 기준으로 작용한다. 평판도 이와 마찬가지다. 누군가를 만나기 전에 미리 접한 평판은 지금 그 사람을 인식할 때 중요한 기준으로 작용한다. 최신효과recency도 마찬가지다. 상대방을 가장 최근에 만난 경험이 상대방에 대해 오랫동안 가졌던 견해보다 더 큰 영향력을 발휘한다. 자기충족 예언도 그 예다. 우리는 기존에 상대방에 대해 가졌던 인식에 따라 상대를 대하고, 상대는 그 기대에 맞게 행동한다. 보통 이런 기대가 시야를 제한해서, 우리는 기존의 의견을 입증하는 새로운 정보는 알아차리면서도 기존의 의견에 상충하는 정보는 알아차리지 못한다. 이와 같은 판단의 휴리스틱[1]은 매일 수백 번 이루어지는 결정 과정을 간소화해 준다는 면에서는 유용하다. 하지만 우리는 휴리스틱에 속기도 한다. 지금부터 휴리스틱의 사례를 몇 가지 살펴보자.

가용성 휴리스틱 The Availability Heuristic

가용성 휴리스틱이란 구체적인 예를 얼마나 쉽게 떠올리느냐를 기준으로 판단하는 것을 말한다. 사람은 보통 마음속에 생생하게 떠오르는 대상을 더 진실하게 받아들인다. 지진 현장 보도 사진을 본 사람들은, 샌프란시스코에서는 지진 사망자보다 교통사고 사망자가 훨씬 많은데도 불구하고 지진의 위험성을 더 심각하게 받아들인다. 이런 현상을 농담으로 표현하자면 취객이 길 건너편에서 잃어버린 열쇠를 가로등 아래서 찾는 것과 같다. 취객은 이렇게 말할 것이다. "여기가 불빛이 더 밝군!" 따라서 자기 견해를 명확히 전달하고 상대가 그 견해를 진실로 받아들여 주기를 바란다면, 그림 그리듯 생생히 묘사하고 은유를 활용하거나 근래의 사건이나 잘 알려진 사실과 연관시키는 것이 좋다.

대표성 휴리스틱 The Representative Heuristic

대표성 휴리스틱은 새로운 정보가 어떤 범주에 속한 정보와 일치하는지 확인한 후, 그 새로운 정보가 그 범주에 있는 다른 사례들과 유사하리라고 가정하는 마음의 기제다. 예를 들어, 외모와 행동방식이 '전형적인' CEO의 모습인 사람은 그렇지 못한 사람보다 CEO로 고용될 가능성이 훨씬 크다. 그래서 사람들은 "당신이 원하는 직업에 종사하는 사람처럼 옷을 입으라."고 조언한다. 미국자유시민연맹의 최근 광고는 마틴

---

1) 시간이나 정보가 불충분하여 합리적인 판단을 할 수 없거나, 굳이 체계적이고 합리적인 판단을 할 필요가 없는 상황에서 신속하게 사용하는 어림짐작의 기술—역주(네이버 지식백과 심리학용어사전)

루서 킹이 희대의 살인마 찰스 맨슨Charles Manson보다 "운전 중에 경찰의 검문을 받을 확률이 75배 높다는" 충격적인 주장을 펼쳤다.

고정화와 조정Anchoring and Adjustment

고정화와 조정은 우리가 초기 추정치를 크게 벗어나지 못하게 하는 기제다. 예를 들어, 가격 협상에서는 첫 호가가 최종 낙찰가에 커다란 영향을 미치는데, 이는 첫 호가가 일종의 '기점'이 되어 뒤따라오는 호가들이 이 기점에서 '조정'되어야 하기 때문이다. 첫 호가가 500달러대였다면, 사람들이 실제로 기꺼이 5,000달러를 지불할 의사가 있다 해도 호가가 5,000달러대에 이르기는 힘들다. 이 현상은 **첫인상 지배 효과**dominance of first impression라고 불리기도 하는데, 이는 경영자들이 자기표현에 대해 피드백을 받고 첫인상에 주의를 기울여야 한다는 점을 시사한다. 또한 비용 협상에서 첫 번째 제안은 너무 낮지도, 너무 높지도 않은 적정선에서 결정해야 한다는 점을 시사한다.

기점화와 조정 휴리스틱은 이외에도 여러 가지를 암시한다. 예를 들어, 부동산 중개인이 80만 달러짜리 집을 당신에게 판매하려 한다면, 처음에는 더 비싼 집들로 안내하면서 주변의 100만 달러짜리 집들에 대해 이야기할지도 모른다.

보존 효과The Perseverance Effect

대다수 사람들이 과거에 검증된 사고 패턴이 더 이상 유효하지 않을 때도 같은 사고방식을 반복적으로 사용한다는 사실은 여러 연구를 통해 입증되어 왔다. 이 현상을 단순한 이야기로 풀어낸 책 『누가 내 치즈를 옮겼을까?』(Johnson, 1998)는 수백만 부가 팔렸다. 우리가 같은 대상을 같은 방식으로 인식하는 이유는 그것이 그저 하나의 인식 **유형**style이기 때문이지 효과적인 정보 처리 방법이기 때문은 아니다. 우리는 기존의 사고방식에 반하는 피드백을 받은 후에도 같은 사고방식을 고수하기도 한다. 이 영역에서 실력이 뛰어난 코치는 큰 소득을 올릴 수 있다. 고객을 낡고 진부한 사고방식에서 벗어나게 해 준다면, 코치는 고객에게 실로 커다란 도움을 주는 셈이다. 스스로 자기 사고방식의 틀을 깰 수 있는 사람은 별로 없다. 사고방식의 변화는 보통 극적인 사건이나 커다란 상실을 경험한 후에야 일어난다.

리더십에 관한 교훈

사회심리학계는 제2차 세계 대전 후부터 리더십에 관심을 가져왔고, 특히 그 시대의 폭군과 독재자들이 일으킨 대대적인 참사에 관심을 보였다. 리더십과 집단 역동에 관한 초기의 주요 연구들은 독재나 자유방임적 리더십에 비해서 민주적 리더십의 우월성을 입증했다. 민주적 리더십 집단은 전반적으로 생산성이 높고 갈등이 적었으며 리더가 자리를 비워도 구성원이 자기 의무를 게을리 하지 않았고 더 창의적이었다 (Lewin, Lippitt, & White, 1939). 인간은 의사결정 과정에 자신이 참여했다고 느낄 때 대개 더 좋은 성과를 올린다.

리더십 연구는 **위대한 인물 이론**great person theory을 중심으로 이루어진 경우가 많았는데, 이러한 이론의 관심사는 탁월한 리더십과 리더의 개인적 특성 사이의 연관성이었다. 당연하게도 성격이나 기질 혹은 지능 요인들 중에 위대한 리더와 일관적으로 연관된 요인이 없었다는 점에서 이 이론은 기본적 귀인오류에 해당된다. 리더들은 일반인에 비해 지능이 아주 약간 더 높고, 아주 약간 더 카리스마가 있었으며, 권력욕이 특별히 더 많지는 않았다(Aronson et al., 1997). 미국 대통령의 역사적 업적과 개인의 100가지 특성을 연관 지어 보는 광범위한 연구 결과 오직 세 가지 특질만 상관관계가 있었고, 게다가 대통령 자신이 직접 영향을 미치는 특질은 그중에서도 한 가지뿐이었다. 위대한 리더와 관련된 요인들은 키(클수록 좋다)와 원가족의 크기(작을수록 좋다), 대통령이 되기 전에 출판한 책의 숫자였다. 리더십 연구에 관해서는 16장에서 더 자세히 다룰 것이다.

상황적합이론contingency theory

리더 개인의 특성보다 훨씬 더 중요한 것은 리더와 상황 간의 적합도다. 각각의 상황마다 적합한 리더십의 종류가 다르다. 대담한 카리스마가 필요한 상황이 있는가 하면, 세부사항에 집중하는 신중한 리더십이 필요한 상황도 있다. 일 중심적인 리더(당면 과제 완수에 주의를 집중하는 사람)가 최선의 결과를 낼 때가 있고, 관계 중심적인 리더가 더 적합할 때도 있다. 리더가 되고자 하는 사람이라면 상황을 잘 살펴서 어떤 종류의 리더십이 필요한지 판단해 보기를 권한다. 대다수 사람들은 리더십을 발휘하기 어려운 상황에서 그 상황에 적합한 변화를 꾀할 만큼 유연하지 못하다. 따라서 코치는 리더가 어려운 시기를 잘 헤쳐 나갈 수 있게 이끌어 주거나 혹은 현재 상황에서 경영자의 장단점을 잘 살릴 수 있게끔 리더나 조직 구조를 바꾸도록 조언해 주어야 한다.

정서지능

코칭과 리더십, 경영자의 역량에 관한 최근 논의에서는 정서지능Emotional Intelligence에 관한 대니얼 골먼의 연구가 항상 등장하며, 골먼은 지능지수(IQ)와 일반적인 기술 요소만으로는 오랜 기간 성공을 이어나가기 어렵다고 지적했다(Goleman, 1998a, p. 93).

> 경영인이라면 누구나 매우 똑똑하고 유능한 사람이 경영자로 승진한 뒤에 자신에게 주어진 역할을 제대로 수행해내지 못했다는 이야기를 한 번쯤은 들어봤을 것이다. 이와 반대로 지적 능력과 전문적 스킬이 그렇게 탁월하지 않은 사람이 경영자가 되어 승승장구한 이야기도 들어 봤을 것이다.

골먼의 주장에 따르면 정서지능(EQ)은 리더십에 꼭 필요한 요소로 한 사람을 리더로 만들기도 하고 끌어내리기도 하며, 정서지능과 관련된 기술은 (쉽지는 않지만) 충분히 학습이 가능하다. 골먼은 정서지능을 "자신과 타인의 감정을 인식하고, 자신에게 동기를 부여하며, 자기 자신과 타인과의 관계 속에서 감정을 원활하게 관리하는 능력"이라고 정의했다(1998b, p. 317). 그는 자신의 연구에서 정서지능이 지능지수나 기술력보다 두 배 더 중요하며, 경영자들은 대개 상당히 명석하다는 점을 입증했다. 지적 능력과 전문적 기술력이 중요한 것은 사실이지만, 이들은 문턱을 넘어가는 기술일 뿐이다. 지능과 기술력은 당신을 경기장 문 안쪽으로 이끌어 줄 뿐이다. 경기장 안에서 당신이 생존하고 성공하기 위해 필요한 능력은 바로 정서지능이다. 골먼이 제시한 정서지능의 기본 구성요소에는 자기 인식, 자기 조절, 자기 동기부여, 공감, 사회적 기술이 있다. 이 요소들은 모두 코치에게 친숙한 영역으로 사실 골먼은 정서지능을 향상시키고자 하는 사람들에게 콕 짚어서 코칭을 추천하기도 했다. 골먼은 요즘 아이들의 지능지수는 점점 높아지고 있지만 정서지능은 떨어지고 있다며 이러한 현상이 미국 기업계에는 위기가, 코치에게는 기회가 될 것이라고 언급했다(1988a, pp. 26-27). 코치들이 코칭을 해 주어야 하는 경영자 중에는 수년간 컴퓨터 모니터 앞에서 열심히 일해서 능력을 인정받았지만 이제는 부하직원을 관리하고 이끌어야 하는 사람들이 많다. 골먼은 이런 사람들을 평가하려는 목적으로 **정서 능력 체계**Emotional Competence Framework라고 불리는 검사를 개발했다. 골먼의 주장과 여타 주요 연구자들의 연구를 비롯한 정서지능에 관한 방대한 문헌은 12장에서 자세히 검토해 보도록 하자.

협력과 경쟁

사회심리학은 협력이 필요한 상황에서 협력을 증진하는 최선의 방법을 연구해 왔다. 경쟁적이고 공격적인 대응이 필요한 상황도 있지만, 협력이 훨씬 더 나은 상황에서 한 사람의 경쟁적인 대응으로 인해 잠재적으로 원원win-win할 수 있는 기회를 놓치는 경우가 대개 더 많다. 인간관계에서 신뢰가 구축되지 않았을 때 사람들은 제로섬zero sum 게임의 관점에서 상황을 바라본다. 사람들은 다른 사람이 파이 조각을 더 많이 차지하면 그만큼 자신에게 돌아오는 조각이 줄어든다고 여긴다. 이러한 사고방식은 결핍 상태를 상정하며, 모두에게 돌아갈 만큼 충분한 파이가 없다고 여긴다. 원원의 관점은 제로섬의 관점과는 상당히 다른데, 이 관점은 서로 원하는 바에 대해 상대방과 대화를 나누면 각자가 원하는 것을 얻어낼 수 있다는 생각에 근거한다. 더 나아가 우리 모두가 각자 원하는 것을 상당히 많이 얻을 수도 있고, 혹은 함께 협력해서 더 많은 것을 만들어 낼 수도 있다. 이와 같은 행복한 결론에 이르려면 서로 터놓고 솔직하게 의사소통해야 하고 어느 정도의 신뢰가 필요하다. 주문한 통닭이 나왔을 때 내가 더 많이 차지하겠다고 다투기 전에 누가 가슴살을 좋아하고 누가 다리를 좋아하는지 먼저 파악해 보자. 잘하면 **당신이** 원하는 것을 모두 얻을 수도 있다.

사회심리학자들은 사람들이 협력하고 경쟁하는 방식을 시험하기 위해서 죄수의 딜레마라 불리는 게임을 활용한 연구를 광범위하게 진행해 왔다(이 연구에서 경쟁은 **변절**

을 의미한다). 죄수의 딜레마에서는 두 범인이 체포되어 신문을 받는다. 각 범인은 공범에 대해 자백을 하면 석방해 주겠다는 이야기를 듣는다. 점수체계는 협력(예: 변절하거나 공범을 밀고하지 않음)을 크게 보상하고 경쟁을 약간 보상하고, 자신은 협력했지만 상대가 밀고한 경우 점수를 차감하도록 이루어져 있다. 죄수의 딜레마는 **혼합 동기**mixed-motive 상황으로 불리기도 하는데, 그 이유는 참가자들이 완전히 자기 이득만을 추구할지, 상대를 신뢰할지, 상대의 안위를 걱정할지를 결정해야 하기 때문이다. 수많은 연구 결과 참가자들은 시간이 흐를수록 점점 더 경쟁적인 선택을 내렸으며 특히 신뢰가 한번 깨지거나 혹은 자신이 이용당했다고 느낄 때 그런 경향이 더 강하게 나타났다. 신뢰는 쉽게 구축되기도 하지만 쉽게 손상되기도 하므로 지속적인 관심이 필요하다. 지금의 신뢰가 지속될 것이라고 단순히 가정해서는 안 된다. 신뢰는 계속해서 관심을 갖고 키워가야 한다.

죄수의 딜레마 실험에서 컴퓨터 프로그램으로 모든 참가자들을 시험해 본 결과 **맞대응**tit-for-tat 전략이 가장 효과적이라는 점이 드러났다(Axelrod, 1984). 맞대응 전략은 참가자가 일단 협력적인 반응을 보이고, 그 후에는 단순히 상대가 지난번에 선택한 것을 똑같이 선택하는 것이다. 이 전략은 일단 상대에게 협력할 의사가 있음을 전하고 그와 함께 이용당하지는 않겠다는 의사를 전달하는 전략이다. 대다수 사람들은 협력은 하되 이용당하지는 않겠다는 전략을 존중한다.

어떤 경우에도 협력-경쟁 스펙트럼과 함께 사회적 환경을 검토해야 한다. 어떤 상황에서는 경쟁이 최선이고 또 다른 상황에서는 협력이 꼭 필요하다. 협력하는 것이 더 나은 상황에서 경쟁을 하면 당연히 비효율적이지만, 이런 현상은 항상 일어난다.

대인 영향력

치알디니(Cialdini, 1985)는 대인 영향력Interpersonal Influence에 관한 아주 의미 있는 책을 저술했다.[2] 그는 대인 영향력에 관한 문헌 전반을 검토하고 실생활에서의 대인 영향력을 연구하기 위해 동료 연구자들과 함께 참여관찰연구를 시행했다. 다음에서 그가

---

2) 이 책의 원제는 『Influence』로 우리나라에서는 『설득의 심리학』으로 번역되었다. -역주

연구를 통해 알아낸 사실을 살펴보자.

이유 말하기

첫째로, 타인에게 부탁을 할 때 가장 좋은 방법은 부탁하는 이유를 설명하는 것이다. 그 이유는 특별히 인상적이거나 설득적일 필요가 없다. 연구 결과 단순히 **왜냐하면**because이라는 말만 포함시켜도 설득의 효과가 나타났다. 이유 자체의 본질은 그다지 중요하지 않으며 부탁하는 이유를 말했다는 사실만으로도 상대로부터 협조를 얻을 가능성이 크게 높아진다. 치알디니는 아이들이 일찌감치 **왜냐하면**이라는 단어의 위력을 깨달아서 종종 자기 행동을 정당화하기 위해 이 단어를 활용한다고 지적했다. "왜 그런 행동을 했니?" 답변: "왜냐하면!"

반복하기

둘째로, 정말 달성하고 싶은 목표가 있다면 일관된 주제로 거듭해서 말해야 한다. 일관적인 태도로 목표를 되뇌는 것이다. 이 기법은 지나치게 활용하지만 않으면, 반복해서 한 말이 듣는 사람의 귀에 익숙해지며 가용성 휴리스틱에 의해서(마음속에 쉽게 떠오르는 정보를 신뢰하는 경향) 마침내 주의를 끌고 신뢰를 얻게 되는 이점이 있다. 일관성을 유지하려는 인간의 욕구를 가장 잘 활용하는 방법은 반복에 약속을 더하는 것이다. 먼저 어떤 행동을 하기로 약속하고, 그 후의 행동은 모두 그 약속을 따른다. 이는 자기변화에도 적용할 수 있다. 스스로에게 명확하고 측정 가능한 약속을 해서 자신이나 타인이 알아차리지 못하고 넘어갈 방법이 없게 한다. 그 후에는 약속에 맞게 행동한다. 그러면 인지 부조화의 문제를 해결할 수 있다.

호의 베풀기

셋째로, 상호성의 원칙에 의해서 우리는 신세를 갚고자 한다. 누군가 내게 호의를 베풀었다면, 나는 호의를 되갚아서 균형을 맞춰야 한다. 신세를 졌다는 생각에 부담을 느끼는 것이다. 따라서 조직의 모든 사람들이 당신에게 뭔가 빚을 지게 하면 좋다. 유명 정치인들은 이 현상을 잘 활용한다. 치알디니는 하레 크리슈나Hare Krishna 교단이

1980년대 공항에서 사람들에게 꽃을 한 송이씩 선물로 나누어 준 예를 들었다. 많은 사람들이 그 작은 선물을 받고서 자기도 모르게 빚을 졌다고 느꼈다. 콘도 회원권 판매사들은 상대가 판매 상담을 받을 의사만 있다면 스키장 이용권이나 무료 숙박권을 제공하면서 이 전략을 효과적으로 활용한다. 무료로 혜택을 받은 사람들은 빚을 졌다고 느낀다. 하지만 상대에게 뭔가 선물을 했을 때는 상대가 그 호의를 되갚을 기회를 주어야 한다는 점을 명심해야 한다. 사람들은 선물을 받고 나서 호의를 갚을 수 없는 상황에 처하면 분개한다(호의를 당연히 갚아야 한다고 생각하기 때문이다).

군중 따르기

또 하나의 굉장히 강력한 영향력의 원천은 바로 **사회적 증거**social proof의 원칙이다. 이 원칙에 따르면 사람은 사회적 동물로서 서로를 관찰하며 유행을 파악하고 그 유행을 따른다. 사람들은 대중의 행동을 보고 무엇이 진실 되고 가치 있고 중요한지 결정한다. 이러한 행동은 꼭 세렝게티의 얼룩말과 같다. 얼룩말들은 주위의 얼룩말들이 달리기 시작하면 왜 달리는지 영문을 몰라도 만일의 사태에 대비해 함께 뛰는 편이 좋다. 인간에게는 사회의 지배적인 유행과 양식을 따르는 뿌리 깊은 성향이 있으며, 이 성향은 존스타운의 집단자살이나 패션 트렌드, 문신, 자살이나 살인 사건이 보도된 뒤 뒤따라 일어난 자살이나 살인 사건들을 설명해 준다. 또한 사회적 증거의 원칙은 시트콤에 삽입된 웃음소리를 모두들 싫어한다고 말해도 집어넣어야 하는 이유를 설명해 준다. 사람들은 인위적이고 떠들썩한 웃음소리를 싫어한다고 말하지만 이 웃음소리는 분명 효과가 있기 때문이다.

군중행동은 상황이 불확실하거나 모호할 때 특히 영향력이 크며, 우리가 관찰하는 사람들이 우리와 비슷한 부류일 때 가장 영향력이 강하다. 별로 웃기거나 인상적이지 않은 것을 보고 웃거나 박수를 치게 된다면 이 원칙을 되새겨 보아야 한다. 직장에서 어려운 결정을 내려야 할 때는 이 원칙을 명심하자. 생각 없이 대세를 따르는 행위나 치알디니가 **다원적 무지**pluralistic ignorance라고 부른 현상을 경계하자. 대세를 따르는 행위는 나름의 가치가 있고 우리를 안전하게 지켜줄 때가 많지만, 그보다는 문제를 일으킬 때가 더 많고 기이한 행동의 원인이 되기도 한다. 대세에 주의를 기울이되 대세를 맹목적으로 신뢰하지 않아야 한다. 스스로 상황을 확인해 보아야 한다. 반면에 누군가를 설득해야 하는 상황이라면 자신의 견해가 요즘 대세라고 얘기하면 좋다.

유사성을 비롯한 여러 '호감' 요인

사람은 자신과 비슷한 사람이나 자신에게 익숙한 물건을 선호하기 마련이다. 사람들은 외모와 옷차림이 자신과 비슷한 사람을 좋아하며, 외모가 매력적인 사람은 여러 면에서 매우 유리하다. 사람들은 외모가 매력적인 사람을 신뢰하고 이들이 실제로 '선하다'고 믿으며 이들을 온갖 좋은 쪽으로 치켜세워 준다. 이러한 경향을 심리학 문헌에서는 **후광 효과**halo effect라고 부른다. 또한 사람들은 자신이 좋아하는 사람에게 긍정적인 특성이 있다고 여기기 때문에, 직장에서 동료들에게 호감을 사는 사람은 확실히 이점을 누린다. 이를 당연한 사실이라고 여길 수도 있겠지만, 사람들은 종종 대인 관계에서의 호감이 경력에 미치는 영향을 간과한다. 사람들은 자신과 배경이 비슷한 사람들에게 호감을 느끼기 쉽기 때문에 누군가에게 영향을 미치고 싶을 때는 공통점을 찾아보자.

모델 선택하기

유사성은 모델링에서도 중요하다. 모델링은 대개 행동치료나 행동주의 컨설턴트가 활용하는 기법이지만(5장 참조) 대인 영향력도 확실히 모델링과 관련이 있다. 고객이 변화하거나 새로운 기술을 익히는 좋은 방법 중 하나는 요령을 깨우친 사람을 자세히 관찰한 뒤 모방하는 것이다. 이때 고객에게 가장 적합한 모델은 고객과 비슷한 사람이다. 유사성을 활용하면 모델링 과정이 원활해진다. 이때 고객이 추구하는 기술을 완벽하게 구사하는 사람이나 그 기술에 완전히 통달한 사람은 모델로 선택하지 않는다. 대신 그 기술을 더 익혀야 하거나 향상시키는 과정에 있는 사람을 모델로 선택한다. 그러면 학습자의 입장에서 기술을 익히기가 더 쉬워 보이며 학습자가 새로운 기술에 마음을 열게 된다. 연구 결과, 고객과 성별이나 인종이 같고 조직 내 지위가 비슷한 사람을 모델로 선택하면 좋다.

모델이 학습과정에서 어려움을 겪거나 문제를 해결해야 하는 상황을 접하는 것도 도움이 되며, 그 과정을 고객에게 이야기해 줄 수 있으면 더욱 좋다. 결점이 없는 사람과 자신을 동일시하기는 어렵다. 골프 초심자에게 타이거 우즈는 적합하지 않은 모델이다. 고객과 비슷한 어려움이나 문제를 겪는 사람을 모델로 선정하면 좋다. 최선의 학습 환경은 여러 모델을 많이 만나고 접할 수 있는 환경이다. 또한 고객이 모델의 방식을 자신에게 맞게 조절하도록 격려해 주어야 한다. 다시 말해서, 모델의 행동을 자기화(化)하는 것이다(Cormier & Cormier, 1985, p. 311).

칭찬에는 힘이 있다. 누군가 아낌없이 칭찬을 해 주면, 우리는 자기가 칭찬을 받을 만한지 아닌지 더 잘 알면서도 그 칭찬을 그대로 믿으며, 칭찬을 아끼지 않는 사람에게 호감을 느낀다.

전령 죽이기killing the messenger라고 불리는 현상도 사회심리학에 근거를 두는데, 이는 기상 캐스터라면 누구나 한 번쯤 겪어 보았을 것이다. 기상 캐스터들은 종종 자신이 전한 나쁜 날씨 때문에 비난을 당한다. 따라서 나쁜 소식을 전하는 전달자의 역할을 맡을 때는, 특히 정기적으로 나쁜 소식을 전해야 할 때는 주의를 기울여야 한다. 왜냐하면 전달자가 부정적인 사건과 연합될 수 있기 때문이다. 해고 통지를 해야 한다면, 누가 처음 그 소식을 전할지 주의 깊게 생각해 보아야 한다.

사회심리학자들은 심지어 **만찬 기법**luncheon technique에 관해서도 연구했다(Razran, 1938). 이에 관한 일련의 연구들은 논제가 음식과 함께 제시됐을 때 참가자들이 논제에 찬성할 가능성이 더 높다는 점을 증명했다. 사업상 식사를 접대하는 비용에 대해 세금을 감면해 주는 제도에는 어느 정도 과학적인 근거가 있다.

복 종

1960년대에 시행된 밀그램의 복종 실험에서 참가자들은 타인에게 전기충격을 가해야 하는 상황에 처했다. 전기충격을 실제로 가하지는 않았지만, 참가자들은 자신이 상대에게 실제로 전기충격을 준다고 믿었다. 실험 참가자들이 경험한 당혹감과 트라우마는 이후 생명체를 대상으로 실험을 할 때 보호 조치나 제한 사항을 더 강화하는 계기가 되었다. 제리 버거(Burger, 2009)는 근래 들어 안전장치를 추가하고 참가자 행위의 범위를 제한하여 밀그램 실험의 주요 과정을 반복 실험했다. 그는 현대인들도 1960년대 밀그램 실험의 참가자들처럼 복종을 할지 알아보려고 했다. 버거는 복종에 성차가 작용하는지 파악해 보기 위해 여성도 실험에 참가시켰다. 여러 성격 변인과 복종의 상관관계도 조사했다. 버거의 연구 결과, 현대의 참가자들도 타인에 위해를 가하는 상황에서 1960년 당시의 참가자들과 마찬가지로 권위자에게 복종하는 것으로 나타났다. 또한 그는 여성들이 타인에게 고통을 가하는 상황을 더 꺼릴 것이라고 짐작했지만 실제 연구 결과에서 의미 있는 성차는 나타나지 않았다. 그는 여성이 권위자 앞에서 자기주장을 잘 펼치지 못하는 면이 있기 때문에 그런 양상이 나타났을 것이라고 추론했다. 공감능력이 높게 측정된 참가자들은 타인에게 충격을 가하는 행위를 꺼리는 모습을 보이기는 했지만, 그렇다고 지시받은 대로 복종하는 행동을 멈추지는 않았다.

사회심리학은 타인에게 영향을 미치는 손쉬운 방법에 관해 자세히 연구했다. 그중에서 가장 유용한 방법은 룰Rule과 비잔츠Bisanz, 콘Kohn이 1985년에 보고한 일련의 연구에서 나왔다. 이들은 상대방의 협조를 얻을 때 활용할 수 있는 전략들을 선호도에 따라 정리했고, 치사한 수법이라 불릴 만한 방법은 제외했다. 그 전략은 다음과 같다.

1. 가장 선호하는 전략은 단순한 요청이다. 예를 들어, "……해 주시겠어요?"
2. 이유를 말하면 설득력이 생기며, 특히 개인적 전문성이나 친분 관계가 있으면 설득력이 배가된다. 예를 들어, "우리가 친구로 지낸 지도 참 오래되었네요."라든지 "제가 ……때문에 이게 정말 필요하거든요."
3. 흥정도 유용한 전략이다. "제가 부탁드린 일을 해 주시면, 대신 제가 기꺼이 다른 일을 해드릴게요."
4. 사회적 규범이나 도덕적 원칙, 이타주의를 언급하는 방법도 효과가 있다. "모두들 그렇게 합니다만"이나 "그렇게 하는 것이 옳아요."나 "여러 사람들이 저희만 믿고 있거든요……."
5. 칭찬을 하면 협조를 얻기 쉽다. "이런 일은 정말 잘하시잖아요……."
6. 부정적이고 기만적인 방식이나 위협적인 방식은 무력행사와 함께 목록의 맨 아래쪽에 존재한다. 이 전략은 아예 사용하지 않거나, 최후의 수단으로만 사용해

야 한다.

상대의 협조를 얻는 최선의 방법은 상대의 체면을 세워 주고 상대가 자발적으로 좋은 일을 한다고 느끼게 해 주는 것이다.

또한 사회심리학자들은 직장 내 인간관계에서 상대방에 대한 영향력이 어디서 비롯되는지 파악해 놓았으므로(French & Raven, 1959), 이러한 영향력의 근원을 코치와 고객이 함께 살펴보면 도움이 될 것이다. 고객은 각각의 출처를 잘 활용하고 있는가? 한 가지 출처에만 의존하고 다른 출처는 배제하지는 않은가? 고객은 자신이 얻은 협조에 만족하는가?

상대의 협조를 얻기 위한 영향력의 근원

1. 강압−처벌하거나 보상을 보류하는 행위자agent의 능력에 근거한다.
2. 보상−보상을 제공하는 행위자의 능력에 근거한다.
3. 전문성−행위자가 중요한 지식이나 기술을 갖고 있다는 상대target의 인식에 근거한다.
4. 합법성−상대가 순응해야 할 공인된 권력구조가 행위자에게 권한을 부여했다는 상대의 신념에 근거한다.
5. 명망−상대가 행위자와 자신을 동일시하거나 행위자에게 느끼는 매력이나 경의에 근거한다.

가급적 현대 조직에서는 강압에 의한 협조는 최소화하는 것이 좋지만, 필요하다면 사려 깊게 활용할 줄도 알아야 한다. 하지만 최상의 근로 환경을 제공하고 구성원의 생산성과 창의성을 증진하려면 자신의 전문성이나 명망을 활용하는 편이 좋다.

권위주의적 성격

이번 장에서 마지막으로 다룰 이 사회심리학적 주제는 논란의 여지가 있기는 하지만 짚어 보고 넘어가야 한다. 제2차 세계 대전 종전 후 캘리포니아대학교 버클리캠

퍼스의 테오도어 아도르노와 동료 연구자들(Adorno, Frenkel-Brunswik, Levinson, & Sanford, 1950)은 히틀러를 비롯한 선동가들의 문제를 약간 다른 관점에서 접근했다. 이들은 권위주의에 복종하기 쉬운 성격 유형을 권위주의적 성격authoritarian personality이라고 명명했다. 이들의 발상은 원래 정신분석이론에서 비롯됐지만 같은 시기에 같은 문제를 연구했던 사회심리학자들에 의해 분류되었다. 아도르노의 연구팀은 집단의 영향에 매우 취약하고 권위자에게 지나치게 순응하는 사람들을 가려내기 위한 도구인 F 척도(F는 파시스트fascist를 의미한다)를 개발했다. 예를 들어, F 척도의 첫 문항은 다음과 같다. "권위자에 대한 복종과 권위에 대한 존중은 아이들이 습득해야 할 가장 중요한 가치다." 아도르노의 연구는 보수적인 사고를 공격한다는 비난을 받았다. 권위주의적인 인물은 지배적인 사회 규범에 순응하는 데 가치를 부여하고(타인도 순응해야 한다고 주장하며), 권위에 복종하고, 차이를 인정하지 않고, 안전과 안정성에 큰 가치를 부여하고, 융통성 없이 자기 관점을 고수하는(새로운 정보나 기존의 관점에 어긋나는 정보는 환영하지 않는다) 사람으로 그려진다. 캐나다 심리학자인 로버트 알트마이어(Altemeyer, 2007)는 근래에 흥미롭고 조금 더 사회적인 관점에서 권위주의를 연구했고 현 상황에 적용했다. 코치가 관심을 가져야 할 질문은 다음과 같다. 권위주의적인 성격 유형이 실제로 존재하는가, 만약 그렇다면 직무 현장에서 권위주의적인 성격 유형을 어떻게 알아차리고 어떻게 대처할 것인가? 만약 고객이 권위주의적 성격이라면 어떻게 해야 하는가? 고객의 상사가 권위주의적 성격이라면 어떻게 해야 하는가? 아도르노와 알트마이어의 발상은 흥미롭고 검토할 만한 가치가 있다.

요약

1. 각각의 '사례'와 고객을 현장 연구의 일환으로 여기자. 코칭을 연구 과정으로 생각한다. 레빈의 실행 연구는 '실행의 효과를 높이기 위한 연구 활동'으로 보면 된다(Witherspoon & White, 1997, p. 19). 고객에게도 그렇게 설명해 준다. 고객에게 연구의 성격을 알리고 고객을 그 과정에 참여시킨다. 고객을 비판하지 말고 낙관적이고 호기심을 자극하는 분위기를 만든다. 코치는 고객과 함께 상황이나 '문제'를 연구해서 이해하고 변화시키기로 약속한다. 첫 번째 개입에서는 교훈을 얻

되 문제를 '해결'하지는 못할 것이라고 예상하자. 초기평가, 브레인스토밍, 개입, 성과평가 과정을 여러 번 반복하리라고 예상하자. 이 모든 과정이 문제 해결에 도움이 된다.

2. 코치는 상황의 힘을 염두에 두어야 한다. 사회심리학 연구는 상황이 개인의 특성이나 기질보다 더 큰 영향을 미친다는 점을 분명히 밝히고 있다. 고객이 자신을 탓하며 가혹하게 대하지 않도록 도와야 한다(하지만 개인적 책임을 아예 내려놓게 하지도 않는다). 어떤 상황에서는 그 누구라도 어쩔 수 없는 경우가 있다. 당면한 문제와 연관된 사회적 환경을 점검한다. 사회적 환경의 어떤 측면을 조정하면 고객의 성장에 도움이 될지 탐색한다. 가능하면 고객이 속한 조직의 환경과 문화에 대해서 조직에 피드백을 해 준다. 조직 문화와 환경을 공개적으로 검토하고 논의할 수 있게 한다. 사회적 상황이 고객에게 어떤 영향을 미치는지 고객이 검토하도록 도와준다. 고객으로 하여금 자기가 환경의 어느 측면에 반응하고 왜 반응하는지 분별해 보도록 이끌어 준다. 고객이 지배적인 사회 경향에 어떤 식으로 영향을 받는지 탐색하고, 각각의 사회 경향의 타당성을 숙고해 보도록 도와준다. 고객이 이러한 문제를 자신의 사회적 상황에서 벗어나 아무런 간섭 없이 생각하고 논의할 수 있도록 안전한 대화의 장을 마련해 준다.

3. 사람은 누구나 자기를 속인다는 점을 기억하자. 현실을 정확히 인식하면서 살아가기란 사실상 불가능하다. 모든 상황에서 독립적으로 사전 지식 없이 꼼꼼히 사고하는 행위는 정신적으로 매우 부담이 크므로, 우리는 정신적 휴리스틱을 활용하여 이 과정을 간소화해야 살아남을 수 있다. 이러한 휴리스틱은 삶의 필수 요소로 생활에 유용하기는 하지만 종종 우리를 속이기도 하며, 우리는 인지 부조화가 생길 때 부정확해도 마음이 편한 방식으로 생각을 바꾸는 경향이 있다. 고객이 자신을 속이는 방식을 자세히 살피고 다시 분별력 있게 사고하도록 돕는다. 고객이 자기 생각에 고착되거나 사로잡힐 때는 그 점을 알아채도록 도와주어야 한다. 누구에게나 때로는 외부인의 관점이 반드시 필요하다.

4. 고객의 자기표현법에 도움을 주자. 첫인상과 외모의 중요성을 강조한다. 코치는 고객에게 피드백을 주는 중요한 정보원이다. 코치는 고객 주변인물들이 지적하

지 못하는 사항을(이를 금지하는 사회적 관행 탓이다. 예를 들어, 상사에게 입 냄새가 난다고 누가 말할 수 있겠는가?) 지적할 수 있다. 코치의 역할은 바로 이런 점을 고객에게 언급해 주는 것이다. 코치에게는 매우 가치 있는 특별 허가권이 부여된다. 코치는 고객이 자신의 자기표현법을 살펴보도록 요령 있게 언질을 주고, 고객의 자기표현법을 어떻게 개선할지 고민해 보아야 한다. 이런 고민에는 고객의 옷차림, 화술(직접 혹은 전화상으로), 이메일을 쓰는 방식, 앉고 서는 태도, 눈을 맞추는 방식, 경청하는 태도를 비롯해 웃는 횟수까지도 포함된다. 코치는 이와 같은 자기표현 요소들에 대해 피드백을 주어야 한다. 사회심리학 연구에 따르면 이러한 피드백은 대단히 유용하다.

5. 고객의 정서지능을 평가하고 고객에게 정서지능이 무엇인지 가르쳐 주자. 골먼의 연구 자료는 정서지능의 중요성을 고객에게 납득시킬 때 상당히 유용하다. 그가 쓴 서적과 「하버드 비즈니스 리뷰」에 실린 논문, 녹음 자료들 모두가 코치와 고객에게 도움을 줄 수 있다. 지능지수나 전문성도 중요하지만 그것은 그저 문턱을 넘어가는 기술일 뿐이다. 이런 기술을 갖추면 문 안으로 들어설 수 있다. 문 안으로 들어선 고객이 장기적으로 성공하기 위해서는 기술적 요소보다 사회적 요소가 더 중요하다. 사회적 요소에는 공감과 자기 인식, 자기 조절, 사회적 기술(예: 타인의 감정을 정확히 읽기)이 있다. 이러한 능력은 경영자 코치에게 가장 중요한 기본 기술로 고객이 인정을 하든 안 하든 코칭을 받게 된 원인일 때가 많다. 코치는 정서지능이론을 매개로 기업에 자신의 소프트스킬을 판매할 수 있다. 정서지능에 관해서는 12장에서 자세히 다룬다.

그리고 자신의 생각을 전적으로 믿어서는 안 된다는 점을 꼭 명심하자.

참고문헌

Adorno, T., Frenkel-Brunswik, E., Levinson, D., & Sanford, N. (1950). *The authori-tarian personality*. New York: Harper & Brothers.

Allport, G. W. (1954). *The nature of prejudice*. Reading, MA: Addison-Wesley.

Altemeyer, R. (2007). *The authoritarians*. Available from: http://home.cc.umanitoba.ca/~altemey/.

Aronson, E., Wilson, T., & Akert, R. (1997). *Social psychology*. New York: Addison-Wesley.

Asch, S. E. (1951). Effects of group pressure on the modification and distortion of judgments. In H. Guetzkow (Ed.), *Groups, leadership, and men* (pp. 177-190). Pittsburgh, PA: Carnegie.

Axelrod, R. (1984). *The evolution of cooperation*. New York: Basic Books.

Burger, J. (2009, January). Replicating Milgram: Would people still obey today? *American Psychologist, 64*(1), 1-11.

Cartwright, D. (1979). Contemporary social psychology in historical perspective. *Social Psychology Quarterly, 42*, 82-93.

Cialdini, R. (1985). *Influence: Science and practice*. Glenview, IL: Scott, Foresman.

Cormier, W., & Cormier, L. (1985). *Interviewing strategies for helpers*. Monterey, CA: Brooks/Cole.

Festinger, L. (1957). *A theory of cognitive dissonance*. Evanston, IL: Row, Peterson.

French, J. R. P., Jr., & Raven, B. H. (1959). The bases of social power. In D. Cartwright (Ed.), *Studies in social power* (pp. 150-167). Ann Arbor, MI: University of Michigan Press.

Goleman, D. (1995). *Emotional intelligence*. New York: Bantam.

Goleman, D. (1998a, November-December). What makes a leader? *Harvard Business Review*, 93-102.

Goleman, D. (1998b). *Working with emotional intelligence*. New York: Bantam.

Haney, C., Banks, C., & Zimbardo, P. (1973). Interpersonal dynamics in a simulated prison. *International Journal of Criminology and Penology, 1*, 69-97.

Harvey, J. B. (1988, Summer). The Abilene Paradox: The management of agreement. *Organizational Dynamics*, 17-43.

Janis, I. L. (1972). *Victims of groupthink*. Boston; Houghton Mifflin Company.

Johnson, S. (1998). *Who moved my cheese?* New York: Putnam.

Knox, R. E., & Inkster, J. A. (1968). Post decisional dissonance at post time. *Journal of Personality and Social Psychology, 8*, 319-323.

Krupp, S., DeHann, R. F., Ishtai-Zee, S., Bastas, E., Castlebaum, K., & Jackson, E. (1986). Action research as a guiding principle in an educational curriculum: The Lincoln University

Master's Program in Human Services. In E. Stivers & S. Wheelan (Eds.), *The Lewin legacy: Field theory in current practice* (pp. 115-121). Berlin: Springer-Verlag.

Lewin, K. (1951). *Field theory in social science.* New York: Harper & Row.

Lewin, K., Lippitt, R., & White, R. K. (1939). Patterns of aggressive behavior in experimentally created social climates. *Journal of Social Psychology, 10,* 271-279.

Milgram, S. (1963). Behavioral study of obedience. *Journal of Abnormal Psychology, 67,* 371-378.

Myrdal, G. (1944). *An American dilemma.* New York: Harper & Row.

O'Brien, M. (2005). *Jonh F. Kennedy: A biography.* New York: Thomas Dunne Books.

Razran, G. H. S. (1938). Conditioned response changes in rating and appraising sociopolitical slogans. *Psychological Bulletin, 37,* 471.

Rosenhan, D. (1973). On being sane in insane places. *Science, 179,* 250-258.

Rosenthal, R., & Jacobson, L. (1968). *Pygmalion in the classroom: Teacher expectation and student intellectual development.* New York: Holt, Rhinehart & Winston.

Rule, B. G., Bisanz, G. L., & Kohn, M. (1985). Anatomy of a persuasion schema: Targets, goals, and strategies. *Journal of Personality and Social Psychology, 48,* 1127-1140.

Segal, M. (1997). *Points of influence.* San Francisco: Jossey-Bass.

Silberman, M. (1986). Teaching force field analysis: A suggested training design. In E. Stivers & S. Wheelan (Eds.), *The Lewin legacy: Field theory in current practice* (pp. 115-121). Berlin: Springer-Verlag.

Simonton, D. K. (1987). *Why presidents succeed: A political psychology of leadership.* New Haven, CT: Yale University Press.

Simonton, D. K. (1992). Presidential greatness and personality: A response to McCann. *Journal of Personality and Social Psychology, 63,* 676-679.

Witherspoon, R., & White, R. (1997). *Four essential ways that coaching can help executives.* Greensboro, NC: Center for Creative Leadership.

추천도서

Benjamin, L. (2009). The power of the situation: The impact of Milgram's obedience studies on personality and social psychology. *American Psychologist, 64*(1), 12-19.

Deaux, K., Dane, F., & Wrightsman, L. (1997). *Social psychology in the '90s* (6th ed.). Pacific

Grove, CA: Brooks-Cole.

Gilbert, D., Fiske, S., & Lindzey, G. (1998). *The handbook of social psychology* (4th ed.). New York: McGraw-Hill.

Hayes, N. (1993). *Principles of social psychology.* Hove, UK: Erlbaum.

Janis, I. (1986). *Groupthink: Psychological studies of policy decisions and fiascoes* (2nd ed.). New York: Houghton Mifflin.

Stivers, E., & Wheelan, S. (1986). *The Lewin legacy: Field theory in current practice.* Berlin: Springer-Verlag.

Taylor, S., Letita, A., & Sears, D. (2000). *Social psychology* (10th ed.). Upper Saddle River, NJ: Prentice Hall.

제11장

리더를 움직이는 마법의 의사소통

매력이 무엇인지는 잘 아실 겁니다. 매력이란 분명한 질문을 던지지 않고도 '네'라는 대답을 이끌어 내는 하나의 수단이지요.

—알베르 카뮈(『전락』, 1957)

직접적인 의사소통이나 지시가 효과적이라면 경영자 코치가 해야 할 일은 거의 없을 것이다. 사람들은 변화나 개선에 대한 직접적인 제안에 응할 수 있을 때는 그렇게 한다. 피드백을 받아들여 자신을 변화시키고 문제를 개선하며 앞으로 나아간다. 하지만 이런 행복한 시나리오가 현실이 되는 경우는 거의 없다. 사람들은 대개 피드백에 저항하고 피드백을 받을 때 화를 낸다. 설혹 사람들이 피드백을 받아들인다 해도, 무엇을 어떻게 해야 할지 갈피를 잡지 못할 때도 많다. 피드백을 효과적이고 지속적인 행동으로 전환하지 못한다. 이런 애석한 상황은 개인을 변화시키는 업종에 종사하는 사람이라면 누구에게나 익숙할 것이다. 사람은 쉽게 바뀌지 않는다. 흔히들 이제는 달라질 것이라며 새해 계획을 세우고 다이어트를 시작하고 더 나은 사람이 되겠다고 맹세한다. 누구든 책상을 깨끗이 정리하고 지출 보고서를 제때 제출해야 더 좋다는 사실을 잘 안다. 운동으로 건강을 관리해야 한다는 것도, 팀원들과 더 효과적으로

소통해야 한다는 것도 안다. 하지만 그런 생각을 실천에 옮기지 못할 때가 많다.

영향력과 저항

상대방에게 영향을 주려다 보면 상대의 저항과 분노를 사기 쉽다. 변화해야 한다는 제안에는 "당신이 뭔데?"라는 무언의 반응이 뒤따른다. 우리는 자신을 바꾸려 드는 사람을 싫어하고 가정법원은 서로를 바꾸려 들다가 파탄에 이른 부부들로 넘쳐난다. 이러한 갈등의 근원에는 "내가 변한다면 그 사람이 옳고 내가 틀렸다는 얘기잖아."라는 생각이 있다.

대다수 사람들은 명령("이렇게 하라")에 저항한다. 해야 할 일을 지시받는 상황을 싫어한다. 우리가 명령이나 지시에 분개하는 것은 그러한 말에 누군가가 나보다 더 낫고 똑똑하다거나, 지금 내가 해야 할 일을 제대로 못하고 있다는 의미가 내포되어 있기 때문이기도 하고, 명령이나 지시가 통제권의 상실을 상징하기 때문이기도 하다. 우리는 습관적으로 저항한다. 일단 오랜 기간 같은 방식을 고수해 왔다면, 뭔가 바뀌어야 한다는 사실을 자각할 때도, 기존의 방식을 바꾸는 것이 불편하고 어색하다.

이번 장에서는 조리 있게 계획한 변화 시도가 실패로 돌아가는 상황, 고객이나 코치가 교착 상태에 빠진 상황, 훌륭한 조언에도 행동이 변하지 않는 상황에 대처하는 법을 다룬다. 이런 상황은 자주 발생하며 관련자 모두를 실의에 빠뜨린다. 하지만 코치는 이런 상황을 사람들로부터 '눈도장'을 받는 기회로 활용할 수 있다. 이전에는 해결이 불가능해 보였던 상황을 코치가 개입하여 해결해내면 높은 평판을 얻게 된다. 조직은 내부에서 해결하지 못하는 문제를 해결하고자 기꺼이 비용을 지불한다. 고질적인 행동 문제를 해결하는 능력은 아무나 흉내 낼 수 없는 코치 특유의 경쟁력이다. 기업은 이런 능력을 빌리고자 코치를 찾는다.

최면과 의사소통

최면이 무엇인지 보편적으로 정의하기는 어렵다.
　　　　　　　　　　　　　　　　　－어니스트 R. 힐가드(Hilgard, 1991, p. 86)

우선, 최면과 비즈니스 의사소통 사이의 상관관계는 이해하기가 쉽지 않으므로 약간의 설명이 필요하다. 기업에서 어떻게 트랜스[1] 상태를 활용할 수 있을까? 최면을 이해하면 그 해답을 얻을 수 있다. 넓은 의미에서 최면이 무엇이고 최면이 어떻게 작용하는지 이해해야 한다.

최면의 역사는 아주 오래되었으며, 주술사와 마술사들은 수 세기 동안 최면술을 실시해 왔다. 신비한 능력의 소유자들은 트랜스 상태에 빠진 희생자들이 온갖 이상하고 당혹스러운 행동을 하도록 만들었다. 이로 인해, 최면은 오랫동안 일반 대중에게 오해를 받아 왔다. 최면에 관한 선입견은 십중팔구 라스베이거스나 지방축제의 무대공연에서, 혹은 만화에서 비롯됐을 것이다.

최면을 이해하고 정의하는 방법은 다양하며, 최면의 정의에는 명백한 트랜스 상태가 포함될 수도 있고 포함되지 않을 수도 있다. 단일요인 이론들은 최면을 의식 상태의 일종으로 본다. 최면에 관한 의미 있는 견해 중에 하나는 우리가 항상 트랜스 상태에 들락날락한다거나 우리가 어떤 부류이든 항상 트랜스 상태에 있다고 보는 관점으로, 이 관점을 따르자면, 인생은 끊임없이 트랜스 상태가 겹치고 바뀌면서 흘러간다. 시드니 저라드Sidney Jourard는 이 견해를 명확히 표현했다.

　　인생이 시작될 때, 세상은 있는 그대로의 모습을 우리에게 보여 준다. 하지만 다른
　　사람들이(부모나 교사, 분석가들) 우리가 세상을 '보고' '올바로' 해석하게끔 최면을
　　건다. 이들이 세상에 이름과 꼬리표를 붙이고 모든 존재와 사건을 언어로 표현해 놓
　　은 탓에, 그 이후로 우리는 세상을 다른 언어로 이해할 수 없고, 세상이 우리에게 하
　　는 다른 이야기를 듣지 못한다.

---

1) 보통의 의식 상태에서 특수한 몰입상태로의 전환을 의미한다. 즉, 무엇인가에 깊이 몰입되어 있는 상태를 말한다. －역주

우리의 과제는 최면 상태에서 깨어나 귀를 열고 눈을 뜨고 다양한 언어를 사용하여 세상이 우리에게 새로운 이야기를 들려줄 수 있도록, 우리의 존재라는 일종의 책에 가능한 모든 인생의 의미를 적도록 하는 것이다.

최면술사를 신중하게 선택해야 한다.

주러드의 견해에 따르면, 최면은 우리가 살아가는 넓은 의미의 트랜스 상태로, 물고기에게는 수중과 같고, 새에게는 공중과 같아서 우리의 현실을 규정하고 형성한다. 구성주의자들과 인지치료사들도 이와 같은 관점을 탐구했다. 우리는 자신의 개인적인 인식 세계에서 살아가며, 우리가 스스로 둘러쳐 놓은 인식 세계의 경계로 인해 제한된 삶을 산다. 의사소통 패턴의 역설에 관한 바츨라비크와 비밴 및 잭슨의 연구(Watzlawick, Beavin, & Jackson, 1967)를 살펴보면 이번 장에서 설명하는 여러 기법이 나와 있으며, 이들의 연구는 인지심리치료와 체계치료에서 활용하는 몇몇 기법의 핵심을 이루었다. 밀턴 에릭슨Milton Erickson은 50년간 의사소통에 최면을 활용하는 방안을 연구했으며, 제이 헤일리(Haley, 1967, 1986)와 그 외 저자들(Gordon & Meyers-Anderson, 1981; O'Hanlon, 1987)은 에릭슨의 방대한 이론을 자세히 기록해 놓았다. 이 외에 맥락과 사회적 요인을 중시하는 **사회-인지적**socio-cognitive(Lynn & Rhue, 1991) 최면 이론도 있다. 나는 코치들에게 이 문헌들을 읽어 보라고 권하고 싶다. 왜냐하면 최면 이론은 (특히 짧은 분량으로는) 설명하기가 어려운 데다 여러 견해를 동시에 접해야 제대로 이해할 수 있기 때문이다. 최면 관련 서적들은 매우 흥미롭고 읽을 만한 가치가 있다. 추천도서와 참고도서는 이번 장의 끝에 수록해 놓았으며, 질버겔드, 에델스티안, 아라오스(Zilbergeld, Edelstien, & Araoz, 1986)가 함께 쓴 책과 바츨라비크, 위클랜드, 피시(Watzlawick, Weakland, & Fisch, 1974)가 함께 쓴 책이 특히 유익하다. 치의학 분야에서 펠티에 박사가 쓴 책(Peltier, 2006)에는 여러 유형의 최면에 대한 정의와 역사, 신화, 실용적인 설명이 담겨 있다.

원칙과 태도

최면에 관한 문헌은 코치에게 유용한 여러 견해를 싣고 있다. 이중 몇몇은 밀턴 에 릭슨의 견해(Haley, 1986; O'Hanlon, 1987)에서 비롯됐다. 최면에 관한 일부 견해는 바 츨라비크와 여러 연구자들이 쓴 책『변화』(가제)[2]에서 확인할 수 있다(Watzlawick et al, 1974). 몇 가지 예를 살펴보자.

1. **인간의 변화는 선형적으로 이루어지지 않는다.** 이러한 견해는 전형적으로 포 스트모더니즘적인 생각이다. 현재가 미래를 직접적으로 이끌어 가지 않으며, 선 형적으로 변화를 꾀하려는 노력은 실패할 수밖에 없다. 과거는 현재 상황의 직접 적인 원인이 아니며, 변화의 방편으로 과거를 살펴보려는 노력은 소용이 없다. 역설은 합리적인 논리만큼이나 흔하다. 변화 방법을 알고 싶다면 실제적인 패턴 (혹은 패턴의 부재)을 연구해야 한다.

2. **의사소통은 어떤 방식으로든 일어난다.** 침묵을 비롯한 모든 행동은 의사소통 이다(Watzlawick et al, 1967). 의사소통의 방식 중에는 언어를 수반하지 않는, 혹 은 '문제'를 직접 언급하지 않는 방식이 많다.

3. **사람의 내면에는 변화와 발전에 필요한 자원이 이미 존재한다.** 구체적인 기술 이외에는 사람들에게 가르쳐 주어야 할 것이 별로 없다. 사람은 자기에게 중요한 문제를 제 나름의 방식으로 파악할 수 있다. 고객의 고유한 방식을 탐구해 보는 것이 고객에게 뭔가를 가르치는 것보다 훨씬 중요하다. 고객의 관점을 파악하는 데서부터 시작하자. 현재 고객의 행동 방식이 고객이 어떤 면에서 성장하고 변해 야 하는지를 나타내준다. 특히 앞으로는 변하겠노라고 공언해 놓고 기존의 태도 를 계속해서 고수하는 양상을 면밀히 살펴보자. 고객은 왜 그런 모습을 보일까? 이런 식으로 스스로를 제한하는 행동은 대개 자기 내부에 갖춰진 체계에 의해서 무의식적으로 나타난다.

4. **명령보다 암시가 더 큰 힘을 발휘한다.** 여기서 명령이란 무언가를 "하라"고 지

---

2) 원제: Change

시하는 행위를 의미한다. 사람들은 상황의 암시적인 의미에 의문을 갖고 무의식적으로 상황의 의미를 파악하려고 애쓴다. 또한 사람들은 명령보다는 암시에 더 쉽게 마음을 연다. 사람들은 스스로 상황을 파악하고 싶어 하며 누군가로부터 지시받는 것을 싫어한다.

5. **똑같은 노력을 더 많이 한다고 해서 새로운 결과를 얻지 못한다.** 같은 일을 반복하면서 변화를 기대할 수는 없다. 효과적인 해결책은 대개 '이상한' 해결책이다. 효과적인 해결책은 대개 처음에는 불편하게 다가온다. 까다로운 문제에 대한 유일한 해결책은 대체로 2단계 변화second-order change의 특성을 보인다. 즉, 체계의 규칙을 거스르거나 바꿔야 한다.

6. **지도는 영토가 아니다.** 실제 상황은 우리의 설명이나 인식과 동일하지 않다. 현실에 대한 설명은 현실 그 자체와는 다르며 우리는 이 두 가지의 세상을 살아간다. '현실적'이고, 구체적인 세상과 우리가 인식하고, 설명하고 해석하는 세상과 우리가 인식하고 설명하고 해석한 세상을 함께 살아간다.

7. **더 유연한 사람이 뜻을 이룬다.** 우리를 제한하는 것은 대개 단순한 정보 부족이나 기술 부족이나 나쁜 습관이 아니라 융통성 없는 태도다. 사람들은 일관성을 잘못 추구하거나 일관성에 대한 잘못된 자부심 때문에 자기-파괴적 행동self-defeating을 계속한다. 이런 문제는 우리가 유연하면서도 끈기 있는 태도를 취하면 모두 해결할 수 있다. 고객이 여러 선택지를 떠올려보도록 격려하고 권장하자. 선택에 큰 의미가 없을지라도 여러 선택지를 제시해 보자. 대다수 부모들은 아이들을 다룰 때 이 전략을 잘 활용한다. "쓰레기통을 먼저 비울래, 아니면 방을 먼저 치울래?" 이 전략은 **대안의 착각**illusion of alternatives이라고 불린다. 사람은 자기에게 선택권이 있다고 느낄 때 반응을 잘하며, 이는 선택지가 별로 매력적이지 않다 해도 마찬가지다. 사람은 일반적으로 명령("이렇게 하라")보다는 선택권을 선호한다.

이 견해들 중 여럿은 경영 분야에서 **창의적 사고**out-of-the-box thinking라고 부르는 개념으로 발전했다.

트랜스 상태를 동반하지 않는 최면

트랜스 상태에 들어가야 최면에 걸렸다고 보는 최면 이론은 경영자 코치에게 별 도움이 되지 않으며, 명백한 트랜스 상태를 배제하는 이론도 상당수가 지나치게 복잡하다. 하지만 경영자 코치에게 매우 유용한 방식으로 최면을 정의하는 한 가지 방법이 있다. 코치에게 도움이 될 만한 최면 이론들은 대개 최면을 다음과 같이 정의한다. 최면은 비판적이고 분석적인 사고를 우회하는 의사소통 방법이다.

최면적 의사소통이란 직접적인 요청 없이 서로에게 영향을 미치는 과정이다. 저항이 일어날 만한 상황을 피해가는 것이다. 최면적 의사소통에는 여러 가지 방식이 있으며, 여러 연구자들이 상대가 깨닫지 못하는 사이에 상대에게 영향을 미치는 방식들을 고안해냈다. 가만히 생각해 보면 이런 방식을 의사소통에서 자연스레 활용하는 사람들(존경하는 선생님, 삼촌, 엄마, 지역사회의 지도자 등)이 떠오를 것이다. 이런 사람들에게는 왠지 모르게 귀를 기울이게 되는 힘이 있다.

실용적인 최면 기법

지금부터는 트랜스 상태를 가정하지 않는 최면 이론에서 비롯된 몇 가지 기법을 살펴보려 한다. 여기에서 소개하는 대다수의 기법은 여러 자료로부터 도출된 것이며, 단일 자료에서 도출된 기법은 출처를 밝혔다. 자료의 출처는 이번 장 끝의 '참고문헌'과 '추천도서'에서 찾아볼 수 있다. (여기 제시한 기법들은 대개 1988년 샌프란시스코 최면 학회에서 이루어진 폴 바츨라비크의 강의를 참고하여 얻었다.) 판매업에 종사하는 사람이나 신경언어 프로그래밍(NLP)을 활용하는 사람들은 이 기법에 익숙할 것이다.

간접 암시|Indirect Suggestion   직접 제안하는 대신 넌지시 암시하면 명령에 수반되는 저항을 피할 수 있다. 간접 암시는 창의적인 과정으로 그 방식은 다양하다. 이때 중요한 점은 구체적으로 무엇을 요청하거나 말하지 않고 상대가 스스로 어떤 일을 하게끔 생각을 심어 주거나 상황을 만들어 가는 것이다.

예를 들어, 간접적으로 암시하는 한 가지 방법은 무언가에 대해서 '궁금증'을 표시하는 것이다. **궁금하다**wonder는 단어에는 기묘한 힘이 있다. 이 단어는 미래를 긍정적으로 예상하게 하고 어떤 시도에 마음을 열고 에너지를 집중하게 만들어 준다. 가능성의 문을 열어 주는 것이다. "30일까지 제품을 시장에 내놓지 못하면 어떻게 될지 궁금하네요."라는 말은 "30일까지 이 제품을 시장에 내놓아야 합니다."라는 말과는 완전히 다르게 들린다. 또 다른 예로는 "신제품을 개발하려면 어떻게 해야 할지 궁금하군요." "어떻게 하면 A사의 내부 인사와 친분을 쌓을 수 있을지 궁금하군요." "베트남에서는 어떤 식으로 안면을 트는지 궁금하네요." 등이 있다. 이런 말은 명령이나 요청과는 다르며, 완곡하고 긍정적으로 상대방에게 자신의 생각을 심어 준다. 이렇듯 넌지시 생각을 심어 주는 방식은 간접 암시를 활용하는 것이다. 경영자가 자기 생각을 넌지시 드러낼 때, 부하직원들은 경청하고 반응한다.

당사자가 아닌 **다른 사람에게 상황을 이야기하는 것**도 간접 암시를 활용하는 한 가지 방법이다. 코치가 고객에게 업무 상황에서의 옷차림을 개선해야 한다는 의견을 전하고 싶다고 치자. 고객에게 이 말을 직접 해서 ("옷차림이 부적절하기 때문에 옷차림에 신경을 더 쓰셔야 합니다.") 저항이나 분노를 일으키지 말고, 고객이 있는 자리에서 다른 누군가에게 (조심스럽게) 이 말을 한다. "그분이 지금 못 들으실 테니까 하는 말인데요, 사실 마케팅 회의 때는 흰 셔츠를 입으시면 훨씬 좋을 것 같아요. 그러면 사람들이 그분 말씀을 더 진지하게 받아들일 테니까요." 이 방법은 확실히 '교묘한' 의사소통 방식이지만 요령 있게 잘 활용하기만 하면 상대에게 직접 할 수 없는 말을 효과적으로 전달할 수 있다.

이와 유사하게, 상대에게 선수를 쳐서 메시지에 힘을 실어 줄 수 있다. 즉, 서두에 메시지의 중요성을 역설적으로 부각시키는 정보를 삽입한다. 예를 들어, "저, 사실 이런 말씀은 드리면 안 되는데……"는 간접 암시를 활용해서 메시지의 영향력을 높이는 한 가지 방법이다. 상대의 반응에 선수를 치는 또 한 가지 방법은 "말도 안 되는 얘기처럼 들릴 수도 있겠지만요……."로 말문을 여는 것이다. 또 다른 방법으로는 "다른 사람에게 제가 이 얘기를 했다고 말하시면 저는 부인하겠지만요……."가 있다.

또한 코치는 어떤 방안을 제시할 때 고객이 보일 만한 저항을 미리 넌지시 언급해 볼 수도 있다. "글쎄요. 그런 목표를 이루시려면 업무량이 훨씬 많아질 텐데요……."

이렇게 추가 업무의 발생 가능성을 넌지시 언급했을 때 고객이 "업무가 늘어나는 건 상관없어요. 난 열심히 일하는 걸 좋아하니까."라고 반응한다면 예상 가능한 저항은 쉽게 사라진다. 이때 상황에 맞게 '업무'라는 변수 대신에 노력이나 시간, 관심, 경청 기술, 비용과 같은 바람직한 여러 가지 변수를 대입해도 된다.

비교도 때에 따라 유용한 방법이다. 예를 들자면, "사람들은 보통 이 부분을 잘 이해하지 못하는데요……."라고 고객에게 말하는 것이다(이때 코치는 이 내용이 어렵거나 복잡해서 보통 사람들은 잘 이해하지 못한다고 암시하는 셈이다). 이런 말을 들은 사람들은 대개 상대의 말을 이해하기 위해 주의를 집중하고 노력한다. 또 비교의 간접 효과를 활용할 수도 있다. 현재 고객이 매력적으로 생각할 만한 다른 고객을 한 사람 선정하자. 그러고 나서 이렇게 말한다. "예전에 제가 (국가 장학생)이었던 고객과 일한 적이 있는데요, 그분은 이 개념을 바로 이해하더라고요. 그분이 자기 발전을 위해서 얼마나 노력했는지 아마 믿지 못하실 거예요." 반대로 현재 고객에게 매력이 없는 부류의 고객을 선택해서 다음과 같이 말할 수도 있다. "제가 심리치료사로 일할 때 내담자 중에 (매춘부, 마약중독자, 마약상 등등)이 있었는데요, 그분은 이 개념을 전혀 이해하지 못하더라고요." 현재 고객은 매력 없는 부류의 사람들과 같은 집단으로 엮이고 싶지 않아서 열심히 노력하게 된다. 코치는 고객에게 직접 요청하지 않고도 간접 암시를 통해 열심히 노력해야 한다는 메시지를 전달한 것이다.

구체적인 언어　어떤 단어는 단어 자체에 암시적인 힘이 있어서 주의 깊게 사용하거나 사용을 피해야 한다. 예를 들어, '시도try'라는 단어에는 실패라는 의미가 내재되어 있다. 시도라는 단어 자체가 실패를 암시한다. 무언가 '시도'해 보겠다는 말은 스스로 그 일을 해내겠다는 말과 다르다. 그보다는 노력하고 애써보겠지만 완수하기는 어렵다는 뜻을 담고 있다. '할 수 없다can't'는 말도 그와 같은 단어로, 무언가 불가능하다는 것을 암시한다. '할 수 없다'는 말보다 '하지 않겠다won't'는 말이 더 정확한 경우가 많다. '하지 않겠다'는 말은 완전히 다른 함축적 의미를 내포하는데, 여기에는 강하고 확실한 의사가 담겨 있다. '아직yet'이라는 단어도 매우 유용하고 효과적인 단어로, 앞으로 상대가 실천하기 바라는 행동에 적용하면 좋다. "그 방법을 아직은 익히지 못하셨군요."라고 말하면 앞으로 그 방법을 배우게 될 것이라는 암시를 줄 수 있다. '바로 지금right now'도 이와 유사하게 활용할 수 있다. "지금은 그 일에 시간을 많이 들이지 않으시군요." '~하면서as'도 유사한 표현으로 고객에게 무언가 할 수 있다는 암시를 준다. "팀 동료의 얘기를 경청하는 법을 배우게 되면서 무엇이 달라지는지 살펴보세요." '필요need'는 기묘하게 강한 힘을 내포한 단어로, 사람들이 이 단어를 필수적이라는 의미로 사용하지 않을 때도, 필수적이라는 의미를 전달한다. "시간과 자원이 더 필요합니다."라는 말은 시간과 자원이 없이는 살아남을 수 없고 만약 시간과 자원을 확보하지 못하면 엄청난 어려움을 겪게 될 것이라는 의미를 담고 있다. 이 말은 "시간과 자원을 충분히 확보할 수만 있다면 90일 안에 프로젝트를 마칠 수 있습니다. 시간과 자원이 충분히 확보되지 못하면 프로젝트를 마치기 위해서 더 오랜 기간이 소요될 테고, 이는 막대한 손실로 이어질 겁니다."라는 말과는 완전히 의미가 다르다.

구체적인 단어의 힘은 사람들이 공유하는 함축적 의미에서 나온다. 이 단어들은 (일반적인 용법에서는) 한 가지 의미를 전달하지만 그와 함께 다른 의미를 비춘다. 그 함축적 의미가 명확하고 공유된 경우도 있고, 그렇지 않은 경우도 있다. 하지만 이런 단어들이 어떻게 사용되는지 관찰하고, 자신이 어떤 의미로 사용하는지 자세히 살피고, 그 함축적 의미를 자신의 목표에 일치시키는 것은 언제나 유익하다. 고객의 말을 경청하고 고객이 이런 종류의 단어를 완벽히 익혀서 효과적으로 활용할 수 있게끔 도와주자. 단어의 함축적 의미에 주목하자.

구체적인 최면적 의사소통   명백한 트랜스 상태 밖에서 언어를 최면적으로 활용하는 방법은 무궁무진하다. 첫 번째 원칙은 긍정문/부정문에 주의를 기울이는 것이다. 부정적인 단어나 문장구조보다는 긍정적인 단어나 문장구조를 사용한다. 예를 들어, "수탉을 떠올리지 마세요."라는 지시를 들었다고 생각해 보라. 이 지시를 따르려면, 지시에서 하지 말라고 한 생각을 해야만 한다. 수탉을 생각하지 않는 과제를 완수하려면 수탉을 생각할 수밖에 없다. 이는 자동적인 반응이며 피할 수 없는 일이다. 대신 다음과 같이 제안한다. "커다란 녹색 코끼리를 떠올려보세요." 코끼리를 생각하려면(대다수 사람들의 관심을 사로잡을 만큼 명확하고 흥미로운 대상) 수탉의 이미지를 머릿속에서 몰아내야 한다. 긍정문을 활용해서 수탉의 이미지를 대체한 것이다. 인간의 두뇌는 부정문에 직접 반응하지 못한다. 부정문을 활용하면 상황이 복잡해지고 요청을 실행하기가 훨씬 더 어렵다. 이것은 느긋해지기 위해 열심히 노력하는 상황과 비슷하다.

스토리텔링　유능한 리더와 설득력 있는 사람들은 자신의 견해를 밝힐 때 늘 이야기를 활용한다. 그 이유는 이야기를 듣고 처리하는 뇌의 영역과 단순한 지시를 따를 때 사용하는 뇌의 영역이 다르기 때문이다. 이야기에는 간접적인 암시가 많이 담겨 있고, 이야기의 줄거리는 대체로 인생의 원리를 직간접적으로 암시한다. 코치는 모든 종류의 제안을 좋은 이야기 형태로 전달할 수 있다(적절한 사례를 드는 것도 이야기에 빗대 표현하는 것과 같이 상황이 어떻게 돌아가는지, 상대에게 기대하는 바가 무엇인지 말해 준다). 동기부여가 되는 이야기들을 기억해두자. 그런 이야기를 적어두고 마음속에 잘 간직해 놓자. 이야기 솜씨가 훌륭한 코치라면 그 점을 잘 활용해야 한다. 이야기 솜씨가 서툴다면 이야기하는 방법을 배워 두어야 한다. 그리고 연습할 기회를 만들어 보아야 한다. 예전의 코칭 경험을 활용해(비밀보장은 유지하면서) 관련된 일화를 만들어 본다. 이야기마다 한두 가지 중요한 간접 암시를 (바람직한 결과와 함께) 삽입한다. 전에 했던 이야기를 다시 반복하지 않게 주의하고 절대 이야기를 해설해 주지 않아야 한다. 고객이 자신의 관점에서 이야기의 의미를 파악하게 한다. 사실 코치 자신이 심어 놓은 간접 암시에 대해서는 모호하게 말하는 것이 가장 효과가 좋다. 이야기를 들은 고객은 이야기의 비어 있는 부분을 딱 들어맞게 채워 넣고 싶다는 기분을 느끼게 된다. 그리고 때로는 코치가 한 번도 생각해 보지 못한 멋진 방식으로 이야기의 빈 곳을 채워 넣기도 한다.

사람들은 다른 방식으로는 듣지 못했을 메시지를 이야기를 통해서 "듣는다." 코치는 누군가가 무엇을 성취해낸 이야기를 고객에게 전달할 때 다음과 같은 메시지를 전하는 셈이다. "다른 누군가가 해냈다면 당신도 해낼 수 있습니다."

심 상

안톤 메스머Anton Mesmer가 알아낸 것이 다름이 아니라 상상을 의학적으로 활용하는 효과적인 비법이라면, 그 역시 놀라운 축복이 아닐까? 상상 의학medicine of imagination이 어떤 상황에 가장 적합한 치료법이라면, 그 상황에 상상 의학을 적용해 보아야 하지 않을까?

–프랑스 루이 16세가 의뢰한 동물자기설에 관한 독창적인 과학적 탐구에서(Franklin et al., 1784)

미래의 자기 모습을 상상할 때는 주의를 기울여야 한다. 실제로 그런 모습이 될지도 모르기 때문이다.

–시드니 저라드(Jourard & Landsman, 1980)

심상Imagery은 여타 언어 형식과는 다르게 처리된다. 심상은 마음을 사로잡는다. 잘 표현된 심상은 영향력이 커서 실제로 사람을 움직인다. 사탕의 맛과 사탕의 제조법 중 어느 쪽으로 마음이 움직이는지 생각해 보자. 이 둘은 상대가 되지 않는다. 감각적인 맛의 경험이 언제나 이긴다. 코치는 언어의 맛을 살리고, 선명하고 강렬한 심상을 코칭에 활용해야 한다. 고객이 어떤 일이나 경험을 상상해 보도록 권해 보자. 고객으로 하여금 새로운 기술을 배우거나 어려운 일을 해내거나 무언가 만족스러운 일을 완수하면 어떨지 상상해 보게 하자. 그런 상황에서 기분이 어떨지 느껴 보게 하자. 심상을 활용하고 상상이라는 단어를 자주 사용하자.

고객이 심상을 어떻게 다루는지 파악해 본다. 고객이 심상 떠올리기를 어색해할 수도 있다. 이때는 고객의 상상력을 키워 주어야 하며, 상상과 현실이 충돌할 때 상상의 힘이 더 강력하다는 점을 유념해 두어야 한다. 이것은 사람들이 상상력을 발휘해서 자신을 제한하고 상처를 줄 때나, 스스로를 북돋을 때나 마찬가지다. 간혹 마음속에 영상을 떠올리지 못하는 고객도 있다. 이런 고객들은 자신에게 편안한 형태로 심상을 활용해 보도록 도와야 한다. 마음속에 영상을 떠올리지 않고 심상을 만들어 낼 수 있는 사람들도 있다. 이들은 다른 사람들처럼 마음속에 영상을 떠올리지 않고 '상황에 대한 감각'을 활용한다. 먼저 고객의 심상 활용법을 평가해 보자. 고객이 심상을 어떤 방식으로, 어떤 형태로 활용하는지 살펴보자.

　다음에서 구체적인 사례를 통해 심상을 활용하는 방법을 살펴보도록 하자. 다수의 사례는 이번 장의 마지막에 수록되어 있는 라이언 맥멀린(McMullin, 1986)의 책에서 참조한 것이다. 이 사례들은 고객이 자신의 성장과 변화를 위한 원천으로 삼을 만한 심상의 유형을 보여 준다.

　대처/숙달 심상　어려운 상황이나 과제를 다루어야 할 때 도움이 될 만한 심상을 활용한다. 예를 들어, 고객으로 하여금 연봉 인상 요구나 새로운 보직 요청을 원활히 해내는 모습을 그려 보도록 도울 수 있다. 크고 일반적인 심상을 만들 수도 있고, 작고 상세한 심상을 만들 수도 있다. 상세한 심상은 새로운 기술을 습득할 때나 새로운 시도를 할 때 유용하다.

　모델링 심상　고객에게 고객이 목표로 삼은 과제나 기술에 능숙한 사람을 떠올려 보라고 하자. 고객은 자신이 모델인 것처럼 (상상 속에서) 순차적으로 단계를 밟아 나간다. 이 심상은 과도기적 학습 경험으로 작용해서, 새로운 일을 실제로 수행해야 할 때 일을 더 수월히 진행할 수 있도록 해 준다. "자신이 유능한 경영인 A라고 가정하고 다른 사람과 거래를 맺는다고 상상해 보세요. 당신이 A라면 거래를 성사시켜 나가는 과정이 어떨지 생각해 보세요."

　이상적인 미래의 심상　고객이 5년 후의 자기 모습을 상상해 보게 한다. 어느 자리에 있고 싶은가? 어떤 사람이 되고 싶은가? 무엇을 하고 싶은가? 어떤 감정을 느끼고 싶은가? 상상력을 발휘해서 그 미래가 어떨지 경험해 보게 한다. 그러면 목표가 더 현실적이고 달성 가능하게 느껴진다. 이 방법을 응용해서, 고객이 85세가 되어 자기 인생을 회고하는 모습을 상상해 보라고 권해 볼 수도 있다. 그 시점에서 돌아봤을 때 현재 상황에서 무언가 배울 점이 있는가?

　상대를 끌어내리는 심상　고객이 상대하거나 맞서기 어려워하는 사람이 있을 때는 상대를 끌어내리는 심상을 활용한다. 대중연설가들은 이 기법을 사용해서 두려움을 견디거나 극복한다. "청중이 속옷만 입고 있다고 상상해 보세요."는 이러한 목적으로 사용되는 전형적인 심상이다. "상사가 작업복을 입고 정원을 가꾸는 모습이나 잠옷을 입고 막 침대에서 나오는 모습을 상상해 보세요." "고객과 함께 야구경기를 관람하거나 아이들을 데리고 피크닉을 왔다고 상상해 보세요." 그러고 나서 미래에 그 사람을 만나서 성공적으로 일을 완수하는 상상을 하게 한다. 마지막에는 자신이 대면해야 할 상황을 정확히 떠올려보게 한다.

바로잡기 심상 바로잡기 심상을 활용해서 이미 저지른 실수를 되돌리거나 그 일을 다시 만회해 볼 수 있다. 같은 상황으로 되돌아가서 다시 시도해 보는 것이다. 다시 시도할 때는 의미 있는 변화를 줘서 결과가 어떻게 달라지는지 살펴본다.

최악의 시나리오 어려운 상황이나 두려운 상황에 직면했을 때, 고객이 발생 가능한 최악의 경우를 가정한 시나리오를 떠올려 보게 한다. 고객이 그 결과를 받아들일 수 있을지 물어보자(아무리 달갑지 않은 상황이라도 받아들일 수 있기 마련이다). 그리고 수위를 조금 낮춰서 현실적으로 일어날 만한 최악의 경우를 떠올려 본다. 그렇게 되면 상황이 얼마나 심각할지, 그런 일이 일어날 경우에 대비할 필요가 있을지 살펴본다. 어떤 결과가 나와도 거기에 대처할 준비가 된 상태에서 성공을 위한 계획을 세운다.

궁극적인 결과의 심상 자신이 지금 고려하고 있는 일을 실행에 옮겼을 때 어떤 결과가 뒤따를지 상세히 떠올려 보게 한다. 지금과 다른 길을 선택했을 때 어떤 일이 일어날지 상상해 보게 한다. "스타트업 회사에서 새롭게 일을 시작했다면 하루/한 주를 어떻게 보낼지 상상해 보세요." 만약 지금 익히려고 애쓰는 일에 능숙해졌다면 어떤 일이 일어날지 상상해 보게 한다. 어떤 점이 좋을까? 삶이 어떻게 바뀔까? 고객이 이러한 심상을 상세히 생생하게 떠올려 보도록 도와주자.

카타르시스적 심상 상사나 팀원에게 분통을 터뜨리는 상상을 해 보자. 상상 속에서 마음껏 화를 표출한다. 그 상황에서 기분이 어떨지 생각해 본다. 그러고 나면 현실에서 이런 경험을 할 필요가 없다.

공감적 심상 자신에게 소중한 사람의 입장에 서 있다고 상상해 보자. 그들의 입장에서 상황을 살펴보고 그들이 무슨 생각을 할지 상상해 보고 어떤 감정을 느낄지 경험해 본다. 그러면 사람의 마음을 읽는 법을 익힐 수 있고 조금 더 협력적인 리더나 더 훌륭한 판매원이 될 수 있다. 또한 공감 능력 개발에도 도움이 된다.

안정감을 주는 심상 고객이 자기 자신에게 안정감을 주는 심상을 개발하고 연습할 수 있게 해 준다. "맑고 따뜻한 날, 집 앞 정원에 있다고 상상해 보세요." "신뢰감이나 안정감을 주는 사람과 함께 있다고 상상해 보세요." 그러면 고객은 상황이 어려워질 때를 대비해서 이러한 심상을 간직할 수 있다.

은 유 은유 역시 일상에서 사용하는 '일상' 언어와는 다른 방식으로 처리된다. 은유는 이해와 변화를 도와주며 우리가 일반적으로 변화에 맞닥뜨렸을 때 느끼는 저항을 우회하도록 도와준다. 은유는 반복되는 문제나 상황을 새로운 관점에서 보게 해 주고 직관을 장려한다. 은유는 훌륭한 문학작품을 구성하는 요소이기도 한데, 그것은 은유에는 우리를 은근한 방식으로 깨닫게 해 주는 것 이외의 의도나 목적이 없기 때문이다. 은유는 우리를 생각하게 하고 이전에 몰랐던 것을 알아차리게 해 준다.

『이상한 나라의 앨리스』, 『오즈의 마법사』, 〈스타워즈〉, 카프카의 『심판』 그리고 플라톤의 동굴의 비유는 모두 은유의 예다. 성경에도 은유가 많이 등장한다. 종교적 가르침은 흔히 은유로 전해진다. 은유는 유대교와 기독교, 아시아와 인도, 공상 과학 소설과 문학뿐 아니라 동화에도 등장한다. 셸던 코프(Kopp, 1971)는 자신의 책 『심리치료 대가가 사용한 은유』(가제)[3]에서 은유의 활용법을 탐구하면서 은유를 "어떤 대상을

---

3) 원제: Metaphors from a Psychotherapist Guru

다른 것에 빗대어 표현하는 방식으로, 이러한 연관 과정을 통해 설명하고자 하는 대상의 특성을 새롭게 조명하는 작업"이라고 정의했다(p. 17).

코프는 파라셀수스Paracelsus를 인용해서 대가라면 "적나라한 진실을 그대로 밝혀서는 안 된다. 심상과 우화, 비유, 불가사의한 말과 기타 암시적이고 우회적인 방법을 사용해야 한다."고 주장했다(1971, p. 19).

데이비드 고든David Gordon은 은유를 소개한 책에서 "각각의 심리치료법과 심리학 체계는 그 기본 구성요소로 일련의 은유 체계를 갖추고 있다."는 견해를 밝혔다(1978, p. 8).

은유는 상대에게 직접 이야기할 수 없는 말을 잘 전달할 수 있게 해 준다. 예를 들어, 업무 상황에서 옷차림이 부적절한 고객이 있다고 하자. 이 고객의 자기표현법은 효과적이지 않으며, 비교적 단순한 변화만 주어도 주변 사람들이 고객을 더 진지하게 받아들여 줄 것이다. 하지만 이런 피드백은 직접 전해 주기가 어렵고, 고객이 이런 피드백을 자신의 변화나 동기부여를 위한 계기로 받아들이기도 어렵다. 이럴 때 고객에게 은유나 일화를 들려줘 볼 만하다. 자기표현 방식이 효과적이지 못했던 사람의 사례를 들려줘 보자. 예를 들어, 리처드 닉슨이 TV 토론에서 패배하고 대선에서도 한 번 실패했던 원인은 텔레비전 화면에 잘 나오게 외모를 꾸미지 못했기 때문이었다. 은유적인 메시지는 마음을 상하게 하거나 저항을 일으키지 않고도 깊고 명확한 인상을 준다. 항상 은유나 이야기를 먼저 활용해 그 효과를 살피고, 필요한 경우에만 직접적으로 피드백을 해 주자. 대개의 경우 코치가 은유나 이야기를 해설해 줄 필요는 없다.

은유는 또한 사람들이 위험을 감수할 수 있게 용기를 준다. 감동적인 메시지가 담긴 책이나 영화, 운동 경기를 보고 용기가 났던 경험이 누구에게나 있을 것이다.

사람들은 늘 상황에 담긴 의미를 찾으려 한다. 은유를 사용한다는 말은, 상대방이 은유의 의미를 이해하고, 나름의 판단 과정을 통해 은유 속에 담긴 논리와 교훈을 찾도록 그 사람을 초대한다는 뜻이다. 훌륭한 교사와 리더, 코치와 동기부여가들은 이 점을 간파해서 여러 가지 은유나 일화를 많이 쌓아 놓고 자유자재로 활용한다. 은유를 활용할 때는 절제가 중요하며 특히 초심자는 은유를 신중히 활용해야 한다. 아무리 좋은 은유라도 남발하기 시작하면 좋은 가르침이 아니라 성가신 잔소리가 되기 쉽다. "제가 아스피린을 한 알 복용하라고 말했을 때는 한 알만 드셔야지 한 병을 통째로 복용하시면 안 됩니다." 이것은 경험 많은 골프 교사 하비 페닉Harvey Penick이 종종 했던 말이다(Penick & Shrake, 1992).

모델링　코치는 긍정적인 태도와 긍정적인 행동의 본보기가 되어야 한다. 이때 코치 자신에게 적합한 방법과 방식을 따라야 한다. 사람들은 컨설턴트이자 '전문가'인 코치를 보고 상황을 파악한다. 코치가 자기 자신에 대해, 그리고 코칭 과정과 문제 해결, 고객의 성장에 대해 자신감 넘치고 편안한 인상을 줄 때 고객은 안심한다. 이는 코치가 고객의 현 상태와 미래에 관한 일련의 가정 그리고 작고 긍정적인 트랜스 상태를 만드는 것과 같다. 코치는 굳이 고객에게 자신이 코칭에 얼마나 해박한지 이야기하거나, 모든 일이 잘 풀리리라고 이야기할 필요 없이 그저 실제로 그런 듯이 행동하면 된다. 이런 식의 행동은 고객에게 강력한 암시를 준다. 그렇게 되면 코치는 '미래를 예견'할 수 있는 입장에 서서 목표가 달성되리라고 말할 수 있게 된다. 코치는 아무렇지도 않게 "이건 정말 쉽게 배우실 거예요."라고 말할 수 있게 된다. 이때 어조는 침착하고 자신감이 있어야 한다.

그렇게 되기 위해서는 코치의 실력이 탁월해야 한다. 늘 연구하고, 필요한 기술을 갈고 닦아서 자신의 의무를 제대로 감당해야 한다. 부족한 부분이 있다면 가만히 있지 말고 적절한 방법을 찾아 채워 넣어야 한다. 그렇게 해야만 코치는 자신의 목소리에 권위와 자신감을 불어넣어 주는 경험을 쌓을 수 있다.

재구성　의미는 대개 맥락에서 나온다. 속옷만 입고 서 있는 행위는 집에 혼자 있는 상황에서는 별 의미가 없다. 하지만 칵테일파티에서라면 의미가 전혀 다르다. 바즐라비크와 여러 연구자들은(Watzlawick et al, 1974) 재구성을 다음과 같이 기술적으로 정의했다.

> 재구성은 경험한 상황에 대한 개념적인 그리고(혹은) 정서적인 배경이나 관점을 변화시켜, 구체적인 상황의 '실상'을 이전과 동등하게 혹은 이전보다 더 잘 부합되는 다른 틀에서 봄으로써 상황의 의미를 완전히 변화시키는 것이다(p. 95).

코치는 고객이 맥락을 바꾸어서 새롭고 중요한 의미를 이끌어 낼 수 있게 도와야 한다. 상황을 어떤 관점에서 바라보고 어떤 의미를 부여하고 어떤 맥락에서 보느냐에 따라서 우리가 느끼는 감정은 달라진다. 모든 것은 우리의 관점에 달려 있다. 코치는 고객이 유연하게 맥락을 바꿀 수 있도록 도와야 한다. 코치는 기존 맥락을 대체할 수 있는 맥락을 제시할 수 있어야 한다. 완전히 고정된 맥락은 없다.

스포츠 코치와 선수 사이에 있었던 재미있는 사례가 하나 있는데, 이 사례에서 코치는 특정 선수에게 매우 엄격했다. 코치는 그 선수에게 호통을 치고 실수를 할 때마다 지적하면서 과하다 싶을 정도로 심하게 연습을 시켰다. 그 선수는 마침내 코치에게 맞서서 질문했다. "왜 저를 그렇게 미워하세요? 제가 훌륭한 선수가 아니라는 건 알지만 저도 제 나름대로는 열심히 노력하고 있고 코치님 말씀은 뭐든 따라가려고 애쓴다고요."

그러자 코치가 답했다. "널 미워하는 게 아니야. 내가 호통을 치는 건 네가 가능성이 있기 때문이야. 그러니까 내가 호통을 칠 때는 걱정하지 않아도 된다. 걱정은 내가 더 이상 호통을 치지 않을 때에 하거라."

모호성 　의사소통에서 명료성과 정확성이 중요하기는 하지만, 명료하고 정확한 의사소통이 코칭에 늘 효과적이지만은 않다. 의도적인 모호성에도 나름의 쓰임새가 있는데, 이는 사람에게 비어 있는 부분을 채우려는 경향이 있기 때문이다. 모호한 자극을 접하거나 혹은 다중적 의미를 지닌 단어나 상황을 만날 때 사람들은 자연스럽게 그림을 완성하고 점과 점을 연결하며, 추상적인 대상을 이해하고 불분명한 상황에서 개인적인 의미를 찾는다. 명확하고 완벽한 의사소통에도 그 나름의 장점이 있지만, 모호한 의사소통은 듣는 사람의 참여와 분별과 사고를 이끌어 낸다. 이것이 정확히 화자가 바라는 바이고 청자에게 필요한 일일 때가 있다. 때로는 듣는 사람이 한동안 혼자서 곰곰이 생각해 보도록 시간을 주는 것도 좋은 방법이다. 고객은 종종 놀라운 방식으로 빈 부분을 채워 넣는다. 때로 고객은 코치나 고객이 선형적인 관점으로 문제에 접근했을 때는 생각조차 하지 못했던 대답을 내놓기도 한다. 그렇다고 일부러 상황을 모호하게 만들어서 고객을 혼란에 빠뜨리라는 뜻은 아니며, 이따금 불완전하고 모호한 메시지를 활용하면 강력한 효과를 낼 수 있다는 의미다. 코치가 모든 빈칸을 다 채울 필요는 없다. 고객은 영리하며 자기 스스로 해답을 찾을 수 있다. 고객이 찾은 해답이 코치가 제시한 해답보다 더 나을 때가 많다.

'마치 ~인 것처럼'　새로 뭔가를 배우고 싶다면 일단 그것을 배울 수 있는 장소에 가야 한다. 예를 들어, 자전거 타는 법을 배우고 싶다면 자전거에 올라 페달을 밟아야 한다. 자전거가 움직이지 않는 상태에서는 자전거 타기를 배울 수 없다. 하지만 자전거를 탈 줄 모르는 사람은 움직이는 자전거 위에 앉아 있을 수 없다. 그렇게 할 수 있다면 자전거를 탈 줄 아는 셈이 되기 때문이다. 그렇다면 자전거를 탈 줄 모르는 사람이 자전거를 탈 수 있게 하려면 어떻게 해야 할까? 그 비결은 마치 자전거를 탈 줄 아는 것처럼 행동하는 것이다. 어떤 일을 배우려면 그 일을 할 줄 아는 것처럼 행동해야 한다. 이는 실제 성인grown-up의 삶에서도 마찬가지다. 부동산 중개인으로서 거래를 성사시키려면, 고객에게 집을 구경시켜 주고 제안서를 작성해야 한다. 실제로 부동산 중개인이 되기 전에 부동산 중개인인 것처럼 행동해야 한다. 그래야 부동산 중개인이 될 수 있다. 글을 쓰지 않고는 작가가 될 수 없으며, 작가가 되려면 실제로 글을 쓸 줄 모른다 해도 쓸 줄 아는 것처럼 해야 한다. 글을 쓰기 시작하지 않으면 작가가 될 수 없다.

여기서 '마치 ~인 것처럼'의 예시로 파울 바슬라비크가 들려준 이야기(Watzlawick, 1988)를 살펴보자.

세 자녀가 아버지의 임종을 지키러 왔다. 아버지는 세상을 떠나기 전에 다음과 같은 유언을 남겼다.

A는 재산의 1/2을 상속받는다.

B는 재산의 1/3을 상속받는다.

C는 재산의 1/9을 상속받는다.

그러고 나서 아버지는 숨을 거두었다. 세 자녀가 아버지의 재산을 조사해 보니 말 17마리밖에 남은 것이 없었다. 말은 고기로서 가치가 없었기 때문에 이들은 말을 나눌 수는 없었다. 이들이 논쟁을 벌이다가 싸움이 벌어지려 할 때 한 노인이 말을 타고 다가와 물었다. "무슨 일이오?" 세 자녀가 사정을 이야기하자 노인이 이렇게 말했다. "그 문제는 쉽게 해결할 수 있소. 여기 내 말을 가져가 쓰시오." 세 사람은 그렇게 했다. 이제 말이 18마리이므로, 첫째에게 그 반을(9마리), 둘째에게 3분의 1을(6마리) 셋째에게 9분의 1을(2마리) 주었고, 노인은 남아 있는 자신의 말을 타고 떠났다.

결 론

이번 장의 요지는 목적을 달성하는 데는 여러 가지 방법이 있으며, 변화를 권고할 때 직접적이고 선형적으로 제안하는 방식이(명령의 형태로) 별 효과가 없을 때도 있다는 점이다. 유능한 코치는 고객에게 영향을 미치기 위해 다양한 전략을 활용할 줄 알아야 하며, 고객이 코칭에 응한다고 해서 고객에게 변화할 의사가 있다거나 변화할 준비가 되어 있다거나 변화할 능력이 있지는 않다는 점을 인지해야 한다. 대다수 사람들은 직접적인 명령에 저항한다(예: "이렇게 하세요." "지금과는 달라져야 합니다."). 이번 장에 소개한 기법들을 최면적 기법이라고 부르는 이유는 이런 기법을 사용하면 상대의 비판적 사고를 우회해서 상대에게 영향을 미칠 수 있기 때문이지 명백한 트랜스 상태를 활용하기 때문이 아니다.

이번 장에서 제시한 기법들은 창의적이고 일부는 교묘하기까지 하다. 이 기법들은 대개 비선형적이다. A지점에서 B지점까지 직선으로 이동하지 않는다. 이 기법들은 코칭 고객을 존중하면서 조심스럽게 활용해야 한다. 개입의 결과로 누구도 모멸감을 느끼지 않게끔 해야 하고 반드시 고객의 입장을 최우선으로 생각해야 한다.

최면적 접근법을 활용하려면 라포가 잘 형성되어 있어야 하고, 또 반대로 이 접근법을 활용하면 라포를 형성하는 데 도움이 되기도 한다. 라포는 고객이 코치와 관계를 맺고 성장과정에 관심을 갖게 하는 역할을 하므로 항상 라포에 신경을 써야 한다.

한 가지 더 당부하자면, 코칭 과정에서 그리고 고객과의 관계에서 긴장을 풀고 즐겨야 한다. 1983년에 출간된 파울 바츨라비크의 책 제목을 인용하며 이번 장을 끝맺겠다. 『상황이 매우 어렵기는 하지만, 그렇게 심각하지는 않다』(가제)[4]

---

4) 원제: The Situation Is Hopeless, But Not Serious

참고문헌

Franklin, B., Majault, M. J., Le Roy, J. B., Sallin, C. L., Bailly, J. S., D'Arcet, J. et al. (1784). *Rapport des commissaires charges par le Roi, de l'examen du magnetisme animal.* (Reprinted in *Skeptic, 4*(3), 66-83, 1996.)

Gordon, D. (1978). *Therapeutic metaphors: Helping others through the looking glass.* Cupertino, CA: META Publications.

Gordon, D., & Meyers-Anderson, M. (1981). *Phoenix: Therapeutic patterns of Milton H. Erickson.* Cupertino, CA: META Publications.

Haley, J. (1967). *Advanced techniques of hypnosis and therapy. Selected papers of Milton H. Erickson, M.D.* New York: Grune & Stratton.

Haley, J. (1986). *Uncommon therapy: The psychiatric techniques of Milton H. Erickson, M.D.* New York: Norton.

Hilgard, E. R. (1991). A neodissociation interpretation of hypnosis. In S. J. Lynn & J. W. Rhue (Eds.), *Theories of hypnosis: Current models and perspective* (pp. 83-104). New York: Guilford.

Jourard, S., & Landsman, T. (1980). *Healthy personality* (4th ed.). New York: Macmillan.

Kopp, S. (1971). *Metaphors from a psychotherapist guru.* Palo Alto, CA: Science & Behavior Books.

Lynn, S. J., & Rhue, J. W. (1991). *Theories of hypnosis: Current models and perspectives.* New York: Guilford.

O'Hanlon, W. H. (1987). *Taproots: Underlying principles of Milton Erickson's therapy and hypnosis.* New York: Norton.

Peltier, B. (2006). Hypnosis in dentistry. In D. Mostofsky (Ed.), *Behavioral dentistry* (pp. 65-76). Ames, IA: Blackwell-Munksgaard.

Penick, H., & Shrake, B. (1992). *Harvey Penick's little red book: Lessons and teachings from a lifetime in golf.* New York: Simon & Schuster.

Watzlawick, P. (1983). *The situation is hopeless, but not serious.* New York: Norton.

Watzlawick, P. (1988, February 25). *Hypnotherapy without trance.* Lecture presented at the Academic Assembly of the San Francisco Academy of Hypnosis.

Watzlawick, P., Beavin, J. H., & Jackson, D. D. (1967). *Pragmatics of human communication.* New York: Norton.

Watzlawick, P., Weakland, J., & Fisch, R. (1974). *Change: Principles of problem formation and problem resolution.* New York: Norton.

Zilbergeld, B., Edelstien, M. G., & Araoz, D. L. (Eds.) (1986). *Hypnosis: Questions and answers.* New York: Norton.

추천도서

Bry, A. (1978). *Visualization: Directing the movies of your mind.* New York: Harper & Rowe.

Camus, A. (1957). *The fall.* New York: Knopf.

Grimley, B. (2008). NLP Coaching. In S. Palmer & A. Whybrow (Eds.), *Handbook of coaching psychology* (pp. 193-210). London: Routledge.

Hoorwitz, A. (1989). *Hypnotic methods in nonhypnotic therapies.* New York: Irvington.

Kroger, W. S., & Fezler, W. D. (1976). *Hypnosis and behavior modification: Imagery conditioning.* Philadelphia: J. B. Lippincott.

Lankton, S. (1980). *Practical magic: A translation of basic neuro-linguistic programming into clinical psychotherapy.* Cupertino, CA: META Publications.

McMullin, R. E. (1986). *Handbook of cognitive therapy techniques.* New York: Norton.

Sheikh, A. A. (1984). *Imagination and healing.* Farmingdale, NY: Baywood.

Watzlawick, P. (Ed.) (1984). *The invented reality.* New York: Norton.

Watzlawick, P. (1988). *Ultrasolutions: How to fail most successfully.* New York: Norton.

제12장

경영자의 감성을 코칭하라

정서지능이라는 용어에는 오늘날의 시대정신이 담겨 있다. 정서지능은 우리 시대의 여러 상충하는 관심사와 정신을 포착했다. 어떤 맥락에서, 정서지능은 인간 역사에서 지속적으로 갈등을 빚어 온 감정과 이성의 통합을 의미한다.
　－존 D. 메이어, 피터 살로베이, 데이비드 R. 카루소(Mayer, Salovey, & Caruso, 2000, p. 97)

현재 정서지능은 정서 · 인지 · 행동상의 기술을 통합하여 잠재적으로 유용하게 개입하는 방식(거의 입증되지는 못했지만)을 지지한다.
　－제럴드 매슈스, 리처드 D. 로버츠, 모셰 자이드너(Mathews, Roberts, & Zeidner, 2004, p. 192)

　여러 경영자들의 탁자 위에는 늘 대니얼 골먼Daniel Goleman의 책이 올려져 있다. 경영자들의 자동차에는 골먼의 오디오북이 구비되어 있다. 대니얼 골먼의 연구는 코칭과 조직개발 분야에서 엄청난 인기를 끌었다. 정서지능EI/EQ, 정서－사회지능ESI, 사회－정서지능SEI은 기업 교육 분야에서 유행어가 되었다. 정서지능은 실용지능과 사회지능, 하워드 가드너Howard Gardner가 주창한 다중지능과 더불어 지능의 한 종류로 자리 잡았다. 정서지능이 지능지수IQ보다 더 중요하다는 골먼의 주장과 정서지능의 인기로 인해 오늘날 경영자 코칭 관련 도서에서는 정서지능에 대한 세부적인 설명이 반드시 포함되어 있다. "정서지능이 경영계에서 엄청난 인기를 누리고 있다."(Schmitt, 2006, p. 231)는 것은 분명한 사실이다.

이번 장에서는 정서지능의 개념과 역사, 발전과정을 설명하고 주요 쟁점을 논하며 정서지능을 코칭에 효과적으로 활용하는 방안을 살펴본다. 정서지능에는 코치가 알아 두어야 할 한계와 잠재적 위험성이 있기는 하지만, 정서지능의 출현과 인기는 코치에게 기회의 문을 열어 주고 효과적인 틀과 도구를 제공해 준다.

역 사

정서지능과 사회지능을 처음으로 암시한 사람은 다윈이며(Bar-On, 2006), 심리학계에서는 한 세기 전에 교육철학자 존 듀이가 사회지능을 "사회적 상황을 관찰하고 이해하는 능력"으로 정의하면서 처음 언급되었다(Dewey, 1909, p. 43).

컬럼비아대학교의 교육심리학 교수인 에드워드 손다이크Edward Thorndike는 1920년 「하퍼즈지Harper's Magazine」에 실린 글에서 사회지능을 주목했다. 이 글에서 그는 다음과 같이 주장했다(p. 228).

> 일상에서 일어나는 일을 자세히 살펴보면, 사람은 한 종류의 지능을 일정 수준 갖추고 있는 것이 아니라 여러 종류의 지능을 각각 다른 수준으로 갖추고 있다……. 모든 종류의 지능을 다 똑같이 갖추고 있는 사람은 없다.

이어서 손다이크는 지능을 세 가지 영역(기계적, 사회적, 추상적)으로 나누어 측정해야 한다고 주장했다. 그는 사회지능을 "인간관계에 현명하게 대처하기 위해 남성과 여성, 남자아이와 여자아이를 이해하고 다루는 능력"이라고 표현했다(1920, p. 228). 손다이크는 사회지능의 측정이 어렵다고 언급했으며, 사회지능을 공감이나 친절, '성격character'과 동일시했다. 또한 뛰어난 기술직 직원이 관리자로 승진한 후 사회적 기술이 부족해서 실패하게 된 사례를 들면서, 개인의 지능에 적합한 업무를 맡겨야 한다고 권고했다(p. 234).

데이비드 웩슬러David Wechsler는 성인용 웩슬러 지능검사WAIS와 아동용 웩슬러 지능검사WISC를 비롯한 표준 IQ 검사의 개발자로, 지능을 "개인이 목적의식을 갖고 행동하며 이성적으로 사고하고 자신의 주변 환경에 효과적으로 대응하는 종합적이고 전반적인 능력"이라고 정의했다(1958, p. 7).

이 기본적이고 보편적인 정의는 정서적 요인이나 사회적 요인과 같은 비인지적 요인을 배제하지 않는다. 사실 웩슬러가 지능검사에 남긴 가장 큰 업적은 지능검사에 도형이나 미로를 활용해서 비언어적 기술을 검사하는 영역을 추가한 것이다(1981). 웩슬러 지능검사의 차례 맞추기 영역은 일반적인 사회적 상황을 이해하는 능력을 측정한다. 웩슬러는 첫 번째 IQ 검사를 공개한 지 얼마 지나지 않아, 지능의 '비인지적인' 구성요소에 관한 여러 편의 글을 펴냈다(1939). 웩슬러는 인지적 지능의 한계를 명백히 인지하고 있었다. 사람은 정보와 논리력만으로 '주변 환경에 효과적으로 대응'할 수 없다. 지능에 관해 설명하고 지능을 정의하면서 그는 계속해서 다음과 같이 썼다. "일반 지능의 관점에서 보자면, 지적인 능력은 단지 최소한의 필요조건에 지나지 않는다"(Wechsler, 1958, p. 7). "독자들은 특정 분야에서 지적 능력이 뛰어난 사람이 일반 지능에서는 서슴없이 평균 이하로 분류되는 경우를 떠올릴 수 있을 것이다."(1958, p. 7)라는 글에서는 현 시대의 정서지능에 대한 호응의 전조를 엿볼 수 있다. 1981년에 웩슬러는 다음과 같은 글을 썼다.

> 지능은 성격 전반의 영향 아래 있으며, 인지 능력의 개념에 포함되지 않는 요소에 민감하게 반응한다. 연구 결과는 …… 성격 특질과 더불어 불안, 끈기, 목표 지각 및 기타 의욕 요인들과 같은 비지적nonintellective 요소의 영향력을 강력히 암시한다(p. 8).

정서지능이라는 용어를 실제로 처음 사용한 사람은 독일 정신과의사인 한스칼 로이너Hanscarl Leuner로, 그는 심리치료에 LSDlysergic acid diethylamide[1] 약을 사용해야 한다고 주장한 것으로 익히 알려져 있다. 그는 성역할의 특정 부분을 받아들이지 못하는 여성에

---

[1] LSD는 마약의 일종으로 분류되며 환각제에 속함. 지각 전반과 정서, 기억, 시간 경험 전반을 강력하게 왜곡하는 것으로 알려짐 - 역주

관한 논문(1966년)에서 이런 여성들은 정서지능이 낮다는 결론을 내렸다.

같은 시기에 심리학자들은 정신역동적 심리치료에 잘 대응하지 못하는 사람들을 연구했다. 이들은 특히 내성內省이나 내적 통찰에 서툴고 자기감정을 잘 인식하지 못하는 환자들에게 관심을 가졌다. 그들 중 일부는 심신증(심리적/정서적 원인으로 발생한 신체적 문제) 진단을 받았고, 자기감정을 말로 잘 표현하지 못했다. 임상의들은 이 상태를 **감정표현 불능증**alexithymia이라고 명명했고, 이를 내적 감정 상태를 알아차리고 다루는 능력인 **심리 성찰력**psychological-mindedness과 대비되는 개념으로 제시했다(McCallum & Piper, 2000; Taylor & Bagboy, 2000).

사회지능은 1970년경 관심이 사그라질 때까지 심리학계에서 주요 논제로 부각되었다. 사회지능과 관련된 여러 공식적인 검사가 개발되고 시험되었는데, 그 한 예로는 조지워싱턴대학교의 모스F. A. Moss가 개발한 조지워싱턴 사회지능검사George Washington Test of Social Intelligence가 있다(Landy, 2006). 이 검사는 여섯 개의 하위요소로 구성된다.

- 사회적 상황을 판단하는 능력
- 얼굴과 이름을 기억하는 능력
- 얼굴 표정에서 마음 상태를 인지하는 능력
- 인간의 행동을 관찰하는 능력
- 사회적 정보를 알아차리는 능력
- 말의 이면에 숨겨진 마음 상태를 인지하는 능력

이런 하위요소들이 매력적으로 보이는 것은 사실이지만, 연구 결과 지능지수가 높은 사람들이 사회지능 검사에서도 높은 점수를 얻었는데, 그 표면상의 이유는 사회지능 검사의 성공적인 수행 여부가 언어 능력, 즉 '언어를 이해하고 활용하는 능력'에 달려 있기 때문이었다. 이 결과는 사회지능 검사가 기존의 인지적/추상적 지능검사들과 별로 다를 것이 없는 요인을 측정한다는 점을 의미한다. 랜디(Landy, 2006)는 사회지능의 역사를 검토한 뒤 사회지능이라는 개념이 매우 매력적이긴 하지만, '과학적인 연구를 끈질기게 수행하려는 의지가 없는' 현 상황에서는 미래가 밝지 않다고 결론 내렸다. 그는 "정서지능에 관한 기존 연구들에 관해서도 비슷한 결론에 이르렀다."고

덧붙였다(Landy, 2006, p. 117).

1983년 하워드 가드너는 다중지능이론에서 일곱 가지 유형의 지능을 제안했다. 가드너는, 사람은 누구나 많든 적든 단일한 일반 지능을 어느 정도 갖추고 있다는 가정이 아직도 널리 통용된다는 사실에 충격을 받았다(Gardner, 1993, p. x). 가드너가 제안한 일곱 가지 유형의 지능은 다음과 같다.

언어 지능─말과 글을 이해하고 조작하는 능력

음악 지능─음악을 이해하고 감상하고 창작하는 복합적인 능력

논리─수학 지능─수와 관련된 문제 해결을 위해 숫자를 이해하고 조작하는 능력

공간 지능─공간에서 형태나 대상을 인식하고 조작하는 능력으로, 지도를 보고 쇼핑몰에서 가게를 찾거나 조각을 할 때 사용한다.

신체─운동 지능─신체를 이해하고 조작하는 능력으로, 일상적인 일을 수행하거나 춤을 추거나 운동 경기에 참여할 때 사용한다.

가드너는 인간 특유의 개인적 지능으로 두 가지를 꼽았다. 이 두 가지는 정서지능의 핵심개념과 매우 유사하다는 점에서 정서지능을 논의할 때 특히 중요하게 언급된다.

자기성찰 지능─자기 감정을 알아차리고 활용하는 능력

대인 관계 지능─타인의 기분, 기질, 동기, 의도를 파악하고 구별하는 능력

미국에서 정서지능이라는 용어가 처음 사용된 것은 1985년 웨인 페인Wayne Payne의 미출간 박사학위 논문으로 제목은 「정서 연구: 정서지능의 개발」이었다. 이 논문에서 페인은 다음과 같이 주장했다(Hein, 2005).

문명화된 사회 전반에 만연한 심각한 감정의 억압으로 인해, 우리의 정서적 성장은

저해되고 우리는 정서적 무지의 나락으로 빠져들게 되었다. 이는 우리가 감정의 본질을 오해하고 감정이 우리 삶에서 수행하는 중요한 기능을 깨닫지 못한 결과다.

페인은 일상에서 감정을 효과적으로 활용하는 방법을 정규 교육과정에서 가르쳐야 한다고 주장했다. 그의 논문은 당시에는 그다지 큰 관심을 받지 못했다.

뉴햄프셔 대학교 교수 존 메이어John Mayer와 예일 대학교의 피터 살로베이Peter Salovey 는 정서지능을 학문적으로 진지하게 연구한 첫 연구자들이었다. 이들은 지성과 감성 이 공존할 수 없는 양극단으로 인식되는 현실을 우려하여 1990년에 「정서지능」이라는 논문을 출간했다. 이들의 노력은 현재 정서지능 분야에서 가장 영향력 있는 모형 중 하나로 결실을 맺었다(이번 장에서 이들의 모형을 다룰 것이다). 이들은 처음으로 정서지 능의 **구성개념**construct과 조작적 정의에 진지한 관심을 기울였고 정서지능을 과학적으 로 연구했다. 메이어와 살로베이는 기질이 아니라 능력에 주목했다. 이 능력에 관해 서는 차차 설명할 것이다.

정서지능은 1995년 골먼의 책 『EQ 감성지능』[2]이 출간되면서 경영계와 컨설팅 업계 에서 대중화됐다. 골먼은 이 책을 출간하기 전에 각각 명상과 자기기만을 다루는 두 권의 책을 출간했으며 「뉴욕 타임스」에 일반 독자를 위한 심리학 칼럼을 정기적으로 기고했다. 골먼은 메이어와 살로베이의 연구를 접하고, 이들의 허락을 얻어 정서지능 이라는 용어와 모형을 빌려 왔다(Paul, 1999). 이 책은 상업적으로 엄청난 성공을 거두 며 수백만 부가 팔렸고, 출판사 역대 최고 성공작의 반열에 올랐다. 「타임지」(Gibbs, 1995)는 표지에 커다란 붉은 글씨로 정서지능을 소개하면서 "정서지능이 인생에서의 성공 가능성을 가장 잘 예측해 주는 요인일지 모르며, 똑똑하다는 표현의 의미를 재 정의했다."고 부연했다. 초기 상업적 성공에 이어 골먼은 1998년 『감성지능으로 일 하기』(가제)[3]와 2002년 『감성의 리더십』[4](보이애치스Boyatzis와 맥키McKee 공저)을 출간했 다. 가장 최근 저서는 『SQ 사회지능』[5](2006)으로 이 네 권의 책은 오디오북으로도 접

---

2) 원제: Emotional Intelligence
3) 원제: Working with Emotional Intelligence
4) 원제: Primal Leadership
5) 원제: Social Intelligence

할 수 있다. 골먼은 최근 아이들의 정서지능을 개발하는 방법을 설명한 책을 공저했다(Lantieri & Goleman, 2008).

1997년부터 레우벤 바론Reuven Bar-On은 일련의 연구를 거쳐 세 번째 정서지능 모형과 검사를 개발했다. 그 후 십여 년간 그는 동료 연구자들과 함께 모형과 측정도구를 타당화하기 위한 평가 연구를 진행했다. 바론의 연구도 이번 장에서 다룰 것이다.

정서지능의 인기

미국인의 의식 속에 존재하는 갈등과 경영 문화에 존재하는 갈등은 정서지능의 매력을 설명하는 데 도움을 준다. 첫째, 지능지수IQ라는 개념과 지능지수가 매우 높은 사람들에 대한 반감이 크다. 한 평론가(Brody, 2006)는 사람들이 "g를 증오한다"(g는 한 사람의 전반적인 지능의 합계를 나타내는 심리학적 기호다)라고까지 주장했다. 지능 혹은 IQ는 일반 사람들에게 위협감을 주며, 특히 학업 성적이 뛰어나지 못했던 사람들은 쉽게 위축된다. 머리 좋은 사람이 미국의 주류 문화 내에서 늘 존중과 신뢰를 받는 것은 아니다. SAT나 ACT와 같은 시험점수를 강조하는 현 대학 입학 체계나, IQ 검사결과를 사립초등학교 입학에 반영하는 행태는 지능검사를 비롯한 유사 검사에 대한 좋지 않은 인상을 남겼다. "서구 사회에는 지능지수가 높은 사람들에 대한 반감"이 있다고 보고한 사례도 있다(Mathews, Zeidner, & Roberts, 2002, p. 5). 골먼(Goleman, 1995)은 정서지능에 관한 첫 번째 저서에서 IQ가 높은 사람들이 사회적으로 부적절한 행동을 하는 방식을 설명하는 데 한 장을 할애했고(3장 '똑똑한 바보'), 현대 지능이론을 대표하는 학자인 로버트 스턴버그Robert Sternberg는 2002년 『똑똑한 사람들이 바보처럼 행동하는 이유』(가제)[6]라는 제목의 책을 출간했다. 여러 연구자들(Mathews et al., 2002; Mayer, Salovey, & Caruso, 2000; Paul, 1999)은 정서지능이, 골먼의 첫 번째 베스트셀러가 출간되기 한 해 전에 출간된 『종형곡선』(가제)[7]이라는 책의 반론으로서 균형을 잡아주는 역할을 한다고 언급했다. 그들은 『종형곡선』에서 강한 주장을 폈다. 이 책에

---

6) 원제: Why Smart People Can Be So Stupid
7) 원제: The Bell Curve(Herrnstein & Murray, 1994)

서 저자들은 지능이 정규분포를 따르며 변하지 않는다고 주장했다. 또한 지능이 사회계급의 존재와 불평등한 부의 분배, 가난의 주요 원인이라고 주장했다. 이 책은 사람들이 성공을 거두는 이유는 높은 IQ를 타고났기 때문이며, 그 이후로는 달리 손쓸 수 있는 방법이 없다고 암시했다. 이 견해는 "평등주의 사회에 비관적인 메시지를 전해 주며, 하위계층이나 소수민족 출신에게 희망을 주지 않는다"(Mathews et al., 2002, p. 7). 1984년에 상영된 영화 〈기숙사 대소동〉[8]을 여전히 기억하는 사람도 있으며, 기계를 다루는 데는 천부적인 재능이 있지만 사람을 다루는 데는 서툰 사람을 누구나 한 번쯤은 경험해 봤을 것이다.

사람들이 정서지능에 매력을 느끼는 이유는 정서지능이 IQ의 중요성을 약화시켜 IQ가 높지 않은 사람들에게 상징적으로 기회의 문을 열어 주기 때문이다. 정서지능은 사람들이 동일한 조건에서 경쟁할 수 있게 해 주며, 골먼에 따르면 정서지능은 배우고 습득할 수도 있다.

정서지능이 인기 있는 두 번째 이유는 서구문화에서 이성과 감정이 역사적으로 갈등을 빚어 왔고 미국 경영계에서 감정을 이성적 사고나 통계분석에 비해 평가절하하는 경향이 있기 때문이다. 살로베이와 메이어의 설명에 따르면 서구문화에서는 감정을 "정신 활동을 무질서하게 방해하고, 차질을 일으킬 가능성이 높기 때문에 통제해야 하는 대상"으로 본다(1990, p. 185). **식스 시그마**Six Sigma와 **제약이론**Theory of Constraints, **총체적 품질관리**Total Quality Management와 **카이젠**Kaizen(지속적인 프로세스 개선)은 모두 합리적인 개선방안과 명시적인 목표의 지속적인 측정과 계량을 강조한다. 경영대학원들은 1990년대에 이러한 방법론을 받아들였다. 그 후 1995년 정서지능이 등장하면서 이성과 논리뿐 아니라 감정을 다루는 컨설팅에도 타당한 근거가 생겼다.

정서지능은 또한 이성적 사고를 옹호하는 사람들과 감정을 옹호하는 사람들 모두에게 매력적인 이론을 제시하면서 이 두 가지를 통합하는 통로가 되어 준다. 안토니오 다마지오Antonio Damasio는 『데카르트의 오류』[9]에서 감정을 인식하지 못하는 상황에서 내린 결정은 잘못될 가능성이 높으며, 비극적인 결말에 이를 수도 있다고 썼다. 다마지

---

8) 원제: Revenge of the Nerds
9) 원제: Descartes' Error

오의 연구는 "우리가 감정을 배제하고 내린 결정이 최선의 결정이 아닐 수 있다."는 점을 시사한다(Grewal & Salovey, 2005, p. 332). 정서지능 연구는 추론과 의사결정에 정서적 정보를 활용해야 한다는 반박하기 어려운 주장을 편다.

펀햄(Furnham, 2006)은 정서지능이 인기 있는 이유로, 정서지능이 이해하기 쉽고 습득이 가능하다는 점을 들었다. 골먼은 자신의 책에서 논지를 펴면서 긍정적인 일화와 성공 스토리를 매우 많이 활용했다. 정서지능에 관한 내용 중에 직관에 반하는 내용은 거의 없다. 정서지능은 이해하기 쉽고, 직장이나 개인의 문제에 별다른 관심을 두지 않는 사람도 쉽게 이해할 수 있다. 펀햄은 또한 정서지능이 개인에게 초점을 맞추고 있어서, 조직의 운영방식에 변화를 줄 필요가 없다는 점도 언급했다. 정서지능은 사람의 정서에 바탕을 두고 있어서 왠지 모르게 기분 좋은 느낌을 준다.

정서지능 모형

정서지능을 다룬 문헌에서는 최소한 세 가지의 서로 다른 모형을 찾아볼 수 있다. 코치가 이 세 가지 모형을 이해하고 가장 적합한 내용을 취해서 일관적이고 유용한 방식으로 코칭에 적용할 수 있다면 고객에게 큰 도움이 된다. 경영자 코치는 정서지능의 핵심개념과 구성요소를 고객에게 이해하기 쉽게 설명할 수 있어야 한다. 경영자들이 골먼의 베스트셀러를 훑어봤다고 해도(혹은 차에서 오디오북으로 들어봤다고 해도) 코치의 도움 없이는 정서지능에서 그다지 실용적인 가치를 끌어내지 못한다. 기껏해야 경영자들은 정서지능을 직장에서 '소프트 스킬'을 강조하는 한 가지 방식쯤으로 치부하거나, 최악의 경우에는 과연 정서지능에 가치가 있는지 혼란에 빠지고 의구심을 품게 된다.

다음 절에서부터는 기존의 세 가지 주요 정서지능 모형과 더불어 네 번째로 생각해 볼 수 있는 모형에 대해서도 설명하려 한다. 첫 번째 모형은 능력중심 모형이다. 두 번째와 세 번째 모형은 혼합 모형으로, 특질과 능력, 성격 특성의 조합으로 구성된다. 각각의 모형은 대략적으로 시간의 순서에 따라 제시해 놓았다.

첫 번째 모형: 메이어와 살로베이의 4단계 모형

메이어와 살로베이는 정서지능을 포괄적으로 개념화한 첫 연구자들로, 이들의 모형은 **정서적 정보처리**emotional information processing에 관한 발상에서 시작됐다. 처음에 이들은 정서지능을 "자신과 타인의 감정 및 정서를 관찰하고 구분하며, 그 정보를 활용하여 사고와 행동의 방향을 결정하는 능력"이라고 정의했다(Salovey & Mayer, 1990, p. 189). 이들은 수년 후 정서지능의 정의를 가다듬어서 "감정을 추론하고 감정을 활용해 사고를 증진하는 능력"이라고 재정의했다. "여기에는 감정을 정확히 인식하고, 사고 과정에 도움이 되게끔 감정을 활용하거나 생성하며, 감정과 정서지식을 이해하고, 정서적·지적 성장을 이루기 위해 성찰을 통해 감정을 조절하는 능력이 포함된다."고 밝혔다(Mayer, Salovey, & Caruso, 2004, p. 197). 메이어와 살로베이가 제시한 견해의 핵심은 정서지능이 감정을 인식하고 받아들이고 이해하고 조절하는 능력이라는 것이다. 이들의 관점에서 감정이란 "신체적 반응, 인지, 의식적인 자각과 같은 수많은 심리적 하위체계들을 조율하는 내적 사건"이다(Mayer, Caruso, & Salovey, 2000, p. 267). 감정은 사고와 얽혀 있다. 사고와 행동에 도움이 되게끔 감정을 이해하고 활용하는 능력은 꼭 필요하다. 감정적 정보는 필수적이며 유용하다. 메이어와 살로베이의 관점에 따르면 "정서지능은 정서에 관한 정보를 정확하게 효율적으로 처리하는 상호 연관된 기술의 집합이다"(Salovey & Grewal, 2006, p. 282). 메이어는 또한 정서지능을 '감정을 활용하여 추론하는 능력'이라고 설명했다.

메이어와 살로베이의 정서지능 모형은 정서지능을 구성하는 **기술** 혹은 **능력**을 네 가지 위계적 영역으로 나누어 설명한다.

- 1단계: 감정을 인식하고 식별하고 평가하고 표현하는 능력—자신과 타인의 감정을 알아차리고 식별하며 효과적으로 표현하는 능력이다. 여기에는 유사한 감정들을 구별하고 솔직하고 진심어린 감정과 거짓 감정을 구별하는 능력도 포함된다. 첫 단계는 자신과 타인의 감정적 단서를 읽는 능력으로, 정서지능을 구성하는 나머지 단계의 토대가 된다.
- 2단계: 감정을 활용하여 사고 과정을 원활하게 하는 능력—감정을 사고과정에 통합

하는 능력이다. 감정은 특정 주제에 관해 관심을 집중시키거나, 비관적인 관점에서 낙관적인 관점으로 관점을 전환하거나, 우선순위를 바꾸거나(일상적인 것에서 중요하거나 긴급한 것으로, 혹은 그 반대로), 상황을 다른 시각에서 이해하거나, 혹은 무언가를 다른 방식으로, 혹은 조금 더 집중해서 볼 수 있게 해 주는 방식으로 사고 과정에 도움을 준다.

• 3단계: 감정을 이해하고 그 의미를 깨닫는 능력−감정을 이해하고 정서지식을 활용하며, 감정을 정확히 파악하고 정서적 의미를 해석하며, 복잡한 감정적 뉘앙스나 반응을 이해하고 하나의 감정에서 다른 감정으로의 변화(예를 들어, 상처를 받고 화를 내는)를 포착하는 능력이다. 감정은 의식적/무의식적 생각들의 복잡한 조합을 요약하여 나타낸다.

• 4단계: 성찰을 통해 감정을 조절하고 관리하는 능력−감정에 마음을 열고 타인의 긍정적/부정적 감정을 편안하게 받아들이며, 감정 상태에 지속적인 관심을 갖고, 감정을 지나치게 억압하지 않으면서 적절히 표현하는 능력이다. 여기에는 자기감정을 효과적으로 조절하고 타인의 감정을 다루며 관리하는 능력이 포함된다.

이 모형은 먼저 낮은 단계의 능력을 갖추고 나서야 다음 단계의 능력을 발휘할 수 있다고 본다. 예를 들어, 감정을 정확히 인식하는 방법을 익히고 나서야 감정을 사고 과정에 활용할 수 있다. 또한 감정을 먼저 이해하고 나서야 효과적으로 감정을 조절할 수 있다.

메이어와 살로베이의 능력중심 모형은 가장 많은 연구가 이루어졌고 학계에서 가장 널리 인정받는 모형이다. 이 모형의 구성개념과 이론적 토대가 실증 연구에 적합하기 때문에 컨설턴트들과 달리 학계의 연구자들은 이 모형에 매력을 느낀다.

두 번째 모형: 골먼의 정서지능 모형

골먼의 정서지능 모형은 대중적으로 가장 잘 알려져 있다. 경영계에 속한 사람이라면 누구나 **정서지능**이라는 용어를 들어봤을 테고, 그중 대다수가 골먼의 이름을 알고 있을 것이다. 하지만 아마도 다른 정서지능 모형이나 다른 이론가들의 이름은 들어보지 못했을 것이다. 매슈스와 동료들은 자신들의 저서에서 정서지능 분야에 골먼이 끼친 영향력은 '실로 막대하다'고 언급했다(Mathews et al., 2002, p. 11). 실제로 코치들이 정서지능에 관심을 갖게 된 데는 골먼의 영향이 크다.

골먼은 정서지능에 관한 자신의 첫 번째 책 『EQ 감성지능』에서, 최근의 뇌 연구들이 투쟁-도피 반응 관리의 중요성을 드러냈다고 주장했다. 그는 인간에게 '감정과 사고를 조화시키는' 능력이 있다는 점을 강조했다. 그는 뇌 연구를 근거로 들며 원시적인 변연계를 통제하는 전두엽의 기능이 성공적인 인생의 주요 요소라고 주장하면서 감정조절의 문제를 뇌 과학의 언어로 풀어냈다. 그는 지능지수(IQ)가 높은 사람들이 자신의 감정반응을 이해하거나 활용하지 못할 때 중대한 실수를 범한다고 지적했다. 그는 자신이 몸담았던 대학(애머스트Amherst와 하버드)이나 미국 경영계와 같이 대다수 구성원의 IQ가 높은 조직에서는, 누구는 성공하고 누구는 성공하지 못하는 이유를 IQ로 설명할 수 없다고 주장했다. 조직에서 같은 직위에 속한 사람들은 지능지수가 거의 비슷하므로(연구자들은 이를 범위 제한range restriction이라고 부른다), 성공의 차이는 IQ가 아닌 다른 요인으로 설명해야 한다. 예를 들어, 의학대학원생들 사이에서는 IQ 점수나 GRE 점수의 차이가 적을 것이다. 이들은 모두 IQ가 높다. 골먼은 이때 성공여부를 설명해 주는 것이 바로 정서지능이라고 주장했다.

독자들은 골먼의 책에서 정서지능의 간결한 정의를 찾아보기가 쉽지 않을 것이다. 2002년 출간된 책에서 그는 정서지능이 "자신과 타인의 감정을 인식하고 조절하는 능력"이라고 썼다(p. 14). 골먼은 스스로를 "심리학의 광범위한 연구 결과와 이론을 취해서 정서지능의 틀로 설명하는 통합가"로 여겼다(Goleman, 2002, p. 18). 그의 모형에서 정서지능은 네 가지 하위 영역으로 나뉜다(Goleman et al., 2002).

1. **자기 인식**-자기감정 상태를 인식하고 정확히 이해하는 능력
2. **자기 관리**-자기감정을 조절하고 내적으로 감정에 적절히 반응하는 능력
3. **사회 인식**-관계적 환경을 인식하고 공감하며 타인의 감정을 이해하고 조직의 생리를 이해하는 능력
4. **대인 관계 관리**-사회적 영역에서 효과적으로 일하고 타인과 함께, 그리고 타인

을 통해서 목표를 성취하며, 팀이나 조직과 협력하는 능력

처음 두 영역은 자기 자신과 관련된 영역이고, 나중 두 영역은 타인과 관련된 영역이다. 자기 인식과 사회 인식 영역은 감정의 인식과 이해에 초점을 둔다. 자기 관리와 대인 관계 관리는 행동과 성취에 초점을 둔다. 골먼의 모형은 자기 감정을 인식하고 관리하는 일과 더불어 타인의 감정을 인식하고 관리하는 일이 필요하다고 주장한다. 이 모형을 도표로 표현하면 [그림 12-1]과 같다(Cherniss & Goleman, 2002, p. 28).

보이애치스와 골먼, 리(Boyatis, Goleman, & Rhee, 2000)는 정서지능을 다음과 같이 정의했다.

> 정서지능은 사람들이 자기 인식, 자기 관리, 사회 인식, 사회적 기술로 구성된 역량
> 을 적절한 시기에 적절한 방식으로 충분히 자주 발휘하여 상황에 효과적으로 대응
> 할 때 드러난다(p. 344).

	자기 (개인적 역량)	타인 (사회적 역량)
인식	**자기 인식** • 자기 감정의 인식 • 정확한 자기평가 • 자신감	**사회 인식** • 공감 • 서비스 지향 • 조직 인식
조절	**자기 관리** • 자기 감정 조절 • 신뢰성 • 성실성 • 적응력 • 성취지향 • 진취성	**대인 관계 관리** • 타인 개발 • 영향력 • 의사소통 • 갈등 관리 • 비전 제시 • 변화 촉진 • 유대감 형성 • 팀워크와 협력

[그림 12-1] 정서역량의 구조

이들의 모형에서는 25개의 정서역량을 5개의 군으로 나누어 구체화했으며, 정서역량을 다음과 같이 정의했다. "정서역량이란 정서지능을 기초로 습득한 능력으로, 일의 성과에 기여하는 능력이다"(p. 344).

골먼과 보이애치스가 개발한 정서역량검사ECI의 매뉴얼에서는 정서역량을 다음과 같이 정의했다(Wolff, 2005).

> 정서지능은 자신과 타인의 감정을 알아차리고, 스스로 동기를 부여하며, 자신과 타인의 감정을 효과적으로 관리하는 능력이다. 정서역량은 정서지능을 기초로 습득한 능력으로, 일의 성과에 기여하는 능력을 의미한다.

이 정의가 다소 순환 논리적인 면이 있기는 하지만, 골먼은 1998년 출간한 책 『감성지능으로 일하기』(가제)에서 정서역량을 다음과 같이 제시했다.

자기 인식 군

자기 감정의 인식(자신의 감정과 감정의 영향력을 인식하는 능력)

정확한 자기평가(자신의 강점과 약점을 아는 능력)

자신감(자신의 가치와 능력에 대한 확신)

자기 조절 군

자기 조절(자신에게 방해가 되는 감정이나 충동을 억제하는 능력)

신뢰성(정직성과 투명성의 기준을 준수하는 능력)

성실성(자기 성과에 책임을 지는 능력)

적응력(변화에 유연하게 대처하는 능력)

혁신(새로운 발상이나 방식, 정보를 편안하게 받아들이는 능력)

자기 동기부여 군

성취 지향(지속적인 개선과 탁월성을 추구하는 능력)

헌신(자기 목표를 조직의 목표와 일치시키는 능력)

진취성(적극적으로 기회를 살리는 능력)

낙관성(시련과 장애를 딛고 끈기 있게 목표를 추구하는 능력)

공감 군

타인의 이해(타인의 감정과 관점에 관심을 갖고 이해하는 능력)

타인 개발(타인의 니즈를 감지하고 타인의 역량을 키워 주는 능력)

서비스 지향(고객의 니즈를 예상하고 알아차리며 충족시키는 능력)

다양성 활용(사람들의 다양성을 기회로 만드는 능력)

정치적 인식(집단의 감정적 기류나 권력관계를 읽는 능력)

사회적 기술 군

영향력(효과적인 설득의 전략을 구사하는 능력)

의사소통(마음을 열고 상대의 말을 경청하고 설득력 있게 말하는 능력)

갈등 관리(협상력 및 의견충돌 시 합의를 이끌어 내는 능력)

리더십(개인과 집단에 동기를 부여하고 그들을 이끄는 능력)

변화 촉진(변화를 일으키고 관리하는 능력)

유대감 형성(중요한 관계를 발전시키는 능력)

협력과 협동(공동의 목표를 가지고 타인과 협력하는 능력)

팀 역량(공동의 목표를 위해 집단의 시너지를 내는 능력)

『감성지능으로 일하기』(가제)에서 골먼은 일화와 성공 스토리를 활용해서 각각의 정서역량의 배경을 설명해 놓았다. 정서역량의 목록은 출판물마다 약간씩 다르다. 골먼의 정서지능 모형은 순차적 모형으로, 앞선 단계의 역량을 갖추고 나서야 다음 단계의 역량을 개발할 수 있다. 골먼은 각각의 역량이 독립적이라고 주장했지만, '설득력 있게 말하는 능력'과 '효과적인 설득의 전략을 구사하는 능력'이 어떻게 다른지, 혹은 '타인의 역량을 개발하는 능력'과 '중요한 관계를 발전시키는 능력'이 과연 얼마나 다른지는 이해하기가 어렵다. 하지만 골먼은 이 역량들이 서로 영향을 주고받는다고 언급하기도 했다. 정서역량은 성공의 필수조건이지만 충분조건은 아니다. 마지막으로, 골먼은 정서역량의 목록이 포괄적이어서, 그중 일부 역량은 특정 조건에서만 적용되며 모든 직업이나 조직에 적용되지는 않는다고 밝혔다.

세 번째 모형: 바론의 정서-사회지능ESI

바론은 1980년대 남아프리카공화국에서 자신이 정서지능을 주제로 박사학위 논문(미출간)을 썼다며 자신이 이 분야의 개척자라고 주장했다. 그는 정서지능의 구성개념에서 사회적 요소가 개인 내적 요소 못지않게 중요한 위치를 차지하기 때문에 정서-사회지능ESI이라는 용어를 선호한다고 밝혔다(Bar-On, 2006). 그는 정서-사회지능을 다음과 같이 정의하였다(Bar-On, 2007).

> (정서-사회지능이란) 상호 연관된 일련의 정서적이고 사회적인 역량이자 기술이자 촉매로 자기를 이해하고 표현하기, 타인을 이해하고 관계 맺기, 일상의 과제와 문제 해결하기, 스트레스에 대처하기를 얼마나 능숙하게 해낼 수 있을지 결정한다.

이 모형은 다양한 성격특질과 특성, 정신적 능력과 기술을 포함하는 혼합 모형으로 평가된다(Mathews et al., 2002; Mayer et al., 2000).

바론은 자신이 개발한 평가도구인 정서지수 검사EQ-i: Emotional Quotient Inventory에서 자신의 모형을 **개념적 모형과 심리측정** 모형으로 나누어 설명했다. 개념적 모형은 크게 다섯 가지 핵심 구성요소, 즉 '메타 요인'으로 구성된다(Bar-On, 2007).

1. 개인 내적 요인-자기 감정을 이해하고, 자기 자신과 감정을 표현하는 능력
2. 대인 관계 요인-타인의 감정을 이해하고 타인과 관계를 맺는 능력
3. 스트레스 관리 요인-자기 감정을 관리하고 조절하는 능력
4. 적응력 요인-변화를 관리하고 개인 내외적 문제를 해결하는 능력
5. 전반적인 기분 요인-좋은 기분을 유지하고 스스로 동기 부여하는 능력

바론의 모형은 15가지 상호 연관된 '역량, 기술, 촉매'를 제시한다.

개인 내적 요인(자기 감정의 이해)

자기 존중(자기를 인식하고 이해하고 받아들이는 능력)

자기 감정의 인식(자기 감정을 인식하고 이해하는 능력)

자기 주장(자기 감정과 생각을 긍정적으로 표현하는 능력)

독립성(타인에게 감정적으로 기대지 않고 스스로를 의지하는 능력)

자기 실현(자기 잠재력을 실현하는 목표를 세우고 달성하는 능력)

대인 관계 요인(사회 인식과 상호작용)

공감(타인의 감정을 인식하고 이해하는 능력)

사회적 책임(집단 구성원으로서 소속감을 느끼고 집단과 자신을 동일시하는 능력)

대인 관계(상호 간에 만족스러운 관계를 구축하는 능력)

스트레스 관리 요인(감정의 관리와 조절)

스트레스 내성(자기 감정을 효과적이고 건설적으로 관리하는 능력)

충동 조절(자기 감정을 효과적이고 건설적으로 조절하는 능력)

적응력 요인(변화 관리)

현실 검증(자기감정과 생각을 외부 현실에 비추어 확인하는 능력)

유연성(일상적인 변화에 대처하고 적응하는 능력)

문제 해결(효과적으로 내외부적 문제를 해결하는 능력)

전반적인 기분 요인(자기 동기부여)

낙관성(낙관적인 시각으로 인생의 밝은 면을 바라보는 능력)

행복(자기와 타인, 인생에 대하여 전반적으로 만족감을 느끼는 능력)

바론은 정서-사회지능을 측정하는 검사를 개발했고, 이 측정도구를 활용해 고객을 평가하는 동시에, 평가 결과를 활용하여 자기 모형을 조정했다. 그는 정서-사회지능 측정도구인 EQ-i가 '정서-사회지능 모형의 개발에 중요한 역할'을 담당했다고 밝혔다(Bar-On, 2006, p. 13). EQ-i는 개념적 모형을 실용화한 모형으로 이번 장 후반부에서 다룬다.

바론은 정서-사회지능이 일반 지능에 기여하며, 인생 전반의 성공에 영향을 미치는 주요 요인이라고 주장했다. 바론은 골먼과 마찬가지로 자신의 모형에 포함된 기술과 능력, 특성을 누구나 배우고 익힐 수 있다고 주장했다.

네 번째 가능성 있는 모형: 정서지능의 특질 이론

영국의 심리학자 페트라이드와 펀햄, 프레데릭슨(Petrides, Furnham & Frederickson, 2004)은 정서 요인은 인지 능력이 아니므로 '지능'으로 간주해서는 안 된다고 지적했다. 이들은 정서지능 연구의 방법론상의 문제를 해결하려고 애써 본 결과, 정서지능을 제대로 이해하고 측정하려면 정서지능을 일종의 **특질**trait로 보아야 한다는 결론에 이르렀다. 정서적 능력의 측정에 따르는 문제로 인해, 이들은 자기보고 형식으로도 적절히 측정할 수 있는 특질에 집중하게 됐다. 페트라이드와 동료들은 정서 경험이 근본적으로 주관적인 경험이기 때문에, 정서 경험을 하나의 능력으로 간주하고 측정하는 방식은 타당하지 않다고 주장했다. 능력은 타인이 관찰하고 측정할 수 있다. 반면 특질(특히 정서적 특질)은 경험하는 당사자만 인식할 수 있다. 이들은 지능을 능력으로, 정서적 활동은 특질로 봤다. 특질이란 미래에 어떤 일을 할 경향성(혹은 하지 않을 경향성) 혹은 어떤 일을 특정한 방식으로 수행하는 경향성을 말한다. 이들은 사실 정서지능보다 **정서적 자기효능감**emotional self-efficacy이라는 용어를 선호했지만, 정서지능 문헌과의 관계를 유지하기 위해서 정서지능이라는 용어를 그대로 사용했다. 이들은 정서지능을 "정서와 관련된 기질, 행동 경향, 스스로 인식한 능력이 모여 복합적인 성격 구조를 드러내는 것"이라고 정의했다(Petrides & Furnham, 2001; Petrides, Pita, & Kokkonoki, 2007).

페트라이드와 펀햄(2006, p. 554)은 더 나아가 "이러한 자기인식과 기질의 세부 구성요소는 개념화 방식에 따라 범위가 달라질 수 있다."고 언급했다. 또한 "정서지능의 특질 이론은 대중이 '정서지능'이나 'EQ'라고 이해하는 것과 무관하며, 다른 정서지능 모형과 양립할 수 없다."고 말했다(London Psychometric Laboratory, 2001-2008).

정서지능 특질이 강한 사람은 자기 감정을 잘 알고 행복을 증진하는 방향으로 감정을 조절할 줄 안다. 페트라이드와 동료 연구자들은 정서지능 특질이 강할수록 행복할 가능성이 높다고 믿었다. 이들은 또한 "정서지능의 미래는 정서지능을 성격 특질(예: 정서지능 특질)로 개념화할 수 있는지의 여부에 달렸다."고 말했다(Petrides et al., 2004, p. 557). 정서지능 특질의 하위요소와 그 정의는 〈표 12-1〉에 정리되어 있다(Petrides, Sangareau, Furnham, & Fredrickson, 2006).

페트라이드와 같이 정서지능을 특질로 간주하는 연구자들은 정서지능의 특질 이론을 입증하고 특질의 구성개념을 타당화하기 위해서 여러 혁신적인 연구를 수행했다.

◀ 표 12-1 ▶ 일반적으로 인정받는 정서지능의 구성요소

구성요소	각 요소에서 높은 점수를 받은 사람들은 자신을 다음과 같이 인식한다.
적응력	유연하고 새로운 환경에 기꺼이 적응함
자기 주장	단도직입적이며 솔직하고 자기 권리를 서슴없이 주장함
감정 인식	자기 감정과 타인의 감정을 명확히 인식함
감정 표현	자기 감정을 타인에게 능숙하게 표현함
감정 관리	타인의 감정에 영향을 미침
감정 조절	자기 감정을 조절할 수 있음
충동성 (낮음)	자기 성찰을 하고 충동에 쉽게 굴복하지 않음
대인 관계	타인과 만족스러운 관계를 유지함
자존감	성공적이고 자신감 있음
자기 동기부여	의욕적이며 역경에 쉽게 굴하지 않음
사회 인식	능숙한 사회적 기술을 활용하여 인맥 관리를 잘함
스트레스 관리	압박감을 견디고 스트레스를 조절할 수 있음
공감 특질	타인의 관점을 취할 수 있음
행복 특질	명랑하고 자기 인생에 만족함
낙관성 특질	자신감 있고 인생의 밝은 면을 바라봄

그들이 내린 결론에 따르면, 특질로써의 정서지능은 능력으로써의 정서지능과 구별되는 복합적인 심리적 특질이며, 앞으로 가치가 더욱 커질 것이다.

정서지능의 측정

정서지능 이론가들은 저마다 자기 모형에 맞게 정서지능을 평가하는 공식적인 검사를 개발했다. 검사의 대다수는 자기보고 형식을 택했고, 그 외에 객관적인 채점 방식으로 정서지능을 측정하려는 시도도 있었다. 평가도구는 대개 차후에 이론을 개발하고 가다듬는 과정에 영향을 미친다. 이 과정에서 심리측정상에 심각한 문제가 발생할 수 있는데, 그중 가장 만만찮은 문제는 구인타당도의 문제다. 정서지능의 기본적 정의와 그 핵심 구성요소에 관해서 모형마다 견해차가 크다는 점을 고려할 때, 정서지능의 측정이 쉽지 않다는 사실은 결코 놀랍지 않다. 구인타당도의 문제 외에도 심리측정에 관한 여러 가지 문제들이 존재한다(Mathews et al., 2002, pp. 32-46과 5장). 그럼에도 불구하고 정서지능을 평가한다고 주장하는 검사들이 수백 개나 존재하고, 그 대다수는 비과학적이다. 이러한 검사는 선발, 고용, 승진 결정 과정에 활용하지 말아야 한다. 타당성이 떨어지는 검사를 사용해서 중요한 결정을 내려서는 안 되며, 타당성이 떨어지는 검사를 사용한 데 대해 법적 분쟁이 일어났을 경우에 이를 변호할 방도가 마땅하지 않다. 구글에서 '정서지능 검사'를 검색하면 863,000개의 웹 사이트가 나오는데, 그중 다수는 정서지능(EI)이나 정서지수(EQ)를 빠르게 검사해 주거나 무료로 검사해 준다. 이제부터 정서지능 검사 중에 가장 널리 알려지고 인정받는 검사들을 앞서 소개한 이론의 순서로 설명하고 평가하려 한다. 〈표 12-2〉는 일반적으로 정서지능의 측정에 활용되는 네 가지 평가도구를 간단히 요약해서 보여 준다.

< 표 12-2 > 주요 정서지능 검사

검사	정서지능 모형	검사 소요시간	개략적인 비용 (2008)	채점 및 보고 방식	사용자 자격 수준	주문처
MSCEIT	메이어-살로베이 (능력)	141문항 25~45분 중2 독해 수준	초기 비용 지급 후 보고서 한 건 당 $40	집단 합의 방식, 전문가 방식, 온라인상에서 15개의 점수 항목에 대해 개별 요약 보고 (합계 점수, 영역별 점수, 단계별 점수, 과제 점수)	B[1]	MHS (Multi-Health Systems, Inc.) http://www.mhs.com/mhs/ (800) 456-3003
ECI-ECSI	골먼 (혼합)	72문항, 30~60분 (360도 평가도구는 자기, 동료, 관리자, 부하직원 포함)	인증 비용 $3,000, 초기 비용 지급 후 보고서 한 건 당 $150	온라인, 인증 받은 컨설턴트들이 헤이그룹(Hay Group)을 통해서 활용 가능	'피드백을 적절히 전달해 본 경험'이 있고 이틀 간의 인증 절차를 밟은 사람	헤이그룹 http://www.haygroup.com/TL
EQ-i, Bar-On EQ 360	바론 (혼합)	133문항, 40분 초6 독해 수준 청소년 버전, 짧은 버전, 인터뷰 버전, 360도 버전 있음	초기 비용 지급 후 보고서 한 건당 $80~$120	자기보고, 온라인 상에서 5개의 복합 항목과 15개의 하위 항목에 대한 점수를 합산, 개별 보고서, 개인별 요약 보고, 인적자원 보고서, 비즈니스 보고서, 집단 보고서, 리더십 보고서	B	MHS (Multi-Health Systems, Inc.) http://www.mhs.com/mhs/ (800) 456-3003
TEIQue (다양한 형식·버전)	페트라이드 (특질)	긴 형식: 153문항 짧은 형식: 30문항, 7~10분	학문적 연구 목적으로는 무료. 그 외 목적으로는 $30 정도	자기보고. 15가지 구성요소, 4가지 정서지능 요인의 일반 특질 채점 기준은 ISSID[2] 회원에게만 공개	연구자	긴 형식: k.petrides@ioe.ac.uk 짧은 형식: http://www.ioe.ac.uk/schools/phd/kpetrides/The%20TEIQue-SF.pdf 혹은 http://www.psychometriclab.com/admins/files/TEIQue%20v.1.50.pdf

1) B-수준 검사자: 검사를 시행하고 채점하려면 심리평가에 관하여 고등교육을 받았거나 관련 분야의 전문가로 관련 평가 기준을 충족해야 한다. 공식적으로 심리학 교육을 받지 않았거나 전문가 협회에 소속되지 않은 개인은 MHS Organizational Effectiveness Group에서 주관하는 MSCEIT 교육과정을 이수하고 인증을 받아야 한다. MSCEIT는 B-수준 검사로, 최소한 사용자가 대학에서 검사와 측정도구에 대한 수업을 이수하거나 혹은 MSCEIT 인증 워크숍을 이수해야 한다.
2) ISSID: International Society for the Study of Individual Differences (http://www.issid.org/)

다요인 정서지능 검사MEIS: The Multifactor Emotional Intelligence Scale와 메이어-살로베이-카루소 정서지능 검사MSCEIT: Mayer-Salovey-Caruso Emotional Intelligence Test

MEIS와 MSCEIT는 메이어와 살로베이의 능력 모형을 기초로 정서지능을 측정하는 검사다. MEIS는 1998년 개발되었고 이를 개정하여 2002년에 MSCEIT가 개발되었다. 메이어-살로베이 모형이 네 단계(감정의 인식, 활용, 이해, 관리)로 구성된다는 점을 떠올려 보자. MSCEIT(2.0 버전)은 총 141개의 문항으로 구성되어 있으며, 네 단계를 각기 두 가지 소영역으로 나누어 검사한다(Grewal & Salovey, 2005). 1단계 평가에서 참가자들은 얼굴 사진을 보고(풍경과 그래픽 디자인을 배경으로) 얼굴에서 화, 슬픔, 행복감, 혐오감, 두려움, 놀람, 흥분이 얼마나 드러나는지 평가한다. 2단계 평가에서는 다양한 촉각 자극을 비롯한 감각 자극과 함께 감정 상태를 비교하고, 특정 감정이 과제 수행에 어떤 영향을 미칠지 평가한다(예를 들어, 지루한 감정은 생일파티를 계획할 때 어떤 영향을 미칠까?). 3단계 평가에서는 문장완성검사를 통해 감정과 관련된 어휘 이해력과, 감정들이 서로 다른 감정을 고조시키거나 누그러뜨리거나 한 감정에서 다른 감정으로 바뀌는 방식을 이해하는지 평가한다. 또한 복합적인 감정 상태를 느꼈을 때 어떤 감정이 관련되었는지 파악해 보게 한다. 4단계 평가에서는 실생활의 시나리오를 활용한다. 참가자들은 감정적으로 부담스러운 상황에 대처하는 전략을 고안해야 한다. 또 목표 달성을 위해 타인의 감정적 반응에 어떻게 대처할지도 답해야 한다. 검사 결과는 채점하기가 까다로우므로, 심리측정에 관한 정규교육을 받지 않은 사용자라면 MSCEIT의 출판업체가 주관하는 인증 프로그램을 이수할 것을 권한다.

메이어와 살로베이는 정서지능 검사에 자기보고 형식을 활용하지 않으려 했는데, 이는 감정의 영역에서 주관성이 개입할 여지가 많기 때문이다. 이 검사는 두 가지 유형의 채점 방식을 활용하는데, 하나는 집단 합의 방식consensual mode이고 다른 하나는 전문가 방식이다. 집단 합의 방식은 참가자의 반응을 전 세계의 다양한 사람들로 구성된 5,000명의 표본 집단 반응과 비교하는 방식이다. 전문가 채점 방식에서는 참가자의 응답을 국제정서연구학회에서 선택한 21명의 전문가 응답과 비교한다. 이 두 가지 채점 방식을 통해 얻은 점수에서 상관관계가 높게 나타나는 것을 보고, 메이어와 살로베이는 두 방식의 합계 점수가 '정서적으로 지능적인 응답'의 수준을 드러낸다는 사실을 알게 되었다. 메이어와 살로베이는 MSCEIT가 신뢰도가 높고, 성격 검사나 표준 IQ 검사와 다른 개념을 측정한다고 결론 내렸다. 이 검사는 일부 연구자들로부터 심각한 문제가 있다고 지적받긴 했지만(Mathews et al., 2002, pp. 197-202), 자기보고에 의지하지 않았다는 측면에서는 중요한 의미가 있다는 것이 중론이다. 이 검사법은 앞으로도 널리 쓰이겠지만 심리측정법상에서 보완해야 할 점도 있다. 정서는 인간행동의 영역 중에서도 측정이 어려운 영역이어서, 여러 저자들은 박사논문 주제를 찾는 야심찬 박사과정 학생들에게 이 분야를 장래가 촉망되는 분야로 추천하기도 했다.

　브로스Buros의 『심리 측정 연감』(가제)[10]은 MSCEIT를 쓸 만한 검사라고 평가했으며, MSCEIT 검사 결과에 따르면 여성이 대체로 남성보다 정서지능이 높고, 15개 항목 중에 14개 항목에서 백인이 다른 인종집단에 비해 더 정서지능이 높다고 밝혔다. 브로스 보고서Buros review는 이 검사에 대해서 조심스럽긴 하지만 대체로 긍정적인 평가를 내렸다(Leung, 2005).

골먼의 ECI와 ESCI

　골먼과 보이애치스는 1998년 보이애치스의 자기평가설문SAQ: Self-Assessment Questionaire과 보이애치스, 골먼, 리(Boyatzis, Goleman, & Rhee, 2000)가 분류한 정서역량을 기초로 정서역량검사ECI: Emotional Competence Inventory의 정식판을 개발했다. 골먼과 보이애치스는 처음에는 5개의 군에서 시작해서, 나중에는 골먼의 25가지 정서역량을 4개의 군으로 나누어 검사했다. 4개의 군은 자기 인식, 자기 관리, 사회 인식, 대인 관계 관리다. 정식판은 110개의 문항으로 구성되어 있고, 검사에 소요되는 시간은 30분 정도다. 맬컴 글래드웰Malcolm Gladwell의 책 『티핑 포인트』는 어떤 사람의 직무역량이 한 단계 발전하는 시점을 예측할 수 있다는 결과를 보여 주었다(Gowing, 2001). 그런 흐름 속에서 헤이그룹과 맥버사McBer의 연구팀이 협력하여 ECI를 대체하는 정서사회역량검사ESCI: Emotional and Social Competence Inventory를 개발해냈다. ESCI는 72문항의 자기보고 설문으로 360도 평가 방식을 택하여, 동료와 관리자, 직속부하로부터 자료를 제공받는다. 이 검사를 시행하려면 코치는 3,000달러의 비용을 지불하고 이틀간의 인증 프로그램

---

10) 원제: Mental Measurement Yearbook

을 이수해야 한다.

골먼은 "ECI는 나와 동료들의 연구를 완전히 포괄하는 유일한 검사다. 다른 검사들도 '정서지능'이라는 용어를 사용하지만 ECI야말로 진품이다."라고 주장했다(Hay/McBer, 2008).

하지만 다른 연구자들의 반응은 미온적이다. 젠슨과 동료들은 "정서지능을 측정하는 주요 검사들 중에 ECI에서 얻을 수 있는 정보가 가장 적다." "ESCI에서 얻을 수 있는 자료는 거의 없다." "정식 매뉴얼을 출간하기 전에 양질의 정보를 수집하지 못했다는 점이 아쉽다. 출간 후에라도 양질의 정보 획득을 우선 연구 과제로 설정했어야 했다"고 언급했다(Jensen, Kohn, Rilea, Hannon, & Howells, 2007, p. 18). 매튜와 여러 연구자들(Mathews et al., 2002, pp. 217-218)은 "사실 이 검사가 중요한 결정을 내리는 데 사용될 수 있다는 점을 감안하면, 자기보고에 기반을 둔 하위척도의 신뢰도는 미미한 수준이다." "ECI의 타당성을 실제로 평가하기는 어렵다." "신뢰도가 염려스럽다."라고 썼다. 그들은 더 나아가 다음과 같이 결론지었다. "종합적으로, 개발자가 공개적으로 제공하는 자료가 부족하고 낡은 개념에 새 이름을 붙여 모아 새로 포장했다는 점에서 이 검사는 냉소적인 평가를 피하기 어렵다." 브로스의 평가(Watson, 2007, p. 305)도 미온적이기는 마찬가지로, 이들은 검사 내용이 혼란을 준다고 보고했다. 브로스 보고서는 다음과 같이 평가를 내렸다. "ECI는 신뢰할 만한 검사일지도 모른다. 하지만 지금으로서는 신뢰도를 입증할 경험적 증거가 거의 없다. 검사 매뉴얼에 제시된 연구에 한계가 많다는 점에서 타당성 역시 의심스럽다." (이 평가는 ECI 2.0 버전이 나오기 전에 이루어졌다.)

바론의 EQ-i

바론은 1980년대 초반에 정서 및 사회 기능functioning의 구성요소를 살펴보기 위한 평가도구로 정서지수 검사EQ-i: Emotional Quotient Inventory를 만들었다(Bar-On, 2000). 이 검사는 1997년에 공식적으로 출간되었고 정서지능 검사로는 처음으로 브로스의 『심리 측정 연감』(가제)에 실렸다. EQ-i는 또한 평가도구 출판업체인 MHSMulti-Healgh Systems에서 처음 상업적으로 판매한 정서지능 검사다(Gowing, 2001). 바론은 이 검사에 대해 "정서적/사회적으로 능숙한 행동을 자기보고 방식으로 측정하는 검사로 개인의 정서/사회지능의 수준을 추정하게 해 준다.”고 설명했다(Bar-On, 2000, p. 364). 그는 의도적으로 IQ 검사의 표준화된 형식을 따라 검사를 구조화했다. EQ 통합점수의 평균은 100이며, 표준편차는 15이다. 이 검사는 30개가 넘는 언어로 번역되었고, 표준화 과정에는 국적이 다양한 큰 표본 집단을 활용했다. 검사에는 30분 정도가 소요되며, 검사를 이해하려면 초등학교 6학년 수준의 독해 능력이 필요하다.

이 검사는 다섯 가지 메타 요인과 15가지 하위 요인으로 구성된다. 다섯 가지 메타 요인은 개인 내적 요인, 대인 관계 요인, 스트레스 관리 요인, 적응력 요인, 전반적인 기분 요인으로, 이번 장에서 앞서 설명한 바론의 정서지능 모형의 메타 요인과 같다. 이 검사의 하위 요인도 앞서 설명한 역량, 기술, 촉매와 같다. 따라서 EQ-i는 바론의 정서지능 모형을 검사하고, 정서지능 모형은 검사에 의해 정의된다. 하위 요인에 대한 자세한 설명은 바론의 논문(2000)에서 찾아볼 수 있다.

이 검사는 리커트척도를 사용하고, 네 가지 타당도 지표(누락률, 비일관성 지수, 긍정왜곡, 부정왜곡)를 포함하고 있으며, 컴퓨터가 자동으로 긍정왜곡 요인과 부정왜곡 요인을 계산해서 총점에 반영한다.

바론(Bar-On, 2000)은 EQ-i에서의 높은 점수가 삶에서의 전반적인 성공을 예측한다고 주장했으며, 7개국의 22,971명의 참가자를 대상으로 실시한 20개의 예측타당도 연구를 바탕으로 여러 구체적인 주장을 펼쳤다(Bar-On, 2006, p. 18). 그는 EQ-i 점수가 신체적 건강, 심리적 안녕, 학업 수행, 직무 수행, 자아실현을 예측한다고 주장했다. 그는 또한 “정서지능에 관한 실증 연구를 지속적으로 장려하는 것이 정서지능에 대한 오해와 잘못된 주장을 부추기는 근거 없는 이론의 확산을 막는 최선의 방법”이라고 주장했다(2000, p. 386).

EQ-i 점수에 따르면 정서지능(혹은 이 검사가 실제로 측정하는 개념)은 50세 정도까지 증가하는데, 이 말은 나이 든 직원이 젊은 직원에 비해 정서지능이 높다는 점을 암시한다. 또한 이 검사에서는 작지만 흥미로운 성차가 나타났다. 여성은 공감, 감정 인식, 사회적 책임과 같은 대인 관계 영역에서 비교적 점수가 높게 나타났다(Bar-On, 2000). 남성은 여성에 비해 조금 더 자기를 존중하고 적응력이 좋으며, 스트레스 관리에 뛰어난 것으로 나타났다. 하지만 앞서 언급한 바와 같이 성별에 따른 차이는 미미했다.

브로스 보고서(Cox, 2001)는 이 검사의 구인타당도에 명백히 문제(주로 정서지능을 정의할 때 생기는 의견 불일치와 까다로운 문제)가 있고, 바론의 주장에 확실한 근거가 없다고 지적하기는 했지만, 전반적으로 EQ-i를 좋게 평가했다.

한편 매슈스와 동료 연구자들(Mathews et al., 2002)의 평가는 더 부정적이었다. 이들은 EQ-i의 하위척도 중 일부는 실증적인 방법으로 검증이 불가능하며, EQ-i가 실제로는 자존감, 공감, 충동조절을 측정하고 있다고 주장했다. 이들은 이 검사의 평가 요인 중에 독립적인 요인이 거의 없다는 점을 지적했다. 이들은 EQ-i가 성격 검사와, 특히 5요인 성격검사(개방성, 성실성, 외향성, 친화성, 신경증)와 상당히 중복되는 면이 많다고 추정했다. 이들은 또한 EQ-i 점수가 MSCEIT 점수에 수렴하지 않는다며, 두 검사가 서로 다른 개념을 측정하고 있을 가능성이 있다고 말했다.

페트라이드의 정서지능 특질 설문TEIQue: Trait Emotional Intelligence Questionnaire

앞서 언급한 바와 같이 정서지능 특질을 측정하는 자기보고 검사에는 여러 종류가 있다. 페트라이드는 감정이 주관적으로 인식되기 때문에 자기보고가 정서지능 측정에 적합한 방식이라고 주장했다. 2003년 페트라이드와 동료들은 이러한 검사의 하나로 TEIQue를 개발했다. 이 설문은 현재 누구에게나 공개되어 있으며, 정서지능 특질의 구성개념과 하위 요소를 연구하려는 학자들은 무료 버전을 사용할 수 있다. 이 설문은 네 가지 요인(행복, 자기통제, 정서성, 사회성)을 검사한다. 네 가지 주요 요인 아래에는 15가지 하위척도가 있는데, 이것은 앞서 페트라이드의 정서지능 특질 이론에서 언급한 구성요소와 같다. 현재 이 검사는 360도 버전을 포함한 8개 버전이 12개의 언어로 번역되어 있다. 표준 형식은 7점 리커트척도를 사용하는 153개의 문항으로 구성되어 있다. 공식 매뉴얼은 현재 준비 중이다. 페트라이드는 "TEIQue가 정서지능 특질 이론에 알맞게 개발되고 수정되었기 때문에, 이것이 그저 난립하는 대부분의 부적절한 'EQ 검사'의 대안쯤으로 여겨져서는 안 된다."고 주장했다(London Psychometric Laboratory, 2001-2008, p. 11).

벨기에에서 진행된 한 연구에서 TEIQue는 심리측정 기준에서 양호한 결과가 나왔고 다른 정서지능 검사와 유사한 성차가 관찰되었다. 여성들은 비교적 정서성 점수가 높았고, 남성은 자기통제 점수가 높았다(Mikolajczak, Luminet, Leroy, & Roy, 2007).

그 외에 소개할 만한 정서지능 검사는 다음과 같다.

- 슈트 자기보고검사SSRI: Shutte Self-Report Inventory
- 정서적 정확성 연구척도EARS: Emotional Accuracy Research Scale
- 정서 인식도 검사LEAS: Levels of Emotional Awareness Scale
- 정서 통제 설문Emotional Control Questionnaire
- 스윈번대학교 정서지능검사SUEIT: Swinburne University Emotional Intelligence Test
- 메타-기분 특질 검사TMMS: The Trait Meta-Mood Scale
- 왕과 로의 정서지능검사WSEIS: The Wong and Law Emotional Intelligence Scale
- 작업집단 정서지능 프로파일WEIP: The Workgroup Emotional Intelligence Profile

각각의 검사에 대한 설명은 대부분 검사 개발자들이 직접 써놓았기에 자신의 검사를 옹호하는 경향이 있다. 최근 퍼시픽대학교의 심리학과는 각종 검사에 대한 공정한 검토를 거쳐 다음과 같이 결론을 내렸다(Jensen et al., 2007, p. 24).

학계에서 정서지능 검사에 대한 연구가 많이 이루어지지 않았기 때문에 현재로서는 특정 검사를 권하기가 어렵다. 경영계에서도 특별히 각광받는 검사 방식이 없는 실정이다. 여러 가지 검사와 관련된 검토 자료를 살펴본 결과 MSCEIT가 성격요인 검사와 그다지 중복되는 부분이 없고 이론이 비교적 명확하며 지능의 일반적인 정의에 가깝다는 점에서 가장 큰 가능성을 보였다. MSCEIT는 자기보고 형식을 따르지 않는 유일한 정서지능 검사라는 점에서 가장 두각을 나타냈다.

비판과 문제, 도전과제

정서지능은 논란이 많은 주제다. 정서지능에 관한 견해차는 학계와 컨설팅, 조직개발 분야에 만연하다. 정서지능을 가장 회의적으로 바라보는 곳은 학계로, 학계는 새로운 관점과 그에 따른 심리측정에 대한 기준이 가장 까다롭다. 정서지능에 비교적 우호적인 부류는 경영 컨설턴트로, 이들은 항상 변화를 일으키는 새로운 방식을 찾고 새롭고 혁신적인 기회를 찾는다. 정서지능에도 여러 가지 문제점이 있으므로, 코치들은 정서지능이 유용하기는 하지만 몇 가지 면에서는 문제가 제법 심각하다는 점을 반드시 숙지해야 한다. 정서지능을 코칭에 활용하려면(대다수 코치가 활용해야겠지만) 문제가 될 만한 요소를 피해서 핵심을 활용할 수 있도록 주의를 기울여야 한다. 또한 정서지능과 관련해서 일어날 수 있는 주요 문제점을 이해해서 누군가 이를 지적했을 때 납득할 만한 대답을 해 주어야 한다. 정서지능이 비판을 받는 이유는 다음과 같이 크게 네 가지로 나뉜다.

- 정서지능의 구성개념(기본적 정의)
- 오래된 술을 새 부대에 담았다는 비판
- 실증적 증거(연구) 부족
- 상업화와 지나친 홍보

구성개념의 문제

정서지능에는 널리 통용되는 단일한 정의가 없다. 기존의 정의들은 지나치게 광범위하고 자주 바뀌는 데다 새로운 정의가 계속해서 등장하고 있다. 한 존경받는 경영학 교수는 정서지능이 "너무 광범위하고 포괄적으로 정의되어 있어서 그 의미를 이해할 수 없다."고 결론지었다(Locke, 2005, p. 425). 매슈스와 동료 연구자들(2002)은 정서지능이 너무 광범위한 개념이라 유용하지 않다고 결론 내렸다. 매슈스와 로버츠, 자이드너(Mathews, Roberts, & Zeidner, 2004, p. 180)는 "여러 문헌을 검토한 결과 정서지능에는 합의된 명백한 정의가 없으며, 정서지능이라는 개념에 포함된 특성이 지나치게 많다는 느낌을 준다."고 결론지었다.

그나마 가장 인정받는 정의는 메이어와 살로베이의 정의다. 이들이 정서지능을 "감정을 인식하고, 감정을 활용하여 사고를 촉진하고, 감정을 이해하고, 개인의 성장을 도모하기 위해 감정을 조절하는 능력"으로 정의했다는 사실을 떠올려 보자(1997, p.

5). 이 정의는 이들이 7년 전에 내렸던 정의를 개정한 것이다(즉, 정의가 변하고 있다).

골먼의 정의는 혹평이라고 할 만큼 부정적인 평가를 받고 있는데, 이는 그가 정서 지능을 지나치게 광범위하게 정의했기 때문이다. 앞서 언급한 바와 같이, 골먼의 책을 읽고 나면, 그가 정서지능을 일목요연하게 정의했다는 생각이 별로 들지 않는다. 그의 정의는 지나치게 포괄적이어서 긍정적인 심리적 특성은 무엇이든 정서지능의 범위에 포함될 수 있을 정도다. 예를 들어, 골먼은 정서지능의 긴 목록에 자신감, 도덕성, 적응력, 낙관성, 신뢰성, 성실성, 헌신, 공감, 진취성, 끈기, 원활한 대인 관계, 희망, 변화 촉진, 경청, 유머감각까지 포함시켰다(1995, 1998, 2002). 심지어 골먼은 "사람에 따라서는 정서지능을 **성격**character이라고 부를 수도 있을 것이다."라고 결론지었다(1995, p. 36).

정서지능의 구성개념은 능력 중심인 경우도 있고 성격이나 특질 중심인 경우도 있다. 또 능력과 자질, 기술과 특성이 모두 혼재된 경우도 있다.

이러한 개념상의 혼란은 여러 가지 문제를 야기하는데, 그중 한 가지 문제는 누군가 정서지능을 옹호한다고 말할 때, 과연 그 말이 무슨 의미인지 알기 어렵다는 점이다. 과연 무슨 목표를 추구하고 무슨 이야기를 하고 있는가? 개념상의 혼란에서 비롯된 또 하나의 문제는 정서지능의 측정이 불가능하다는 점으로, 정서지능이 과연 존재하는지, 어떤 때 정서지능이 높거나 낮은지, 아니면 정서지능이 아예 존재하지 않는 것은 아닌지를 파악할 수가 없다. 정서지능의 개념을 정의할 수 없다면, 누군가에게 정서지능이 있는지 없는지를 어떻게 알 수 있을까? 제대로 정의조차 내리지 못했는데 어떻게 정서지능을 가르치는 교육과정을 만들 수 있을까? 이와 더불어 구성개념의 문제는 실증 연구가 어렵다는, 혹은 불가능하다는 문제를 야기하기도 한다.

오래된 술을 새 부대에 담았다는 비판

정서지능이 성격 특성과는 다른 새로운 개념임을 밝히는 시도는 그다지 성공을 거두지 못했다. 정서지능은 대부분 우리가 이미 알고 있는 성격의 핵심 구성요소와 겹치거나 혹은 이를 재활용하는 듯해 보인다. 매슈스Mathews와 여러 연구자들(2002, p. 529)은 자기보고 형식을 취하는 정서지능 검사들이 대개 '일반적인 성격 특성의 구성요소들'을 측정하며 '검사의 대부분이 불필요하다.'고 보고했다. 성격 특성에 관해서는 주류 심리학계에서 이미 많은 연구가 이루어져 있는데, 정서지능은 이런 연구를 거의 그대로 답습하면서 오히려 더 철저하지 못한 방식을 취한 것으로 보인다.

또한 컨설턴트나 기업의 리더나 팔로워의 입장에서 생각해 보더라도, 사회적 요인과 관계 요인의 중요성은 이미 오래전부터 인식되고 있다. 감정과 관계가 중요하다는 말은 전혀 새롭지 않다. 정서지능이 경영계에 받아들여지려면, 무언가 유용한 가치를 추가해 줄 수 있어야 한다.

실증적 증거 부족

심리학 연구자와 경영 컨설턴트는 서로 다른 세계의 서로 다른 기준 아래에서 살아간다. 학계에서는 과학의 실증적 기준이 가장 큰 영향력을 행사한다. 어떤 개념이 가치를 인정받으려면 통계적 유의성과 연구 설계의 관문을 통과해야 한다. 경영의 영역에서는 학계와 달리 실익이 따르는 발상이 그 가치를 인정받는다. 과학적인 기준을 충족하지 못하는 방법론이라도 가치를 창출할 수 있다. 정서지능이 바로 이런 사례다. 비록 정서지능 개념을 창안한 연구자들(메이어와 살로베이)은 계속 학계에서 활동하고 있지만, 정서지능을 활용하는 사람들은 대체로 비과학적인 방식을 취하고 있다.

정서지능을 열렬히 옹호하는 사람들의 주장은 체계적인 검증 과정을 통과하지 못했다. 매슈스Mathews와 여러 연구자들(2002)은 "골먼이 실증적 증거가 부족한 상태에서 강력한 주장을 펼치고 있다."(p. 13)며 그의 행태는 "과학적 이론을 정당하게 소개하지 않고 대중의 입맛에 맞춰 과학적 정보를 추출하는 기자와 같다."(p. 14)고 썼다. 폴(Paul, 1999)은 다음과 같이 언급했다. "메이어와 살로베이는 …… 골먼이 연구를 성급하고 소홀하게 진행했다는 결론에 이르렀다." 클라크(Clarke, 2006, p. 437)는 정서지능의 교육 실태를 검토한 결과 다음과 같은 결론에 이르렀다. "정서지능을 높인다고 주장하는 교육과정이 여기저기서 성행하고 있지만 그것이 실제로 효과가 있다는 실증적 증거는 여전히 부족하다." 또 다른 검토 자료에서는(Conte, 2005, p. 438) "정서지능이 일반 지능보다 더 중요한 예측 요인이라는 개괄적인 주장(예: Goleman, 1995, 1998)에는 실제적인 근거가 없다."고 밝혔다.

상업화와 지나친 홍보

정서지능에서 가장 중요한 사항은 어쩌면 홍보일는지 모른다. 홍보의 영역에서 골먼은 엄청난 성공을 거뒀다. 골먼의 책과 오디오북은 엄청난 인기를 누렸다. 정서지능은 기업에서 소프트 스킬의 필요성을 다시 환기시켰고, 이는 분명 코치에게 이득이 된다. 수백 개의 회사와 학교가 교육과정에 정서지능의 원리와 방법을 도입했다(Paul, 1999).

하지만 지나친 홍보에는 위험이 따르기 마련이며, 정서지능에 관한 주장 중에는 과장되고 피상적이고 터무니없는 것도 있다. 예를 들어, 골먼은 다음과 같은 여러 주장을 폈다.

- 정서지능은 인생에서 거두는 성공의 80%를 설명한다(1995).
- 정서역량은 고성과자들이 리더로서 성공할 가능성을 80~100% 설명해 준다(1998, p. 187).
- 정서적 자질은 모든 인간적 기술의 기초가 되는 메타 능력이다(1995, p. 36).
- 위대한 리더는 감성으로 일한다(Goleman, Boyatzis, & McKee, 2002).

이와 같은 확대해석의 유해성 여부는 더 지켜보아야겠지만, 분명 이와 같은 확대해석으로 인해 정서지능이 또 하나의 유행에 그치게 될 위험이 있다. 회의론자들은 경계의 시선을 늦추지 않고 있으며, 정서지능이 자기계발 열풍의 하나로 치부되어 경영컨설팅계의 농담거리로 전락할 가능성이 있다. 권위 있는 경영학 교수 로크Locke는 다음과 같이 경고했다. "정서지능의 개념에 대해서는 …… 그 어느 때보다 이성적인 수호자가 필요하다"(2005, p. 430).

정서지능이 만병통치약이라도 되는 양, 인생의 성공 여부를 가장 잘 예측해 주고, 배우고 익히기가 쉽고, IQ가 높은 사람과 높지 않은 사람들 간의 격차를 줄여 줄 수 있다는 주장이나, 정서지능을 통해 성격을 측정하고 개발할 수 있다는 주장은 모두 사람의 기대 수준을 비현실적으로 높이기만 할 가능성이 있다.

코치가 해야 할 역할은 무엇인가

정서지능이 이렇게 여러 면에서 비판을 받고 있는 상황에서도 경영계가 정서지능을 추종하고 있고, 정서지능에 대한 정의는 내리기가 어렵고, 그 효과는 부풀려져 있다면 그에 대한 해답은 간단하다. 핵심은 취하고 나머지는 버리면 된다. 목욕물은 버리되 아기는 구해내는 것이다. 코치들은 지나친 상술은 피하면서 정서지능 열풍에서 비롯된 기회는 활용해야 한다.

먼저, 코치는 정서지능 이론들을 연구하여 가치 있는 요소를 가려내야 한다. 고객들은 코치가 정서지능을 이해하고 옥석을 가려냈으리라 믿는다. 코치는 정서지능에 관한 현실적인 견해를 고객에게 전함으로써 커다란 도움을 줄 수 있다. 코치는 정서지능에 대한 자기만의 정의를 확립해야 하며, 정서지능의 타당한 정의는 다음의 요소를 포함해야 한다.

1. 내적 감정 상태의 인식—자신이 느끼는 감정을 즉시 알아차리고 분류하고 검토할 수 있다면 당연히 도움이 된다. 또한 고객이 실생활에서 느끼는 다양한 감정을 무시하거나 부인하기보다 수용하고 용납하는 편이 좋다.

2. 정서적 정보의 활용—감정은 동기를 부여한다. 감정은 우리가 진정으로 중요하게 여기는 가치가 무엇인지 이해할 수 있게 도와주고, 경각심을 느끼게 해 주며, 감정을 느끼지 못했더라면 중요하게 여기지 않았을 상황에 주의를 집중하게 해 준다. 우리는 감정을 통해 공감을 느끼고 표현하며 친사회적인 결정을 내린다. 감정에는 달리 얻을 수 없는 소중한 정보가 담겨 있다. 내성과 성찰에도 감정이 꼭 필요한데, 이 두 가지 행위는 정서지능 문헌에서 매우 중요하게 다루는 활동이다.

3. 정서 행동을 적절히 조절하기—고객이 감정을 지나치게 표현하거나 너무 적게 표현한다면, 이성적인 의사결정 과정과 감정을 연결해서 고객이 감정을 적절히 표현하도록 도와주자. 이와 관련하여 코치는 고객에게 유용한 피드백과 조언을 해 줄 수 있다. 고객은 자기감정을 적절히 조절하고 영리하게 표현하는 방법을 배울

수 있다.

4. **타인의 감정affect에 관심 갖기**−심리학에서 정서emotion라는 용어는 대체로 당사자가 느낀 감정 상태를 말한다. 감정affect이라는 용어는 대체로 누군가가 표현한 감정을 타인이 관찰한 경우에 사용한다.[11] 주위 사람들의 감정을 알아차리고 이해하려는 노력은 대개 고객에게 도움이 된다. 특히 타인의 특성에 관심이 없는 고객에게 큰 도움이 된다. 앞만 보고 달리는 경영자들 중 많은 사람이 동료나 상사, 부하의 감정을 전혀 알아차리지 못해서 한계에 직면한다.

5. **정서지능을 활용하여 관계 개선하기**−정서지능은 관계 개선을 위한 기회와 틀을 제공한다. 고객이 직장에서 대인 관계의 질을 평가하고 정서지능의 개념을 활용하여 관계 개선을 위한 계획을 세우도록 도와주자. 대다수 경영자는 관계 개선으로부터 이득을 얻는다.

6. **적합성 고려하기**−고객의 사회적, 정서적 능력치가 현재 직무에 적합한지, 혹은 경력상의 목표에 적합한지 탐색한다.

정서지능의 기타 활용법

앞서 언급한 여러 가지 문제에도 불구하고, 정서지능은 기업에 개인 내적 기술과 사회적 기술을 소개하는 통로의 역할을 완벽히 수행할 수 있다. 정서지능은 소위 말하는 소프트 스킬에 대해 왜 교육과 코칭을 받아야 하는지 그 이유를 제시해 준다. 정서지능은 신중히 활용한다면, 중요하지만 평가절하된 정서적 능력의 중요성을 전파하는 이상적인 매개체가 될 수 있다. 컨설턴트는 정서지능이라는 상위 개념을 활용하여 다양한 주제를 제시할 수 있다. 이러한 소프트 스킬(혹은 대인 관계 기술)은 사회적 기술을 제대로 갖추지 못한 고객을 상대해야 할 때 매우 유용하다.

정서지능의 개념과 일부 검사는 인력을 직무와 환경에 적합하게 배치하는 일에 활용할 수 있다. 만약 대인 관계 기술이나 정서적 기술이 부족한 경영자가 있다면, 두 가지 선택지가 있다. 이러한 기술을 향상시키거나, 경영자가 갖춘 기술이나 성격에

---

11) 원문에서는 affect와 emotion을 구분하고 있으나 한국어로는 두 용어가 명확히 구분되지 않는다. 이번 장에서 emotion은 주로 감정으로 번역했다. −역주

적합한 직무환경에 배치하는 것이다.

요 약

정서적/사회적 요인이 한 개인의 성공에 커다란 영향을 미친다는 발상은 오래전부터 존재해 왔지만 현재까지도 매력이 있다. 특히 지능과 무관한 일련의 기술이 개인의 성공 여부에 중요한 영향을 미친다는 발상이 매력적이다. 이러한 발상은 골먼이 대중을 상대로 여러 권의 책과 오디오북을 펴내면서 큰 인기를 끌었으나, 정서지능에 대한 골먼의 관점은 지나치게 포괄적이다. 비록 골먼이 펴낸 책은 학계에서 여러 비판을 받았지만 그로 인해 발생한 정서지능 열풍은 코치가 고객의 내적, 사회적, 관계적 기술을 평가하고 개선하기 위한 프로그램을 개발할 기회를 주었다. 이러한 작업은 개인 고객뿐 아니라 조직에도 가치 있는 혜택을 줄 수 있다. 자기 이해, 내성과 성찰, 공감, 효과적인 대인 관계 기술의 중요성은 반론의 여지가 없으며, 이러한 기술은 코칭을 통해 향상될 수 있다.

1. 코치는 시간을 들여서 정서지능 관련 문헌(과 이번 장)을 검토하고, 정서지능의 정의에 어떤 요소를 합리적으로 포함시켜야 할지 결정해야 한다. 코치는 스스로 정서지능의 정의를 확립해 코칭 과정에 활용해야 하며, 필요한 경우에는 이를 설명할 수 있어야 한다.

2. 정서적/사회적 요인이 직업상의 성공에 매우 중요한 매개 요인이라는 견해는 보편적으로 받아들여지고 있다. 정서적/사회적 요인과 관련해서 고객을 평가해 보자. 고객에게 피드백을 주고, 고객과 함께 이 영역을 개발하고 향상시키거나 보완할 계획을 세우자.

3. 개인적 성찰이나 내성은, 정서지능에 관한 합리적인 이론이라면 어느 이론에서나 중시하는 요소다. 고객과 조직에 성찰과 내성의 중요성을 알리고, 이러한 활동을 강화하자. 이때 정서지능의 인기와 신뢰도를 활용한다.

4. 정서지능 검사에 유의한다. 정서지능 검사를 고용, 선발, 승진의 목적으로 활용하지 않는다. 정서지능 검사를 활용하기로 했다면, 그것을 코칭 과정을 위한 자

료 수집의 목적에서 비공식적으로 활용한다.

5. 고객이 감정이나 직감, 불편감, 경계심, 불안, 적개심, 열망 혹은 기쁨과 같은 내적 사건을 알아차리도록 돕는다. 코치는 고객이 다른 사람에게는 말할 수 없는 내적 사건을 드러내놓고 이야기하기에 이상적인 상대다.

6. 고객이 타인의 감정, 특히 미묘한 감정을 알아차리는 능력을 개발하도록 도와주자. 고객이 자기 관점에서 벗어나서 타인의 생각과 감정에 관심을 갖도록 격려하자. 고객이 공감능력을 키우도록 도와주자.

참고문헌

Bar-On, R. (2000). Emotional and social intelligence: Insights from the emotional quotient inventory. In R. Bar-On & J. D. A. Parker (Eds.), *The handbook of emotional intelligence* (pp. 363-388). San Francisco: Jossey-Bass.

Bar-On, R. (2006). The Bar-On model of emotional-social intelligence (ESI). *Psicothema, 18*, 13-25.

Bar-On, R. (2007). *A broad definition of emotional-social intelligence according to the Bar-On model.* Retrieved January 25, 2009, from: http://www.reuvenbaron.org/bar-on-model/essay.php?i=2.

Boyatzis, R., Goleman, D., & Rhee, K. S. (2000). Clustering competence in emotional intelligence. In R. Bar-On & J. D. A. Parker (Eds.), *The handbook of emotional intelligence* (pp. 343-362). San Francisco: Jossey-Bass.

Brody, N. (2006). Beyond g. In K. R. Murphy (Ed.), *A critique of emotional intelligence* (pp. 161-185). New York: Lawrence Erlbaum Associates.

Cherniss, C., & Goleman, D. (Eds.). (2002). *The emotionally intelligent workplace.* San Francisco: Jossey-Bass.

Clarke, N. S. (2006). Emotional intelligence training: A case of caveat emptor. *Human Resource Development Review, 5*(4), 422-441.

Conte, J. M. (2005). A review and critique of emotional intelligence measures. *Journal of Organizational Behavior, 26*, 433-440.

Cox, A. (2001). Test review of the EQ-i. In B. S. Plake & J. C. Impara (Eds.), *The fourteenth mental measurements yearbook* [Electronic version]. Retrieved June 24, 2008, from the Buros Institute's Test Reviews Online Web site: http://www.unl.edu/buros.

Damasio, A. (1994). *Descartes' error: Emotion, reason, and the human brain.* New York: G. P. Putnam's Sons.

Dewey, J. (1909). *Moral principles in education.* New York: Houghton Mifflin.

Furnham, A. (2006). Explaining the popularity of emotional intelligence. In K. R. Murphy (Ed.), *A critique of emotional intelligence* (pp. 141-160). New York: Lawrence Erlbaum Associates.

Gardner, H. (1993). *Frames of mind: The theory of multiple intelligences* (10th ed.). New York: Basic Books.

Gibbs, N. (1995, October 2). The EQ factor. Time. Retrieved January 25, 2009, from: http://www.time.com/time/magazine/article/0,9171,983503,00.html.

Goleman, D. (1995). *Emotional intelligence: Why it can matter more than IQ.* New York: Bantam Books.

Goleman, D. (1998). *Working with emotional intelligence.* New York: Bantam Books.

Goleman, D. (2002). Emotional intelligence: Issues in paradigm building. In C. Cherniss & D. Goleman (Eds.), *The emotionally intelligent workplace* (pp. 13-26). San Francisco: Jossey-Bass.

Goleman, D. (2006). *Social intelligence: The new science of social relationships.* New York: Bantam Books.

Goleman, D., Boyatzis, R., & McKee, A. (2002). *Primal leadership: Realizing the power of emotional intelligence.* Boston: Harvard Business School Press.

Gowing, M. K. (2001). Measurement of individual emotional competence. In C. Cherniss & D. Goleman (Eds.), *The emotionally intelligent workplace* (pp. 83-131). San Francisco: Jossey-Bass.

Grewal, D., & Salovey, P. (2005). Feeling smart: The science of emotional intelligence. *American Scientist, 93*, 330-339.

Hay/McBer. (2008). *Emotional Competence Inventory (ECI).* Retrieved January 25, 2009, from: http ://www.bostonsearchgroup.com/pdf/ECI_overview.pdf.

Hein, S. (2005). *Wayne Payne's 1985 doctoral paper on emotions and emotional intelligence.* Retrieved January 25, 2009, from: http://eqi.org/payne.htm#The%20original%20abstract.

Herrnstein, R., & Murray, C. (1994). *The ball curve: Intelligence and class structure in American life.* New York: Simon & Schuster.

Jensen, S., Kohn, C., Rilea, S., Hannon, R., & Howells, G. (2007). *Emotional intelligence; A literature review.* Unpublished manuscript, University of the Pacific, Stockton, California.

Landy, F. L. (2006). The long, frustrating, and fruitless search for social intelligence: A cautionary tale. In K. R. Murphy (Ed.), *A critique of emotional intelligence* (pp. 81-124). New York: Lawrence Erlbaum Associates.

Lantieri, L., & Goleman, D. (2008). *Building emotional intelligence: Techniques to cultivate inner strength in children.* Boulder, CO: Sounds True, Inc.

Leuner, B. (1966). Emotional intelligence and emancipation. *Praxis der Kinderpsychologie und Kinderpsychiatrie, 15*, 193-203.

Leung, S. (2005). Test review of the MSCEIT. In R. A. Spies & B. S. Plake (Eds.), *The sixteenth mental measurements yearbook.* Retrieved June 24, 2008, from the Buros Institute's Test Reviews Online Web site: http://www.unl.edu/buros.

Locke, E. A. (2005). Why emotional intelligence is an invalid concept. *Journal of Organizational Behavior, 26*, 425-431.

London Psychometric Laboratory. (2001-2008). Retrieved January 25, 2009, from: http ://www.psychometriclab.com/Default.aspx?Content=Page&id=11.

Mathews, G., Zeidner, M., & Roberts, R. D. (2002). *Emotional intelligence, science and myth.* Cambridge, MA: MIT Press.

Mathews, G., Roberts, R. D., & Zeidner, M. (2004). Seven myths about emotional intelligence. *Psychological Inquiry, 15*(3), 179-196.

Mayer, J. D. (1999). Emotional intelligence: Popular or scientific psychology? *American Psychological Association Monitor, 30*(8). Retrieved from: http://www.apa.org/monitor/sep99/sp.html.

Mayer, J. D., Caruso, D. R., & Salovey, P. (2000). Emotional intelligence meets traditional standards for an intelligence. *Intelligence, 27*(4), 267-298.

Mayer, J. D., & Salovey, P. (1997). What is emotional intelligence? In P. Salovey & D. Sluyter (Eds.), *Emotional development and emotional intelligence: Educational applications* (pp. 3-31). New York: Basic Books.

Mayer, J. D., Salovey, P., & Caruso, D. R. (2000). Emotional intelligence as zeitgeist, as personality, and as a mental ability. In R. Bar-On & J. D. A. Parker (Eds.), *The handbook of emotional intelligence* (pp. 92-117). San Francisco: Jossey-Bass.

Mayer, J. D., Salovey, P., & Caruso, D. R. (2004). Emotional intelligence: Theory, findings, and implications. *Psychological Inquiry, 15*(3), 197-215.

McCallum, M., & Piper, W. E. (2000). Psychological mindedness and emotional intelligence. In R. Bar-On & J. D. A. Parker (Eds.), *The handbook of emotional intelligence* (pp. 118-135). San Francisco: Jossey-Bass.

Mikolajczak, M., Luminet, O., Leroy, C., & Roy, E. (2007). Psychometric properties of the trait emotional intelligence questionnaire: Factor structure, reliability, construct, and incremental validity in a French-speaking population. *Journal of Personality Assessment, 88*(3), 338-353.

Paul, A. M. (1999, June 28). *Promotional intelligence.* Retrieved January 25, 2009, from http://www.salon.com/books/it/1999/06/28/emotional/index.html

Petrides, K. V., & Furnham, A. (2001). Trait emotional intelligence: Psychometric investigation with reference to established trait taxonomies. *European Journal of Personality, 15*, 425-448.

Petrides, K. V., & Furnham, A. (2006). The role of trait emotional intelligence in a gender-specific model of organizational variables. *Journal of Applied Social Psychology, 36*(2), 552-569.

Petrides, K. V., Furnham, A., & Frederickson, N. (2004, October). Emotional intelligence. *The Psychologist, 17*(10), 574-577. Retrieved January 25, 2009, from http://www.ioe.ac.uk/schools/phd/kpetrides/Reprints/Psychologist%20-%20T_EI%20(2004).pdf

Petrides, K. V., Pita, R., & Kokkinaki, F. (2007). The location of trait emotional intelligence in personality factor space. *British Journal of Psychology, 98*, 273-289.

Petrides, K. V., Sangareau, Y., Furnham, A., & Frederickson, N. (2006). Trait emotional intelligence and children's peer relations at school. *Social Development, 15*, 537-547.

Salovey, P., & Grewal, D. (2005). The science of emotional intelligence. *Current Directions in Psychological Science, 14*(6), 281-285. Retrieved January 25, 2009, from http://research.yale.edu/heblab/pub_pdf/pub68_SaloveyGrewal2005_scienceofEI.pdf

Salovey, P., & Mayer, J. D. (1990). Emotional intelligence. *Imagination, Cognition, and Personality, 9*, 185-211.

Schmitt, A. J. (2006). EI in the business world. In K. R. Murphy (Ed.), *A critique of emotional intelligence* (pp. 211-234). New York: Lawrence Erlbaum Associates.

Sternberg, R. (Ed.). (2002). *Why smart people can be so stupid.* New Haven, CT: Yale University Press.

Taylor, G. J., & Bagboy, R. M. (2000). An overview of the alexithymia construct. In R. Bar-On & J. D. A. Parker (Eds.), *The handbook of emotional intelligence* (pp. 40-67). San Francisco:

Jossey-Bass.

Thorndike, E. L. (1920, January). Intelligence and its uses. *Harper's Monthly Magazine*, 227-235.

Watson, T. (2007). Test review of the Emotional Competence Inventory. In K. F. Geisinger, R. A. Spies, J. F. Carlson, & B. S. Plake (Eds.), *The 17th mental measurement yearbook* (pp. 304-305). Lincoln, NE: University of Nebraska Press.

Wechsler, D. (1939). *The measurement of adult intelligence. Baltimore*, MD: Williams & Wiklins.

Wechsler, D. (1958). *The measurement and appraisal of adult intelligence* (4th ed.). Baltimore: Williams & Wilkins.

Wechsler, D. (1981). *WAIS-R manual: Wechsler Adult Intelligence Scale-Revised*. Cleveland, OH: The Psychological Corporation.

Wolff, S. B. (2005). *Emotional Competence Inventory (ECI) technical manual*. Retrieved January 25, 2009, from http://www.eiconsortium.org/pdf/ECI_2_0_Technical_Manual_v2.pdf

추천도서

Bar-On, R., & Parker, J. D. A. (Eds.). (2000). *The handbook of emotional intelligence*. San Francisco: Jossey-Bass.

Mathews, G., Zeidner, M., & Roberts, R. D. (2002). *Emotional intelligence, science and myth*. Cambridge, MA: MIT Press.

Murphy, K. R. (Ed.). (2006). *A critique of emotional intelligence: What are the problems and how can they be fixed?* New York: Lawrence Erlbaum Associates.

제13장

스포츠 코칭에서 배우는 경영자 코칭

누구나 삶의 어느 영역에서는 코치이며, 당신도 마찬가지다. 자, 호각과 작전판을 들고 경기에 나서 보자.

－켄 블랜차드와 돈 슐라(Blanchard & Shula, 1995, p. 15)

경영자 코칭은 운동선수를 위한 코칭에서 비롯되었으며, 서점의 경영서 코너에 가 보면 유명 코치들의 책이 한가득 꽂혀 있다. 따라서 스포츠 코칭 서적에 담긴 조언들을 살펴보면 경영자 코칭에 도움이 될 것이다. 경영자 고객 역시 그런 책을 몇 권 읽어 봤을 것이다.

코칭을 임원 상담이나 직장인을 위한 심리치료라고 부르지 않고 코칭이라고 부르는 한 가지 이유는 치열하게 일하는 기업의 직원들, 특히 남성 직원들은 대개 코칭에는 호의적이지만 심리치료는 꺼리기 때문이다. 흔히 그들은 직장 생활을 스포츠와 동일시해서 자기 자신을 운동선수로 인식하거나, 아니면 자신을 훌륭한 선수에 빗대기를 좋아한다. 그들은 대부분 어려서부터 스포츠를 접하며 자라고, 자신이 좋아하는 팀을 지켜보고 좋아하는 선수를 모방한다. 상담은 문제나 약점, 부적응을 상기시키는 반면 코칭은 스포츠 스타나 우승팀을 연상시킨다. 훌륭한 팀에는 훌륭한 코치가 있기 마련이며, 타이거 우즈 같은 선수도 정기적으로 스윙 코치를 찾는다.

미국에서 심리학적 방법론을 스포츠 코칭에 정식으로 적용하기 시작한 때는 1920년 대로, 일리노이대학의 심리학자 콜먼 그리퍼스Coleman Griffith가 야구단의 코칭법 개선과 성적 향상을 목적으로(목적 달성에는 실패했지만) 시카고 컵스Chicago Cubs에 합류한 시점부터다(Green, 2003). 콜먼 그리피스는 1926년에 『코칭의 심리학: 심리학의 관점에서 본 코칭 방법의 연구』(가제)[1]라는 제목으로 심리학과 코칭에 관한 최초의 글을 썼다. 이상하게도 그 책이 출판된 뒤에는 그와 관련된 진지하고 과학적인 도서가 별로 발간되지 않았다. 하지만 1990년대에 들어서자 성공적인 코칭 사례와 이를 기업 환경에 적용시킨 사례를 다룬 책이 무수히 출간되었다. 유명 코치와 운동선수들은 대필 작가를 고용해 자신들이 성공할 수 있었던 원동력이나 동기부여 기법을 털어놓았다.

이런 책들은 경영자 코칭에 활용할 만하다. 스포츠 코치[2]들의 책을 경영자 코치들이 흥미롭게 살펴볼 만한 이유는 최고 수준의 단체 스포츠, 특히 미식축구 같은 스포츠가 사실상 기업화되었기 때문이다. 미식축구팀 샌프란시스코 포티나이너스 Sanfrancisco 49ers 같은 경우는 팀 '운영operation'을 위해 부사장이 존재한다. 선수들은 '직원 personnel'으로 불리고, 팀은 '조직organizations'으로 언급된다. 샌프란시스코 포티나이너스의 전직 코치 빌 월시Bill Walsh가 쓴 책 『승리로 가는 길을 찾아』(가제)[3]는 사실상 광범위하면서도 세세한 기업 경영 안내서다. 이 훌륭한 코치는 팀 운영에 대한 전권을 강조한다. 그는 자신의 책에 이렇게 썼다. "나는 팀 운영에 대한 모든 권한을 부여받는다는 합의하에 코치직을 수락한다"(Walsh, Billick, & Peterson, 1998, p. 9).

요즘 스포츠계 코치들은 권한을 제한받거나 구단주의 잦은 간섭에 시달리지 않고, 복잡한 거대 조직의 '경영자executive'로서 일한다. 대개 스포츠 코치들이 수행하는 역할은 기업에서 경영자가 수행하는 역할과 별로 다르지 않다. 스포츠계 코치들이 쓴 책 중에는 기업 경영에 참고가 될 만한 내용이 많으며, 월시는 1993년부터 1997년에 걸쳐 「포브스」지에 조직 운영에 관한 글을 연재하기도 했다(Walsh et al., 1998). 여기에는

---

1) 원제: The Psychology of Coaching: A Study of Coaching Methods from the Point of Psychology
2) 우리나라 스포츠계에서는 주로 감독이라는 표현을 쓰지만 미국에서는 감독을 코치라고 표현하므로 이 책에서는 그 의미와 원어를 살려 코치로 번역했다-역주
3) 원제: Finding the Winning Edge

미식축구 코치와 경영자 코치 모두에게 해당되는 주목할 만한 내용이 실려 있다.

경기의 절반은 심리에 달려 있다.

베라(Berra, 1998, p. 96)

유명 코치가 쓴 책은 때로 읽기에 지루한 면이 있기도 하다. 어느 책이나 상투적인 문구(준비에 실패하면 실패를 준비하는 셈이다)나 동기 유발을 위한 경구(어려운 상황이 닥쳤을 때 강인한 사람은 오히려 앞으로 나아간다)가 넘쳐난다. 설상가상으로 이런 책은 조지 패튼George Patton, 손자孫子, 에르빈 로멜(나치의 기갑사단장)과 같이 명성이 자자한 장군들의 말을 숱하게 인용한다.

운동선수들은 이런 상투적인 문구를 수년에 걸쳐 들어왔기에 넌더리를 내고 귀를 틀어막는다. UCLA 대학의 농구 코치 존 우든John Wooden이 지도한 어느 선수는 재학 당시에는, 존 우든이 제창해 널리 알려진 **성공의 피라미드**Pyramid of success에 별 관심이 없었다고 털어놨다. 하지만 존 우든에게 바치는 헌사에서 그 선수는 훗날 자신이 프로의 세계에 입문한 뒤에는 성공의 피라미드가 유용했다고 말했다(Walton, 1992, p. 52).

프랭크 디포드Frank Deford(Jones, 1998)는 "수준 미달의 코치가 매우 뛰어난 코치를 이기기도 한다."면서, 기대를 품을 만하지 않은 곳에 막무가내로 과도한 기대를 품지 않도록 주의해야 한다고 지적했다. 그의 기억에 따르면, 오랜 기간 보스턴 셀틱스Boston Celtics의 코치로 역임한 레드 아워백Red Auerback의 철학이 효과적이었던 때는 빌 러셀Bill Russel[4]이 보스턴 셀틱스에서 활약하는 동안이었다. 하지만 유명 코치들은 오랜 기간 우수한 성적을 냈으며, 그들이 이룬 업적이 그저 스타 선수와 운이 따른 덕분이었다고는 말할 수 없다. 그들에게는 어딘가 대가다운 면모가 있었다.

바쁘기 그지없는 승장들이 자기 책의 상당 부분을 직접 '쓰지'는 않았을 것이다. 그들의 성공이 글솜씨에서 비롯되지 않았다는 점에서 이것은 다행스러운 일이다. 스포츠 코치가 쓴 책의 상당수는 거실이나 침실의 탁자에 놓인 채 먼지만 쌓여 있을 공산이 크다. 그럼에도 이런 책은 매력적인 면이 있으며, 갖가지 성공요인과 승패 사례 속

---

4) 미국 프로농구(NBA)의 역사적인 선수로 센터 포지션에서 활약했다―역주

에 한두 가지 유용한 정보를 담고 있다. 스포츠 코치들의 책은 대개 피나는 훈련, 팀워크, 세밀한 관심, 원활한 의사소통, 긍정적인 태도와 같이 명확한 요소를 강조한다. 이번 장에서는 스포츠 코치들의 책에 (유용한 정보와 더불어) 공통적으로 나타나지만 사람들이 잘 알아차리지 못하는 교훈도 함께 다루며, 이런 요소들은 분명 경영자 코치에게도 유용할 것이다.

실존주의 철학자이자 소설가인 알베르 카뮈는 축구와 연극 중에 어느 쪽을 더 좋아하냐는 질문을 받은 적이 있다. 카뮈는 이렇게 대답했다고 한다. "생각할 것도 없이 축구입니다. 오랜 시간 많은 일을 경험했습니다만, 제가 인간의 도덕성과 의무를 분명히 깨닫게 된 건 스포츠 덕분이었습니다"(Albert Camus Society UK, n.d.).

공통 주제

스포츠 코치들이 쓴 책과 성공한 코치들의 철학에는 놀라울 정도로 공통된 얘기가 많다. 그렇다면 우리는 그 공통 주제에서 중요한 교훈들을 얻을 수 있을 것이다.

주제 1: 몰입

대개 성공한 선수와 코치에게는 공통으로 나타나는 자질이 하나 있다. 사실 경영자 코칭에 이런 자질을 적용하기에는 무리가 따른다. 크게 성공한 코치와 선수는 지나칠 정도로 자신의 일에 몰입한다. 일반인들은 그들만큼 한 가지 일에 몰입하지 못하며 몰입하는 능력이 아예 없는 경우도 있다.

> 나는 성취와 성공 앞에서 짐승이 된다. 내 머릿속에 이만하면 성공했다는 생각은 스쳐본 적도 없다(게리 플레이어Gary Player, Jones, 1998, p. 56에서 인용).
> 한 가지 영역에 골몰하는 자세가 인류의 발전을 위한 최선의 길이라고 말하고 싶지는 않지만, 이런 자세야말로 챔피언이 되기 위해 꼭 필요한 능력이다(크리스 에버트 Chris Evert, Jones, 1998, p. 83에서 인용).

사실상 서점에 진열된 유명 스포츠 코치의 책은 모두 같은 얘기를 한다. 높은 업적을 쌓은 사람들은 한눈팔지 않고 자신의 기술을 갈고 닦는 데 집중하며 골몰한다는 것이다. 그들은 일반인보다 훨씬 더 열심히 노력하며, 균형 잡힌 삶을 살지 못한다.

　스포츠 코칭 서적은 대체로 꿈과 목표 설정을 중요하게 다룬다. 동기와 꿈은 서로 연관이 있으며, 경영자 코치는 고객이 자신의 꿈을 명확히 이해하도록 돕거나 꿈을 찾을 수 있도록 도와야 한다. 이때 경영자 코치는 농구 선수나 골프 선수들처럼 고객들이 자신의 꿈의 직장에서 일할 것이라고 기대해서는 안 된다. 그리고 코치는 고객으로 하여금 자신의 열정이 무엇인지 파악하게 하고, 그 열정이 실제 생업과 너무 동떨어지지는 않았는지 살펴보도록 도와야 한다. 꿈과 동기가 멋진 준마처럼 장비를 갖추고 달릴 수 있다면 더할 나위 없이 좋다. 그렇다면 크게 걱정할 필요가 없다. 한눈팔지 말고 단호히 목표를 향해 달리기만 하면 된다. 하지만 고객이 직장 생활에서 양가감정을 크게 느낀다면 이야기가 달라진다. 또한 고객이 자신의 직장 업무를 가족, 철인 3종 경기, 걸스카우트와 같은 삶의 다른 측면보다 등한시하는 경우에도 이야기가 달라진다. 코칭 서적은 삶의 균형, 특히 가족을 중시한다. 하지만 때로 코치들은 자신의 가정사에 신경을 쓰다 보면 업무에 지장이 생기기 마련이라고 입을 모으며, 어떤 경우에는 책이 출간된 뒤에 남몰래 이혼을 하기도 한다. 어느 코치는 아버지에게 책을 바치며라고 헌시를 썼다. "저는 아버지께 작별인사도, 사랑한다는 말도 전하지 못했습니다."

　경영자 코칭의 시작점에서 고객에게 몇 가지 질문을 던져 보자. "일은 당신의 삶과 꿈에서 얼마나 중요한 위치를 차지하는가? 당신은 지금 일에 얼마나 몰두하고 있으며, 얼마나 몰두하고 싶은가? 우선순위에 있는 요소가 당신의 성공을 가로막는다면 좌절감을 느낄 것 같은가? 성공에 몰두한 대가로 가족 관계에 문제가 생기거나 배우자의 분노를 산다면 수치심을 느낄 것 같은가? 사람들은 사회생활 초기에는 대개 성공을 위해 열심히 일하지만, 막바지에 이르러서는 그렇지 않다고 보는가? 책임이 막중한 리더의 역할을 성공적으로 수행하려면 시간과 공을 무척 많이 들여야 한다. 고객은 그런 역할이야말로 살면서 도전해 볼 만한 가치가 있다고 확신하는가? 그런 마음이 일시적인가 영속적인가? 열성적으로 하루에 18시간씩 일할 수 있는 성격을 타고났는가? 고객에게 가족이나 배우자가 있다면, 가족이나 배우자는 고객이 일에 헌신하는 이유나 고객이 지켜야 할 규칙이나 계약 사항에 대해 분명히 이해하고 있는가?

이런 질문으로 일에 몰입하는 자질을 폄하하려는 뜻은 전혀 없다. 몰입하는 자질은 어느 분야에서건 성과를 내기 위해 꼭 필요하며, 어떤 분야에서든 우수한 성과를 내면 정신건강과 자존감이 크게 향상된다. 여기서 말하는 '어떤 분야'가 반드시 직장 생활일 필요는 없으며, 모든 고객이 직장 생활에 몰두하리라고 예상해서도 안 된다.

고객이 직장에서 크게 성공하고자 한다면 고객이 몰입할 줄 아는지 살펴보아야 한다. 코치는 코칭의 목표가 확실해지면 고객이 몰입하는 능력을 기르도록 도와주어야 한다. 하지만 이때 나는 꼭 이렇게 말한다. "몰입하는 삶과 균형 잡힌 삶, 이 둘 중에 하나를 잘 판단해서 선택하시고, 선택을 내린 사람이 본인이었다는 점을 명심하세요. 선택에 대한 결과를 기쁘게 받아들이시고, 한쪽을 선택한 뒤에는 다른 쪽에서 얻을 수 있는 이점을 기대하지 마세요. 각 선택지에는 저마다 득과 실이 있기 마련입니다." 코치는 고객에게 이런 사항들을 분명히 이해시켜야 하며 그렇지 않을 때는 혼란과 의욕 상실을 초래할 수 있다. 조직은 조직의 구성원에게 일과 삶에서 균형을 맞추라고 권장하기는 하지만 그렇게 한다고 해서 보상을 해 주지는 않는다. 이런 상황을 명확히 이해시키는 것은 코치가 해야 할 일이다.

> 자기 일을 즐기는 사람이나 자기 일에서 의미를 찾은 사람은 놀라울 정도로 활기차다. 자신을 혁신할 줄 아는 사람은, 지금 하는 일에서 의미를 찾지 못할 때, 의미를 찾을 수 있는 다른 일을 찾아나서야 한다는 점을 알고 있다(존 가드너John Gardner, Robinson, 1996, p. 31에서 인용).

주제 2: 기본을 가르치자

> 무슨 기술이든 요령만 익히려 해서는 그 기술을 제대로 배우지 못한다.
> —존 우든(Walton, 1992, p. 46)

존 우든 코치는 매 시즌을 시작할 때마다 '스포츠 양말 제대로 신기'를 주제로 강의를 하는 것으로 유명하다. 코칭 서적은 모두 경기에 필요한 기본을 가르치고 배우라고 강조한다. 유명 코치들은 대체로 자신을 선생님으로 여긴다. 그들은 자기가 다른 코치보다 우위에 설 수 있었던 이유로 교습 기술을 꼽는다. 그들은 자존심이 강하고 재능이 뛰어난 선수에게조차 불필요할 정도로 기본 기술을 강조한다. 기술이 몸에 밸 때까지 강조하고 또 강조하여 전국대회 수준의 치열한 경기 속에서 극도로 압박감을 느껴도 그 기술이 자연스레 나오도록 만든다. 이런 코치들은 선수가 기본기를 반복해서 연습하지 않으려 하면 결코 가만히 있지 않는다. 그들은 자신의 능수능란한 교습 기술을 활용해 기본기를 갈고닦도록 만든다.

경영자 코치도 이와 똑같이 할 수 있다. 우선 고객과 함께 기본 기술이나 역량을 정리해 본다. 흔히 그렇듯 고객은 기초적인 경청 기술이 부족하거나, 감사 편지를 남기지 않거나, 시간 관리를 잘 못해 회의에 지각을 한다거나, 전화나 이메일에 즉각 답신을 보내지 않을지 모른다. 또 프레젠테이션 능력이 부족하다거나, 메모나 제안서 작성이 서툴다거나, 회의에 임하는 요령, 옷 입는 법, 위임하는 법을 모를 수도 있다. 코치는 먼저 업무와 관련된 기본 기술을 심도 있게 파악하여 접근해야 한다. 이때 말을 아껴서는 안 된다. 코치가 이런 문제를 끄집어내주지 않는다면 누가 대신해 주겠는가? 고객의 업무를 세세히 파악해 업무에 필요한 기본 기술을 찾아내고 몇 가지 새로운 기술을 제안한다. 가르칠 때는 자기가 가장 자신 있는 방식으로 가르쳐야 한다. 기본 기술과 관련된 기업의 매뉴얼을 읽고 검토해 본다. 참고문헌을 건네주고 하나씩 차근차근 살펴본다. 고객이 편안해하는 곳에서 고객을 만나 필요한 기술을 연습한다. 고객을 위해 시범을 보여 준다. 고객이 진전을 보이지 않을 때는 문제를 해결하게 도와준다. 고객에게 기본 기술이 필요하다는 점을 납득시킨다. 특히 고객이 기본 기술을 대수롭지 않게 여기거나 자신에게 기본 기술이 부족하다는 사실을 인정하기 부끄러워한다면 기본 기술의 필요성을 꼭 납득시켜야 한다. 오랜 기간 부족한 기술을 숨겨올 수 있었다 해도 그런 문제는 결국 고객의 발목을 잡게 되어 있다.

교육에 앞서 선생님과 학생은 일종의 계약을 맺어야 한다. 각자 태도와 행동 면에서 자신의 역할을 제대로 수행하겠다고 합의해야 한다. 선생님은 먼저 수업의 진행 방식을 설명하고 면학 분위기를 조성해야 한다. 선생님은 명확히 설명해 주고, 예를 들어주고, 질문에 답하고, 유용한 피드백을 전해 주어야 한다. 때로는 훈계도 하고 칭찬도 해야 한다. 또한 자신의 교육 방식에 대한 피드백을 받아들이고 이에 맞춰 교육 방식을 수정해야 한다.

주제 3: 개인별 접근법을 사용하고 융통성과 창의성을 발휘하자

심리학자는 대개 자신이 가장 잘 아는 이론을 고수하기 마련이다. 심리치료를 할 때는 한 가지 이론을 온전히 적용한다는 명목으로 이러한 경향이 용인된다. 하지만 경영자 코칭에서는 이러한 방식이 역효과를 낸다. 경영자 코칭 고객은 대개 심리치료 내담자들과 달리 성과가 없으면 코칭을 중단한다.

> 선생님은 학생의 내면에서 학생의 능력을 최고로 발휘하게 해 줄 도화선을 찾아주
> 어야 한다. 어떤 학생들은 강하게, 어떤 학생들은 여유 있게 지도해야 한다(타라 밴
> 더비어Tara VanDerveer, 스탠퍼드대학교 여자 농구 코치, Walsh, 1998, p. 34에서 인용).

사실상 모든 스포츠 서적이 인간관계에서 융통성을 강조한다. 돈 슐라Don Shula 코치는 이를 "오더블audible을 준비하라."라는 말로 표현한다(Blanchard & Shula, 1995). (오더블이란 미식축구 용어로, 경기를 속개하기 직전에 미리 준비한 작전을 바꿔야 할 때, 사전에 연습해둔 암호를 자기 팀 선수들에게 외쳐서 작전 변경을 알려 주는 행위를 말한다.) 스포츠 코칭 서적은 절대적인 규칙이 오히려 역효과를 낸다고 말하는데, 이는 선수들을 고유한 개인으로 대해 주어야 하기 때문이다. 사람에게는 각자에게 맞는 적절한 학습 방식이 있다. 지도 기술이 편협하고 경직된 코치는 성공하지 못한다. 엄하기로 유명한 스포츠 코치들도 자유분방하고 자기중심적인 요즘 선수들 앞에서는 이런 측면을 염두에 둔다. 요리책처럼 획일적인 접근법은 실패할 수밖에 없으며, 경영자 고객들은 그런 기미를 간파하면 코칭을 중단하려 한다. 경영자라면 누구나 한 번쯤은 사비를 들여 세미나나 리더십 강연에 참여해 본다. 그들은 요리책처럼 획일적인 방식의 접근법을 시도해 보았거나, 그런 책을 사놓고 보지 않았거나, 읽었던 내용을 기억조차하지 못할 것이다. 코치는 폭넓고, 창의적이고, 개개인에게 적합하고, 설득력 있는 기술

을 가르쳐 주기 위해 고객에게 고용되고 보수를 받는다.

> 뭔가 제대로 돌아가지 않을 때 우리는 다른 방법을 모색한다. 도움이 되는 방법이
> 면 무엇이든 시도해 본다. 코치의 사전에 포기란 없다. 절대!(짐 발바노Jim Valvano,
> Krzyzweski & Phillips, 2000, p. 250에서 인용)

새로운 고객을 맞을 때는 이제부터 유일무이한 모험이 펼쳐진다고 생각하는 것이 바람직하다. 경영자 코칭에서 융통성은 필수적이다. 심리치료사처럼 하나의 이론이나 방법론에 집착해서는 안 된다. 코칭에는 이론상의 제한이 없다. 도움이 된다 싶은 새 방법론을 기꺼이 받아들여 시도해 보자. 설혹 효과가 없다고 해도 코치와 고객은 그런 시도를 통해 교훈을 얻게 된다. 코칭 과정은 하나의 모험이며, 이 모험은 해당 고객에게 딱 맞춰진 것이라고 얘기해 주자. 고객과 함께 혁신적인 방법을 찾아보고, 별 소득이 없을 때는 재빨리 다른 방법으로 옮겨가자.

주제 4: 경쟁 상대는 바로 나

> 스포츠가 재미있는 이유 중에 하나는 경기가 끝난 뒤에(회사에서 하루 일과를 마친
> 뒤와 달리) 결과를 정확히 살펴볼 수 있다는 점이다. 경기장에는 늘 커다란 전광판
> 이 있어서, 경기에 참여한 선수뿐 아니라 모든 사람이 그날의 승패를 알 수 있다.
> −찰리 존스(Charlie Jones, 1998, p. 10)

코칭 서적은 마지막 결과가 가장 중요할 것이라는 냉혹한 사고방식을 받아들이지 않는다. 승리를 강조하는 책도 있기는 하지만 대다수는 자신과의 싸움, 즉 자신의 최고 성적을 뛰어넘는 데 초점을 맞춘다. 그런 책들은 상대방이나 득점판이 아닌, 각자의 수준에 맞게 목표를 설정하고 실력을 평가하라고 조언한다. 또 훌륭한 경쟁 상대에 대해서는, 자신의 실력을 점검할 좋은 기회이므로 그런 경쟁 상대의 가치를 인정하기는 하지만, 경쟁 결과에 대해서 크게 우쭐해할 필요는 없다고 말한다. 어느 위대

한 코치는, 모든 코치가 우승을 목표로 삼는다면 그중 99%는 끝에 가서 그 시즌을 실패로 규정할 것이라고 말했다. 우든은 이런 견해를 전적으로 지지한다(그는 농구 역사상 가장 성공한 코치다). 또한 우든은 결과보다는 목표를 향한 여정으로써의 준비 과정과 시합 과정의 중요성을 역설했다. 우든은 (여러 사람 앞에서) 자기 팀이 상대편을 이겼다는 식으로 표현하지 않고 자기 팀이 상대편보다 점수를 더 많이 냈다는 식으로 표현했다. "코치님은 절대 저희에게 승리를 요구하지 않으셨어요. 늘 저희 능력을 최대로 발휘하라고 요구하셨죠"(월트 해저드Walt Hazzard, Walton, 1992, p. 65에서 인용).

아주 중요한 경기를 치러야 하는 위대한 코치들이 이런 자세를 취하기란 얼핏 불가능해 보이기도 하지만, 그들에게는 그렇게 해야 한다는 확고한 신념이 있는 듯하다. 대학 팀의 경우 동문들이 모두 그들에게 "성과(라고 쓰고 승리라고 읽는다)를 내라."고 외치며, 경기의 승패에 따라 거액의 돈이 오가기도 한다. 그럼에도 위대한 코치들은, 우수한 실력에 중점을 두고 끊임없이 자신의 실력을 향상시키는 방식이 가장 효과적이라는 점을 실제로 꾸준히 증명해내고 있다. 그들 역시 목표 설정을 강조하지만, 목표를 세울 때는 다른 선수들의 기준에 맞추지 않고 자신의 재능이나 성과를 더 향상시키는 쪽으로 방향을 잡아야 한다고 말한다.

> 타인의 기준에 맞춰 성공하려고 애쓰면 결국 좌절하고 만다. 자기만의 성공 기준을 확립해야 한다(Krzyzweski & Phillips, 2000, p. 64).

이 조언은 경영자 코치와 고객에게 매우 의미 있는 교훈을 전해 준다. 기업의 인사부서에서 결정하는 고과 성적에 의존할 것이 아니라, 학습과 성과에 대한 자기만의 목표를 세우고 평가해 보면 어떨까? 이것이 훨씬 더 올바른 접근법이다. 조직이 우리에 대해 내리는 결정은 우리의 통제 영역 밖에 있지만, 자신의 기대치나 목표, 노력의 정도는 스스로 결정할 수 있다. 이렇게 하면 자신의 운명에 대한 주도권을 조금이나마 확보할 수 있다. 목표와 기준을 직접 선택하고, 자신의 현재 성과가 어떤지, 그것을 어떻게 받아들일지 직접 결정하는 것이다. 승진 심사에서 탈락하거나 해고를 당하거나 좋은 제안을 받은 상황이라면, 그런 상황이 자신의 목표에 비추어 봤을 때 어떤 의미가 있는지 평가해 본다. 그러고 나서 그것을 어떻게 받아들이고 행동할지 결정한다. 경영자 코치는 이런 식의 태도를 고객에게 알려 주어야 하며, 이때 여러 유명 스포츠 코치들의 조언이 유용할 것이다.

주제 5: 시각화 기법

성공한 스포츠 코치들은 그들이 내적 심상 시연covert imagery rehearsal 또는 시각화 기법 visualization이라고 부르는 방법을 사용한다. 유명 스포츠에서 사용되는 시각화 기법은 분명 인지심리학으로부터 영향을 받은 것이다. 선수들은 경기 시작 전에 미리 머릿속으로 경기를 처음부터 끝까지 차근차근 진행해 본다. 서던 캘리포니아대학교(USC)의 전직 미식축구 코치 존 로빈슨John Robinson은 이를 '시각적 시연rehearsal vision'이라고 부르며, 그렉 루가니스라는 다이빙 선수가 실제 경기에 앞서 다이빙 과정을 머릿속에서 40차례나 그려 봤다는 일화를 얘기해 준다(Robinson, 1996, p. 24). 시각화 기법을 사용해 온 선수들은 실제 경기를 치를 때면, 경기의 모든 순간을 이미 예전에 겪었었다는 느낌이 들며, 이제는 시각화 기법이 습관이 되었다고 말한다. 어느 프로농구 코치는 매 경기 전 집에서 45분간의 시각화 기법을 통해 어떻게 '마음의 준비를 하고 마지막으로 경기 계획을 조정'하는지 그 방법을 밝힌 바 있다(Jackson & Delehanty, 1995, p. 121).

경영자 코치는 시각화 기법 관련 서적을 참고해 볼 만하며, 시각화 기법은 코치가 활용할 수 있는 기술 목록에 꼭 들어가야 할 도구다. 무엇이든 실행하기 전에 머릿속에서 시연해 볼 수 있다. 시각화 기법에 대한 복습 자료가 필요한 코치는 이번 장 마지막에 수록해 놓은 참고문헌을 살펴보면 된다(Bry, 1978; Lazarus, 1977). 고객이 원한다면 고객에게 참고문헌을 읽어 보게 해도 좋다. 코치는 면담 과정에서 시각화 기법을 가르치고 시연해 줄 수 있으며, 이것을 집과 직장에서 사용해 보도록 권할 수 있다.

주제 6: 영상 자료로 피드백하기

성공한 스포츠 코치는 다양하고 창의적인 영상물을 사용해 선수들에게 피드백을 전달한다. 영상 자료는 다른 방법에서는 불가능한, 효과적인 방법으로 정보를 전달한다. 그렇게 하면 구구절절이 설명할 필요가 없고, 그다지 많은 논평 없이 피드백을 전달할 수 있다. 말로 피드백을 전달할 때는 매우 요령 있게 해야 하며, 그렇게 하지 못할 때는 상대방이 피드백을 비판으로 받아들일 가능성이 있다. 영상 자료는 비평을 하지 않으며, 거짓말도 하지 않는다. 어떤 상황은 대화만으로는 제대로 풀어갈 수가 없으며, 때로는 사진 한 장이 수백 마디 말보다 더 효과적이다. 스포츠 코치들은 영상 자료 없는 코칭은 생각지도 못한다. 유명 대학과 프로 구단은 자신들의 현재 상태와 개선점을 파악하기 위해, 심지어 경기가 진행 중일 때도 영상 자료의 도움을 받는다. 대개 영상 자료는 기술적인 요소를 이해하기 위해 사용하지만, 선수의 태도를 변화시키기 위해 사용하거나, 좋은 플레이나 성실성을 추켜세워 주기 위해 사용하기도 한다. 예를 들어, 농구 코치 마이크 시셰프스키Mike Krzyzewski는 영상 자료를 이렇게 사용한 적이 있다.

> 어느 날 나는 다른 것은 다 빼고 헐리라는 선수의 시합 중 얼굴 표정만 5분짜리 영상으로 편집했어요. 그러고는 헐리를 가만히 불러와 의자에 앉혀 놓고 헐리가 코트에 서 있을 때 나와 다른 사람들의 눈에 어떤 모습으로 비치는지 보여 줬죠. 헐리는 입을 비쭉 내밀고, 투덜대고, 손가락질을 하고, 머리를 떨구고, 신경질을 냈죠. 영상이 끝났을 때 나는 헐리 쪽으로 고개를 숙여 조용히 말했어요. "헐리, 이게 네가 동료들에게 보내고 싶은 메시지인가?"(Krzyzweski & Phillips, 2000, pp. 92~93)

또 언젠가 마이크 시셰프스키 코치는 선수들을 모두 불러 앉혀 놓고 스타 선수가 끔찍한 경기에서 펼친 형편없는 플레이만 모아서 보여 줬다. 이런 방식은 얼핏 위험해 보이지만, 해당 선수는 심각하게 반성해야 할 필요가 있었을 것이다. 이와 반대로 마이크 시셰프스키 코치는 해마다 봄이 되면, 졸업을 앞둔 선수 개개인의 멋진 하이라이트 장면만 모아 선수 생활을 기념해 주기 위해 졸업 선물로 증정하기도 했다.

월쉬는 여러 스포츠 선수들이 눈에서 불꽃을 튀기고 경기에 몰입하는 모습만 추려 편집했다. 그리고 자기 만족감에 빠진 선수들에게 보여 주곤 했다(Walsh et al., 1998, p. 330).

심리학자와 심리치료사들은 영상 자료를 충분히 활용하지 않는 경우가 많다. 하버드대에서 숙련된 경영자 코치에게 설문을 실시한 결과, 코치들은 영상 자료를 통한 피드백을 탐탁지 않게 여기는 것으로 나타났다. 설문에 응한 코치 중 오직 25%만이 영상 자료가 코칭에 '어느 정도 효과적인' 도구라고 응답했으며, 18%는 효과가 없거나 있어도 극히 미미하다고 응답했다(Kauffman & Couto, 2009, p. 16). 나는 경영자 코칭에서 영상 피드백의 잠재적 효과가 매우 크며, 이를 모든 고객에게 적용해야 한다고 본다. 연배가 어린 경영자들은 유튜브를 접하며 자랐고 카메라나 웹캠, 영상 매체에 익숙하다. 영상 장비는 가격이 그다지 비싸지 않고 사용하기에도 편리하다. 그렇지만 어느 정도는 독창적인 방식으로 사용해야 하며, 영상 장비에 처음에는 거부감을 보이는 고객도 있기 마련이다. 하지만 영상 자료의 효과는 확실하다. 고객에게 자기의 모습과 행동이 어떤지, 대화 방식이나 어조가 어떤지 보여 주면 된다. 면담 상황을 녹화하고 나중에 그것을 검토해 보자. 고객이 새로운 기술을 연마하는 모습을 녹화하고 검토해 보자. 음성 녹음은 매우 효과적인 도구다. 고객의 동의하에 고객의 음성 메시지를 녹음해두자. 그리고 고객이 그것을 다시 듣고 부족한 부분을 완벽해질 때까지 연습하도록 이끌어 주자. 음성 메시지를 효과적으로 남기는 법을 배울 때는 이런저런 책을 읽는 것보다 자신의 목소리를 녹음해서 듣고 코치의 피드백을 받는 편이 훨씬 더 좋다. 업무상 중요한 대화를 나눠야 한다면 실전에 앞서 실제 상황을 가정하고 대화하는 연습을 해 보자. 예를 들어, 고객이 파트너나 직원에게 어려운 말을 꺼내야 할 때나 뭔가를 납득시켜야 한다거나 나쁜 버릇을 고쳐야 할 때는 시청각 자료를 이용한 사전 연습이 효과적이다. 영상자료는 애널리스트나 관리직에 있는 사람이 파트너급으로 올라서려고 할 때 특히 유용하다. 높은 직위에 오르려면 자기 정체성과 행동에 근본적인 변화가 필요하며, 이런 얘기를 영상 자료 없이 나누기란 매우 어렵다. 최근 「하버드 비즈니스 리뷰」의 한 논설문은, 출세하고 싶은 파트너라면 '자기 정체성을 새롭게 구축'해야 하는데, 그들이 얻을 수 있는 정보라고는 "파트너가 되고 싶다면 실제 파트너가 된 것처럼 행동하라."와 같이 모호한 조언밖에 없다는 점을 꼬집었다(Ibarra, 2000). 영상 자료를 통한 피드백은 앞서 예로 든 모호한 조언과 제대로 된 학습 사이의 간극을 메워 준다. 실제 파트너들이 행동하는 모습과 고객 본인의 모습을 화면상에서 비교해 보게 하면 변화가 더 뚜렷이 나타난다. 이렇게 하면 코치는 고객의 잘못을 직접 지적하지 않아도 된다. 영상 자료에게 그 역할을 맡기면 된다.

주제 7: 패배로부터 배우기

코치나 운동선수가 쓴 책은 고난과 고난을 대하는 자세의 중요성을 다룬다. 그들은 패배를 교훈을 얻는 기회로 삼는다.

> 이기고 싶다면 패배로 인한 분노에 휩싸여 보아야 한다(조 나마스Joe Namath,[5] Jones, 1998, p. 43에서 인용).

코치나 선수들은 사랑하는 사람과의 사별이나 허리케인의 습격과 같은 비극이 오히려 동기 부여의 계기가 되었다고 언급한다. 듀크대학교의 농구 코치 마이크 시셰프스키는 실패가 성공의 일부분이라고 말한다(Krzyzweski & Phillips, 2000, p. 44). 전직 NBA 코치 팻 라일리Pat Riley는 갑작스런 곤경이나 상실에 '날벼락'이라고 이름을 붙여 주기까지 했다. 날벼락은, 스타 선수가 갑자기 심각한 부상에 시달리는 순간 떨어질 수 있다. 코치나 선수들의 책은 불행한 사건에서 교훈을 얻고 더 강인해지는 일이 얼마나 중요한지 역설한다.

이런 교훈은 경영자 코치에게도 유용하며, 특히 직장에서 커다란 좌절을 겪고 있는 고객을 도와야 할 때 유용하다. 승진 심사에서 탈락했거나 중요한 프로젝트에서 배제되었다면 깨우쳐야 할 사항이 많다. 코치는 고객으로 하여금 기대가 좌절된 상황을 재구성해 보도록 도와야 하는데, 이때 그 상황을 가볍게 여기지 않도록 유의해야 한다. 우선 고객의 좌절감이 얼마나 크고 실망스러울지 공감해 주어야 한다. 그다음에는 고객이 그 상황을 어떻게 받아들이고 있는지 파악해야 한다. 그리고 나서 이번 일을 하나의 전환점으로 삼거나 교훈을 얻는 기회로 삼을 수 있게끔 방안을 모색해야 한다. 이번 일로부터 얻을 수 있는 교훈은 무엇인가? 여기서 드러난 고객의 약점은 무엇인가? 이번에 겪은 좌절은 고객이 다른 방향으로 나아가야 한다거나 어떤 기

---

5) 유명한 미식축구 선수—역주

술을 강화해야 하거나 새로운 기술을 배워야 한다는 의미가 아닐까? 좌절을 경험했을 때는 일을 더 열심히 하면 된다고 생각하는 부류가 있다. 이런 방법은 애초에 소용이 없던 행동을 오히려 더 많이 반복하는 결과를 초래할 수 있기 때문에 그다지 효과가 없다. 이럴 때는 상황을 샅샅이 살펴 변화 방안을 모색하거나, 다른 방법을 시도하거나, 관점을 바꾸거나 뭔가를 완전히 새로 배우는 편이 더 좋다.

고통과 실망은 오히려 에너지원으로 작용할 수 있으며, 코치는 고객이 그 에너지를 자존심을 더 손상시키는 방향이 아닌 생산적인 변화의 원동력으로 삼도록 도와야 한다. 코치는 고객에게 모든 일이 100% 원하는 대로 돌아갈 수는 없다는 점을 일깨워 주어야 한다. 좌절은 누구에게나 늘 닥칠 수 있다. 모든 스포츠 코칭 서적은 이 점을 분명히 지적한다. 인생에서 좌절을 겪지 않는 사람은 없으므로, 뱃사공이 순풍을 이용하듯이 좌절을 적절히 이용할 줄 알아야 한다.

스포츠 코칭 서적은 대개 융통성을 강조한다. 사람은 성공하기 위해서 변화에 적응할 줄 알아야 한다. 상대가 뜻밖의 새로운 전략을 들고 나왔을 때, 우리는 사고를 전환하고 원칙에 예외를 두고 다른 접근법을 택해야 한다. 유명 스포츠 코치들은 대개 엄격한 모습으로 비쳐지지만, 그들의 책에는 필요에 따라 자신의 원칙을 어겨 가면서 좋은 결과를 이끌어 낸 사례들이 실려 있다. 스포츠 코치들은 대체로 실수를 저지른 선수를 위해서 기존의 관례가 아닌 코치의 직관에 따라 예외를 적용했다.

주제 8: 소통, 신뢰, 진실성

스포츠 코칭 서적은 소통의 중요성을 강조하는데, 그것은 누구나 할 수 있는 말이다. 여기서 우리가 유념해야 할 것은 그 속뜻이다. 유명한 코치들도 자기가 한 말이 무슨 뜻인지 잘 모르거나, 의사소통에 서툴 때가 있다. 그런 코치들이 의사소통의 중요성을 강조할 때는, 그저 선수들에게 분명하게 말하고 직접적으로 접근해야 한다는 뜻일 뿐이다.

"시세프스키 코치는 당신에게 늘 진실만 말할 거예요(스티브 보이체코프스키Steve Wojciechowski, 듀크대 농구선수, Krzyzweski & Phillips, 2000, p. 221에서 인용)." 몇몇 코치는 직접적이고, 솔직하고, 정직한 상호작용이 중요하다고 말한다. 그런 과정에서 곤란한 문제가 대두되기도 하지만 그래도 단점보다 장점이 훨씬 더 많다고 주장한다. 마이크 시셰프스키 코치는 심지어 "늘 진실에 근거해서 행동하라."고 권장했다. 이런 조언은 일류 코치들도 받아들이기 힘들겠지만, 웨스트포인트 육사 출신인 시셰프스키 코치의 조언은 진심에서 우러나온 말이라는 인상을 준다.

대다수의 코치는 정직성을 바탕으로 신뢰를 쌓고 신뢰를 바탕으로 소통한다. 이런 코치에게 소통이란 상대의 눈을 주시한 채 대화를 나누며 상대의 의중을 제대로 파악하는 것을 뜻한다. 그들은 명료하게 소통하며 상대의 뜻을 넘겨짚지 말라고 얘기하며, 그렇게 하지 못했을 때 어떤 일이 벌어졌는지 그 사례를 제시한다. 그들은 문제를 재빨리 직접적으로 대면하라고 권한다. 농구 코치 릭 피티노(Pitino & Reynolds, 1997, p. 136)는 "대인 관계의 목표는 상대를 이기는 데 있지 않고 상대와 교류하는 데 있다."라고 말한다. 이 말은 남자들 사이의 코칭이나 멘토링 관계에서는 경쟁 심리가 작용할 소지가 많다는 점에서 의미심장한 견해다.

높은 수준의 의사소통 기술은 경영자 코치가 꼭 갖춰야 할 요소다. 이 말은 코치가 그 기술을 가르칠 수도 있고 시연할 수도 있어야 한다는 뜻이다. 적극적 경청 기술과 진실한 태도는 미식축구 코치뿐만 아니라 경영자 코치에게도 중요하다. 적극적 경청 기술에 대한 복습 자료가 필요하다면 이 책의 6장을 다시 읽어 보면 된다. 자신이 말할 때의 목소리를 들어볼 필요가 있다면 면담 상황을 녹음하고 녹음 자료를 주의 깊게 들어보자. 그런 식으로 화술과 경청 기술을 개선해야 한다. 경영계의 소통 방식에 대한 근래의 문헌을 읽어 두자. 고객들은 경영자 코치들이 경영계의 권위자들이 하는 말을 알고 있으리라 생각하며, 만약 권위자들이 전하는 말을 고객에게 가르쳐 줄 수 있거나(코치 본인이 거기에 동의한다면) 그것과 관련해서 뭔가 더 좋은 내용을 가르쳐 줄 수 있다면 더할 나위 없이 좋다.

경영자 코치는 자신이 컨설턴트의 역할을 맡고 있으며, 그 역할에는 무거운 책임이 뒤따른다는 점을 깨닫고는 한다. 많은 경우 컨설턴트에 대한 첫 번째 반응은 냉소와 불신이다. 고객에게는 컨설턴트에 대한 좋지 못한 기억이 있을 수 있는데, 그것은 대개 컨설턴트가 한껏 기대를 품게 해놓고는 그 기대를 별로 충족시키지 못했기 때문이다. 그런 일이 벌어지면 고객은 더 이상 상담에 나타나지 않거나 상담을 중단한다. 절대적인 진실함과 솔직함을 코칭의 밑바탕으로 삼아야 한다. 옛말에도 있듯이 진실함은 사람을 감응시킨다. 당신이 불쾌하거나 완고하지만 않다면, 진지하고 진실한 태도와 직접적으로 소통하는 능력은 당신을 오랜 기간 다른 사람보다 돋보이게 해 준다. 이것은 어려운 기준임에 틀림없지만 충분히 노력해 볼 만한 가치가 있다. 짧은 기간 생활이 어렵거나 일거리가 없거나 금전적으로 손해를 보는 것은, 비단 알아주는 사람이 자신뿐이라고 해도 결국 결실을 맺을 것이다. 모든 고객은 한 번쯤 코치가 진솔한 사람인지 아닌지 크고 작은 방식으로 시험해 볼 것이다. 그 시험은 반드시 단번에 통과해야 한다.

스포츠 코치가 전해 주는 조언

스포츠 코칭 서적에는 동종의 책에 흔히 나타나는 중요한 주제 이외에도 경영자 코치에게 도움이 될 만한 특별한 조언이 여럿 들어 있다. 지금부터는 코칭에 유용하게 쓰일 만한 조언들을 몇몇 살펴보자.

조언 1: 순수함Innocence

순수함은 미국의 프로농구 코치였던 팻 라일리가 제창한 매우 흥미로운 개념이다. 팻 라일리의 책(Riley, 1993)은 그의 철학을 명료하게 보여 주지는 않지만, 베풀 것이냐 받을 것이냐 사이에서 늘 고민하는 인간의 본성에 대해 순수한 마음을 보여야 한다고 강조한다. 팻 라일리는 자신의 선수들이 다른 선수들에게 먼저 베풀어 볼 것을 권장한다. 베풀면 상대가 보답하기 마련이므로 서로 득을 본다고 생각해서다. 심리치료사들은 이를 일컬어 '마음 열기'라고 부른다. 이러한 순수한 마음이 없이는 협력하는 분위기가 자리 잡을 수 없다.

경영자 코치는 그런 순수한 마음을 스스로 시험해 보는 것이 좋다. 상대를 정직하게 대하면 자신 역시 상대로부터 같은 대접을 받을 수 있다고 생각해 보자. 결과가 실망스러울 때도 있을 것이다. 하지만 상대에 대한 순수한 태도 없이 오랜 기간 신뢰를 이어나가기는 어렵다.

조언 2: 명확하게 협의하기

　마이클 조던, 샤킬 오닐, 코비 브라이언트를 모두 지도했던 코치 필 잭슨Phil Jackson은 '서로가 명확히 동의한 규칙'이 필요하다고 주장한다. 그런 규칙이 갈등을 줄여 주고 '비판을 감정적으로 받아들일 위험을 줄여 주기' 때문이다(Jackson & Delehanty, 1995). 팻 라일리도 '핵심 원칙'이 필요하다고 주장한다. 비록 그가 자신의 책에서 핵심 원칙이란 것이 무엇인지 명확히 밝히지 못한 측면이 있기는 하지만, 그는 팀원과 코치 사이에 모두가 존중하고 따를 수 있는 일종의 협약을 세워야 한다고 역설했다(Riley, 1993).

　이것은 경영자 코치에게 매우 유용한 조언이다. 때로 경영자 코치는 묘하게 명확성이 결여된 상황을 해결하기 위해 고용되기 때문이다. 분명 어딘가 문제가 있고 누군가는 변해야 하는 상황이지만 그 대상이 무엇이고 누구인지 분명치 않은 데다가, 문제 해결에 필요하지 않은 사람을 상대해야 할 때도 있다. 계약을 맺고 규정을 합의하는 데 들이는 수고는 그만한 값어치가 있다. 그런 과정을 통해 명확한 기준의 중요성에 대해 서로 의견을 나누며 기준의 틀을 잡을 수 있을 뿐만 아니라 고객의 성향도 파악할 수 있기 때문이다. 게다가 필 잭슨이 말했듯 규정을 합의해 놓으면 코치가 직접 나서서 제한 조치를 취하지 않아도 된다. 고객이 면담에 빠져야 하는 상황이 발생한다면 코치는 미리 그런 상황에 대한 대처 규정을 합의해 놓으면 된다. 그렇게 해 두면 양쪽 모두 감정적으로 대응할 이유가 없어진다. 합의를 맺어 놓았으므로 코치는 합의 사항을 그대로 따르기만 하면 된다.

조언 3: 목표 설정은 시작일 뿐이다

　세 번째 조언은 돈 슐라의 책에서 인용해 왔다(Blanchard & Shula, 1995). 돈 슐라는 대표적인 미식축구 코치다. 그의 견해에 따르면, 우리가 세워 놓은 목표가 현재의 삶을 방해하고, 오늘 활용할 수 있는 기회와 에너지를 활용하지 못하게 만든다. 슐라 역시 목표 설정의 중요성을 부인하지는 않지만, 목표는 하루하루 세부 사항에 대해 관심을 기울이고 실천을 해야 달성할 수 있다고 생각했다. 또한 목표는 작고 분명해야 하고, 평가가 제대로 이루어져야 하고, 눈앞의 현실을 가리지 않아야 한다고 주장했다.

그의 주장은 옳다. 실행 가능한 목표를 고객과 함께 선택해 보자. 계획한 목표를 달성한 뒤에는 코치와 고객이 함께 성공을 축하하고 다른 일도 해낼 수 있다는 생각과 함께 새로운 목표를 향해 나아가자. 고객이 현재 일어나는 상황을 코치에게 숨기지 않게끔 하자. 포괄적인 목표나, 달성과 평가가 어려운 목표는 선택하지 말자. 달성하지 못한 목표는 여러 사람의 마음을 불편하게 만들고 분위기를 해치며 쉽사리 잊히지 않는다.

조언 4: 호기심과 당혹감

수영 코치 제임스 카운슬먼 박사는 호기심이 학습의 첫 단계라고 말했다. 그는 호기심이 있어야 학습이 일어난다는 사실을 깨달았다. 사람은 자신의 지식수준에서 이해되지 않는 상황을 만나면 당혹감을 느낀다. 그러면 '지식 탐구'에 나서게 된다 (Walton, 1992, p. 78).

이러한 원리는 경영자 코칭에도 유용하게 활용할 수 있는데, 특히 이미 발생한 문제로 인해 당혹감을 느끼면서도 정작 배워야 할 기술에는 그다지 호기심을 느끼지 못하는 고객을 상대할 때 활용할 수 있다. 당혹감을 가라앉혀서 고객의 마음을 곧바로 편안하게 해 주는 대신 당혹감을 이용해 고객의 호기심을 일으키는 것도 좋은 방법이다. 당혹스러운 상황이 하나의 기회로 보이도록 그 상황을 재구성해 보자. 당혹감을 지렛대 삼아 호기심을 일으켜 보자.

조언 5: 끊임없이 변하자

"사람은 나이가 들수록 변해야 한다." 이것은 농구 코치 릭 피티노가 자신의 저서 『성공은 선택이다: 일과 삶에서 기대 이상의 성과를 내는 열 가지 단계』(가제)[6](Pitino & Reynolds, 1997)에서 사용한 재미있는 표현이다. 그는 자신의 책에, 변화는 생기와 활기와 젊음을 유지시켜 주므로 사람은 나이가 들수록 변해야 한다고 썼다. 이 말은 사람들이 대개 실생활에서 보이는 태도와 반대된다. 나이를 먹을수록 사람은 익숙한 방식에 더욱더 안주하려는 모습을 보인다. 릭 피티노는, 기업 환경은 매우 빨리 변하

6) 원제: Success is a Choice: Ten Steps to Overachieving in Business and Life

므로 그 변화에 앞서 나가는 것이 중요하며, 변화에 앞설 수 없다면 적어도 변화와 함께 움직이는 것을 즐겁게 여겨야 한다고 말했다. 정신건강 분야의 종사자라면 세상을 관찰하여 시류에 맞게 변할 줄 알아야 한다. 이는 업계에서 살아남고 성공하기 위해서 자신이 중시하는 이론, 가치, 기술을 재검토해야 한다는 뜻이다.

조언 6: 인내는 미덕이 아닐 때도 있다

유명 코치들 중에는 인내심이 많은 사람이 드물어 보이기는 하지만, 월시는 그 점에 대해 "사실 인내심은 미덕이 아닐 때도 있어요."(Walsh et al., 1998, p. 355)라며 자신의 견해를 솔직하게 밝혔다. 그는 이 말에 덧붙여, 문제에 적극적으로 대처하는 것이, 그저 시간이 지나면 모든 일이 잘 풀리리라는 인상을 주는 것보다 더 좋은 방법이라고 말했다.

경영자 코치는 이 점에 유의해서 고객을 어느 정도로 몰아붙일지 어려운 결정을 내려야 한다. 고객의 진전 속도를 어느 정도 선까지 받아 주어야 할까? 기업인은 대개 심리치료의 내담자보다 변화와 성장이 더 빨리 일어나기를 기대한다. 그리고 실제로 그렇게 된다. 코치가 고객을 몰아붙이면 고객과의 사이에 거리감이 생기거나 저항이 발생할 수 있지만, 오히려 몰아붙이는 방식이 환영을 받을 때도 많으며, 특히 코칭비가 비쌀 때 더욱 그렇다. 전직 심리치료사들은 내담자에 대해 오랫동안 인내해 왔기 때문에, 고객을 몰아붙이는 방식을 배우고 실행하는 데 어려움을 겪기도 한다. 그리고 이런 방식은 이 책의 6장에서 권장했던 인간중심 접근법과 어긋나는 면이 있다.

조언 7: 사랑, 놀이 그리고 일

> 삶의 기술에 통달한 사람들은 일과 놀이, 노동과 여가, 정신과 육체, 지식과 창조, 사랑과 종교를 구별하지 않는다. 그들은 그 차이를 인지하지 못한다. 무엇을 하든지 탁월함을 추구할 뿐이어서, 자신이 일을 하고 있는지 놀이를 하고 있는지에 대한 판단은 타인에게 맡겨 놓는다. 그들에게는 일과 놀이가 하나다.
>
> —제임스 미치너James Michener(Blanchard & Shula, 1995, p. 67)

대부분의 코칭 서적은 여러 방식으로 이런 내용을 담고 있다. 일이란 즐거워야 한다면서 재미의 중요성을 강조한다. 존 로빈슨은 재미를 하나의 지표로 삼아, "뭔가를 할 때 재미를 느끼지 못한다면 주의를 기울여야 한다."며 이는 어딘가 잘못됐다는 신호라고 말했다(Robinson, 1996). 로빈슨의 후임으로 서던 캘리포니아대학교에 부임한 피트 캐럴Pete Carroll은, 일을 재미있게 하면서 성공을 거둔 대표적인 인물이다.

경영자 코칭도 마찬가지다. 코칭 과정이 얼마나 즐겁고 재미있는지, 또 낙관적이고 흥이 나는지 지속적으로 파악해야 한다. 이런 요소를 토대로 코칭 과정을 평가해 보자. 코치 본인의 방식과 고객의 성향을 적절히 섞어야 한다(어떤 사람들은 일터에서, 특히 첫 만남에서, 분위기가 떠들썩하면 불편함을 느낀다). 재미있어야 한다는 말이 떠들썩하게 웃고 농담을 해야 한다는 뜻은 아니다. 무슨 일이든지 재미있고 유쾌한 요소가 있다는 태도를 취하라는 뜻이다. 코칭에 재미를 더할 수 있는 적절한 방법을 찾아보자. 재미를 중시하자.

조언 8: 상황 인식이 핵심이다

> 머리 회전이 빠른 것보다 의식이 깨어 있는 것이 훨씬 중요하다.
> —필 잭슨(Jackson & Delehanty, 1995, p. 113)

필 잭슨이 쓴 『성스러운 농구』(가제)[7]는 위대한 농구를 모색하는 방법으로 명백히 '동양적'인 관점을 취했다는 점에서 다른 코칭 서적들과 확연히 구분된다(Jackson & Delehanty, 1995). 필 잭슨은 자신이 유년 시절에 접했던 펜테코스트교[8]에 라코타 인디언 문화, 선불교의 선문답, 불교의 수행법을 섞었다. 그 결과 슈퍼스타들을 하나로 모으고 그들에게 동기를 부여해 챔피언의 자리에 오르게 만든 흥미로운 방법이 등장했다. 그가 제시한 여러 가르침 중에서 가장 핵심은 상황 인식이다. 상황 인식이란 지금 이 순간, 이곳에서 벌어지는 일에 마음을 열어 놓아야 한다는 뜻이다.

상황 인식은 스포츠 코치뿐만 아니라 경영자 코치에게도 똑같이 중요하다. 여러 수

---

7) 원제: Sacred Hoops
8) 성령의 힘을 강종하는 기독교 교파—역주

단과 계획안을 준비해서 고객과의 면담에 임하는 자세는 바람직하다. 하지만 그런 수단과 계획들이 면담 상황을 관찰하고 인식하는 것을 방해해서는 안 된다. 준비 태세를 갖추되 지금 벌어지는 일이 무엇인지 살피고 상황에 적절히 대응해야 한다. 이 점을 꼭 명심해야 한다.

이런 경우를 생각해 보자. 경영자 코치인 당신은 고객과의 면담 자리에 나가서 고객에게 어떤 점을 코칭해 주어야 할지 확실히 감을 잡는다. 그런데 고객의 몸짓과 목소리를 가만히 살펴보니 고객이 안절부절못하고 긴장한 상태다. 무슨 이유에선지 고객은 당신이 구상해 온 계획에 집중하지 못하고 있다. 당신은 하던 행동을 멈추고 고객에게 묻는다. 무슨 걱정거리가 있지는 않은지 물어본다. 고객은 당신에게 마감 기한이 임박했다고 말한다. 자기평가 연례보고 기간이 이틀밖에 남지 않았는데 무엇을 어떻게 써야 할지 도통 모르겠다는 것이다. 그래서 당신은 코칭의 방향을 완전히 바꾸어서 고객이 보고서의 취지를 파악하고 보고서를 작성하도록 돕는 데 면담 시간을 활용한다. 고객에게 노트북을 켜라고 말하고 평가 보고서 초안을 함께 작성한다. 그 과정에서 고객은 당신이 원래 다루려고 계획했던 사안을 어느 정도 경험하게 된다. 모든 것은 연관관계가 있고, 당신의 고객은 커다란 흥미를 보이며 고도로 집중해 있다. 현재 고객에게 가장 시급한 문제에 당신이 동참하고 있기 때문이다.

만반의 준비를 갖추되 눈앞의 상황을 인식하자.

요 약

1. 서점에는 스포츠 서적과 유명 코치의 서적이 넘쳐난다. 그런 책에는 상투적인 문구와 유익하지만 평범한 동기부여 방법이 산재해 있다. 어느 책이나 비슷비슷하지만 그래도 경영자 코치에게 무척 유용할 만한 핵심적인 주제가 몇 가지 나타난다.

   - 정도正道를 걷는다. 솔직한 관계를 맺고 정직한 태도를 견지한다.
   - 고객과 명확한 코칭 계약을 맺고, 계약사항을 준수한다.
   - 기업에서 성공하기 위해 필요한 기본 기술을 배우고 가르치며 완벽해질 때까지 연습한다. 고위급 경영자도 예외는 없다.

- 고객을 대할 때는 각자에게 알맞은 방식으로 대한다. 코칭 과정이 순조롭지 않다면 재빨리 방향을 바꾼다.
- 고객에게 피드백을 할 때는 시청각 자료를 활용한다.
- 자신이 코칭에 얼마나 몰입하고 매진하는지 살펴본다. 자신에게 활기를 불어넣어 주는 코칭 방식이 있는지 찾아본다. 그리고 균형 잡힌 삶을 살고 있는지 확인해 본다.
- 코칭 과정이 재미있고 신나는지 살펴본다. 그렇지 않다면 이유를 찾아보자. 매사에 재미있을 만한 요소를 섞어 넣어야 한다. 그저 미소를 짓는 수준이어도 괜찮다.
- 늘 눈앞의 현실을 인식해야 한다. 코칭 계획안을 준비하되 늘 현재 일어나고 있는 상황에 주목하자. 준비해 온 계획안이 상황 인식을 방해하지 않도록 해야 한다. 지금 여기에서 무슨 일이 일어나고 있는지 주목하고, 상황에 맞춰 즉시 계획을 조정해야 한다.

2. 스포츠 분야의 자기계발서를 살펴보자. 눈에 들어오는 책을 몇 권 골라 고객에게 전해 주고 같이 읽고 토론해 보자. 읽을 만한 몇몇 도서를 다음의 추천도서 및 참고문헌 목록에 수록해 놓았다.

참고문헌

Albert Camus Society UK. (n.d.). *Albert Camus and football*. Retrieved January 3, 2009, from: http ://www.camus-society.com/camus-football.htm.

Berra, Y. (1998). *The Yogi book (I really didn't say everything I said)*. New York: Workman.

Blanchard, K., & Shula, D. (1995). *Everyone's a coach: Five business secrets for high-performance coaching*. New York: Harper Business Books.

Bry, A. (1978). *Visualization: Directing the movies of your mind*. New York: Harper & Rowe.

Green, C. D. (2003). Psychology strikes out: Coleman R. Griffith and the Chicago Cubs. *History of Psychology, 6*(3), 267-283.

Griffith, C. R. (1926). *The psychology of coaching: A study of coaching methods from the point of psychology.* New York: Scribner's.

Ibarra, H. (2000, March-April). Making partner: A mentor's guide to the psychological journey. *Harvard Business Review, 78*(2), 147-155.

Jackson, P., & Delehanty, H. (1995). *Sacred hoops.* New York: Hyperion.

Jones, C. (1998). *What makes winners win: Thoughts and reflections from successful athletes.* New York: Broadway Books.

Kauffman, C., & Coutu, D. (2009). *HBR research report: The realities of executive coaching.* Available at: coachingreport.hbr.org

Krzyzewski, M., & Phillips, D. T. (2000). *Leading with the heart: Coach K's successful strategies for basketball, business, and life.* New York: Warner Books.

Lazarus, A. (1977). *In the mind's eye: The power of imagery for personal enrichment.* New York: The Guilford Press.

Pitino, R., & Reynolds, B. (1997). *Success is a choice: Ten steps to overachieving in business and life.* New York: Broadway Books.

Riley, P. (1993). *The winner within.* New York: Berkley Books.

Robinson, J. (1996). *Coach to coach: Business lessons from the locker room.* San Diego, CA: Pfeiffer & Company.

Walsh, B., Billick, B., & Peterson, J. A. (1998). *Finding the winning edge.* Champaign, IL: Sports Publishing.

Walton, G. M. (1992). *Beyond winning: The timeless wisdom of great philosopher coaches. Champaign,* IL: Leisure Press.

추천도서

Bradley, B. (1998). *Values of the game.* New York: Broadway Books.

Carril, P., & White, D. (1997). *The smart take from the strong: The basketball philosophy of Pete Carril.* New York: Simon & Schuster.

Cousy, B., and Power, F. (1970). *Basketball: Concepts and techniques.* Boston: Allyn & Bacon.

Chu, D. (1982). *Dimensions of sports studies.* New York: Wiley.

Davis, J. (1999). *Talkin' tuna: The wit and wisdom of coach Bill Parcells.* Toronto, Ontario:

Evangelicals Concerned Western Regional Publishers.

Didinger, R. (Ed.), & Sheedy, B. (1996). *Game plans for success: Winning strategies for business and life from ten top NFL head coaches.* Chicago: NTC/Contemporary Publishing.

Gallwey, W. T. (1974). *The inner game of tennis.* New York: Random House.

Gopnik, A. (1999, September 20). America's coach (Vince Lombardi). *The New Yorker*, pp. 124-133.

Hill, B. (1999). *Basketball: Coaching for success. Champaign,* IL: Sagamore Publishing.

Holtz, L. (1998). *Winning every day.* New York: Harper Business Books.

Lombardi, V. (1963). *Run to daylight.* New York: Prentice Hall.

Lombardi, V. (1995). *Coaching for teamwork: Winning concepts for business in the 21st century.* Bellevue, WA: Reinforcement Press.

Martens, R. (1987). *Coaches guide to sport psychology.* Champaign, IL: Human Kinetics Publishers.

Penick, H., & Schrake, B. (1992). *Harvey Penick's little red book: Lessons and teaching from a lifetime in golf.* New York: Simon & Schuster.

Penick, H., & Schrake, B. (1993). *And if you play golf, you're my friend: Further reflections of a grown caddy.* New York: Simon & Schuster.

Selleck, G. (1999). *Court sense: The invisible edge in basketball and life.* South Bend, IN: Diamond Communications.

Suinn, R. (1980). *Psychology in sports.* Minneapolis: Burgess Publishing Company.

Walsh, B. (1993, June 7). How to manage superstars. *Forbes ASAP.*

Walsh, B., & Dickey, G. (1990). *Building a champion.* New York: St. Martin's.

Wooden, J., & Jamison, S. (1997). *Wooden: A lifetime of observations and reflections on and off the court.* Chicago: NTC/Contemporary Publishing.

제14장

여성 리더십을 어떻게 코칭할까

남성을 최고의 자리에 오르게 해 줄 만한 자질을 갖고 있다는 이유로 여성이 비난 받는다면 그것은 불합리한 일이다.

−펠리스 슈워츠(Schwartz, 1989, p. 69)

2001년 이 책의 초판이 나온 뒤로 세상에는 많은 변화가 있었지만, 아직까지도 여성 코칭을 특별하게 다루어야 하는 이유에는 네 가지가 있다. 이번 장을 시작하기에 앞서 일반화나 유형화는 위험하며, 한 개인을 일반화하거나 유형화하면 잘못된 판단을 내릴 공산이 크다는 점을 미리 언급해두고자 한다. 여성이든 남성이든 전형적인 사람은 없다. 남성이면서 여성처럼 생각하거나 여성이면서 남성처럼 생각하는 사람들도 많다. 남성이든 여성이든 고정관념에 딱 들어맞는 경우는 드물며, 남성성이나 여성성의 원형인 사람은 거의 없다. 사실 이런 논의에서 유형화는 매우 위험하지만 그래도 성gender을 이해해 보려는 차원에서라면 실보다 득이 많다. 대다수 남자와 대다수 여자가 중요한 측면에서 매우 다르다는 점에는 반론의 여지가 없다. 다음의 지침을 읽어 보면 성차gender difference를 이해하는 데 도움이 될 것이다.

- 사람은 누구나 엇비슷한 면이 있다. 누구에게나 공통점이 있다.
- 사람은 누구나 독특하다. 세상에 똑같은 사람은 없다.
- 사람은 각자의 성과 관련된 특성을 나타내기 마련이다.

이 세 가지는 모두 동시에 옳다.

여성 코칭이라는 제목의 장을 이 책에 넣게 된 첫 번째 이유는 남녀 간의 성차가 경우에 따라 매우 크게 나타나기 때문이다. 이런 의견은 매우 불편할지는 몰라도 부인할 수는 없다. 최근 신경 생물학의 연구 결과에 따르면 남녀는 뇌 구조가 다르며 (Gurian & Annis, 2008), 사회화 과정에서 나타나는 차이가 지속적으로 남성과 여성에게 커다란 영향을 미친다고 한다.

두 번째로, 여성과 남성은 직장에서 같은 방식으로 대우받지 않는다. 회사는 남성과 여성을 명백히 다르게 여기고 대한다. 여기에는 구조적, 문화적, 사회적, 개인적, 대인 관계적 원인이 있으며, 코치는 남성과 여성과 조직의 변화에 중요한 역할을 담당할 수 있다.

세 번째로, 조직 내 성적 다양성이 클수록, 조직 운영이 원활하다는 명확한 사례들이 있다. 특히 여성 경영자가 세 명 이상 있는 회사의 경우 투자수익률ROI, 세전영업이익 EBIT, 주가 성장 폭이 훨씬 컸다(Desvaux, Devillard-Hoellinger, & Baumgarten, 2007). 여성 경영자는 조직이 미처 개발하지 못한 자산이자, 경쟁우위를 점유할 기회다.

네 번째로, 여성들은 직장에서 비공식적인 경로로 멘토링을 받을 기회가 적다. 코치는 이런 빈틈을 메워 줄 수 있다. 남성들은 도움을 그다지 반기지 않는 반면 여성들은 코치의 도움을 더 반기는 편이다. 남성들은 도움을 받아들이면 자기가 부족한 사람으로 여겨질 것이라 생각하는 데다, 종종 비공식적인 경로로 멘토링을 얻을 수 있다는 점을 알고 있다. 여성들은 코치의 가치를 더 빨리 알아챈다. 코치는 조직 밖의 인물로 갖가지 요령을 알고, 관찰을 통해 명확한 피드백을 주며, 여러 사람 앞에 털어놓을 수 없는 말에 귀를 기울여 준다.

성차 문제는 전혀 새롭지 않다. 이에 대한 깊이 있는 통찰은 수년간 쌓인 문헌에서 찾아볼 수 있다. 시몬 드 보부아르의 저서(Beauvoir, 1952)가 그 예다. 그녀는 반세기 전에 여성들이 일터에서 겪는 역할 혼란을 주제로 글을 썼다. 혼란의 양상은 문화가 변하고, 성별 관계가 변하면서 바뀌고 있다. 그렇다고 해서 이 문제를 무시해서는 안 되며, 남녀 간의 차이가 사소하다는 듯이 행동하는 것도 현명하지 못하다.

이번 장은 세 대목으로 나누어 놓았다. 첫 번째 대목에서는 여성을 효과적으로 코칭하기 위해 코치가 배워야 할 요소를 다루었다. 두 번째 대목에서는 코치가 여성의 경력과 역량을 향상시켜 주는 방법을 다루었다. 세 번째 대목에서는 조직이 여성의 잠재력으로부터 최대의 이득을 얻기 위해 수행해야 할 일을 다루었다.

코치들이 알아야 할 것들

직장에서의 유리천장과 유리벽에 관하여

종단 연구들을 검토한 결과, 1970년대와 1980년대에 몇몇 영역에서 가파르게 상승세를 보이던 추세(예: 여성 관리자의 비율)가 몇 년간 정체되고 둔화되었다. 이러한 양상은 사람들의 인식을 조사한 자료, 예를 들어 여성 상사를 인정하는 비율이나 여성도 남성만큼 정치에 적합하다고 생각하는 비율을 조사한 자료에서도 명백히 나타났다.

– 앨리스 H. 이글리와 린다 L. 칼리(Eagly & Carli, 2007, p. 67)

먼저 코치는 직장 여성, 특히 리더의 위치에 있는 여성의 현재 상황을 파악해야 한다. 현대의 여성은 갖가지 분야의 직업에 진출했으며, 이 여성들은 제2차 세계 대전 후의 여성들과 달리 가사를 돌보기 위해 집으로 돌아갈 의사가 없다. 여성은 분명히 현대 경제에서 커다란 한 축을 담당하고 있으며, 몇몇 여성들은 거대 조직의 최고직에 오르기까지 20년이 걸리는 상황에서도 리더의 자리에 입성하기도 했다. 하지만 여성들은 통계상으로 예측했던 만큼 상위 경영자 직에 오르지는 못하고 있다. 유리천장이 실제로 존재하는 탓이다. 현대 여성들이 고등교육을 받는 수치는 남성들과 비슷하거나 더 많다. 미국 의대생 중에는 여성들이 더 많고, 전통적으로 남성의 영역이던 치의대에서도 비슷한 현상이 일어나고 있다. 하지만 이런 경향은 경영대학에서는 나타나지 않으며, 최근 MBA 졸업생 중 여성은 35% 미만으로 나타났다(Alsop, 2007). 2009년 캐틀리스트 센서스Catalyst census의 조사 자료를 살펴보자.

- 미국 내 인력의 46%는 여성으로 나타났다. 이 수치는 지난 10년간 비슷했다.
- 관리직이나 전문직에 종사하는 미국 여성의 비율은 1999년 들어 50%대에 머무를 때까지 꾸준히 증가했다.
- 「포천」지 500대 기업의 여성 간부 비율은 2002년 들어 14%대에 머무를 때까지 꾸준히 증가했다.
- 「포천」지 500대 기업의 여성 법인 이사의 비율은 2003년 들어 14%대에 머무를 때까지 꾸준히 증가했다.
- 현재 여성은 「포천」지 500대 기업 내 최고 소득자의 6%를 차지하고 있고, CEO의 3%를 차지하고 있다.

미국 기업 내에서 여성이 최고직에 오르는 비율은 정체되었거나 감소한 것으로 나타났다. 또한 여성과 남성의 능력이 같다고 봤을 때, 여성은 모든 직위에서 같은 일을 하면서도 남성에 비해 보수가 적고 승진이 느렸다(Eagly & Carli, 2007).

기업계에는 유리천장에다가 '유리벽'까지 존재한다. 여성은 여전히 인사부나 마케팅 부서 같은 몇몇 '핑크칼라pink collar' 부서에 따로 몰려 있는 경향이 있다. 분명 이런 현상은 변하고 있기는 하지만 여성들은 대표적으로 남성들의 영역인 기술직이나 정보 기술(IT) 계통에는 입성하지 못하고 있다. 그 이유는 복합적인데, 남성 관리자와 여성 근로자의 선택과 행동이 이런 문제에 영향을 주며, 조직의 근로 문화도 영향을 미친다.

얽혀 있는 문제들   이글리와 칼리(Eagly & Carli, 2007)는 유리천장이라는 비유가 너무 단순하고 비관적인 데다, 여성이 조직의 특정 고위직에 이를 때까지 일하는 데 아무 문제가 없다는 잘못된 인상을 준다고 지적했다. 이글리와 칼리는 그러한 한계가 특정 지점이 아니라 근로 환경 전반에 걸쳐 존재한다고 지적했고, 여성이 고위직에 오르지 못하는 현상은 여성의 경력 발전을 가로막는 요소가 꾸준히 쌓인 결과라고 주장했다. 이런 요소에는 오래된 성적 편견, 여성 리더에 대한 거부감, 가정사에 대한 남녀 간의 입장 차이, 남녀가 근무시간 외의 활동에 참여하는 방식상의 차이 등이 있다.

남성 중심의 문화　기업 조직은 일반적으로 남성이 이끌어 가며 남성적 문화와 방식이 득세하는 곳이다. 현재의 여러 규칙은 남성이 세워 놓은 것들이다. 심지어 사무 집기마저 남성들에게 맞춰져 있으며(Evans, 2000, p. 128), 내부 장식도 마찬가지다. 미국계 기업은 가시적인 성과와 자기홍보를 위해 경쟁적이고 직접적이고 자신만만한 태도를 장려하는 편이다. 「월스트리트 저널」의 2000년 8일자 머리기사를 보면 이런 태도가 나타난다. "경쟁 태세를 갖춘 팜Palm,[1] PDA 시장에 침입한 마이크로소프트에 주먹을 치켜들다." 이러한 태도는 기업 환경 전반에 널리 펴져 있다.

현대 미국의 경쟁적인 기업환경에서는 전쟁과 관련된 메타포가 널리 사용된다. 남성들은 아이들처럼 격투 놀이를 한다. 점수가 기록되고 승자와 패자가 뚜렷이 갈린다. 게임의 목표는 상대편이나 상대방을 제압해 다음 단계로 넘어가서 또다시 적을 무찌르는 것이다. 여자아이들이 놀이를 하는 목적은 전혀 다르다. 이를테면 여자아이들은 관계를 발전시키고 살펴보고 돈독하게 한다거나, 혹은 참여자 모두를 보살피는 데서 놀이의 목표를 찾는다. 스포츠 코치로 수년간 활동한 캐슬린 드보어Kathleen DeBoer(2004, p. 34)는 남성과 여성은 경쟁하는 방식이 다르다는 결론을 얻었다. "남자들은 일단 경쟁을 한 다음에야 그것이 납득할 만한 행동인지 아닌지 생각한다. 여자는 납득될 만한 행동인지 아닌지를 먼저 생각하고 나서 경쟁에 들어간다." 펠리스 슈워츠Felice Schwartz는 이렇게 말했다. "여자가 남자처럼 경쟁하면 여자답지 못하다는 소리를 듣는다. 여자가 가정을 중요시하면 일에 대한 책임감이 부족한 사람으로 취급받는다"(1989, p. 67).

남성 문화에서는 공격적인 언어행동이 장려되며, 스트레스를 해소할 때는 스포츠나 외설이나 무능력한 직원을 소재로 농담을 늘어놓는다. 스포츠에 빗댄 비유가 제법 많아서 야구나 미식축구를 모르면(예를 들어, 베이스를 훔쳐야지, 홈런을 날려 줬지, 그럴

---

1) 미국의 전자기기 회사—역주

때는 펀트킥[2]을 날려야 해 등의 표현) 무슨 말인지 이해하기가 어렵다. 또 남성들은 골프를 치거나 스포츠 활동을 통해 단합을 도모하며, 미국 국세청IRS은 스포츠 경기의 시즌 티켓에 대한 지출을 적법한 영업 활동비로 간주한다. 이글리와 칼리(Eagly & Carli, 2007)는 샘 월튼[3]의 목장에서 진행된 경영자 단합대회에서 그들이 메추라기 사냥을 하고 스트립 클럽과 후터스[4]를 방문했다고 말했다. 여성들 중에는 야구를 좋아하는 사람이 많고, 메추라기 사냥을 좋아하는 사람도 더러 있겠지만 과연 직장에서 성공하기 위해 스트립 클럽이나 후터스까지 출입해야 할까?

남성 중심 조직에 속한 여성은 종종 공식적/비공식적 의사소통 경로에서 배제된다. 이는 의도치 않은 실수 탓이거나, 혹은 조직의 구조적 문제 탓인데, 여성들은 이런 일이 벌어지고 있는지 잘 알지도 못한다. 여성들은 프로젝트의 세부 작업에는 너무 많은 시간을 들여 열심히 참석하면서도 자기들이 보기에 중요해 보이지 않는 모임에는 참석하지 않는다. 여성들은 그런 모임에 가봤자 별 소득이 없다고 생각한다. 반면 남성들은 그런 모임에 참석해서 주요 인사들의 눈에 띄고, 그들과 친분을 맺고, 자신의 관심사를 알리면서 더 굳건한 신뢰 관계를 다진다. 이런 행동 역시 게임의 일부분인 것이다.

요즘은 여성들도 어릴 때부터 단체 스포츠에 참여하는 편이다. 하지만 여성들은 경쟁을 즐기는 '남성의 방식'으로 생각하고 행동하는 것이 어색하며, 남성이 이끄는 조직에서 성공하기 위해서 남성 문화에 적응하고 순응하기도 해야 한다. 여성은 온전히 여성만 모인 환경에서 교류를 하면 대화 주제나 행동 방식에서 상당히 다른 양상을 보인다. 드보어(DeBoer, 2004)는 여성이 남성만큼, 혹은 남성보다 더 열심히 경쟁한다고 주장했다. 여성들은 그저 다른 방식으로 경쟁하는 것일 뿐인데, 남성들은 이 점을 잘 이해하지 못한다. 여성이 남성 문화에서 성공하기 위해서는 더 큰 노력이 필요하다. 일부 여성은 남성 문화에 적응해야 하는 상황에 분개하며, 굳이 성공하기 위해 안간힘을 쓰지 않으려 할 것이다. 이런 태도는 여성에게 또 다른 장벽으로 작용한다.

---

2) 미식축구에서 공이 땅에 닿기 전에 차는 행위—역주
3) 월마트 창업주—역주
4) 여성 종업원이 짧은 의상을 입고 서빙하는 레스토랑—역주

대부분의 직장은 여전히 '언제, 어디서나' 일하는 자세를 강조한다. 경력에 큰 도움이 되는 업무나 도전할 만한 업무를 원하는 사람은 모든 시간을 일에 쏟아부어야 하며, 필요하다면 언제든 출장을 다녀와야 한다. 조금이라도 싫은 내색을 비치면 교묘히, 혹은 공공연히 불이익을 받는다. 사실 이런 식의 업무 방식은 항상 필요하지는 않은 데다 효과가 없을 때도 있으며, 대개 남성보다는 여성에게 더 큰 해를 끼친다.

편견, 고정관념, 오해　　　여성은 기업 문화 내에서 복잡하고 벗어나기 힘든 고정관념을 겪는데, 그런 예를 리어든(Reardon, 1995, p. 77)이 다음과 같이 정리해 놓았다.

- 여성은 자기 일과 경력에 충분히 헌신하지 않는다. 그들에게는 일과 가정이라는 모순된 가치가 있으며, 가정을 위해 쉽게 일을 그만둔다.
- 여성은 다른 여성과 원활하게 일하지 못한다.
- 여성은 대개 스포츠 활동을 하지 않아서 팀워크를 이해하지 못한다.
- 여성은 따를 만한 리더가 되기 어렵다.
- 여성은 너무 감성적이며 이성적이지 못하다.
- 적극적인 여성은 대하기 어렵고 까다롭다.
- 여성은 기술technical적인 문제에 서툴다.
- 남성은 여성 상사를 마땅치 않게 생각한다.
- 여성에게는 경쟁이 심한 기업계에서 성공하기 위해 필요한 공격성이 부족하다.

최근 들어 다른 문헌에서는 여성이 남성에 비해 야심이 부족하거나(Fels, 2004) 회사에 비전을 제시할 만한 역량이 부족하다고(Ibarra & Obodaru, 2009) 말하기도 한다. 그리고 아직까지도 여성은 수학에 서툴고 기술적인 문제에 관심이 없다는 인식이 만연해 있다. 이런 식의 고정관념은 대개 터놓고 논의되거나 인식되지는 않지만 직장 내 여성에 대한 인식이나 의사 결정 과정에 상당한 영향을 끼친다.

최근 맥킨지의 보고서에 따르면 경력상 차별을 받았다고 답한 비율이 여성의 경우에는 27%였지만, 남성의 경우에는 고작 7%에 지나지 않았다(Desvaux et al., 2007). 리더들은 전도유망한 여성 경영자의 승진 여부를 결정하면서 알게 모르게 부담감을 느낀다. 여성에게 두 번의 기회가 주어지는 경우는 별로 없다. 또한 여성은 업무 습득 과정에서 저지른 실수나 시도에 대해서 더 차가운 시선을 받기도 한다. 아직도 거대 조직(혹은 고객들 중)에는 여성이 직장 생활에 적합한지 의문을 표시하는 사람이 있다. 여성은 처음 저지른 실수나 평균 이하의 성과에도 사실상 눈 밖에 난다.

멘토와 역할 모델　　　조직 내에는 더 높은 자리를 바라보는 여성이 역할 모델로 삼을 만한 사람이 별로 없다. 조직에 따라서는 여성이 본보기로 삼을 만한 대상이 전혀 없을 때도 있다. 고위 경영자 중에 여성이 단 한 사람뿐이라면 그 사람이 직장 내의 다른 여성에게 역할 모델로 적당하지 아닌지를 판단하기가 어렵다. 또한 여성에게 조언을 해 주고 뒤에서 밀어주는 멘토나 후견인도 부족하다. 남성 중심의 조직이나 기업은 의미와 규칙과 가치를 전달하기 위해 복잡하고 암묵적인 일종의 암호들을 사용한다. 여성은 그런 규칙이 어떤 식으로 적용되는지 이해하기 위해 멘토나 동료가 필요하다. 설령 멘토를 찾는다고 해도, 성차에 기반한 관계 역동으로 인해 문제는 더 복잡해질 수 있다. 바시와 크래스크, 크랜스턴이 연구한 결과에 따르면 "연상의 남성과 연하의 여성 사이에는 기묘한 역학 관계가 나타나기 때문에 여성은 후견인을 찾기가 더 어렵다"(Barsh, Craske, & Cranston, 2008, p. 45). 대개 남성 멘토는 여성 부하직원을, 다른 남성을 대할 때와 같은 방식으로 대하지 못한다. 그들은 직장 밖에서나 퇴근 후에 다른 남성들과 함께 했던 활동을 여성 부하직원과는 하지 못할 가능성이 크다.

성과 여성에 관하여

여성과 관련된 몇몇 특성 중에는 주목할 만한 것들이 있다. 그런 특성이 모든 여성에게서 나타난다고 볼 수는 없겠지만, 그래도 그런 여성의 특성은 여러 경영 관련 문헌에서 널리 공통되게 기술되고 있다. 여성적 특성이 미치는 영향은 복잡하고 파악하기가 쉽지 않지만, 여성을 효과적으로 코칭하고 싶다면 코치는 이에 대해 파악하고 있어야 한다.

여성과 양육

여성은 윤리적 문제에 관한 의사결정을 내릴 때 기본적으로 그 결정이 관계에 미
치는 영향을 고려하며, 타인과의 협력과 유대감, 타인에 대한 관심을 중시한다.
…… 타인의 요구에 부응해야 할 책임이 있다는 자세가 여성적 관점의 핵심을 이
룬다.

−아네카 데이비드슨(Anneka Davidson, 1994, p. 415)

사람들은 여성이 남성에 비해 남을 잘 보살피고 배려한다고 인식한다. 또한 여성은
업무 중심적이라기보다는 과정 중심적이고, 관계지향적이고, 남성보다 더 협조적이라
고 인식한다. 이글리와 칼리(Eagly & Carli, 2007)는 이런 자질을 **공동체성**communal이라고
표현하며, 남성의 자립적이고 공격적이고 권위적이고 독립적인 **개체성**agentic과 대치된
다고 봤다. 현재 효과적으로 리더십을 발휘하는 사람들은 대개 개체성의 자질을 띠고
있다. 이 말은 여성들이 곤란한 상황에 놓여 있다는 뜻이다. 여성들이 '부드럽게' 그리
고 배려심 있게 동료들과 협력해서 일한다면 그런 모습은 리더의 모습과 동떨어져 보
인다. 그렇다고 여성들이 남성적 리더십의 기준을 따르면 사람들에게 까다롭고 권위
적이고 독불장군이라고 평가받는다. 축구 코치[5]인 안손 도란스(Dorrance, 연도 미상)는
여성을 코칭하기에 가장 좋은 방법을 고민하다가 유사한 현상을 목격했다.

여성은 남성의 위계적 방식이 아니라 개개인이 상호 연결된 관계망을 통해 교류한
다. …… 그래서 코치들은 남성 문화에서 나타나는 위계적인 리더십보다 더 다채롭
고 만족스러운 연결형 리더십을 발전시켜야만 했다.

자기 홍보

다들 제가 일을 잘한다는 걸 알고 있어요. 그런데 왜 아무도 제게 그에 대한 보상
을 해 주지 않을까요?

게일 에번스(Evans, 2008, p. 8)

---

5) 우리나라 스포츠계는 감독이라는 표현을 쓰지만 영미권에서는 코치라는 표현을 쓰므로 여기서는 그 의미와 어감을
살려 코치로 번역했다. −역주

여러 관찰자들에 따르면 여성은 대개 어떤 성과에 대해 자신의 공을 드러내고 '생색내기'를 불편하게 여긴다(Smith, 2000; Tannen, 1994). 회의석상에서 기업계의 남성은 곧바로 본론으로 들어가서 자신의 확신과 전문성을 드러낸다. 그들은 자신들이 배워온 대로 확신에 찬 목소리로 얘기하는데, 이에 반해 여성들은 확신에 차서 말하는 것보다 의문이나 의심을 표현할 때 더 편안해한다. 성공한 남성 리더는 자기 자랑에 가깝게 자신을 홍보하며, 경영자들은 자신의 주요 공로를 사람들에게 알려야 하는 입장에 있다.

로자베스 모스 칸터Rosabeth Moss Kanter는 하버드 대학교에서 MBA 과정을 가르치며 겪은 일에 대해 이렇게 얘기했다('신임 투표', 2005).

> 남성과 여성은 수업 시간에 발언권을 요청할 때 차이를 보였다. 남성은 뭔가 말을 해야겠다는 생각이 들면 그 말을 바로 해버렸다. …… 여성들은 멋지게 발언할 거리가 있어도 자기 검열을 거쳤다.

여성은 건방지거나 자기중심적인 사람으로 보이고 싶지 않아서 예의를 차리는 경향이 더 많다. 회의 시간에 여성들은 다른 사람이 자신을 방해하거나 못 본 척해도 크게 개의치 않는 편이나, 이에 반해 남성들은 발언 기회를 얻으려고 서로 팔꿈치로 밀치기도 한다. 타넨Tannen과 다른 연구자들에 의하면 여성들은 자기가 다른 사람 '위에' 군림하려는 듯한 인상을 주고 싶지 않아 한다. 축구 코치 도란스(Dorrance, 연도 미상)의 얘기를 들어보자.

> 남성은 여러 사람으로부터 칭찬받기를 좋아한다. 하지만 당신이 어떤 젊은 여성을 공개적으로 칭찬한다면, 그 방에 있던 모든 여성들이 칭찬받은 여성을 싫어하게 되고, 자신을 칭찬하지 않았다는 이유로 당신도 싫어하게 된다. 설상가상으로 칭찬받은 젊은 여성마저 당신이 동료들 앞에서 그녀를 당황시켰다는 이유로 당신을 싫어하게 된다.

여성은 대인 관계에서 균형을 유지하거나 최소한 그러한 인상을 주려는 성향이 있다. 반면 남성은 자신이 조직 내에서 전도유망하다는 인상을 주고 싶어 정기적으로 자신의 성과를 드러내야 한다고 생각한다. 여성은 한 발 물러선 채 이러한 남성의 가식을 불편해한다. 남성과 여성은 '뽐내는' 방식에서도 차이를 보인다. 남성이 '내 것이 당신 것보다 크다'는 식이라면 여성은 좀 더 절제된 방식을 취한다(Miller, Cooke, Tsang, & Morgan, 1992).

> 남자는 자랑을 늘어놓을 때 자신이 단체의 일원이라는 사실을 자각한다. 여자가
> 자랑을 늘어놓으면 남자든 여자든 그 여자를 오만하고 건방진 사람으로 여긴다
> (Evans, 2000, p. 76).

이글리와 칼리(Eagly & Carli, 2007)는 여성이 '남성적'으로 행동하면 문제를 일으킬 소지가 있다고 지적했다. 자기 홍보는 공동체적 행동이 아니며, 여성은 다소곳해야 한다고 생각하는 사람이 아직도 많다. 여성이 전형적인 남성처럼 행동하면 주변 사람들에게 불편과 혼동과 저항을 초래한다.

때로 여성들은 눈에 띄지 않게 일해서 성공하고자 한다. 이런 방식이 여성들에게 편리하게 다가올 수는 있겠지만 그렇게 해서는 그들을 둘러싼 한계나 유리천장을 넘어 탁월한 성과를 내고 성공을 거두기가 어렵다.

직장에서 중요한 입지를 다지려면 사람들 눈에 띄어야 한다. 다시 한 번 말하지만 가장 중요한 것은 사람들의 의견과 인식이다. 여성은, 자기가 속한 남성 중심의 조직이 겸손을 미덕으로 치지 않는다면 조직에서 패배자가 된다. 여성이 풀어야 할 숙제는 자신과 타인에게 이상하게 보이지 않으면서 자신을 홍보하는 요령을 파악하는 것이다. 연구 결과에 따르면 여성들은 '숨기기disappearing'로 부정적인 고정관념에 대응한다(Goffee & Jones, 2000). 자신의 여성성이나 타고난 자질을 가려주는 옷을 입는다거나, 혹은 남성처럼 행동해서 주변 분위기에 녹아들려고 한다. 이런 행동으로 인해 여성이 리더에 어울리는 인물로 부각될 기회와 여성적 특성만이 직장에 가져다주는 효과를 이해해 볼 기회가 줄어든다. 자신의 진짜 모습을 숨기는 방식은 장기적인 전략

으로는 적당하지 않다.

의사소통 방식　　　직장 내에서 남성과 여성의 의사소통 방식에는 차이가 있다. 중요한 차이점은 타넨Tannen이 남성과 여성의 대화방식을 주제로 다룬 세 권의 책(Tannen, 1986, 1990, 1994)에 기술되어 있다. 경영자 코치라면 타넨이 쓴 이 세 권의 책은 반드시 읽어 두어야 한다. 타넨은 사회언어학자로 오랜 시간 기업 환경에서의 의사소통 방식을 관찰하여 몇 가지 일반적인 결론을 얻었다. 그 결론에 따르면 남성과 여성은 의사소통 방식이 달라서, 서로 다른 방식이 충돌하거나 잘못 이해되었을 때 문제가 발생하는데, 이런 문제는 불순한 의도, 능력 부족, 괴팍한 성격 또는 개인의 부정적인 인성 등으로 잘못된 꼬리표가 따라붙는다. 타넨은 직장 내에서 여성이 겪는 문제를 이렇게 표현했다(1990, p. 15). "남성은 규범을 따르는 듯 보이는 데 반해 여성은 규범에서 벗어난 듯 보이며 …… 게다가 여성과 남성이 방식 상에서 차이를 보이면 대개 변해야 하는 쪽은 여성이다." 그녀는 여성이 의사소통 방식 때문에 나쁜 평가를 받지만, 여성의 의사소통 방식은 여성이 정상적인 발달과정 동안 여자아이들과의 관계에서 일찍부터 습득해 온 것이라고 말했다.

다음에서 타넨이 기술한 사항을 몇 가지 추려서 살펴보자. 가능하다면 원본으로도 읽어 보길 바란다.

1. 여성은 단도직입적으로 명령하기보다는 제안이나 요청하기를 선호한다. 예를 들어, "회계 기록을 검토해서 화요일까지 알려 주세요."라고 말하지 않고 "시간 나실 때 회계 기록 검토를 부탁드려도 될까요?"라고 말한다. 프랭클(Frankel, 2004)은 '이런 완곡한 어법에 의문'을 표시했다. 완곡어법이 상대를 더 배려하는 표현법이기는 하지만 상대가 질문의 진의를 파악하지 못하면 혼란을 겪게 된다(Tannen, 1994, pp. 78-94). 사람에 따라 완곡어법을 이해하기도 하고 이해하지 못하기도 한다. 일상생활 속에서 이루어지는 남녀의 대화 사례를 한 번 살펴보자.

제인: 오늘은 어디서 점심을 먹을까요? ("같이 얘기해 보아요. 전 당신의 의향이 궁금하고 다정하게 상의해서 갈 만한 곳을 정하고 싶어요.")

존: 쉐비로 가죠. ("상대가 간단하고 단도직입적으로 질문을 했으니 명쾌하게 대답해 주어야 해. 그게 올바른 태도야. 그래야 제인이 내 의향을 알고 시간 낭비를 하지 않을 테니까. 난 그저 배가 고플 뿐이고 지금은 쉐비가 안성맞춤이라고.")

제인: 토르톨라는 어때요? ("이 사람 자기가 뭐 잘난 줄 아나 보네. 나한테는 어디로 가고 싶냐고 물어보지도 않잖아? 내 의향은 별로 궁금하지 않나 보지?")

존: 토르톨라는 이 시간대에 붐벼요. ("토르톨라에 가고 싶은 거였으면 이리저리 돌려서 말하지 말고 처음부터 그리로 가자고 하면 될 거 아냐? 지금 뭐 하자는 거야?")

이 사례는 서로 좋은 뜻에서 시작한 대화가 의사소통 방식의 차이로 인해 혼선을 빚고 서로 감정이 상하는 상황을 보여 준다. 어떤 방식이 더 옳다고 말할 수는 없다. 그저 서로 간의 방식이 다른 것이고 두 사람은 같은 곳에 다른 경로로 도착하려고 했을 뿐이다.

2. 어떤 여성들은 강박적으로 불필요하게 사과를 한다(Tannen, 1994, pp. 43-51). 이는 사회적 관습, 즉 예절의 일종으로 "안녕하세요?"라고 인사하는 것과 비슷하다(아무도 그 질문에 대해 직접적이고 명확한 대답을 기대하지 않는다). 여성이 사과했을 때(예를 들어, "어제 다시 연락드리지 못해 죄송합니다."), 남성은 종종 그런 표현을 존중의 표시나 더 나아가 나약한 모습이라고 판단한다. 여성은 그저 관계를 유지하고 상대에 대한 배려를 보여 주려고 사과하는 것이다. "남자는 미안하다는 말을 들으면 상대가 실수를 저질렀다고 짐작한다(Evans, 2000, p. 147)."

3. 2번과 같은 맥락에서, 여성은 관계 안에서 좋은 감정을 유지하기 위해 감사할 일이 없어도 감사하다고 말한다(Tannen, 1994, pp. 54-57). 이는 종종 남성에게 혼란을 불러일으키는데, 남성들은 대개 감사를 받으려면 감사받을 만한 행위를 해야 한다고 생각하기 때문이다. 남성들의 세계에서 감사는 감사하는 사람을 한 단계 아래에 위치하도록 만들 수 있다. 삶이라는 치열한 경기에 출전한 남성이

누군가에게 감사를 표현해야 한다면 그는 상대방에게 몇 점을 내준 채로 경기를 치러야 한다는 뜻이다.

4. 여성은 상대의 의견이 필요하지 않아도 배려의 차원에서 상대방의 의견을 묻고는 한다(Tannen, 1994, pp 61-63). 여성에게 있어 의견을 물어보는 행위는 상대를 배려하거나 의논을 시작하기 위한 일종의 전략이다. 남성은 여성의 질문에 자기가 의견을 제시했는데도 자기 의견이 고려되지 않으면 어리둥절해한다. 남성은 누군가의 의견을 물어보는 행위를 상대를 조종하려는 시도나 나약한 성격이나 무례함으로 받아들인다.

5. 남성과 여성은 칭찬과 질책을 다르게 사용한다. 타넨은 성격이나 배경에 따라 사람들이 피드백을 받아들이는 방식이 매우 달라서 칭찬이나 질책이라는 행위는 본질적으로 까다롭다고 기술했다(Tannen, 1994, pp. 66-70). 칭찬을, 상대방을 조종하거나 탐색하려는 행위라고 보는 사람이 있는가 하면, 칭찬을 받고 당황해하는 사람도 있다. 또 어떤 사람들은 칭찬을 받지 못했다면 그것은 자기가 일을 제대로 해내지 못했기 때문이라고 생각한다. 어떤 상사들은 믿음직한 직원에게는 그들이 '알아서 잘할 것'이기에 아무 말도 하지 않는다. 이와 반대로 여러 남성들은 아버지나 선생님으로부터 이런 식의 얘기를 듣고는 했을 것이다. "내가 너에게 호통을 치거나 잘못을 지적할 때는 별로 두려워하지 않아도 돼. 오히려 내가 아무런 호통을 치지 않을 때가 두려운 거야. 그건 네가 어떻게 되거나 말거나 나한테는 아무런 흥미가 없다는 뜻이니까." 타넨은 이렇게 말했다. "남성의 입장에서 보면 여성은 남성이 실수를 저질렀을 때 충분히 알아들을 만큼 직접적으로 얘기하지 않고, 여성의 입장에서 보면 남성은 여성이 뭔가 잘 해내고 있을 때 충분히 알아들을 만큼 직접적으로 얘기하지 않는다(1994, p. 68)." 도란스(Dorrance, 연도 미상)가 관찰한 현상을 살펴보자.

남성 선수들을 모아 놓고 총체적으로 질책하면, 그들은 모두 코치의 질책이 다른 누군가를 향한 것이라고 생각한다. 남성 선수들은 비디오 영상으로 총체적으로 질책하는 이유를 보여 주어야 한다. 하지만 여성 선수들에게는 그러지 않아도 된다. 여성 선수단을 총체적으로 질책하면, 그들은 모두 코치가 자신을 질책한다고 생각한다. 여성은 누군가로부터 자신이 실수를 저질렀다는 말을 들으면 그 말을 믿는다. 비디오 영상으로 여성들의 실수 장면을 보여 주는 것은 불난 데 부채질을 하는 격일 뿐이다. 하지만 내가 관찰한 바에 따르면 여성들은 대체로 실제보다 자신의 실력을 낮게 보는 편이기 때문에, 우리는 비디오 영상을 편집해서 여성 선수들의 자신감을 높이는 쪽으로 사용했다.

6. 여성은 고민 털어놓기를 라포 형성의 기회로 삼는다(Evans, 2000, p. 23; Tannen, 1994, pp. 71~72). 여성들은 타인과 유대 관계를 맺는 수단으로 자신의 고민을 공유한다. 남성들은 고민을 어떻게 털어놓아야 할지 그 방법을 모르는 경우가 많으며, 대화 중에 고민거리가 나오면 그것을 해결해 주어야 할 것 같은 부담감을 느낀다. 여성은 남성의 이런 태도에 대해 공감 능력과 상대의 얘기를 듣고 관심을 기울이는 능력이 부족하기 때문이라고 생각한다. 많은 남성이 보기에 고민 털어놓기는 투덜대고 징징대는 행위에 불과하다. 남성의 관점에서 보자면 진정한 팀플레이어는 긍정적인 요소에 초점을 맞춘다. 팔을 걷어붙이고 일에 달려든다. 남성에게 대화란 단순히 정보를 전달하는 수단에 가까운 반면, 여성에게 대화란 관계와 협력과 상호소통을 유지하는 수단이다. 에번스(Evans, 2003, p. 31)의 지적에 따르면, 영화 〈드라그넷Dragnet〉의 형사 조 프라이데이[6]는 남성과 이야기를 나눌 때는 구태여 "사실만 말씀해 주세요, 선생님"이라고 말하지 않았다.

7. 여성(과 일부 남성)들은 에둘러서 표현을 하는데, 이 에두르는 표현이 상대방에게 혼란을 준다(Tannen, 1994, pp. 78~95). 전통적인 남성 리더, 그중에서도 군인 출신이나 단체 스포츠 선수 출신은 명확하게 대화를 주고받는다. 타넨은 중요한 정보를 명확히 전달하지 않고 에둘러서 표현한 남성과 여성의 사례를 들어 놓았다(여기에는 피할 수도 있었을 비행기 충돌 상황에서의 대화도 있다. "비행기 날개 위에 붙어 있는 저 얼음을 어떻게 생각하세요."). 에둘러 표현한다고 해서 나약한 사람은 아니지만, 어떤 문화권에서는 그렇게 받아들여질 수도 있다. 다시 한 번 말하

---

6) 고지식한 인물로 여성들에게 늘 "사실만 말씀해 주세요, 부인."이라고 말한다―역주

지만 여성은 관계를 유지하기 위한 방식으로 에둘러서 표현한다. 그것은 관심을 보이고 배려하는 인상을 준다(예: "혹시 괜찮으시면 저기 있는 파일 좀 꺼내 주시겠어요?").

역기능적 의사소통 유형 Dysfunctional Communication Patterns　　　　캐슬린 리어든Kathleen Reardon 은 자신의 저서『남자와 여자는 왜 서로를 이해하지 못할까』(가제)[7]에서, 직장 내에서 남녀 간의 역기능적 의사소통 방식으로 인해 여성이 피해를 입게 되는 경우를 다섯 가지 유형으로 나누어 기술해 놓았다. 그녀는 이 역기능적 의사소통 유형을 줄여서 DCPs라고도 부른다. 각 유형은 다음과 같다.

1. **무시형**−가장 흔한 유형이다. 이 유형에 속한 남성들은 여성의 말을 자르거나 일방적으로 자기 주장만 내세우거나 혹은 여성의 말을 아예 무시한다. 여성은 했던 얘기를 다시 해야 하는 어려운 입장에 놓이고 때로는 저항에 부딪히기도 한다. 이럴 때는 그저 잠자코 있거나 침묵하기 쉬운데, 그렇게 하면 같은 상황이 계속해서 되풀이 된다. 해결책은 무시형 의사소통을 지양하는 소통 문화를 형성하는 것이다. 그러려면 여성을 무시하는 의사소통 유형에 관해 개인적으로 주의를 주거나(나중에 다른 사람이 없는 곳에서) 혹은 무시형 의사소통이 일어나는 현장에서 바로 그런 행동을 환기시켜 주는 일부터 시작해 보자.

2. **보복형**−간혹 남성 중에는 여성과 의사소통을 하면서 예전에 자신이 여성으로부터 받았던 모욕을 되갚아 주어야 한다고 생각하는 경우가 있다. 또 여성에게 지고 싶지 않아서(모욕적이고 받아들이기 어려우므로) 여성과의 대화를 자제하는 경우도 있다. 여성이 참신한 아이디어를 제안했는데, 거기에서 뭔가 결점이 나타나면 그 여성이 당황할 정도로 비판하기도 한다. 이때, 남성은 자신이 왜 그런 식으로 행동하는지 언급하지 않는다.

3. **경시형**−이 유형은 여성은 전통적으로 어머니나 아내나 딸의 역할을 해야 한다는 인식에서 비롯된다. 어떤 남성들은 여성과 의사소통할 때 마치 자신의 어머니나

---

7) 원제: They Just Don't Get It, Do They?

아내나 딸과 대하듯 하며, 때로 여성도 그런 식으로 반응한다. 남성은 여성을 동료로 대하는 것을 어려워해서 그런 역할상의 불편감을 없애고자 여성과의 대화를 가볍고 하찮게 여기기도 한다. 이럴 때 여성은 이러한 역할상의 문제를 떠안고 갈지, 아니면 맞서서 이의를 제기할지 결정해야 한다.

4. **배제형**−리어든은 남성이(여성처럼) 두 가지 방식으로 의사소통한다고 주장했다. 하나는 남성들만 있을 때의 방식이고, 다른 하나는 그 자리에 여성이 있을 때의 방식이다. 리어든의 주장은 남성이 회의에서 뭔가를 얘기한 뒤에 그 자리에 참석한 여성에게 사과를 하는 상황을 생각해 보면 쉽게 이해된다. 이는 여성 앞에서는 나누지 말아야 할 얘기가 있다는 뜻으로, 배제를 하겠다는 신호다. 이런 일은 남성들만 모인 비공식적인 자리에서 중요한 정보가 전달될 때도 일어나며, 여성들은 이 점을 잘 알고 있다. 또다시 여성들은 고민에 빠진다. "이의를 제기해야 할까? 그렇다면 언제 어떻게 말해야 할까? 만약 이의를 제기하지 않는다면 나와 회사 내의 다른 여성들(과 남성들)은 어떤 상황에 놓이게 될까?"

5. **폄하형**−폄하형은 여성을 비하하는 의사소통 유형으로 여성의 경력에 커다란 악영향을 끼친다. 이 유형은 미묘하게 나타나고, 언론 매체에도 등장해 조직이 고정관념에 사로잡힌 방식으로 여성 인력을 대하는 근거로 작용하기도 한다. 여성은 직장에 제대로 헌신하지 못한다며 마미 트랙[8]이라는 신조어가 나타난 것이나, 직장 여성이 다른 여성 동료를 비판하는 장면을 강조하는 것을 예로 들 수 있다. 언론 매체나 기업 문화에 나타나는 미묘한 폄하형 의사소통에 대처하기란 여간 힘든 일이 아니다.

남성과 여성이 서로 다른 악보를 쳐다보고 있다면 당연히 불협화음이 생기기 마련이다. 남녀 간의 의사소통이 원활해지려면, 남녀가 서로의 진의를 자연스레 이해하거나, 혹은 서로의 의사소통 방식에 대해 꾸준히 대화를 나누고 상대를 배려하며 서로에게 익숙해져야 한다.

---

8) 마미 트랙(mommy track)은 육아 등을 위해 출퇴근 시간을 조절할 수 있되 승진·승급의 기회는 적은 어머니의 취업 형태를 말한다−역주

큰 소리로 말하기   큰 소리로 말하는 행동은 성별 차이를 극복하기 까다로운 영역으로, 성별에 따른 인식의 차이로 인해 야심찬 여성들이 피해를 입는 또 하나의 사례다. 남성은 어려서부터 똑바로 서서 큰 소리로 말하라고 배운다. 웨스트포인트 육군사관학교에서는 신입생들에게 허드슨 강가에 서서 반대편까지 들리도록 명령하는 연습을 시킨다. 처음에는 다들 서툴지만 시간이 지나면 모두 요령을 터득한다. 여성은 대개 그와 반대되는 행동을 배운다. 뒤로 물러나 다른 사람에게 자리를 양보하고 조용하고 공손하게 말하고 여러 사람 앞에서 나서지 말라고 배운다. 여성이 큰 소리를 내면 상스럽고 불쾌하고 건방진 사람으로 비칠 소지가 있다.

종종 남성은 직장에서 고함을 치고도 별 탈 없이 넘어간다. 오히려 고함을 치면 '리더십을 멋지게 발휘한 순간'으로 평가받기도 한다. 하지만 여성이 목소리를 높이면 제정신이 아니라는 얘기를 들을지도 모른다. "저 여자 정신이 나갔군. 알잖아, 여자들이 어떤지……."

여성이 남성의 눈을 똑바로 쳐다볼 때도 오해를 불러일으킬 수 있다. 반대로 남자가 여성의 눈을 똑바로 쳐다볼 때는 올바르고 진솔한 의사소통 방식이라는 얘기를 듣는다. 미국의 백인 사회에서 성격이 시원시원한 남성은 굳은 악수를 나누며 상대방의 눈을 똑바로 쳐다본다. 여성이 남성의 눈을 똑바로 쳐다보면 남성은 어쩔 줄 몰라 마음이 불편하고 혼란스럽다.

여성은 대개 자신의 말이 무시당하는 경험을 한다. 현대의 기업 환경에서 성공하려면 여성은 확신에 찬 목소리로 말하고, 여성에 대한 편협한 인식에서 벗어나는 방법을 찾아내야 한다. 조심성이 과하면 능력을 의심받고, 목소리가 너무 크면 건방진 사람으로 낙인찍힌다. 하지만 현대의 기업은 눈코 뜰 새 없이 빠르게 돌아가므로 누군가가 자신의 진가를 알아보아 주기를 하염없이 기다려서는 안 된다.

> 당신의 말은 무시당하기 일쑤일 것입니다. 따라서 큰 목소리로 말하고 가끔은 야단법석도 떨어야 사람들이 당신의 말에 귀를 기울일 것입니다(노스럽 사의 부사장 셜리 피터슨Shirley Peterson, Reardon, 1995, p. 5에서 인용).

리더십 유형　　여성과 남성은 리더십을 서로 다른 방식으로 발휘한다는 연구 결과가 상당히 많으며, 이것은 남자아이와 여자아이가 다른 방식으로 양육되고 사회화된다는 점을 고려했을 때 놀라운 일이 아니다. 연구 결과에 따르면 여성의 리더십은 대체로 더 포괄적이고 참여적이다. 여성은 합의와 참여를 추구하는 성향이 강한데, 이런 자질은 시대 흐름에 부합하며, 창조적이고 혁신적인 조직의 근로자들에게 효과가 더 크게 나타난다. 그리고 여성은 행동에 나서기 전에 정보를 요청하거나 공유하는 성향이 높다. 또한 권위주의와 위계 서열을 선호하지 않고, 마치 자신이 인적 자원 망의 중심에 위치한 사람처럼 행동한다. 어느 여성 CEO는 자신의 리더십 유형을 '공감형'이라고 표현했다(Betsey Cohen in Smith, 2000, p. 3). 이런 유형은 이 책의 13장에서 남성 스포츠 코치들이 제시하는 리더십 유형과 현격히 차이가 난다. 여성의 리더십 유형을 연구한 몇몇 사례는 '참고문헌' 목록에 실어 놓았다(Carr-Rufino, 1993; Gilligan, 1982; Helgesen, 1990; Rosner, 1990; Smith, 2000).

변혁적 리더십Transformational leadership과 거래적 리더십transactional leadership은 16장에서 다룬다. 변혁적 리더는 부하직원의 신뢰를 얻고 부하직원에게 재량을 줘서 공동의 목표에 도달하는 효과적인 역할모델이다. 변혁적 리더는 긍정적 가치와 낙관적 전망에 대해 직원들과 의사소통하며 리더십을 발휘한다. 거래적 리더는 리더십의 핵심을 리더와 부하직원 사이의 거래, 즉 각자의 요구 사항에 맞게 서로 주고받는 행위라고 본다. 그들은 장려하는 행위와 장려하지 않는 행위에 대해 공공연히 돈이나 인사이동으로 보상 또는 처벌을 한다. 이글리와 요한슨-슈미트와 반 엔겐(Eagly, Johannesen-Schmidt, & van Engen, 2003)은 여성이 변혁적 리더의 유형에 가깝다는 경험적 증거를 제시했고, 여러 리더십 관련 문헌에 따르면 변혁적 리더십은, 특히 온화한 방식으로 발휘됐을 때, 현대의 기업 환경에 효과적이다.

동시에 여러 가지 일을 하는 능력Multitasking　　연구 결과에 따르면 여성은 한 번에 여러 가지 일을 처리하는 능력이 뛰어난 데 비해, 남성은 순차적인 일처리를 더 선호한다. 이러한 경향은 이미 오래전에 기능적 자기공명영상MRI을 이용한 뇌 연구에서 증명되기는 했지만(Gurian & Annis, 2008), 그에 대한 확실한 증거는 바쁘기 그지없는 어머니들이 여러 아이를 키우고, 가사를 처리하고, 부모를 모시고, 학교 이사회에 참석하는 등의 여러 가지 일을 모두 동시에 처리해내는 사례에서 드러난다.

역할 부담에 대한 반응 여성은 분명히 평균적으로 남성보다 가사에 더 많은 시간과 공을 들여야 하고, 그로 인해 사회생활에 불리한 측면이 있다. 맥킨지의 조사(Desvaux et al., p. 15)에 따르면 남성과 여성이 가정을 중요하게 여기는 수준은 비슷하지만, 여성들이 더 많은 대가를 치러야 하는 것으로 나타났다. 휴렛은 「하버드 비즈니스 리뷰」에 실린 보고서(Hewlette, 2002)에서, 높은 자리로 승진할수록 여성은 자녀의 수가 적지만 남성은 자녀가 많다는 우울한 조사 결과를 내놓았다.

> 사람들이 잘 알지 못하는 안타까운 사실이 있다. 미국에서 직업적으로 성공한 여성의 두세 명 중에 한 명은 자녀가 없다. ……미국 기업계만 보면 수치는 42%에 달한다. 이 여성들이 아이 없이 살려고 결심했던 것은 아니다. 이들 중 상당수는 아이를 간절히 원한다(Hewlette, 2002, p. 66).

휴렛은 여기서 더 나아가 "남녀 간의 임금 격차가 지속되는 이유는 주로 출산으로 인한 여성의 경력 단절 때문"이라고 지적했다(2002, p. 69). 남성과 여성은 가사에 대한 책임의식이 서로 다르며, 더군다나 남성은 출산을 할 수가 없다. 회사는 오랫동안 근속이 가능한 직원을 선호하므로 여성은 손해를 보기 마련이다. 한 예로, 나이가 많은 치과 의사일수록 대학을 갓 졸업한 젊은 여성을 채용하지 않는다고 한다. 업무에 능숙해지고 환자와 돈독한 관계를 맺을 무렵이 되면, 아이를 낳고 가정을 꾸리기 위해 사표를 쓰기 때문이다.

여성은 가사에 대한 책임으로 인해 업무 이외의 활동에 별로 참여하지 못하는데, 이런 활동에 참여하는 것은 경력 발전에 커다란 보탬이 된다. 직장에서 한 주에 40시간 일을 하는 것만으로는 출세하기가 힘들다. 직장 밖에서도 접대, 각종 모임, 저녁식사, 야유회, 자선 행사 같이 참석해야 할 일이 많다. 이것은 누구나 아는 사실이지만, 그래도 여성들이 아이들 운동회나 치과 예약, 예상치 못한 가정사도 챙겨야 한다는 사실은 변하지 않는다.

코치가 해야 할 일

코치는 제일 먼저 개념적이면서 동시에 실제적인, 까다로운 질문에 답을 내놓아야 한다. 어떤 방법으로 어디에 초점을 맞춰 코칭을 할 것인가? 만약 직장 내에 여성의 성공을 가로막는 공고한 장벽 같은 것이 있다면 여성 고객 개인의 행동을 바꾸는 것이 무슨 소용이 있을까? 그래 보아야 여성 고객이 승진을 못하는 이유는 그녀에게 문제가 있기 때문이라는 인상을 심어 줄 뿐이다. 이런 판단이 옳을 수도 있겠지만, 분명 여성 고객은 직장에서 각종 복잡한 저항에 시달린다. 여성을 둘러싼 환경은 호의적이거나 공평하지만은 않다. 관련 자료를 살펴보면 직장 여성의 발전 정도는 정체되었거나 퇴보했다. 이럴 때 코치가 해야 할 일은 희생자인 여성 고객을 비난하지 말고, 고객이 적응하기 힘든 환경에서 개인적으로 변화하도록 도와주는 것이다. **희생자 비난하기**blaming the victim라는 개념은 라이언Ryan이 1971년에 쓴 동명의 책에 실리면서 사회 변동 문헌에 받아들여졌다. 라이언은 자신의 책에서, 체계적인 차별을 겪는 사람들이 이의를 제기할 때, 변해야 하는 쪽은 오히려 이의를 제기하는 사람들이라고 비난하는 행위를 삼가야 한다고 말했다. 희생자를 비난하는 관점에서는, (특히 단일 민족 집단에서) 가난이 만연한 이유를 개인이 나태한 탓으로 돌린다. 이런 태도는 10장에서 언급한 **기본적 귀인오류**의 일종이다. 어떤 상황에서 가장 큰 영향을 미치는 요소는 그 상황의 맥락임에도 불구하고, 사람들은 부정적인 결과를 개인의 행동이나 성격 탓으로 돌린다. 코치는 여성 고객과 협력 관계를 구축하고, 고객에게 정신질환이나 문제가 있다는 식으로 비난하는 기색 없이 여성 고객이 직장에서 겪는 곤란한 문제에 잘 대처할 수 있게 도와주어야 한다. 여기에는 몇 가지 방법이 있다.

여성들이 남성 중심의 기업에서, 특히 입사 초기에 자기 자신에 대한 믿음이 부족한 데는 이유가 있다. 흔히 여성들은 자기 자신에게 불필요하게 엄격하다. 면도칼에 베였을 때 남성은 면도칼을 버리지만, 여성은 자기 자신을 비난한다(Gail Koff; Smith,

p. 263에서 인용).

여성들은 조직의 문화에 순응할지 아니면 이의를 제기할지 어려운 결정을 내려야 하는 상황에 놓인다. 가만히 앉아서 언젠가 조직 문화가 좋아지기를 기대하거나 요행으로 직장에서 성공하기만을 바랄 수는 없다. 코치는 여성 고객이 조직 문화를 습득하는 법, 자기 성과에 대한 피드백을 얻는 법, 직장에서 접하는 장벽에 대처하기 위해 변화를 꾀하는 법을 배우도록 도와줄 수 있다.

먼저 성차를 다룬 문헌들을 살펴보자. 이 분야는 연구가 잘 이루어져 있고 매우 재미있다. 남성 코치든 여성 코치든 성차에 관한 문헌을 읽지 않고서는 여성 경영자를 코칭하지 말아야 한다. 추천도서는 이번 장의 끝에 수록해 놓았다. 스포츠 코치들이 쓴 책은 특히 읽어 볼 만하다. 남성이라면 읽고 나서 깨닫는 점이 많을 것이다.

여성 고객과 관계를 발전시켜 나가기 위해서도 노력해야 한다. 각 고객을 만날 때마다 공고하고 특별한 유대감을 형성하자. 여성 고객이 바라는 목표가 무엇인지 고객으로부터 직접 들어서 파악해 보고 그 목표를 평가해 보자.

코치는 고객이 자신의 현 상태를 파악해 보도록 도와줄 수 있다. 여성 고객으로 하여금 자신의 현재 감정이 어떤지, 어떤 감정을 느끼고 싶은지 살펴보게 하고 그런 감정을 고객이 느낄 수 있도록 함께 노력한다. 어떤 경우에는 고객이 신뢰할 수 있는 의논 상대가 되어 주는 것만으로도 문제가 해결되며, 그렇지 않을 때에는 고객의 행동 변화를 돕기 위한 과정이 진행되어야 한다.

코치는 고객이 직장 생활을 얼마나 편안하게 느끼는지 평가해 보고, 직장생활을 더 편안히 받아들일 수 있게 여러모로 도와주어야 한다. 대개의 경우 높은 자리로 승진을 하려면 자신의 안전지대comfort zone를 넘어서야 한다. 이러한 맥락에서 코치는 여성 고객이 회사에서 편안하게 자기 존재감을 드러내도록 도와줄 수 있다. 직장 생활 내내 존재감을 드러내지 못하거나 자신에게 편안한 곳에 안주하는 여성은 높은 자리에 오르지 못한다. 마케팅 부서나 인사부에서 근무하는 경력도 중요하다. 하지만 그에 못지않게 기술 관련 업무나 회계, IT, 전략 기획 분야에서 전문적 지식을 갖추고 두각을 나타내는 것도 중요한데, 그러기가 쉽지는 않다.

코치는 여성 고객이 자신의 직업상 포부를 조직의 주요 간부들에게 알릴 수 있게끔 도와야 한다. 여성에게는 '뒤로 물러나는' 성향이 있기 때문에, 조직의 핵심 인사들은 여성 경영자의 목표와 포부에 대해 오해를 할 수 있다. 이런 오해는 여성 경영자가 자기 포부를 명백히 밝히기만 하면 바로 풀린다. 그러기 위해서는 여성 고객이 리더와 마주 앉아 자신의 포부를 표현하기만 하면 된다. 때로는 조직의 핵심 인사들 앞에서 여러 번 자기 포부를 밝힐 필요가 있다. 여성은 사람들이 자신의 마음을 읽어 주기를, 자기 포부를 정확히 짚어 주기를 기대해서는 안 된다. 사람들은 흔히 여자의 마음을 잘 알아차리지 못하기 때문이다. 이러한 맥락에서, 코치는 여성 고객이 자기 성과를 평가하는 방식을 스스로 고안하여 제안해 보도록 도와줄 수 있다. 현 평가 방식은 남성을 기준으로 만들어져 있어서 여성과 여성의 포부를 평가하기에는 부적합할 가능성이 크다.

현명하고 능숙한 코치라면 때에 따라 고객을 위해서 '성차를 해석'해 줄 수도 있다. 조직에 근무한 경험이 있거나 관찰력이 뛰어난 코치라면 조직의 규칙과 관습, 관례와 다른 구성원들의 행동 방식을 고객에게 알려줄 수 있다. 직장에서의 업무란 반드시 치러야 하는 '경기'와 같다. 경기에는 규칙이 있기 마련이므로, 선수는 경기를 잘 치르기 위해 규칙을 완벽히 숙지해야 한다. 또한 코치는 조직 문화 밖에 위치해 있지만 멘토의 역할을 대신해 줄 수도 있다.

사실 어떤 면에서 여성은 유리한 위치에 있기도 하다. 오랜 기간 여성은 남성 중심의 기업에서 일종의 아웃사이더였으므로, 대개 여성의 남성에 대한 이해도가 남성의 여성에 대한 이해도보다 더 높다. 이것은 남녀 간의 역사적 역학관계 때문이다. 여성은 주로 성차에 주의를 기울여야 하는 입장이었고 남성은 그렇지 않았다. 때로 남성은 일상생활에서 성차로 인해 발생하는 여러 가지 문제를 전혀 인식하지 못하며, 이로 인해 어리석은 인상을 주기도 한다.

여성의 리더십을 위한 코칭

주디스 블랜턴(Blanton, 2009)과 그의 동료들(RHR 인터내셔널[9])은 진정성authenticity이라

---

9) 리더십 개발회사-역주

는 개념을 중심으로 리더십 모델을 만들었다. 그들은 65명의 여성 리더와 35명의 주주를 인터뷰했고, 그로부터 여성이 리더십을 가장 잘 발휘하려면 진정성 있는 태도를 취하고, 자신의 내면에서 경험하는 자기 모습을 진실하게 표현해야 한다고 결론 내렸다. 그들은 여성 리더의 평가와 변화의 길잡이로 삼을 만한 다섯 가지 요소에 주목했다.

1. **진정성**−진정성은 매우 중요한 요소로, 가치관과 행동 사이의 내적 일관성뿐만 아니라 타인이 리더를 진실하고 믿을 만한 사람으로 간주하는 외적 인식이 수반되어야 한다. 내적 일관성이 먼저 갖춰져야 하므로, 여성 경영자는 자신의 가치관과 우선순위를 탐색하고 이해해야 한다.

2. **여성 리더를 대하는 분위기**−조직 내에서 여성 리더를 대하는 분위기가 어떤지 평가하고 파악해 보아야 한다. 궁극적으로 진정성 있는 리더가 해야 할 일 중 하나가 바로 이런 분위기를 조성하는 것이다. 조직 문화는 리더가 조성하는 분위기에 따라 크게 좌우된다. 진정성 있는 리더십은 포용성이 높은 조직 문화에서 발휘되기 쉽다.

3. **내적 심리 자원과 외적 대인 관계 자원**−이 두 가지는 대다수의 직장 여성이 발휘할 수 있는 강점이다. 내적 자원에는 정서지능, 동기적 특질, 인지적 특질, 그간 쌓아온 기술과 지식이 있다. 외적 대인 관계 자원에는 멘토, 인적 네트워크, 다양한 사회적 기술이 있다.

4. **리더상像**−이것은 조직이 현재 올바른 리더라고 생각하는 인물상을 말한다. 리더상은 리더십의 유형이나 방식, 외모 등이 고려된다. 흔히 전통적인 남성형 리더십이 리더상의 기본 바탕을 이루는 경우가 많다. 리더상은 조직이 훌륭한 리더에게 기대하는 자질이다. 조직의 리더상은, 조직이 바라는 자질이 무엇인지에 따라 여성이 진정성 있게 리더십을 발휘하는 데 도움이 될 수도 있고 장애가 될 수도 있다.

5. **외부 활동**−이것은 가사나 공동체 활동 같이 여성이 직장 밖에서 책임져야 할 의무를 말한다. 대체로 이런 의무에 대한 부담감은 남성보다 여성에게 더 크게 다가온다.

이 모델에서 조직과 여성 경영자는 영향을 주고받으며, 조직과 여성 경영자 모두에게 득이 되는 상황을 만들어갈 수 있다. "훌륭한 여성 리더는 진정성 있는 태도로 조직을 이끌며, 권한과 신뢰를 바탕으로 조직 규범의 한계를 초월한다"(Blanton, 2009, p. 10). 조직은 성장하고 여성은 자신의 능력을 마음껏 펼치는 것이다. 진정성 있는 리더십을 발휘하지 않고서 여성 경영자가 오랫동안 성공가도를 달리기는 쉽지 않다. 하지만 진정성 있는 리더십은 전통적인 남성 중심의 문화와 갈등을 빚거나 남성 중심의 문화에 위협이 될 가능성이 크다.

센터드 리더십Centered Leadership[10]

바시Barsh와 동료들은 2008년에 맥킨지 리더십 프로젝트의 일환으로 85명의 성공한 여성 리더를 인터뷰한 뒤, 여성 리더들의 의견과 학술 문헌을 참고하여 여성을 위한 리더십 모델을 고안했다. 이 모델이 상정하는 여성 리더의 조건은 지성, 변화 수용성, 리더가 되고자 하는 열정, 의사소통 기술이다.

- 이 모델은 **의미 부여하기**에서부터 시작한다. 리더는 자신이 추구하는 목표가 무엇인지, 그 목표를 이루기 위한 방법이 무엇인지를 파악해야 한다. 목표 추구는 리더 본인에게나 부하직원들에게나 큰 의미가 있어야 한다. 조직 문화나 시장 상황으로 인해 그러기가 불가능하다면(그리고 방향을 재설정하기도 어렵다면), 실제로 달성할 수 있는 목표 영역에서 의미를 찾아볼 수 있을 것이다.
- 리더로 성공하려면 자신의 **에너지**를 효율적으로 관리해야 한다. 성공한 사람들은 대개 오랜 시간 일에 매진하고, 게다가 여성은 집에 와서도 '두 번째 일'을 해야 하므로, 불필요한 일에 자신의 에너지를 낭비하지 않도록 주의 깊게 관찰하고 관리해야 한다.
- 성공하고 싶은 사람은 **긍정적인 틀**을 활용할 줄 알아야 한다(이 책 7장의 인지치료 편을 참고하자). 긍정적인 틀에는 학습된 낙관주의learned optimism와 정확하면서도 대

---

10) 맥킨지가 개발한 리더십 역량 지표다. 의미 부여하기, 긍정적인 틀 만들기, 연결하기, 참여하기, 활기차게 지내기의 다섯 가지 차원이 있다.—역주

체로 긍정적인 사고가 있다. 이런 능력은 사람마다 편차가 있지만, 리더십을 훌륭하게 발휘하고 싶은 사람이라면 꼭 갖춰야 한다.

- 리더가 되고 싶고, 직장에서 성공하고 싶은 여성이라면 **유대 관계**를 맺을 줄 알아야 한다. 조직 내에 공고한 장벽이 있다고 해도 인적 네트워크를 구축하고 멘토를 확보해야 한다. 상사와도 개인적으로 돈독한 관계를 맺어야 한다. 후견인은 여성이 자신의 훌륭한 성과와 높은 잠재력을 회사에 알리도록 도와줄 수 있다. 또한 여성은 호혜적 관계에 능숙해져야 하는데, 서로 주고받는 호혜적 관계는 남성들이 선호하는 거래적 리더십에서 중요한 요소다.
- 여성은 위험을 감수하고 **적극적으로 나서야** 한다. 맥킨지는 계산된 위험을 감수하는 사람들이 더 행복하다는 점을 발견했다. 현 시대의 여성은 상황이 달라지기만을 넋 놓고 기다려서는 안 된다.

고객의 행동에 대해 구체적으로 피드백해 주기

때로 코치는 고객의 행동 중에서 작지만 중요한 사항들을 관찰하고 피드백을 줘서 고객에게 커다란 도움을 줄 수 있다. 그런 행동은 고객의 통제 하에 쉽게 바뀔 수 있으면서도, 상당히 큰 효과를 발휘한다. 시중에는 이런 식의 피드백 사례를 실은 책들이 많다. 로이스 프랭클이 쓴 『착한 여자는 성공하지 못한다』(가제)[11](Frankel, 2004)가 그런 책으로, 이 책은 코치들에게 필독서이며, 코칭에서 고려해야 할 사항을 직설적이고 구체적으로 제시해 놓았다. 저자는 여성이 직장에서 저지르는 101가지 실수를 정리해 놓았는데 그중 몇 가지는 다음과 같다.

- 경쟁 관계가 아닌 척하는 행위
- 남의 일 대신하기
- 타인으로부터 관심을 받고 싶은 욕구
- 남성처럼 행동하기
- 사무실을 자기 방처럼 꾸미는 행위
- 자신의 별명이나 이름(성은 빼고)만 사용하는 행위

---

11) 원제: Nice Girls Don't Get the Corner Office

- 남이 알아줄 때까지 기다리는 행위
- 남에게 아이디어를 건네주는 행위
- 존재감을 드러내지 못하는 태도
- 의문형으로 말하기
- 허락을 구하기
- 지나치게 감성적인 언어 사용
- 부적절한 미소
- 고개를 갸우뚱하는 행위
- 사람들 사이에서 화장이나 옷단장을 하는 행위
- 안경을 목에 거는 행위
- 자신에 대한 비판을 내면화하기
- 기정사실을 잠자코 받아들이기
- 가장 마지막에서야 발언하는 행위

이런 종류의 피드백은 전하는 입장이나 받는 입장이나 난처하다. 이런 피드백을 주고받는다는 것은 여성이 앞으로 나아가기 위해 위험을 기꺼이 감수한다는 뜻이다. 앞서 말했듯이 위험은 존재하기 마련이므로, 코치와 고객은 위험 요소에 대해 논의하고, 따져 보고, 협의해야 한다. 때로 코치와 고객은 조직으로부터 변화에 대한 동의를 얻을 수 있고, 그렇게 되면 고객의 새로운 행동은 긍정적인 틀 안에서 받아들여질 것이다. 고객 중에는 코치가 이런 종류의 피드백이나 직접적인 조언을 해 주기를 바라는 사람도 있으며, 그들은 그런 피드백이나 조언을 받아야 코칭을 제대로 받았다고 생각한다.

코치는 여성 경영자가 자신의 권한을 더 편안하게 받아들이도록 돕고, 더 나아가 권한을 획득하고 관리하는 일에 창의성을 발휘할 수 있게 도와야 한다. 자신이 상대방에게 어떤 모습으로 비치는지 실험을 해 보는 것도 여성들에게 도움이 된다. 코치는 여성의 의사소통 방식과 행동 방식을 관찰하고 평가하고 피드백해 주어야 한다. 이 역할은 매우 중요하다. 사람들은 자신이 어떤 식으로 말하고 행동하는지, 상대방에게 자기 모습이 어떻게 비치는지 잘 알지 못하므로, 이 과정에서 코치의 역할은 매우 중요하다. 고객이 직장에서 어떻게 행동하는지를 살펴보자. 실시간으로 정보와 자료를 확보하자. 확보한 정보와 자료를 종합하여 고객에게 전달하되 그것이 고객에게 활력이 되고 동기부여가 되어 고객이 작지만 중요한 변화를 이루도록 해 주자. 표적 행동을 정해 변화 프로젝트를 만들어 보자. 변화 과정을 평가하면서 계획을 조정하자. 피드백할 대상을 더 찾아내고 같은 단계를 반복하자.

필요하다면 고객이 일과 가정 사이에서 어떻게 균형을 잡아야 할지도 같이 고민해 보자. 대다수 여성에게 이것은 중요한 문제이며, 사실 대다수 남성에게도 마찬가지다. 고객의 직장이나 가정과 관계가 없는 제삼자가 이 과정에서 매우 큰 도움을 줄 수 있다. 일과 가정 사이의 균형을 유지하는 문제가 무척 까다로울 수밖에 없는 이유는, 직장 생활에서 성공하기 위해서는 화목한 가정생활을 포기해야 하는 경우가 제법 많기 때문이다. 어려운 선택을 내려야만 하는 것이다.

> 일과 가정을 동시에 만족시키기는 불가능하다. CEO인 나는 내 일이 가장 먼저였고, 내 딸은 두 번째였고, 내 남편은 세 번째였다. 때로는 이런 상황이 그다지 마음에 들지 않는다(앤 스펙터 리프Ann Spector Lief, Smith, 2000, p. 254에서 인용).

코치가 유념해야 할 사항들

모든 고객에게 도움을 줄 수 있는 코치는 없다. 남성 코치든 여성 코치든 성차라는 주제를 다루기가 불편한 경우도 있다. 고객 중에는 성차에 별로 관심이 없거나, 성차를 무관하게 혹은 언짢게 생각하거나, 중요하지 않은 문제로 치부하는 사람도 있다. 또 어떤 고객은 남성 중심의 기업 환경에서 성 정치Gender Politics를 언급하는 행위를 위험하게 여겨서 이런 문제를 회피하기도 한다. 여성을 포함한 기업계 사람들은 성차에 대한 관심을 '진보주의'나 '페미니즘'으로 여기며, 눈앞에 닥친 시급한 문제를 처리하는 데 방해가 된다고 여긴다. 또한 마초적 태도를 보이는 사람이나 성적 편견을 무시하는 사람도 있다. 여성 중에는 여성을 희생자로 연상시키는 시각에 이의를 제기하는 사람도 있다. 신문의 기업계 소식란에는 성공한 직장 여성의 인터뷰가 자주 실리는데

(여성의 표현이 그대로 인용된다), 그 여성들은 이런 식으로 얘기한다. "여자라서 불리한 점은 없습니다." "하고 싶은 일을 하세요. 그러면 나머지는 저절로 풀릴 겁니다." "편견에 부딪히면 저는 일에 더 몰두합니다." 어떤 여성은 직장에서 성차에 대한 논의가 이루어진다는 소식을 들으면 오히려 불안해하기도 하며, 대체로 그런 불안감을 느끼는 데는 그럴 만한 이유가 있다.

고객을 이런 측면에서 평가해 보자. 그들이 성차와 성 역할을 어떻게 바라보는지 알아보자. 만약 코치가 쌓은 경험, 지식, 기술이 고객의 관심사나 니즈에 딱 들어맞는다면 고객의 성차에 대한 인식을 살펴보는 단계로 곧장 돌입하자. 만일 그렇지 않다면 고객이 거부감을 느끼지 않도록 성차에 대한 문제를 다른 문제와 연관 지어 제시해 보자. 그렇게 하면 동일한 피드백이나 동일한 행동 변화라도 다른 개인적인 문제와 관련된 것으로 비치고, 성차에 대한 개념이 전체 그림에서 완전히 사라진다.

여성 코칭이 효과적으로 이루어지려면 코치는 반드시 성차를 염두에 두고 관심을 가져야 한다. 성gender은 우리의 정체성에서 중요한 위치를 차지하는 동시에 매우 흥미로운 대상이기도 하다. 타넨이 말했듯이(Tannen, 1994, pp. 13-14) "사람의 정체성 인식에 가장 큰 영향을 미치는 요소는 성gender이다. 길을 가다가 맞은편에서 사람이 걸어오면 우리는 자기도 모르게 즉각적으로 그 사람이 남자인지 여자인지 확인한다." 우리는 타인의 인종이나 민족적 정체성을 잘못 추측할 때가 있으며, 그런 것에 아예 관심이 없을 때도 있다(민족이 정체성과 별로 상관이 없다는 뜻은 아니다). 하지만 사실상 상대방의 성 정체성을 잘못 보는 경우는 거의 없다. 대개는 모를 수가 없는 것이다.

코치는 여성을 코칭하는 역할에 대비하기 위해 반드시 기업계에서의 성차를 다룬 문헌을 살펴보아야 한다. 성차는 고려해야 할 요소가 많고, 누구에게나 저마다 공고한 견해가 있다. 참고문헌과 추천도서 목록에 수록해 놓은 몇몇 책은 충분히 읽어 볼 만한 가치가 있다. 그중에서도 특히 코글린, 윈가드, 홀리핸이 공저한 책(Coughlin, Wingard, & Hollihan, 2005), 해러건의 책(Harragan, 1976), 헬게센의 책(Helgesen, 1990), 타넨의 책(Tannen, 1994), 리어든의 책(Reardon, 1995), 스미스의 책(Smith, 2000), 에번스의 책(Evans, 2000)을 권하고 싶다.

조직이 할 수 있는 일

기업과 조직은 다양성 확대에 커다란 관심을 갖고 있다. 경영자 코치는 보통 조직 최상부의 리더들을 만날 수 있다. 코치는 이런 기회를 통해 조직의 어떤 면 때문에 조직이 여성 재원의 잠재력을 충분히 살리지 못하는지 점검해 볼 수 있다.

코치는 리더십을 논하는 자리에서 긍정적인 전망을 내놓아야 한다. 조직의 리더가 누군가가 권하기 때문에 억지로, 혹은 정치적으로 올바른 결정이기 때문에 다양성을 증진해야겠다고 생각한다면 별다른 변화가 일어나지 않을 것이다. 리더의 역할은 수익 창출이다. 그들은 경쟁 우위를 창출하고 유지해야 한다. 코치가 변화를 일으키는 최선의 방법은, 리더에게 성별 다양성을 증대하면 기업성과가 좋아진다는 점을 납득시키는 것이다. 코치는 자신의 주장을 뒷받침하기 위해 실증 자료와 사례 연구를 축척해 요약된 형식으로 만들어 놓아야 한다. 코치는 자신의 고객도 같은 방법을 사용하도록 도와야 한다.

맥킨지는 한 보고서(Desvaux et al., 2007, pp. 19-21)에서 성별 다양성을 향상시키는 네 가지의 구체적인 방법을 권장해 놓았다.

1. 성별 다양성 지표를 만들고 유지하되, 한도를 설정하지 않는다. 조직 내에서 여성 구성원의 성취도를 추적하는 지속적인 정보수집체계를 마련해야 한다. 조직 구성원들이 성별에 따라 분리가 되어 있지는 않은지(유리벽) 지속적으로 관찰한다.

2. 남녀 직원 모두에게 융통성 있는 근무 여건을 마련해 준다. 이를 위해서 탄력 근무제, 모빌오피스mobile office,[12] 시간과 공간 제약을 최소화해 주는 기기 등을 도입할 수 있다. 장시간의 근무와 장거리 출퇴근에 관한 기준을 재검토하고 조정해야 한다. 장기적인 안목에서 생산성을 증대하는 방향으로 바뀌어야 한다. 젊은 직원일수록 시간과 공간의 자율성을 환영한다. 근무 시간과 성과는 비례한다거나, 9시부터 5시나 그 이상의 시간까지 앉아서 일해야 하는 한다는 낡은 사고방식은 바뀌어야 한다.

---

12) 직원들이 시간이나 장소에 구애받지 않고 고객과 만나는 현장에서 모든 일처리를 할 수 있는 시스템-역주

안식년 기간을 두는 등, 남녀 직원이 비선형적으로 경력을 쌓을 수 있는 방식을 모색하여 발전시킨다. 육아 휴직제는 휴직자가 자리를 비운 사이에도 회사와 연락이 닿도록 주의 깊게 시행되어야 한다.

3. 채용, 평가, 경력관리 체계를 여성 친화적으로 조정한다.

4. 여성 고객이 조직의 관례에 익숙해지도록 돕고 더 큰 포부를 품도록 독려한다. 이때 코칭과 멘토링, 여성들 간의 교류가 도움이 된다.

맥킨지의 보고서는, CEO를 비롯한 고위 간부들은 위에서 언급한 방법을 고려하고 실천해야 한다고 주장한다. 캐틀리스트 센서스가 제시한 기업의 모범 경영 사례(Advancing Women in Business, 1998)는 '참고문헌' 목록에 수록해 놓았다.

요약

1. 남성과 여성은 상황을 바라보는 관점이 다르다는 점을 명심하자. 남성과 여성은 욕구가 다르고, 일에 접근하는 방식이 다르고, 중요성을 판단하는 관점도 다르다. 이와 더불어 유형화와 일반화 역시 매우 위험하다는 점도 명심해두자. 세상에는 '전형적인 남성' '전형적인 여성'과 같이 각 성별의 원형이라고 할 만한 사람은 없다. 만약 있다고 해도 극소수에 불과하다. 여성이면서도 사고방식과 행동이 여성적이라기보다는 일반적인 남성에 가까운 사람도 있어서, 겉모습만으로는 사람의 성향을 제대로 판단할 수가 없다. 우리는 때로 외모를 보고 속기도 한다. 일반적으로 사람에게는 남성적인 모습과 여성적인 모습이 모두 나타난다. 코치는 성차에 대해 공부하고, 고객이 자기 성향을 평가해 보도록 도와주어야 한다. 이때 중요한 것은 질문과 경청과 관찰이다. 성차가 직장 생활에 어떤 영향을 미치는지 활발히 논의해 보도록 장려하자. 성차를 논의의 대상으로 이끌어 내보자. 남성 중심의 조직은 몇몇 경영자가 '여성적인' 방식으로 회사를 이끈다고 해도 남성에게 익숙한 관례를 선호한다. 하지만 '남성적인' 조직에서도 '여성적인' 방식이 효과적으로 통할 수 있다. 상황에 따라 여성적인 방식이 조직에 변화를 일으킬 수도 있다. 그러려면 리더가 여성적인 방식에 힘을 실어 주어야 하는데,

이를 '여성적'인 변화로 제시해서는 구성원들을 설득하기가 어렵다.

2. 여성 고객이 성차로 인한 문제에 어떻게 대처할지 사례별로 코칭해 준다. 고객이 조직의 관례를 충분히 숙고한 뒤에 대처 방식을 결정하도록 도와주자. 대처 방식에는 여러 가지가 있다. 고객이 동의하지 않거나 불쾌하게 생각하는 행동 방식을 강요해서는 안 된다. 행동 방식을 조금씩 바꿔 나가는 일은 대개 가능하며, 성별과 관련된 고객의 행동 방식을 단번에 바꾸려는 시도는 좋지 않다. 성공에는 여러 모습이 있으며, 성공으로 가는 길도 다양하다.

성차로 인한 문제에 대처하는 한 가지 방법은 여성 고객이 문제를 명확히 이해하도록 가까운 동료나 경영자와 대화를 해 보도록 도와주는 것이다. "제가 이런 저런 말을 했을 때 제 의도가 무엇이라고 생각하셨나요?"와 같은 질문을 던져보면 남성과 여성 사이의 업무 관계가 더 명확하고 공고해질 수 있다. "그 일을 그렇게 처리하는 데는 이유가 있나요?"와 같은 질문도 서로 나누어 볼 수 있을 것이다. 중요한 점은 설혹 의견이 엇갈린다고 해도 성차에 대한 대화를 터놓고 나누는 분위기를 확립하는 것이다. 올바른 방식으로만 이루어진다면 이런 대화는 누구에게나 흥미롭다.

성차를 주제로 360도 평가를 실시하면, 조직 내 성차의 양상이나 조직의 관례를 잘 파악할 수 있다.

3. 특정 대상을 모욕하거나 비방하고 싶은 충동을 피하자. 특정 인물이나 조직을 비방하지 말자. 그러면 시간과 에너지만 낭비되고, 자기 소모적인 부정적 감정만 불러일으킨다. 조직을 변화시킬 수 있다면, 변화를 일으키는 데 집중하자. 하지만 조직을 변화시킬 수 없다 해도, 여성 고객이 자기 연민을 느끼거나 조직에 분노하지 않고 조직을 있는 그대로의 모습으로 받아들이도록 도와줄 수 있어야 한다. 여성 고객이 성의 정치gender politics와 성별 관계gender relation에 관한 상식을 갖추도록 도와야 한다. 이런 문제를 개인적으로 받아들여 기분이 상하는 것은 지혜롭지 못하다. 만일 조직이 변화할 기미가 보이지 않고, 그런 사실을 여성 고객이 받아들이지 못한다면, 고객에게 다른 직업을 찾아보라고 조언해야 할 수도 있다.

4. 여성 고객이 조직 내의 암묵적인 규칙과 성차를 파악하도록 도와주자. 먼저 조사

를 실시한다. 조직 내 다른 사람에게 암묵적인 규칙에 대해 물어보는 것도 좋다. 사람들은 대개 그런 규칙에 대해 자신 만의 견해를 갖고 있고, 그런 견해를 코치나 동료들에게 얘기해 주기를 좋아한다.

5. 스스럼없이 대할 수 있는 멘토를 조직 안팎에서 찾아보라고 고객에게 권하자. 멘토는 경력 발전에 매우 중요한 요소다. 고객의 멘토를 찾기 위해 코치가 코칭을 의뢰한 조직의 협조를 요구해야 할 수도 있다.

6. 여성 고객과 함께 경력 개발 계획과 성공 계획을 수립해 보자. 이것이 불가능하다면 최소한 여성 고객의 목표가 무엇인지 정도는 논의를 해 보자. 보이지 않는 유리벽이 여성의 경력을 제한한다는 점에 주의하자. 위계 조직에서 고위직에 오르려면 핵심 업무(수익 창출, 의사 결정, 조직의 성패를 좌우하는 자리)를 담당한 경력이 있어야 한다.

7. 여성 경영자 고객이 남성적인 조직에서 험한 길을 헤쳐 나가야 한다는 생각에 낙담하고 의기소침해하면 코치는 고객을 격려해 주기도 해야 한다. 매일같이 그런 일을 겪으면 몹시 힘이 들기 마련이므로 자신을 격려해 주는 사람이 있으면 큰 도움이 된다.

마지막으로, 요즘 직장에서는 여성도 크고 작은 우위를 점할 수 있게 되었다. 코치는 여성 고객이 우위를 점할 수 있는 영역을 찾아내도록 도와주어야 한다. "분명 여성 리더는 점차 늘어날 것이다. …… 하지만 사회 변화는 노력이나 갈등 없이는 이루어지지 않는다"(Eagly & Carli, 2007, p. 67).

참고문헌

Advancing women in business—The Catalyst guide: Best practices from the corporate leaders. (1998). San Francisco: Jossey-Bass.

Alsop, R. (2007, July 17). How to raise female MBA enrollment. *Wall Street Journal.* Retrieved January, 31, 2009, from: http://online.wsj.com/article/SB118462888966268184.html.

Barsh, J., Craske, R. A., & Cranston, S. (2008, September). Centered leadership: How talented women thrive. *McKinsey Quarterly.* Available at: http://www.mckinsey-quarterly.com/Centered_leadership_How_talented_women_thrive_2193.

Blanton, J. S. (2009). Women and authentic leadership. *The California Psychologist, 42*(1), 6-10.

Carr-Rufino, N. (1993). *The promotable woman: Advancing through leadership skills.* Belmont, CA: Wadsworth.

Catalyst. (2009). *Women in leadership.* Available at: http://www.catalyst.org/.

Competitive drive: Palm puts up its fists as Microsoft attacks hand-held PC market. (2000, August 8). *Wall Street Journal*, p. A1.

Coughlin, L., Wingard, E., & Hollihan, K. (Eds.). (2005). *Enlightened power: How women are transforming the practice of leadership.* San Francisco: Jossey-Bass.

Davidson, A. (1994). Gender differences in administrative ethics. In T. Cooper (Ed.), *Handbook of administrative ethics* (pp. 415-434). New York: Marcel Dekker.

de Beauvoir, S. (1952). *The second sex.* New York: Vintage Books.

DeBoer, K. (2004). *Gender and competition. Monterey*, CA: Coaches Choice.

Desvaux, G., Devillard-Hoellinger, S., & Baumgarten, P. (2007). *Women matter: Gender diversity, a corporate performance driver.* Available at: http://www.mckinsey.com/locations/paris/home/womenmatter/pdfs/Women_matter_oct2007_english.pdf.

Dorrance, A. (n.d.). *Coaching women: Going against the instinct of my gender.* Retrieved February 1, 2009, from: www.spartan.org/resources/coachingwomen.doc.

Eagly, A. H., & Carli, L. L. (2007). Women and the labyrinth of leadership. *Harvard Business Review, 85*(9), 63-71.

Eagly, A. H., Johannesen-Schmidt, M. C., & van Engen, M. L. (2003). Transformational, transactional, and laissez-faire leadership styles: A meta-analysis comparing women and men. *Psychological Bulletin, 129*(4), 569-591.

Evans, G. (2000). *Play like a man, win like a woman.* New York: Broadway Books.

Fels, A. (2004). Do women lack ambition? *Harvard Business Review, 82*(4), 50-60.

Frankel, L. P. (2004). *Nice girls don't get the corner office.* New York: Warner Business Books.

Gilligan, C. (1982). *In a different voice.* Cambridge, MA: Harvard University Press.

Goffee, R., & Jones, G. (2000, September-October). Why should anyone be led by you? *Harvard Business Review*, 63-70.

Gurian, M., & Annis, B. (2008). *Leadership and the sexes.* San Francisco: Jossey-Bass.

Harragan, B. (1976). *Games mother never taught you.* New York: Warner Books.

Helgesen, S. (1990). *The female advantage: Women's ways of leading.* Garden City, NY: Doubleday.

Hewlett, S. A. (2002, April). Executive women and the myth of having it all. *Harvard Business Review, 80*(4), 66-73.

Ibarra, H., & Obodaru, O. (2009, January). Women and the vision thing. *Harvard Business Review.* Available at http://hbr.harvardbusiness.org/2009/01/women-and-the-vision-thing/ar/1

Miller, L., Cooke, L., Tsang, J., & Morgan, F. (1992, March). Should I brag? Nature and impact of positive and boastful disclosures for women and men. *Human Communication Research*, 364-399.

Reardon, K. (1995). *They just don't get it, do they?* Boston: Little, Brown.

Rosener, J. (1990, November/December). Ways women lead. *Harvard Business Review*, 119-125.

Ryan, W. (1971). *Blaming the victim.* New York: Vintage Books.

Schwartz, F. (1989, January-February). Management women and the new facts of life. *Harvard Business Review*, 65-76.

Smith, D. (2000). *Women at work: Leadership for the next century.* Upper Saddle River, NJ: Prentice Hall.

Tannen, D. (1986). *That's not what I meant! How conversational style makes or breaks relationships.* New York: Ballantine.

Tannen, D. (1990). *Your just don't understand: Women and men in conversation.* New York: Ballantine.

Tannen, D. (1994). *Talking from 9 to 5: How women's and men's conversational styles affect who gets heard, who gets credit, and what gets done at work.* New York: William Morrow and Company.

A vote of confidence. (2005, November 14). *Newsweek*, p. 62.

추천도서

Blum, D. (1997). *Sex on the brain: The biological differences between men and women.* New York: Penguin Books.

Book, E. W. (2000). *Why the best man for the job is a woman.* New York: Harper Collins Book.

Davidson, M. J., & Cooper, C. L. (1992). Shattering the glass ceiling. London: Paul Chapman.

Gray, J. (1992). *Men are from Mars, women are from Venus: A practical guide for improving communication and getting what you want from your relationships.* New York: Harper Collins.

Henning, M., & Jardim, A. (1977). *The managerial woman.* New York: Pocket Books.

Morrison, A. M., White, R. P., & Van Velsor, E. (1992). *Breaking the glass ceiling. Cambridge,* MA: Perseus.

Swiss, D. J. (1996). *Women breaking through.* Princeton, NJ: Peterson's/Pacesetter Books.

Trvris, C. (1992). *The mismeasure of woman.* New York: Simon & Schuster.

Willen, S. (1993). *The new woman manager: 50 fast and savvy solutions for executive excellence.* Lower Lake, CA: Asian Publishing.

제15장

정신질환을 어떻게 다룰 것인가

미국인의 절반이 인생에 한 번은 『정신질환의 진단 및 통계 편람(DSM-Ⅳ)』에 소개된 정신질환의 기준을 충족하며, 정신질환은 대개 아동기나 청소년기에 처음 발현된다.

−전국 정신질환 조사[1](Kessler et al., 2005, p. 593)

코치는 심리학자나 심리치료사의 역할을 수행해서는 안 된다. 코치가 직장에서 심리치료를 시도하는 것은 잘못이며, 이러한 행위는 현실적으로도 윤리적으로도 금지된다. 그와 관련해서는 이 책의 '서론'에서 코칭과 심리치료의 차이를 도표로 제시하였다. 또한 1장에서도 관련 사안을 논의하였다.

한편 코치가 자신의 개인적, 직업적 한계를 이해해야 한다는 점도 중요하지만, 직장에서 흔히 정신질환이 나타난다는 점도 간과할 수 없는 사실이다. 정확한 통계 자료가 많지는 않지만 그래도 신뢰할 만한 추정치에 따르면 인구의 거의 절반가량이 인생에서 주요 정신질환을 경험한다. 이는 사실상 모든 사람이 직장에서 정신질환과 관련된 문제에 직면한다는 뜻이기 때문에 굉장히 놀라운 사실이다. 역학 자료에 기술된

---

1) 원제: National Comorbidity Survey Replication

다수의 질환은 아동기에 발생하며, 이러한 질환에 시달리는 사람들은 애초에 직장을 얻지 못하는 경우가 많다. 이를 감안해도 유능한 직장인의 상당수가 직장에서 살아남고 발전하는 동시에 정신질환을 극복해야 한다. 고용주들이 조직에서 어려움을 겪고 있는 구성원을 코치에게 의뢰하는 경우가 많다는 점도, 코치가 때때로 정신질환이 있는 고객을 상대해야 할 가능성을 높인다.

이번 장에서는 코치가 직장에서 맞닥뜨릴 가능성이 있는 다양한 종류의 정신질환과 함께 그 특성과 양식, 행동상의 특징을 설명하고자 한다. 정신의학 및 심리학의 여러 질병 분류법에 따르면 공식적으로 400가지가 넘는 정신질환이 존재한다. 이번 장에서는 코칭과 가장 관련이 깊은 몇몇 정신질환만을 다룬다. 또 성격특질과 정신질환의 차이를 밝히고 코치가 실제로 정신질환이 있는 고객을 만났을 때 어떻게 대처해야 할지를 논의한다.

성격특질과 정신질환

정신질환을 소개하기에 앞서 먼저 **성격특질**traits과 **정신질환**pathology의 차이를 짚고 넘어가야 한다. 우리 모두에게는 각자의 성격이 있으며, 성격은 우리가 생각하고 느끼고 행동하는 복합적인 양식으로 우리의 특징을 결정한다. 이러한 성격특질 중에 다수는 건강하고 효과적인 반면, 반대로 우리에게 피해를 주고 생활을 방해하며 고통과 불편을 야기하는 특질도 있다. 한마디로 이런 특질은 본인에게 해가 된다. 사람에게 부정적인 성격 특성이 전혀 없으리라고는 생각할 수 없다. 코칭에서는 이러한 특질을 재빨리 발견해서, 그것이 과연 정신질환이라고 부를 만큼 심각한 상태인지 분별해내는 것이 중요하다. 이것은 이론적으로는 그다지 어렵지 않다. 정신의학계의 정신질환에 관한 성경이라 불릴 만한『정신질환의 진단 및 통계 편람(DSM-IV)』(미국정신의학회APA, 2000)에 공식적인 기준이 자세히 나와 있기 때문이다. 이 두꺼운 도서는 대형서점이라면 어디서든 구할 수 있고, 정신건강 분야에서 교육을 받은 코치라면 이 책을 잘 알고 있을 것이다. DSM에는 거의 400가지에 이르는 정신질환 진단 유형이 실려 있다. 각 질환의 징후와 증상의 목록이 전문용어 없이 비교적 자세히 기술되어 있어 일반인들도 이해할 수 있다. DSM은 표면적으로 정신질환과 성격 특질을 명확히 구분하고 있는데, 그 핵심은 **정신적 고통**distress과 **기능장애**inability의 수준이다. 만약 어떤 사람이 자신의 행동이나 성격상의 문제로 심하게 고통스러워하거나 일상적인 기능을 제대로 수행하지 못한다면 이 사람에게 정신질환이 있다고 공식적으로 진단할 수 있다. 그렇지 않다면, 그것은 **성격특질**이다. DSM에서 정신적 고통은 주관적인 불편감이나 괴로움을 의미한다. 정서적·심리적 고통이 크고, 특히 만성적이거나 오래 지속될 경우, 그 사람은 정신질환을 앓고 있는 것이다. 또한 그 징후와 증상으로 인해 그 사람이 무능해지면(평소에는 잘하던 일을 하지 못하거나, 대다수 사람들이 할 수 있는 일을 하지 못하거나, 자신이 해야 할 일을 하지 못할 때), 이 사람은 정신질환을 앓고 있는 것이다.

정신질환의 개념과 진단 과정에는 여러 가지 유용한 목적이 있다. 첫째, 일련의 행동, 징후, 증상을 하나의 정신질환으로 분류하면 실제로 치료 효과를 높일 수 있다. 둘째, 정신질환이 있다는 진단이 있으면 임상의가 의료보험에 치료비용을 청구할 수 있다. 마지막으로 많은 사람들이 진단 결과에서 위안을 얻는데, 이는 내담자의 의문이 어느 정도 해소되고 '자신에게 무슨 문제가 있는지 마침내 알게' 되기 때문이다. 이들은 자신에게 닥친 문제에 정확한 명칭이 있다는 점에서 위안을 얻고, 통제감과 희망을 느낀다.

하지만 코치는 정신질환을 진단하지 않는다. 진단은 코치의 업무가 아니며, 애초에 코치가 진단을 내릴 만한 자격을 갖추지 못한 경우도 많다. 대다수 코치들은 진단에 특별한 관심이 없으며, 진단이라는 개념이 눈앞의 문제를 해결하는 데 방해가 된다고 여긴다. 코칭이 구성원의 문제나 결함을 '고치는' 데 초점을 두는 **교정 방식**이 될 수도 있고, 가치 있는 구성원을 키우고 개발하는 **발전 방안**이 될 수도 있다는 점을 생각해 보자. 구성원의 발전에 초점을 둔 코칭 과정에서는 정신질환에 관심을 두지 않는다. 그렇지만 코치는 좋든 싫든 직장에서 정신질환을 겪는 고객을 만나게 되며, 이때 이 문제를 단순히 무시하고 넘어갈 수는 없다. 성격상의 질환은 조직과 개인 경력의 기반을 약화시킨다는 점에서 중요하게 다루어야 한다. 이 문제를 간과해서는 안 된다.

이번 장에서 설명한 대다수의 정신질환은 전체 인구의 1~2%에서만 발생하며, 이런 질환을 겪고 있는 사람들은 대개 그 증상 때문에 직장이나 임원실에 자리하기가 어렵다. 1%가 그다지 큰 숫자가 아니라고 생각하지도 모르지만, 1%는 100,000명이 속한 조직 안에 1,000명의 정신질환자가 있다는 의미다. 직원이 800명인 기업이라면 주요 정신질환을 앓는 사람이 8명에서 16명가량 존재할 수 있다는 얘기고, 그 외에도 가벼운 정신질환 증세를 보이는 사람이 여럿 있을 수 있다. 고성과자들도 예외는 아니다.

스스로 심리학적 기술이 부족하다고 느끼는 코치는 가벼운 정신질환이나 혹은 뚜렷하게 드러나는 정신질환까지도 덮어두려 할 수 있다. 이러한 반응은 정신질환이나 이상행동이 대개 사람들에게 두려움을 준다는 점에서 충분히 이해할 만하다. 하지만 코치는 이런 상황에 맞서서 적절히 대응할 수 있어야 하며, 특히 회사에서 코치를 고용한 이유가 고객에게 뭔가 '문제점'이 있다고 생각했기 때문이라면 더더욱 적절히 대응해야 한다. 정신질환이 없는 고객을 만나는 최상의 시나리오에서도 부정적인 성격특질이 '문제'가 될 수 있다.

정신질환에는 낙인이 뒤따르며, 그로 인해 코치는 심리학적으로 능숙하든 미숙하든 또 다른 차원의 문제에 직면한다. 사람들은 대개 자신의 결점을 숨기며, 특히 직장에서는 자신의 정신건강상의 문제를 숨긴다. 예를 들어, 약물 남용이나 섭식장애 환자들은 본인의 문제를 숨기고 의도적으로 사람들을 속이기로 악명이 높다. 코치는 자신이 고객에 대해서 중요한 사실을 전부 파악했다고 가정하지 않는 편이 좋다. 사람은 누구나 비밀을 간직하고 있다.

외모나 첫인상만으로는 사람의 본질을 제대로 파악하지 못한다는 점을 명심해야 한다. 고객을 깊이 이해하려면 고객을 알아가는 과정이 필요하기 때문에, 코치는 고객의 첫인상에 사로잡혀서는 안 된다. 고객의 인상을 받아들이고 그에 관해 적고 기록해놓되, 이를 전적으로 신뢰하지는 말아야 한다. 또한 직감을 경계해야 한다. 대다수 사람들이 자신의 직감에 강한 애착을 보이지만, 그에 대한 연구 결과는 그다지 긍정적이지 않다. 직감은 불확실하기로 악명이 높다. 직감은 때로는 맞고 때로는 틀리다. 이번에는 자신의 직감이 옳을까? 이 질문에 대한 확실한 답은 없다.

정신이 건강한 사람

정신질환을 살펴보기에 앞서 정신질환과 반대되는 개념, 즉 정신건강을 설명하면 도움이 된다. 어떤 상태가 건강한 상태인지 정의할 수 있다면, 이를 기준으로 삼아 고객의 행동을 판단할 수 있다. 정신건강에 대한 일목요연한 기준은 존재하지 않지만, 대다수 심리학자들은 일반적으로 몇 가지 기준에 동의한다. 첫째, 정신이 건강한 사람The Mentally Healthy Person은 **사람들이 공유하는 현실**consensual reality을 이해하고 그 안에서 살아간다. 이는 **현실 검증**reality testing이라고 불리는데, 이 말은 일반적으로 용인될 만한 방식으로 상황을 인식한다는 의미다. 현실 검증은 종합적인 기준으로, 예를 들자면 환영이나 환상을 보거나 망상에 사로잡히지 않는다는 의미다. 정신이 건강한 사람은 침실(혹은 임원실)에 (말 그대로) 외계 생명체가 없다는 사실을 안다. 환청을 듣거나 피해망상에 시달리거나 실현 불가능한 원대한 계획을 품지 않는다. 이 기준은 순응주의를 의미하지 않는다. 평균적인 사람이 되어야 한다거나 정치적으로 중도주의를 따라야 한다거나 대부분의 사람들과 종교적 성향이 비슷해야 한다는 의미가 아니다. 정신이 건강한 사람은 사고방식이 남다르거나 특이할 수는 있지만, 현실을 왜곡하지는 않는다.

현실 검증이 잘 안 되면 큰 문제가 발생한다. 하지만 직장에서 임상적으로 '정신이 상자'를 만나는 일은 흔치 않다. 이는 기업에는 좋은 소식이고 조현병 환자나 조울증 환자에게는 나쁜 소식이다. 최근 들어 치료법과 약물의 발전으로 심각한 정신질환을 앓는 사람들이 삶을 살아가고 일하기가 훨씬 수월해지기는 했지만, 정신증적 장애에 시달리는 사람들은 여전히 매우 생산적인 일이나 만족감을 주는 일을 맡기가 어렵다. 한편, 이전에는 건강하고 유능했던 사람이 현실 감각을 잃어버리는 일도 가끔 일어난다. 정신분열증의 경우 대개 10대 후반이나 20대 초기에 증상이 발현된다. 그러나 정신분열증과 유사한 질환인 망상장애는 40대나 50대에 일어나는 경향이 있다. 이런 종류의 질환은 흔하지는 않지만(전체 인구의 1%) 분명히 존재하며 성공가도를 달리던 사람을 추락시킨다.

두 번째로 정신이 건강한 사람이 반드시 갖춰야 할 특징은 긍정적인 에너지로, 신체적 에너지와 심리적 에너지가 모두 해당된다. 정신이 건강한 사람은 긍정적인 관점을 취하며, 상황을 낙관적으로 보는 경향이 있다. 낙관성을 타고나지 않았더라도, 큰 어려움 없이 자기 관점을 중립적이거나 낙관적인 방향으로 이끌어 갈 수 있다. 신체적 에너지와 정신적 에너지는 직업적 성공과 높은 상관관계를 보이며, 낮은 수준의 에너지는 우울증과 관련이 있다. 신체적으로 에너지가 넘치는 사람은 일을 더 많이 하고, 회의에 더 많이 참석하고, 사람들을 더 많이 만나고, 더 많이 읽고, 비교적 적게 자고, 장기간 더 긍정적인 태도를 유지할 수 있다는 점에서 타고난 이점이 있다. 이런 사람들은 흔히 문제를 쉽게 해결하는 것처럼 보인다. 충분한 에너지 없이 성공하기는 어렵다. 신체적 에너지와 심리적 에너지는 서로 연관되어 있으며, 에너지 감소에는 흔히 의학적 원인이 있는 경우가 많다. 에너지가 줄어들 때는 그 원인을 잘 살펴서, 빈혈이나 갑상선 기능 저하증, 저혈당증과 같은 신체질환을 우울증이나 낮은 자존감으로 오인하지 않도록 주의해야 한다.

에너지와 밀접한 관계를 맺고 있는 능력에는 활동력engagement이 있다. 건강한 사람들은 끊임없이 활동을 한다. 이들은 어떤 활동이나 프로젝트, 아이디어에 빠져든다. 하는 일 없이 빈둥거리지 않는다. 늘 주변 상황에 관심을 갖고 몇 가지 관심사에 열정을 쏟는다. 이들은 파고들어 몰두한다. 깊이 집중할 줄 알고, 오랜 기간 동안 어떤 과제에 전념할 줄 알며, 대개 맡은 일을 끝까지 해낸다. 이들은 시간과 공을 들여야 익힐 수 있는 일련의 복잡한 기술을 개발한다. 이들은 전념할 줄 알고 그 과정에서 만족감을 느낀다.

정신이 건강한 사람들은 공감할 줄 안다. 주위 사람들의 생각과 감정을 알아차리고 보살필 줄 안다. 이런 자질을 갖추려면 타인에 대한 관심이 있어야 한다. 타인에 대한 실질적 관심도는 사람마다 차이가 많이 날 수 있는데, 그 이유는 성공적인 사람들 중에서는 상대적으로 혼자 일하는 시간이 많은 사람도 상당수 있기 때문이다. 하지만 그런 사람이라도 다른 사람과 함께 일할 때 공감능력을 발휘할 수 있다면 정신건강의 기준을 충족시킨다. 몇몇 사람들은(전체 인구의 3%나 4% 정도는) 공감능력이 아예 없다 (Grant et al., 2004). 그 외의 사람들은 많든 적든 공감능력이 있다. 뛰어난 공감능력이 있어야 성공을 거둘 수 있는 일이 있는가 하면, 공감능력을 그다지 많이 필요로 하지 않는 일도 있다. 공감능력이 결여됐을 때 발생할 수 있는 심각한 문제들은 이번 장에서 차차 설명할 것이다.

　정확한 자기 인식도 정신건강과 관련이 있다. 정신이 건강한 사람은 자기 내부에서 일어나는 일을 인식하고, 자신의 생각과 감정, 반응을 평가하고 적절히 대응할 줄 안다. 이러한 인식의 결과, 눈앞의 상황을 더 깊이 효과적으로 이해하고 그에 따라 자기 생각과 감정, 반응을 조절할 수 있게 된다. 그러면 정서적, 사회적으로 자기 자신을 관리할 수 있게 된다. 이 주제는 심리 성찰력과 관련이 있으며 12장에서 자세히 논의한 바 있다.

　또한 정신이 건강한 사람들은 사회적 기술을 갖추고 있는데, 여기에는 대인 관계 기술을 일상생활에서 적절히 활용하는 능력이 포함된다. 정신이 건강한 사람들은 친밀감을 적절히 표현할 줄 알고, 사람들과의 관계에서 적절한 거리를 유지할 줄 안다. 이들은 피상적으로 혹은 진심으로 "네"라고 말하는 방법을 알고, "아니요"라고 말할 줄도 안다. 이들은 관계를 맺고 끊을 줄 알고, 타인이 느끼는 감정을 자기 책임으로 돌리지 않는다. 그 결과 이들은 쉽게 조종당하지 않는다.

이와 유사하게, 정신이 건강한 사람들은 자기 가치와 목표에 맞게 행동한다. 그렇기 때문에 이들에게는 **진실성**integrity이 있다고 말할 수 있다. 이들은 말한 대로 행동한다. 이들은 자신이 중요하다고 생각하는 일을 한다. 중요한 결정은 외부 권위자가 아니라 자기 자신으로부터 나온다.

　정신이 건강한 사람들은 유연하다. 이들은 고정된 생각이나 강박적인 행동에 얽매이거나 고착되지 않는다. 새로운 발상에 마음을 열고 적절한 시점에 변화할 줄 안다. 또한 회복력도 좋다. 사람은 누구나 곤경에 빠지곤 하지만, 정신이 건강한 사람이라면 몇 번이고 다시 일어날 수 있다.

　정신이 건강한 사람과 관련된 특성들이 아직 많이 남아 있지만, 여기서는 마지막으로 (하지만 앞서 언급한 특성 못지않게 중요한) **유머**를 언급하고자 한다. 건강한 사람들은 세상에서 재미있는 면을 찾을 수 있고 실제로 많이 웃는다. 이들은 인생에서 일어나는 모든 일이 일시적이며 대부분 우스꽝스럽다는 점을 깨닫는다. 통찰력 덕분에 이들은 모든 일을 심각하게 받아들이지 않는다. 이들은 진정으로 중요한 것과 그다지 중요하지 않은 것이 무엇인지 알고, 이 두 가지를 혼동하지 않는다. 결과적으로 이들은 일과 생활에서 균형을 유지하고 스트레스를 편안하게 관리할 줄 안다.

정신질환

　주요 정신질환의 종류를 설명하기에 앞서 코치는 다음 두 가지 요인을 염두에 두어야 한다. 첫째는 모든 정신질환이, 달이 차고 이지러지듯이 주기적으로 호전과 악화를 반복한다는 점이다. 가장 심각한 종류의 정신질환을 앓고 있는 사람도 차도가 있다고 느껴질 만큼 증세가 비교적 가벼운 시기를 겪는다. 심리학에는 "정신이 항상 나가 있는 사람은 없다."는 속담이 있다. 이는 곧 어떤 사람을 단기간 관찰해서는 정신질환을 발견하기가 어려울 수도 있다는 의미다. 그 사람을 더 많이 겪어 온 사람들이 그 사람의 상태를 더 정확히 판단할 가능성이 높다.

　둘째로, 스트레스는 모든 정신질환을 악화시킨다. 사람들은 대개 오랜 기간 동안 정상적인 삶을 '지탱하면서' 잘 지낼 수 있다. 그러다 스트레스를 받는 사건이 발생하면 그로 인해 정신건강이 악화된다. 스트레스는 잠재되어 있던 정신질환을 일으키고 악화시킨다.

　이번 장에서 설명한 정신질환의 다수는 유전된다. 유전율이 그다지 높지 않은 질환도 있기는 하지만, 정신질환을 앓는 사람들은 대개 부모나 가까운 친척 중에 과거에 같은 질환을 경험한 사람이 있기 마련이다.

가장 심각한 정신질환

　정신질환은 어떤 종류든 그 특성과 심각성과 상황에 따라서 사람을 무력화시킬 수 있지만, 그중 세 가지 질환이 가장 심각한 영향을 미친다. 그 첫 번째는 **조현병** schizophrenia이다. 조현병은 흔히 '제정신이 아니다crazy'는 말로 표현하는 정신질환인데, 그 이유는 조현병 환자들이 사람들의 눈에 상당히 이상해 보이기 때문이다. 조현병 환자들은 환각과 망상, 환상과 같이 본질적으로 기괴한 '정신증적psychotic' 증상을 경험한다. 이들은 환영을 보고, 환청을 듣고, 자극을 잘못 해석하며, 사실일 리가 없는 신념을 갖는다. 노숙자 중에는 술을 약 삼아 마시는 조현병 환자들이 많다. 환각은 대개 두렵고 혼란스러우며, 환각을 경험하는 사람들은 자신만의 세계에서 있는 힘껏 그 의미를 파악해 보려 애쓴다. 조현병은 대개 십 대 후반에서 이십 대 초반에 발병한다. 조현병은 흔히 전구증상prodromal indicators과 함께 시작되는데, 전구증상은 이상 행동이기는 하지만, 그 자체로는 확실히 눈에 띄지 않고 사람을 무력화하지 않는다. 사람들은 흔히 전구증상을 알아차리지 못하며, 특히 십 대에 발병하는 경우는 더욱 그렇다. 조현병이 완전히 진행되면, 주위 사람들은 경악하고 충격에 빠지게 된다. 이전에 자신이 알던 사람은 영원히 사라지고 그 자리에 낯선 사람이 들어와 이해할 수 없는 세계를 살아간다. 조현병에는 치료약이 있고 치료약이 어느 정도 효과가 있기는 하지만, 항정신성 약물은 대개 사람을 무력화시키는 심각한 부작용을 동반한다. 때로 약물이 잘 들지 않는 경우도 있지만, 그보다는 대개 조현병 환자들이 약물을 복용하려 하지 않는 것이 문제다. 조현병은 평생 지속되는 질환으로 누구도 그 원인을 정확히 설명하지 못하고, 그 생화학적 메커니즘을 완전히 이해하지 못한다. 전 세계 인구의 약 1%가 조현병에 시달린다.

양극성 장애bipolar disorder는 두 번째로 심각한 정신질환으로 조울증이라고 불리기도 한다. 어느 연령대에서나 발병이 가능하지만 대개 20세 전후로 발병하며, 발병 초기부터 삶에 심각한 지장을 초래한다. 증상이 나타났다가 사라지기를 반복한다는 점에서 재발성 질환이며, 조증 시기와 더불어 우울증 시기가 나타나기도 하는 것이 특징이다. DSM-IV-TR(APA, 2000)은 조증 삽화를 "감정이 비정상적으로 고양되고, 과대하거나 과민한 기분이 뚜렷하게 지속되는 기간"이라고 설명한다. 이런 기분과 더불어 과대망상, 수면욕구의 감소, 강박적으로 쉴 새 없이 말하는 행동, 비약적 사고(마음속에서 통제할 수 없이 빨리 돌아가는 생각), 일반인의 관점에서는 이해하기 어려운 일에 지나치게 에너지를 쏟는 행동과 같은 증상이 나타난다. 조증 상태에서는 잘못된 (끔찍한) 판단을 내려 문제를 일으키는 경우가 많은데, 조증 상태에 있는 환자는 매우 위험하거나 이해하기 어려운 결정에 따라 행동하기도 한다. 조울증 환자의 가족에게는, 조증 상태에 있는 환자가 경마를 하거나 새로운 발명에 투자한답시고 충동적으로 집을 담보로 대출을 받아 순식간에 돈을 모두 잃게 된 슬픈 사연이 있는 경우가 많다. 조증 상태의 사람은 밤새 잠도 안 자고 주위 사람들을 힘들게 하기도 한다. 조증 환자는 함께 지내기가 어렵다. 이들은 스스로를 해칠 수 있고, 자살을 시도하거나 위험한 성적 행위를 포함한 온갖 무모한 신체적 행위를 시도할 수 있다. 우울증도 흔히 나타나며, 조울증 환자의 일부는 경조증 삽화만 경험하거나 아예 조증 삽화를 겪지 않기도 한다. 경조증은 경미한 조증으로, 조증에 비하면 증세가 훨씬 약하다. 양극성 장애에는 약물 치료가 거의 유일한 치료법이다. 그렇지만 사용 가능한 약물들이 아직은 그다지 효과적이지 않고, 입 마름이나 소화 불량, 여드름과 같은 불쾌한 부작용을 동반한다. 전통적인 조울증 치료약인 리튬은 너무 독성이 강해서, 리튬을 쓰려면 지속적으로 혈액검사를 실시하여 투여량이 적절한지 확인해야 한다. 리튬보다 더 순하고 효과적인 치료약이 점점 더 많이 출시되고 있지만, 양극성 장애 환자들은 약을 지속적으로 복용하지 않다가 여러 시행착오를 겪은 뒤에야 약을 복용하는 수밖에 없다는 사실을 깨닫는다. 이 과정에는 수년이 소요된다.

세 번째로 심각한 정신질환은 **치매**dementia로 치매에 걸린 사람은 갑자기 혹은 서서히 인지기능을 상실한다. 치매의 종류와 원인은 다양하며, 치매에 걸린 사람들은 경험한 일을 기억하고, 이름을 부르고, 물건을 정리하고, 일상적인 상황을 이해하는 능력을 상실한다. 예를 들어, 치매 환자들은 열쇠나 커피잔과 같이 흔한 물건의 이름을 떠올리지 못하기도 한다. 가족을 알아보지 못하거나 속옷을 겉옷 위에 입고 집을 나서기도 한다. 익숙한 장소에서 길을 잃고는 경찰의 도움을 받고서야 집으로 돌아오기도 한다. 수표책 정리나 세금 납부를 제대로 하지 못하기도 한다. 가스레인지를 깜빡하고 끄지 않기도 한다.

치매 증상이 갑자기 발현될 때는 대개 신체적으로 큰 부상(교통사고나 강도를 당하는 등)을 당했거나 뇌졸중(뇌혈관이 막히거나 파열될 때)이 일어난 경우다. 이와 같은 급성 치매는 심각할 수도 있고 경미할 수도 있으며, 영구적일 수도 있고 일시적일 수도 있다. 치매가 서서히 발병하는 경우는 다발성 뇌경색 치매multi-infarct dementia로 불리는 일련의 경미한 뇌혈관 경색의 결과이거나 혹은 알츠하이머병이나 에이즈, 혹은 알코올 중독과 같은 질환의 결과다. 치료약을 복용하면 기억력을 유지하는 기간을 연장할 수는 있지만 근본적으로 문제를 해결하거나 상실된 기능을 '복구'하지는 못한다. 전문가들은 20년 안에 알츠하이머병이 유행할 것으로 예상한다.

치매는 주로 노인들이 걸리는 질환이기는 하지만, 대개의 경우 자연스러운 노화 과정이 아니다. 치매가 있다면 이는 병에 걸렸다(무언가 '잘못됐다')는 의미다. 약간의 인지 기능 저하는 건강한 노인에게도 흔히 나타나지만, 치매는 그렇지 않다. 주변을 둘러보면 나이가 많이 들어도 정신이 멀쩡한 사람들이 있다. 코치는 치매가 노인들에게 국한된 질병이 아니라는 사실을 인지해야 한다. 젊은 사람도 교통사고나 주먹다짐, 스키 사고나 뇌졸중으로 인해 치매에 걸릴 수 있다. 뇌졸중은 아주 조용히 별다른 증상 없이 나타날 수 있으며, 이때 뇌졸중을 겪는 사람은 막연하게 정신이 혼란스럽다는 느낌을 받고 영문도 모른 채 조금씩 인지 기능이 저하된다는 느낌을 받는다.

가장 흔한 정신질환

직장에서 흔하게 접할 수 있는 정신질환에는 네 종류가 있다. 첫째는 **불안증**anxiety이다. 불안을 동반하는 정신질환에는 여러 종류가 있고, 이를 모두 합치면 불안장애는 전체 인구에서 가장 흔하게 나타나는 정신질환이다. 불안장애에는 범불안장애, 공황장애, 광장 공포증, 사회 공포증, 특정 공포증, 외상 후 스트레스 장애PTSD, 급성 스트레스 장애, 강박장애가 있다. 불안anxiety은 걱정되고, 두렵고, 초조하고, 괴롭고, 염려되고, 긴장된 마음상태를 말한다. 공포fear는 대개 비이성적인 감정으로, 이를 바로 잡아 주는 이성적인 조언에 반응하지 않는다. 불안한 사람들은 좀처럼 대화를 통해서 걱정에서 벗어나지 못한다. 외상적 경험에서 비롯된 불안과 같이, 일부 종류의 불안은 사람들이 그 원인을 이해할 수 있다. 하지만 불안의 근원을 설명하거나 이해할 수 없는 경우도 있다. 신체적 문제, 예를 들어 갑상선기능 항진증, 승모판막탈출증,[2] 음식 알레르기가 원인일 수도 있으므로, 이런 신체적 원인은 초기에 배제해야 한다. 부모의 양육방식 때문에 불안한 사람도 있고, 공포를 일으키는 사고방식으로 인해 불안한 사람도 있으며, 끊임없이 투쟁-도주 반응을 일으키는 신경계로 인해 긴장과 스트레스 상태가 지속되는 사람도 있다.

직장의 스트레스 요인stressor과 사람들이 주관적으로 느끼는 스트레스stress 사이에는 중요한 차이가 있다. 전자는 외부적인 직장 환경이고 후자는 내부적으로 인식된 상태

---

2) 심장의 승모판막이 탈출하는 증세-역주

다. 이 용어들은 동의어처럼 혼용되고 있지만, 직장의 스트레스 요인에 민감하게 반응하는 사람도 있고 그렇지 않은 사람도 있다. 스트레스 요인에 압도당하는 사람도 있다. 불안장애가 있는 상태에서 직장에 들어와서 이를 숨기려고 안간힘을 쓰는 사람도 있다. 수면 장애와 뒤숭숭한 마음, 구체적인 대상에 대한 공포와 일상적인 공포, 소화 불량과 만성 근육긴장과 같은 증상에 시달리는 사람은 성공하기 어렵다. 범불안장애로 인해 항상 초조하고 불안해하는 사람이 있는가 하면, 예기치 못한 공황발작으로 얼어붙는 사람도 있다. 공황발작을 경험해 본 사람은 누구나 공황발작이 세상에서 가장 무서운 일 중 하나라고 말할 것이다. 응급실의 심장전문의들은 흔히 공황발작을 제일 먼저 진단하는데, 그 이유는 공황발작을 경험하는 사람들은 자신이 실제로 죽어가고 있다고 믿기 때문이다. 이 갑작스러운 발작은 두근거림과 질식할 것 같은 느낌, 가슴 통증, 어지러움, 욱신거림, 현실감 상실(실제 상황이 아닌 것 같은 느낌), 분별력을 잃고 실성할지 모른다는 두려움, 곧 죽을 것 같은 위급한 느낌을 동반하기도 한다. 흔히 공황발작이 반복되면 공황장애가 되며, 광장 공포증으로 진전되기도 하는데, 그 이유는 공황발작을 겪은 사람들이 관련 상황을 회피해서 앞으로 일어날지 모르는 발작을 예방하고자 하기 때문이다. 평생 유병률은 전체 인구의 2% 정도다.

불안장애는 사람을 심각하게 무력화할 수도 있지만, 대개 약물치료와 심리치료를 병행해 주면 상태가 호전된다. 요즘 출시되는 불안장애 치료제는 삶에 지장을 주거나 활력을 떨어뜨리는 부작용이 없으며, 치료제를 복용하면서도 자기 일을 잘 해내는 사람도 많다. 7장에서 설명한 인지치료는 사고방식에 관한 훈련으로, 만성 불안을 안고 살아가는 사람들에게 매우 유용하다.

직장에서, 그리고 전체 인구에서 두 번째로 흔한 정신장애는 **우울증**depression으로, 우울증은 불안증과 구분하기가 쉽지 않은데, 그 이유는 사람들이 불안증과 우울증을 함께 겪는 경우가 많기 때문이다. 증세가 심각하면 주우울증major depression이라고 부르고 경미하면 기분부전증dysthymia이라고 부른다. 기분부전증을 겪는 사람은 항상 잔걱정이 많고, 대개 상황을 비관적으로 보며, 에너지 수준이 낮고, 기쁨을 거의 느끼지 못한다. 자기 일을 잘 해내는 직원이나 경영자들 중에도 기분부전증으로 고통받는 사람들이 많은데, 이들은 참고 열심히 일해서 최선의 결과를 만들어 내며, 그 과정을 전혀 즐기지는 못하지만 자기 책임을 완수해낸다.

　주우울증은 이와 달리 심각하다. 평생 유병률(전체 인구 중에 평생에 한 번 이상 우울증을 경험하는 사람의 비율)은 남성의 경우 5%에서 12%, 여성의 경우 10%에서 25% 정도로 추산된다. 주우울증은 상당히 심각한 질환으로, 몇몇 사람들은 실제로 우울증으로 병석에 누워 지낸다. 주우울증 환자들은 명료하게 생각하거나 일에 집중하지 못한다. 그리고 즐거움을 느끼지 못하는 쾌락 불감증anhedonia에 시달린다. 상황을 최대한 나쁜 쪽으로 왜곡하고, 설득을 해도 부정적인 생각에서 벗어나지 못한다. 또 음식을 제대로 챙겨먹지 못하고 잠도 잘 못 잔다. 술에서 위안을 찾는 경우도 있지만 술은 상황을 더 악화시킬 뿐이다. 이들은 짜증을 잘 내고 주위 사람들의 화를 돋운다. 또한 같이 지내기가 어렵다. 우울증에는 운동이 도움이 되지만 우울증 환자들에게는 운동을 할 만한 활력이 없다.

　일부 환자는 적절한 약물을 찾으면 효과를 보며, 약물의 부작용도 대개 미미하거나 우울증으로 인해 생기는 불쾌감에 비하면 참을 만하다. 최적의 약물 투약 방식을 찾으려면 오랜 기간 의학적 실험을 해야 할 수도 있지만, 인지치료와 약물치료를 병행하면 대다수(거의 모든) 환자들이 상당히 호전된다.

　세 번째로 직장에서 흔한 정신질환은 **주의력결핍 과잉행동장애**ADHD: attention deficit/hyperactivity disorder다. ADHD는 전통적으로 아동기 정신질환으로 여겨지지만, 최근 들어 ADHD 증상이 성인기까지 지속되는 경우가 많다는 점이 임상심리학자들에 의해 밝혀졌다. ADHD 환자들은 부주의(주의력 결핍)하거나 과잉행동 및 충동성을 보이고, 때로는 이 증상들을 모두 겪기도 한다. ADHD는 주로 구체적인 학습 문제와 연관이 있는데, ADHD 환자들은 특히 읽기 학습에 어려움을 겪는다. 부주의와 관련된 증상으로는 주의를 기울이거나 집중하지 못하며 산만하고, 잘 잊어버리고, 체계가 없고, 과제를 끝까지 완수하지 못하고, 세부사항에 주의를 기울이지 못하는 증상이 있다. 부주의한 사람들은 상대의 이야기를 듣지 않는 것처럼 보이는데, 그 이유는 실제로 그들이 다른 생각을 하고 있거나 한꺼번에 여러 가지 일에 관심을 두기 때문이다.

　과잉행동 증상에는 오랫동안 가만히 앉아 있지 못하고, 지나치게 말을 많이 하며, 몸을 가만히 두지 못한 채 계속 움직이고, 안절부절못하는 증상이 있다. 충동적인 사람들은 미처 질문을 마치기도 전에 불쑥 말을 내뱉고 상대의 말을 가로막으며, 말을 참지 못하거나 자기 차례를 기다리지 못한다. 때로 이들은 무신경해 보이고 또래에게 인기가 없다. ADHD 아동들은 학업 성적이 좋지 못하지만 대개 자라면서 증상이 호전된다. 그 결과 ADHD 증상이 거의 드러나지 않게 되기도 하지만, 일부 증상이 남아서 계속 어려움을 겪기도 한다. 전체 남성의 2%가 ADHD를 경험하고, 여성의 경우는 그보다 유병률이 낮다. 약효가 좋은 치료제가 출시되어 있으며, 치료제는 대개 리탈린이나 에더랄과 같이 순한 자극제의 형태를 띤다. 부작용은 가볍고 견딜 만하다.

성격장애

　성격장애는 까다롭고 심각한 정신질환으로 평생 지속되는 경향이 있다. 이들이 '성격'장애라고 불리는 이유는 개인 특유의 근본 체계에 구조적 문제가 드러나기 때문이다. 성격은 사고, 감정, 행동, 상황 대처 방식으로 개인의 특징을 드러내고 규정한다(Millon, 1981). 여러 면에서 사람은 자신의 성격 그 자체다. 성격은 포괄적이고 종합적인 일련의 특성으로 인생 전반에 걸쳐 나타난다. 성격은 오전, 오후, 저녁, 타인과 함께 있는 시간을 가리지 않고 항상 존재한다. 성격은 당신이 집에 있을 때도 일을 하러 갈 때도 늘 함께한다. 모두가 당신의 성격을 알아차리고 이에 대처한다. 밀론Millon은 성격장애가 있는 사람들은 사고 및 행동방식이 경직된 경향이 있다고 지적했다. 이들은 새로운 대인 관계 상황에 잘 적응하지 못하고, 상황에 대처하는 전략이 제한되어 있다. 이들은 흔히 새로운 상황이나 도전적인 상황을 회피하는 방식으로 삶을 꾸려 간다. 이들의 생각과 행동은 악순환을 거듭하는 경향이 있다. 편협하고 왜곡된 생각 때문에 이들은 스스로를 제한하고 아무 소용이 없다는 사실이 명백히 드러난 상황에서도 똑같은 실수를 반복한다. 성격장애가 있는 사람들은 자기 문제를 이해하지 못하고 같은 문제를 반복해서 경험하는 경향이 있다. 이들은 역경 앞에 쉽게 쓰러지며 다시 일어나지 못한다. 상황이 어려워지거나 역기능적 대처방식이 실패로 돌아갈 때, 이들은 현실을 왜곡해서 실패에 대처하려 한다.

　다시 한 번, 우리 모두가 성격특성을 갖고 있다는 사실을 짚고 넘어가겠다. 성격특성과 성격장애의 차이는 정신적 고통이 얼마나 크고, 일상적인 기능이 얼마나 손상됐는지에 따라 결정된다. 성격장애의 종류 중 일부의 경우(특히 B군에 속한 성격장애, 다음 목록 참조)는, 종종 성격장애를 겪는 당사자가 아니라 그 주위 사람들에게 고통을 준다. 이 고통과 기능 장애의 수준이 상당히 심각할 때만 이를 성격특성이 아닌 성격장애로 진단할 수 있으며, 성격장애로 진단하려면 성격특성이 인지, 정서, 충동조절, 대인 관계 기능의 영역 중에서 최소한 두 가지 영역에 악영향을 미쳐야 한다. 현재까지 개발된 약물들은 성격장애의 치료에 그다지 효과가 없다.

DSM-IV-TR(APA, 2000)에서는 열 종류의 성격장애를 세 개의 범주/군으로 정리해서 열거해 놓았다.

A군
편집성paranoid
분열성schizoid
분열형schizotypal

B군
반사회성antisocial
연극성histrionic
경계선borderline
자기애성narcissistic

C군
회피성avoidant
의존성dependent
강박성obsessive-compulsive

A군 성격장애　　A군 성격장애자는 사람들과 잘 어울리지 못하고, 직장에 들어가지 못하거나 직장에서 오래 견디지 못한다. **편집성 성격장애**는 이유 없이 상대를 불신하는 특성을 보인다. 정당한 이유 없이 상대를 의심하고 이용당할까 봐 두려워한다. 옛 속담에서처럼 이들은 '모든 사람이 자신을 괴롭히려 한다.'고 생각한다. 이들

은 타인의 동기와 행동을 이유 없이 의심하고 모든 상황을 개인적으로 받아들인다.

분열성 성격장애자는 타인에게 무관심하다. 사람들과 관계를 맺지 않고 거의 대화를 나누지 않는다. 사람에게 냉담하고 고립되어 살아간다.

분열형 성격장애자는 매우 특이하다. 생각과 행동이 매우 독특하지만 기괴하다고 말할 정도는 아니다. 일반적인 직장에 잘 적응하지 못한다.

B군 성격장애　　B군에 속한 성격장애는 직장에서 자주 문제를 일으키고 주위의 모든 사람들을 힘들게 한다. B군 성격장애는 코칭 및 기업과 관련이 크다. 코치는 심각한 B군 성격장애자까지는 아니라 하더라도, B군 성격장애의 특성을 보이는 고객을 만나게 될 것이다. 이들은 자기애와 역기능적 자기중심성을 토대로 행동하며, 타인을 조종하려는 경향이 강하다. 이들은 자기밖에 모르고, 내면이 취약하며, 변화나 외부의 영향에 저항한다. 공감능력이 없고, 자신이 원하는 것을 얻는 데 도움이 될 경우에만 타인에게 관심을 갖는다. 이들과는 오랜 시간 함께 지내기가 어려우며, 이들에게는 오랫동안 친하게 지낸 친구가 없다. 이들은 공허감을 느끼지만, 매력과 피상적인 외향성으로 자기감정을 숨긴다.

반사회성 성격장애의 결정적 특징은 타인과 타인의 권리를 늘 무시한다는 점이다. **소시오패스**sociopath라는 용어는 반사회성 성격장애와 같은 의미로 쓰인다. 반사회성 성격장애자들은 정직과 신의, 진실성과 같은 사회적 규범에 순응하지 않는다. 이들은 매력적이고, 부정직하며, 신뢰할 수 없게 행동하는 경향이 있다. 이들은 대개 아동기에 지속적으로 문제를 일으킨다. 이들은 매력을 발휘해서 조직에 들어올 수 있고 영리하게 행동해서 직업을 유지할 수 있는데, 특히 직업이 자기 성격특성을 만족시킬 때 직장생활을 유지하는 경향이 있다. 이들은 사기꾼이 될 소지가 있다. 정치가나 첩보원으로 성공한 사람들은 반사회적 특성을 보이는 경우가 많고, 일부 영업사원들도 마찬가지다. 이들은 수단을 가리지 않고 목적을 달성하며, 특히 단기적으로는 좋은 성과를 낸다. 하지만 진실하지 못하고 공감능력이 결여되어 있어 경력을 발전시키고 성공하기 어렵다. 사람들은 처음에는 이들이 매력적이라고 생각하지만, 대다수는 결국 이들이 본질적으로 타인을 이용하는 사람이라는 사실을 알아차리게 된다. 반사회성 성격장애자들은 자신이 원하는 것을 얻기 위해 실제로 범법 행위를 저지르기도 한다. 밀론(Millon, 1981, p. 474)은 수감자의 75%가 반사회적 성격장애자인 반면, 미국 남성의 3%만이 반사회적 성격장애자라고 추산했다. 이들은 불안정하고, 신뢰할 수 없으며, 자기행동을 잘 조절하지 못한다. 반사회성 성격장애자들을 돕기 위해 코치가 고용되는 경우가 많은데, 이들은 코치의 도움을 피상적으로 받아들이면서 당면한 문제를 모면하기 위해서 할 수 있는 일은 무슨 일이든 하려 들 것이다. 성격장애자들은 쉽게 변하지 않고 설혹 변한다 해도 그다지 많이 변하지 않는다. 성격장애자 중에는 간혹 오랜 기간 동안 성장하면서 성격장애에서 벗어나는 사람들도 있지만, 기업과 상사, 동료들을 만족시킬 만큼 빨리 변하지는 못한다. 예후는 좋지 않다. 소시오패스는 스스로 견딜 수 있다면 군대와 같이 명확하고 강압적인 조직에 더 잘 대응한다.

연극성 성격장애자들은 지나치게 감성적이며 항상 연기를 한다. 이들은 사교적이고 극적으로 행동하지만, 주위 사람들의 시선을 끌지는 못한다. 이들은 항상 관심을 받고 싶어 하고, 관심을 갈구하며, 관심을 받지 못할까 봐 전전긍긍한다. 이들은 자신이 주목받지 못할 때 괴로워하는데, 그럴 때 이들은 자신이 사람들 사이에서 아무것도 아닌 존재가 될까 봐, 말 그대로 사라지게 될까 봐 두려워한다. 연극성 성격장애자들은 끊임없이 사람들의 인정을 갈구한다. 이들은 생기발랄하고 매력적이며 흔히 유혹적이다. 이들은 파티의 활력소다. 이들은 부적절한 방식으로 성적 매력을 발산하면서 관심을 끌기도 한다. 이들은 관심을 끌기 위해 주의 깊고 섬세하게 몸단장을 하고, 현란한 말솜씨로 극적으로 과장해서 말한다. 이들은 최신 유행을 따르고 타인의 기분에 매우 민감하다. 감정표현이 강해서 주위 사람들을 당황하게 만들 때가 많고 감정변화가 심하다. 연극성 성격장애자들은 개인적 친분을 과대평가하고 과장해서 말하는 경향이 있어서, 상대는 전혀 그렇게 생각하지 않는데 혼자만 깊은 관계를 맺고 있다고 착각한다. 역설적이고 슬프게도 이들의 인간관계는 피상적이다. 이들은 자신이 기만적이라는 사실을 인식하고 있기 때문에 관계가 가까워지면 상대가 자신의 기만적인 성격을 알아차릴까 봐 경계한다. 연극성 성격장애자들은 내적 성찰을 잘하지 않는다. 이들은 아무것도 하지 않고 가만히 있는 시간을 두려워하는데, 그럴 때 깊은 공허감을 느끼기 때문이다.

경계선 성격장애는 임상심리학 분야에서 악명이 높다. 경계선이라는 용어는 이 성격장애를 정확히 설명하지 못한다는 점에서 잘못된 이름이다. 이 용어의 기원은 초기 임상의들이 이 성격장애가 있는 사람들이 신경증(만성적으로 자멸적인 성향)과 정신증(현실감각의 상실)의 경계에 있다고 본 데서 비롯됐다. 이 용어는 또한 정신병 환자라고 확신할 만큼 증세가 심각하지 않아서 확실히 진단을 내리지 못할 때 사용됐다. 밀론(Millon, 1981)은 성격장애에 관한 중요한 저서에서 '변덕스러운' '불안정한' '순환적인' '가변적인'과 같은 이름이 더 적합하다고 말했지만, 그의 견해는 널리 받아들여지지 못했다.

임상의들은 '경계선' 성격장애자를 만나게 될까 봐 매우 두려워한다고 알려져 있는데, 그 이유는 경계선 성격장애가 매우 치료하기 어렵기 때문이다. 경계선 내담자들은 허약한 자아감과 불안정한 정체성을 거짓된 과대망상으로 가리고 있다. 이들은 마음속으로 공허감을 느끼며 다른 사람들을 이용해서 빈 공간을 채우려 한다. 그 결과 이들은 거절에 매우 민감하고, 거절을 당할 때 본능적으로 버림받았다고 느낀다. DSM–IV–TR(APA, 2000)에서는 이런 경향을 '실제로나 상상 속에서나 버림받는 일을 회피하려는 광적인 노력'으로 표현했다. 이들은 홀로 남겨진다는 생각만으로도 공포를 느낀다. 자기 정체성이 갑자기 불쑥 변하기도 한다. 이들은 적대감의 대상을 자기에서 타인으로, 타인에서 자기로 재빨리 바꾼다. 경계선 성격장애자들의 관계는 불안정한데, 이들이 상대(자신을 채워 줄 가능성을 보이는 대상)를 우상화했다가 아주 가벼운 의견 충돌의 조짐만 보여도 그 사람을 적대적으로 거부하기를 반복하기 때문이다. 주위 사람들이 보기에 이들은 이상할 정도로 호의적이었다가 갑자기 적대적으로 변하고 공공연하게 화를 낸다. 임상의들은 이러한 흑백사고와 행동을 설명하기 위해 **분열**splitting이라는 용어를 사용했다. 경계선 성격장애자들은 때때로 자기 몸에 칼을 대고 상처를 입히는데, 이는 상대의 관심을 끌거나 공허감을 채우거나 혹은 자신이 '실재한다'는 것을 스스로에게 증명하려는 시도다.

코치가 직장에서 경계선 성격장애자를 만날 가능성은 희박하지만, 경계선적 특성을 보이는 사람들을 만날 가능성은 다분하다. 증상이 비교적 가볍다고 해도, 이러한 성격특성은 대개 문제를 일으키고, 이해하거나 변화시키기가 어렵다.

자기애성 성격장애는 경계선 성격장애와 몇몇 특성을 공유한다. 코칭에서 자기애는 흥미롭고 중요한 주제인데, 그 이유는 유능하고 성공적인 경영자 중에 두드러지게 자기애가 높은 사람들이 많기 때문이다. 자기애는 미국의 기업과 리더십에 관한 여러 중요한 연구에서 중점적으로 다루어졌다(Maccoby, 2000; Rosenthal & Pittinsky, 2006).

DSM에서는 자기애성 성격장애를 다음과 같이 정의한다. 자기애성 성격장애의 핵심 특성은 자신의 중요성에 대한 과도한 지각과 끊임없이 지지해 주어야 하는 취약한 자기개념이 혼재되어 나타나는 것이다. 자기애성 성격장애자(나르시시스트)들은 끝없는 성공에 대한 강력한 환상에 사로잡혀 있으면서 동시에 마음속 깊이 자신이 부족하다는 느낌을 받는다. 이들은 자신이 실제로 사기꾼일지 모른다고 느끼고, 그에 대한 반응으로 겉으로 드러나는 성공을 통해 과도하게 자기 가치를 확인받으려 하고 주위 사람들로부터 찬사를 받고 싶어 한다. 이들은 사소한 비판에도 민감하게 반응한다. 자기 감정에는 민감하지만 타인의 감정에는 무지하며, 타인이 느끼는 감정을 정확히 추측하지 못한다. 사실 이들은 자신의 존재나 지위가 우월하다고 느끼는 데 타인이 별 도움이 되지 않으면, 타인에게 관심을 보이지 않는다. 나르시시스트들에게는 공감 능력이 없다. 이들은 자신의 우월성과 힘에 대한 환상을 충족시키기 위해 타인을 조종하고 이용한다. 필요한 경우 이들은 상대에게 꽤 매력적인 모습을 보이지만, 상대가 자기 생각에 반대하면서 자신에게 위협이 된다고 생각할 때는 가혹한 모습을 보인다. 이들은 일반적으로 경청을 잘 못하고, 위협감을 느끼면 피해망상에 빠지거나 노골적으로 적대적인 태도를 취한다. 또 깊은 우정을 맺지 못하며, 주위 사람들이 결국 매력 이면의 참모습을 꿰뚫어 보고 이들을 두려워하거나 회피하게 된다. 자기애성 성격장애자들은 대부분 남성으로, 전체 인구의 약 1% 정도를 차지한다.

진취적이고 카리스마가 넘치는 경영자들 가운데 나르시시스트의 비율은 이보다 훨씬 높을 것이다. 매코비(Maccoby, 2000) 및 로젠탈과 피틴스키(Rosenthal & Pittinsky, 2006)는 자기애가 양날의 검이며, 자기애적 특성이 성공적인 리더에게 자주 나타난다고 주장했다. 이들은 나르시시스트가 매력 있고 카리스마 넘치는 모험가이며, 원대한 성공에 대한 환상을 동력으로 삼아 나아간다고 지적했다. 이들은 매우 경쟁적이며 거대한 이상을 품고, 특히 두렵고 어려운 시기에 사람을 움직인다. 이들은 다른 사람들이 조심하고 경계할 때 두려움 없이 나선다. 또 개인의 권력과 성공, 그에 따르는 찬사를 얻으려고 애쓴다. 이들은 첫인상이 좋고, 일시적으로나마 조직에 자신감을 불어넣는다. 나르시시스트는 대개 혼란한 시기에 성공을 거두며, 조직이 안정적일 때는 그다지 높은 성과를 내지 못한다.

코치는 나르시시스트에게 완연한 성격장애가 있는지, 아니면 단지 자기애적인 특성이 있는지를 파악할 수 있어야 한다. 모든 사람은 아침에 집을 나서기 위해 약간의 자기애가 필요하다. 자기주장을 내세우고 자신이 원하는 바를 요청하려면 자신이 중요한 사람이라고 느낄 수 있어야 한다. 건강한 자신감과 자기애를 구분하는 것도 중요하다. 로젠탈과 피틴스키(Rosenthal & Pittinsky, 2006)는 건강한 나르시시스트는 자신의 자기중심성을 어느 정도는 간파하고 있다고 지적했다. 이들은 자신의 성향을 알고 있어서, 한 발 물러서서 이런 성향을 관찰하고 관리할 줄 알며, 살짝 자조적인 유머감각을 구사하는 경우가 많다. 이들은 비교적 안정되어 있으며, 주위 사람들이 항상 자신에게 아첨하기를 바라지 않는다. 자연스럽거나 쉽게 할 수 있는 일은 아니지만, 이들은 자기 관점에서 벗어나서 타인에게 진실된 관심을 보이는 길을 찾는다.

자기애적 성향이 강한 리더는 두 가지 난제에 직면한다. 첫째, 함께 일하는 사람들과의 관계가 소원해질 수밖에 없다. 이들은 주위 사람들의 충성심과 존경심을 (갈구하기는 하지만) 함양하지 못하고 부하직원들이 자신을 싫어하고 불신하게 만든다. 또 오만하고 자기중심적인 특성 때문에 진실한 관계를 맺지 못한다. 이런 성격을 견디다 못해 사람들은 가능하면 직장을 떠날 방법을 찾는다. 어쩔 수 없이 남은 사람들은 리더를 원망하면서 조심스러운 태도를 취하게 된다. 둘째, 나르시시스트의 환상 속의 야망이 끝내 시장의 현실을 지나치게 된다. 나르시시스트들은 주위 사람들의 경고를 무시하고 너무 큰 위험을 감수하며 지나친 투자를 해서 회사와 직원 모두에게 손해를 끼치기도 한다. 그렇게 되면 나르시시스트들은 그 실패를 자기개념에 통합하지 못하고 다른 일을 찾는다. 이들은 자신의 실패에서 아무것도 배우지 못하고 남에게 책임을 전가한다.

나르시시스트에게는 코칭이 도움이 될 수 있지만, 이들은 타인의 도움을 거부하며 사람들과의 관계에서 고립된다. 이들은 코칭에 별 관심이 없으며, 특히 기업이 솔직하거나 비판적인 피드백을 주려고 할 때는 더욱 관심을 보이지 않는다. 또한 이들은 코치를 의심할 가능성이 높다. 설혹 이들이 코칭에 응한다 해도 코치는 이들과의 코칭 관계에서 어려움을 겪을 가능성이 높은데, 그 이유는 이들이 언제 어떤 식으로 코칭 과정을 방해하고 일탈할지 모르기 때문이다. 코치는 이런 유형의 고객이 자신을 시험하고, 고객에게 동의하지 않는 기색을 조금만 내비쳐도 자신을 거부할 수 있다고 예상해야 한다. 나르시시스트가 도움을 구하거나 받아들일 가능성은 희박하며, 로젠탈과 피틴스키(Rosenthal & Pittinsky, 2006, p. 626)가 언급했듯이 "사실 코칭이 나르시시스트들에게 제공할 만한 부류의 전문적 도움인지도 전혀 확신할 수 없다." 그럼에도 불구하고, 로젠탈과 피틴스키는 "이처럼 자기중심적인 리더가 없다면, 이 세상에 과감한 혁신과 사회 변화는 거의 일어나지 않을 것"(p. 630)이라고 추론했다.

C군 성격장애 C군 성격장애자들은 비정상적으로 불안하고 신경이 곤두서 있으며, 통제욕구가 강하다. **회피성 성격장애자**들은 사람들과의 만남과 관계를 갈구하지만 두려움이 너무 커서 사회적인 활동을 전혀 하지 못한다. 이들은 매우 예민하고 지나치게 비판을 두려워한다. 전혀 사회적 위험을 감수하지 않으며 깊은 열등감을 느낀다. 회피성 성격장애자들은 사람을 만나는 일이나, 사회적 상황에서 실수하거나 비판을 받거나 당황하거나 거부당할 가능성이 있는 일은 무엇이든 회피하려는 경향이 있다. 이들이 가끔 대인 관계를 맺는 경우도 있지만, 이는 스스로 안전하다고 느끼며 '무비판적인 수용을 확신하는' 상황에 국한된다(APA, 2000, p. 718). 대부분의 경우, 이들은 사회적인 상황에 모습을 드러내지 않는다.

의존성 성격장애는 극단적인 수동성과 대인 관계 의존성이 특징이다. 심각한 분리불안 때문에 상대에게 지나치게 복종하면서 매달린다. 이들은 혼자 있거나 독립적으로 행동하지 못한다. 계속 안심시켜 주어야 하고 어떤 일도 스스로 책임지려 하지 않는다. 주변 사람들의 지지를 얻기 위해서라면 무슨 일이든지 하고, 스스로 행동하기보다 할 일을 지시받는 것을 훨씬 좋아한다. 이들은 누군가 계속 감독하면서 잘하고 있다는 확신을 주지 않으면 프로젝트를 시작하지도, 완수하지도 못한다. 이들은 대개 우유부단하다.

강박적 사고obsessions와 강박적 행동compulsions과 관련해서는 두 가지 정신질환이 있는데, 그 하나는 강박장애이고, 다른 하나는 강박성 성격장애다. 강박적 사고는 끊임없이 반복되는 생각으로, 통제가 되지 않는다. 이러한 생각은 생활에 지장을 주고 부적절하고 비이성적이며, 개인의 사고를 지배하는 경향이 있다. 강박적 행동은 반복적인 행동으로 불안이나 고통을 줄이고 예방하기 위해 시도하는 행동이다.

강박적 사고와 행동이 두드러지면 강박장애로 진단하는 것이 적절하다. 강박장애는 불안장애의 일종으로 비교적 흔하며(평생 유병률 2.5%) 삶에 큰 지장을 초래할 수 있다. 강박적 행동은 꽤 복잡한 행동이 될 수 있으며, 꼭 해야 하는 일상적 활동에 크게 방해가 될 수 있다. 예를 들면, 매일 해야 하는 식사 준비와 식사에 몇 시간이 소요되기도 한다. 강박적 사고는 대개 불결에 대한 두려움이나 질서나 통제의 상실, 의심(예를 들어, "가스를 켜 놓고 나왔나?" 혹은 "불을 켜 놓고 나왔나?" 혹은 "퇴근길에 누군가를 친 건 아닐까?")에 집중된다. 강박장애는 나이가 들수록 증상이 심해지며, 지능이나 사회계급이 높은 사람들 사이에서 더 흔하게 나타난다(Morrison, 2001).

강박성 성격장애의 전형적인 특징은 엄격한 완벽주의다. 강박성 성격장애자들은 실제로 강박적 사고나 행동에 시달리지는 않지만, 성격 구조가 강박적으로 지나치게 통제되어 있다. 이들이 보이는 성격 구조의 핵심 주제는 통제다. 이들은 열심히 일하고 효율적으로 일하려고 노력하지만, 세부사항에 불필요하게 지나친 관심을 기울이고 주위 사람들을 피곤하게 만들어서 그 노력은 득보다는 실이 된다. 또한 모든 조건이 완벽해질 때까지 결정하지 못하고 우유부단하게 행동하기도 한다. 이들은 어떤 일이든 따분하고 끔찍하게 만든다. 이들은 느긋해지지 못한다. 예상대로 이들은 위임을 잘 못하는데, 타인이 자신의 높은 기준을 만족시키지 못하기 때문이다. 인색한 경우가 많고 불필요한 물건을 쌓아 놓는 경우가 흔하다. 이들은 협력을 잘하지 못하고, 다른 사람이 세운 계획을 실행하는 일에 매력을 느끼지 못하며, 애정을 표현할 때도 억제된 전통적인 방식을 따른다.

간헐적 폭발장애

간헐적 폭발장애Intermittent Explosive Disorder는 충동조절 문제와 분노, 공격성을 수반한다는 점에서 여러 정신질환의 일반 범주에 들어갈 수 있다. 흔히 약물 남용과도 연관이 있다. 일각에서는 이 질환이 실제로 별개의 정신질환이 아니라 반사회적 성격장애와 같은 다른 질환의 징후일 뿐이라고 보기도 한다(Morrison, 2001). 코치는 이런 문제에 맞닥뜨릴 수도 있기 때문에, 관련 정보를 숙지해 두어야 한다. 간헐적 폭발장애는 폭발적인 공격성이 억제되지 못하고 갑자기 분출되며 이런 분출이 반복되는 것이 특징이다. 이들은 상황에 어울리지 않게 갑자기 무섭게 화를 낸다. 간헐적 폭발장애에 대해서는 많은 연구가 이루어지지 않았지만, 여성보다는 남성에게서 흔히 나타난다. 분노 삽화는 폭발하는 당사자가 스스로 제어할 수 없다고 느끼며, 관련자 모두에게 큰 고통을 준다. 이는 실업, 정학, 이혼, 입원, 법적 문제와 경력 이탈의 원인이 된다. 간헐적 폭발장애는 치료가 잘 되는 편이지만 치료 과정이 순탄하지는 않다. 이들은 치명적이고 부끄러운 사건을 몇 차례 경험하고 난 후에야 치료를 받기로 결심하는 경향이 있다.

신체형 장애

'신체의somatic'라는 용어는 '몸에 기반을 두고 있다'는 의미다. 신체형 장애 범주에는 치료가 까다로운 여러 종류의 장애가 있다. 신체형 장애 환자들은 상당한 고통과 기능 장애를 동반하는 신체적/의학적 증상을 경험하지만, 의사들은 증상의 원인을 제대로 설명하지 못한다.

신체화 장애somatization disorder 환자들은 30세 전에 여러 신체 부위에 여덟 가지 이상의 증상을 호소하고, 그중 한 가지는 반드시 성과 관련되어 있다. 남성보다는 여성에게 흔하며 유전된다. 의사들은 치료 효과가 나타나지 않아 좌절감을 느낀다.

만성 통증이 일상적인 기능을 방해하고, 심리적 요인이 통증의 발현과 지속, 악화에 중요한 역할을 하는 것으로 보일 때는 **심인성 동통장애**pain disorder로 진단한다. 심인성 동통장애는 남성보다 여성에게 흔히 나타나며 사고나 과거의 질병에 뒤따라 일어난다. 이 장애는 경력에 상당한 지장을 초래하고 신체적/정서적 기능을 상당히 훼손할 수 있다.

감정적 갈등이나 문제가 신체적 질환으로 전환되는 경우 **전환장애**conversion disorder로 진단한다. 전환 증상은 흔히 나타난다. 전체 인구의 3분의 1이 정서적, 심리적 문제에 기인한 신체 증상을 경험한다. 두려운 일을 앞두고 스트레스성 두통이나 복통을 겪어 보지 않은 사람이 있을까? 두드러기나 여드름이 나고, 가슴이 답답한 증상을 겪기도 한다. 입이 마르기도 한다. 하지만 이러한 증상이 실제 질병으로 전환되고 의사가 그 원인을 설명할 수 없다면 전환장애가 그 원인일 수 있다.

신체 감각이나 증상을 지속적으로 잘못 해석해서 실제 걸리지 않은 심각한 질환에 자신이 걸렸다고 믿는다면, 이는 **건강염려증**hypochondriasis일 수 있다. 건강염려증 환자는 자신이 생명을 위협하는 중병을 앓고 있다는 공포에 사로잡힌다. 의학적 소견이나 안심시키는 말로는 건강염려증 환자의 마음을 바꾸기 어렵다. 이들의 신념은 비이성적이며 확실한 증거를 제시해도 잘 변하지 않는다.

마지막으로 코치가 맞닥뜨릴 수 있는 신체형 장애의 종류에는 **비정형 신체화 장애**body dysmorphic disorder가 있으며, 이는 자기 신체의 특정 부위에 집착하는 특이한 질환이다. 이 장애를 가진 사람들은 자신의 외모에, 흔히 얼굴이나 머리카락, 가슴 또는 성기에 결함이 있다고 상상하고 집착한다. 이 문제는 비정형 신체화 장애 환자가 자신에게 협조적인 성형외과 의사를 찾게 될 때 끔찍한 결과로 이어지기도 한다. 심리치료 문헌이나 구전된 내용을 찾아보면, 여러 번 반복된 성형 수술로 얼굴을 망쳐버린 사람들의 이야기가 자주 나타난다(Tignol, Biraben-Gotzamanis, Martin-Guehl, Grabot, & Aouizerate, 2007). 비정형 신체화 장애 환자들의 자살률은 전체 인구의 자살률을 훨씬 넘어선다. 환자들은 자신이 상상한 결함을 살펴보고 가다듬고 보완하는 일에 상당히 많은 시간을 소모한다. 이들은 자기가 추하다고 여기는 신체의 일부분을 타인에게 드러낼 만한 활동은 회피한다. 이 질환은 사람들을 자주 만나고 대면해야 하는 직업에는 심각한 영향을 미칠 수 있다.

외상적 사건

대다수 사람들은 예상치 못한 고통이나 괴로움을 겪는다. 약간이나마 외상 경험을 하지 않는 사람은 거의 없다. 이혼이나 사별, 직업상/재정상의 실패와 같은 삶의 역경을 경험하면 누구나 이전의 행복감과 기능 수준을 회복하는 데 시간이 걸린다. 이는 정상적인 일이다. 하지만 역경을 딛고 일어서지 못하고, 계속 무기력하고 우울하거나 일상으로 복귀하지 못할 때는 진단이 필요하다. 지진, 화재, 유괴, 성폭력과 같이 심각한 외상 경험을 한 사람들 중 일부는 **외상 후 스트레스 장애**PTSD: posttraumatic stress disorder를 안고 살아가게 된다. 이때 사람들은 외상적 사건을 꿈이나 기억 속에서 반복적으로 재경험하게 되며, 그 사건을 연상시키는 장소에 대한 공포증이 생기기도 한다. 이들은 망연자실한 상태에 빠져서 삶에 무관심하고 주위 사람들과의 관계가 소원해지기도 한다. 또 잠을 잘 못 자고 집중도 잘하지 못한다. 만성적인 불안에 시달리며 심하게 깜짝깜짝 놀라기도 한다. 외상 후 스트레스 장애는 전문가의 도움을 꼭 받아야 한다.

심각한 외상에 노출된 후 증상이 1개월 이내에 해결되면, **급성 스트레스 장애**acute stress disorder를 진단한다. 이러한 징후나 증상이 지속되면, PTSD가 더 정확한 진단이다. PTSD는 수년 이상, 때로는 평생 지속되기도 한다.

한편, 이혼이나 실업, 기타 인생의 중대한 실패와 같이 앞서 언급한 것보다는 심각성이 덜한 외상적 사건을 겪은 사람들은 우울, 불안, 이상행동, 약물 남용과 같은 정서적/행동적 증상을 경험할 수 있다. 이러한 반응이 일반적으로 예상할 수 있는 기간보다 더 오래 지속되면, **적응장애**adjustment disorder를 진단한다. 적응장애와 그 증상은 대개 스트레스 요인이 사라진 후 6개월 이내에 소실된다.

습관장애와 중독행동

또 하나의 중요하고 흔한 일련의 문제는 중독과 관련된 문제다. 직장에서 중독이나 의존과 관련된 문제를 겪고 있는 사람의 수는 앞서 언급한 심리적 문제들을 겪는 모든 사람의 수를 합한 것보다 훨씬 많다(APA, 2000; National Center for Health Statistics, 2007). 담배, 술, 마리화나, 처방약은 부정할 수 없는 현대 직장 생활의 단면이다. 소위 말하는 마약과의 전쟁은 처참하게 실패로 돌아갔고, 미국의 전문가 및 근로자의 약물 복용률과 오용률은 매우 높은 편이다(National Center for Health Statistics, 2007; Tracey, 2008; Walter, 2008). 최근 「이코노미스트」는 다음과 같은 놀라운 사실을 보도했다. "마라화나는 지금 캘리포니아에서 단연코 가장 가치 있는 농산물이 됐다"('Home

Grown', 2007). 코치는 분명히 고객이 술이나 기타 약물을 과다 복용하거나 거기에 중독된 경우를 만나게 될 것이다. 알코올 중독의 유형에 관한 연구(Moss, Chen, & Yi, 2007, p. 155)에 의하면 알코올 중독의 '기능적인 유형functional subtype'은 "일반적으로 중년에 일을 하는 성인들에 해당되며, 다른 유형의 알코올 중독자들에 비해 사람들과 안정적으로 관계를 맺고 교육 수준과 소득이 높은 편이다. 이들은 이틀에 한 번, 대개 다섯 잔 이상의 술을 마신다." 이 유형은 전체 알코올 중독자의 20% 정도를 차지한다.

알코올 중독이나 약물 남용에는 흔히 수치심과 당혹감이 동반되며, 대다수 중독자들은 자신의 습관을 숨긴다. 직장 내부나 근처에서는 대개 중독 행동이 남몰래 이루어지지만, 그렇다 해도 일에 심각한 지장을 초래하고 효율성을 저해하기는 마찬가지다. 술이나 기타 약물을 직장에서 복용하는 것은 명백히 문제가 된다. 퇴근 후의 물질 남용은 그만큼 명백한 문제는 아니지만 심각한 문제이기는 마찬가지다. 중독자들은 대개 중독의 대가로 자신이 무엇을 잃는지 잘 알지 못하고 자신이 겪는 어려움을 부정하거나 과소평가한다. 코치는 고객이 어딘가에 중독되었다는 사실과 중독 행동이 (혹은 중독 행동의 결과가) 전체 그림에서 중요한 위치를 차지한다는 사실을 전혀 눈치채지 못할 수도 있다. 특별한 라포가 형성되고 비밀보장이 명확히 보장되지 않는 한, 고객은 중독과 관련된 중요한 정보를 코치에게 알리려 하지 않는다. 고객이 자신의 중독 사실을 숨기는 경우, 누구도 겉으로 드러난 문제의 근본 원인을 파악하거나 해결하지 못하기 때문에, 알 수 없는 이유로 제자리걸음만 하는 결과가 나타날 수 있다.

사람들은 놀라울 정도로 다양한 물질과 경험에 중독될 수 있다. 여기서 중독의 정의를 살펴보면 도움이 된다. "중독은 기분 전환이 되는 경험을 강박적이고 병적으로 추구하는 행위로, 인생에 악영향을 미친다"(Peele, 1985).

이 관점에서 보자면 코치는 일, 도박, 섹스, 음식, 카페인, 운동, 포르노 등등 너무 많아서 일일이 다 언급하기도 어려운 경험에 중독된 고객을 만나게 될 것이다. 이들은 또한 강박적 사고(떨쳐버릴 수 없는, 끊임없이 반복되는 생각)와 강박적 행동(불안이나 스트레스를 경감하기 위해서 반복적인 행동을 하고자 하는 저항할 수 없는 욕구)에 시달릴 것이다. 대다수 사람들은 주위 사람들에게 이상하게 보이지 않게끔 이러한 생각이나 충동이나 행동을 숨긴다. 일부 고객들은 모든 일을 완벽하게 처리해야 한다는 강박에 시달리면서 주위 사람들에게 자신의 기준을 충족시키기를 요구할 수도 있다. 강박적으로 먹으면서 폭식을 하고 몰래 게워 내는 사람도 있을 것이다.

그래도 좋은 소식은, 중독은 치료가 가능하고 치료비용이 저렴하다는 점이다. 나쁜 소식은 중독자들이 대개 '바닥을 친' 후에야, 즉 끔찍한 일을 겪고 나서야 치료를 시작한다는 점이다. 고객이 끔찍한 결말에 이르기 전에 치료를 시작하도록 코치가 도울 수 있다면, 코칭은 고객과 조직에 큰 도움이 될 것이다.

코치가 해야 할 역할은 무엇인가

코치는 심리치료사나 의사가 아니라는 점을 다시 한 번 짚고 넘어갈 필요가 있다. 코치는 대개 심리치료 훈련을 받지 않았고 심리치료는 코치가 수행해야 할 역할이 아니다. 코치와 심리치료사의 차이점은 이 책의 앞부분에서 자세히 설명했으며 '서론'의 〈표 1〉에 정리해 놓았다. 코치는 치료보다는 성과에 초점을 맞춰야 한다. 성격상의 문제를 고치는 일은 코치가 할 일이 아니다. 그것은 코칭의 한계를 넘어선 일이다. 코치는 심리치료를 하고 싶은 유혹에 늘 맞서야 한다.

그렇지만 코치는 이번 장에 설명한 성격특성과 정신질환에 대해 잘 알아 두어야 한다. 코치는 정신질환을 발견했을 때 지나치게 놀라거나 허를 찔려서는 안 된다. 코치가 고객의 성격특성과 정신질환을 알아차리고, 적절한 명칭을 붙여서 고객이 어떻게 대응할지 결정하도록 도울 수 있다면, 고객에게도 조직에게도 잠재적으로 큰 도움이 된다. 코치의 대처 방안에는 더 확실한 진단을 위해 고객을 적절한 곳에 의뢰하거나 효과적으로 치료를 받을 수 있게 적당한 곳을 추천하는 일도 포함된다. 또 직장생활과 경력에 성격특성이 미치는 악영향을 최소화하는 방법에 대해 논의하는 일도 포함된다.

코치는 정신질환이 있어서 이미 전문적인 치료를 받고 있는 고객을 만나게 될 수도 있다. 성공한 사람들 중에는 심리적 문제를 인정하고 치료를 받은 경우가 많다. 많은 사람이 항정신제를 복용하여 좋은 효과를 본다. 미국의 노동 인구 중에는 물질 남용 문제에서 성공적으로 회복되고 있는 사람들이 많다. 이런 경우, 코치는 관련 질환을 이해하고, 코칭과 심리치료가 조화를 이룰 수 있게 해야 한다. 코치는 고객이 심리치료를 받는 것이 '공개된' 사항인지 아니면 비밀보장이 필요한지 고객의 입장에서 분별해야 한다.

코치는 상황의 앞뒤가 맞지 않을 때는 혹시 고객이 정신질환을 숨기고 있지는 않은지 의심해 보아야 한다. 뭔가 의문이 풀리지 않거나 이해가 되지 않거나 '놓치고 있는 듯한' 느낌이 들 때, 중독이나 우울증, 비정상적인 사고, 치매, 섭식장애나 기타 숨겨진 문제가 도사리고 있지는 않은지 의심해 보아야 한다. 정신질환은 주기적으로 악화되었다가 완화되기를 반복한다는 점을 떠올려 보자. 고객을 처음 만난 시점에는 고객의 상태가 비교적 '양호'했기에 처음에는 증상을 알아차리지 못할지도 모른다. 시간이 지나면서 고객은 증세가 악화되는 시기에 접어들 수 있다. 고객의 동료들은 여러 주기에 걸쳐 고객을 보아 왔기 때문에 고객을 더 종합적으로 볼 수 있다. 제삼자에게 얻은 정보를 고객 평가에 정확히 반영하는 것은 코치가 해야 할 일이며, 이것은 경우에 따라 매우 어려울 수도 있다. 고객이 전반적으로 긍정적인 인상을 줄 때, 코치는 고객의 인상 때문에 현실을 왜곡하지 않도록 주의해야 한다. 고객과 좋은 관계를 형성했다면, 코치는 고객이 '나쁘다'거나 '아프다'는 인상을 주는 부정적인 자료나 관찰 결과를 무시하게 될 가능성이 있다. 또한 스트레스가 정신질환을 발현시키고 부정적인 성격특성을 악화시킨다는 점을 떠올려 보자. 스트레스가 쌓일 때, 스트레스가 고객에게 어떤 영향을 주는지도 관찰해 보아야 한다.

많은 사람들이 자신의 부정적인 특성이나 정신질환을 잘 관리해서 성공을 거둔다는 사실을 기억하자. 현대의 약물은 적절히 처방받아 복용하면 놀라운 효과를 내며, 특히 지속적이고 적절한 심리치료를 병행할 때 그 효과는 배가 된다. 항정신제는 제약회사의 대표적인 수익창출 부문으로 발전을 거듭하고 있다. 심각한 정신질환이 있는 고객도 도움을 받으면 자기 문제를 관리하고 뛰어넘어 높은 성과를 낼 수 있다.

정신질환이 드러났을 때 코치는 과연 어느 주체가 고객인지 고려해 보아야 한다. 코칭 비용을 지불하는 조직이 고객인가, 아니면 코칭 대상 고객이 고객인가? 코치에게 비용을 지불하는 조직에 코칭 고객의 정신질환을 숨기는 일이 옳은 일인가? 조직에 정신질환의 존재를 알려야 하는가, 그렇다면 어떤 상황에서 알려야 하는가? 코치는 누구에게 어떤 의무를 지고 있는가? 이는 꽤 까다로운 문제다.

마지막으로, 코치는 고객에게 정신질환이 있을 때 '적극적으로 나서서' 문제를 파악하고 대응해야 한다. 문제를 무시하고 예의 바르게 비켜가며 축소하고 싶은 유혹이 매우 강력할 것이다. 정신질환은 파괴적이며, 혼동과 당혹감, 두려움을 불러일으킨다. 코치는 정신질환이 나타날 때 용감하고 적절하게 대응하여 고객과 조직에 잠재적으로 큰 도움을 줄 수 있다.

참고문헌

American Psychiatric Association (APA). (2000). *Diagnostic and statistical manual of mental disorders* (4th ed., text rev.). Washington, DC: Author.

Grant, B. F., Hasin, D. S., Stinson, F. S., Dawson, D. A., Chou, S. P., Ruan, W. J., et al. (2004). Prevalence, correlates, and disability of personality disorders in the United States: Results from the National Epidemiologic Survey on Alcohol and Related Conditions. *Journal of Clinical Psychiatry, 65*, 948-958.

Home grown: Forget wine—California's biggest crop is bright green and funny-smelling. (2007, October 18). *The Economist*. Retrieved January 24, 2009, from: http://www.economist.com/world/na/PrinterFriendly.cfm?story_id=10000884.

Kessler, R. C., Berglund, P., Demler, O., Jin, R., Merikangas, K. R., & Walters, E. E. (2005). Lifetime prevalence and age-of-onset distributions of DSM-IV disorders in the National Comorbidity Survey Replication. *Archives of General Psychiatry, 62*, 593-602.

Maccoby, M. (2000, January-February). Narcissistic leaders: The incredible pros, the inevitable cons. *Harvard Business Review*.

Millon, T. (1981). *Disorders of personality*. New York: John Wiley & Sons.

Morrison, J. (2001). *DSM-IV made easy: The clinician's guide to diagnosis*. New York: Guilford Press.

Moss, H. B., Chen, C. M., & Yi, H. (2007, December). Subtypes of alcohol dependence in a nationally representative sample. *Drug and Alcohol Dependence, 91*, 149-158.

National Center for Health Statistics. (2007). *Health, United States, 2007: With chartbook on trends in the health of Americans*. Retrieved January 24, 2009, from: http://www.cdc.gov/nchs/data/hus/hus07.pdf#068.

Peele, S. (1985). *The meaning of addiction: Compulsive experience and its interpretation.* Lexington, MA: Lexington Books.

Phillips, K. A., & Menard, W. (2006). Suicidality in body dysmorphic disorder: A prospective study. *The American Journal of Psychiatry, 163*, 1280-1282.

Rosenthal, S. A., & Pittinsky, T. L. (2006). Narcissistic leadership. *The Leadership Quarterly, 17*, 617-633.

Tignol, J., Biraben-Gotzamanis, L., Martin-Guehl, C., Grabot, D., & Aouizerate, B. (2007). Body dysmorphic disorder and cosmetic surgery: Evolution of 24 subjects with a minimal defect in appearance 5 years after their request for cosmetic surgery. *European Psychiatry: The Journal of the Associationof European Psychiatrists, 22*(8), 520-524.

Tracey, J. (2008). The mind of the alcoholic. *Journal of the American College of Dentists, 74*(4), 18-23.

Walter, J. (2008). Dentistry: Risks for addictive disease. *Journal of the American College of Dentists, 74*(4), 24-27.

추천도서

Babiak, P., & Hare, R. D. (2006). *Snakes in suits.* New York: HarperCollins.

Buckley, A., & Buckley, C. (2006). *A guide to coaching and mental health: The recognition and management of psychological issues.* London: Routledge.

Jourard, S. M., & Landsman, T. (1980). *Healthy personality.* New York: Macmillan.

Kilburg, R. (1986). *Professionals in distress: Issues, syndromes, and solutions in psychology.* Washington, DC: American Psychological Association.

Kohut, H. (1966). Forms and transformations of narcissism. *Journal of the American Psychoanalytic Association, 14*, 243-272.

Masterson, J. (1981). *The narcissistic and borderline disorders: An integrated development approach.* New York: Routledge.

제16장

리더십은 진화한다

상황이 좋을 때는 리더십 연구의 중요성을 잊고 지내게 된다. 하지만 리더십은 언제나 중요하며, 지금은 그 어느 때보다 중요하다.

−워런 베니스(Warren Bennis, 2007, p. 2)

리더십은 사랑과 비슷한 면이 많다. 누구나 리더십이 특별하다고 생각하지만, 누구도 리더십의 정의를 명확하게 알지 못한다. 60년간 리더십을 연구해 온 워런 베니스는 이런 현상을 다음과 같이 표현했다. "리더십 문헌에서 리더십에 대한 단일한 정의가 없다는 말은 이제 거의 상투적인 문구가 됐다"(2007, p. 2). 워런 베니스는 예전에 한 보고서(Bennis & Nanus, 1985, p. 4)에서 다음과 같이 말했다.

사람들은 리더와 리더가 아닌 사람의 차이점, 더 중요하게는 유능한 리더와 무능한 리더의 차이점을 명확하고 분명하게 이해하지 못하고 있다.

그리고

리더십은 끝이 없는 연구 주제로 끊임없이 흥미를 유발한다. 그 이유는 리더십의 개념을 완벽하게 정의할 방법이 없기 때문이다(Syrett & Hogg, 1992, p. xix).

리더십의 개념에 대한 혼란과 더불어, 리더십 분야의 전문가들은 시민생활과 회사 생활에서 리더십의 부재를 강하게 비판해 왔다. 하버드 대학교 경영대학원의 존경받는 리더십 전문가 존 코터는 다음과 같이 말했다(Kotter, 1999).

열네 개의 공식적인 연구와 천 건이 넘는 인터뷰를 진행하고 기업 현장에서 수십 명의 경영자를 직접 관찰하고 무수한 연구를 집대성한 결과, 나는 오늘날 대다수 기업에 리더십이 부족하다는 점을 확신하게 되었다. 대개의 경우 리더십이 많이 부족했다…….
　리더십의 정의와 관련하여 일어나는 개념상의 혼란을 목격할 때면 나는 충격을 받는다……. 나는 명석한 사람들마저 리더십에 대해 들쭉날쭉하는 모습을 수없이 목격했다. 유능한 사람들마저 그렇다면, 우리는 진정한 리더의 역할이 무엇인지에 대해 더 명확하게 합의를 이루어야 할 필요가 있다(p. 1, p. 4).

리더십이 중요한 것은 확실하지만 리더십이 훌륭하게 발휘되는 사례가 비교적 희귀하기 때문에, 리더십 개발은 경영자 코칭에서 중점적으로 다루는 사항 중에 하나다. 고객은 코치가 리더십에 관해 잘 알고 있으며, 자신에게 필요한 도움을 줄 것이라고 기대한다. 유능한 코치는 리더십과 관련된 문헌과 이론과 모형에 대해 잘 알고 있어야 한다. 이번 장에서는 과거에서부터 현대에 이르기까지의 주요 리더십 이론과, 각 이론을 지지하는 연구 결과를 개괄적으로 설명하고자 한다. 여기서 **이론**theory이란 좋은 리더십과 나쁜 리더십의 차이점, 리더십의 특성, 리더십 개발 과정을 설명하는 공식적인 구조적 모형을 말한다. 경영서적이나 심리학 연구에서 다루는 리더십 이론은 복잡하다. 이번 장에서는 이 복잡한 개념을 경영자 코치가 실용적으로 활용할 수 있도록 요약하고 단순화했다. 코칭 고객과 고객사가 리더십 문제를 거론하는 경우는 많지만, 이들이 리더십에 대해 명확하고 일관된 견해를 갖고 있을 가능성은 그다지 높지 않다. 코치는 리더십의 평가와 개발에 대한 확고한 개념 및 틀을 갖춰 놓아야 하며, 그렇게 해야 고객에게 리더십에 대해 제대로 설명해 줄 수 있고 그와 관련된 도구를 코칭에서 사용할 수 있다. 또한 코치는 전통적인 리더십의 모형을 잘 이해하고 중요한 개념적 토대를 설명할 수 있어야 한다.

개 관

리더십 연구의 기원은 고대로 거슬러 올라가며, 리더십을 연구한 사람에는 플라톤, 소크라테스, 공자와 셰익스피어가 있다. 리더십은 구약 성경과 신약 성경뿐 아니라 코란에서도 관심 있게 다루어졌다. 학문적으로나 대중적으로나 리더십에 관해서 엄청나게 많은 글이 쓰였고, 리더십 관련 문헌은 놀라울 만큼 다양하다.

> 리더십 분야는 수많은 이론과 정의, 평가도구, 설명, 처방, 철학으로 점철되어 있다……. 리더십 문헌은 광범위하고 복잡하며, 리더십 연구에서 리더십의 핵심 요소를 찾고 분별하기란 쉽지 않은 일이다……. 그 결과 리더십 연구는 서로 상충하는 여러 방향으로 진행되어, 리더십 문헌은 일목요연하다기보다 다소 어수선한 양상을 띠게 되었다(Kroek, Lowe, & Brown, 2004, p. 72).

리더십과 관련된 학술 문헌은 주로 경영대학원이나 교육대학원에서 나왔고, 심리학계는 근래에 들어서야 리더십에 관심을 보이기 시작했다. 대다수의 학술 문헌은 난해한 도표로 가득한 탓에, 관련 전공자들에게는 흥미로울지 몰라도 코치들에게는 두통을 유발하기 십상이다. 한편 리더십과 관련된 대중서적들은 매력적이고 영감을 주기는 하지만 이론적인 근거가 없고 코치에게 그다지 도움이 될 만한 내용이 많지 않다. 한 리더십 서적은 이러한 대중서적을 '음유시인의 전통'에 비유하면서 '수없이 많은 전직 CEO의 성과에 대한 추억담'이라고 표현했다(Dotlich & Cairo, 2003, p. xiii). 코칭 고객은 이미 대중서적을 여러 권 훑어봤을 가능성이 크며, 대중서적에 비해 더 실질적인 도움을 찾을 것이다. 리더십 모형에는 여러 종류가 있고, 각 모형 간에는 상당히 큰 차이점이 나타난다. 어떤 이론은 리더의 행동에 초점을 두며, 어떤 이론은 리더 개인의 자질에, 어떤 이론은 당면한 상황에, 어떤 이론은 리더와 맥락의 적합성에 초점을 둔다. 아직 보편적으로 인정받는 단 하나의 독보적인 리더십 모형은 없다.

리더십 이론은, 새로운 이론적 틀이 기존 이론을 기반으로 발전한다기보다 기존의 이론을 대체하는 경향이 있다는 점에서 심리치료 이론과 유사한 경로를 밟아 왔다. 다시 말해서, 리더십 분야는 혼란에 빠져 있으며, 아직 답을 찾지 못한 여러 가지 까다로운 질문들이 도사리고 있는 것이다.

첫째, 리더십은 타고나는 것이냐 길러지는 것이냐에 대한 질문이 오래전부터 제기되어 왔다(Conger, 1992). 만약 리더십이 특정 사람들만이 타고 나는 특성이라면, 교육보다는 효과적인 채용과 선발에 역량을 집중해야 한다. 만약 리더십이 배울 수 있는 기술이라면 교육에 역점을 두어야 한다. (인간은 항상 타고난 본성과 양육의 상호작용에 영향을 받는다.)

조직의 구성원이라면 누구나 리더가 될 수 있는가에 대한 질문도 중요한 의미가 있다. 리더십은 지위를 의미하며, 리더십 행동은 공식적으로 리더의 자리에 있는 사람만 할 수 있는가? 그렇지 않다면, 누구에게 리더의 자격이 있으며, 어떤 상황에서 어떤 행동을 리더십으로 간주할 수 있는가? 이런 질문은 때로 '**인물 중심 리더십**leadership of'과 '**상황 중심 리더십**leadership in'의 대립으로 여겨지기도 한다.

또 팔로워의 열의도 고려해 보아야 할 문제다. 리더십은 팔로워들이 자발적으로 기쁘게 따를 때 발휘되는 것인가, 아니면 규칙에 순응하여 마지못해 시키는 대로 할 때도 리더십이 존재한다고 볼 수 있는가? 폭군도 리더인가? 강압은 리더십 기술이 될 수 있는가?

성공적인 리더로 유명한 사람들(예를 들어, 링컨이나 처칠, 최근의 유명 CEO)의 전기는 대부분 초창기의 리더십 연구에 초점을 두고 있지만(Bennis, 2007), 학계에서는 더 이상 이러한 접근법을 선호하지 않는다. 대신 일반적으로 리더십은 '사회 전체의 자산'이며 조직 내부에서 다수의 구성원들이 공유한다고 본다(Yukl, 1994).

리더의 의도와 동기를 고려해야 할까? 만약 리더의 역할을 맡은 사람이 자기 홍보와 사익추구에 급급하다면, 과연 그 사람을 리더라고 볼 수 있을까? 누군가 순전히 사익을 목적으로 조직을 설립했다면 그 사람을 리더라고 볼 수 있을까? 그 사람이 조직을 엉망으로 만들어 놓고 나갔다면, 과연 이것을 리더십으로 볼 수 있을까? 좋은 리더와 나쁜 리더를 구별할 때는 흔히 두 가지 요소를 고려해 볼 수 있을 것이다. 먼저, 능력과 성과를 기준으로 좋은 리더와 나쁜 리더를 구분해 볼 수 있다. 또한 리더의 의도에 따라서도 좋은 리더와 나쁜 리더를 구별할 수 있다. 그렇다면 리더는 의도가 좋지만 무능할 수도 있고, 매우 유능하지만 악의적일 수도 있다. 이런 상황에서 리더십을 어떻게 평가해야 할까?

미국의 리더십 문헌에는 북미-유럽 문화와 남성 중심 편향이 뚜렷하게 드러난다. 리더십에 대한 견해는 어디서나 편견의 영향 아래 있으며, 미국에서는 개인주의와 개인의 자율성을 강조하는 경향이 있다. 리더는 단도직입적으로 명확하게 의사소통을 해야 하며, 당당하게 때로는 대담하게 말할 수 있어야 한다. 상대에게 정면으로 맞서는 행위는 규칙을 따르기만 한다면 대개 긍정적으로 인식된다. 리더가 자기 감정을 드러내고 직접 표현하는 행위도 흔히 용인된다. 사람들은 리더가 경쟁을 할 것으로 기대하고, 경쟁적이고 공격적인 리더를 존경한다. 리더가 기업 인수를 목표로 삼는 행위는 널리 용인된다. 서구의 리더십 이론은 이성을 중시한다. 미국의 경영자들이 의사결정을 할 때 경험보다 직감을 선호한다고 밝히는 경우는 거의 없다. 인센티브나 보상은 집단이나 팀의 노력이 아닌 개인의 노력에 대해 주어지는 경우가 많다. 겉으로는 가족을 중시한다고 하지만, 실제로 조직이 가족으로서의 의무를 존중하면서 조직을 운영하는 경우는 찾아보기 힘들다. 리더십에서 문화차는 복잡하고 중요한 문제이기 때문에, 리더십을 종합적으로 다루는 책이라면 문화차에 대해 책의 한 장 전체를 할애할 가치가 있다.

리더십 문헌에는 리더십이 실제로는 그다지 중요하지 않다고 주장하는 회의적인 학파도 있다. 그들의 주장에 따르면 리더의 자리에 누가 올라가든 상황은 제 갈 길을 간다. 리더가 어떤 행동을 하든, 혹은 하지 않든 간에 별로 달라지는 것은 없으며, 단지 상황이 좋을 때는 리더가 좋은 리더로 인정받고 상황이 안 좋을 때는 형편없는 리더로 비난을 받을 뿐이다. 리더십은 사람들이 조직의 성과를 설명하는 방식에 지나지 않으며, 특히 조직의 성패를 좌우하는 근본 원인이 복잡하거나 이해하기 어려울 때 이런 경향이 나타난다. 조직이 좋은 성과를 낼 때 팔로워를 비롯한 사람들은 리더를 높이 평가한다. 조직의 성과가 부진할 때는 대개 반대의 일이 일어난다. 이런 관점은 닭이 먼저냐 달걀이 먼저냐의 문제와 같이 인과관계를 파악하기가 어렵다. 실제로 거대 조직에서는 생산직·서비스직 직원과 경영자 간의 간극이 너무 커서, 직원과 경영자 간에 실질적인 관계가 형성되어 있다고 보기 힘들다. 이로 인해 거대 조직에서는 제아무리 훌륭한 리더라고 해도 형편없는 성과를 내기도 한다(현장 근로자의 실적이 부진하거나 현장 근로자가 경영자가 제시한 목표를 따르지 못했기 때문에). 그 반대 상황도 일어날 수 있다. 무능한 리더가 때로 조직의 성과에 대해 인정을 받는 경우가 있는데, 특히 리더십이 조직의 활동에 별다른 방해를 주지 않는 경우 이런 일이 일어나기도 한다.

리더십의 효과를 측정하거나 평가하는 작업도 어렵기는 마찬가지인데, 이것은 평가하려는 특성의 정의가 분명하지 않고 그에 대한 합의가 이루어지지 않았다는 점을 고려할 때 전혀 놀라운 일이 아니다. 리더의 성과를 평가하는 가장 흔한 방식은 조직이 목표를 어느 정도의 수준으로 달성했느냐를 살펴보는 방법이다.

마지막으로, 연구자와 학자들의 보고에 따르면 현재 리더십 연구 분야는 진척을 보이고 있다. 리더 및 리더십에 관한 연구를 통해 관련 지식이 꾸준히 축적되고 있다. 리더십 연구의 미래는 밝다. 하지만 여전히 규명해야 할 사항이 많이 남아 있다.

리더십의 정의

리더십의 정의로 널리 인정받는 견해들은 다음과 같다.

리더십이란 사회적으로 영향력을 미치는 과정으로, 공동의 과업 달성을 위해서 한 사람이 타인의 도움과 지원을 얻는 과정이다(Chemers, 1997 p. 1).

…… 윤리적으로 타인에게 영향을 미치는 행위로, 긍정적인 변화를 일으켜 공동의

목표를 달성하는 것을 목표로 한다(University of the Pacific, 2009, p. 2).

리더십은 당신이 하고자 하는 일을 타인이 자발적으로 하게 만드는 기술이다(드와이트 아이젠하워Dwight Eisenhower, Brown, Scott, & Lewis, 2004, p. 126에서 인용).

……사람들이 협력해서 위대한 일을 해낼 수 있게 동기를 부여하는 과정이다(Vroom & Jago, 2007, p. 18).

모두 함께 노력해야 할 의미 있는 목적을 제시하고, 각 구성원의 자발적인 노력이 목적 달성으로 이어지게 하는 과정이다(Jacobs & Jaques, 1990, p. 281).

타인에게 영향을 미치는 과정으로, 모두 함께 노력해야 할 방향을 설정하고 그 방향에 맞게 공동의 활동을 만들고 개발하고 관리하는 행위다(Zaccaro, 2007, p. 9).

리더십은 리더와 팔로워 사이에 영향력을 주고받는 관계로, 이들은 서로의 목적을 반영하는 진정한 변화를 꾀한다(Ciulla, 2004, p. 306).

리더십은 높은 성과를 내는 팀을 형성하고 유지하는 능력으로, 리더십은 팀의 성과와 관련하여 평가해야 한다(호건Hogan, Dotlich & Cairo, 2003, p. xiv에서 발췌).

인간에 대한 리더십은, 리더가 분명한 동기와 목적을 가지고 타인과의 경쟁과 갈등에 맞서 조직적 · 정치적 · 심리적 자원 및 기타 자원을 동원하여, 팔로워의 동기를 유발하고 사로잡고 만족시킬 때 발휘된다(Burns, 1978, p. 18).

구성원의 상황 해석 방식, 집단이나 조직의 목표 설정, 목표 달성을 위한 업무 활동 조직과 구성원에 대한 동기부여, 협력 관계와 팀워크의 유지, 외부 인사로부터의 지지와 협력을 얻는 데 영향을 미치는 과정이다(Yukl, 1994, p. 5).

리더십의 정의는 리더십 이론이 어디에 초점을 두고 있느냐에 따라 달라진다. 각 리더십 이론 간의 차이는 상당히 크다. 예를 들어, 특질 중심의 리더십 이론은 리더의 특성(지능, 성격, 가치관, 습관)을 가장 관심 있게 본다. 상황 이론은 맥락과 당면 과제의 특성에 중점을 둔다. 상황적합이론은 리더의 특성과 상황 간의 상호작용(적합성)에 중점을 둔다. 행동 이론은 리더의 행동을 다룬다. 각 이론의 이론적 기반과 별개로 현재 널리 받아들여지고 있는 리더십의 정의에는 **영향력**과 **변화**의 개념이 포함된다.

고전적 리더십 연구

역사적으로 유명한 세 부류의 리더십 연구는 오늘날 거의 활용되지 않지만, 그럼에도 코치가 알아둘 필요가 있다. 대다수 경영대학원 학생들이 여전히 이 이론을 배우고 있으며, 후속 이론들은 이 이론들에 크게 영향을 받았다. 이 세 부류의 리더십 연구는 각각 리더십 유형, X-Y 이론, 관리격자도다.

리더십 유형

심리학계에서 이루어진 초기 리더십 연구는 리더의 유형에 중점을 두었다. 쿠르트 레빈과 그의 동료들(Lewin, Lippitt, & White, 1939)은 제2차 세계 대전이 시작될 무렵 리더십에 관한 공식적인 연구 중에서 가장 초기에 이루어진 실증 연구 결과를 발표했다. 세계는 히틀러, 무솔리니, 스탈린이라는 끔찍한 세 명의 리더가 미치는 파장으로 크게 동요하고 있었고, 사회심리학자들은 어떻게 그렇게 이상한 폭군들이 활개를 칠 수 있는지 의문을 품었다. 레빈은 어린 소년들이 세 부류의 리더와 함께 과제를 수행하게 하고 그 모습을 촬영했다. **권위적**autocratic 리더는 명확하게 지시했고, 소년들은 활동의 목표와 진행방식에 관해 아무런 의견을 낼 수 없다. **민주적**democratic 리더는 팔로워의 의견을 구하여 목표와 진행방식을 결정했고, 전반적으로 외부적인 강제 없이 팔로워를 이끌었다. 의사 결정 시에는 팔로워에게 발언권이 주어졌다. **방임적**laissez-faire 리더는 과제를 명확히 설명하지 않고 불간섭주의적인 태도를 취했으며, 의사결정을 전적으로 아이들의 손에 맡겼다. 이 영상을 폭넓게 검토한 결과, 연구자들은 이 세

가지 리더십의 유형에 따라 팔로워들의 반응과 성과가 크게 달라진다는 결론에 이르렀다. 연구자들은 다음과 같은 관찰 결과를 제시했다.

권위적 리더 유형―이 집단의 생산성은 높은 편이었으나 창의성은 떨어졌다. 팔로워는 대개 공격적인 유형과 무관심한 유형으로 나뉘었다. 아이들은 권위적 리더가 함께 있을 때는 열심히 일했지만, 리더가 같은 공간에 있지 않을 때는 빈둥거리며 일을 적게 했다. 권위적 리더십 유형은, 빠르고 결단력 있는 행위가 필요할 때는 유용하지만 창의적인 노력이나 지속적인 노력이 필요할 때는 유용하지 않다.

민주적 리더 유형―이 집단의 팔로워는 비교적 주도적인 경향을 보였고 리더가 같이 있지 않을 때도 계속해서 과제를 수행했다. 이 집단은 생산성은 비교적 낮았지만 작업의 질과 창의성은 비교적 높았다. 구성원의 사기도 비교적 좋고 구성원끼리 서로 우호적인 태도를 보였다.

방임적 리더 유형―세 집단 중에 생산성이 가장 낮았다. 아이들은 독립적으로 일하지 못했고 협력하지도 않았으며 체계적으로 노력을 기울이지 못했다.

이와 더불어 연구 결과에 따르면, 사람들은 비교적 평온한 시기에는 민주적 리더십을 선호하지만 위기가 닥쳤을 때는 조금 더 권위적인 유형을 선호했다(Dixon, 1992). 9 · 11 테러 직후에 일어난 사건들은 이 주장을 뒷받침한다.

리더십 유형은 지난 50여 년간 작가들과 연구자들의 주요 관심사였지만, 그렇다고 해서 리더십 유형을 리더십과 동의어로 이해해서는 안 된다. 리더십 유형은 리더가 이끄는 방식, 즉 리더 특유의 행동 방식이다. 코터(Kotter, 1999, p. 2)는 다음과 같이 주장했다.

리더십 유형은 리더십에 관한 주요 논제로 다룰 사항이 아니다. 리더십에 관한 주요 논제로는 리더십의 실체가 무엇인지를 다루어야 한다. 리더십의 실체란 표면적인 세부 사항이나 전략이 아니라 직무 현장에서 일어나는 핵심적인 행동으로, 리더십의 실체는 시간이 흘러도, 문화권이나 업계가 달라도 거의 변하지 않는다.

X이론과 Y이론

1960년 더글러스 맥그레거Douglas McGregor는 인간의 동기와 효과적인 리더십 반응을 두 가지 기본 유형으로 분류하는 이론을 제안했다. X이론의 관점에서 사람들은 본질적으로 게으르며 일을 싫어하고 가능한 회피하려 한다. 외부의 압력이 없으면 스스로 성취동기를 발휘하지 못하며 본질적으로 안전을 추구한다. 책임은 회피하고 오로지 돈을 목적으로 일한다. 그러므로 관리자는 직원들을 동기부여하고 통제할 방법을 마련해야 한다. X이론의 관점은 리더십을 발휘하는 방법으로 권위적인 강압과 처벌, 철저한 통제를 제시한다. 리더는 직원을 위협하거나 직원에게 최후통첩을 하고 대체로 직원의 의견을 구하지 않는다. 리더는 직원을 신뢰하지 않는다. 문제가 발생했을 때 리더는 문제의 원인을 조직체계나 경기 탓으로 돌리지 않고 팔로워에게 돌린다.

Y이론은 이와 달리 인간을 훨씬 더 긍정적으로 본다. 이 관점에서 사람들은 게으르지 않다. 사람들은 일하기를 좋아하고 놀이만큼이나 일을 즐기며, 일과 놀이를 그다지 명확히 구분하지 않는다. 사람들은 본능적으로 책임을 추구하고 수용하며 성취를 즐긴다. Y이론을 따르는 관리자는 직원들의 참여를 유도하고 협력하며 직원들의 잠재력을 믿는다. 처벌보다는 보상을 활용하고 직원에게 권한을 부여하며 기회를 준다. 맥그레거의 이론은 부분적으로 매슬로의 욕구위계이론에서 나왔다고 볼 수 있는데, X이론의 직원들이 기본적이고 낮은 단계의 생존의 욕구(돈, 음식, 안전, 주거)를 충족시키려고 분투하는 반면, Y이론의 직원들은 이러한 기본적 욕구는 충족되었다고 느끼고 상위 단계의 성취감, 자존감, 타인의 존중을 추구한다. 이 모형은 조직의 관행이 X이론에 더 들어맞는지, Y이론에 더 들어맞는지에 따라 조직을 평가한다.

1981년 윌리엄 오우치William Ouchi는 Z이론을 제안했는데, 이는 당시 일본 기업의 경영방식으로 알려졌다. 오우치를 비롯한 일본의 경영자들은 에드워즈 데밍Edwards Deming의 사상과 '14가지 원리'에 영향을 받았다(Deming, 1986). 오우치는 리더가 장기적으로 직원의 충성심을 보상하고 개발해야 한다고 봤다. 그러려면 직원과 책임을 나누고 의사결정 과정을 공유하며, 직원을 한 인간으로서 존중하고 직원의 가족까지 존중해야 한다.

관리격자도

1964년경, 로버트 블레이크Robert Blake와 제인 모우턴Jane Mouton은 상대적으로 생산에 관심을 두느냐, 사람에 관심을 두느냐에 따라 리더십 유형을 다섯 가지 범주로 분류하는 격자도를 만들었다. 이 격자도는 맥그리거의 이론을 반영한 것으로 X이론과 Y이론을 종합적으로 살펴보려는 시도였다. 이 격자도를 앞에 두고, 리더는 스스로 다음과 같은 질문을 던져 보아야 한다. 나는 직원들의 욕구와 문제, 생각, 이익, 발전을 얼마나 가치 있게 여기는가? 또 나는 구체적이고 명확한 목표와 생산성, 효율성, 업무 완수에 얼마나 관심을 두는가? 이 이분법은 **업무 지향성**task-orientation 대 **사람 지향성**people-orientation으로 널리 알려져 있다. 리더는 블레이크와 모우턴이 개발한 격자도에 자신의 성향을 표시해야 한다. 이 격자도는 [그림 16-1]에 제시하였다. 관리격자도 상의 다섯 가지 리더십 유형은 다음과 같다.

1. **친목형**(사람 지향성은 높고 생산 지향성은 낮음)—이 리더십 유형은 사람들이 행복하

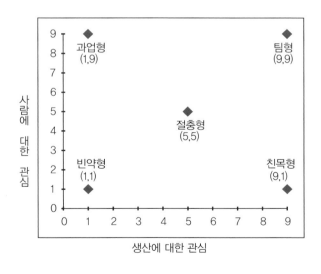

[그림 16-1] 블레이크-모우턴 격자도

면 업무 목표도 달성되고 조직이 성공을 거둘 것이라고 가정한다. 조직의 성공은 대개 직원의 특성과 유형에 달려 있다. 특정 상황에서 이와 같은 문화에 잘 반응하는 직원도 있지만, 이를 악용하는 직원도 있다.

2. **팀형**(사람 지향성도 높고 생산 지향성도 높음)—이상적인 리더십 유형으로 높은 성과를 올리면서 동시에 행복한 조직을 만들 가능성이 높다. 하지만 이런 방식으로 오랜 기간 운영되는 조직은 희귀하다. 그렇지만 블레이크와 모우턴은 이 유형을 가장 바람직한 유형으로 봤다.

3. **과업형**(사람 지향성은 낮고 생산 지향성은 높음)—과업형은 전형적인 X이론의 문화로, 최종 성과만을 중시한다. 이 시나리오에서는 누구도 그다지 행복하지 않으며, 직원들은 조직이 성과를 내지 못할 거면 나가라는 식의 냉정한 태도를 취한다고 여긴다.

4. **빈약형**(사람 지향성도 낮고 생산 지향성도 낮음)—최악의 시나리오로, 사람들도 불행하고 성과도 빈약하다.

5. **절충형**(사람 지향성도, 생산 지향성도 중간 수준)—블레이크와 모우턴은 절충형을 '부족한' 상태로 보며, 일을 조급하게 처리하거나 직원들과의 관계가 소원해지지 않고 관리자가 할 수 있는 최선의 타협점으로 본다. 그나마 이런 문화가 최악의 시나리오보다는 낫다.

현대의 리더십 이론

지금부터는 현대의 리더십 이론들 중에서 가장 중요하고 널리 연구된 이론들을 최대한 단순화하여 설명할 것이다.

카리스마와 특질 이론

역사적으로 많은 리더십 연구가 리더의 특질과 행동에 초점을 맞춰 왔으며, 이런 유형의 이론은 위인 이론이라고 불리기도 한다. 이러한 관점은 토머스 칼라일Thomas Carlyle의 사상(2007)에 이론적 근거를 두고 있는 것으로 보인다. 칼라일은 스코틀랜드

철학자로 1840년에 리더를 여섯 가지 유형으로 나누어 설명하면서 이렇게 썼다. "전 세계의 역사를 통틀어 이 세상에서 인간이 이룬 성취의 역사는, 실제로는 이 세상에 발자취를 남긴 위인의 역사라고 보아야 한다."

이러한 관점은, 성공적인 리더는 사람들에게 영향력을 발휘하는 특출한 자질을 갖추고 있다는 생각을 전제로 삼고 있다. 리더십에 관한 많은 대중서적들은 여전히 영웅을 찬양하는 데 중점을 두고 있으며, 그럼에도 간디, 마틴 루서 킹, 링컨, 처칠, 만델라와 같은 역사 속의 카리스마적인 리더의 전기는 읽어 볼 만하다. 반면, 수많은 유명 CEO나 스포츠 감독에 관한 책들은 터무니없이 자기 자랑만 늘어놓는 쓸데없는 이야기에 지나지 않는 경우가 많고, 코칭 고객들은 아마 그중 몇몇을 읽어 봤을 것이다. 그런 점을 감안해도, 경영계나 문화계에서 성공을 거둔 리더의 행적에는 분명 배울 점이 있다.

전기와 더불어, 리더의 특성이나 행동에 관한 실증 연구가 많이 이루어지고 있다. 최근 연구 동향은 성공적인 리더에게 나타나는 보편적인 자질이나 행동을 엄밀히 조사하여 이러한 특성을 공유하고 가르치고 배우는 데 초점을 둔다.

연구 문헌에서 카리스마적 리더십에 관한 연구는 활발히 이루어지다가 휴지기를 거쳐서 다시 활발히 이루어지고 있다. 카리스마적 리더십에 대한 관심은 1970년대와 1980년대에 변혁적 리더십의 형태로 되살아났다. 변혁적 리더는 개인의 리더십으로 조직이나 국가, 문화에 중대한 변화를 일으키는 인물이다. 영향력 있는 리더가 조직을 탈바꿈할 수 있다는 생각은 리더가 직원 평균 임금의 250배를 보수로 받는 기상천외한 상황의 근거가 되었다. 유명 대학의 축구 및 농구 감독들은 변혁적 마법을 일으킨다는 명목으로(실제로 일어나는 경우는 드물지만) 수백만 달러의 연봉을 받으며, 이는 흔히 대학 학장의 연봉보다 더 많은 액수다. 실제로 2007년에 미국 육군 사관학교의 축구 감독은 사실상 미국 대통령보다 더 많은 돈을 벌었다. 물론 육군 공보관은 축구 감독의 연봉이 기밀 사항이라고 밝혔지만 말이다(Upton, 2007). 이 감독은 실망스럽게 두 시즌을 보낸 후 경질됐다(Associate Press, 2008).

막스 베버(Weber, 1947)는 사회적 위기 상황에서 잠재적 팔로워들이 스스로 통제할 수 없는 세력을 두려워할 때 카리스마적 리더가 부상한다는 견해를 기반으로 한 연구의 기틀을 세웠다. 베버는 영웅적인 리더는 비범한 재능을 타고 나며 혁신적인 발상으로 위기를 타개한다고 봤다. 카리스마적인 리더는 팔로워의 소망과 가치를 반영한 담대한 비전을 통해 해결책을 제시한다. 이때, 팔로워의 소망은 흔히 사리사욕을 초월한 가치로 표현된다(Jacobsen & House, 1999). 변혁적 리더십에 관한 근래의 견해는 대부분 로버트 하우스가 1976년에 제시한 카리스마적 리더십 이론(House, 1977; House & Shamir, 1993)에서 비롯된 것으로, 이후에, 이 이론을 주제로 엄청나게 많은 실증 연구가 이루어졌다. 이 이론에 따르면 "카리스마적 리더는 팔로워의 자아개념을 끌어들여, 팔로워가 리더의 비전과 사명에 참여하는 행위를 자기 자아개념에서 가치 있는 부분으로 받아들이게 한다"(House & Shamir, 1993, p. 82). 이러한 생각은 1961년 마틴 루서 킹이 제시한 견해에서도 드러난다.

> 사람들은 보통 위대한 사상을 체화한 사람을 통해서 사회 운동에 참여하고 위대한 사상에 헌신하게 된다. 사람들은 위대한 사상을 살과 피로 구현한 사람을 보고 나서야 그 사상에 직접 헌신하게 된다(Phillips, 1998, p. 1).

또한 연구 결과에 따르면, 카리스마적 리더는 팔로워가 주관적으로 느끼는 스트레스와 소외감을 줄여 주고, 조직을 혁신하며, 팔로워가 조직을 위해 자신의 사리사욕을 초월하도록 동기를 부여한다. 이런 역할을 감당하려면 카리스마적 리더는 다음의 자질을 갖춰야 한다.

- 권력과 사회적 영향력에 대한 강한 욕구
- 현 상태와 다른 담대한 비전
- 수그러들지 않는 낙관론, 에너지, 결의
- 높은 자신감과 자존감
- 자기 신념과 이상에 대한 강한 확신
- 자기 비전을 설득력 있게 표현하는 능력

카리스마적 리더는 일반적으로 다음과 같이 행동한다.

- 긍정적인 도덕적 가치관을 따르되 기존의 관례에 도전하는 담대한 비전을 전달한다.
- 사람들에게 비전을 실현하고 달성할 수 있다는 확신을 준다.
- 높은 성과를 기대한다는 점을 전달하고 동기를 부여한다.
- 비전과 일관된 긍정적인 이미지를 만들고 유지한다.
- 변화와 높은 가치의 역할 모델로서 모범을 보인다.
- 팔로워가 비전을 내면화할 수 있도록 권한을 부여하고 신뢰를 표현한다.
- 사명을 위해 위험을 감수하고 자신을 희생한다.

카리스마의 부정적 측면　　카리스마적 리더십은 누구에게나 적합하지는 않으며, 어느 조직에서나 적합한 것도 아니다. 또한 카리스마적 리더들에게 도덕적 기준을 적용해 보면 뚜렷한 우열이 나타난다. 아돌프 히틀러Adolf Hitler가 카리스마적 리더십의 모든 기준을 충족시킨다는 것은 부정할 수 없는 사실이다. 문제는 그가 극악무도한 비전을 품고 세계를 재앙으로 가는 길로 이끌었다는 점이다. 또한 카리스마적 리더는 그다지 안정적이지도 않다. 새롭고 대담한 비전을 제시하는 사람은 장기간 조직을 이끌기에는 적합하지 않을 수도 있다. 카리스마적 리더십의 가장 큰 문제는 조직이 단 한 사람의 리더에게 의존한다는 점이다. 그 리더가 조직을 떠나면, 사실상 영감을 주었던 리더의 긍정적 영향력을 유지하기가 불가능하다.

특질 이론

카리스마와 관련된 이론을 제외하고도, 리더십과 관련된 보편적 특성(개인적, 대인관계적, 개인 내적)에 초점을 맞춘 이론과 연구들이 있다. 이러한 특성에는 지능과 성격, 지식과 기술, 기질, 가치관 및 동기 등이 있다. 이 이론에서 **특질**trait이란 리더가 무엇을 하든지 항상 드러나는 개인적 특성이나 특징을 말한다. 특질은 조직 문화나 직무의 종류와 상관없이 다양한 업무 상황에서 관찰할 수 있다. 상황이 변해도 특질은 변하지 않는다.

초기의 현대적 특질 연구는 지능에 중점을 뒀다. 리더십을 발휘하려면 일정 수준 이상의 지능이 필요하기는 하지만 인지 능력 자체가 리더의 성공을 예측하지는 못한다. 사실 지나치게 높은 IQ는 오히려 리더에게 방해가 된다는 연구 결과도 있는데, 그 이유는 사람들이 자신과 지능이 비슷한 사람을 선호하기 때문이다(Turner, 2007). 사람들은 때로 지능이 특출하게 높은 사람에게 질투심을 품기도 하고, 또 극도로 '똑똑한' 사람들은 때로 평범한 사람들을 이해하지 못하고 이들과 관계를 맺거나 공감하지 못하기도 한다. 점점 더 정서지능이나 사회지능과 같은 다른 유형의 지능의 중요성이 점점 부각되고 있으며, 이런 경향에 대해서는 12장에서 자세히 다루었다. 스턴버그(Sternberg, 2007)는 성공 지능successful intelligence에는 학습 능력과 실행 능력이 요소로 포함되기는 하지만 그보다는 **지혜**가 훨씬 더 중요한 요소라고 지적했다.

20세기에 가장 유명한 리더십 특질 연구자는 오하이오 주립대학의 랠프 스토그딜Ralph Stogdill 교수다. 그는 리더십 특질 연구를 두 번에 걸쳐 광범위하게 검토한 결과(1948, 1974) 두 가지 결론에 이르렀다. 첫째, 그는 성공적인 리더에게 공통적으로 나타나는 특질과 기술을 파악했는데, 그 목록은 제법 길다. 성공적인 리더는 타인에게 영향을 미치려는 욕구가 강하고 야심차고 성취 지향적이며, 설득력이 있고, 에너지가 넘치며, 자신감과 결단력이 있고, 자기주장을 잘하며, 적응력이 좋고, 믿음직스러우며, 창의적이었다(Stogdill, 1974). 이처럼 명백하게 긍정적인 특성들을 막연하게 모두 포함시킨 목록은 코치나 리더가 되려는 사람에게 그다지 실용적이지 않다. 두 번째 결론은 '특질 간의 상대적 중요성이 상황마다 다르다'는 것이다(Yukl, 1994, p. 255), 팔로워의 특성이나 목표가 리더십 효과에 영향을 미친다(Stogdill, 1948, p. 64). 결국 그는 성공적인 리더의 보편적 특질을 찾으려는 연구는 별 의미가 없다는 결론을 내렸다.

성격특질에 관한 근래의 연구는 '성격의 5요인Big Five personality factors'에 집중되고 있다(Turner, 2007). 성격의 5요인은 광범위한 요인 분석을 통해 성격을 묘사하는 수많은 단어를 통계적으로 묶어, 가장 뚜렷이 드러나는 다섯 가지 요인으로 줄인 것이다. 2002년, 73개의 연구를 메타분석한 결과(Judge, Bono, Ilies, & Gerhardt, 2002), 성격의 5요인이 리더십에 어떤 영향을 미치는지 밝혀졌다. 다음은 5요인을 'OCEAN'의 철자 순서에 따라 나열한 것이다.

경험에 대한 개방성 Openness to experience(호기심이 많고 관심사가 다양함)−개방성은 효과적인 리더십과 높은 상관관계를 보였다.

성실성Conscientiousness(자제력이 좋고, 자기조절을 잘하며, 믿음직스러움)-훌륭한 리더십과 높은 상관관계를 보였다.

외향성Extraversion(사교적이며, 사람들과 어울리는 것을 좋아함)-훌륭한 리더십과 가장 일관적으로 연관된 특질로, 특히 리더의 출현(누구는 리더가 되고 누구는 리더가 되지 못하는가)과 관련이 깊었다.

친화성Agreeableness(협력적이고, 타협을 잘하며, 타인에 대해 낙관적임)-앞서 검토한 연구들에서는 알 수 없는 이유로 인해, 친화성과 리더십 사이에 상관관계가 그다지 뚜렷하게 나타나지 않았다.

신경증Neuroticism(정서적 불안정성과 내면의 부정성)-훌륭한 리더는 신경증 항목의 점수가 낮고, 신경증적 성격 특성이나 불안정한 성격 특성이 적다.

유클(Yukl, 1994)과 여러 연구자들은 리더의 특질에 관한 연구를 검토하고 난 뒤 몇몇 특질은 보편적인 리더의 특질로 인정할 만하다고 결론 내렸다.

높은 에너지 수준-성공적인 리더는 일반적으로 심신의 에너지가 넘치고 지구력이 좋다.

강한 스트레스 내성-이들은 심한 압박과 끝없이 밀려드는 업무, 정신없이 바쁜 상황에서도 허둥대거나, 물러서거나, 남을 탓하지 않는다.

자신감-자신감은 자존감(자신에 대한 정확하고 높은 평가)과 자기효능감(자신이 이전에 해 보지 못한 어려운 과업도 성공적으로 완수할 수 있다는 신념)을 모두 포함하는 개념이다. 자존감과 자기효능감이 높은 사람은 위험을 감수할 수 있고, 자신이 제시하는 비전의 가치를 상대가 인정하고 따르도록 설득할 수 있다. 성공적인 리더는 근거 없이 과장된 자신감을 갖지는 않는다.

내적 통재 소재-성공적인 리더는 발생한 일의 원인을 운명이나 운과 같은 외부 요인에 돌리지 않고 자기 노력의 결과라고 믿는다. 이들은 뭔가를 이루고 싶다면 자신이 직접 나서서 행동을 해야 한다는 점을 안다. 이들은 정확하게 자신의 공로를 인정하고 잘못에 대한 책임을 받아들이며 외부 요인이나 상황을 탓하지 않는다.

정서적 성숙-이들은 적응력이 좋고, 감정조절을 잘하기 때문에 정서적으로 안정되어 있다. 타인에게 관심을 갖고 공감을 잘하며, 방어적이지 않고 개방적이다. 분노를 조절할 줄 알고 필요할 때 적절히 표현할 줄도 안다. 이러한 특성은 대개 정서지능과 연관되어 있다.

진실성—성공적인 리더는 말한 대로 행동한다. 이들은 자신이 옹호하는 가치를 공적으로든 사적으로든 실행에 옮긴다. 이들은 기만적이거나 비밀스럽지 않고, 그 결과 신뢰할 만한 사람으로 인식된다. 이들은 약속을 지킨다. 신중하며 기밀 정보를 누설하지 않는다. 자신이 내린 결정과 그에 따른 결과에 책임을 진다.

권력 동기—이들은 권력과 권위를 추구하며 타인에게 영향을 미치고 싶어 한다. 조직 정치를 인정하고 그로 인해 위축되거나 포기하지 않는다. 연구에 따르면 성공적인 리더의 권력지향은 사적인 것이 아니라 공적인 성격을 띤다. 즉, 이들이 권력에 관심을 갖는 이유는 타인에게 이로운 목표를 성취할 수 있기 때문이다. 사적으로 권력을 추구하는 사람들은 자아의 만족을 위해 타인을 지배하려 한다. 이런 사람들은 마치 또래를 괴롭히는 못된 아이나 자아가 비대한 상사처럼 행동한다. 이런 사람들은 이기적이며 권력을 공유하지 않는다.

성취 지향—성공적인 리더는 탁월성과 진정한 목표를 추구한다. 이 영역에서의 연구 결과는 복합적인데, 유클Yukl은 지나치게 성취 지향적인 사람은, 특히 성취욕이 기본적으로 자아에 관한 것일 때 조직에 문제를 일으킬 수 있기 때문에, 중간 수준의 성취 지향성이 이상적이라고 주장했다. 조직에서 급격하게 부상한 고성과자들은, 이들의 성취동기가 조직과 구성원이 공유하는 목표에 대한 관심이 아니라 자기애에서 비롯되었다는 사실을 주위 사람들이 깨닫게 될 때 추락하기도 한다. 어찌됐든, 성공적인 리더는 성취 지향성이 낮지는 않다.

친화 욕구—이 역시 복합적인 영역으로 중간 수준의 친화 욕구가 가장 적합한 듯하다. 친화 욕구가 강한 사람은 사람들이 자신을 좋아하고 인정해 주기를 바라기 때문에 사람들이 좋아하지 않는 결정을 내리기 어렵다. 또한 갈등을 회피하고 원만한 대인 관계를 추구한다. 한편, 좋은 리더가 외톨이인 경우는 거의 없다. 좋은 리더는 사람들과 함께 일하는 데 능숙하지만 사람보다 일에 우선순위를 둔다.

직무 역량—구체적인 직무 역량의 중요성은 조직에 따라 차이가 많이 난다. 리더는 조직의 목표 달성에 필요한 전문 지식을 어느 정도 갖춰야 한다. 이들은 업계 용어를 숙지하고, 팔로워들이 당면한 뿌리 깊은 문제와 암묵적인 문제를 어느 정도 짐작할 수 있어야 한다. 리더는 지나치게 세부적인 사항까지 관리하려 들지 않는 선에서 업계 관련 기술에 통달하면 좋다. 또한 리더십 관련 기술도 중요한데, 예를 들어 능숙하게 위임하고, 회의를 진행하고, 전략을 세우고, 복잡한 예산안을 이해하고, 환경적 요인과 시장 요인을 이해하는 능력이 필요하다. 이러한 능력은 경력을 통해서 개발되는 경향이 있다.

대인 관계 능력—타인에 대한 영향력이 리더십을 정의할 때 빠져서는 안 되는 요소라면, 리더는 당연히 사회적 기술을 갖춰야 한다. 대인 관계 능력 중 일부는 개인의 기질로써 타고난다. 그 외의 다른 능력들은 배우고 함양할 수 있다. 대인 관계 기술에는 경청 기술, 다양한 문화권에서 소통하는 기술, 칵테일파티에 참여한 주요 인사들과 대화를 나누는 기술, 위계조직에서 성격이 다양한 여러 사람들과 원만히 지내고 (이사진이나 핵심고객을 포함해서) 까다로운 사람들을 상대하는 능력, 까다로운 소식이나 부정적인 메시지를 전달하는 능력, 멘토링을 하고 인재를 개발하는 능력이 있다. 현명한 리더는 자신의 약점과 강점을 파악하고 지속적으로 대인 관계 기술을 개발한다. 이러한 기술을 당연시해서는 안 되며, 이는 성공가도를 달리는 사람이라 해도 마찬가지다.

개념적, 암묵적 기술—리더는 추론하고, 문제를 해결하고, 논리적으로 사고하고, 모호하거나 혼란스러운 상황을 이해하고, 여러 목표들 가운데 우선순위를 정하고, 시대의 변화에 발맞춰 적응하는 고도의 복합적 인지 능력을 갖춰야 한다. 또한 리더는 암묵적tacit 기술을 개발해야 하는데, 이 암묵적 기술은 꼭 필요하기는 하지만 정확히 파악하고 측정하기가 거의 불가능하다.

콕스와 쿠퍼(Cox & Cooper, 1988)는 성공적인 고위 경영자를 대상으로 공식적인 연구를 수행한 후, 유클Yukl이 꼽은 특질의 대부분을 뒷받침하는 결과를 얻었고, 거기에 몇 가지를 추가했다. 이 연구 대상자들은 결단력이 있고(대다수가 가정에서 일찍 독립해야 했다), 역경에서 교훈을 얻었으며, 기본적으로 진실하고 조화로운 가치체계를 확립하고 있었고, 삶이 잘 정돈되어 있고 가정보다 일에 중점을 두었다. 인생 초기의 시련 또한 진정성 있는 리더십을 발휘하는 데 영향을 미치는 것으로 나타났다(George, Gergen, & Sims, 2007).

이상의 결과를 종합해 볼 때, 특질 이론의 관점만으로는 리더십을 제대로 이해하기 어렵다는 점이 확연히 드러난다. 직관적으로 보면 리더의 특질이 중요할 듯하고, 대중의 반응을 살펴보면 카리스마적인 리더십이 인기를 얻고 있으며, 고금의 경영서를 살펴보면 리더의 특성을 중요하게 여기고 있지만, 실제 연구 결과를 보면 더 복잡한 양상이 나타난다. 조지, 심스, 매클레인, 메이어(George, Sims, McLean, & Mayer, 2007, p. 130)는 진정성 있는 리더십에 관한 연구에서 125명의 인정받는 리더를 대상으로 심층 인터뷰를 수행한 뒤 다음과 같이 보고했다.

여러 명의 리더를 인터뷰한 후에야 우리는 1,000건이 넘는 연구를 수행하고도 이상적인 리더의 특징을 목록화하지 못한 이유를 이해하게 되었다. 3,000쪽에 달하는 인터뷰 기록을 분석한 결과, 우리 연구진은 이들의 성공에 기여한 보편적인 특성, 성격, 기술, 리더십 유형을 하나도 찾을 수 없다는 사실에 깜짝 놀랐다.

유클(Yukl, 1994, p. 256)이 언급한 바에 따르면, "리더십을 효과적으로 발휘하기 위해 리더가 몇몇 특성을 반드시 갖추어야 한다는 전제는 수십 년에 걸친 특질 연구에서 입증되지 못했다."

마지막으로, 자카로(Zaccaro, 2007, p. 14)가 언급한 바에 따르면, "특질 중심 접근법은 역사가 길고 근래 들어 재조명받고 있지만, 리더의 특질이 어떤 역할을 하는지, 리더의 특질이 어떤 식으로 얼마만큼 영향력을 미치는지, 리더의 특질이 리더십을 발휘해야 하는 상황에서 결정적인 역할을 하는지에 대해서 확실히 밝혀진 바가 없다."

상황적 리더십

특질 이론이 리더십을 제대로 설명하지 못한다는 점에 낙담한 연구자들은 리더십에 영향을 미치는 맥락요인contextual factor으로 시선을 돌렸다. 이러한 요인에는 조직 과제의 본질, 팔로워의 특성, 조직 문화와 규범, 조직 내에서 리더의 공식적 지위, 조직의 크기와 부하직원의 수, 리더의 자율성, 조직의 안정성(조직이 위기에 처했는지 여부), 조직의 발달단계(신생기업인가 중견기업인가)가 있다.

10장에서 사회심리학을 다루면서 언급했듯이, 사람들은 흔히 상황이 발휘하는 영향력을 과소평가한다. 상황은 모든 사람의 행동 방식에 엄청난 영향을 미치며, 리더도 이러한 원칙에서 예외가 될 수는 없다. 상황적 리더십Situational Leadership은 팔로워가 없이는 리더도 없다는 사실을 상기시켜 준다. 상황적 리더십 이론가들은, 특질 이론과 카리스마 이론이 연구 결과 신빙성을 잃었다면서, 리더십은 개인의 소유물이 아닌 일종의 과정process이라고 주장했다(Vroom & Jago, 2007). 브룸과 자고(Vroom & Jago, 2007)가 지적한 바에 따르면, 대다수 조직에서는 첫째로 리더의 실질적 권한이 생각보다 작고, 둘째로 복잡하고 종합적인 고용 과정을 거치면서 표준에서 많이 벗어난 사람은 리더가 되지 못하고(그래서 리더들 간에 차이점이 별로 없고), 셋째로 얼마 남지 않은 개인차도 상황의 영향력에 밀려 의미가 없어진다. 상황적 리더십 이론은 조직의 성공이 대체로 리더의 통제 밖에 있는 요인에 의해 결정된다고 본다. 또한 리더의 행동이 맥락요인의 영향을 받기 때문에, 조직의 성과를 설명할 때는 리더의 행동이 아니라 맥락의 영향을 가장 먼저 살펴야 한다고 지적한다.

상황적 리더십이라는 용어는 폴 허시Paul Hersey와 경영계의 권위자인 켄 블랜차드Ken Blanchard가 1960년대에 개발한 리더십 모형의 이름이기도 하다. 이 모형은 팔로워의 발달 수준(직원의 능력과 성실성을 기초로 평가)에 맞는 리더십 행동(지원, 코칭, 위임, 지시)을 제시한다. 예를 들어, 팔로워의 자질과 능력이 떨어지고 업무 완수 의지가 부족한 경우라면 업무 지향적 리더가 적합하다. 허시와 블랜차드의 접근법은 상황적 리더십이라고 불리기는 하지만, 실제로는 이후에 설명할 상황적합이론으로 분류하는 것이 더 적당하다.

거래적 리더십 이론

리더십 이론 중에는 리더와 팔로워 간의 거래 관계의 측면에서 리더십을 설명하는 여러 복잡한 이론이 있다. 이러한 이론을 제시한 연구자들은 리더가 팔로워에게 영향을 미치는 일방적 관계에서, 리더와 팔로워 간의 상호작용으로 관심을 확장했다. 이 이론은 사익을 추구하는 인간의 동기에 개념적 기반을 두고 있다. 사람은, 자신의 이득은 최대화하고 손실이나 비용은 최소화하려 한다. 인생을 살다 보면 타인과 거래를 해야 하는 상황이 많이 발생하며, 사람들은 각자 자신에게 가장 유리한 방향으로 거래를 맺기 위해 노력한다. 리더와 팔로워 간의 상호작용은 이러한 거래의 한 유형으로, 이 거래 관계의 질이 리더십의 효과를 결정한다. 리더와 팔로워 양측이 이 거래가 유익하고 가치 있다고 여긴다면(각자가 인식하는 비용-이득 비율에 기초하여), 거래는 지속되고 양측 모두 만족하게 된다. 만약 그 반대의 상황이라면, 혹은 한쪽이 거래가 부당하다고 느낀다면, 양측의 관계 체계가 무너진다. 거래적 리더십의 성패는 거래가 공정하고 가치 있다는 팔로워의 인식에 달려 있다. 리더십은, 리더와 팔로워가 서로 깊이 존중하고 신뢰할 때, 성과에 대한 관심을 공유할 때, 이성적으로 주장하고 논쟁할 때, 명확한 원칙하에 소통하고 자발적으로 거래관계를 맺었다고 느낄 때 효과를 발휘한다(Chemers, 1997).

상황적합이론

특질 이론만으로는 리더십을 제대로 설명할 수 없다는 점이 분명해지고 상황의 중요성이 부각되면서, 리더와 팔로워 혹은 리더와 상황의 적합성을 살피는 이론이 나오기 시작했다. 1960년대에 프레드 피들러(Fiedler, 1967)는 업무 지향적 리더와 관계 지향적 리더에 관한 연구를 시작했다. 그가 심리치료사를 대상으로 실시한 이전의 연구를 보면, 심리치료사들에게 자신이 가장 싫어하는 환자를 평가하라고 했을 때 유독 다른 심리치료사들보다 더 낮은 평가를 내리는 심리치료사들이 있었다. 그런 심리치료사들은 치료 효과가 낮았는데, 그 이유는 내담자들이 이들에게 거리감을 느꼈기 때문이었다. 피들러는 초기 리더십 연구에서 업무 지향성이나 관계 지향성과 관련된 리더의 특성을 살펴보았다. 그는 LCP(least prefferred coworker)[1] 설문이라 불리는 측정도구를 개발하고, 이를 활용하여 리더를 두 부류로 나누었다. 피들러는 리더들에게 자신이 가장 싫어하는 직원을 평가해달라고 요청했다. 그리고 그 직원을 비교적 낮게

---

1) 가장 싫어하는 직원-역주

평가한 사람은 **낮은 LCP 리더**로 분류했다. 자신이 가장 싫어하는 직원을 비교적 높게 평가한 사람은 **높은 LCP 리더**로 분류했고, 비교적 관계 지향적인 것으로 간주했다. 피들러는 스포츠 감독이 승리에 대해 보상을 받는 것과 마찬가지로 경영자도 주로 결과에 대해 보상을 받기 때문에, 업무 지향적인 리더가 더 효과적인 리더일 것이라고 가정했다. 초기 연구 결과는 실제로 팔로워에게 거리를 두는 리더가 더 효과적이라는 점을 시사했다. 철강 노동자와 B-29 폭격기 탑승자들을 대상으로 한 피들러의 첫 번째 연구는 낮은 LCP 리더[2]를 선호하는 가정을 뒷받침하는 듯했지만, 그가 연구 결과를 발표하자마자 이에 반하는 연구 결과들이 나오기 시작했다. 협동 농장, 복잡하고 모호한 과제나 창의적인 과제를 수행하는 연구 집단, 심한 스트레스 상황에서 일하는 집단은 높은 LCP 리더와 있을 때 더 좋은 성과를 냈다(Chemers, 1997, p. 29). 가장 중요한 점은 업무 환경이나 상황에 따라 연구 결과가 모두 다르게 나왔다는 것이다. 예를 들어, 그는 업무 지향적 리더가 위기 상황이나 위험한 상황(전쟁과 같이)에서는 조직을 더 잘 이끌었지만, 다른 상황에서는 완전히 실패했다는 점을 지적했다. 피들러는 기존에 자신이 전제했던 가정이 지나치게 단순했으며, 조절변인moderator을 고려하지 못했다고 결론 내렸다. 그는 리더의 특성과 집단의 성과 사이의 관계는 다른 요인들의 영향을 받는다고 보고했다. 여기서 상황적합이론contingency theory이라는 명칭이 나왔다.

피들러는 마침내 세 가지 상황 변수를 포함한 상황적합이론을 만들었다. 그는 리더십이 상대에게 영향력을 미치는 과정이라는 점에 착안해, 상황의 사회적 특성이 중요하다고 여겼다. 그는 세 가지 상황 변수를 제시하고 이를 좋음-나쁨, 약함-강함으로 평가했다. 그가 제시한 상황 변수는 다음과 같다.

1. **리더와 팔로워 간의 관계**-리더와 팔로워 간의 상호작용과 감정의 질을 측정한다. 라포가 잘 형성되면 리더가 팔로워에게 영향을 미치기 쉽다.
2. **직권**-리더가 조직에서 공식적 지위 덕에 누리는 권한이 얼마나 큰가? 리더는 팔로워를 보상하거나 처벌하는 권한을 어느 정도로 발휘할 수 있는가?

---

2) 업무 지향적이며 팔로워와 거리를 두는 부류-역주

3. **업무 구조**—역할, 업무, 목표가 얼마나 명확히 제시되어 있는가? 이러한 요소가 명확하고 구조화되어 있을수록 리더십을 더 효과적으로 발휘할 수 있다.

이 이론은 성공적인 리더십이 리더십의 유형(특질)과 상황 변수의 상호작용에서 나온다고 본다. 피들러의 이론은 학계에 큰 영향을 미쳤지만 논란을 불러일으키기도 했다. 많은 사람들이 피들러의 견해에 문제가 있다고 지적했지만, 그 덕분에 리더십 연구는 마침내 리더십 특질 이론과 차별화될 수 있었다.

피들러의 이론이 등장한 이후 '적합성'이라는 개념에 대한 관심이 지속되었다. 그 기본 발상은 조직을 이끄는 '유일한 최선책'은 없다는 것이다. 대신 주어진 상황에 맞게 최적의 리더십, 최적의 팔로워, 최적의 조직 구조, 최적의 목표와 방법론을 찾아야 한다. 이때 고려해야 할 상황 변수에는 경영 환경, 경쟁사의 특성, 활용 가능한 자원, 조직의 역사 등이 있다. 훌륭한 성과를 내던 조직이나 리더라도 상황이 바뀌면 형편없는 성과를 내기도 한다. 이에 대한 가장 확실한 증거는 스포츠계에서 찾아볼 수 있다. 유명 감독들은 종종 최적의 상황(그들이 크게 성공을 거둔 팀)에서 새로운 상황으로 옮겨 간 후 실패를 맛보기도 한다. 이는 흔히 일어나는 일이지만 그 대가는 크다. 같은 현상이 기업계에서도 분명히 나타나며, 다만 그런 실패 사례가 대중과 외부인들에게 많이 알려지지 않거나 분명히 드러나지 않을 뿐이다.

경로-목표 이론

피들러의 이론은 여기까지가 한계이며, 여기서 한발 더 나아가 리더가 어떻게 행동해야 하는지는 설명해 주지 못한다. 좋은 리더가 되려면 팔로워와 어떻게 소통하고 어떻게 동기를 부여해야 하는가? 구체적으로 리더가 해야 할 역할은 무엇인가? 팔로워는 어떻게 행동해야 하는가?

경로-목표 이론Path-Goal Theory은 상황에 적합한 리더의 행동을 설명하고 시험해 보면서 피들러의 이론이 채우지 못한 빈 자리를 채우려고 시도했다. 이 이론의 기본 전제는, 팔로워가 일에서 최대의 혜택과 만족감을 얻도록 리더가 도와줄 때 리더십의 효과가 가장 잘 발휘된다는 것이다. 그 밑바탕에는 **기대 이론**expectancy theory이 있는데, 기대 이론의 주장에 따르면, 직원들은 매 순간 얼마나 많은 노력을 기울일지를 합리적으로 따져보고 결정한다. 직원들이 최대한의 노력을 기울이는 때는 '진지하게 노력해야만 가치 있는 성과가 나타난다고 인식할 때와 자신의 노력이 결실을 맺을 것이라고 믿을 때'다(Yukl, 1994, p. 286). 이 이론에 따르면, 리더의 최우선과제는 직원들의 기대 수준에 긍정적인 영향을 미치는 일이다.

경로-목표 이론은 먼저 두 가지 리더십 유형(지시적 리더, 지원적 리더)의 효과를 탐색했다(House, 1971). **지시적**directive **리더**는 업무 지향적이며, 업무를 구조화하고, 금전적인 보상과 같이 공식적이고 명확한 인센티브 제도를 활용한다. 이들은 업무를 명확히 하고, 스케줄과 구체적인 목표를 정한다. **지원적**supportive **리더**(배려형 리더십 consideration leadership이라고도 한다)는 직원들을 편안하게 해 주고 격려하고 심리적으로 지지하며, 지루함과 불안을 덜어주고 직원의 자존감을 높여 주려고 노력한다. 연구자들은 이후에 두 가지 리더십 유형(참여적 리더, 성취 지향적 리더)을 추가했다. 리더는 팔로워의 특성과 업무 특성에 맞게 리더십 유형을 활용해야 한다. 스트레스가 심하거나, 위험하거나, 따분하거나, 성취감이 없거나, 지루한 상황에서는 불안, 권태, 좌절과 같은 부정적 감정을 줄여 주는 지원적 리더십 유형이 직원의 노력과 만족감을 향상시키는 경향을 보였다. 이런 상황에서 리더의 격려는 팔로워에게 노력하면 성공을 거둘 수 있다는 생각을 심어 주었다. 업무가 그 자체로 흥미롭거나 즐거울 때는 지원적 리더십이 거의 혹은 전혀 긍정적 효과를 발휘하지 못했다. 반대로 업무 내용이 모호하거나 복잡하다든가, 직원들의 경험이 부족하거나 능력이 뛰어나지 못한 상황에서는 지시적 리더십이 직원의 생산성과 만족감을 증진할 가능성이 높았다. 직원들이 자신의 업무에 혼란을 느끼고 스스로 성공할 가능성이 낮다고 판단할 때는, 지시적 리더십이 명확성을 높여 줬다. 직원들이 자신의 업무를 명확히 파악하게 되면, 업무를 성공적으로 완수할 수 있다는 기대감이 높아지고, 그에 따라 업무에 더 많은 노력을 기울이고 그 과정에서 더 많은 만족감을 느끼게 된다. 반면 업무의 체계가 잘 잡혀 있고 직원들이 유능하면 지시적 리더십은 별로 도움이 되지 않는다. 사실 이런 상황에서는 지시적 리더십이 직원들에게 성가시게 느껴질 수 있고, 업무 성과와 직원의 만족도에 부정적인 영향을 미칠 수 있다. 경로-목표 이론 역시 비판을 받는 측면이 있기는 하지만, 그 핵심 개념은 상당히 많은 연구를 통해 입증되었고, 그 모형은 리더-상황-팔로워의 적합성에 진지한 관심을 기울일 가치가 있다는 견해에 확고한 이론적 근거를 제공했다. 하지만 여전히 많은 의문이 남아 있고, 특히 팔로워의 특성이 어떤 역할을 하는지에 관해서는 아직 밝혀진 사실이 많지 않다.

리더십 대체이론

리더십 대체이론Substitutes for Leadership은 직무 환경에서 부족한 요소에 중점을 둔다. 이 이론은 리더가 직무 환경을 평가하여 팔로워들에게 결여되었거나 부족한 요소를 찾아내야 한다고 본다(Kerr & Jermier, 1978; Podsakoff, Niehoff, MacKenzie, & Williams, 1993). 그러고 나서 리더가 해야 할 일은 결여되었거나 부족한 부분을 채워 주는 것이다(예를 들어, 업무 체계가 명확하지 않다면 업무 체계를 세워 주고, 지시가 필요 없는 유능한 직원에게는 칭찬을 해 준다). 커와 제미르(Kerr & Jermier, 1978)는 14가지 상황 변수를 세 가지 범주(부하직원의 특성, 부하직원이 수행하는 업무 특성, 조직의 특성)로 분류했다(Ayman, 2004). 이 이론의 요지는 리더의 행동이 조직의 성과에 일관적이고 보편적인 영향력을 미치지 못한다는 점이다. 리더의 특성 및 행동, 팔로워의 특성, 상황 및 환경적 맥락의 상호작용이 성과를 결정한다. 모든 상황에 적합한 보편적인 리더십 유형이나 방법은 없다.

규범적 의사결정론

브룸과 동료 연구자들(Vroom & Jago, 1988; Vroom & Yetton, 1973)은 경영자의 의사결정에 관한 연구를 수행한 결과, 리더의 의사결정이 맥락이나 상황에 영향을 받는다는 점을 발견했다. 이들은 리더의 의사결정 환경과 맥락을 연구하고, '리더의 중요한 특권 중 하나는 의사결정 과정을 통제하는 권한'이라는 전제하에, 리더가 효과적으로 의사결정을 하도록 이끌어 주는 일련의 규범적인(명시적인) 원칙을 제안했다(Chemers, 1997, p. 49). 이들은 먼저 리더의 유형이 권위형인지, 자문형인지, 민주형인지에 따라 의사결정을 다섯 범주로 나누고, 의사결정 과정을 좋은 결정을 내렸는지, 직원의 참여를 이끌어 냈는지, 시간을 절약했는지, 부하직원을 개발했는지의 여부에 따라 평가했다. 상황적 매개변수로는 부하직원이 의사결정과정에 도움이 되는 적절한 정보를 확보하고 있는지, 부하직원이 결정 사항을 지지하고 실행할 의사가 있는지, 직원들 사이에 결정 사안에 관한 갈등이 있는지 등의 변수를 포함시켰다. 브룸과 동료 연구자들은 앞서 언급한 네 가지 평가요소 중에 가장 중요한 요소가 무엇인지에 따라 각각 다른 리더십 유형(권위형, 자문형, 민주형)을 활용해야 한다고 밝혔다. 예를 들어, 결정 과정에 소요되는 시간이 가장 중요한 경우, 자문형/민주형 의사결정 과정은 배제한다. 직원의 동의가 꼭 필요한 경우에는 민주적 의사결정 과정을 권한다. 리더는 상황에 맞게 의사결정 방법을 선택해야 한다.

브룸과 자고(Vroom & Jago, 1988), 브룸과 예튼(Vroom & Yetton, 1973)이 제시한 리더 의사결정의 다섯 가지 범주는 다음과 같다.

1. **권위형** I-리더가 지금 가지고 있는 정보를 활용해서 혼자 결정한다.
2. **권위형** II-리더가 부하직원에게 정보를 얻되 혼자 결정한다.
3. **자문형** I-리더가 핵심 부하직원을 따로따로 만나서 정보를 공유하고, 부하직원에게 정보와 조언을 구한 뒤 결정을 내린다. 전체 회의는 하지 않는다.
4. **자문형** II-핵심 부하직원들과의 전체 회의에서 정보를 공유하고 조언을 구한 뒤, 혼자 결정한다.
5. **집단형** II-리더가 부하직원들과의 전체 회의에서 문제를 논의하고, 의사결정에 동등하게 참여하게 한다. 집단이 최종 결정을 내린다.

셔머스(Chemers, 1997, p. 50)는 브룸과 동료 연구자들의 광범위한 결론을 요약해서 리더를 위한 여섯 가지 의사결정 원칙을 제시했다(이 책에서는 표현을 다소 바꿨다).
1. 고급 정보를 충분히 확보했는지 확인한다. 그렇지 않다면 고급 정보를 구한다.
2. 상황이 명확하게 파악되는지 확인한다. 그렇지 않다면 명확한 설명을 듣는다.
3. 팔로워의 동의와 참여가 필요하다면, 참여적 의사결정 과정을 활용한다. 참여 방식은 팔로워의 특성에 맞춰 결정한다.
4. 팔로워가 의사결정 현안과 관련 목표 달성에 미온적이라면, 팔로워의 조언을 구

하고 이를 고려하되, 팔로워가 의사결정을 하도록 허용해서는 안 된다.

5. 의사결정 현안을 둘러싸고 팔로워들 간에 갈등이 발생했을 때는 결정을 내리기 전에 이들이 함께 있는 자리에서 자기 의견을 개진할 수 있게 허용해 주어야 한다.

6. 의사결정이 팔로워에게 영향을 미칠 때는, 이를 팔로워에게 알리고 팔로워의 의견을 구하고 들어 보아야 한다.

규범적 의사결정론Normative Decision Theory은 팔로워 및 상황의 맥락에 맞게 의사결정 방법(중요한 리더십 행동)을 선택한다는 점에서 상황적합이론의 한 예로 볼 수 있다.

진정성 리더십

진정성에 초점을 둔 리더십 이론이 최근 재조명받고 있다. 이는 근래 유명 경영인과 정치인 중에 부정직한 사람이 많고, 이들의 탐욕과 위선으로 인해 다른 많은 사람들이 큰 피해를 보게 됐다는 인식이 확산되었기 때문이다.

지난 5년간 사람들은 리더에 대해 깊은 불신을 품게 되었다(George et al., 2007, p. 129).

사람들은 '진실한' 리더를 원한다. …… 우리 모두는 자신이 속았을지도 모른다고 의심한다(Goffee & Jones, 2005, p. 87).

진정성이 처음 관심을 받은 때는 심리학계에서 '제3의 세력'인 인본주의 운동이 일어난 때로 거슬러 올라간다. 에이브러햄 매슬로Abraham Maslow, 칼 로저스Carl Rogers, 프리츠 펄스Fritz Perls, 롤로 메이Rollo May가 이끈 인본주의 학파는 자아실현과 긍정적 성장, 개인의 자율성과 진정성을 강조했다. 이들은 외부적 힘에 이끌리지 말고 내면을 따라 살아가라고 격려했다. 주디스 블랜턴(Blanton, 2009, p. 8)은 RHR 인터내셔널에서 자신이 함께 개발한 모형을 설명하면서 '외적 진정성'과 '내적 진정성'을 구분 지으며, 내적 일관성이 (특히 각광받는 여성 리더에게) 중요하다고 주장했다. 진정성은 보통 내적 가치와 외적 행동이 일치되는 상태로 정의된다.

하버드 대학교의 윌리엄 조지 교수는 진정성에 관해 여러 권의 책(George, 2003, 2007)을 썼고, 진정성 리더십Authentic Leadership을 하나의 리더십 유형으로 정착시켰다. 그는 진정성 리더십을, 리더가 마음의 나침반을 따라 행동하며 동시에 높은 수준의 윤리적 원칙에 맞게 행동하는 것으로 봤다. 그는 연구 과정에서 진정성이 있다고 평가받는 125명의 성공적인 리더를 인터뷰했다. 인터뷰 결과 많은 사람들이 인생 초기의 외상 경험을 극복하는 과정에서 성장한 듯했다. 가난, 부모나 사랑하는 사람의 죽음, 실업, 일련의 개인적 실패와 같은 '혹독한 시련'은 중요한 성장 동력이 되었다. 인생 초기의 어려움을 극복하고 해결하는 과정은 진정성 있는 리더로 성장하는 데 꼭 필요한 경험이었다. 조지와 동료 연구자들(George et al., 2007)은, 리더십은 한 개인의 인생 경험에서 비롯되며 리더는 '자신을 이해하고 발전시키기 위해 노력해야 한다'는 결론에 이르렀다(p. 130). 이런 맥락에서 경영자 코치의 역할은 명확하다. 그의 연구가 흥미로운 것은, 진정성 있는 리더들이 친절, 공감, 타인에 대한 관심, 긍정적인 감정을 불러일으키는 행동과 같이 단순한 인간적 특성을 여러 차례 언급했다는 점이다. 이 연구에서 인터뷰 대상자들은 일을 정말 열심히 하는 사람들이었지만, 연구 결과는 한결같이 소프트 스킬과 상식의 중요성을 강조했다.

거피와 존스(Goffee & Jones, 2005)는 리더가 진정성이 있다는 평가를 받으려면 어떻게 해야 할지 여러 가지 실제적인 조언을 하다가, 진정성이 있다는 것은 자연스럽게 자기 자신으로 살아간다는 의미인데, 이런 사람이 되려고 노력하는 것은 역설적이라는 점에 주목했다. 거피와 존스는 경영의 관점에서 진정성은 타인이 인식할 때만 의미가 있다고 봤다. 사람들에게 진정성이 있어 보이기 위해서 해야 할 일은 다음과 같다. 첫째, 자신의 말과 행동을 일치시키고, "말한 대로 행동한다." 언행일치는 진실성integrity이라는 개념을 아주 훌륭하게 정의해 준다. 거피와 존스는 조직의 목표가 리더 개인의 가치관과 잘 맞아떨어질 때 진실하고 진정성 있게 행동하기가 더 쉽다고 밝혔다. 둘째, 리더는 팔로워와 개인적인 친분을 맺을 수 있도록 공통점을 찾아야 한다. 그러려면 사람들에게 관심을 가져야 하고, 자신을 적절히 드러낼 필요가 있다. 리더가 자신을 너무 많이 드러내면 자기애가 강하다는 인상을 줄 수 있고, 너무 적게 드러내면 차갑고 무관심하거나 거리를 둔다는 인상을 줄 수 있다. 리더는 거피와 존스가 안목discernment skills이라고 표현한 능력을 개발하여, 팔로워가 리더에게 바라는 특성이 무엇인지 파악할 수 있어야 한다. 진정성 있는 리더는 자신의 뿌리에 대한 자부심을 표현해야 하지만, 이때도 절제가 중요하다. 지나친 자부심은 천박하다. 또한 리더는 조직의 규범에 얼마나 순응할지, 또 규범을 얼마나 바꿀지 결정해야 한다. 지나치게 순응하는 것도, 그다지 순응하지 않는 것도 모두 문제가 될 수 있으며, 누구나 처음에는 조직에 받아들여지기 위해서 조직의 규범에 순응해야 한다. 거피와 존스는 진정성 있다는 평판을 "공들여 쌓고 주의 깊게 관리해야 한다."고 결론 내렸다. 이들은 근래의 미국 대통령 중에서 가장 진정성 있다고 인식된 사람이 사실은 정치에 입문하기 전에 전문 배우였다는 점을 지적했다.

개인적 동기와 성공적 리더십

헤이그룹에서 실시한 연구 결과는(Spreier, Fontaine, & Malloy, 2006), 높은 성취동기가 리더에게 항상 좋은 것은 아니라는 점을 밝혔다. 이들은 IBM에서 일하는 수많은 관리자와 리더를 연구하고 여섯 가지 주요 리더십 유형을 파악했다(p. 80).

1. **지시형**Directive—명령하고 통제하는 유형으로 때로 강압적인 방법을 사용하기도 한다. 위기 상황이나 업무 성과가 낮은 직원에게 효과적일 수 있다. 창의성이나 주도성을 저해하는 경향이 있지만, 스트레스 상황에서 고성과자들이 즐겨 활용한다.
2. **비전제시형**Visionary—직원들의 열정을 북돋을 만한 거시적인 목표와 지향점을 직원들에게 제시하여 도전하게 한다.
3. **친화형**Affiliative—직원들과의 관계 및 직원들의 욕구와 감정에 중점을 두는 유형이다. 친화형은 단독적으로는 거의 효과가 없으며, 한두 가지 다른 유형과 복합적으로 활용해야 한다. 스트레스 상황이나 위기 상황에 유용하다.
4. **참여형**Participative—협력적이고 민주적인 유형이다. 이 유형은 의사결정 과정에 직원들을 참여시키면서 신뢰를 구축하고 합의를 얻는다. 직원들의 자질이 뛰어나

야 한다.

5. **선도형**Pacesetting-모범을 보이고 영웅적인 행위를 하면서 리더십을 발휘하는 유형이다. 이 유형의 리더는 높은 기준을 제시하고 이를 충족시켜야 한다고 주장하며, 스스로 직접 일을 하는 한이 있어도 그 기준을 충족시키려 한다. 선도형은 고성과자들이 선호하는 유형이지만 직원들의 사기를 꺾을 수 있다.

6. **코치형**Coaching-멘토링과 직원의 장기적인 발전에 중점을 둔다. 매우 효과적이지만 잘 활용되지 않는다.

스프레이어와 동료 연구자들(Spreier et al., 2006)의 보고에 따르면, 최고의 리더는 이 여섯 가지 유형에 모두 능숙하며, 상황에 적합한 유형을 선택해서 활용한다. 사람들에게는 대개 자신이 선호하거나 스트레스 상황에서 활용하는 기본 리더십 유형이 있었다. 또 성취동기가 높고 선도형 리더십을 활용하는 관리자들이, 직원들이 가장 싫어하는 직무 분위기를 형성하는 경향이 있는 것으로 나타났다.

발달적 실행 논리

루크와 토버트(Rooke & Torbert, 2005)는 리더십 개발 프로파일Leadership Development Profile이라고 불리는 문장완성검사를 활용하여 리더가 자기 권위나 안전이 위협을 당한다고 느낄 때 어떤 '내적 실행 논리'를 활용하는지 평가했다. 내적 실행 논리란 리더가 부정적인 스트레스 상황에서 환경을 해석하고 반응하는 방식을 말한다. 이들은 리더십 유형을 위계적으로 분류했고, 리더가 자신의 리더십 유형을 신중하게 평가하고 성장하기 위해 노력한다면 다음 단계로 발전할 수 있다고 결론 내렸다. 이들이 제시한 리더십의 단계는 다음과 같다.

1. **기회주의자**(연구에 참여한 리더의 5%)-기회주의자는 '힘이 곧 정의'라고 믿는다. 이들은 사람들을 조종하고 기만하며 자기중심적으로 행동한다. 매출을 올릴 기회가 왔을 때나 위기 상황에서 잠깐 득을 볼 수는 있겠지만 결국 정체가 드러난다.

2. **외교관**(12%)-이 유형의 리더는 갈등을 회피하고 주위 사람들과 어울리고 사람들

의 비위를 맞추려 애쓴다. 현 상태를 뒤흔들거나, 사람들을 응집하는 중요한 역할을 제대로 감당하지 못한다. 하지만 사람들을 지원하는 역할은 잘 해낸다. 이 전략은 비교적 낮은 직급의 리더가 사용할 때는 효과가 좋지만, 높은 직급의 리더가 사용하여 갈등을 회피하거나 무시하게 되면 그다지 효과가 좋지 않다.

3. **전문가**(38%)—전문가 유형의 리더는 업계 전문 지식이 풍부하고 자료를 기반으로 의사결정을 한다. 이들은 정서지능의 중요성을 간과하며 잘 협력하지 못한다. 혼자 하는 업무에서는 큰 성과를 낸다.

4. **고성과자**(30%)—전략적 목표 달성을 위해 협력하는 방법을 잘 알고 있다. 일과 인간관계라는 두 마리 토끼를 능수능란하게 쫓는다. 대체로 좋은 관리자가 된다.

5. **개인주의자**(10%)—매우 생산성이 높지만 어디로 튈지 모르는 인물로, 개별 프로젝트에서는 창의적이고 혁신적이지만 조직 전반의 입장을 고려했을 때는 문제의 소지가 있는 해결책을 제시하기도 한다. 벤처기업이나 자문 역할에 적합하다.

6. **전략가**(4%)—훌륭한 비전을 가지고 전략적 관점을 취한다. 큰 그림을 이해하고 상황을 변화시키는 방법을 찾는다. 변혁적 리더다.

7. **연금술사**(1%)—여러 가지 큰 그림을 하나로 통합할 줄 알며, 조직 혁신에 사람들의 참여를 이끌어 낼 줄 안다. 매우 희귀하다. 조직의 어느 계층에서나 훌륭한 성과를 낸다. 넬슨 만델라가 연금술사의 예로 제시되었다.

루크와 토버트(Rooke & Torbert, 2005)는 연구 과정에서, 리더가 체계적인 평가를 통해 정확한 피드백을 받을 수 있다면 능동적으로 한 단계에서 다음 단계로 발전할 수 있다고 믿게 되었다. 이들의 연구는 경영자 코치가 발달적 실행 논리Developmental Action Logic 모형을 잘 활용하면 고객으로부터 의미 있는 변화를 이끌어 낼 수 있음을 암시한다.

리더의 발달단계
베니스(Bennis, 2004b)는 셰익스피어의 희곡 『뜻대로 하세요』[3]에 등장하는 인생의

---
3) 원제: As You Like It

일곱 시기에 따라 리더십의 발달단계를 제시했다. 각 단계에는 예상되는 문제와 극복해야 할 위기가 있다.

1. **아기 수준의 경영자**—초기 단계에서 성공의 비결은 능력 있는 멘토를 구하는 것이다. 리더의 자리에 처음 오르면 외로울 수 있기 때문에 젊은 경영자는 그 길을 홀로 걸어가서는 안 된다. 이 단계에서는 코치의 도움이 꼭 필요하다.

2. **밝은 표정의 학생**—이 단계에서 리더는 여전히 배울 점이 많으며, 특히 직속부하에게 배울 점이 많다. 리더는 어떤 부하의 평가가 정확하고 들어볼 가치가 있는지, 그리고 누구의 평가는 무시해야 하는지 파악해야 한다. 주위에서 정확한 피드백과 조언을 구하는 것이 중요하다.

3. **슬픈 연가를 부르는 연인**—이 단계에서는 옛 동료를 부하직원으로 대하는 일이나 조직에서 내쳐야 할 직원을 상대하는 일과 같이, 비교적 부정적인 일을 처리하는 법을 배워야 한다. 리더는 이처럼 불편한 의무를 능숙하게 인도적으로 수행할 수 있어야 한다.

4. **수염 난 군인**—이 단계의 리더는 자신이 팔로워에게 미치는 영향력을 이해해야 하는데, 그 이유는 리더와 팔로워의 관계에서 개방성과 진실성이 줄어드는 경향이 있기 때문이다. 리더는 사람들이 항상 자신을 관찰하고 있으며 자신의 말과 행동이 사람들에게 큰 영향을 미칠 수 있다는 점을 인식하여 지나치게 허물없이 행동하지 않아야 한다. 또 자신과 타인의 경쟁의식을 경계해야 한다.

5. **금언金言으로 무장한 장군**—이 단계의 리더는 경청하고 맥락을 고려하는 일에 주의를 기울여야 한다. 이 단계에 이른 사람은 지금까지 뛰어난 성과를 이루어 왔기 때문에, 자신이 무엇이든 다 알고 있다는 착각에 빠지기 쉽다. 이 단계에서 성공하려면 기존의 조직 문화 안에서 올바른 길을 찾아갈 줄 아는 지혜가 필요하다.

6. **코에 안경을 걸친 정치가**—이 단계의 리더는 차츰 내리막길을 걷게 될 수 있지만, 베니스는 이 단계가, 일생의 경험을 활용하여 어려운 문제에 봉착한 다른 리더를 돕는 멋진 기회가 될 수도 있다고 봤다. 이 단계의 리더는 재정적으로나 심리적

으로 안정되어 있기 때문에 영향력이 있다.

7. **현자, 두 번째 아동기**—이 단계의 리더는 본인의 의지만 있다면 누군가의 멘토가 되어 주는 일에서 큰 혜택을 볼 수 있다. 멘토링은 주고받는 양자에게 모두 득이 되며, 연배가 높은 리더는 자신을 필요로 하는 후배 리더와의 관계를 통해서 시대의 흐름을 놓치지 않고 적절히 따라갈 수 있다.

좋은 리더십과 나쁜 리더십

리더십 연구의 목적은 좋은 리더십의 구성요소를 파악하여, 이를 증진하고 개발하는 방법을 알아내는 것이다. 이것은 비교적 단순한 질문 같지만 그 대답은 전혀 단순하지 않다.

유해한 리더십

좋은 리더십의 특성을 파악하는 한 가지 방법은 먼저 나쁜 리더의 주요 특성을 설명하고 이를 배제한 뒤, 어떤 특성이 남아 있는지 평가해 보는 것이다. 상당히 많은 문헌들이 리더의 실패요인을 다각도로 다루었다.

특질 이론의 관점에서 살펴봤을 때, 리더로서 실패할 수밖에 없는 성격 유형이나 행동 양식이 있다. 대다수 사람들은 성격상 문제가 있는 리더를 경험해 봤을 것이다. 가능하다면 그런 리더가 되거나, 그런 리더를 고용하거나, 그런 리더 밑에서 일하는 것은 피해야 한다.

첫째로 가장 두드러지는 유형은 자기애성 리더로, 이 유형은 2000년 「하버드 비즈니스 리뷰」에 실린 매코비Maccoby의 논문을 통해 리더십 문헌에서 유명해졌다. 자기애성 성격장애에 관해서는 15장에서 자세히 설명했다. 자기애성 성격장애자가 리더로서 요직에 오르게 될 가능성은 희박하지만 때때로 그런 일이 일어나기도 한다. 또 리더로서 요직을 맡을 만큼 자신감이 충만한 사람들은 흔히 어느 정도의 자기애 성향을 보인다. 커다란 자신감과 지나친 우월감은 사실 종이 한 장 차이이며, 이 둘을 구별하기는 쉽지 않다.

바비악과 헤어는 『직장으로 간 사이코패스』[4](Babiak & Hare, 2007, p. xiv)의 서문에서 다음과 같이 말했다.

사이코패스들은 기업에서 멀쩡히 직장생활을 하고 있다. 이들은 직업상의 성공을 평가하는 대다수의 기준에 대체로 잘 들어맞는다. 사이코패스의 파괴적인 성격 특성은 이들과 교류하는 대다수 사람들의 눈에 띄지 않는다.

바비악과 헤어는 계속해서 사이코패스의 특징으로 학대 행위, 조종, 특권의식, 매력, 내적 통찰의 결여 등을 제시했다. 이들은 리더의 자리에 오른 사람 중에 나르시시스트가 드물지 않은 이유를 여러 가지로 추측했다. 첫째, 자기애라는 부정적인 특성이 단기적으로는 매력적으로 보일 수 있고, 단순히 전형적인 카리스마적 리더의 모습으로 비춰질 수 있다. 둘째, 최근 경영계에서는 행동이 빠르고, 공격적이고, 낙관적이고, 성장 지향적이고, 변화를 추구하는 리더십 유형을 선호하는 추세이며, 이런 맥락에서 사이코패스는 매력적인 인상(적어도 첫인상은)을 줄 수 있다.

오늘날 수많은 나르시시스트들이 기업의 실권을 잡고 있는 현실을 고려할 때, 조직의 당면 과제는 이런 리더들이 자멸하거나 회사를 재앙으로 몰고 가지 않게 하는 것이다. …… 직원들은 자기애 성향이 강한 상사를 알아보고 이들을 피해가는 법을 배워야 한다.

카리스마와 관련된 문제

카리스마는 양날의 검으로, 확실한 이점과 눈에 잘 띄지 않는 문제점을 동시에 안고 있다. 첫 번째 문제는 유클(Yukl, 1994)이 **카리스마의 일상화**routinization of charisma라고 부른 문제다. 카리스마는 본질적으로 단일 인물의 특성이기 때문에 카리스마를 발휘하던 리더가 다른 곳으로 이동하거나 세상을 떠나면 그 분위기와 영향력을 유지하기가 매우 어렵다. 승계 계획을 잘 세워 놓지 않는다면 아무도 미래를 장담할 수 없는

---

4) 원제: Snakes in Suits

데, 카리스마적인 리더는 대체로 승계 계획을 잘 세우지 않는다. 유클Yukl이 언급했듯이 "승계 과정이 순조롭게 넘어가는 경우가 드물다"(p. 332). 승계 계획을 세워야 할 필요성은 확실하지만, 카리스마적 리더와 승계를 논의하는 것 자체가 어려운 일이며, 특히 현 시점에서 조직의 성공이 리더의 이미지나 정체성과 직접 엮여 있는 경우는 더더욱 어렵다.

두 번째 문제는 카리스마적 리더가 팔로워의 에너지를 얼마나 조직의 목표와 요구에 집중시키고(긍정적 카리스마) 또 얼마나 리더 자신에게 집중시키는지(부정적 카리스마)와 관련되어 있다. 권력을 사유화하는 사람들은 전반적으로 조직에 부정적인 영향을 미치는 반면, 조직의 목표 달성을 위해서 자기 권력을 사회적으로 활용하는 리더는 장기적으로 조직에 긍정적인 영향을 미칠 가능성이 높다.

이외에도 카리스마적 리더십에는 잠재적으로 여러 부정적 결과가 뒤따른다. 흔히, 카리스마적 리더는 관리자로서의 자질이 부족하며 세부사항에 관심을 기울이기 싫어한다. 때로 카리스마적 리더가 이끄는 조직은 리더의 과도한 자신감 때문에 고통을 겪는다. 이 대담성은 리더의 권력 획득과 조직 동기부여에는 긍정적인 역할을 담당했지만, 그와 동시에 제대로 숙고하거나 조사하지 않고 잘못된 의사결정을 내리는 결과를 낳기도 한다. 때로 영리하고 성취지향적인 부하직원이 카리스마적 리더에게 모든 관심이 집중되는 상황을 더 이상 견디지 못하고 조직을 떠나거나 상사를 깎아내릴 수도 있다. 가끔 카리스마적 리더는 장기적인 관점에서 대인 관계 기술이 훌륭하지 못해서, 시간이 지남에 따라 주위 사람들이 이런 사실을 파악하고 환멸을 느낄 수도 있다. 때로는 특정 시장 맥락에서 효과를 발휘했던 카리스마가 새로운 조직에서나 새로운 전략을 취할 때는 효과를 발휘하지 못하면서 리더와 상황의 적합성이 떨어지기도 한다.

위커(Whicker, 1996)는 유해한 리더십을 더 자세히 들여다보고, 리더십을 세 가지 범주(신뢰할 만한trustworthy, 과도기적transitional, 유해한toxic 리더십)로 나누었다. 신뢰할 만한 리더는 조직과 사회에 긍정적인 영향을 미친다. 이들에게는 윤리성과 인재개발 능력을 포함한 여러 긍정적인 특성이 있다. 과도기적 리더는 이기적으로 자신에게 몰두하며 조직을 답보상태에 머무르게 하는 경향이 있다. 과도기적 리더의 결점은 팔로워들이 즉시 알아차리기 어렵다. 이 유형에는 부재자 리더absentee leaders, 호사가busybodies, 통제가controllers가 포함된다. 유해한 리더는 철저히 악의적인 리더로, 위커는 이들을 집행자enforcer, 싸움꾼street fighter, 골목대장bully의 세 유형으로 분류했다. 위커는 부정적인 리더십이 조직에 미치는 악영향을 설명하고 비관적인 결론을 내렸다.

리더십 이탈

리더십 연구자들은 촉망받는 리더나 성공적인 리더가 갑자기 실패하거나 너무 빨리 정체기에 접어드는 경우에 대해 상당한 관심을 보여 왔다. 연구 결과에 따르면 이런 일은 놀랄 만큼 자주 일어나며, 한 연구에 따르면(Lombardo & Eichinger, 1989, p. 4) 리더의 이탈률은 30%에서 50%에 달했다. 도틀릭과 카이로(Dotlich & Cairo, 2003)는 『CEO가 실패하는 이유』(가제)[5]에서 이전에는 성공적이었던 리더의 몰락과 관련된 11가지 행동양식, 즉 "이탈 요인"을 설명했다. 그들은 이탈 요인으로 오만, 과장된 언행, 변덕, 과도한 조심성, 습관적 의심, 무관심, 고약한 심보, 기행, 소극적 저항, 완벽주의, 타인을 만족시키려는 열망을 들었다.

창의적 리더십 센터(Leslie & Van Velsor, 1996)는 미국과 유럽 6개국에서 인터뷰와 집단역학 설문을 진행하여 기업에서 낙오한 리더에 대한 대규모 평가 연구를 시행했다. 이들은 연구 결과를 기존의 리더십 이탈 연구와 비교하여 네 가지 지속적이고 일관적인 이탈 원인을 파악했다.

- 대인 관계의 문제
- 경영 목표 달성의 실패
- 팀을 구축하고 이끄는 능력의 부족
- 리더의 역할에 대한 적응 실패

연구 대상자 중에 절반이 넘는 사람이 대인 관계의 문제와 적응력의 부족(융통성이 없음)을 언급했다. 그 외에 권위주의, 지나친 야망, 무신경, 무관심, 일을 마무리하지 못하는 경향, 전략적 계획 수립 능력의 부재 등이 자주 언급되었다.

---

5) 원제: Why CEOs Fail

한편 창의적 리더십 센터는 시대와 문화를 초월하여 성공적인 리더에게 보편적으로 나타나는 여덟 가지 특성을 다음과 같이 제시했다.

- 야망 (적당한 수준)
- 확고한 관계를 구축하는 능력
- 꾸준히 높은 성과를 내는 능력
- 팀 구축 능력
- 높은 지능
- 위험을 감수하려는 의지
- 적응력
- 해결사로의 활약

창의적 리더십 센터는 리더와 상황의 '적합성'을 재차 강조하면서, 리더는 '변화하는 요구'를 맞출 수 있어야 한다고 결론 내렸다.

> 과거에 리더십 이탈 연구는 주로 조직에서 승진 대상자가 (이탈하지 않도록) 개발해야 할 능력이 무엇인지를 이해해 보기 위한 용도로 활용되었지만, 사실 리더십 이탈의 근본 원인은, 시간이 흐르면서 변하는 직책(대개 조직에서 한 단계 승진할 때)상의 요구사항과 개인의 적합성이 떨어지는 것과 관련이 있다(Leslie & Van Velsor, 1996, p. 36).

마지막으로, 골드스미스와 라이터(Goldsmith & Reiter, 2007)는 『지금까지의 성공에 기여한 능력이, 앞으로의 성공을 보장하지는 않는다』(가제)[6]에서 리더의 발전을 저해하는 스무 가지 습관을 제시했다. 골드스미스와 라이터는 앞선 경력 단계에서는 매우 유용했던 특성이 그 이후에는 도리어 문제가 될 수도 있다고 지적했다. 그 목록은 다음과 같다.

- 지나친 승리 (강박적으로 경쟁)
- 지나친 열의 (자신이 의견을 낼 필요가 없는 상황에서도 항상 의견을 제시)

---

6) 원제: What Got You Here Won't Get You There

- 재단 (자기 기준으로 타인을 평가)
- 상대의 기분을 상하게 하는 발언 (비꼬는 말, 상대의 가슴을 찌르는 말, 빈정대는 말)
- 부정성. 말을 시작할 때 서두에 "아니요" "하지만" "그렇지만"이라고 말하는 버릇
- 자기 입으로 자신이 얼마나 똑똑한지 말하는 태도
- 화가 난 상태에서 이야기하기 (감정적 불안정성)
- 정보 은닉 (자기 이익을 목적으로)
- 상대의 공로를 인정하지 않거나, 감사를 표현하지 않기
- 남의 공로를 가로채기
- 변명하기
- 과거에 매달리기
- 편애하기
- 자기 잘못을 사과하지 않기
- 경청하지 않기
- 나쁜 소식을 전한 사람을 처벌하기
- 책임 전가하기
- 자기 방식을 지나치게 고집하는 태도(문제가 있는 방식마저 좋은 방식으로 미화함)

골드스미스와 라이터는 그 책에서 이러한 결점을 어떻게 고칠 수 있는지 조언했다.

요 약

리더십과 리더십 개발은 그와 관련하여 대중 경영서적이나 실증 연구 자료의 형태로 다양하고 복잡한 문헌이 나와 있을 만큼 중요한 주제다. 리더십의 개념에 대한 단일하고 적절하고 널리 인정받는 정의는 존재하지 않는다. 그로 인해 리더십은 연구하기가 어렵고, 논리적으로 가르치거나 평가하기도 어렵다. 특정 상황에서 큰 성공을 거둔 리더가 다른 상황이나 조직에서는 기대 이하의 성과를 내거나 완전히 실패하기도 한다. 그렇기는 하지만, 대중서적과 학계의 연구 문헌에서 공통적으로 나타나는 몇 가지 분명한 경향이 있다.

1. 조직이 처한 모든 상황에서 좋은 리더십을 보장해 주는 보편적인 특성은 없다. 그렇기는 하지만, 리더의 특성에 관한 두 가지 목록은 충분히 매력이 있고 언급할 만한 가치가 있다. 그 첫 번째는 비교적 짧은 목록으로, 여기에는 특질 이론에서 가장 먼저 언급한 리더의 특성이 포함된다. 이 특성은 리더로서 성공하고자 하는 사람들에게 가장 중요한 특성이다. 일반적으로 리더십의 정의에는 새로운 목표를 달성하기 위해 한 집단의 사람들을 효과적으로 이끌어야 한다는 개념이 포함되기 때문에, 리더십의 특성을 다룰 때는 사회적 영향력을 반드시 고려해야 한다.

   • 확고한 협력 관계를 맺는 능력
   • 진실성, 신뢰의 문화를 형성하는 능력
   • 높은 실용 지능(특정 지점까지는 높을수록 좋다)
   • 사람들을 이끌고자 하는 강한 동기
   • 자신감과 독립심
   • 비전을 세우는 능력
   • 비전을 제시하고 타인에게 영향을 미치는 능력
   • 적응력과 융통성
   • 외향성과 사교성
   • 높은 에너지 수준, 많은 일을 해내는 능력
   • 정서적 성숙, 정서지능(감정과 반응을 알아차리고 관리하는 능력)

   이외에도 연구 주제로 부각된 리더의 특성에는 스트레스 내성, 낙관성, 경청 기술, 회복력, 권한 부여, 타인에 대한 존중, 전략적 사고를 비롯하여 리더가 수행하는 다양한 업무(협상·위임·회의 진행·칵테일 파티 주관 등)와 관련된 기술이 있다. 또한 리더는 효과적으로 위험을 감수하고 결정에 따른 결과에 책임을 질 줄 알아야 한다. 훌륭한 리더는 모든 일을 자기 마음대로 통제하려 들거나 부하직원에게 잔소리를 늘어놓지 않으며, 부하직원을 의도적으로 위협하지 않는다. 코치는 이 목록과 리더십 문헌에서 찾아볼 수 있는 다른 목록들을 활용하여 고객을 평가하거나, 고객에게 도움이 되는 피드백을 전달하거나, 장·단기 리더십 개발 계획을 세울 수 있다.

2. 리더와 상황의 '적합성'이 가장 중요하다. 모든 상황에 적합한 보편적인 리더의 특성은 없으므로, 조직이 처한 각각의 구체적인 상황에서 어떤 유형의 리더십이 필요한지 신중히 평가하고, 상황에 적합한 리더를 선택해야 한다. 이는 조직마다, 직책마다 적합한 리더가 다르다는 의미다. 조직과 리더는 적합한 상대를 찾는 데 주의를 기울여야 한다. 코치는 조직의 리더 선발 과정에 도움을 줄 수 있다. 대중 경영서에는 조직에 맞지 않는 카리스마적 리더를 고용했다가 낭패를 당한 비극적인 이야기가 자주 등장한다. 조직이 다른 업계나 다른 환경에서 성공을 거둔 경영자를 고용하려 한다면, 그에 앞서 매우 신중한 검토 과정이 필요하다.

3. 누구나 리더가 될 수 있는 것은 아니다. 리더라면 반드시 갖춰야 하는 특성이 몇몇 있지만, 누구나 이런 특성을 갖추고 있지는 않다. 예를 들어, 사람들을 이끌고자 하는 의지가 있는 사람은 드물지만 리더라면 그런 의지가 반드시 있어야 한다. 앞장서서 비전을 제시하고 에너지를 쏟고 위험을 감수하려는 사람은 그리 많지 않다. 리더의 역할을 수행할 수 있을 만큼 활기찬 사람도 그리 많지 않다. 사람들은 대개 타인이 자신에게 한없이 의지하는 상황을 원하지 않으며, 거의 모든 시간을 기꺼이 일에 쏟아부으려는 사람 역시 많지 않다. 몇 시간씩 사교 행사에 참석하면서 마음속으로는 회의 안건을 생각해야 하는 일을 달가워할 사람도 그리 많지 않다. 팔로워들은 때로 리더에게 진실을 이야기하지 않으며, 리더 앞에서 말을 조심한다. 주위 사람들에게 진실된 얘기를 듣기 어려운 자리에 오르고 싶어 하는 사람 역시 그리 많지가 않다.

스티븐 샘플Steven Sample이 그의 저서 『역발상 리더십 안내서』(가제)[7]에서 주장한 견해는 새겨들어볼 만하다. "리더가 되고 싶어 하는 사람은 많지만, 리더답게 행

---

7) 원제: Contrarian's Guide to Leadership

동하고 싶어 하는 사람은 적다. 리더답게 행동하고 싶은 사람이 아니라면 리더의 자리에는 아예 관심을 두지 않는 편이 좋다."

리더는 높은 평가를 받고, 또 그런 평가를 받아야 마땅하지만, 조직은 공식적으로든 비공식적으로든 리더가 되지 않기로 선택한 사람의 가치도 인정해 주어야 한다. 좋은 리더에게는 좋은 팔로워가 많이 필요하기 때문이다.

베니스(Bennis, 2007)는 수십 년간 관심을 기울여 온 리더십 연구를 요약하여 리더의 여섯 가지 필수 역량을 제안했다. 베니스는 이것을 보편적인 리더의 역할로 표현했다.

- 사명감을 불러일으킨다.
- 팔로워의 참여를 이끌어 낸다.
- 적응적인 조직 환경을 형성한다.
- 신뢰와 낙관주의를 배양한다.
- 다른 리더의 발전을 이끌어 낸다.
- 성과를 낸다.

이 목록이 제시하는 역할을 해내기란 결코 쉽지 않다.

마지막으로, 베니스가 지적했듯이, 누가 누구를 어떤 방법을 사용해서 어느 방향으로 이끄느냐는 우리 삶에 있어 매우 중요한 문제다. "우리 삶의 질이 리더십의 질에 달려 있다는 사실을 명심해야 한다. 우리가 리더를 제대로 이해할 때 우리는 리더를 통제할 수 있을 것이다"(Bennis, 2004a, p. 331).

참고문헌

Associated Press. (2008). Army coach Stan Brock fired. *Washington Post*. Retrieved December 21, 2008, from: http://www.washingtonpost.com/wp-dyn/content/article/2008/12/12/AR2008121201414.html?tid=informbox.

Ayman, R. (2004). Situational and contingency approaches to leadership. In J. Antonakis, A. T.

Cianciolo, & R. J. Sternberg (Eds.), *The nature of leadership* (pp. 148-170). Thousand Oaks, CA: Sage.

Babiak, P., & Hare, R. (2006). *Snakes in suits: When psychopaths go to work.* New York: HarperCollins.

Bennis, W. (2004a). The crucibles of authentic leadership. In J. Antonakis, A. T. Cianciolo, & R. J. Sternberg (Eds.), *The nature of leadership* (pp. 331-342). Thousand Oaks, CA: Sage.

Bennis, W. (2004b). The seven ages of the leader. *Harvard Business Review, 82*(1), 46-53.

Bennis, W. (2007). The challenges of leadership in the modern world. *American Psychologist, 62*(1), 2-5.

Bennis, W., & Nanus, B. (1985). Leaders: *The strategies for taking charge.* New York: Harper.

Blake, R. R., & Mouton, J. S. (1964). *The managerial grid.* Houston, TX: Gulf.

Blanton, J. S. (2009, January/February). Women and authentic leadership. *The California Psychologist,* 6-10.

Brown, D. J., Scott, K. A., & Lewis, H. (2004). Information processing and leadership. In J. Antonakis, A. T. Cianciolo, & R. J. Sternberg (Eds.), *The nature of leadership* (pp. 125-147). Thousand Oaks, CA: Sage.

Burns, J. M. (1978). *Leadership.* NY: Harper & Row.

Carlyle, T. (2007). *On heroes, hero-worship and the heroic in history.* Teddington, UK: Echo Library.

Chemers, M. M. (1997). *An integrative theory of leadership.* Mahwah, NJ: Lawrence Erlbaum Associates.

Ciulla, J. B. (2004). Ethics and leadership effectiveness. In J. Antonakis, A. T. Cianciolo, & R. J. Sternberg (Eds.), *The nature of leadership* (pp. 302-327). Thousand Oaks, CA: Sage.

Conger, J. A. (1992). Leaders: Born or bred? In M. Syrett & C. Hogg (Eds.), *Frontiers of leadership* (pp. 361-369). UK: Blackwell.

Cox, C. J., & Cooper, C. L. (1988). *High flyers: An anatomy of managerial success.* Oxford, UK: Blackwell.

Deming, W. E. (1986). *Out of the crisis.* Cambridge, MA: MIT Press.

Dixon, N. F. (1992). Leaders of men. In M. Syrett & C. Hogg (Eds.), *Frontiers of leadership* (pp. 51-58). Oxford, UK: Blackwell.

Dotlich, D. L., & Cairo, P. C. (2003). *Why CEOs fail.* San Francisco: Jossey-Bass.

Fiedler, F. E. (1967). *A theory of leadership effectiveness.* New York: McGraw-Hill.

George, W. (2003). *Authentic leadership: Rediscovering the secrets to creating lasting value.* San Francisco: Jossey-Bass.

George, W., Gergen, D., & Sims, P. (2007). *True north: Discover your authentic leadership.* San Francisco: Jossey-Bass.

George, W., Sims, P., McLean, A. N., & Mayer, D. (2007). Discovering your authentic leadership. *Harvard Business Review, 85*(2), 129-138.

Goffee, R., & Jones, G. (2005). Managing authenticity: The paradox of great leadership. *Harvard Business Review, 83*(12), 87-94.

Goldsmith, M., & Reiter, M. (2007). *What got you here won't get you there.* New York: Hyperion.

Hersey, P., Blanchard, K., & Johnson, D. (2008). *Management of organizational behavior: Leading human resources* (9th ed.). Upper Saddle River, NJ: Pearson Education.

House, R. J. (1971). A path-goal theory of leadership. *Administrative Science Quarterly, 16*, 321-338.

House, R. J. (1977). A 1976 theory of charismatic leadership. In J. G. Hunt & L. L. Larson (Eds.), *Leadership: The cutting edge* (pp. 189-207). Carbondale, IL: southern Illinois University Press.

House, R. J., & Shamir, B. (1993). Toward the integration of transformational, charismatic, and visionary theories. In M. M. Chemers & R. Ayman (Eds.), *Leadership theory and research* (pp. 81-107). New York: Academic Press.

Jacobs, T. O., & Jaques, E. (1990). Military executive leadership. In K. E. Clark & M. B. Clark (Eds.), *Measures of leadership* (pp. 281-295). West Orange, NJ: Leadership Library of America.

Jacobsen, C., & House, R. (1999). *The rise and decline of charismatic leadership.* Retrieved January 25, 2009, from the Wharton Center for Leadership and Change Management Web site: http ://leadership.wharton.upenn.edu/l_change/publications/house.shtml.

Judge, T. A., Bono, J. E., Ilies, R., & Gerhardt, M. W. (2002). Personality and leadership: A qualitative and quantitative review. *Journal of Applied Psychology, 87*(4), 765-780.

Kerr, S., & Jermier, J. M. (1978). Substitutes for leadership: Their meaning and measurement. *Organizational Behavior and Human Performance, 22*, 275-403.

Kotter, J. (1999). *John P. Kotter on what leaders really do.* Cambridge, MA: Harvard Business Review Book.

Kroek, K. G., Lowe, K. B., & Brown, K. W. (2004). The assessment of leadership. In J. Antonakis, A. T. Cianciolo, & R. J. Sternberg (Eds.), *The nature of leadership* (pp. 71-98). Thousand Oaks, CA: Sage.

Leslie, J. B., & Van Velsor, E. (1996). *A look at derailment today: North America and Europe* (Stock no. 169). Greensboro, NC: Center for Creative Leadership.

Lewin, K., Lippitt, R., & White, R. K. (1939). Patterns of aggressive behavior in experimentally created social climates. *Journal of Social Psychology, 10*, 271-301.

Lombardo, M. M., & Eichinger, R. W. (1989). Preventing derailment: *What to do before it's too late* (Stock no. 138). Greensboro, NC: Center for Creative Leadership.

Maccoby, M. (2000, January-February). Narcissistic leaders. The incredible pros, the inevitable cons. *Harvard Business Review*, 69-77.

McGregor, D. (1960). *The human side of enterprise.* New York: McGraw-Hill.

Ouchi, W. G. (1981). *Theory Z: How American business can meet the Japanese challenge.* New York: Addison-Wesley.

Phillips, D. T. (1998). *Martin Luther King, Jr. on leadership.* New York: Warner Books.

Podsakoff, P. M., Niehoff, B. P., MacKenzie, S. B., & Williams, M. L. (1993). Do substitutes for leadership really substitute for leadership? An empirical examination of Kerr and Jermier's situational leadership model. *Organizational Behavior and Human Decision Processes, 54*, 1-44.

Rooke, D., & Torbert, W. R. (2005, April). Transformations of leadership. *Harvard Business Review, 83*(4), 67-76.

Sample, S. (2002). *The contrarian's guide to leadership.* San Francisco: Jossey-Bass.

Spreier, S. W., Fontaine, M. H., & Malloy, R. L. (2006, June). Leadership run amok: The destructive potential of overachievers. *Harvard Business Review*, 71-82.

Sternberg, R. J. (2007). A systems model of leadership. *American Psychologist, 62*(1), 34-42.

Stogdill, R. M. (1948). Personal factors associated with leadership: A survey of the literature. *Journal of Psychology, 25*, 35-71.

Stogdill, R. M. (1974). *Handbook of leadership: A survey of the literature.* New York: Free Press.

Syrett, M., & Hogg, C. (Eds.). (1992). *Frontiers of leadership.* Oxford, UK: Blackwell.

Turner, R. A. (2007, September/October). Leadership success: Does personality matter? *The California Psychologist*, 10-14.

University of the Pacific. (2009, March 3). *Leadership development at the Pacific.* Retrieved June

13, 2009, from: http://web.pacific.edu/Documents/provost/acrobat/Leadership%20 definition%20final%203%203%2009%20_2_.pdf.

Upton, J. (2007). West Point keeps coach's pay secret. *USA Today.* Retrieved December 21, 2008, from: http://www.usatoday.com/sports/college/football/2007-12-05-army-pay_ N.htm.

Vroom, V. H., & Jago, A. G. (1988). *The new leadership: Managing participation in organizations.* Englewood Cliffs, NJ: Prentice-Hall.

Vroom, V. H., & Jago, A. G. (2007). The role of situation in leadership. *American Psychologist, 62*(1), 17-24.

Vroom, V. H., & Yetton, P. W. (1973). *Leadership and decision-making.* Pittsburgh, PA: University of Pittsburgh Press.

Weber, M. (1947). *The theory of social and economic organization* (A. M. Henderson & T. Parsons (Trans. & Eds.). New York: Free Press. (Original work published in 1924)

Whicker, M. L. (1996). *Toxic leaders: When organizations go bed.* Westport, CT: Quorum Books.

Yukl, G. (1994). *Leadership in organizations.* Englewood Cliffs, NJ: Prentice-Hall.

Zaccaro, S. J. (2007). Trait-based perspectives of leadership. *American Psychologist, 62*(1), 6-16.

추천도서

Antonakis, J., Cianciolo, A. T., & Sternberg, R. J. (2004). *The nature of leadership.* Thousand Oaks, CA: Sage.

Bjerke, B. (1999). *Business leadership and culture.* Northampton, MA: Edward Elger.

Fuqua, D. R., & Newman, J. L. (2004). Moving beyond the great leader model. *Consulting Psychology Journal: Practice and Research, 56*(3), 146-153.

Harvard Business Review of leadership. (1998). Boston: Harvard Business School Publishing.

Inside the mind of the leader [Special issue]. (2004, January). *Harvard Business Review, 82*(1).

McCauley, C., Moxley, R. S., & Van Velsor, E. (Eds.). (1998). *The Center for Creative Leadership handbook of leadership development.* San Francisco: Jossey-Bass.

Winum, P. C. (2003). Developing leadership: What is distinctive about what psychologists can offer? *Consulting Psychology Journal: Practice and Research, 55*(1), 41-46.

제17장

리더십 코칭의 기회를 잡아라

리더십은 조직 관리와 다르며, 그 이유는 사람들이 흔히 떠올리는 이유와는 별 상관이 없다.

—존 P. 코터(Kotter, 1990, p. 103)

사람들은 대개 리더와 나머지 구성원들 간의 근본적인 차이를 제대로 이해하지 못한다. 이에 대한 사람들의 통념은 대체로 옳지 않거나 문제가 있다. 코치는 팔로워였던 직원이 관리자가 될 때나 관리자가 경영자가 될 때 그 변화 과정을 돕기 위해 고용되는 경우가 많으므로, 각 단계마다 갖춰야 할 일련의 기술과 행동방식의 차이를 확실히 이해해야 한다. 이제껏 많은 경영자들이 리더십과 조직 관리의 차이에 별다른 관심을 두지 않았다. 오래된 산업화 시대에는 리더십을 단순히 훌륭한 조직 관리로 취급하거나 혹은 유명하거나, 효과적이거나, 카리스마적인 조직 관리로 여겼다.

학교에서는 리더십과 조직 관리에 필요한 능력이 무엇인지, 리더십과 조직 관리의 차이점이 무엇인지 가르쳐 주지 않으므로, 각자가 승진을 하는 동안 요령껏 알아내야 한다. 그러기 위해서는 스스로 깊이 생각해 보아야 하는데, 그 이유 중 하나는 리더십에 대한 터무니없는 오해가 많기 때문이다. 다음에서 리더십에 대한 오해의 사례를 살펴보자.

- 리더는 타고나는 것이지 길러내는 것이 아니다.
- 자리가 사람을 만들므로, 리더십은 리더의 자리에 오르면 저절로 생겨난다.
- 리더는 팔로워의 직무 관련 기술을 깊이 이해하고 가급적 통달해야 한다.
- 리더가 되고 싶은 사람이라면 먼저 훌륭한 팔로워가 되어야 한다.
- 관리자는 리더가 되어야 한다.
- 리더십은 늘리고, 조직 관리는 줄어야 한다.
- 진정한 리더십은 누군가로부터 배울 수 없다.
- 특별한 리더십 기술이 따로 있는 것은 아니다. 리더십은 상식적인 기술로, 약간의 타고난 카리스마에 훌륭한 행실과 업무 자세가 어우러지는 것이다.
- 조직의 관리자와 리더는 거의 비슷한 일을 단지 다른 수준에서(다른 수준의 보상을 대가로) 수행할 뿐이다.

이런 식의 오해는 리더십뿐만 아니라 조직 관리도 방해해서 조직에 해를 끼친다. 배우려는 의지가 있는 사람은 리더십 기술을 분명 배울 수 있다. 또한 존 코터(Kotter, 1990, p. 109)가 말했듯, 현장 근무 경험이 대개 리더십에 필요한 자질을 개발하는 데 방해가 된다는 점도 분명하다. 좋은 팔로워가 좋은 리더가 된다는 증거는 희박하다. 좋은 팔로워가 되기 위해 필요한 능력과 좋은 리더가 되기 위해 필요한 능력은 완전히 다르다. 리더로서는 훌륭했지만 팔로워로서는 서툴기 그지없는 사람도 있다(조지 패튼George Patton이 바로 그런 사람이었다). 요즘 기업계에서는 사실상 리더가 직원들의 기술적인technical 전문 지식을 다 알 수가 없다. 필요한 기술이 너무나도 빨리 변한다. 빌 게이츠나 스티브 잡스가 지금도 컴퓨터 프로그래밍 언어를 제대로 활용할 수 있을까? 비디오 게임 회사의 CEO가 자사의 게임을 제대로 즐길 수 있을까? 치의대의 학장이 아직도 새 임플란트 치료법이나 근관 치료에 필요한 복잡한 기술을 제대로 시술할 수 있을까? 리더와 관리자는 전혀 다른 기술로 전혀 다른 역할을 수행하며, 양쪽 모두 조직의 성공을 위해서 반드시 필요하다.

오해 목록의 맨 마지막 항목(관리자와 리더의 역할은 거의 비슷하다)은 코치가 진위를 확실히 밝혀 주어야 한다. 코치는 조직의 인재가 직원에서 관리자로, 관리자에서 리더로 올라서도록 도와달라는 부탁을 받는다. 코치는 고객에게 직위에 따른 역할상의 차이를 가르쳐 주고, 고객이 리더십 기술을 향상시켜 탁월한 역량을 발휘하도록 도와야 한다. 현장 근무자였을 때는 무척 유용했던 능력이 관리자가 되었을 때는 해가 되기도 하며, 관리자였을 때는 훌륭한 성격이나 능력으로 여겨졌던 자질이 리더가 되고 나서는 오히려 역효과를 내기도 한다. 때로 리더는 일반적인 실무에 신경을 쓰다가 정작 중요한 전략 구상이나 미래 구상에 소홀하기도 한다. 또 훌륭한 관리자가 위임을 하지 않고 세부사항까지 스스로 관리하다가 조직의 분위기를 그르치기도 한다. 지금부터 일반적인 위계 조직 내에서 직원, 관리자, 리더 간의 주요 차이점을 간략히 살펴보자. 〈표 17-1〉은 각각의 차이점을 정리해 놓은 것이다.

직원, 관리자, 리더의 차이점

현장 직원 또는 기술직 직원

신입 직원에게는, 그들이 앞으로 직장 생활을 수월하게 해낼 수 있을지 검토받는 과정이 필요하다. 경쟁력 있는 직원이 직장생활을 시작하기에 앞서 반드시 갖추고 와야 할 자세나 행동방식에는 여러 가지가 있다. 직원들이 늘 그런 채비를 갖춰서 입사하지는 않기 때문에, 코치는 직원들이 필요한 기술을 깨닫고 발전시키도록 도와주어야 한다. 예를 들어, 어떤 직원에게 영업 활동을 잘 해낼 만한 기미가 보인다고 해서 그가 영업 활동에 필요한 기술을 모두 갖췄으리라고는 볼 수 없다. 프로젝트 관리 기술과 같은 기술도 회사가 성공하기 위한 기본 바탕이므로 매우 중요하다. 직원은 신규 고객을 유치하고 서비스를 제공할 수 있어야 한다. 직원에게는 업무를 완수해내기 위한 활기가 있어야 하며, 기본적인 의사소통 기술, 업무 기술, 컴퓨터 활용 기술을 갖춰야 한다. 직원은 기강이 잡혀 있고 신뢰할 만해야 한다. 직종에 따라, 직원이 복잡한 기술과 강한 추진력을 갖춰야 성공할 수 있는 직업도 있고, 특별한 전문성을 갖추어야 하는 직업도 있다. 직원은, 설사 조직의 경영 전략이 마음에 들지 않는다고 해도 조직과 조직의 목표에 충실해야 한다. 리더십을 발휘하려면 능력 있는 팔로워가

< 표 17-1 > 직원, 관리자, 리더 간의 차이점

직원	관리자	리더
기본적인 업무를 수행한다.	조직을 관리한다.	가치를 창조한다.
반복적인 업무를 담당한다.	조직의 운영 상태를 파악한다.	조직을 변화시킨다.
조직의 자원을 부여받아 사용한다.	예산을 담당하고, 수입과 지출의 균형을 맞춘다.	투자자를 모색한다.
세부 기술을 발전시킨다.	계획을 수립한다.	목표를 정의한다.
새 제품군을 모색한다.	체계를 세운다.	환경을 마련한다.
제품을 만들거나 서비스를 제공한다.	문제를 해결한다.	기존의 방식을 뒤엎는다.
고객과 대면한다.	얽힌 문제를 푼다.	방향을 설정하고 분위기를 확립한다.
새로운 고객을 확보한다.	일자리와 업무에 맞게 직원을 배치한다. 외적 통제소재[1]의 경향성을 띤다. 보수적이고 조심성이 많다.	조직 구성원들을 한 방향으로 이끈다. 내적 통제소재[2]의 경향성을 띤다. 위험 요소를 창의적으로 받아들인다.
규칙을 따른다.	규칙을 지향하고 시스템에 기반을 둔다.	상상력에 기반을 둔다.
관리자(와 리더)가 필요하다.	리더(와 직원)가 필요하다.	관리자(와 직원)가 필요하다.
외부인과 교류한다.	조직 내에서 교류한다. 직원들이 시스템에서 벗어나지 않게 한다.	외부 인사와 교류한다. 사람들에게 영감을 준다.
자기 업무, 제품, 판매 실적에 대해 책임을 진다.	조직의 성과에 대해 책임을 진다.	모든 결과에 대해 책임을 진다.
개별적으로 일을 한다.	연역적으로 업무를 처리한다.	귀납적으로 업무를 처리한다.
상황을 아울러보는 능력이 부족하다.	조직의 틀을 만든다. 위험 요소를 회피한다.	명령을 내린다. 위험을 감수한다.
다른 사람이 제시한 방향을 받아들인다.	권한과 규칙을 활용한다. 방향을 일러준다. 모두가 규칙을 지키게 만든다.	영향력을 발휘한다. 확신을 준다. 방향성을 제시한다.
조직에 피드백을 전한다.	조직 문화를 관찰한다.	조직 밖의 문화를 관찰한다.

---

1) 자신의 행동이 운명이나 행운과 같이 자신의 통제를 넘어선 힘에 의해 통제된다는 인식-역주
2) 외적 통제소재의 반대 개념-역주

필요하다. 팔로워는 설사 하달받은 명령이 이치에 맞지 않고 탐탁지 않아도 그 명령을 기꺼이 받아들이고 수행해야 한다. 그리고 상황의 좋은 측면을 바라보고 유쾌하게 행동하는, 긍정적인 자세를 취해야 한다. 직원은 고객에게 서비스를 제공하면서 좋은 인상을 줄 수 있는 능력을 갖춰야 하며, 고객에게 양질의 서비스를 제공하기 위해 한층 더 노력할 수 있어야 한다. 또 직원은 업무상의 하자나 잘못된 사항이 있으면 조직에 피드백을 전할 수 있어야 한다. 직원들은 업무를 체계적으로 수행하고 문서 작업을 효율적으로 처리할 수 있어야 한다. 조직의 필요에 따라 새로 맡은 업무에도 적응할 줄 알아야 한다. 약물 남용, 성희롱, 지나친 스트레스, 부적절한 사내 연애와 같이 조직과 자신에게 해를 끼치는 행동을 하지 말아야 한다. 서류를 효과적으로 작성할 줄 알아야 하며 최신 기기를 활용할 줄 알아야 한다. 맡은 역할을 완수하고 프로젝트를 끝까지 마무리 지을 수 있어야 한다. 현대의 직장인이라면 이런 능력들은 기본적으로 갖춰야 한다.

관리자

> 관리자는 질서와 통제된 상황을 추구하며, 어떤 문제의 잠재적인 의미를 파악하기도 전에 거의 강박적으로 문제를 없애려고 몰두한다.
>
> −에이브러햄 잘레즈닉(Zaleznik, 1992, p. 131)

「하버드 비즈니스 리뷰」에 실린 에이브러햄 잘레즈닉 교수의 기고에 따르면 (Zaleznik, 1998, p. 61), 관리자는 "조직의 일상적인 업무가 확실히 완수되게 해 준다." 관리자는 통제하는 사람이다. 그들은 잠재된 혼란에 질서를 부여하고 리더의 비전을 실현해낸다. 관리자는 복잡하게 얽힌 문제를 풀어낸다. 직원들에게 지시를 내리고, 조직에서 권장하는 행동을 독려하고, 조직의 틀에서 벗어나는 행위를 처벌한다. 그들은 일종의 문지기로, 누군가의 의견이 기존의 체계에 어긋날 때 '거부' 의사를 밝힌다. 관리자는 여러 가지 제약을 두며, 무질서를 싫어한다. 조직이 "적절한 제품을 적절한 시간과 적절한 장소에 적절한 수량으로 공급하도록 만전을 기한다(Sloan, 1964,

p. 440)." 조직의 자산을 관리하고 보호하며, 현재 상황이 어떻게 돌아가고 있는지 면밀히 살핀다. 요소요소를 파악하고 목표 수립을 위해 최선을 다한다. 자신이 생각하기에 조직의 전략이 의도하는 방향으로 목표를 세운다. 요즘의 관리자들은 자료에 근거해서 생각하고 행동하며, 스프레드시트[3]와 스프레드시트에 나타난 세부 정보에 의존한다. 그들은 리더의 속마음을 무척 궁금해하며, 조직 내의 관료 정치나 야합에 끼어들기도 한다. 그들은 실세가 누구인지 알고 있다. 업무가 원활히 진행되면 그들은 기존의 방식을 고수하려 들고 변화를 탐탁지 않게 여기는데, 그 이유는 변화가 일어나면 예측이 불가능하고 관리자 자신이 곤란한 상황에 빠질 소지가 있기 때문이다. 이미 원활히 작동하는 시스템을 갖춰 놓았다고 해도, 변화가 생기면 어쩔 수 없이 그 시스템을 조정해야 한다.

관리자에게 가장 적합한 성격은 차분하고, 이성적이고, 분석적인 성격이다. 관리자는 관대하면서도 요구 사항이 많다. 그들은 늘 망루에 올라 문제점이나 부족한 점이나 시스템에서 벗어나는 점들을 살펴본다. 성공하는 관리자는 인간관계에 능한 사람들이다. 그런 사람들은 분별력이 있고 신뢰할 만하다. 그들은 대개 현실적이고 위험 요소를 싫어한다(좋아해서도 안 된다). 관리자는 업무를 완수할 수 있었던 이유나 완수된 업무가 무엇인가에 관심을 두기보다는 업무의 완수 여부와 완수된 방식에 초점을 맞춘다. 그들에게 업무 지시를 내리면 그들은 자신이 구축해 놓은 시스템 안에서 부하직원들이 그 지시를 수행하는 방안을 찾아낼 것이다.

이러한 견해에 관리자나 조직 관리를 폄하하려는 의도는 없다. 훌륭한 조직 관리는 조직이 성공하기 위해 반드시 필요하다. 하지만 조직을 훌륭하게 관리하기란 쉽지 않은 일이고, 조직을 훌륭하게 관리하는 사례도 드물다. 최근의 경영 문헌이나 기업 교육은 사람들에게 리더십은 좋은 것이고 조직 관리는 나쁜 것이라는 인상을 심어 주는 경향이 있다(Bennis & Nanus, 1985). 이런 견해에 따르자면 관리자는 관료주의를 연상시켜서 사람들에게 부정적으로 인식된다. 리더는 관료주의를 타파하고 대책을 강구하여 회사를 위기에서 구한다. 하지만 훌륭한 관리자는 효율적인 업무 체계를 구축하고, 효율적인 업무 체계를 싫어할 사람은 없다. 관리자는 그다지 인정을 받지도 못

---

3) 마이크로소프트의 엑셀처럼 계산, 장부, 연산, 그래프 등의 기능이 가능한 소프트웨어를 말함—역주

한다. 그러나 조직 관리는 리더십만큼 근사하지는 않다고 해도 조직에서 매우 중요한 역할을 담당한다. 아무리 리더의 비전이 좋고 직원들이 열심히 일한다고 해도 제품을 시장에 내놓을 수 없다면 그 기업은 실패한다. 제품을 잘 만들어 놓고 제시간에 납품하지 못한다면 제품을 만들어 보아야 무슨 소용이 있을까? 회사의 자원이 부주의하게 낭비되고 있는 마당에 어떻게 회사가 성공할 수 있을까? 리더십은 직원들이 더 열심히 일하도록 동기를 부여해 주기는 하지만, 좋은 시스템이 갖춰진 상태에서야 효과를 발휘한다. 어느 도시의 시장이 스스로 앞장서서 대중교통 체계를 갖추자고 강력히 주장한다고 해도, 그런 복잡한 체계를 준비하고 운영할 줄 아는 사람이 없다면 어떻게 될 것인가?

조직 관리가 잘 이루어지는 경우는 리더십이 잘 발휘되는 경우보다는 많지만, 조직 관리가 잘 이루어지는 사례 역시 그렇게 많지는 않다. 관리자는 조직의 성공에 반드시 필요한, 복잡한 시스템을 체계화하고 조정한다. 조직에 체계와 질서가 없으면 직원들의 불만이 쌓이고, 근로 의욕이 떨어지고, 고객이 줄어든다. 조직의 생존과 성공을 위해서는 효율적인 관리가 필요하다.

사람들은 권위적인 사람 밑에서 일하기 싫어하므로, 효율적인 관리자가 되기 위해 갖춰야 하는 인간미나 직무 역량은 무척 가치가 높다. 인간미가 있으면서 동시에 효율적으로 일을 처리하는 능력은 매우 훌륭한 자질인데도 사람들은 그것을 당연하게 여기는 경향이 있다.

> 어느 조직에서나 일 잘하는 관리자는 보기에도 좋고 같이 일하기에도 좋다. 체계적인 관리자는 다양한 사람의 작업을 조정하여 일처리를 원활하게 만들 줄 알아서, 사람들은 그런 관리자와 일하기를 좋아하지만, 무능하고 서툴고 투박한 관리자와는 일하기를 꺼린다(Rost, 1991, p. 160).

관리자는 분명 리더십(대인 관계에서의 영향력과 같은)에 준하는 역할을 수행하지만, 그런 행동은 직무기술서상에 대개 포함되지 않으며, 관리자가 담당해야 할 성질의 역할도 아니다. 간혹 그런 행동이 업무에 도움이 될 때도 있지만 오히려 역효과를 낼 때도 있다. 관리자가 카리스마 넘치는 인물이이라서 관리자의 카리스마가 업무에 도움이 된다고 해도, 조직 관리를 효과적으로 하기 위해서 카리스마가 꼭 필요하지는 않다. 오히려 관리자의 카리스마가 업무를 방해하고, 상사의 질투나 분노를 불러일으키기도 한다. 관리자에게 앞을 내다보는 능력이 있을 수도 있는데, 그런 능력도 조직을 관리하는 데 꼭 필요하지는 않다. 하지만 대체로는 관리자가 부하직원에게 권한을 행사하는 것이 회사에 좋기 때문에, 관리자는 직원들이 기존의 시스템에 순응하고, 시스템의 기본 틀을 바꾸지 않도록 이끌어야 한다. 관리자가 직원에게 영향력을 발휘해 그들이 더 열심히 일하게 만들거나 새로운 방식으로 업무를 수행하게끔 이끌었다면, 관리자는 리더십 기술을 사용한 셈이지만 그렇다고 리더의 역할을 수행했다고는 볼 수 없다. 조직의 모든 사람이 리더십을 발휘한다고 해도, 그로 인해 발생하는 여러 가지 변화는 여전히 조율과 관리가 필요한 상태다.

> 여러 사람이 발휘하는 리더십은 당연히 한 군데로 수렴하기 어렵다. 수렴은커녕 대립하기 십상이다. 협업을 위해 한 사람 이상의 리더가 필요하다면, 각자의 역할이 세심히 조정되어야 하는데 …… 그러려면 비공식적인 관계망을 탄탄하게 형성해야 한다(Kotter, 1990, p. 109).

리더가 팔로워를 위해 조직 전반을 아우르는 관례와 공식적/비공식적 교류 문화를 정립했다면 다행스러운 일이다. 하지만 너무 많은 사람이 리더십을(잘못된 곳에) 발휘하면 조직의 분위기가 매우 혼란스러워지기 십상이며, 이런 혼란을 처리하는 것이 바로 관리자가 해야 할 일이다.

리 더

> 리더십을 단순히 임원실에서 근무하는 것이나 높은 위신과 권한을 부여받는 것이나 중요한 의사결정을 내리는 행위와 동일시해서는 안 된다. 리더십이라는 개념을 요직에 있는 사람의 행위와 연결 지어 이해하는 방식은 그다지 도움이 되지 않는다.
> —조지프 C. 로스트(Rost, 1991, p. 98)

앞선 장에서 다루었던 내용에 덧붙여, 여기서는 리더십과 조직 관리를 구분하는 데 도움이 되는 리더십의 특성을 다루어 보려 한다. 리더는 모든 결과에 책임을 져야 하고, 회사가 나아가야 할 방향을 전적으로 결정해야 한다. 조직에 비전을 제시하고, 그 비전을 실현하기 위해 모든 직원과 조직의 역량을 집결해야 한다. 또한 조직 내의 질서를 형성하거나 변화시키는 과정을 창안해내야 한다(Rost, 1991). 리더는 대개 혁신에 주안점을 둔다. 그들은 때로 관리자들이 정리해야만 하는 혼란을 초래하기도 한다. 리더는 조직의 현실과 방향성에 영향을 미친다. 직원은 설사 조직의 관리 시스템이 가로막는다 해도 스스로 나서서 리더십을 따라야 한다.

일반적으로 리더의 역할은 패러다임을 깨고, 구성원들이 새로운 관점에서 상황을 바라보게 하고, 구성원의 우선순위를 바꾸어 주고, 현 상태를 뒤흔드는 것이다. 좋은 리더라고 해서 사무실에서 같이 지내거나 업무 지시를 받기에 편안하기만 한 것은 아니다. 그들은 업무를 방해하거나 큰 소리로 윽박지르기도 한다. 그들은 기존 방식상의 문제를 지적하며 기존의 상황을 뒤엎는다. 진정한 변화를 꾀하려고 노력하는 것이다(Rost, 1991). 좋은 리더라고 해서 마냥 사람들을 행복하게 만들어 주지는 않는다.

리더십을 최소화해야 할 때도 있겠지만, 항상 빠르게 변화하는 현대 기업계에서는 리더십이 필수적인 역할을 담당한다. 같은 일을 같은 방식으로 잘 해내는 것만으로 오랫동안 살아남는 기업은 드물다. 후발주자들이 따라잡거나 더 나은 방식을 찾아내기 때문이다. 시장 상황도 수시로 변한다. 정체된 조직은 요즘같이 급변하는 시대에 뒤처지기 마련이다.

리더들은 대개 성격상 가만히 앉아 있지 못하는 사람들이다. 그들은 변화를 사랑하고, 반복되고 지루한 업무를 싫어한다. 그들은 상상력을 발휘하기를 좋아하고 자신의 통찰력을 신뢰한다. 그들은 혼자 있는 시간을 즐기며, 여러 가지 상황을 숙고하기를 좋아한다. 그들은 위험 요소를 편안하게 받아들일 줄 알며 위험 요소가 조직에 어떤 역할을 하고 어떤 의미를 지니는지 이해한다. 그들은 타고난 성격상 경쟁을 즐겨서, '최고'가 되기를 갈망하고 승자가 되기를 갈망한다. 경쟁을 통해 그들은 자신의 진가를 온전히 발휘한다. 때로 그들은 충분히 생각하지 않고 행동하기도 한다. 또 때로는 자신들도 다른 사람들처럼 똑같은 규칙을 따라야 한다는 점을 깨닫지 못하기도 한다.

심지어 업무 스케줄과 사무실을 제대로 정리하지 못해서 자기 대신 정리를 해 줄 사람을 고용하기도 한다.

어떤 사람이 리더인 동시에 훌륭한 관리자라면 그런 능력은 업무에 도움을 주기는 하지만, 그런 능력을 꼭 갖춰야만 하는 것은 아니다. 리더의 역할 하나만 잘 해내는 사람조차 찾아보기 힘든 실정이므로, 조직 관리와 리더십을 겸비한 리더는 더더욱 찾아보기 힘들다. 조직은 조직 내에서 조직 관리에 능한 리더가 나타나기를 마냥 기다릴 수 없는 처지이기 때문에 조직 관리 능력이 결여된 리더를 고용하거나 새로 나타난 인물을 따라간다. (일반적으로 달리 선택할 수 있는 방법은 탁월한 관리자 중에 앞으로 훌륭한 리더가 되리라고 짐작되는 사람을 고르는 것이다. 이런 방법은 조직에 따라 효과가 있을 수도 있고, 없을 수도 있다.) 이때 추후에 반드시 뛰어난 관리자를 충원해서 리더의 비전대로 조직을 관리하게 해야 한다. 위대한 리더라도 자신의 비전을 제대로 실현해 내지 못한 경우가 많으며(설혹 리더가 비전을 실현해냈다 해도 그 상태가 오래 지속되지 않는 경우가 많다), 뛰어난 관리자라도 자신이 관리하는 업무상에서는 비전을 잘 제시하지 못한다. 리더와 관리자는 서로가 서로에게 필요한 존재다.

리더는 외부 인사들과 교류한다. 주주, 투자자, 정부 인사, 이사진, 업계 선두주자, 일반 대중에게 조직의 비전과 이미지를 전달한다. 리더는 외부 인사들의 관심사를 주의 깊게 살펴 그에 관한 피드백을 조직에 전달하여 조직이 적절히 대응하게 한다. 리더는 이사진을 관리한다. 리더는 중요한 외부 인사와 조직의 생사가 달린 상호 관계를 확립한다. 능숙한 리더는 어려운 시기에 도움을 받을 수 있는 신뢰 관계를 구축할 줄 안다.

리더는 관리자가 일반적으로 수행하지 않는 역할을 한 가지 더 수행한다. 그것은 생각을 하는 역할이다. 그들은 심사숙고하고, 여러 가지 생각을 종합하고, 그 생각을 발전시키고 자신의 상상력을 발휘한다. 그들은 광범위한 경로(신문, 인터넷, 다른 회사나 다른 업계의 동료, 베스트셀러 등)에서 정보를 받아들인다. 그들은 새로운 발상을 자신이 이끄는 조직에 통합시킨다. 관리자에게는 깊이 생각을 할 만한 여유가 별로 없다. 관리자는 세부 업무 처리와 자원 관리와 마감 시한 맞추기 등의 업무를 대가로 보수를 받는다. 관리자는 시간 여유가 많지 않고, 조직은 관리자에게 보수를 지불하면서 그들이 일을 느긋하게 처리하기를 바라지 않는다. 이와 반대로 리더는 깊이 생각하는 대가로 보수를 받는다.

여러 리더십 연구 문헌과 그로부터 도출된 결론을 자세히 검토하고 싶은 독자는 이 책의 16장을 참고하면 된다.

'현대'의 조직 구조

요즘에는 전통적인 위계조직에 대한 대안이 등장했다. 새로운 조직 구조는 수평적인 구조와 매트릭스 구조matrix structure[4]를 강조하고, 전체 조직이 리더십에 대한 책임을 나눠 맡는다. 각 조직 구성원에게는 비전, 동기 부여 방안, 방향성을 제시해야 할 책임이 부여된다. 이런 조직 구조는 특정 시장이나 환경에서 놀라운 효과를 발휘한다. 하지만 이런 구조는 기업 환경에 따라 적합하지 않은 경우가 있으며, 대체로 조직이 성장해 갈수록 유지하기가 어렵다.

이와 유사하게, 관리자들도 자신의 부하직원에게 리더가 되어 주어야 할 필요성을 느낀다. 물론 관리자도 직원들에게 동기를 부여하고 업무를 창의적인 방식으로 완수하는 방안을 찾아주어야 한다. 그렇기는 하지만, 실질적인 리더의 역할은 리더의 몫으로 남겨 놓는 편이 좋다.

코치의 기회

조직이 리더십 코치를 고용하는 이유는 크게 두 가지다. 코치는 문제 혹은 개선 가능한 단점이 있는 사람을 '고쳐주거나', 조직 구성원이 한 단계 더 높은 직책을 제대로 맡을 수 있도록 도와주기 위해 고용된다. 때로 코치는 전도유망한 리더가 자기 역할을 훌륭하게 수행해낼 수 있도록 돕기 위해 고용되기도 한다.

코치는 자신이 조직의 리더십 발전 과정에 중요한 역할을 담당했다는 평가를 받을

---

4) 행렬식 구조라고도 한다. 조직구성원이 원소속인 기능부서에도 배치되고 동시에 현재 맡고 있는 생산품 제작 부서에도 배치되는 형태로, 두 개의 단위조직에 속하여 두 사람의 상급자를 두고 있는 형태다. -역주

때 가장 큰 성공을 거둔다. 조직이 어느 직원에게 코치를 고용해 줬다면, 조직은 그 직원의 가치를 높게 평가해서 그 직원이 직원에서 관리자로, 관리자에서 파트너나 리더로 올라설 수 있게 기꺼이 투자를 한다는 뜻이다. 각 직급 사이의 역할 차이는 코치가 자신의 역량을 발휘할 수 있는 좋은 기회가 된다.

대부분의 조직은 리더십을 가르칠 수 있는 환경이나 제대로 된 리더를 키워 낼 수 있는 환경을 갖추지 못했다. 도리어 진정한 리더의 성향을 드러내는 사람에게 불이익을 주는 곳이 많다. 리더십 연구 문헌에 따르면, 리더십을 키우고자 하는 사람이 리더십에 필요한 기술을 배우고 싶어도, 학교나 교육 기관이나 리더십 관련 도서(분명 리더십에 도움이 되기는 하지만)에서는 원하는 것을 배우지 못한다고 한다. 리더십 기술을 배우고자 하는 사람은 누군가의 안내를 받아 리더십을 발휘해 보고 불가피한 자신의 실수로부터 교훈을 얻도록 도움을 받아야 한다. 그들은 리더십을 발전시키는 과정에서 자신이 겪은 난관을 통해 성장할 수 있어야 한다. 그들은 경력 초기에 까다로운 도전 과제를 부여받아야 할 필요가 있고, 그에 대한 멘토링과 생각할 시간을 충분히 얻어야 한다. 또한 훌륭하고 직설적인 피드백을, 상처가 아닌 성장을 도모하는 방식으로 받아야 한다. 코치는 이 모든 과정에서(특히, 고객이 조직 내부에서 멘토를 구하기 어려울 때) 고객에게 커다란 도움을 줄 수 있다.

코치의 역할

1997년, 창조적 리더십 센터의 위더스푼Witherspoon과 화이트White는 『경영자 고객을 코칭하는 네 가지 방법』(가제)[5]이라는 책을 썼다. 그들은 이 책에서 코치가 담당해야 할 네 가지 역할을 다음과 같이 설명한다. 코치는 코칭 초기에 고객과 함께 이 역할들에 대해 생각해 보고 의견을 나누어 보아야 한다.

기술 습득을 위한 코칭

위더스푼과 화이트(Witherspoon & White, 1997)는 직원이(가끔은 관리자나 리더도) 중

---

5) 원제: Four Essential Ways That Coaching Can Help Executives

요한 기술을 빨리 습득해야 하는 경우라면 기술을 가르치는 코칭을 권장한다. 이 과정은 고객이 자신에 대한 평가 결과를 받아 보고 본인의 단점을 자각하는 데서부터 시작해야 한다. 코치가 가르칠 수 있는 기술에는 연설, 경청, 사적 조직 형성,[6] 시간 관리, 자기표현(외모 또는 행동), 전화 영업 기술이 있고, 심지어 코치는 고객이 자사의 제품과 서비스를 깊이 이해할 수 있게 도와주기도 한다. 때로는 기술직 직원이, 자신이 남들에게 좋은 인상을 주지 못한다는 점을 깨닫기도 한다. 코치는 고객 평가를 실시하여 결과를 보여 주고 고객과 함께 기술 습득 계획을 세워서 고객이 원하는 기술을 습득하도록 도와준다. 이런 종류의 코칭은 비교적 간편하고 범위가 좁다. 고객이 원하는 기술을 습득하고 나면 코칭도 끝이 난다.

효율성을 위한 코칭

효율성을 위한 코칭은 고객의 현재 업무와 성과에 초점을 맞춘다. 이런 유형의 코칭은 난관에 봉착한 관리자에게 적합하다. 이런 상황에서 고객들은 무엇이 잘못되었고, 무엇이 부족한지를 잘 모르면서도 분명히 자신들이 어떤 능력을 개선시켜야 한다고 생각한다. 이와 같은 유형의 코칭은 비교적 포괄적이고 앞서 언급한 기술 습득을 위한 코칭과 마찬가지로 평가 단계에서부터 시작을 하지만, 여기서의 평가는 더 다양한 출처로부터 자료를 얻는다. 이 과정에서는 360도 평가가 유용하다. 코칭에 필요한 시간은 중간 정도로, 코칭은 대략 수개월에서 1년가량 진행된다. 코칭은 구체적인 목표하에 실시되며, 목표는 본질적으로 조직의 목표와 연관된다. 그러므로 코치와 고객은 코칭이 잘 이루어지고 있다는 사실을 목표로 삼은 조직의 성과가 향상되었을 때 알게 된다. 코칭 과정에서 주로 다루는 사항에는 분석 기술, 문제 해결 방법, 팀빌딩, 조직 편성, 관리상의 문제 해결이 있다. 이때 코치는 코칭이 이루어져야 하는 분야에 대한 전문적인 식견을 갖춰야 하며, 그렇지 못하다면 최소한 고객이 해당 분야에 능숙한 사람으로부터 조언을 받을 수 있도록 연결해 주어야 한다.

---

6) 조직의 구성원 일부를 개인적으로 포섭하여 별도로 조직한 비공식 소집단-역주

발전을 위한 코칭

발전을 위한 코칭은 직원, 관리자, 리더 모두에게 적합하다. 발전을 위한 코칭에서는 조직 구성원이 다음 단계의 직위로 올라설 준비를 갖추도록 노력한다. 이를 위해 앞으로 맡을 직책에 꼭 필요한 기술과 현재 사용하는 기술을 분석하고 검토하여 이 두 가지를 비교해 본다. 코치와 고객은 필요한 기술을 습득하고 경험을 쌓기 위해 함께 노력해야 한다. 위더스푼과 화이트(Witherspoon & White, 1997)의 의견에 따르면, 발전을 위한 코칭에서는 고객의 행동 유형 중에 지금은 유용해도 나중에는 짐이 될 만한 행동을 없애는 과정도 포함시켜야 한다. 발전을 위한 코칭의 목표는 불분명하고 개인적이다. 코치는 사회에 첫발을 내디딘 직원이 자신의 경력을 어떤 방향으로 발전시키고 싶은지 검토하는 과정도 코칭의 목표로 삼아야 한다. 이때 고객의 목표를 면밀히 살펴서 목표가 현실적이고 달성 가능한지 판단해 보아야 한다.

경영자의 현안을 다루는 코칭

경영자의 현안을 다루는 코칭은 리더의 역할과 가장 관련이 깊다. 코치는 리더가 발전하고, 조직을 성장시킬 수 있도록 도와야 한다. 이런 역할은 코칭 과정 내내 지속될 가능성이 높으며, 코치는 고객이 자신의 모호하고도 야심찬 목표를 달성하는 과정을 도와야 한다. 코치는 고객을 정기적으로 만나거나 고객이 필요할 때마다 만난다. 코치는 리더가 심사숙고하고 결정을 내리는 과정을 돕고, 그 과정에서 리더가 난관에 봉착하고 의지할 곳이 없을 때 옆에서 격려해 주어야 한다. 코치는 리더의 이야기를 경청하고 리더가 하는 이야기의 현실성 여부를 판단해 주는 역할을 해야 한다. 이러한 역할을 담당하는 세부적인 방법과 예상 가능한 문제에 대해 더 자세히 알고 싶은 독자는 「하버드 비즈니스 리뷰」에 실린 나들러(Nadler, 2005)의 기고문을 참고하면 된다.

요 약

1. 조직 관리와 리더십은 다르며, 많은 사람들이 이 두 개념 사이의 관계를 오해한다. 코치는 조직 관리와 리더십에 대한 유용하고 명확한 개념을 '수평적인' 조직을 비롯한 여러 조직에 전달해 줄 수 있다.

2. 코치는 고객이 한 직급 승진했을 때 맡아야 할 역할을 원활히 수행하도록 도와주어야 한다. 적절한 조직 관리 기술이나 리더십 기술은 멘토링이나 성장통 없이는 배우기가 어렵다. 자전거 타기를 배우려면 수차례 넘어지기를 반복해야 하는 것과 같다. 조직 내에는 대체로 효과적으로 멘토링을 받을 만한 곳이 없다. 누구나 실수를 저지르기 마련이므로, 코치는 그런 상황에서 멘토나 선생님의 역할을 적절히 수행해 주어야 한다.

3. 코치는 먼저 고객이 코칭 목표를 적절히 세우도록 도와주고, 그 후에 적절한 방법으로 개입해 주어야 한다. 상황마다 그 상황에 맞는 방식으로 개입을 해야 효과적이다. 리더십을 위한 코칭은 조직 관리를 위한 코칭이나 영업 기술을 개발하기 위한 코칭과는 성격이 다르다. 코치 한 사람이 앞서 언급한 모든 상황에 맞춰 적합하게 코칭을 수행하기는 어렵다.

4. 고객의 성장을 도와주는 멘토로서의 역할은 (코치에게) 중요한데, 그 이유는 코치의 역할에 대한 부정적인 인식, 예를 들어 코치는 '낙오자'나 정리 해고 대상자를 돕는 사람이라는 인식을 없앨 수 있기 때문이다. 코칭은 '고속 승진'하는 사람들에게 밑거름이 될 수 있다.

5. 대다수의 조직은 리더를 자체적으로 길러내지 못한다. 코치는 조직에 리더십을 발전시키는 문화를 불어넣어 줄 수 있다.

6. 모든 사람이 리더의 자리에 어울리지는 않으며, 많은 사람들은 리더가 수행해야 하는 역할을 달갑게 여기지 않는다. 능숙한 관리자라도 리더의 자리를 맡기 전에 (높은 보수가 매력적이라고는 해도) 그 자리가 자신에게 적합한지 아닌지를 심사숙고해야 한다.

참고문헌

Bennis, W. G., & Nanus, B. (1985). *Leaders: The strategy for taking charge.* New York: Harper & Row.

Kotter, J. P. (1990, May-June). What leaders really do. *Harvard Business Review, 68*(3), 103-111.

Nadler, D. A. (2005, September). Confessions of a trusted advisor. *Harvard Business Review,*

83(9), 68-77.

Rost, J. C. (1991). Leadership and management. In G. R. Hickman (Ed.), *Leading organizations* (pp. 97-114). Thousand Oaks, CA: Sage.

Sloan, A. P. (1964). *My years with General Motors.* New York: Doubleday.

Witherspoon, R., & White, R. (1997). *Four essential ways that coaching can help executives.* Greensboro, NC: Center for Creative Leadership.

Zaleznik, A. (1992, March-April). Managers and leaders: Are they different? *Harvard Business Review*, 126-135.

Zaleznik, A. (1998). Managers and leaders: Are they different? *In Harvard Business Review on leadership* (pp. 61-88). Boston: Harvard Business School Publishing.

추천도서

Bennis, W. G. (1977, March-April). Where have all the leaders gone? *Technological Review*, 3-12.

Bennis, W. G. (1989). *On becoming a leader.* Reading, MA: Addison-Wesley.

Bennis, W. G. (1989). *Why leaders can't lead.* San Francisco, CA: Jossey-Bass.

Goffee, R., & Jones, G. (2006). *Why should anyone be led by you?* Cambridge, MA: Harvard Business School Press.

Goleman, D. (1998, November-December). What makes a leader? *Harvard Business Review,* 93-102.

Harvard Business Review on leadership. (1998). Boston: Harvard Business School Publishing.

Mintzberg, H. (1990, March-April). The manager's job: Folklore and fact. *Harvard Business Review*, 163-176.

Phillips, D. T. (1998). *Martin Luther King, Jr. on leadership.* New York: Warner Books.

Syrett, M., & Hogg, C. (Eds.). (1992). *Frontiers of leadership, an essential reader.* Oxford, UK: Blackwell.

Weinstein, B. (2000, August 27). What a techie gives up to be a manager. *San Francisco Examiner and Chronicle*, p. CL 23.

제18장

코치가 꼭 지켜야 할 윤리

어느 분야에서건 탁월성을 추구할 때는 윤리성부터 갖춰야 한다.

―로버트 솔로몬(Solomon, 1997, p. xiii)

    심리치료사는 공식적인 윤리강령이나 규범에 익숙하다. 심리학의 모든 하위 분야에는 명문화된 강령이 있으며, 각 전문기관의 구성원들은 대체로 강령을 잘 이해하고 있다. 심리치료사들은 대학원에서 필수 과목으로 윤리 교과목을 이수해야 하고, 임상의는 새로 나타나는 여러 윤리적, 법적 쟁점들과 관련된 교육을 계속해서 의무적으로 받아야 한다. 다양한 유형의 심리치료사는 오랜 세월 이어져 온 직업군으로, 이들에게는 규칙과 전통, 소속 기관, 관습, 문화가 있다. 미국심리학회APA는 1953년부터 윤리강령과 규범집을 출간해 오고 있다. 심리치료 분야에는 심지어 복잡한 '치료 기준Standard of Care', 즉 심리치료 단체의 회원이 지켜야 할 행동 기준이 불문율로 존재한다. 심리치료사는 그 기준을 준수해야 한다.

    경영 컨설팅이나 경영자 코칭 분야에는 이런 관행이 없다. 경영자 코칭은 비교적 신생 분야인 탓에 단체의 규범이나 공식적인 직업 체계를 견고하고 확실하게 갖추지 못했으므로, 코치들은 스스로 자신을 검열해야 한다. 경영자 코칭의 윤리 기준은 발전 과정 중에 있는 상태이고, 대다수 코치 양성 기관은 현재 공식적인 윤리강령을 발전시켜 공표해 놓고 있다. 몇몇 코치 양성 기관의 윤리강령은 이번 장의 끝부분에 수록되어 있다. 각 기관이 마련해 놓은 윤리강령에는 상당한 차이점이 나타나며, 몇몇 기관의 강령은 타당성이 충분하기는 하지만 특정 기관의 강령이 독보적으로 받아들여지지는 않고 있다. 코치를 위한 비영리 단체인 국제코치연맹International Coach Federation이 발표한 윤리강령the Code of Ethics은 믿고 사용할 만한 윤리강령의 대표적인 사례로, 심리치료의 윤리강령을 상당수 반영하고 있다. 또한 독자들은 로드니 로먼의 책『조직에서 심리학의 윤리적 적용』(가제)[1](Lowman, 1998)을 참고해 볼 만한데, 이 책은 미국심리학회의 행동 강령을 기업에 적용하는 방법을 보여 주는 사례집이다.

대부분의 개인 코치는 도덕적으로 내리기 어려운 결정을 자기 스스로 내려야 하며, 특히 특정 단체의 강령을 따라야 할 의무가 없는 개인 코치는 더더욱 그렇다. 비즈니스 코치가 되는 과정에는 공식적인 면허 절차가 없으며, 다행히 참고할 수 있는 코칭 규정이나 기준이 마련되어 있기는 하지만 그것만으로는 충분하지 않을 때가 많다. 이번 장에서는 심리치료의 윤리와 코칭 윤리 사이의 유사점이나 차이점을 간략히 다루어 보려 한다. 참고문헌이나 관련 지침 서적은 이번 장의 끝부분에 수록해 놓았다. 경영자 코칭의 방법은 나날이 발전해 나가고 있으므로, 이에 맞춰 관련 규정과 윤리 기준 역시 명확히 확립되어야 할 것이다. 현재로써는 코치들이 스스로 신중하게 판단을 내리거나 동료의 적절한 조언에 의존하는 수밖에 없다. 단순히 말하자면 정직한 태도와 고객을 이용해 사익을 도모하지 않는 태도가 코칭계에서 꼭 지켜야 할 일반 지침이라고 말할 수 있을 것이다. 판단하기 어려운 윤리적 문제나 쟁점에 맞닥뜨렸을 때는 자신의 멘토나 믿을 만한 동료와 상의하는 것이 좋다.

전문성

근래 들어, 경영자 코칭 분야는 꽤 성행하고 성숙했으므로 이런 의문을 제기해 보아야 한다. 경영자 코칭은 전문 분야인가? 전문 분야가 아니라면 전문 분야가 되어 가는 중이고, 그렇게 되어야 하는가? 전문 분야가 되어야 한다면 그 방법은 무엇인가?

---

1) 원제: The Ethical Practice of Psychology in Organizations

전문성은 중요한 개념인데도 불구하고 그 정의에 대한 견해가 분분하다. 여러 분야의 전문직 종사자들은 전문가가 되기 위해 열심히 노력하지만 사실 전문가가 된다는 것이 무엇인지는 확실하지가 않다. 때로 연배가 많은 전문직 종사자들은 후배들로 하여금 관례와 전통을 따르게 할 요량으로 후배들에게 '전문가'가 되라고 촉구하기도 하는데, 이런 행위는 훌륭한 가치를 불쾌하고 진부한 것으로 인식시킬 우려가 있다. 전문성이라는 개념이 가치가 있으려면 사람들이 전문성이라는 개념에 대해 합의를 이루어야 한다. 생명윤리 분야는 이와 관련해 면밀히 검토해 볼 만한 기준을 내놨다(Peltier, 2001). 다음에서 생명 윤리 문헌에 나타난 전문성의 기준을 몇몇 살펴보자.

- 전문 직종에 종사하는 사람은 중요하고 비범한 전문 기술을 갖췄다. 그들은 일반인이 스스로 하지 못하는 행위를 일상적으로 수행한다. 예를 들어, 머리 염색은 누구나 스스로 할 수 있지만, 치아의 근관 치료는 스스로 하지 못한다.
- 진입 장벽이 존재한다. 진입 장벽으로 작용하는 요소에는 교육, 수련, 면허(대중에 봉사하고 대중을 보호하기 위해) 등이 있다. 그 결과 전문 직종은 대개 자신의 전문 분야에서 독점적인 지위를 누린다.
- 전문가는 자신이 맡은 업무에서 실질적인 자율권을 부여받는다. 사람들은 전문가가 사익을 앞세우지 않고 능숙한 기술로 올바르고 훌륭하게 고객의 권익을 보장해 주리라고 믿는다. 환자나 고객은 전문가의 처방이 좋은지 나쁜지 제대로 판단하지 못한다. 머리 손질을 잘했는지 못했는지는 누구나 쉽게 판단할 수 있지만, 의사가 환자에게 급히 맹장 수술을 받아야 한다고 말할 때는 그 진위를 쉽게 판단하지 못한다. 그 결과 환자나 고객이 자신의 담당 의사나 전문가를 전적으로 믿어야만 하는 신뢰관계fiduciary relationship가 성립된다. 전문가는, 자신의 권익을 스스로 돌보지 못하는 사람을 능숙하게 돌보아 준다. 대중은 전문가 집단에 속하는 사람이라면 꼼꼼히 따져보지 않아도 믿을 만하다고 생각한다.
- 전문가 집단이란 각 구성원이 대중에 대한 자신의 의무를 이행하겠다고 약속하는 공식적인 조직이다. 대개 이런 집단의 조직 체계는 명문화되어 있다. 지식의 비대칭성(전문가는 고객보다 관련 지식에 훨씬 해박하다)으로 인해 대중은 전문가를 전

적으로 신뢰하고 전문가에게 일종의 특권을 부여하는데, 이 특권에 대한 대가로 전문가는 공익을 실현해야 하는 의무를 진다.

최근 하버드 대학교의 설문조사에 참여한 여러 숙련된 코치들은, 현재 코칭 분야는 전문성의 관점에서 보자면 '사춘기'의 단계에 있다고 응답했다(Kauffman & Coutu, 2009, p. 24). 여러 응답자들은 코치의 코칭 기술은 매우 발전했지만 전문성은 그렇지 못하다고 봤다. 그들은 사이비 코치나 비전문가들이 일으키는 문제를 꼬집었고, 자격 심사 절차를 더 강화해야 한다고 지적했다. 이런 문제는 부적절한 진입 경로와 연관이 있다. 코치에 입문하기 위해 받는 일부 연수와 자격 심사는 그저 주말 세미나 정도에 불과하며, 비용을 지불할 수만 있다면 누구나 참여가 가능하다. 그런 식으로 자격 증을 부여하는 코칭 양성 과정은 실효성을 의심해 보아야 한다. 사실 법적으로도, 실제적으로도 신입 코치는 연수 과정을 밟아야 할 의무가 전혀 없다. 누군가 자신을 '경영자 코치'라고 지칭하고 어느 기업이 그 사람을 고용하려 한다면 그것을 막을 만한 근거가 어디에 있을까? 잭 웰치, 스티브 잡스, 칼리 피오리나, 콜린 파월은 코칭과 관련된 훈련을 전혀 받지 않았고 자격증도 소지하지 않았지만 그들이 경영자 코칭을 하겠다고 나선다면 누가 그들을 만류할 수 있을까? 다음에서 하버드 대학교의 설문 조사에 응답한 코치들의 대표적인 의견을 몇몇 살펴보자(Kauffman & Coutu, 2009, p. 25).

코칭 업계는 근본적인 변화가 필요하다. 코칭 자체에서 버는 돈보다 코치 양성 과정에서 버는 돈이 더 많으며, 진입 장벽이 낮다는 점도 문제다.

코칭의 명성에 먹칠을 하고 다니는 사이비 코치들이 너무 많다. 나는 코칭 업계가 점차 더 전문화되기를 기대한다.

업계를 경직화하지 않는 선에서 표준화할 필요가 있다.

코칭 업계는 성숙하고 있다. 코칭이 더 많이 알려지면서 앞으로는 대학원 과정을 마치고 코치가 되는 사람도 많아질 것이다.

코칭 윤리를 명문화하기 위해서는, 앞서 언급한 국제코치연맹의 윤리강령과 같이 비교적 새롭게 명문화된 강령이 어떤 식으로 발전해 왔는지를 살펴보면 도움이 된다. 주요 코칭 단체 몇 곳은 최근 '공유된 전문가 가치 성명Statement of Shared Professional Values'을 도출하여 서명했다(UK Coaching Round Table, 2008). 이 합의문은 한 가지 메타 원칙('코칭 분야의 경쟁력과 명성을 지속적으로 향상시킬 것')과 까다로운 쟁점과 관련된 일곱 가지 원칙을 담고 있다. 2008년에 발간된 『코칭 심리학 핸드북』(가제)의 부록에는 주요 코칭 단체 및 이익 집단 열 곳과 전문 잡지 네 곳이 실려 있다(Palmer & Whybrow, 2008).

코칭의 전문성을 저해하는 두 번째 주요 장애물은, 코칭의 효과가 매우 측정하기 어렵다는 점이다. 코치가 구체적으로 어떤 역할을 담당하는지를 수량화하여 표현하기는 상당히 어렵다. 코치 및 코칭 관련자들은 코칭이 훌륭히 이루어졌는지(그랬다면 코칭이 어느 순간에 훌륭했는지) 아니면, 오히려 해를 끼쳤는지(그랬다면 코칭이 언제 해를 끼쳤는지)를 어떻게 알 수 있을까? 탁월한 코칭이 무엇인지 모르는데, 우리가 어떻게 탁월한 코칭에 동의하고, 탁월한 코칭에 도달할 수 있을까? 코칭에 대한 사람들의 인식은 대개 그에 대한 연구 결과가 매우 적어서 입증이 되지 않는다. 하버드 대학교의 설문에서 나온 견해를 하나 더 인용하자면, "코칭이 사람들의 신뢰를 얻으려면 코칭의 목적과 목표, 방법론, 윤리를 명문화하고 코칭의 실제적인 효과를 측정하는 믿을 만한 연구 결과를 내놓아야 한다"(Kauffman & Coutu, 2009, p. 25).

코칭이 전문성을 확보하기 위해 생각해 보아야 할 세 번째 질문은 슈퍼비전supervision이다. 코칭 업계가 코치를 관찰하고, 정기적으로 슈퍼비전을 실시하는 것을 경영자 코칭 문화의 일부로 받아들여 코치의 자질을 보장하는 방법을 생각해 볼 수 있다. 캐럴(Carroll, 2008)은 이 질문을 더 자세히 파고들어, 상담심리학의 경우에는 정기적인 슈퍼비전을 오랜 전통으로 삼아 왔으며, 이 덕분에 심리치료사와 내담자 모두 의미 있는 효과를 얻었다고 언급했다. 캐럴의 견해에 따르면, 슈퍼비전은 이미 개념적/실제적으로 토대가 잘 닦여 있기 때문에, 코치는 슈퍼비전의 훌륭한 관행을 코칭에 적용하기만 하면 된다. 슈퍼비전을 실시하면 자신을 돌아볼 기회와 훈련할 기회가 생기며, 신입 코치의 발전을 도모할 수 있고, 모범 사례를 공유할 수 있고, 복잡하고 난해한 사례를 함께 해결해 볼 수 있고, 내담자를 보호할 수 있고, 실력이나 판단력이 부족한 코치를 관찰할 수 있고, 적절한 전문가를 소개할 수 있고, 고민을 나눌 사람이 있다는 마음의 위안을 얻을 수 있다.

역할 범위

역할 범위란 각 분야 전문가의 역할 및 행동상의 한계선을 뜻한다. 역할 범위는 각자의 면허 종류, 전문 분야, 훈련 내용, 능력, 전문 지식에 따라, 담당해야 할 일과 담당하지 않아야 할 일을 규정한다. 역할 범위에는 크게 두 종류의 범주가 있다. 첫째는 전문성에 따른 역할 범위professional scope로 전문 분야와 면허의 종류에 의해 결정되고, 둘째는 개인의 능력에 따른 역할 범위personal scope로 각 개인이 어떤 훈련을 받고 어떤 경험을 쌓았느냐에 따라 결정된다. 전문성에 따른 역할 범위에서 보자면, 심리학자는 내담자에게 주사를 놓아서는 안 된다. 심리학자의 역할상의 정의, 교육 배경, 관련 기관의 법적 제약에 근거해서 볼 때, 주사는 의사의 역할 범위 안에 있는 행위이지 심리학자의 역할 범위 안에 있는 행위가 아니다. 심리학자 중에는 심리검사를 수행해 심리평가를 전면적으로 실시해 주는 사람이 있는가 하면, 그렇지 못한 사람도 있다. 심리검사 및 평가와 같은 활동은 법적으로는 심리학자의 전문성에 따른 역할 범위 안에 포함되지만, 그와 관련된 훈련과 경험이 부족한 심리학자 개인의 능력에 따른 역할 범위에는 포함되지 않는다. 이런 경우 심리학자는 심리평가의 실시 여부를 결정할 때 개인의 입장과 전문가의 입장 모두에서 올바로 판단을 내려야 한다.

코칭과 심리치료 사이에 역할 범위가 중요한 이유에는 크게 두 가지가 있다. 첫째, 두 분야에는 서로 겹치는 영역이 있고, 코칭 과정을 검토하고 코칭 방식을 관리하는 것이 코치 개인의 몫으로 남기 때문이다. 예를 들어, 어떤 코치가 이 책에 수록된 인지치료기법을 사용하고자 한다면 이 방식의 적절성과 사용 시점에 대해 누가 조언해 줄 수 있을까? 만일 고객이 세상을 부정적으로 바라보는 성향 때문에 직장생활에서 위기를 겪고 있다면 어떻게 해야 할까? 이 고객이 가벼운 우울증에 빠진 것인지 아니면 기분부전증dysthymia에 빠진 것인지를 어떤 근거에서 판단할 수 있으며, 이때 코칭은 심리치료로 방향을 틀어야 할 것인가? 잭 웰치는 경영자 고객에 대한 상담이나 심리치료를 수행할 수 있을까? 심리적 문제가 있는 고객을 대할 때 참고할 만한 명확한 임상 지침과 기준이 있기는 하지만 누가 어떤 근거에서 그런 지침과 기준을 마련해 놓았을까? 코치는 고객에게 심리치료를 적극적으로 권하기가 어려운 입장이다. 특히 고객이 코칭을 만족스러워하고 계속 받고 싶어 하는 상황에서 심리치료를 권하면 고객을 잃을 우려가 있는 데다, 코치가 고객에게 정신적으로 이상이 있다고 말하는 셈이 되기 때문이다. 코치는 자신의 행동이 코칭에 해당되는지 심리상담에 해당되는지를 어떻게 판단해야 할까? 코칭 고객이나 인사부 직원은 이런 문제에 대한 명확한 판단 기준을 세우기 어렵다. 따라서 코칭 고객이나 인사부 직원은 코치의 직업윤리나 코치 개인의 판단에 의존해야 한다. 자신이 지금 코칭을 하는지, 아니면 심리치료를 하는지 혼란스러운 코치는(의심의 여지없이 그렇게 된다) 슈퍼비전을 받거나 상담을 받거나 멘토를 만나 보기를 적극 권장한다. 코치는 고객의 유익을 최우선으로 생각하되 고객에 대한 판단을 내리는 것은 결국 코치의 몫이라는 점을 잊지 말아야 한다.

둘째, 면허도 없이 심리치료를 실시하면서 이것을 코칭이라고 우기는 사람들이 있기 때문이다. 이 경우에는 심각한 윤리 문제가 발생한다. 대다수 주州나 국가에는 심리치료와 관련된 체계적인 규정이 주로 자격시험의 형태로 갖춰져 있다. 심리치료사나 심리상담사를 꿈꾸는 사람은 정규 교육과정을 이수하고 자격시험을 통과해야 한다. 자격을 부여받았다 해도 활동 기간 내내 지속적으로 교육과정을 이수해야 하고, 교육과정 이수 여부를 자격시험 위원회에 의해 점검받아야 한다. 자격시험 위원회는 자격을 부여한 사람에게는 권한을 행사할 수 있지만 자격을 부여하지 않은 사람에게는 그럴 수 없다. 근래 들어 코칭에 대한 사람들의 관심이 폭발적으로 늘어난 탓에, 인생 상담 코칭을 비롯한 여러 종류의 코칭을 실시하는 모든 사람들을 지속적으로 관리하기란 사실상 불가능하다. 인터넷 공간에 들어가 보면 사람들을 변화시켜 주고 성장시켜 주겠다는 인생 상담 코치들이 수없이 대기하고 있다. 이런 '코치'들의 이름 뒤에는 PCC, CUCG, CPCC, MCC, LMT, CEC, CPC, CLO, CLC, NCGC 등의 단체명이 붙어 있다(단체명 목록에는 끝이 없어 보인다). 이들은 '삶을 바로잡도록, 유해한 감정을 다스리도록, 자기회의감을 없애도록, 인간관계를 회복하도록, 삶을 변화시키도록, 돈을 벌도록, 위대한 꿈을 이루도록' 도움을 주겠다고 제의한다. 어느 웹 사이트는 코칭을 '세상에서 가장 빠르게 성장하는 분야'라고 소개한다. 이런 웹 사이트의 코치는 고객의 문제점을 재빨리 바로잡아 주고, 신속한 결과를 내놓겠다고 제안한다. 그런 코치가 되기 위한 교육과정도 빠른 시간 내에 받을 수 있다고 설명하며, 주말에 한 번 교육과정을 개설하는 몇몇 '기관'을 소개한다. 현재 코칭 업계에는 실로 놀라운 일이 벌어지고 있으며, 사실상 일반인들로서는 무엇이 좋은지, 무엇이 그저 시간 낭비와 돈 낭비에 불과한지, 무엇이 매우 위험한지 도무지 알 길이 없다.

타인의 곁에서 타인의 삶을 향상시켜주겠다는(보수를 받는 대가로) 사람은 예전부터 늘 존재해 왔지만 현재 코칭 업계의 상황은, 코치라는 사람들은 누구나 현재의 터무니없는 상황에 일조하고 있다는 인식을 사람들에게 심어 줄 우려가 있다. 이런 문제를 해결하기 어려운 이유는, 남을 도와주겠다고 나서는 사람을(그 대가로 돈을 받는다고 해도) 막을 수가 없고, 그런 도움을 얻겠다고 나서는 사람도 막을 수가 없기 때문이다. 따라서 훌륭한 코치라면 반드시 자신의 실력을 기르고, 자기가 잘 아는 영역에서만 활동해야 할 것이다. 또한 코치는 대중을 상대로 거짓이나 오해의 소지가 있는 발언 및 광고를 하지 말아야 할 것이다.

문화 차이

심리치료사가 경영 컨설턴트나 경영자 코치로 전환할 때는 상이한 문화에서 비롯되는 문제들을 겪게 된다. 그 이유는 첫째로, 심리치료와 비즈니스 코칭 분야는 최우선시하는 가치가 서로 다르기 때문이다. 기업계는 경쟁을 펼치는 곳이기 때문에 기본적으로 자기 이익을 우선시하는 문화가 있다. 구매자와 판매자는 각자 최선의 거래를 맺기 위해 경쟁한다. 구매자는 판매자가 자신의 입장이나 이익을 헤아려 줄 것이라고 기대하지 않는다. 매수자 위험 부담 원칙[2]은 누구나 알고 있다.

---

2) Caveat emptor: 구매물품의 하자유무에 대해 매수인이 확인할 책임이 있다는 원칙-역주

이런 문화는 심리치료의 신뢰 문화와는 매우 다르다. 심리치료사는 자신의 역할을 수행할 때 '치료 윤리ethic of care'를 따른다. 치료 윤리에 따르면 임상의나 심리치료사는 환자나 내담자를 돌보아 주어야 한다. 고객의 유익을 최우선으로 생각해 주어야 한다. 이것이 심리치료 과정의 핵심이고, 이 과정은 서로가 협력하는 분위기 속에서 이루어진다. 임상 관계에서는 기본적으로 정보의 비대칭성으로 인해 한쪽이 다른 쪽을 전적으로 신뢰해야 하는 상황이 발생한다. 고객은 심리치료사가 자신을 잘 돌보아 줄 것이라고 믿어야 하지만, 고객으로서는 그 사실 여부를 판별하기가 어렵다. 고객은 대개 약자의 입장에 놓인다. 코치는 고객의 입장이 되었다고 가정해 보고, 아내가 이혼을 통보할 때, 자녀의 사망으로 상담이 필요할 때, 우울증이 심한데 영문을 모를 때 자기가 그런 상황에 어느 정도로 능숙하게 대처할 수 있을지 생각해 보아야 한다. 정신과 의사가 특정 항우울제를 처방해 줬을 때 고객은 그 처방의 적절성을 제대로 판단할 수 없다. 고객은 의사를 신뢰할지 말지 결정해야 하고, 신뢰하기로 했다면 의사의 조언을 받아들여야 한다.

경영자 코치는 이 양쪽 문화 사이를 넘나들어야 한다. 경영자 코치는 한편으로는 이익 추구가 목표인 기업 문화에서 일해야 한다. 기업계에서는, 특히 주식회사에서는 주주에게 많은 몫을 돌려주는 것보다 다른 가치를 더 우선시하는 일이 비윤리적인 행위로 간주된다. 주주에게 많은 몫을 돌려주는 것이 기업의 가장 큰 목표이기 때문이다. 다른 목표는 그다음이다. 최고 경영자와 임원들은 이 점을 잘 알고 있다. 코치 역시 이 점을 잘 이해해야 한다. 또 한편으로 경영자 코치는 개별 고객을 대할 때 어느 정도는 치료 윤리에 바탕을 두어야 한다. 이 두 가지 범주 사이에서 균형을 잡기는 쉽지가 않다. 회사 경영진이 회사의 이익과 생존을 위해 비용을 절감해야 하는 상황을 가정해 보자. 구조조정은 실직자뿐만 아니라 경영진에게도 고통스러운 일이지만 불가피하게 진행되어야 한다. 따라서 코치는 회사의 입장을 이해할 수 있어야 하며, 경쟁하는 문화의 관점과 협동하는 문화의 관점을 통합하는 방안을 마련해내야 한다. 사람을 일자리에서 해고하는 행위는 매우 비인간적이지만 때로는 회사의 생존을 위해 그런 조치를 취해야만 한다.

유사한 영역

임상 윤리와 코칭 윤리에는 여러 공통 영역이 있다. 윤리성, 정직성, 책임감과 같은 일반적인 가치는 코칭 윤리강령(Institute of Management Consultant, 2008; International Coach Federation, 2009)과 임상 윤리강령(American Association of Marriage and Family Tehrapists, 2001; American Counseling Association, 2005; American Psychological Association, 2002)이 권고하는 사항이다. 사실상 모든 직업윤리는 이런 가치를 옹호한다. 소중하게 여겨야 할 규범 가치는 수없이 많지만, 그중에서도 정신건강 전문가 영역과 코칭 비즈니스 사이에 특별히 주의를 기울여야 할 세 가지의 유사점이 있다.

유사점 1: 명확한 합의

코치와 고객, 그리고 심리치료사와 내담자 사이에는 명확한 합의가 이루어져야 하며, 각 계약은 해당 분야의 윤리강령을 따라야 한다. 이렇게 하는 것이 합리적이며 코칭 과정이나 상담 과정에도 도움이 된다. 코치는 합의를 논할 때 반드시 세련된 의사소통 기술과 전문가로서의 확고한 자부심을 갖고 임해야 한다. 고객은 명확한 기준을 반기기 마련이므로, 합의에 이르는 데 들이는 수고는 그만한 가치가 있다. 경영계의 고객이라면 명확한 합의와 서면 계약에 익숙하다(특히 심리상담가들보다 그런 일에 더욱 익숙하다). 어느 경우에서든지 코칭 초기에 명확한 기준을 세워두는 것은 매우 중요하다. 그 과정이 수월치 않다면 동료 코치나 멘토의 도움을 받아 보아야 한다.『컨설팅 계약 완벽 가이드』(가제)[3](Holtz, 1997)라는 책도 도움이 된다. 현존하는 코칭 윤리강령은 코치, 고객, 고객사 간에 명확한 합의가 이루어져야 한다고 강조한다. 하버드 대학교가 숙련된 코치를 상대로 실시한 설문에서, 코치의 88%가 코칭에 필요한 기간을 솔직하게 밝힌다고 대답했으며, 또 코치의 대다수가 진행 보고서에 대해 명확한 합의를 맺는다고 응답했다.

---

3) 원제: Complete Guide to Consulting Contracts

유사점 2: 고발

경영 컨설팅 분야와 임상 상담 분야는 모두 (특히, 동료가 잘못된 행동을 하거나 자질이 부족한 상황에서) **고발**whistle-blowing을 권장한다. 두 분야의 윤리강령은 그런 동료에게 다가가 언질을 주거나, 동료의 비윤리적인 행동을 관련 단체에 보고하라고 권하지만, 이런 상황에서 실제로 그렇게 하는 코치는 거의 없다.

유사점 3: 자신의 한계 인식

심리치료사는 자신의 능력 범위 안에서 심리치료를 실시하라고 가르침을 받는다. 그들은 특정 상담 기술을 사용하기 전에 적절한 교육과 슈퍼비전을 받으라고 권고받는다. 또 자신이 받은 교육, 자신의 경험, 자기 자신의 성향에 근거해서 내담자나 환자를 본인이 직접 치료할지, 아니면 다른 사람에게 소개할지 결정하라고 배운다. 윤리적인 심리치료사라면 자기가 모든 내담자를 치료할 수 있다고 생각하지 않는다. 내담자를 받아들일지 말지 결정할 때는 심리치료사와 내담자 간의 적합성을 평가하고 검토해야 한다. 적합성이 낮다면 고객의 유익을 위해 고객에게 더 적합한 사람을 소개해 주어야 한다(그렇게 하는 것이 장기적이고 실질적인 관점에서 봤을 때 치료사에게도 유익하다. 경험 많은 심리치료사라면 자신이 적절히 치료해 주기 힘든 고객을 만나 고생을 해 본 경험이 한 번쯤은 있을 것이다). 여러 코칭 윤리강령은 코치가 고객의 니즈에 제대로 부응할 수 없다면 적절한 곳을 소개해 주어야 한다고 규정하고 있다.

기업계와 컨설팅 업계에서 요구하는 기준에 따르면, 코치는 자신이 자격 요건을 갖추지 못한 코칭 의뢰는 거절해야 하고, 자신의 능력 수준을 다른 사람에게 정직하게 제시해야 한다. 특히 거짓된 광고는 엄격히 금한다. 기업계 사람들은 컨설턴트가 자신의 컨설팅 솜씨를 과장되게 홍보하는 행위에 익숙하며 많은 경우 컨설턴트의 실력이 처음 약속했던 수준에 비해 떨어져 실망하고는 한다. 그렇기는 하지만 분명 코치에게도 자기 실력의 한계를 정확히 평가하기 어렵다는 측면이 있다. 코치가 특정 유형의 고객이나 업계를 상대해 보지 않았다면, 자신이 그런 상황에 대해 적절한 실력을 갖췄는지를 어떻게 알 수 있을까? 자신의 실력을 낮춰서 얘기하는 실수를 범할 것인가? 아니면 일단 위험을 감수하여 자신 있는 태도를 보이고 난 뒤, 코칭을 진행하며 낙하산을 펼쳐서 올바른 낙하지점에 떨어지기를 바랄 것인가? 코칭은 (코치에게나 고객에게나) 비교적 신생 분야이기 때문에, 그리고 코칭 고객의 정신건강 상태가 취약하다고 해도 흔히 임상심리학에서 나타나는 수준만큼 위태롭지는 않기 때문에, 적극적인 접근법이 어느 정도는 용인된다. 곁에 멘토나 조언을 구할 수 있는 단체가 있는 코치라면 더 적극적이고 실험적인 방법을 고려해 볼 수도 있다.

불명료한 영역들

경영자 코칭에는 심리치료의 윤리강령을 어느 정도는 참고할 수 있지만 그대로 적용할 수는 없는 영역이 많다. 심리치료사들은 코칭 업계를 그다지 낯설지 않게 생각할 수도 있겠지만, 신중한 준비 없이 코칭 업계에 뛰어들면 윤리적 문제가 산재한 지뢰밭을 헤쳐가야 한다. 그 결과 심리치료사는 결국 고객이나 고객사에 해를 끼칠 수 있다. 그런 지뢰밭의 사례를 몇몇 살펴보자.

누가 고객인가

'누가 고객인가'라는 질문은 실제적이면서도 철학적인 사안이다. 어떤 면에서 이 질문은 제삼자(건강 보험 회사와 같은)가 치료에 연관될 때 일어나는 문제와 비슷하다. 코치가 충실해야 하는 대상의 범위가 늘어나고 왜곡되는 것이다. 어느 회사가 특정 경영자를 코칭하기 위해 코치를 고용했다면 이때는 누가 고객인가? 경영자가 속한 회사, 즉 코치를 고용하고 보수를 지불하는 회사가 고객일까? 아니면 성장과 승진을 추구하는 경영자일까? 이 문제는 경영자가 코칭비를 직접 지불한다면 쉽게 풀린다. 하지만 대개의 경우처럼 회사가 코칭비를 지불한다면 어떻게 해야 할까? 1999년 맥밀런Macmillan은 자신의 박사 논문에서 이 질문을 경영 컨설턴트들에게 제기하였는데, 이에 대한 견해가 크게 엇갈렸다. 코치는 어느 쪽에 충실해야 할까? 경영자 고객의 관심사와 목표 행동이 회사가 바라는 사안과 상충한다면 어떻게 해야 할까? 예를 들어, 고객이 지금 소속된 회사에서는 전혀 필요하지 않은 기술이나, 다른 직장에서 혹은 자기 사업을 시작할 때 필요한 기술 개발에 초점을 맞추고자 한다면 어떻게 해야 할까? 경영자 고객이 회사에 불만을 품고 회사에 법적 조치를 취하고자 한다거나, 타회사로 이직할 궁리를 하고 있다면 어떻게 해야 할까? 코치는 그런 고객을 어떻게 코칭해야 할까? 이것은 정말이지 까다로운 문제다. 어느 쪽에 충실할지의 문제와 더불어 비밀보장, 자유 재량권의 문제 역시 해결하기가 쉽지 않다.

코칭을 시작하기에 앞서 이런 문제들이 예측된다면 계약을 맺을 때 미리 명확히 합의해두는 것도 하나의 해결책이 될 수 있다. 하지만 이런 문제들이 해결하기 어려운 이유는 이런 문제가 대개 예상치 못하게 불쑥 불거진다는 점이다. 두 번째로 생각해 볼 수 있는 해결책은 솔직하게 의견을 나누어 보는 것이다. 이런 문제에 대해 코치와 고객이 코칭 초기에, 그리고 문제가 발생할 때마다 직접 논의를 해 보면 매우 효과적일 때가 있다. 예를 들어, 코치는 이런 식으로 문제를 제기할 수 있다. "제인 씨, 저는 제인 씨와 제가 나누는 얘기가 회사의 목표와 연관성이 없는 것 같아서 마음에 걸립니다. 제인 씨가 코칭에서 다루고 싶어 하는 문제는 회사에 별 도움이 안 될 듯싶네요, 코칭 비용을 대는 쪽은 회사인데 말이죠. 어떻게 생각하세요? 그래도 괜찮다고 생각하시나요? 어떻게 해야 할까요?"

이런 식의 대화는 코칭의 초점을 다른 쪽으로 옮기는 계기가 된다. 때로는 코칭의 초점을 살짝 바꿔 보기 위해 코칭 업무를 관장하는 회사 담당자와 논의를 해서 '허가'를 얻어야 하는 경우도 있다. 하버드 대학교가 코치들을 상대로 설문을 한 결과, 코치 140명 중 132명이 코칭의 초점이 바뀌는 경우가 꽤 잦았다고 대답했다. 코치 58명은 그로 인해 고객과 '더 진지한 목표'를 다루게 됐다고 응답했다(Kauffman & Coutu, 2009, p. 8). 회사에 따라서는, 주요 경영자가 코칭 과정에서 향상시키는 기술의 효과가 현시점에서 회사의 니즈에 부합할 가능성이 아주 적다고 해도 전혀 문제 삼지 않는다(그렇지 않은 기업도 있다). 또 어떤 회사들은 유능한 경영자에게 부여한 코칭 기회가, 회사와 경영자가 오랜 기간 좋은 관계를 이어가는 수단이 되거나, 혹은 서로 불편한 관계가 되어 관계를 청산하기 전에 서로의 앙금을 털어내는 수단이 될 수 있다는 점을 깨닫게 될 것이다.

때에 따라서는 고객과 코칭의 목표 변경에 대해 논의를 나누다가 코칭이 종료되는 상황을 맞기도 한다. 코칭비를 부담하는 회사의 이익과 코칭 과정이 모순되는 상황은 분명 정당화하기 어렵다. 이런 입장에 처한 코치는 사리에 맞게 코칭 과정을 조정해야 한다. 코칭의 주안점을 바꾸고, 코칭의 내용과 목적을 재고해 보고, 자신에게 떳떳한 방향으로 코칭을 진행해야 한다. 이런 질문을 스스로에게 물어보자. "현재의 코칭 과정에 대해 고객의 상사나 상급 관리자에게 솔직히 보고한다면 그때 내 심정이 어떨까?" 그 질문에 대한 대답이 불편하게 느껴진다면, 코칭 과정을 재고하고 재조정해야 한다. 회사의 입장과 동떨어진 사안을 가끔씩 코칭 과정에서 다루는 것은 불가피하고 용인될 만하지만, 코칭의 초점이 올바르지 못하다면(더군다나 이것이 비밀이라면), 코칭 과정 자체가 올바르지 못한 것이다.

비밀보장

> 코치는 비밀보장에 만전을 기해야 하며, 이를 위해 코치에게 주어진 기회는 단 한 번뿐이다. 내가 코치에게 언급한 말이 단 한 마디라도 새어 나가서, 내가 그 사실을 알게 되었다면, 나와 코치의 관계는 그것으로 끝이다. …… 완전히 끝이다. ……코치에게는 두 번의 기회가 주어지지 않는다.
>
> −어느 경영자 코칭 고객(Stevenson, 2005, p. 280)

경영자 코칭에서 다루어야 할 윤리적 문제 중에는 중요하기는 하지만 답이 명확하지 않은 문제가 하나 더 있다. 코치와 고객 사이의 비밀보장은 어느 정도로 이루어져야 할까? 심리치료에서는 상담을 받는다는 **사실** 자체와 상담의 **내용**에 대해 비밀보장이 이루어져야 하며, 이에 대한 기준이 명확하다. 심리치료사는 고객의 이름조차 발설해서는 안 된다. 심리치료에도 드물게 예외가 있기는 하지만(예를 들어, 아동 학대나 노인 학대와 같이 제삼자가 위험에 처하는 경우) 이런 경우에는 사전에 고객과 논의를 할 수 있다. 하지만 코칭 관계에서는 어떨까? 회사 내의 여러 사람은 고객이 코칭을 받고 있다는 사실을 알고 있으며, 코칭의 내용에 대한 비밀보장 기준은 명확하지 않다. 코치들은 보통 고객에게 서로 간의 대화 내용에 대해 비밀을 보장하겠다고 말하지만, 그런 약속은 지켜지지 못할 가능성이 높다. 하버드 대학교에서 숙련된 경영자 코치를 상대로 설문을 실시한 결과, 코치의 70%가 경영자의 상사에게 코칭의 경과를 꾸준히 보고했다고 응답했고, 코치의 55%가 코칭 과정에 대해 인사부 직원과 의견을 주고받았다고 응답했다(Kauffman & Coutu, 2009, p. 3). 코치와 고객은 코칭을 진행하며 계속해서 코칭의 진행 방식에 대한 기준을 명확히 확립해야 하는데, 이때 비밀보장에 대한 고객의 관심도는 고객마다 차이가 있다. 어떤 고객들은 순진하다 싶을 정도로 비밀보장에 관심이 없다. 어떤 고객들은 과하다 싶을 정도로 비밀보장에 집착한다. 또 코칭 초기에 명확한 기준을 마련해 놓았다고 해도, 골치 아픈 문제가 불거진다. 만일 코치인 당신이, 고객의 '상사'나 회사가 원할 만한 정보를 획득했다면 어떻게 해야 할까? 고객으로부터 얻은 인상이나 정보가 조직 문화 전체에 도움이 될 만하다면 어떻게 해야 할까?

경영자 코칭의 비밀보장과 관련해서는 또 다른 측면의 문제가 있다. 코치는 고객사의 비밀을 어느 정도로 보장해야 할까? 코치는 코칭 과정에서 고객에 대한 정보뿐만 아니라 고객사에 대한 정보도 얻게 된다. 예를 들어, 코치는 회사의 자본금이나 내부 주식 거래에 대한 비밀스러운 정보를 어떻게 처리해야 할까? 곧 일어날 인수합병에 대한 정보, 고객이 계획하고 있는 불법 행위, 합법과 불법 사이를 오가는 회사 측의 행위, 성희롱이나 요상한 사내 연애에 대한 소문에 어떻게 대처해야 할까? 이런 정보는 일종의 늪과 같으므로, 코치는 신중하고 사려 깊게 대처해야 한다. 경영자 코칭에서의 적절한 행동 지침 같은 것은 존재하지 않으며, 설혹 존재한다고 해도 코치의 성숙한 자세가 가장 중요하다.

비밀보장에 관한 질문에는 두 가지의 임시변통적인(그리고 인정하건대 완벽하지 않은) 대답을 내놓을 수 있다. 첫째는 코칭 초기에 비밀보장에 관해 솔직하고 명확하게 논의하는 방법이다. 비밀보장에 관한 이야기를 꺼내는 일은 코치의 몫이며, 이때 필요 이상으로 고객이 경계심을 품지 않도록 이야기를 나눠야 한다. 고객이 먼저 비밀보장에 대한 논의를 시작하기는 어렵다. 고객은 자신이 뭔가 숨기고 있다거나 지나치게 개인적이라거나 마음을 열지 않는다는 인상을 줄까 봐 쉽사리 먼저 비밀보장의 문제를 거론하지 못한다. 평소 비밀보장에 대해 전혀 생각해 보지 않던 사람도, 일단 비밀보장에 대한 생각을 머릿속에 떠올리게 되면 그에 대해 신경이 쓰이기 마련이다. 흔히 사람들은 길모퉁이에 숨어 있는 곤란한 문제를 예측하지 못하지만, 훌륭한 코치라면 그런 문제도 예측할 수 있어야 한다. 해결하기 가장 곤란한 윤리적 문제는 대개 코칭 초기에 완벽히 예측하기 어려운 성질의 문제들이다.

따라서 코치는 비밀보장의 필요성(고객이 비밀보장을 원하는지, 혹은 비밀보장이 반드시 확보되어야 하는지)에 관하여 먼저 언급하고, 솔직한 논의가 이루어질 수 있게 해야 한다. 논의 대상에는 코칭 고객은 물론이고 인사부 직원, 동료, 상사와 같이 추후에 코칭 경과를 문의할 수 있는 주변 인물도 포함된다. 문제 상황을 사전에 방지하는 한 가지 방안에는, 코치와 고객이 같이 보고서를 작성하여 정기적으로 회사에 제출하는 방법이 있다. 보고서 형식은 코칭 초기에 수립한 목표를 기초로 고안하면 된다. 그렇게 하면 누군가가 코칭 경과를 물어봤을 때, "경과 보고서를 몇 주 안에 작성해서 보내드리겠습니다."라고 대답할 수 있다. 그리고 제삼자와 면담을 할 때는 가능하다면 반드시 고객을 동석시켜야 한다.

대개는 고객이 코칭을 받고 있다는 사실을 고객 스스로 주위 사람들에게 터놓고 얘기하도록 권장하는 것이 좋다. 그렇게 하면 코칭은 긍정적인 수단(건강하고 현실적이고 야심찬 사람들이 때때로 받는 것)으로 인식될 수 있으며, 또한 회사가 코칭에 기꺼이 돈을 투자한다는 것은 코칭 대상자에 대한 찬사로 여겨질 수 있다. 코칭 업계에는 분명히 이런 경향이 나타나고 있고, 이런 흐름은 많은 사람들이 누군가가 코치를 고용했다는 사실을 이점으로 본다는 측면에서 드러난다.

사람들은 대체로 코치와 고객이 세운 비밀보장 안案에 기꺼이 협조한다. 사람들은 비밀이 보장되지 않으면 어떤 사태가 일어날지 알고 있으며, 일을 그르칠 만한 행동은 조금이라도 하지 않으려 한다. 회사 내의 사람들은 고객의 긍정적인 발전이 자신에게도 유익하다는 점을 인식하고 있다.

비밀보장에 대한 두 번째 '해결책'은 코칭 단체가 머리를 맞대고 합의안을 도출해내는 것이다. 모임을 개최해도 되고 학술지를 통해 토론을 해도 되지만, 어느 경우든 도출한 기준안을 반드시 서면으로 작성해 두어야 한다. 경험이 쌓인 코치라면 비밀보장에 관한 자신의 생각을 계속해서 공론화해야 하며, 현행 코칭 강령은 비밀보장뿐만 아니라, 코치와 고객과 고객사 간의 명확한 계약도 강조한다. 국제코칭연맹(2009)은 강령에 코칭 기록을 주의 깊게 관리해야 한다고 규정해 놓았다. 영국의 코칭 단체UK Coaching Round Table가 도출한 '공유 가치에 대한 성명'(2008, p. 3)의 네 번째 원칙에는 이런 표현이 나온다.

> 모든 코치는 자신의 코칭과 행동이 높은 수준에 도달해야 한다는 (고객과 맺은 계약 조항을 넘어서는) 책임이 있다. 코치는 코칭 과정에서 사용하는 방법론 및 기법에 대해 솔직하고 열린 자세로 임해야 하고, 적절한 기록만을 간직해야 하고, a) 고객과의 코칭과 관련된 내용이나, b) 고객이 속한 조직의 구성원에 대한 정보에 대해 비밀을 지켜야 한다.

코치 양성 기관은 정기적으로 윤리강령을 가다듬어야 한다. 코칭 분야가 발전하고 성숙해감에 따라 비밀보장에 대한 코칭 단체의 기준은 점점 더 명확하고 유용해져야 할 것이다.

동 의

심리치료에서는, 내담자의 명확한 동의 없이는 그 어떤 행위도 일어나지 않는다. 비즈니스 코칭에서는, 특히 누군가가 고객에게 경력상의 발전을 위해, 파트너급으로 올라서기 위해, 아니면 단순히 사내 경쟁에서 살아남기 위해 코칭을 권유하는 경우, 고객은 명확한 동의 절차 없이 코칭에 참여하기도 한다. 그런 '기회'를 누가 마다하겠는가? 때로 고객은 복합적인 동기나 양가감정을 안고 코칭에 임할 가능성이 있지만, 코치에게 그런 속내를 잘 드러내지 않는다. 이는 내담자가 법정이나 정부 기관으로부터 심리치료사를 배정받아 의무적으로 심리치료를 받아야 하는 상황과 유사하다. 그런 상황에서의 동의는 엄밀히 말해서 자발적이지 않지만, 그래도 동의 절차는 필요하다.

현행 코칭 강령은 동의 여부를 고객에게 물어보아야 한다고 규정하는데, 가령 국제코칭연맹의 강령(International Coach Federation, 2009)에는 "코치는 고객과의 첫 번째 면담이나 첫 번째 만남 이전에…… 코칭의 성격, 비밀보장의 성격 및 범위, 코칭 비용에 대한 규정, 기타 코칭 계약과 관련된 조항을 상세히 설명해 주어야 한다."라고 명시되어 있다.

코치는 고객이 복합적인 동기를 안고 있을 가능성에 주의해야 하며, 그런 동기에 대해서는 (회사의 입장이 아닌) 고객의 입장에서 적절히 대응해야 한다. 현 시점에서 고객에게 필요한 행동이 무엇인지 고객이 인식하게 도와주어야 한다. 이런 논의를 나누려면 코칭 관계상에 신뢰가 쌓여 있어야 한다. 신뢰 관계를 맺지 못했다고 해도 코치는 요령 있게 고객에게 경종을 울리는 말을 꺼내서 고객과 '밀고 당기기'를 할 수 있다. 예를 들어, "가끔씩 코칭에 집중하지 못하는 모습이 보입니다. 곰곰이 생각해 보니 혹시 지금 감정이 묘하게 복잡하지는 않은지 궁금하네요." 그리고 이렇게 덧붙일 수 있다. "제가 그런 입장에 처해 있다면, 저 역시도 감정이 복잡했을 겁니다."

또한 회사 문화에 맞게 동의서 양식을 마련해 놓는 것도 유용한 방법이다. 동의서 양식은 코칭을 시작하면서 중요한 사안에 대해 논의를 나누는 틀로 활용할 수 있다.

역할상의 경계

1980년 이후, 심리치료의 역할상의 경계Boundaries 기준은 점점 더 엄격해졌다. 이렇게 된 이유는 몇몇 심리치료사들이 적절한 경계선을 무시하거나 모호하게 만들어 내담자에게 피해를 줬기 때문이다. 최근 들어 치의학계나 법조계와 같은 다른 직업군에서는 환자나 고객과 연인 관계로 발전하는 행위나 성관계를 맺는 행위를 공식적으로 금지했다. 2000년경 이후로 심리치료사들은, 어떤 종류의 이중관계는 실보다는 득이 많고, 또 어떤 종류의 이중관계는 불가피하다는 점을 깨닫게 되면서 더 세련되고 다양한 견해를 받아들였다. 그렇기는 하지만 대체로 심리치료사들은 치료적 관계가 사회적 관계나 다른 유형의 관계와 섞이는 것을 피한다. 신중한 심리치료사라면 대개 치료 행위 이외의 만남은 모두 피한다. 그들은 내담자와 저녁식사를 하지 않으며, 골프를 치지 않으며, 매매행위를 하지 않으며, 주식 정보를 공유하지 않으며, 칵테일파티나 기타 연회에 함께 가지 않는다. 이런 원칙에는 이론적으로도 또 실제적으로도 합당한 근거가 있다. 치료사와 내담자 간의 관계에 다른 종류의 관계가 끼어들면, 치료적 관계와 치료 과정 그리고 내담자 본인에게도 해를 끼칠 수 있다. 이에 대해 국제코치연맹의 강령은 다음과 같이 기술하고 있다(International Coach Federation, 2009, p. 3).

(17) 코치는 고객이나 고객의 후견인sponsors과의 관계에서 발생할 수 있는 모든 종류의 신체 접촉에 대하여, 명확하고 적절하고 사회 정서에 부합하는 자기만의 기준선을 마련해 두어야 한다.

(18) 코치는 현재의 고객이나 고객의 후견인과 성적으로 친밀한 관계를 맺지 않는다.

그렇지만 경영 컨설팅이나 경영자 코칭에서는 상황이 다르다. 기업계의 고객은 컨설턴트나 코치가 사업상의 모임이나 사교 행사에 동석해 주리라고 기대한다. 컨설턴트나 코치가 이런 종류의 행사에 참여하지 않으면 기업계의 고객은 이를 의아하게 생각하며, 코치는 이로 인해 기업의 문화나 고객의 행동을 관찰할 기회를 놓치게 된다. 경영자가 회사 행사에 코치를 초대했다면 코치는 그 초대를 거절하기 전에 거듭 숙고해 보아야 한다. 이런 행사에 불참하는 행위는 코치가 회사에 보탬이 될 의사가 없거나, 코칭에 그다지 열성을 보이지 않는다는 뜻으로 받아들여질 우려가 있다. 또한 코치는 중요한 업무 상황에서 고객을 평가해 볼 수 있는 절호의 기회를 놓치게 될 수도 있다. 다시 말해서, 코치는 신중하게 생각해 보고 고객이나 회사의 주요 인사와 함께 사교 행사에 참석해야 한다. 코치의 입장에서도, 회사의 입장에서도 그렇게 해야 할 타당한 이유가 있다.

하지만 코치에게 기대하는 바가 다르다고 해서 코치와 고객이 그와 같은 '이중관계' 상황에서 발생할 수 있는 문제로부터 자유로워지는 것은 아니다. 이중관계 상황에서는 역할상의 이점을 이용하여 상대를 이용하는 행태를 방지하기 위해 반드시 현명한 판단과 책임의식이 수반되어야 한다. 또한 불편한 상황이 언제든 발생할 수 있으므로, 코치는 그런 상황에 기민하게 대처할 줄 알아야 한다. 만일 상황이 기묘하게 전개된다면, 일단 시간을 벌어 놓고 신뢰할 만한 사람에게 자문을 구해야 한다.

이중관계 상황에 대한 논의를 고객과 함께 사전에 미리 나눠 보는 것도 좋은 방법이다. 이중관계 상황과 관련해서 코치는, 그 위험성에 관해 더 많이 고민해 온 심리치료사들의 견해를 참고해 볼 만하다. 심리치료사는 이중관계에서 비롯된 문제가 어떤 양상으로 전개되는지 직접 목격해 왔고, 이에 대해 고객과 솔직하게 터놓고 논의해 왔다. 심리치료사들은 이중관계로 인해 상호 간에 오해나 원망, 당혹감이 생길 수 있다는 점을 배웠다. 기업인들은 대개 이중관계에 대한 경험이 없고, 이중관계로 인해 문제가 생길 수 있다는 사실을 모른다. 컨설턴트는 보통 기업 행사에 환영받지만, 고객에 따라서는 자신의 코치가 기업 행사에 참여하지 않기를 바라는 경우가 있을 수도 있다. 이런 점에 대해 고객의 의향을 확인해 보아야 한다. 고객이 어느 쪽을 선호하는지 물어보고, 왜 그런지 논의를 해 본 뒤 고객의 의사를 존중해 주어야 한다.

여기서 한 가지 짚고 넘어가야 할 사항은 경영자 고객은 심리치료 내담자와 같이 쉽게 상처를 받지는 않는다는 점이다. 코치를 대하는 경영자 고객의 입장은, 심리치료사를 대하는 내담자의 입장과는 다르며, 경영자들은 대체로 고통을 겪고 있거나 상황에 압도당하거나 우울하거나 편집증에 시달리지 않는다. 그들의 자존감은 (늘 그렇지는 않지만) 보통 높고 온전하다. 경영자 고객은 사람들과의 관계에서 곤란한 일이 생겼을 때 상황을 올바르게 판단하여 무난히 넘길 수 있고, 사소한 당혹감 정도는 훌훌 털어낼 수도 있다. 심리치료 내담자는 상담실 밖에서 치료사를 만났을 때 불편해하는 경우가 많지만, 경영자 고객은 그렇지 않은 경우가 많다.

그렇다고 마음을 완전히 놓아서는 안 된다. 회사의 사교 행사에 참여하는 것도 코칭의 일부라는 점을 기억해야 한다. 행사 참가자들이 사교 모임에 온 듯이 행동한다 해도, 회사의 사교 행사는 순수한 사교 행사가 아니다. 코치가 사교 행사에서 실수를 저지르게 되면 고객이나 회사와의 원만했던 관계가 손상될 수도 있다. 이런 상황을 생각해 보자. 코치인 당신은 고객과 함께 골프 모임에 나갔다. 당신은 골프를 한 번씩 치기는 하지만 실력이 그리 좋지 않다. 당신과 당신의 코치가 즐겁게 골프 시합을 즐기고 있는데 고객이 다른 팀에게 내기 골프를 제안한다. 마지막 홀에서 당신이 치명적인 실수를 저질러서 당신과 고객은 상당한 액수의 돈을 잃는다. 이와 반대되는 상황도 한번 생각해 보자. 당신은 골프 실력이 매우 뛰어나지만 고객은 그렇지 못해서 고객 때문에 내기에 지고 말았다. 이런 일이 벌어지면 고객과의 관계가 묘한 양상으로 흘러갈 수 있다. 고객과의 관계에 해를 입을 수도 있고, 오히려 관계가 돈독해지기도 하고, 때로는 배움의 기회가 되기도 한다.

이외의 문제들

이외에도 심리치료의 치료 기준을 참고할 만한 영역이 많지만, 그 기준들이 코칭에 딱 들어맞지는 않는다. 코치는 다음에서 살펴볼 영역에 대해 기준을 마련해 두어야 한다.

기록 보관

경영자 코치는 어떤 종류의 기록을 보관해야 하고, 그 기록을 어떻게 관리하고 보호해야 할까? 코칭에 관한 사항을 노트에 적어두는 행위는 당연히 코치에게 중요하고 유용하며, 특히 코치가 동시에 여러 곳에서 코칭을 진행하고 있거나 예전 고객이 몇 해가 지나 다시 코칭을 부탁했을 때 더욱 그렇다. 코칭을 할 때는 심리치료를 할 때처럼 진행 과정을 노트에 기록해둘 의무는 없지만, 기록 보관에 있어서는 심리치료사들이 기록을 보관할 때 따르는 기본 규칙을 참고할 만하다. 비용 관련 사항과 더불어 평가 자료, 목표 관련 기록, 관찰 기록은 반드시 유지하고 보관해야 한다. 비용을 지불하는 주체에게 정기 보고서를 제출해야 할 수도 있다. 코치의 기록 보관은, 그것이 정신건강 분야에서 종종 벌어지는 사후 분쟁이나 피해 상황에 대비하는 차원이 아니라, 고객에게 보탬이 되기 위한 코치의 배려 차원인 것이 바람직하다. 이런 기록물들이 법원의 소환 요구에 적용받는지 많은 사람들이 궁금해하는데, 그것은 변호사에게 맡길 문제다. 심리치료사 출신 코치들은 코치 본인이나 고객을 당혹스럽게 할 만한 내용을 기록할 때 극도로 주의해야 한다는 점을 잘 알고 있다. 일부 코칭 강령은, 비밀을 보장하고 법적 테두리를 벗어나지 않는 선에서 기록을 보관하라고 권장한다.

코칭 관계의 종료

목표를 달성했거나 회사에서 책정한 코칭 비용이 다 소진되었을 때, 코칭을 마무리짓는 가장 좋은 방법은 무엇일까? 하버드 대학교의 설문 조사에 따르면 코칭이 지속되는 기간은 대개 2개월에서 18개월로 나타났다(Kauffman & Coutu, 2009, p. 10). 회사는 보통 코칭이 진행되는 동안 코칭의 효과가 제때 나타나지 않으면 코칭에 추가로 투자하기를 꺼린다. 코칭에 진척이 없고, 기대하는 결과가 나타나지 않는다면 어떻게 해야 할까? 코치나 고객이 교체되거나 바뀌면 어떤 일이 벌어질까? 때로는 예기치 못한 사건으로 인해 코칭이 일찍 종료되기도 한다. 코치는 고객이 회사를 떠난 후에도 그 고객과 코칭 관계를 지속해야 할 의무가 있을까? (고객이 힘겹게 노력하고 있고 코칭비를 스스로 부담해야 하는 상황이라면) 코치는 코칭비를 낮춰서라도 코칭을 지속해 주어야 할까? 코치와 고객은 반드시 코칭의 종료 시점과 방식에 대해 명확히 논의해 두어야 한다.

상호 간의 이해관계가 충돌할 때

코칭 강령에는 심리치료사라면 흔히 겪지 않을, 이해관계의 충돌 상황에 대한 내용이 기술되어 있다. 그중 몇몇은 고객의 정체성 문제(실제 고객은 누구인가)나 코치가 충실해야 할 대상과 관련된 사항이고, 몇몇은 그와 관련된 사항이 아니다. 국제코치연맹의 2009년 강령은 다음과 같이 기술하고 있다.

> (9) 코치는 이해관계의 충돌 상황이나 충돌 가능성을 피하고, 그런 충돌 상황에 대해 솔직하게 언급해야 한다. 코치는 충돌 상황이 발생했을 때 자신이 물러서겠다고 제안해야 한다.
> (10) 코치는 고객을 제삼자에게 소개해 준 대가로 자신이 받을지도 모를 모든 보상에 대해 고객이나 고객의 후견인에게 알려야 한다.
> (11) 코치는 코칭 관계를 손상시키지 않을 경우에만 서비스나 상품, 기타 비금전적 보상을 주고받는다.
> (12) 코치는 계약서상에서 합의한 보상을 제외하고는, 코치–고객 관계에서 그 어떤 개인적, 직업적, 금전적 이득이나 혜택도 고의적으로 취하지 않는다.

평 가

코치는 심리학적 평가도구를 코칭에 활용하려면, 어느 정도 수준의 검사 기술을 갖춰야 할까? 심리치료사나 석사 학위를 소지한 상담사에게 적용하는 기준을 똑같이 적용하면 될까? 인터넷상에서 찾아보면 저작권이 있는 수많은 평가도구가 있다. 사실상 이런 도구에는 사용상의 법적 제한이 없는데, 그 이유는 코치들이 사용하는 평가도구들이 대개 상담사 자격증을 갖추지 않아도 사용할 수 있는 것들이기 때문이다. 간혹 검사 판매자가 구매자에게 석사 학위나 박사 학위 소지 여부를 묻는 경우가 있기는 하지만 그런 경우가 그리 많지는 않다. 이럴 때는 심리치료사들이 따르는 기준을 참고해 볼 만하다. 코치는 다음의 상황에 해당될 때에만 평가도구를 사용해야 한다.

1. 평가도구의 타당성, 신뢰성, 합목적성이 확인되었을 때 사용해야 한다. 평가도구 중에는 검증되지 않은 것도 많으며, 평가도구를 취급하는 회사들은 자사 제품을 과장해서 홍보하는 경향이 있기 때문에 코치는 주의를 기울여야 한다. 기업계의 고객은 평가도구의 타당성이나 신뢰성에는 무지한 경우가 많으며, 대개 컨설턴트가 전해 주는 피드백을 그대로 받아들인다.

2. 코치(사용자)가 특정 평가도구의 실행 및 해석에 충분한 능력과 경험을 갖췄고, 필요할 때는 슈퍼비전을 받을 수 있는 상태에서 사용해야 한다.

3. 검사 대상자는 사전에 평가도구에 대한 적절한 설명을 들을 수 있어야 하며, 검사 결과는 검사 대상자가 이해할 수 있는 언어로 제공되어야 한다. 검사 결과는 개별 고객에게 맞게 제시해야 한다.

4. 검사 규준이 검사 대상 고객에게 적합해야 한다. 즉, 검사 방식이 고객의 응답을 검사 규준과 비교하는 방식이라면, 규준집단에 포함된 사람들이 고객과 유사한 부류의 사람들이어야 한다. 예를 들어, 특정 검사를 이용해 어느 여성을 평가하고자 한다면, 코치는 다음의 사항을 확인해 보아야 한다. 그 검사 도구가 백분위를 설정하면서 규준집단에 여성을 포함시켜 놓았는가? 혹시 여성의 점수를 남성의 점수와 비교하고 있지는 않은가? 그렇다면, 그로 인해 검사 결과를 해석하는 데 차이가 발생하지 않을까?

보호할 의무와 경고할 의무

고객이 본인과 타인에게 해를 끼칠 우려가 있다면, 코치는 심리치료사와 똑같은 의무를 수행해야 하는 것일까? 코치에게는 경영자가 스스로를 해치지 않도록 보호조치를 취해야 할 의무가 있을까? 혹은 경영자가 타인에게 해를 끼칠 우려가 있을 때 주변 사람들에게 경고를 해야 할 의무가 있을까? 경영자들은 업계의 경기가 침체되거나 경력상에서 실패를 겪게 되면 매우 낙담할 가능성이 있다. 부정을 저지르다 적발된 경영자는 수치심을 느끼거나 분별없는 행동을 할 가능성이 있다. 비즈니스 코칭에는 심리치료에서라면 예상하지 못할 다른 의무 사항들이 있을까? 코치들은 심리치료사들만큼 고객과 관련된 정보를 깊이 알지 못하는데, 심리치료사에게 적용하는 법적기준을 코치에게 적용하는 것이 공평한 처사일까? 현행 코칭 강령들은 이런 의문에 대해 유용하고 구체적인 답변을 내놓지 못하고 있는 듯하다.

이와 관련해 심리치료사들이 따르는 지침은 경영자 고객이 심리적 문제를 겪는, 아주 드문 상황에서만 매우 유용하다. 심리적 문제를 겪는 고객이 임상 훈련을 받고 임상 경험을 쌓은 코치를 만났다면 운이 좋은 것이다. 본인이나 타인에게 해를 끼칠 수 있는 고객과 관련해서는 일반적으로 통용되는 원칙을 적용해야 한다. 해고를 당하거나 무시를 당한 직원이 타인에게 감정을 강하게 표출하거나 위해를 가하는 사례를 간과해서는 안 된다. 기업이 코치를 고용한 이유가 다루기 어려운 직원이나 불만이 많은 관리자를 개선하려는 목적이라면, 코치는 고객의 충동조절 능력, 감정의 폭, 약물남용 여부, 인식과 귀인을 평가해 보아야 한다.

사회 공헌 활동

코치는 (심리치료사에 비해 보수도 더 많이 받는데) 지역사회에 공헌해야 할 의무가 있지 않을까? 공헌을 해야 한다면 어느 곳이 적당할까? 코치는 비영리조직에서 낮은 비용을 받고 재능 기부를 해야 할까? 코치는 자신이 나고 자란 사회를 위해 공헌 활동을 해야 하는 것일까?

경영자 코칭에는 기준이 모호한 윤리적 쟁점이 많기 때문에, 심리치료의 윤리적 원칙과 방법론이 항상은 아니더라도 많은 경우에서 크게 유용하다. 중요한 윤리적 사안들에 대해서는 진지한 논의가 필요하며, 코칭이 점차 사람들에게 더 널리 받아들여지고 있는 실정이므로, 반드시 관련 기준을 더 발전시키고 전파해야 한다. 전문 코칭 단체는 발전을 해 나갈수록, 윤리적 기준과 지침을 올바로 개정하고 명확히 기술하여,

코칭이 추구해야 할 방향을 제시하고 문제 행동이나 피해 가능성을 제한해야 할 것이다. 윤리 기준이 바로잡히면 코치와 코칭 업계의 장기적인 성공과 생존 가능성이 높아질 것이다. 현재까지의 코칭 윤리강령은 출발이 좋은 편이었지만 앞으로 더욱 개선되어야 한다. 더 개선된 강령이 나오기 전까지는 코치들 스스로 올바른 판단을 내리고, 신뢰할 만한 동료나 멘토와 상의하고, 늘 세심한 주의를 기울여야 한다.

요 약

1. 경영자 코칭은 이제 막 전문 영역의 단계에 들어섰다. 앞으로 지금보다 더 전문화된 조직과 체계를 갖춰 나가야 한다. 그러기 위해서는 자격 요건 강화, 코칭 양성 과정의 표준화, 실력 향상, 행동 강령의 강화, 슈퍼비전이 필요하다. 근래 들어 사이비 코치들이 업계의 신뢰도를 떨어뜨리고 있다.

2. 코칭과 심리치료는 서로 윤리적 기준에 차이가 있으므로, 코치가 되려는 심리치료사는 상당한 변화를 꾀해야 한다.

3. 경영자 코치를 위한 행동 강령이나 기준이나 지침이 현재에도 마련되어 있기는 하지만 아직 초기 단계의 수준인데다 다소 모호한 측면이 있는 것이 사실이다. 코치는 코칭을 진행하면서 현행 기준을 따라야 하며, 상황에 따라 기준을 그대로 적용하거나 수정하여 적용해야 한다.

4. 코칭 초기에 코치와 고객과 고객사 간에 명확히 합의를 맺어두는 것이 중요하며, 그렇게 해놓으면 여러 윤리적 문제를 피할 수 있다.

5. 코치는 고객의 비밀을 완벽히 보장하지는 못하더라도 고객의 권리를 존중하고, 비밀보장에 관해 고객과 논의하며, 관련 사안을 관리해야 한다.

6. 경영자 고객은 컨설턴트가 회사 행사나 사교 모임에 동석하리라고 기대하는 경우가 많기 때문에, 기업계에서는 이중관계의 양상이 다소 다르다. 또한 코칭 고객은 심리치료 내담자에 비해 상태가 취약하지 않다.

7. 심리치료사는 기록 보관과 관리에 능숙하다. 심리치료의 기록과 보관에 대한 기준은 코칭에서 필요한 수준보다 광범위하고 제한적이지만, 코치는 코칭 기록을 관리할 때만큼은 심리치료의 기준을 참고하는 것이 좋다.

8. 코치가 사용하는 평가도구는 심리치료사가 사용하는 평가도구에 비해 복잡하지 않지만, 코치가 평가도구를 사용할 때는 심리치료사에게 적용하는 기준을 똑같이 적용해야 한다. 코치는 타당성, 신뢰성, 합목적성을 충족하는 검사만 사용해야 한다. 경영 컨설팅계에는 실효성에 의문이 드는 검사가 많다.

9. 심리치료사는, 간혹 경영자 고객이 본인이나 타인에게 해를 끼치는 상황에서 코치가 유용하게 활용할 만한 기술을 갖추고 있다. 코치는 이런 기술을 심리치료 상황에서와 거의 똑같이 적용해야 한다. 당혹스러운 상황이 발생할 가능성이 있으니 주의해야 하며, 당혹스러운 상황이 발생할 가능성과 위험이 발생할 가능성을 서로 견주어서 검토해 보아야 한다.

참고문헌

American Association of Marriage and Family Therapists. (2001). *AAMFT Code of ethics*. Washington, DC: Author. Retrieved January 9, 2009, from: http://www.aamft.org/resources/lrm_plan/ethics/ethicscode2001.asp.

American Counseling Association. (2005). *Code of ethics and standards of practice*. Alexandria, VA: Author. Available online at: http://www.counseling.org/.

American Psychological Association. (2002). *Ethical principles of psychologists and code of conduct*. Washington, DC: Author. Retrieved January 9, 2009, from: http://www.apa.org/ethics/code2002.pdf.

Carroll, M. (2008). Coaching psychology supervision: Luxury or necessity? In S. Palmer & A. Whybrow (Eds.), *Handbook of coaching psychology* (pp. 431-448). London: Routledge.

Holtz, H. (1997). *The complete guide to consulting contracts* (2nd ed.). Chicago: Dearborn Financial Books.

Institute of Management Consultants. (2008). *Code of ethics*. New York: Author. Available online at: www.imc.org.au/.

International Coach Federation (2009). *Code of ethics*. Retrieved June 13, 2009, from: http://www.coachfederation.org/about-icf/ethics-&-regulation/icf-code-of-ethics/.

Kauffman, C., & Coutu, D. (2009). *HBR research report: The realities of executive coaching*. Available online at coachingreport.hbr.org

Lowman, R. (Ed.). (1998). *The ethical practice of psychology in organizations.* Washington, DC: American Psychological Association.

Macmillan, C. (1999). *The role of the organizational consultant:* A model for clinicians. Unpublished doctoral dissertation, Massachusetts School of Professional Psychology, Boston.

Palmer, S., & Whybrow, A. (Eds.). (2008). *Handbook of coaching psychology.* London: Routledge.

Peltier, B. (2001). The ethical responsibility of professional autonomy. *Journal of the California Dental Association, 29*(7), 522-525.

Solomon, R. (1997). *It's good business: Ethics and free enterprise for the new millennium.* Lanham, MD: Rowman & Littlefield.

Stevens, J. H. (2005). Executive coaching from the executive's perspective. *Consulting Psychology Journal: Practice and Research, 57*(4), 274-285.

UK Coaching Round Table. (2008, February). *Major breakthrough—UK coaching bodies roundtable produce the first UK agreed statement of shared professional values.* Retrieved January 17, 2009, from: http://www.associationforcoaching.com/news/M80221.pdf.

추천도서

Bersoff, D. (Ed.). (1999). *Ethical conflicts in psychology.* Washington, DC: American Psychological Association.

Brotman, L., Liberi, W., & Wasylyshyn, K. (1998). Executive coaching: The need for standards of competence. *Consulting Psychology Journal: Practice and Research, 50*(1), 40-46.

Corey, G., Corey, M., & Callahan, P. (2006). *Issues and ethics in the helping professions* (7th ed.). Pacific Grove, CA: Brooks/Cole.

Devine, G. (1996). *Responses to 101 questions on business ethics.* Mahwah, NJ: Paulist Press.

Gorlin, R. (1999). *Codes of professional responsibility: Ethics standards in business, health, and law* (4th ed.). Washington, DC: BNA Books (Bureau of National Affairs).

Keith-Spiegel, P., & Koocher, G. (2008). *Ethics in psychology and the mental health professions: Professional standards and cases* (3rd ed.). New York: Oxford University Press.

Messick, D., & Tenbrunsel, A. (1997). *Codes of conduct: Behavioral research into business ethics.* New York: Russell Sage Foundation.

Nagy, T. (2000). *Ethics in plain English: An illustrative casebook for psychologists.* Washington, DC:

American Psychological Association.

Nash, D. (1994). A tension between two cultures ... dentistry as a profession and dentistry as proprietary. *Journal of Dental Education, 58*(4), 301-306.

Peltier, B., & Dugoni, A. (1994). A four-part model to energize ethical conversation. *Journal of the California Dental Association, 22*(10), 23-26.

Rest, J., & Narvaez, D. (Eds.). (1994). *Moral development in the professions: Psychology and applied ethics.* Hillsdale, NJ: Erlbaum.

Snoeyenbos, M., Humber, J., & Almeder, R. (Eds.). (1992). *Business ethics: Corporate values and society.* New York: Prometheus Books.

Solomon, R. (1993). *Ethics and excellence: Cooperation and integrity in business.* New York: Oxford University Press.

인명 🔍

Ainsworth, M. 132
Allport, G. W. 304
Araoz, D. L. 334

Bandura, A. 182
Bar-On, R. 359, 377
Barsh, J. 443
Bateson, G. 254, 260
Beavin, J. H. 334
Beck, A. 229
Beckett, S. 295
Bennis, W. 485, 516, 526
Binet, A. 81
Blake, R. 495
Blanchard, K. 505
Blanton, J. S. 441, 512
Brand, S. 260
Burns, D. 229

Camus, A. 287
Carli, L. L. 422, 424, 427, 429
Carlyle, T. 496
Catell, R. 82
Chemers, M. M. 511
Cialdini, R. 309, 318
Cooper, C. L. 503
Cooper, R. 206
Coutu, D. 64
Covey, S. 206
Cox, A. 503

Davis, M. 233
De Beauvoir, S. 420

DeBoer, K. 423, 424
Deford, F. 395
Deidrich, R. 214
Deming, E. 208, 494
DiClemente, C. C. 77
Dostoevsky, F. 286

Eagly, A. H. 422, 424, 427, 429
Edelstien, M. G. 334
Eisenberg, N. 144
Ellis, A. 229
Erickson, M. 334, 335
Erikson, E. 122
Exner, J. 81

Fanning, P. 233
Festinger, L. 308
Fiedler, F. E. 506
Fisch, R. 334
Franklin, B. 310
Freas, A. 269
Frederickson, N. 370
Freud, S. 118, 223, 152
Furnham, A. 370

Gardner, H. 353, 357
George, W. 513
Gilligan, C. 144
Gladwell, M. 375
Goffee, R. 513
Goldsmith, M. 522
Goleman, D. 106, 206, 353, 359
Gordon, D. 346

Gough, H. 82
Gould, R. 137
Griffith, C. 394

Hanson, P. 87
Harvey, J. 311
Hathaway, S. R. 81
Hegel, G. W. F. 284
Heidegger, M. 286
Hersey, P. 505
Hippocrates 117
Hitler, A. 499
Homme, L. 230
House, R. J. 498
Hutcheson, P. 214

Jackson, D. D. 334
Jacobson, L. 305
Jago, A. G. 505, 511
Janis, I. 310
Jaspers, K. T. 286
Jermier, J. M. 510
Jones, G. 208, 513
Jourard, S. 293, 333
Jung, C. 119, 120, 223

Kanter, R. M. 428
Kauffman, C. 64
Kerr, S. 510
Kierkegaard, S. 285
Kilburg, R. 215
Kohlberg, L. 141
Kotter, J. 486, 532

Landy, F. L. 356
Levinson, D. 137
Lewin, K. 304, 492
Lippitt, R. 492
Lorenz, K. 131
Luft, J. 87

Maccoby, M. 473
Main, M. 132
Maslow, A. 296, 512
May, R. 512
Mayer, J. 358
McGregor, D. 494
McKay, M. 233
Mckinley, J. C. 81
Mead, M. 260
Milgram, S. 304
Miller, W. R. 80
Millon, T. 468, 472
Modoono, S. 68
Morris, T. 206
Mouton, J. 495
Myrdal, G. 304

Nanus, B. 485
Nietzsche, F. W. 286, 292

Olson, R. 291
Ouchi, W. 494

Palmer, S. 80

Pankey, L. D. 208
Pavlov. I. P. 179
Perls, F. 512
Peters, T. 208
Peterson, D. 214
Petrides, K. V. 370
Piaget, J. 120
Pink, D. 207
Pittinsky, T. L. 473
Prochaska, J. O. 77

Reardon, K. 425, 434
Reiter, M. 522
Rogers, C. 205, 209, 213, 224, 512
Rollnick, S. 80
Rooke, D. 515, 516
Roosevelt, T. 216
Rorschach, H. 81
Rosenhan, D. 305
Rosenthal, R. 304
Rosenthal, S. A. 473

Salovey, P. 358
Sample, S. 525
Sartre, J. P. 286, 292
Schultz, S. J. 254
Sheehy, G. 137
Sherman, S. 269
Skinner, B. F. 179, 181
Sperry, L. 214
Spreier, S. W. 515

Sternberg, R. 359, 500
Stogdill, R. 500

Tannen, D. 428, 430, 431
Thorndike, E. L. 78, 354
Torbert, W. R. 515, 516

Von Bertalanffy, L. 254
Vroom, V. H. 505, 510, 511

Wasylyshyn, K. M. 65
Waterman, R. 208
Watson, J. 179, 181
Watzlawick, P. 334
Weakland, J. 334
Weber, M. 497
Wechsler, D. 355
Weiner, N. 254
Weiss, A. 61, 64
Whicker, M. L. 520
White, R. 215, 492, 542
Whybrow, A. 80
Witherspoon, R. 215, 542
Wooden, J. 224

Yetton, P. W. 511
Yukl, G. 501, 503, 504

Zaccaro, S. J. 504
Zilbergeld, B. 334
Zimbardo, P. 304

내용 🔍

360도 평가 79, 245
360도 피드백 85

A군 성격장애 469

B군 성격장애 470

CEO가 실패하는 이유 521
CPP 82
C군 성격장애 475

DSM 456
DSM—IV—TR 155, 463, 469, 472

LCP 506

MBTI 82

X이론 494

Y이론 494

Z이론 494

가용성 휴리스틱 313
가족 역할 263
가족생활주기 270
가족체계 205
가족체계이론 252
가족치료 모델 271
가족치료의 배경과 역사 253
가치기반 방식 61
간접 암시 337
간헐적 폭발장애 476
갈등과 대립 292
감각운동기 121
감정적 추론 234
감정표현 불능증 356
강박성 성격장애 476
강박장애 476
강박적 사고 476, 480
강박적 행동 476, 480
강한 스트레스 내성 501
강화 181, 183
강화인자 184, 185
개념적 기술 503
개인 생애구조 138
개인차 189
개인화 233
개체성 427
거래적 리더십 437
거래적 리더십 이론 505
거부-회피-저항 애착 133
건강 코칭 19
건강염려증 478
격리 159
경계선 성격장애 472
경고할 의무 569
경로-목표 이론 508
경시형 434
경영자 코치 555
경영자 코칭 19, 50, 393

경영자의 현안을 다루는 코칭 544
경청 기술 60
경험에 대한 개방성 500
계량심리학 검사 80
고전적 조건형성 180
고정 간격 계획 189
고정 비율 계획 188
고정관념 425
고정화와 조정 314
공감능력 460
공감적 심상 345
공동체성 427
공정성의 오류 233
과업형 496
과잉 일반화 232, 233
과정 관찰 점검표 273
관리격자도 495
교정 방식 457
구강기 119
구성개념 96, 380
구조화된 면담 80
구체적 조작기 121
구체적인 사고 234
구체적인 언어 339
구체적인 최면적 의사소통 340
국제코치연맹 548, 562
군용 베타 검사 81
군용 알파 검사 81
군집 본능 292
궁극적인 결과의 심상 344
권력 동기 502
권위적 리더 492
권위주의적 성격 325
규범 262
규범적 의사결정론 510, 512
규칙 262
극단적 사고 233
극대화와 극소화 232
근면성 대 열등감 125
급성 스트레스 장애 479
기능 분석 191
기능장애 457

기대 이론 508
기록 보관 567
기본적 귀인오류 289, 305, 439
기분부전증 466
기술 습득을 위한 코칭 542
기적 질문 276

나르시시스트 171, 473, 474
낙관성 460
남근기 119
내가 옳다는 신념 234
내적 강화 184
내적 실행 논리 515
내적 작동 모델 131
내적 조작 230
내적 통제 소재 501
높은 에너지 수준 501
뇌경색 치매 464

다면평가 84
다요인 정서지능 검사(MEIS) 374
단계 이론 116
당위적 사고 234
대상관계이론 149, 152, 164
대안의 착각 336
대인 관계 기술 60, 104
대인 관계 능력 503
대인 영향력 318
대중 연설 60
대처/숙달 심상 343
대치 156
대표성 휴리스틱 313
도덕 발달 140
도덕적 상대론 141
도덕적 실재론 141
도발 행동 162
도식 312
도움을 거부하고 불평하기 160
독립성과 자율성 166
동기적 인터뷰 80
동의 563
동일시 157

등종국성 257

라이프 코칭 19
리더십 개발 프로파일 515
리더십 대체이론 510
리더십의 정의 490
리더십 이탈 521
리커트 척도 88

마음 읽기 233
마케팅과 판매 57
만찬 기법 322
매수자 위험 부담 원칙 554
멘토 426
면담 90
모델링 182, 192, 347
모델링 심상 343
무시형 434
무의식 154
무조건적 긍정적 존중과 수용 210
문화 차이 554
미국심리학회(APA) 547
미국정신의학회(APA) 456
미네소타 다면적 인성검사 81
민주적 리더 492

바넘 효과 109
바로잡기 심상 344
반동형성 160
반사회성 성격장애 470
반응적 행동 180
발달심리학 115
발전을 위한 코칭 544
방어기제 154, 163
방임적 리더 492
배제형 435
변동 간격 계획 189
변동 비율 계획 188
변혁적 리더 497
변혁적 리더십 437, 497
변화의 오류 234
보복형 434

보상 157, 184
보존 효과 314
보호할 의무 569
복종 322
부적 강화 186
부정 158
분열성 성격장애자 470
분열형 성격장애자 470
불안장애 465
불안정-양가-몰두 애착 133
불안증 465
비구조화된 면담 80
비밀보장 69, 90, 102, 560, 562
비전제시형 514
비정형 신체화 장애 478
비즈니스 코칭 19
비합리적 사고 234
빈약형 496

사내 정치의 이해 60
사람 지향성 495
사회 공헌 활동 570
사회복지사 20
사회 인지 310
사회적 방어 163
사회적 학습 191
사회-정서지능(SEI) 353
사회 지각 305
사회지능 500
사회지능검사 356
삼각관계 268
상담사 20
상대를 끌어내리는 심상 343
상위 인지 136
상황적 리더십 504
상황적합이론 315, 506, 507
상황 중심 리더십 488
생산성 대 침체성 127
생식기 119
서베이몽키 89
선도형 515
선택적 추상화 232

성 447
성격 381, 468
성격 및 능력 검사 연구소 100
성격의 5요인 82, 500
성격장애 468
성격특질 456
성실성 501
성인 애착 134
성인애착면접 132
성인 애착 모델 135
성인용 웩슬러 지능검사(WAIS)
　　355
성차 419
성취 지향 502
세전영업이익(EBIT) 420
센터드 리더십 443
수동 공격성 161
슈퍼비전 551
스토리텔링 341
스토아학파 230
스트레스 462, 465
스포츠 코칭 393, 394
습관장애와 중독행동 479
승화 156
시각화 기법 403
시연 182
신경증 501
신뢰 165
신뢰 대 불신 123
신뢰도 97
신체형 장애 477
신체화 장애 477
신화 262
신화화 262
실용적인 최면 기법 337
실존주의 283
실존주의 철학 283
실행 연구 306
심리검사 75, 80, 552
심리사회 발달단계 122, 126
심리상담사 553
심리 성찰력 356

심리측정 380
심리치료 393, 553
심리치료사 49, 553
심리 통찰력 척도 106
심리평가 552
심리학자 20
심상 235, 342
심상 시연 403
심인성 동통장애 477

아동용 웩슬러 지능검사(WISC)
    355
안전기지 132
안전지대 440
안정감을 주는 심상 345
안정 애착 133
암묵적 기술 503
애빌린의 역설 311
애착과 코칭 134
애착 이론 129, 130, 145
양가감정 168
양극성 장애 463
어휘 가설 82
억압 159
억제력 307
업무 지향성 495
여과 233
역기능적 사고 237
역장분석 306
역전이 170
역할 263
역할 모델 426
역할 범위 552
역할상의 경계 564
역할 유실 126
역할 추적 도표 267
역할 혼란 126
연극성 성격장애자 471
연속적 접근 190
연속적 접근과 조성 190
오해 425
왜곡된 사고 유형 233

외부 보상이나 처벌 142
외상적 사건 478
외상 후 스트레스 장애 479
외적 강화 184
외적 시연과 내적 시연 193
외향성 501
우울증 464, 466
원초아 153
위대한 인물 이론 315
위임 60
유리천장 49, 421
유머 156
유사상호성 267
윤리강령 547
은유 345
의례 269
의식 157, 269
의존성 성격장애 475
이론 486
이상적인 미래의 심상 343
이중관계 상황 565
이차적 185
이타주의 155
인공두뇌학 253, 254
인물 중심 리더십 488
인본주의 205
인본주의 대화 기법 79
인습적 도덕 142
인지기법 246
인지 발달단계 120
인지 부조화 308
인지심리학 228, 229
인지오류 패턴 232
인지치료 205, 229, 230
인지치료기법 229, 552
일반체계이론 251
일반화 명명 234
일차적 185
일치성 210
임상 윤리강령 556
임의적 추론 232

자가수정체계 259
자극 통제 191
자기공명영상 437
자기심리학 152
자기애 171
자기애성 성격장애 473
자기이해 60
자기 인식 461
자기표현 60
자동적 사고 229
자신감 501
자아 153
자아심리학 149
자아 정체성 대 역할 혼돈 125
자아통합 대 절망 128
자율성 대 수치심과 의심 124
자존감 접근법 309
잠복기 119
장이론 305
재구성 347
저항 168, 332
적응장애 479
전구증상 463
전략적 사고 60
전령 죽이기 322
전이 170
전인습적 도덕 142
전조작기 121
전체성 258
전치 161
전환 161
전환장애 477
절충형 496
정서사회역량검사(ESCI) 375
정서-사회지능(ESI) 353, 368
정서적 성숙 501
정서적 자기효능감 370
정서적 정보처리 362
정서지능 106, 316, 353, 355,
    363, 379, 500
정서지능의 측정 372
정서지능의 특질 이론 370

정서지능 특질 설문 378
정서지수 검사(EQ-i) 376
정신분석 149, 209
정신역동 205
정신역동이론 152
정신적 고통 457
정신질환 456, 458, 462
정신질환의 진단 및 통계 편람 155
정신화 136
정적 강화 186
정체성 290
정체성 위기 123
정확한 인식 166
제어이론 251
조건화 주체로서의 조직 194
조울증 463, 464
조울증 환자 459
조작적 조건형성 181
조절변인 507
조직행동수정 182
조하리의 창 87
조현병 462
조현병 환자 459
주도성 대 죄의식 124
주의력결핍 과잉행동장애(ADHD) 467
주지화 159
지시적 리더 509
지시형 514
지원적 리더 509
직무 역량 502
진실성 461, 502
진정성 441
진정성 리더십 512, 513
집단사고 311

참여형 514
창의적 리더십 센터 100, 216
책임 전가 234
처벌 186
천국 보상의 오류 234, 241

체계이론 271
초자아 153
최면 333
최신효과 312
최악의 시나리오 344
추진력 307
치료 윤리 555
치매 464
친목형 495
친밀감 대 고립감 127
친화 158
친화성 501
친화 욕구 502
친화형 514

카리스마의 일상화 519
카리스마적 리더십 497
카타르시스적 심상 345
컨설팅 50
컨설팅 심리학자 출판 100
코치형 515
코칭 관계의 종료 567
코칭 윤리강령 556
코칭 준비성 78
쾌락 불감증 467
퀴베르네시스 254

타당도 85, 97
토큰 경제 194
통제 오류 233, 241
투사 160
트랜스 333
특질 499
특질 이론 499
팀형 496

파국화 233
파시스트 304
편견 425
편집성 성격장애 469
폄하형 435
평가 76, 568

평가 면담 90
평가 변수 104
평행 과정 173
표준화 98
표준화 검사 80
품어주기 172
프리맥 원리 190
피드백 331
피드백과 목표 수립 108
피드백 능력 60
피어슨 평가 기관 81, 100

하버드 비즈니스 리뷰의 설문조사 64
하위체계 261
학습의 법칙 78
합리화 159
항문기 119
항상성 255
핵심역량 59
행동 계약 197
행동 관찰 94
행동주의 179, 205, 209
헤이그룹 514
현실 검증 459
협력과 경쟁 317
형식적 조작기 121
혼란-혼돈 애착 133
환상의 역할 153
회귀 161
회복력 461
회피성 성격장애자 475
효율성을 위한 코칭 543
후광 효과 321
후인습적 도덕 143
훈련받은 심리치료사 20

저자 소개

■ **브루스 펠티에 박사**Bruce Peltier, Ph.D.는 퍼시픽 대학교 아서 A. 듀고니 치과대학의 심리학 및 윤리학 교수다. 그는 자격증을 소지한 심리학자licensed psychologist이며 샌프란시스코 캘리포니아에서 경영자 코치로 활동하고 있다. 1970년 웨스트포인트를 졸업했다. 웨인 주립 대학교에서 교육학석사 및 철학박사 학위를 취득했고, 퍼시픽 대학교 에버하트 경영대학에서 MBA를 취득했다. 서던 캘리포니아 대학교에서 박사 후 인턴 과정을 마쳤으며, 스탠퍼드 대학교 교육연구소에서 2년간 연구보조원으로 일했다. 펠티에 박사는 샌프란시스코 최면 아카데미 회장으로 재직 중이며, 25년간 샌프란시스코 대학교에서 심리치료 강의를 해 왔다.

저자와 연락을 주고받고 싶다면 b.peltier@sbcglobal.net, bpeltier@pacific.edu로 이메일을 보내거나 그의 웹 사이트 http://brucepeltier.com/을 방문하면 된다.

기고자　**앨런 헤드먼**Alan Hedman은 경영 컨설턴트 및 심리치료사로 뉴멕시코 코랄레스에서 활동하고 있다. 그는 퍼시픽루더린 대학교에서 학사학위를 받았고 체육인 명예의 전당에 올랐다. 서던 캘리포니아 대학교에서 건강 및 상담 서비스 부책임자로 일했다. 지난 5년간 주로 비영리단체에서 경영자 코치와 조직 컨설턴트로 활동하고 있다.

엘런 헤드먼의 웹 사이트 주소는 www.dralanhedman.com이다.

역자 소개

■ **김정근**(Kim, Jounggun)
미국 미주리 주립대학교 교육학 박사
전) 삼성SDI 인력개발팀
　　포스코경영연구소
현) 남서울대학교 코칭학과 교수
　　(주)글로벌비즈니스코칭연구소 대표 이사
전문 분야: 비즈니스 코칭, 리더십 역량개발, 조직개발 및 조직문화
E-mail: hrdkim@gbci.or.kr, hrdkim@hotmail.com

■ **김귀원**(Kim Gweiwon)
경성대학교 교육학과 박사 수료
현) (주)글로벌비즈니스코칭연구소 이사
전문 분야: 관계 코칭, 비즈니스 코칭, 명상기반의 인지행동치료
E-mail: mama5023@hanmail.net

■ **박응호**(Park, Eungho)
영남대학교 심리학과 졸업 및 동 대학원 심리학 박사
전) 한국인적자원개발협회 부원장
　　리더십연구원
　　미래인재개발원 교수
현) LNC 컨설팅 소장 및 한국코칭연구소 대표 코치
　　(주)글로벌비즈니스코칭연구소 전문위원
전문 분야: 비즈니스/CEO 코칭, 리더십, 협상스킬, 갈등관리 등
E-mail: coaching@daum.net

■ **배진실**(Bae, Jinsil)

경희대학교 정경대학 경제학과 학사

전) Nike Sports Korea 인사담당 상무

　　일동후디스 인사담당 상무

　　한국 BMS 제약(Bristol-Myers Squibb Pharmaceutical Korea) 인사담당 상무

현) 리더스 인사이트 Senior Director

　　(주)글로벌비즈니스코칭연구소 수석 컨설턴트

전문 분야: 비즈니스 코칭, 성과평가/보상/핵심인재개발 후계자 양성, 역량 평가위원

E-mail: jsbae034@naver.com

■ **이상욱**(Lee, Sangwook)

가톨릭대학교 상담심리대학원 조직상담심리학 석사

건국대학교 정보통신 경영학 석사

건국대학교 경영학 박사

전) Microsoft/현대(기아)정보기술

현) (주)글로벌비즈니스코칭연구소 부대표

전문 분야: 비즈니스 코칭(비즈니스/IT 전략, 조직개발)

E-mail: swlee@gbci.or.kr, swlee4u@hotmail.com

리더를 성공으로 움직이는 힘

경영자 코칭 심리학
The Psychology of Executive Coaching
Theory and Application -Second Edition-

2017년 1월 10일 1판 1쇄 인쇄
2017년 1월 20일 1판 1쇄 발행

지은이 • Bruce Peltier
옮긴이 • 김정근·김귀원·박응호·배진실·이상욱
펴낸이 • 김진환
펴낸곳 • ㈜ **학지사**

        04031 서울특별시 마포구 양화로 15길 20 마인드월드빌딩
대표전화 • 02)330-5114   팩스 • 02)324-2345
등록번호 • 제313-2006-000265호

홈페이지 • http://www.hakjisa.co.kr
페이스북 • https://www.facebook.com/hakjisabook

ISBN 978-89-997-1100-8 03180

정가 20,000원

이 도서의 국립중앙도서관 출판시도서목록(CIP)은 서지정보유통지
원시스템 홈페이지(http://seoji.nl.go.kr)와 국가자료공동목록시스템
(http://www.nl.go.kr/kolisnet)에서 이용하실 수 있습니다.
(CIP 제어번호: CIP2016027917)

교육문화출판미디어그룹 **학지사**
심리검사연구소 **인싸이트** www.inpsyt.co.kr
원격교육연수원 **카운피아** www.counpia.com
학술논문서비스 **뉴논문** www.newnonmun.com